三线建设者在大西南悬崖峭壁上作业
来源：网络。

● 本书插页照片由多家三线建设博物馆、展览馆及相关人员提供，特此鸣谢。

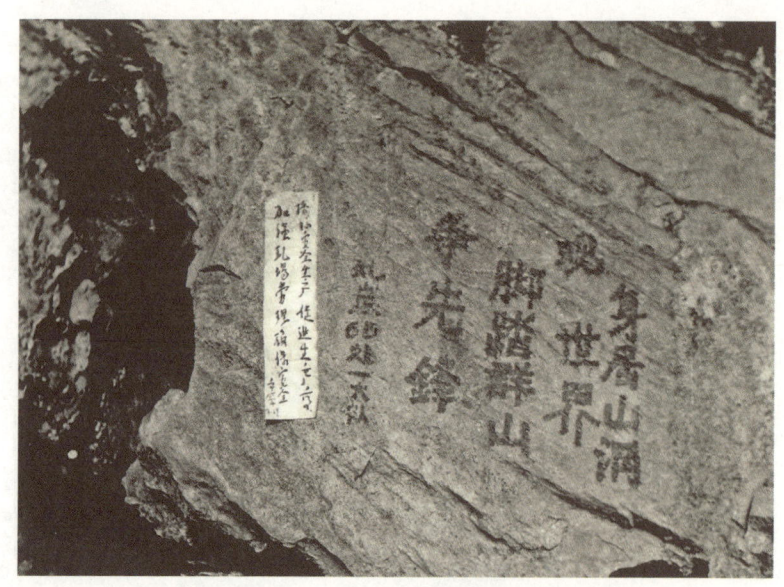

贵州三线建设六枝矿区六十五工程处职工写在山洞岩壁上的口号
来源：六盘水贵州三线建设博物馆。

三线建设开荒现场
来源：攀枝花中国三线建设博物馆。

贵州水城地区三线建设者用肩挑手扛的方式把电线杆送上悬崖
来源：六盘水贵州三线建设博物馆。

三线建设基建工程兵在贵州山区急行军
来源：贵州安顺黎阳航空展览馆。

1966年5月，基建工程兵四十一支队进驻贵州盘县
来源：六盘水贵州三线建设博物馆。

1965年4月,贵州六枝三线建设工地上的女工
来源:六盘水贵州三线建设博物馆。

三线建设初期,工人师傅风餐露宿
来源:六盘水贵州三线建设博物馆。

三线建设工地上女工的飒爽英姿
来源：攀枝花中国三线建设博物馆。

长洲无线电厂建设工地
来源：都匀三线建设博物馆。

长洲无线电厂厂房今貌
来源：陆远拍摄。

贵州三线建设 011 基地 460 厂飞机发动机总装现场
来源：黎阳航空展览馆。

三线建设早期简陋的厂房
来源：六盘水贵州三线建设博物馆。

贵州三线建设 9855 厂 11 车间远眺
来源：赵云提供。

贵州安顺黎阳机械厂大门
来源：黎阳航空展览馆。

1966年，三线建设重点项目贵昆铁路提前九个月通车
来源：赵云提供。

贵昆铁路建成通车，列车驾进水城东站
来源：赵云提供。

三线建设早期许多建设者就栖身在这样由木棍、木板和油毛毡搭建成的简易帐篷里
来源：六盘水贵州三线建设博物馆。

三线工厂职工长期居住的干打垒宿舍
来源：六盘水贵州三线建设博物馆。

贵州凯里保留下来的三线工厂职工住房
来源：陆远拍摄。

三线建设者清晨在水塘边洗漱
来源：六盘水贵州三线建设博物馆。

三线工程的医疗工作者为当地百姓看病
来源：六盘水贵州三线建设博物馆。

三线建设者在驻地表演节目，吸引当地少数民族同胞观看
来源：都匀三线建设博物馆。

三线建设者在业余时间进行业务培训
来源：都匀三线建设博物馆。

1971年，贵州都匀三线工厂群英无线电器材厂首次党员大会
来源：都匀三线博物馆。

2004年，群英无线电器材厂搬迁贵阳庆祝大会
来源：赵云提供。

贵州都匀三线建设博物馆内景
来源：陆远拍摄。

2019年7月28日，"新中国工业建设口述史"研究团队
与部分受访者在都匀三线建设博物馆前合影

新中国工业建设口述史

丛书主编　周晓虹

周海燕　吴晓萍　主编

战备时期的工业建设

三线建设口述实录（1964—1980）

上卷

本卷主编　周海燕　陈　勇　谢景慧

本丛书受
南京大学"双一流"建设之卓越研究计划
"社会学理论与中国研究"项目
资助

"新中国工业建设口述史"丛书

编辑委员会委员
（以姓氏拼音为序）

邴　正	陈家建	陈云松	邓燕华	黄　菡
金一虹	李里峰	刘　柳	陆　远	彭华民
孙　江	田毅鹏	王爱丽	王月清	吴晓萍
翟学伟	张　静	张乐天	周海燕	周　怡

编辑委员会主任

周晓虹

"新中国工业建设口述史"丛书

为新中国工业化的宏大画卷补齐一角(总序)

2019年,是中华人民共和国成立70周年的重要历史时刻。70年来,尤其是改革开放40年来,原本一穷二白的古老中国发生了巨大的历史变化,GDP总量从679亿元上升到90万亿元,增长了1324倍;人均GDP从119元上升到6.46万元,增长了542倍;人均可支配收入则增长了59.2倍:中国已成为世界第二大经济体。在新中国经济70年来的高速发展中,历经艰难曲折的工业化建设发挥了巨大的砥柱作用。伴随着新中国工业化进程的步步推进,70年来我们这个原本以农业经济尤其是小农经济为主导的国家,工业经济的比重大幅度提高,城镇人口占总人口比重也大大超过了农村人口。工业化的发展不仅推动了中国经济的腾飞,也为中国社会的现代转型打下了丰厚的物质基础。

一、 新中国工业化的基本历程

中华人民共和国成立于1949年10月1日,但新中国的工业化建设实际上略早于此。1948年2月19日,东北人民解放军解放鞍山;4月4日,在原鞍山钢铁公司的基础上成立鞍山钢铁厂,同年底改为鞍山钢铁公司。1949年春,毛泽东发出"鞍山的工人阶级要迅速在鞍钢恢复生产"的电令,经过修复,当年7月9日鞍山钢铁公司举行了盛大的开工典礼,中共中央、中央军委送来"为工业中国而斗争"的贺幛①,由此开始了最初的工业化尝试。

不过,一直到1953年围绕工业化和经济领域的社会主义改造,党和国家实施第一个五年计划的时候,大规模的工业化才算正式拉开帷幕。同新中

---

① 参见鞍钢史志编纂委员会编:《鞍钢志(1916—1985)》上卷,人民出版社1991年版,第14—15页。

国的成立相比,大规模工业化步骤的滞后,固然与编制和通过计划需要时间有关①,也与1950年爆发的朝鲜战争及随后的抗美援朝运动有关,同样,还与因国共战争而导致的几近崩溃的中国经济的恢复需要时日有关。如果我们从新中国成立之后的70年所实施的13个五年计划/规划②入手,大致可以将新中国的工业发展分为下述几个时期:

1. 起步阶段,即第一个五年计划(1953—1957)的实施阶段。这一阶段的主要特点是:(1)新中国工业及经济的起步主要依靠的是以苏联为首的社会主义国家的外部援助,因此核心是落实苏联援建的156项大中型工业项目,包括新建的长春第一汽车制造厂、洛阳第一拖拉机厂、洛阳矿山机器厂等,以及通过对原有企业改扩建而来的鞍山钢铁厂③等,苏联的援助使新中国工业建设的起步成为可能。④(2)"一五"计划的实施伴随着工商业的社会主义改造,到1957年,在国民收入中,社会主义所有制工业经济的占比提高到了33%,在农村成立的农业合作社经济的占比提高到了56%,公私合营

---

① 严格说来,"一五"计划由中央人民政府政务院财经委员会始编于1951年春,1954年才成立由陈云担任组长的编制五年计划纲要的小组,至1955年7月才由国务院通过并提请全国人大一届二次会议审议通过。另外,与从计划经济向市场经济的全面转轨有关,从"十一五"起,"五年计划"改为"五年规划"。

② 在过去的70年中,除了新中国刚刚成立的几年外,1958年由于"大跃进"的冒进错误,以及当时面临的自然灾害等主客观原因,国民经济的正常运行遭到了严重的破坏,整个国家的经济发展遭遇严重的困难。面临这一局面,中共中央和国务院决定实行"调整、巩固、充实、提高"(1961)的八字方针,由此在第二个五年计划(1958—1962)之后,延迟第三个五年计划的实施,进入国民经济调整时期(1963—1965)。因此,在新中国成立至今的70年中,有两段时间共五六年未编制五年计划:前一段(1949—1952)为国民经济恢复时期,后一段(1963—1965)为国民经济调整时期。

③ 鞍山钢铁厂前身为1918年日本修建的昭和制钢所,位于辽宁省鞍山市铁西区。1950年3月27日,在毛泽东首度出访莫斯科归来不久,中苏两国政府即在莫斯科签订《关于苏联给予中华人民共和国在恢复和改造鞍山钢铁公司方面以技术援助的协定书》。以鞍钢"三大工程"——大型轧钢厂、无缝钢管厂和炼铁7号高炉——为主要标志的新中国第一座大型钢铁基地建设,是"一五"期间苏联援建的156个重点项目中的第一批项目,又是中苏之间确定的第一批50个重点援助项目中的第一个项目,被视为第一个五年计划的重中之重。

④ 根据我的博士生、来自俄罗斯新西伯利亚大学的凯琳(Karina Hasnulina)小姐考证,有关苏联援助的研究近来在俄国学术界也多有述及,其中主要包括玛耶娃主编:《苏联对中国的援助及在两国工业化156项基础重点工程新建与重建方面的合作》,全球出版社2018年版;阿列克桑德罗娃:《20世纪50年代中国东北的经济与苏联对中国的援助》,载《中国在世界和区域政治中的地位:历史与现代》,俄罗斯科学院远东研究所出版社2013年版;菲拉托夫:《苏联对华科技援助的经济评估(1949—1966)》,科学出版社1980年版;等等。

经济的占比提高到了8%,而个体经济的占比由原来的71.8%降低到3%,资本主义经济的占比则由原来的7%降低到1%以下。①（3）"一五"计划实现了开门红,1957年工业总产值达到783.9亿元,比1952年增长128.5%;工农业总产值则达到1241亿元,比1952年增长67.8%:这为新中国的工业化奠定了基础。

2. 挫折阶段,这一阶段从1958年开始实施第二个五年计划、1963年进入国民经济调整时期,再到1966—1970年和1971—1975年的第三个、第四个五年计划,前后长达18年(1958—1975)。（1）从总体上说,1958年开始的"大跃进"和人民公社化运动,使得新中国的工农业建设陷入盲目冒进的泥潭,而1966年爆发的"文化大革命"更是使中国的经济几乎到了崩溃的边缘,国民经济发展的秩序被打乱,大规模的工业化建设甚至被迫停止。（2）尽管遭遇到极大的挫折,总体经济发展水平不高,但在这18年中,还是建立起了比较完整的工业体系,在国防工业方面也取得了诸如"两弹一星"等成就,但因各种政治运动绵延不断和发展思路有误,与人民生活有关的农业和轻工业发展严重滞后,人民普遍贫穷、生活困难,及至1978年改革开放前人均GDP不过385元。②（3）因为与苏联及整个东欧社会主义阵营在意识形态方面的分裂与冲突,同"一五"计划期间向苏联模式的"一边倒"不同,中国工业的发展开始显露出鲜明的去苏联化甚至抗苏联化倾向。比如,鞍山钢铁厂在60年代以"两参一改三结合"的"鞍钢宪法"替代了苏联"一长制"管理的"马钢宪法"③;又比如,60年代大庆油田的石油大

---

① 参见钱津:《论新中国的工业化建设》,《经济纵横》2019年第3期。
② 韩保江、杨丽:《新中国70年工业化历程、成就与基本经验》,《改革》2019年第7期。
③ 在鞍山钢铁厂的改扩建过程中,原先苏联专家执行的管理模式来自苏联马格尼托哥尔斯克冶金联合工厂,其特点是实行"一长制"管理:通过搞物质刺激给予工人激励;企业运作依靠少数专家和一整套烦琐的规章制度;不搞群众性的技术革命。自20世纪50年代末起,鞍山钢铁厂开始摸索实行与之对立的民主管理制度,包括实行干部参加劳动、工人参加管理(两参),改革不合理的规章制度(一改),工人群众、领导干部和技术人员结合(三结合),简称"两参一改三结合"。1960年3月,毛泽东对鞍山钢铁厂的经验做了批示,并分别称两种管理制度为"马钢宪法"和"鞍钢宪法"。

会战①,也是在中苏交恶的背景下加速上马的,以便打破帝国主义和修正主义的封锁;再比如,1964年启动的三线建设,虽有在东南沿海防范美国和蒋介石政府"反攻"的考虑,但更主要的备战目标也是交恶之后的苏联。

3. 恢复阶段,这一阶段时间也比较长,从1976年开始直至2000年,历时25年,跨越第五到第九共计五个五年计划。② 其主要特点包括:(1) 1978年12月18日召开的中国共产党十一届三中全会,制定了改革开放和"以经济建设为中心"的伟大方针,新中国的工业化也由此得以迅速恢复和发展。(2) 改革开放后,外资的引进和一日千里的特区建设,不仅为新中国的工业建设带来了富裕的资金,也带来了先进的理念、技术、装备和市场;同时,外资企业、包括乡镇企业在内的民营与个体企业的兴起,更是改变了原先单一的所有制形式,使得中国经济和工业化的发展更富有活力,也极大地推动了90年代后农村劳动力的外流和中国的城镇化。(3) 最为重要的是,在这一阶段中一步步实现了社会主义计划经济向市场经济的转变,这一转变为新中国的工业化在下一阶段的腾飞提供了制度基础。③

---

① 大庆油田是我国最大的油田,也是世界上为数不多的特大型陆相砂岩油田之一,位于黑龙江省大庆市。油田于1959年被发现,1960年春即投入开发。时任石油部部长余秋里,调遣了包括"铁人"王进喜在内的石油系统37个厂矿的工人和院校科研人员、国务院相关部门以及退伍和转业的解放军官兵,组成规模庞大的石油大军随后进入东北松嫩平原,展开了石油大会战。仅用三年半的时间就探明了面积达860多平方公里的特大油田,达到了年产原油500万吨的生产能力,生产原油1166.2万吨;甚至在"文革"后期一枝独秀,实现了持续28年(1975—2002)年产原油5000万吨的世界油田开发奇迹。

② 也有人认为,这一时段应至第十个五年计划的中期,即2002年左右。他们通过研究提出:"1995年,中国工业化水平综合指数为18,表明中国还处于工业化初期,但已经进入初期的后半阶段。到2000年,中国的工业化水平综合指数达到了26,这表明1996到2000年的整个'九五'期间,中国处于工业化初期的后半阶段。到2005年,中国的工业化水平综合指数是50,这意味工业化进程进入中期阶段。……在2002年,中国的工业化进入中期阶段,工业化综合指数达到了33分,如果认为从工业化初期步入工业化中期,具有一定的转折意义的话,那么,'十五'期间的2002年是我国工业化进程的转折之年。"参见中国社会科学院经济学部课题组:《我国进入工业化中期后半阶段——1995—2005年中国工业化水平评价与分析》,《中国社会科学院院报》2007年9月27日,第2版。

③ 商品经济地位在中国的确立经历了近30年的曲折过程,其中重要的时间节点包括:1982年党的十二大提出有系统地进行经济体制的改革;1984年提出"发展社会主义的商品经济"的设想;1992年邓小平在南方谈话中强调"市场经济不等于资本主义,社会主义也有市场。计划和市场都是经济手段";再到1992年党的十四大将"建立社会主义市场经济"确立为我国经济体制改革的目标;最后到2013年召开的十八届三中全会,认定市场在资源配置中起着"决定性作用"。

4. 腾飞阶段,进入 21 世纪后,新中国的工业化踏上了腾飞的跳板。从 2001 年起一直到 2020 年,整整 20 年历经第十到第十三共四个五年计划/规划,进入了实现工业化前的冲刺阶段。其主要特点包括:(1) 在进入 21 世纪之后的 2001 年,中国加入世界贸易组织(WTO),这是中国经济进入腾飞阶段的助力器,也是新中国真正实现工业化的重要保障,它使得中国的工业化跳出了国内市场的狭隘空间,不仅市场规模扩大,而且伴随着技术的引进、效率的提高、成本的下降,中国工业至少在规模上已经成为全球工业化的领头羊。① (2) 如果说在前一个时期,新中国的工业化还处在劳动(力)密集阶段,主要体现为加工制造业的迅速发展,那么从 21 世纪开始,中国工业中的高技术和高科技成分快速增长,而正是"整个经济中的高技术汇集决定了工业化建设的腾飞"②,也为到 2035 年全面实现工业化奠定了坚实的基础。

二、 国家叙事与个人口述:历史的补白

有关新中国工业化建设的历史叙事即使不是汗牛充栋,也可以称得上应有尽有。但是,除却近年来围绕三线建设出版了一批口述史研究的著述外③,总体上说大多有关新中国工业建设的研究依旧停留在自上而下看历史的阶段。这使我们的全部努力有可能无法逃逸这样的危险:因为在宏大的国家叙事之外,每一个体的鲜活历史和深邃感悟并没有得到应有的重视,以致那些本该栩栩如生流传下去的历史无法显示自己内在的纹理。其实,如果历史的记述者能够考虑到底层的或自下而上的视角,你就容易体悟到:不但每当宏大的历史车轮在每一个体的生命历程中驶过的时候,都会留下或

---

① 据统计,2014 年,中国的工业生产总值已达 4 万亿美元,超过美国成为世界头号工业生产国。
② 钱津:《论新中国的工业化建设》,《经济纵横》2019 年第 3 期。
③ 有关"三线建设"的口述史研究,是一个反映新中国工业建设的十分独特的领域,已经出版了相当多的著述,其中包括《归去来兮:一部亲历者的三线建设史》(唐宁,上海文艺出版社 2019 年版)、《多维视野中的三线建设亲历者》(张勇主编,上海大学出版社 2019 年版)、《三线风云:中国三线建设文选》(中国三线建设研究会选编,四川人民出版社 2013 年版)等,甚至也有口述历史涉及各省市的三线建设,如《口述上海:小三线建设》(徐有威主编,上海教育出版社 2015 年版)、《乐山三线记忆》(政协乐山市委员编,天地出版社 2018 年版)等。

深或浅的辙印,并由此埋下他或她未来人生走向的草蛇灰线,而且更重要的是,无论是宏大的国家叙事还是悲壮的民族史迹,虽说不能简单地被还原为个人的欲望和努力,但也缺少不了芸芸众生的生命历程的交相编织。因此,可以毫不夸张地说,在宏大的国家叙事的画卷上,如果缺少了形色各异的个体补白,所有的历史都将是灰色的。

从单纯的国家叙事,转向对个人表述的兼容并蓄,与20世纪50年代以来口述史学的发展密切相关。口述历史在当代的流行,既归因于历史学的转向,也归因于现代技术手段的便捷。就前者而言,如保尔·汤普逊所指出的那样:"口述史意味着历史重心的转移。"①所以,虽然几乎有关口述史学的历史追溯都会提及阿兰·内文斯1948年在哥伦比亚大学创建口述历史研究室的壮举,但口述史的真正动力却受益于英国社会史学倡导的自下而上看历史的传统,它使得从50年代起从事口述史研究的前辈们对记录普通劳动者的经验产生了浓厚的兴趣。② 就后者而言,不仅最初的口述史学的流行有赖于20世纪录音设备和技术的进步——由此使得从中国社会代代相传的说书人到现代社会学的田野访谈者所进行的类似工作有可能获得方便的记录③,而且当前"新的数字技术(也)正在改变我们记录、解释、分享和呈现口述历史的方式"④,并因此引发了口述史学领域新的范式革命。两厢相加,以致唐纳德·里奇会说:"口述史就是通过录音访谈来收集口头回忆和重大历

---

① 保尔·汤普逊:《过去的声音:口述史》,覃方明、渠东、张旅平译,辽宁教育出版社2000年版,第7页。
② 社会学家的工作也是导致这一转向出现的重要力量之一。比如波兰社会学家埃利·兹纳尼茨基在选编《身处欧美的波兰农民》一书时,曾评论说:包括托马斯与兹纳尼茨基在内的改革者们所做的一系列奠基性工作,促成了"社会史学家寻求'自下而上'地书写历史,换言之,就是去理解由普通的男男女女——奴隶、农民、工人——进行的种种斗争在历史上留下的形态",而"社会史学的发展,使上一代人对美国历史的理解发生了革命性的改变"。参见托马斯、兹纳尼茨基:《身处欧美的波兰农民》,张友云译,译林出版社2000年版,第1页。
③ 就包括录音机在内的现代技术对口述历史的推动而言,汤普逊写道:在电话与磁带录音机的时代,"交流沟通方法的变化终将给历史的面貌带来与过去的手稿、印刷出版和档案同样重要的改变"。保尔·汤普逊:《过去的声音:口述史》,覃方明、渠东、张旅平译,辽宁教育出版社2000年版,第68页。
④ Alistair Thomson, "Four Paradigm Transformations in Oral History", *The Oral History Review*, Vol. 34, No. 1, 2007, pp. 49–70.

史事件的个人论述。"①

在口述史学中,"口述"(oral)和"历史"(history)这两个概念的并置,既标明了口述者与传统历史记载的隔离性,同时也揭示了当这两个概念组合在一起时可能产生的颠覆性意义。尽管包括《荷马史诗》和《诗经》在内最早的历史是以口述的形态流传下来的,但在历史学或职业历史学家出现之后,普通的口述者或亲历者就被正统的历史排斥在外,后者关注的是帝王将相或国家和民族的宏大叙事,而包括贩夫走卒在内的普通人则成了历史研究中的边缘人或弱势群体,在传统的历史中他们几乎占不到任何有意义的叙事空间。

从这样的角度来说,口述史学对传统史学的颠覆性意义起码表现在两个方面:其一,因为口述史学自出现之时即将普通人的生活及经历作为关注的对象,由此使得国家历史的宏大叙事获得了个体体验的具体补充;其二,口述史学也给了原先被忽视了的下层民众、妇女和少数族裔表达自己的意见、感受、荣耀甚至不满的可能。在口述史学诞生之前,不仅恩格斯在《英国工人阶级的状况》的调查中使用过口述资料,欧洲最早的一批经验社会的研究者也都是口述资料的娴熟使用者:以研究伦敦的贫困著名的查尔斯·布思广泛使用了来自访谈的口头叙述②,而撰写《欧洲工人》的法国人勒·普莱更是收集了大量的口头资料,他甚至懂得从工人对上层人物的闲言碎语中推论当地社会的疏离程度。③ 在口述史学出现之后,不仅收集口述资料被用来训练学生们的历史感④,而且在劳工等中下层民众的研究方面取得了相当的进展:这类研究不仅使原本默默无闻的普通劳工成为历史叙事的主体,并且通过社会认同的激发,"导致某些大型厂矿和钢铁基地中集体性的传记写作群体的形成"⑤,这也是我们今天同类研究的前导。其实,宽泛一点说,即

---

① 唐纳德·里奇:《大家来做口述史》,王芝芝、姚力译,当代中国出版社 2006 年版,第 1 页。
② 周晓虹:《西方社会学历史与体系》第 1 卷,上海人民出版社 2002 年版,第 148 页。
③ P. Lazarsfeld, "Notes on the History of Quantification in Sociology: Trends, Sources and Problems", *ISIS*, Vol. 52, No. 2, 1961, p. 330.
④ Marilyn Geary, "Hooked on Oral History", *The Oral History Review*, Vol. 29, No. 2, 2002, pp. 33–36.
⑤ 保尔·汤普逊:《过去的声音:口述史》,覃方明、渠东、张旅平译,辽宁教育出版社 2000 年版,第 18—19 页。

使在较为封闭的 20 世纪 50—70 年代,对革命传统的片面强调或对基层劳动者的斗争实践的过度关注,也激发了相似的历史学尝试在中国以"忆苦思甜"或编撰"新四史"的方式予以呈现。①

我们无意于用个人口述取代国家叙事,但我们相信个人口述起码可以起到为国家叙事补白的作用,它使得我们的历史不仅全面,而且更为生动。我们知道在有关口述史的讨论中,最具争议性的议题常常集中在口述史的真实性或口头资料来源的主观性上,这也常常被人们认为是口述史与传统史学最大的区别。持实证主义立场的批评者坚信,人们的记忆不可避免地会"受到耄耋之年身体的衰弱、怀旧情感、采访者和被访者双方的个人偏见,以及集体的影响和对过去的回顾性叙事等诸种因素的歪曲"②。更为尖锐的批评甚至认为,口述历史正在进入"想象、选择性记忆、后期抛光(overlay)和完全主观性的世界"③。

站在建构主义的立场上,口述史既然是个体的生命过程、社会经历和情感世界的叙事,就一定充满了主观性、不确定性和变动性。一句话,体现了个体对自己的生命历程、生活事件及其意义加以主观建构的能动性。我们可以从这样两个方面讨论口述历史材料的主观性问题:其一,口述资料的主观性并非天生就是缺陷,有时它甚至具有某种独特的历史价值;其二,那些在客观上可能"不真实的"陈述,在主观的心理上或许恰恰是"真实的",它从另一个侧面反映了亲历者在社会表征和个体认同两个方面的交织作用下,是如何对个人生活史中的重要事件加以理解和记忆的。如此,刘亚秋研究

---

① 汤普逊所说的"新四史"(new four histories),指的是村庄、工厂、家庭和人民公社的地方历史,这一编撰运动始于 1960 年,在 1964 年以后趋于停止。参见 Paul Thompson, "Changing Encounters with Chinese Oral History", *Oral History*, Vol. 45, No. 2, 2017, pp. 96 - 105. 不过,即使是"文革"期间,类似的工作其实也在继续着。1972—1975 年,我高中时学工、学农及其后的插队(1975—1978)期间,都为所在的工厂或大队做过类似的工作。比如,当时刊行的《虹南作战史》(上海人民出版社 1972 年版),就是以上海县虹南乡(现属虹桥乡、华漕乡和七宝镇)七一公社号上大队为原型出版的一部反映农村两条路线斗争的小说,它以编年史的手法,从互助组一直写到人民公社后期的"农业学大寨"。能够理解的是,其间的伪作肯定多之又多。
② Alistair Thomson, "Four Paradigm Transformations in Oral History", *The Oral History Review*, Vol. 34, No. 1, 2007, pp. 49 - 70.
③ Patrick O'Farrell, "Oral History: Facts and Fiction", *Oral History Association of Australia Journal*, No. 5, 1982 - 1983, pp. 3 - 9.

的知青①,以及我们现已完成的洛阳第一拖拉机厂、洛阳矿山机器厂和贵州三线建设的亲历者们口述叙事中大体相似的"青春无悔"的记忆,虽然未必是陈述者贯穿一生的全部感受,但却常常能够"比实际准确的描述揭示出更多的东西"②。

当然,承认口述史及集体记忆的主观性和历史价值,并非要否认其历史真实性或客观性。口述史的客观性最浅显的表述,是任何个体的口述史都在一定程度上反映了被访者所亲历的时代进程和社会状况,以及亲历者本人在时代及其变迁下的个人经历、体验与反省。虽然受社会、政治和当下处境的制约,口述者存在掩饰或歪曲个人行为或事件意义的可能,但这几乎是所有社会科学的定性研究资料都可能存在的问题,绝非口述史料一家的独疾;显而易见,就口述史与传统史学所依赖的史籍、档案而言,普通的亲历者有意掩饰或歪曲个人生活史或生活事件的可能不会大于统治者、权贵阶级及其代言人;就口述史与社会学通过各类访谈获得的资料相比,你也不能想象一个人对过往的叙事会比对当下的叙事具有更多的掩饰或歪曲的动机。进一步,有鉴于口述史的采集常常涉及同一群体的不同成员,这也为我们比较、对照和核实历史细节与生活事件的真伪提供了可能。

三、 研究计划,或我们的设想

自 2018 年末,南京大学"双一流"建设之卓越研究计划批准当代中国研究中心③设立"社会学理论与中国研究"的重大项目之后,我们就一直在思考如何能够将社会学理论的探索与当代中国社会的研究相衔接。为此,一进入 2019 年,借中华人民共和国成立 70 周年之际,我们就在当代中国研究领

---

① 刘亚秋:《"青春无悔":一个社会记忆的建构过程》,《社会学研究》2003 年第 2 期。
② 保尔·汤普逊:《过去的声音:口述史》,覃方明、渠东、张旅平译,辽宁教育出版社 2000 年版,第 171 页。
③ 南京大学当代中国研究中心成立于 2001 年,为更好地开展南京大学"双一流"建设之卓越研究计划"社会学理论与中国研究"项目,2019 年 5 月 25 日已正式易名为南京大学当代中国研究院。

域推出两项研究计划:其一,新中国工业建设口述史研究;其二,新中国人物群像口述史研究。

就后一个主题而言,有鉴于在中华人民共和国 70 年的风雨历程之中,涌现出了无数可歌可泣的社会群体,他们用自己的青春年华和辛勤汗水缔造了中华民族今日的辉煌,我们立志用 10 年的时间,收集他们的口述历史资料,为他们雕塑值得留存的人物群像。这些群像包括但不限于劳动模范、女兵(战士)、知青、赤脚医生、"铁姑娘"(三八红旗手)、工作队员、工农兵大学生、77 级人、个体户、农民工、企业家、知识分子(学者)、海归、白领(中产)。我们以为,正是他们的个人生活史,建构了我们民族的当代奋斗史。

有鉴于 2019 年正逢中国社会学重建 40 周年,而 20 世纪 50 年代被取消了的社会学学科与改革开放同步,在过去的 40 年中取得了有目共睹的成就,我们决意以社会学家为知识分子或学者的缩影,通过他们的口述历史来反映这一学科的重建艰辛与知识精进——自 6 月 22 日首访美国加州大学洛杉矶分校周敏教授、7 月 4 日接访美国杜克大学林南教授始,到 12 月 26 日访问香港中文大学原校长金耀基教授和社会科学院原院长李沛良教授止,我们顺利完成了 40 位社会学家的口述史访谈,《重建中国社会学:40 位社会学家口述实录(1979—2019)》正在整理编撰之中。与此同时,我们还开启了知青和女兵两项口述史研究,包括 60 年代中国知青的旗帜性人物董加耕、1968 年以切·格瓦拉为榜样加入缅共游击队的 10 余位云南知青(其中还有几位巾帼英雄),都在我们的研究中留下了他们宝贵的口述史料。

就前一个主题即我们现在讨论的新中国工业建设口述史研究而言,几乎是在踏进 2019 年的门槛之际,我们就以古都洛阳两家著名的国有大型企业为研究对象,开启了这项极富意义的口述史研究。2019 年 1 月 3 日,新年假期一过,南京大学口述史研究团队即前往古都洛阳,入住第一拖拉机厂(一拖集团)青年公寓。在接下来的 10 余天时间里,我们分为两个工作小组,分别访问了一拖集团和洛阳矿山机器厂(中信重工集团)两家企业的 130 余位不同历史时期的亲历者。其中最年长的几位是 90 多岁的老人,他们自 20 世纪 50 年代初起,便从上海、长春等老工业基地及河南各地市动身,挈妇将雏、义无反顾地奔赴洛阳涧西,参加在第一个五年计划期间开启的第一拖拉机厂和洛阳矿山机器厂的建设。在那些天里,新中国工业建设的第一代亲历者及他们的后代,向我们讲述并分享了与国家的宏大历史经纬编织在一起的个人的生命历程,或长或短,或波澜壮阔或平淡自得,其中有自豪、欢乐、惊喜、满足,也有泪水、委屈、失望甚至痛楚……我们尊重他们的叙事,体认他们的情感,理解他们的选择,同样更感激他们的付出。尽管我们知道,无论我们如何努力,能够记载下的都不及他们丰富人生体验之万一,但我们依旧执着于做好每一场访谈。我们希望能够用他们每一个人丰富多彩的口述叙事,为新中国工业化的宏大画卷补齐一角。

以第一拖拉机厂和洛阳矿山机器厂作为新中国工业建设口述史研究的开篇,自然与这两家企业都是"一五"期间苏联援建的156项国家重点建设工程有关,也与2010年9月我担任南京大学社会学院院长期间,带领社会学专业的四年级本科生去洛阳毕业实习、做社会调查有关。鉴于学生们的社会调查大多数情况下都是由教师们带着去农村①,那次我决意要带着学生们去企业,尤其是大型的国有企业看看。正巧,学生李雪梦的老家在洛阳,她的母亲、总后勤部刘红敏大校自小在涧西工业区长大,便为我们联系了时任洛阳市委常委、秘书长的尚朝阳先生。尚朝阳秘书长和时任洛阳市委统战部部长胡广坤先生非常热心,为我们联系了第一拖拉机厂和洛阳矿山机器厂。于是,便有了那年9月的洛阳之行。

记得当时一起去的还有时任社会学院党委书记方文晖、南京大学团委书记王靖华,以及陈友华教授等10位教师和45位学生。在洛阳矿山机器厂即现在的中信重工集团的支持下,我们建立了南京大学社会学院的教学实习基地——后来我的学生陈勇、周东洋、方莉琳都以此为依托,完成了他们的博士或硕士学位论文;同时在第一拖拉机厂暨一拖集团宣传部的支持下,

---

① 南京大学社会学专业本科学生的毕业实习,去过地处浙闽赣三省交界、素有"枫溪锁钥"之称的文化飞地廿八都;也去过电影《菊豆》《卧虎藏龙》的拍摄地、安徽黟县西南风景如画的南坪古村。当然,因为地利更因为学科的缘故,去的次数最多的是费孝通先生1936年调查的江村暨吴江的开弦弓村,并于2015年在七都镇人民政府的支持下,在那里建成了现已成为长三角社会学论坛(联盟)永久盟址的群学书院。

和关树文、卢福来、高世正、梁铁峰、张成周、张小亮、文海舟等7位老干部、高级工程师、老劳模做了一上午的访谈，算是一个不那么正式的焦点组访谈（focus group interview）。虽然因为时间有限，访谈难以在细节上铺陈，但所有学生都列席参加了，听老人们谈一拖的建设和自己的个人生涯，也因此形成了许多共鸣——现已在美国纽约城市大学攻读博士学位的李雪梦，还据此完成了自己的硕士学位论文；而于我而言，一定要找个机会将这两家企业好好研究一番的想法，也因此就牢牢地生下根来。

感谢南京大学"双一流"建设的实施为我们实现长期以来的研究愿望提供了可能。2018年底，几乎在学校将"社会学理论与中国研究"项目纳入"卓越研究计划"之时，我们即确立了"接续传统，开拓新域，以微明宏，淬炼新知。全面梳理社会学理论的基本脉络，面对全球化的挑战，以本土化的眼光尝试理论创新；深入分析70年来的中国道路，以紧迫的历史责任感和丰富的社会学想象力，锻造中国研究的国际化平台"的学术宗旨。为践行这一宗旨，我们推出了"新中国工业建设口述史"和"新中国人物群像口述史"两项研究，并希望在不远的将来能够有机会推出"新中国农业建设口述史"研究，并由此形成当代中国研究大系。

2019年寒假，我们完成了第一拖拉机厂和洛阳矿山机器厂两项口述史研究；紧接着，2019年暑假，我们完成了包括贵阳、遵义、六盘水、安顺、都匀、凯里6座城市在内的贵州省10余家企业的三线建设口述史研究。按我们现在的想法，我们将在自2019年起的10年时间内，完成10家或10种类型的工（商）企业的口述史研究。从纵向的历时态角度看，如果顺利的话，我们将选择鞍山钢铁厂（集团）、第一拖拉机厂（一拖集团）、洛阳矿山机器厂（中信重工）、大庆油田和三线建设企业（贵州011、061和083三大基地的10余家工厂）这5家（类）著名的企业，作为毛泽东时代新中国工业建设的代表；选择苏宁集团（江苏民营企业）、义乌小商品市场（浙江个体企业）、福耀玻璃集团（福建乡镇企业）、富士康集团公司（广东台资企业）和宝山钢铁公司这5家（类）同样闻名遐迩的企业，作为改革开放后新中国工（商）业建设的代表。

在上述选择中，我们的基本考虑是：（1）同毛泽东时代所有制形式单一的国有企业相比,改革开放后的 5 家企业不但考虑了地域上的分布(尤其是中国经济最为发达的东南沿海),而且考虑了各种有代表性的所有制形式,这不仅是改革开放后经济制度变革产生的最富象征性的结果,更是中国经济富有活力的表征所在。(2)改革开放后的 5 家(类)企业很难说都属于严格意义上的第二产业范围内的工业企业,有些企业(比如苏宁集团或义乌小商品市场)还具有鲜明的商业甚至现代"云商"性质。我们选取它们作为口述史研究对象的原因,不仅在于现实的国民经济中产业形式常常混合在一起,第二和第三产业未必泾渭分明(比如义乌小商品市场常常采取"前店后厂"的经营模式,义乌千家万户的"后厂"就是轻工业商品的加工基地),更在于包括苏宁、京东甚至淘宝在内的依靠现代网络技术异军突起的各类企业,不但构成了中国经济的新增长极,而且它们所打开的市场也在相当程度上促进了中国工业的快速发展。(3)如果出于各式各样的原因,我们的研究未能获得相关企业的应允和支持,或者简单说,如果我们的口述史访谈无法"进入"既定的企业并顺利完成的话,我们也可能调整研究的计划,选择同样或类似的企业推进我们的研究。

我们的读者在阅读这些由亲历者口述而成的著作时,可能会发现,在亲历者有关个人的生命历程的口头叙事中,叙事者自身的生命时长及叙事时点不仅影响到其叙事的欲望和动机,还影响到其叙事的风格和饱满度。尽管没有人规定口述史的访谈对象只能是年长者,但显然包括我们在内,从事口述史研究的人都有过这样的体会,即尽管年长的亲历者有时存在语言的障碍、理解的困难、体力甚至认知的缺陷,但他们对待访谈的认真、细节的"较劲"和过程的铺陈程度却常常超过年轻者。在中国这个特定的历史国度,除了有时会因为某些特殊原因而迟疑外,年长者通常是口述史采集最好的对象。

比如,在我们 2019 年完成的几项口述史研究中,年长的亲历者给出的口头叙事常常比年轻者更具细节和故事性。在"新中国工业建设口述史"的采集中,无论在第一拖拉机厂、洛阳矿山机器厂还是在贵州的十几个三线企业,几百位年长的亲历者们一旦消除了对访谈者的身份疑虑,他们即会主动开始绵延不绝的口头叙事,有些老人甚至来到我们的住地相约一谈再谈。但与此同时,参与同一主题口述叙事的年轻人即使"回答"(注意这里的用词)认真,也缺乏临场的"既视感"。我以为,产生这种差异的根本原因在于,一个人的晚年不仅因为其生命的跨度较长和经验的饱满性使得叙事更有意义,同样也因为个体的终极思考使得叙事更为紧迫。他们通过讲故事维持记忆、复述过去、激活以往的体验,同时建构与修复终其一生的集体认同。这样的解释不仅在一定程度上说明了为什么老人更有叙事的欲望(用单纯的个体孤独来解释这种欲望,不仅简单肤浅,而且本质上是一种还原主义逻辑),更重要的是它同时表明了普通的民众不自觉地参与历史的复述与建构的浓郁兴趣。从这样的意义上说,在中华人民共和国成立70周年之际,在参与新中国工业建设的第一代亲历者们都已进入耄耋之年的时候,我们的工作比任何时候都更显紧迫和富有意义。由此,帮助他们复述并重构其生活事件的历史意义,就是包括社会学家在内的研究者的基本使命。

是为序。

周晓虹

2020 年 2 月 14 日

新冠病毒肺炎肆虐之时

写于南京溧水卧龙湖畔百合花园

目 录

上 卷

赵秉维　一个机械工程师的三线人生 …………………………………… 1
赵樟星　赵　云　辗转东北，扎根西南：两代人的三线建设历程 ……… 23
张良民　李桂英　从"113"到"143" ……………………………………… 40
卫盘兴　从上海到贵阳，我忘我工作，心甘情愿 ………………………… 54
孙根铭　邓辉玉　我从古侗来：一对侗族夫妇的三线历程 ……………… 68
孙德生　无悔一捧忠骨埋异乡 ……………………………………………… 78
杨丽燕　廖文彬　苏联人觉得修不成，但我们提前几年修成了成昆铁路
　　　　……………………………………………………………………… 94
孟宪志　刘学英　祖国的需要就是我的志愿 …………………………… 110
李仲和　陶乃茹　从上海到贵州：随遇而安的一生 …………………… 123
胡树开　从中专生到省技术劳模 ………………………………………… 141
胡高升　根正苗红的教育带头人 ………………………………………… 154
韩全利　张玉兰　流水线上　四十六年 ………………………………… 167
高守仁　十年航空缘，三十年三线情 …………………………………… 179
傅亚东　举家奔赴三线，为国奋斗终生 ………………………………… 193
冯世林　尹惠荣　两代人的光荣与蹉跎 ………………………………… 207
马德安　马　玲　祖国哪里需要我们，我们就到哪里去 ……………… 223
杨军凯　我把一生献给国防事业 ………………………………………… 235
彭　勃　从航空干部到厂校校长 ………………………………………… 248

徐平胜	爱上红色收藏的三线人	261
唐光烈	改善环境的"水利工"	272
王开勋	为了解决母亲的户口,我来了三线	281
齐士超	走出校门的三线建设者	292
郭敬轩	逃荒生涯颠沛流离,工厂进洞筚路蓝缕	305
童鹤龄	三线建设的义务宣传员	315
徐瑶林	研发新工艺的航空业总工程师	326
刘树发	东北人到西南去:三线建设里的文艺宣传者	338

下　卷

王作勤	无悔的三线往昔	351
文寿山　王孝桂	从神枪手到三线人:一位组织干部的跌宕人生	366
王　新	我与061基地的一世情缘	380
石秋雨	与新中国同龄的海军雷达专家	394
白玉凌	好勇斗狠过半生,乐于助人度晚年	407
白　平	一名公安战士的三线情怀	418
刘振友	"三个过硬"的三线多面手	430
刘华山	无悔的财会人生:"我觉得参加三线很光荣"	441
安鸿椿	我是自豪的"天义人"	453
张玉明	九死一生修炼赤子身心	468
陈衍恩	这些年,我翻译了七千多篇论文	482
杨建华	持筹握算:水钢财务人的勤勉一生	493
邵代富	我与遵义医科大学的成长历史	507
杨明久	从地主娃到挖煤工:"黑五类"身份影响了我的一生	519
邱和平　吴雪萍	大院子弟那些"阳光灿烂的日子"	528
吴智益	三线建设是一座无形的万里长城	542
周树桐	潜龙在野:为民请命的矿山记者	556

林桂梅	扎根三线的东北知青	573
赵元兴	五十余载三线情	590
陶玉娟	一位能歌善舞工科女生的三线情	603
桓晓青	四代人四座城,兜兜转转又回上海	616
龚万奇 殷凤英	我们在遵义永佳电器厂的日子	630
崔振铎	从首都到边陲:人生随遇而安,心态感时忧世	648
黄光进	我不做"末代皇帝"	661
蒋昭华	为国家做了一点小贡献的万金油	672
蒋伯均	三线给了我为国家做贡献的机会	686
程黔国	我的幸运与惋惜	699
戴浩梁	我骄傲,我是"三线人"!	712
缪忠和 王正贤 缪咏梅	知足常乐,老实工人的水城半生	727

其他参访亲历者简介 ······ 742
后　记 ······ 759

赵秉维
一个机械工程师的三线人生

亲 历 者：赵秉维
访 谈 人：周晓虹
访谈助理：常江潇
访谈时间：2019年7月17日下午2:00—5:00
访谈地点：贵阳市孔学堂
访谈整理：周晓虹　常江潇

亲历者简介：赵秉维，男，1944年生，河北武清人。1962年考入清华大学精密仪器及机械制造系，1968年毕业后分配到三机部贵州011基地460厂，先后担任机动科技术室主任、机动科党支部副书记。1977年调至011基地总部，历任011基地科技处技术室主任、科技处副处长、科技处处长、技术中心主任，2004年退休。

赵秉维（右）接受访谈

一、我在清华的前前后后

我老家在河北武清，现在划在天津市了，家里头经济状况相当于中农。最初，我奶奶咬着牙攒钱让大伯父上学，他从小的时候就比较能干，上完了以后考了北平师范大学①——免费的，师范当时不要钱。他毕业了以后在北京教中学，这样就有点钱了。他就每个月从工资里边拨点钱回来，家里攒点钱也让我父亲维持着上学。小学毕业以后我父亲跟着我大伯父到了北京，因为我大伯父是教中学的嘛，我父亲就在那里勉勉强强读了中学。读中学期间，父亲勤工俭学，去教小学，挣点钱就交学费。所以我父亲基本上从小就是勤工俭学，自己挣扎着去上，后来也上了北平师大——师范学校是免费的嘛！

我父亲1938年毕业于北平师范大学数学系，毕业后到了北方交通大学——后来叫唐山铁道学院——教数学，北方交大是中国最早的大学之一。② 1958年的时候，我父亲是北方交通大学的基础技术部主任、数学教研室主任。当时全国院系调整，大学由东南沿海这一带往内地搬迁，为筹建兰州铁道学院③，调我父亲作为骨干去了兰州，组建兰州铁道学院基础技术部，我们就跟着我父亲一块从唐山去了兰州，我那时候在上初中二年级。

---

① 北京师范大学的前身为创办于1902年的京师大学堂师范馆。1908年，改称京师优级师范学堂，独立设校；1912年，改称北京高等师范学校；1923年，改称国立北京师范大学校，成为中国历史上第一所师范大学；1929年，改称国立北平师范大学。1931年，由国立北京女子师范大学沿革而来的北平女子师范大学并入北平师范大学。1937年，抗日战争全面爆发后西迁往西安，与国立北平大学、国立北洋工学院组建西安临时大学，后迁往汉中更名为国立西北联合大学。1949年，改称北京师范大学；1952年，辅仁大学并入北京师范大学。

② 唐山铁道学院（或北方交通大学）创建于1896年，前身为山海关北洋铁路官学堂，是中国第一所工程高等学府。建校以来，学校先后定名交通大学唐山工(程)学院、国立交通大学贵州分校(抗战期间)、中国交通大学，1950年更名为北方交通大学，下辖唐山工学院和北京铁道管理学院。1952年后，北方交通大学撤销，两所学院分别更名为唐山铁道学院和北京铁道学院。1952年全国高等学校院系调整，唐山铁道学院部分系科师资调入清华大学、天津大学等兄弟院校，1964年根据中央建设大三线精神内迁四川峨眉，1972年更名为西南交通大学，1989年迁成都至今；北京铁道学院2003年恢复北方交通大学的名称。

③ 1958年，为支援内地建设，国务院批准由1952年从北方交通大学分出的唐山铁道学院（现西南交通大学）和北京铁道学院（现北京交通大学）的科系一分为二，一半迁至兰州重新组建我国第三所铁路高校兰州铁道学院。2003年4月，兰州铁道学院更名为兰州交通大学。

我在唐山的时候读的是唐山省立中学,后来改称唐山第十五中学。这就等于初二转学——其实是考的,我考到了兰州铁路职工子弟第一中学,转入初三,上完初三以后又上了几年,一直到高三。1962年,我在兰州铁路一中参加高考,考入清华大学精密仪器及机械制造系。

当时我们系有三个专业:精密仪器(实际上就是机床设计及工艺)、光学仪器和机械制造。因为我去清华以后是团支部书记,所以组织上号召要服从分配。当时大家都想上精密仪器专业,都不愿意上机械制造专业。面临这样的一个情况,我自己得带头,就填了"服从分配",最后就分到机械制造专业。当然,进去以后我觉得也不错,因为机械制造专业是整个精密仪器专业的基础,学的这些东西,有了基础,转别的专业很容易,而且我们专业底子比较深厚,在清华大学也是个老专业。

我们在清华是六年制。系主任曾经跟我们说过,这是校长蒋南翔的一个想法。因为北京大学和清华大学当时没有研究生,我们当时实际上是按照研究生标准培养的,培养高级技术人才①,所以比别的大学要多一到两年。当时大学学制多数是五年的,也有四年的,我们当时是六年。当然,你如果不愿意,可以给你调整到别的学校去。

当时我家的生活条件比较好,学校规定家庭平均生活费在15块钱以上就没有助学金了,所以我的生活费基本上都是家里头给,其他同学90%都拿助学金,基本上是什么都不用家里负担。有时省一点的,一个月还能寄一两块钱回家去。

我在大学是团支部书记。除了学习以外,还做其他的事情,包括宣传,比如出墙报,另外也做同学思想工作。当时党团组织可比现在管的要多,比如说同学有病,或者同学家里有困难,同学之间闹意见,你都得去做工作。再有,同学学习有困难,你得组织同学给他补课。这些事都要管。

---

① 蒋南翔1932年考入清华大学中文系,1933年加入中国共产党,1935年领导了"一二·九"学生运动。1952年出任清华大学校长(时任教务长为钱伟长),1956年原党委第一书记袁永熙落选后,蒋南翔兼任党委书记。任校长期间,蒋南翔坚持清华以政治为主导的办学风格,并且受苏联教育体制的影响,提倡把清华办成"红色工程师的摇篮"。曾先后担任中华人民共和国高教部部长、教育部部长。

1966年，读到大学四年级时，我被派去北京郊区怀柔参加"四清"工作队。① 当时的队长是北京轻工业学院的党委宣传部部长，他负责一个大队，我负责一个生产队。我们是最后一批，前面其他人是一期十个月，我们大概是八个月，但是后来还差两个月，因为"文化大革命"开始了，主管"四清"运动的北京市委都被解散了，就通知我们全部调回去了。

"四清"要求和贫下中农同吃、同住、同劳动，那是一点不含糊的。都要下地干活，搞运动是晚上，休息时间去搞运动。我们住在一个没有儿女的寡妇老太太家，她自己住一间，挤出一间来给我们三个年轻人住。她对我们挺关心的，每天晚上烧炕，她不光烧她的炕，做饭的时候就把我们的也给烧热了。北京冬天很冷，如果不给你烧炕的话，你晚上过不去的。当时在农村同吃，吃派饭，就是我们把一天的1块2毛钱、一斤半粮票派给老乡，而且在你管的生产队每一家都要轮流吃遍，早饭、中饭、晚饭都到那一家吃。当时强调不能吃肉吃鱼，不能吃荤腥的，鸡蛋都没有，规定即使老乡吃好的，我们也不能吃。经常就是切点萝卜丁子，拿水洗洗，拌上盐，这就是菜了。

我是在大学申请入党的，但最后批准入党是在"四清"工作队里。当时，我们"四清"工作队的队长政策把握得还比较好，没有搞得过火的，处理的也就是多吃多占的人，连开除党籍的都没有，但是受处分的事还是不少。当时农村的干部，要想干干净净地坚持原则，难得很。后来"文化大革命"开始了，我们搞完"社教"回来，有些地方人家反过来到你学校、到你工作单位来，报复、揪斗工作队，但我们没有被揪——没有过火的现象嘛！

---

① "四清"运动是指1963年至1966年上半年，中共中央在全国城乡开展的社会主义教育运动。大致分两个时期，前期在农村是"清工分、清账目、清仓库和清财物"，后期在城乡转为"清思想、清政治、清组织和清经济"。1965年1月14日，中共中央印发了前一年12月中央工作会议讨论制定的《农村社会主义教育运动中提出的一些问题》（"二十三条"）文件，强调这次运动的性质是解决"社会主义和资本主义的矛盾"，重点是整顿"党内那些走资本主义道路的当权派"，由此"四清"运动进一步向"左"方向发展。到1965年12月底，全国有三分之一左右的县、社进行了"社教"运动，一直持续到"文化大革命"开始。

我后来还参加了造反派，和蒯大富①是一派的。他在工程物理系（应为工程化学系），比我低一级。一开始进驻的是工宣队，军宣队是武斗以后去的。武斗以后军宣队和工宣队共同组成革委会，还吸收了一部分学校里的领导干部，组成"三结合"的领导班子。当时不是蒯大富打了工宣队吗②，后来工宣队主持分配，教育部给我们发了三次毕业分配方案，都让工宣队给退回去了。因此分配的时候，我们也是分配得很差，非常碎，那一届好多都分到社办企业去了。其实，工宣队、军宣队进校以后，全校当时在搞"斗、批、改"③什么的，我们班是全校400多个班里面第一个提出来"复课闹革命"的。所以总的来讲，工宣队对我们班的印象还好一点。所以我们的分配应该说还不是太偏，但也都是比较艰苦的地方，工宣队当时的想法就是我们得好好接受改造。

我分到了三机部。④ 三机部在哪？北京兵马司胡同。一开始分到那儿，

---

① 蒯大富，清华大学1963级工程化学系学生。1966年6月由于率先提出"炮轰"压制"文革"的工作组并要求夺权，被工作组开除团籍并关押18天。1966年7月21日，陈伯达派中央"文革"小组成员王力、关锋到清华大学看望被关押的蒯大富。随后，7月29日工作组撤销。8月4日，陈伯达等人到清华大学参加批判以王光美为首的工作组执行"资产阶级反动路线"的大会，为蒯大富平反。蒯大富后来成为著名左派，成立了清华大学井冈山兵团文攻武卫总指挥部，在"文化大革命"中与北京大学聂元梓、北京航空学院韩爱晶、北京师范大学谭厚兰、北京地质学院王大宾合称造反派"五大领袖"，领导、参与了"文革"初期的一系列造反活动。1970年被以清查"五一六"名义接受审查，1983年被判处有期徒刑17年，1987年出狱后从事实业。

② 1967年4月14日，清华大学"文革"造反派组织井冈山兵团分裂为"井冈山兵团总部"和"四一四总部"。因政治主张不同，两派经过一年多的文攻后，终于1968年4月23日由蒯大富指挥的兵团总部向"四一四"发起武斗进攻。其中，5月30日凌晨的武斗，导致18人死亡，1100多人受伤，30多人终身残疾，后继引发了北京大学、北京师范大学等校的大规模武斗。7月27日，毛泽东指示新华印刷厂等组成首都工人毛泽东思想宣传队（简称"工宣队"）和其后以中央警卫团即8341部队的军人为主体的"军宣队"进驻清华大学，却遭到了蒯大富手下的抵抗，开枪造成5名工宣队员死亡，700多人受伤（史称"七二七事件"）。1968年7月28日凌晨，毛泽东召见包括聂元梓、蒯大富在内的红卫兵"五大领袖"，批评了蒯大富。"五大领袖"遂返回学校，动员手下放下武器，停止战斗。

③ 1966年，毛泽东提出了"文革"的三项基本任务：一斗、二批、三改。《中国共产党中央委员会关于无产阶级文化大革命的决定》（"文革16条"）中对此有比较完整的说法："在当前，我们的目的是斗垮走资本主义道路的当权派，批判资产阶级的反动学术'权威'，批判资产阶级和一切剥削阶级的意识形态，改革教育，改革文艺，改革一切不适应社会主义经济基础的上层建筑，以利于巩固和发展社会主义制度。"

④ 三机部（第三机械工业部）成立于1956年，原主管核工业和核武器，1958年改称二机部。1963年，经过调整和新建，国家成立了六个机械工业部：一机部主管民用机械；二机部主管核工业和核武器；三机部主管航空工业；四机部主管电子工业；五机部主管兵器工业；六机部主管造船工业。1964年新增七机部，主管洲际导弹（航天）工业；1975年新增第八机械工业总局，主管战术导弹工业，1979年改为八机部，1981年八机部并入七机部。1982年，上述所有的机械工业部都改为总公司。

觉得地方挺好,实际上去报到以后才知道是分配在贵州山里的460工厂。因为你分到的是中央部委企业,当时一定要经过劳动锻炼,所以我们先被分到属于12军的江苏白马湖农场劳动锻炼。当时几乎全国分到航空工业部的,各个厂的全都在这儿,七八百个大学生都分到这儿。

到那以后,应该说本来跟三线建设关系不大,但是对我的人生来讲还是值得说一说的。

这个农场实际上专门种水稻,劳动是很艰苦的,我印象比较深的就是插秧。我个子当时算是比较高的,弯腰最累。一个割稻,一个插秧,特别是插秧,非常苦。那一垄地,整个大平原上的一垄地,有两里或者说一千米长。稻子从这头一直要插到一千米外,在这中间没法休息——不光是你,插得慢一点,人家两边就把你"包了饺子"。你想到岸边休息,不可能的,你会把别人插的秧全都踩烂了,所以只能咬着牙,一直插一千米到头才行。到了头休息的时候,根本不管地下有没有泥、有没有水,躺下就想歇一会儿,所以真是咬着牙在坚持。

再有一个当时冬天修水利。大方田横竖都是一公里,这么大的稻田,它的给排水完全靠水利工程引过来的水。它包括一个渗盐碱过程,另一个就是冲水补水。平时一年操作下来,泥把排灌水沟灌满了,就靠冬天结了冰以后田里冻硬了,去挖排水沟。当时最苦的就是挖排水沟,因为都是0℃以下,但水是流动的,它没有结冰,踩上去比踩到冰上还冷。我们当时的任务是一人一天挖五方泥,用那种特殊的铲子铲。干了还没半天,这个脚就冻得像个木头一样,根本没有知觉了。干了一上午,中午回去都不敢打开这个腿,打开腿就肿起来了,晚上更遭罪。当时还没经验,一开始用热水暖脚,后来老兵讲绝对不能用热水,要用凉水洗。洗完了以后晚上七八点钟躺在床上,到第二天凌晨三四点钟脚都缓不过来,就这样,第二天你还得照样干。所以当时挖水渠以后,一直到现在都落了病根。一是蜂窝组织肿,稍微有点不慎,整个小腿就会肿起来;再一个是静脉曲张,我一直到现在,静脉曲张都非常严重,静脉像蚯蚓一样鼓出来,皮肤薄得就像李子皮,一碰就破,流血不止。这病一直到现在都没好。

当时不懂,年轻的时候觉得艰苦的工作,就应该牺牲个人的利益。当时我们看到人家冬天修军民饮水工程,民工们也都是这么下去,也是铲泥,人家也是一天标准的五方泥。当然,他们比我们有经验,腿上整个绑起塑料布什么的,水就进不去了。他们挖泥也很艰苦,我当时看着就想,这里的水稻非常好吃,没有菜吃两碗也没问题,他们这么干,我们才有大米吃。所以后来在工作岗位上碰到再多的困难,我都觉得能克服得了——还有比我还苦的人在维持着社会。而我是因为种种原因,因为我受的教育,脱离了穷苦环境,有了比较好的工作环境,所以我很知足,也知道粮食来之不易,所以从来不浪费一粒粮食。这两个工作,我认为对我的世界观、人生观产生了很大的影响。

二、 山沟里的飞机制造基地

在农场待了不到一年,就到贵州 460 厂来了。① 来贵阳先是坐绿皮火车,坐了一天两夜或者两天一夜,40 多个小时。先是到的贵阳,到了贵阳后,工厂派了解放牌汽车把我们拉到平坝 460 工厂,不到 100 公里,大概走了一个小时,因为当时开得慢,路不好走。我们一块来的四个人分到三个工厂。因为人多了才能组织欢迎仪式,我们来的比较少,是大学生毕业报到,一批一批的,几乎每天都有车来,所以没人管。来了以后,就到人事科报了到。

---

① 1964 年 6 月,党中央正式确定建设大三线的方针。10 月,主管航空工业的三机部向国防工办、国家计委上报《关于一线地区十五个大城市企业搬迁和就地分散问题的初步设想》。10 月,中共中央批准《国防工业 1965 年工作要点》,对国防工业三线建设做了具体部署,从此拉开了航空工业三线建设的序幕。按照"靠山、分散、隐蔽"的六字方针,经过半年多的选址、勘测,三机部选定 160 个厂(所、库)的地址,报国防工办得到原则同意,其中贵州有 33 个。1965 年 8 月,三机部上报《贵州地区建设方案》并得到批准。《方案》确定:飞机主机厂及其专业化厂分布在安顺、镇宁一带;发动机主机厂及其专业化厂分布在平坝、清镇一带;附件厂分布在黔西、大方一带;电器厂分布在开阳、修文、息烽一带。由此诞生了一个"小而全"的航空工业体系。为统一组织协调贵州地区的航空工业厂(所、库)建设,成立了三机部贵阳办事处(又名"011 办事处"或"011 基地"),1988 年成立贵州航空工业集团公司。下辖企业包括龙岩飞机制造厂(150 厂)、双阳飞机制造厂(162 厂)、云马飞机制造厂(130 厂),以及黎阳航空发动机制造公司(包括 460 厂、170 厂、100 厂、第二设计所以及 601 库)等。

460厂是1966年开始建的,在山沟里,绝对的深山沟。我们到的时候,已经有两三千人了,厂房刚建起来,但是宿舍、一些办公设备都还没有。因为当时提倡"先生产,后生活",我们去了以后没房子,就住在山洞里。当时正好在收稻子,问老乡要一些稻草铺在地上,然后就铺床,把褥子铺在稻草上,就睡在地上。因为有农场劳动锻炼的底儿,还能坚持住。后来我们单位在单身宿舍里为我挤出一间房子,是干打垒的房子,也很简陋。我当时买了一个蚊帐,下雨或下雪的时候,雨水就直接从水泥预制板缝里溅到蚊帐上再顺流到床上,所以挂了蚊帐以后,上面弄上报纸多少挡一挡,湿了以后滴答水了,就赶快把这报纸扔了,再换新报纸。预制板就只有这么厚(比画),缝很大,从屋里就能看到天上。晚上外边下雪,早晨起来洗脸盆里的水都是冻上冰的,挺艰苦。另外,全厂只有办公大楼和主要的厂房附近有厕所,单身宿舍附近根本没厕所,就是挖一个洞,四面拿稻草围起来,上边连顶都没有,所以一到雨雪天就遭罪了,下雨和下雪得打着伞去上厕所。当然,家属区就好一点,你可以用稻草在房顶铺上一层保暖,另外用一些角钢什么的搭火墙,炉灶可以做饭,可以在烟道上面热饭、热菜、烤衣服,屋里也暖和多了。

虽然生活条件艰苦,但厂里的设备还不错。因为当时对于军工企业国家还是舍得投入的,460厂像是万国博览会,全世界各个地方的好机床我们这都有。虽然自动化水平不高,但加工精度很高。

460厂刚到平坝建厂的时候,政府做了一些工作,与当地老乡关系还不错。比如说,你来了敲锣打鼓欢迎你,到时候送点好的粮食来给你,但后来有段时间就不行了。比如,我们抽水,老乡稻田需要放水了,没有水了他就往管子那跑,不管你工厂生产不生产,把工厂的管子往他的稻田里拉;而且拿着刀、锄头在那把着,不准你去接。再有,石头碾子效率很低,电磨、电碾子破碎机效率高,厂里不是有电吗,他就乱接根线过来,你要去管他,他跟你玩命啊!有时候车床要试车,不能干扰,把他乱拉的电断了,他敢整个把你工厂的马路刨了,刨了以后不让你生产,你进来他就打你。

山里的生活原来很落后,刀耕火种,种地在山上放野火烧,草木灰下雨落到地里边，就靠这施肥种地。我们的试车台也被烧了好几次。试车台在大山里边，老乡一放火烧山，我们成百上千的人就要上去救火，端着洗脸盆往山上跑，很难。后来，为了改善与老百姓的关系，先是给他们接自来水管，给村里通电，都统一由工厂的福利费开支。然后，工厂招工，家属子弟招多少，配套也从当地农民中招多少，后来几乎每家都有厂里的职工了，一个人的工资比一家子一年的收入都多。自从招了当地人以后，他们了解了我们工厂的情况，回到家亲口一说，对改善工农关系还真有好处，以后就不会再这么不讲理了。另外，我们来了以后，让他们生活提高了一大块，原来是5分钱一个鸡蛋，大概3毛钱一斤肉，卖鸡或卖其他以后再去买盐。东西卖得值钱了，生活就上去了。汽车进厂以后，我们厂里还给他拉东西。生活一上去，文化什么的都跟着上去了，电影也有得看了，洗澡也可以洗了，整个生活改变了。这样一来，真的，后来我们和当地群众的关系就缓和了，巩固了工农联盟。

说实话，当时办社会是不得已而为之，不是谁都愿意办的。但是，办了这个社会以后呢，巩固了工农联盟啊！后来，你从贵阳到安顺这一路上，见到有岔道开进去就有我们的厂，有公路开进去就有我们的厂。现在的贵安新区，所有的经济技术开发区，都是我们011基地的厂建在那里形成的，先建厂后建社会，我们黎阳就成了一个镇，平坝县的一个镇。黎阳厂在的这个镇①，就是以黎阳公司为基础的，我们一个厂的经济能力比当地一个县都强，财务、电子、技术、资源、人才都比一个县强。县里的孩子都到我们这里来上学。应该说，三线建设不光提高了贵州的工业水平，对巩固工农联盟、巩固基层政权都起了很大的作用。

你看，我们把这些农民招到厂里来，当时要从扫盲开始，他们一开始干的主要还是一些体力劳动，比如说当勤杂工、搬运工，但是逐渐地，一些上过学的、懂几个字的就转向热处理、机械加工什么的。可以说，一边教文字，就是扫盲，一边教技术，师傅带徒弟，一个带一个；也有的上技校，后来也有不少人发展得很不错。比如，我们机关的党委书记，原来就是工厂招上来的民工。

---

① 黎阳厂位于贵阳市平坝区白云镇。

建在山沟沟里的制造车间

上技校的时间和工种有关,高技术工种一般都是三年,有的还有四年的。像产品试验岗位,一般都不招徒工,都是从机械加工岗位抽调工人再转试验岗位——总得对发动机有所了解才能转来。直接过来不行,因为弄不好损失大呀,一个大件贵的有七八十万元,这一个件加工错了一刀,全部报废。钛合金材料比银子都贵,比黄金差不了多少价,它的整个加工过程是真空的,氩弧焊。钛合金一般用在400℃以下的热端,比如说发动机尾喷口的外罩。那个地方温度很高,但是有保护措施,设计中间在零件里头有一股气流,进到这儿以后通过小孔发散出去,沿着高温部件外边散发,空气流动过程中就把热气挤走了,所以里边的金属件还能经受得住。金属件内头就是四五百摄氏度的温度,着火的煤油气从这喷出去,里边很热的,外面是金属,金属要想不熔化,都有气流保护的。钛合金的好处是强度高且轻,跟铝差不多,但是它的强度比铝高好多倍。

400℃以下是钛合金,400℃以上就是高温合金。飞机发动机的高温部件,哪怕是高温合金的上面都有好多眼,这个眼是干啥的?散热孔,前面进来的空气除了参加燃烧以外,很大的功能是保护后边,表面给你穿了一层衣服——空气的衣服。所以飞机发动机的制造难度确实比较大,一点都含糊不得。哪怕一个螺丝钉掉进去卡在关键的地方,那也会机毁人亡。所以我们制作时连档案材料都很完整,任何一个我们出的发动机零件,即使飞机报废了,拿回来根据它上面的标记就可以确定是我们这生产的,哪年生产的,上面如果还有标号,就能找出当年是谁配的材料,谁进行热处理的,谁做机械加工的,哪道工序是谁干的……档案材料到现在都有,要严格保存几十年的。国内或者全世界没有一个单位的档案材料能够像航空工业的档案材料保存得这么严格。

　　011基地总部最初要围绕生产第一线设置,所以本来总部是准备设在贵阳的,后来就搬到安顺去了,而且安顺离机场近。但是,到1998年后,因为财务上说不允许,总部几千人又搬回了贵阳。① 我们基地最早生产的是米格15,就是"歼-6",后来"歼-6"改型,以后是"歼-7"原型机,"歼-7II"、"歼-7III"、山鹰教练机、无人机等八个机种。②

　　我们基地应该说在发动机制造上是很厉害的,这得益于当时设计基地的时候,北京航空工业部第四设计院是按照欧洲先进的专业化模式设计的。我们是航空工业部按专业化标准设计的唯一的飞机制造基地,而且门类比较齐全,几乎包括了飞机上的所有技术,除了降落伞、救生衣外,剩下的配套率能达到80%以上。

　　到了70年代末80年代初,011基地开始研制"歼-7"飞机的时候③,因为三线建设

贵航集团生产的山鹰战机

---

① 据报载,1996年后,贵航时任董事长周万成和领导班子经过深入细致的分析,认识到在市场经济条件下,地理因素是制约三线企业发展的最大问题。在一个交通不便、相对封闭的经济不发达地区,不要说信息不灵、人才难留,就是想进行技术改造也无法从当地金融机构得到相应数量的贷款支持,于是决定回迁贵阳(参见《贵航将技术开发阵地和销售阵地转移到中心城市》,《中国航空报》2008年8月18日)。所以,这里亲历者说的"财务上说不允许",是指地方财政无法满足贵航公司的发展。

② 20世纪60年代建设三线时,贵州航空工业是按照年产300架"歼-7"飞机、600台涡喷7发动机的生产能力设计的。各个工厂按照专业化生产布局,涵盖了飞机、发动机、机载设备各个系统,整个基地生产配套程度达到70%。1970年,011基地生产的第一架飞机"歼-6III"就飞上了蓝天,并且成功制造出第一台涡喷7发动机。此后,在40多年时间里,011基地及其后的贵航集团先后生产交付"歼-6"系列、"歼-7"系列、"歼教-7"系列共20多个型号1300余架飞机,研制出"山鹰"高级教练机和多用途特种飞机;近百架飞机通过外贸出口到7个国家(参见《贵航歼教-7高教机先出口后装备部队模式国内罕见》,《中国航空报》2008年8月18日)。

③ 1968年,011基地的第一飞机设计所(又称贵航飞机设计研究所)成立时的目标是仿制"歼-7"飞机,为此进行了大量准备工作和技术消化,但后来根据时任空军司令吴法宪的指示,011基地的任务由制造"歼-7"飞机改为制造"歼-6III"飞机。一直到1977年2月,三机部下发《关于在011基地安排"歼-7II"飞机第二生产点的通知》后,贵飞所才开始开展"歼-7"飞机的复制设计工作,1980年1月底完成全机发图任务,1980年9月28日在贵州安顺首飞成功,1980—1985年生产交付了多个批次的"歼-7II"飞机。

已经下马，国家提倡军转民，我们已经不是行业的重点支持企业了，所以开发"歼-7"的4亿人民币投资，都是设计单位、物资供应单位、工艺制作单位以及协作单位大家自己拿钱干的，干完了以后再凑到一块。研制飞机和其他东西不一样，包括飞机和发动机设计，完成了以后要有很长的试测过程，要试成一个全寿命，甚至两个、三个寿命。所以，要制造一架飞机，至少要做三架。第一架做破坏性试验，模仿受力状况加载荷，加到100%、150%、200%等，什么时候拉坏了什么时候算，你拉不坏还不行，拉不坏证明你设计得过火了，材料浪费。一般在100%—120%这个区间坏了，是最合适的。第二架就用于试飞，要考虑所有恶劣的环境，哪怕飞机在恶劣的环境下掉下来，你都得做。所以试飞员很不简单，他们是拿生命冒险的。第三架用于批量生产的检验，检验结果什么毛病都没有，才敢真正批量生产。那么，011基地为什么能在国家基本上没有投资的环境下，搞出"歼-7"飞机呢？就是因为可以相互协作，专业化协作。我们黎阳公司造发动机，也是几个专业化厂组成的，做叶片的一个厂，做钣金材料的一个厂，做主机的一个厂，理化检测的一个厂，物资供应的一个厂……所以，我们有些工艺比北京或其他地方还强，因为这是经过批量考验的工艺。

三、即使国家失败了，也不能亏在我们这里

　　1969年来贵阳，我觉得那时肯定要打仗了。离开北京时，北京也在挖防空洞，基本上省会城市没有不挖的。连兰州的防空洞，我父亲他们都参与挖过。当时他们岁数大了，虽然没有直接去挖，但至少在洞外边帮着弄弄土什么的。兰州挖的也都是相当够规模的，一进去几公里长的防空洞。当时如果不搞三线建设，没有真正准备打仗，苏联可能就真动手了。如果一打起来，后果不堪设想。

　　我们当时都是领导怎么说就怎么做。当时说要准备打仗，美帝、苏修亡我之心不死，你不做好准备，红色政权没法巩固，所以作为战备任务将我们分到贵州来，好多条件都还不具备，连房子都没有。后来建房，也是建造最

简单的住房,说了都不相信,20块钱一平方米,就是干打垒。用水泥弄,只有这么厚的板子(比画),立起来以后,钢筋还舍不得焊,用绳子绑上,拿着竹竿撑上,上边搭的就是那种鱼鳞瓦,用玻璃纤维做的,就是在这样的环境下生活。当时讲先生产后生活,所以优先程度上,第一是生产车间,第二是实验室,第三是办公室,第四才是宿舍。

我们内部都清楚,当时我们的技术水平和美国、苏联有距离。他们一旦打进来,我们怎么办?当时的主导思想一直到现在我还认为是对的。你看美国欺负的这些国家,沙漠地区、大平原地区他都得逞了,却在越南栽了跟头,就是因为越南是山区。据说在中国爆炸原子弹的时候,他们就想把中国的核试验基地摧毁了,但是美国最近的基地,比如说菲律宾的或是日本的,往这边打要1000多公里才能打到。这1000多公里,加之我们已经有了短程导弹,他根本打不过来。再有一个,就是入侵了中国,打到三线这些地方,他们的陆军就别想赢了,不得民心嘛,恐怕进来的第一天游击队就要去骚扰他们。所以,他断定是拿不下来的,所以美国没敢打,苏联也没敢打,这和中国全都挖防空洞、都搞三线建设有关。他知道你三线建设的这些厂都在干什么,你技术水平不如他们,可是只要能得到他一个样机,要不了一年我就能干出来,我们的仿制能力是相当强的,一直到现在都是这样。

其实,美国也好,苏联也好,他的飞机飞不到这里,他不敢飞到这里。另外,就算飞来了,我们的短程导弹能力有多大?雷达能力有多强?山里头有个好处,就是你可以在山头上搞雷达,可以搞好多个,这样很远的距离都能知道他飞来了。而且你飞过来,不可能飞太高,你得贴着地皮飞,因为太高扔炸弹、搞袭击都不准,所以他们不敢进山里来,山区环境对于保证我们的二次打击能力是很有好处的。哪怕你打完,你毁灭我了,你给我扔了原子弹,我还能动,因为我这都是山,两个山头隔过去你原子弹的影响就小多了。所以三线建设严格说来,现在都是有意义的。你看中国周边的环境多恶劣?把重点放在这里,哪怕你把北京、上海、东南沿海都打垮了,我这里保存一套装置,还可以造,还要二次打击你,因为我有很强的生产能力。

美国和苏联知道你的情况才没敢打你。我们也都很清楚我们跟他们的差距有多大，所以我们当时也真是按照国家想的这样去想去做的。我们不能耽误，不能到最后国家失败了，战争失败了，是因为拿不出飞机、拿不出发动机。不能亏在我们这里，不能在我的岗位上出问题，所以当时大家都是挺玩命的。你看我们来的那个时候，一开始没有民工，订购了水泥，那边人家送的车要走，要卸车，你这边解放牌汽车就去拉。一个上车下车，碰上雨天，哪怕下再大的雨都去卸车。当时都是单身，厂房里边常有喇叭广播，一广播就去扛水泥，扛完了下来以后浑身都是雨，衣服都是硬的，回来以后得赶紧泡在水里，不然硬了以后这衣服就废了。脑袋上的泥水没冲干净，第二天这头发一片都是水泥迹！当时没谁说有没有待遇，你卸完车以后最好的待遇就是给你5毛钱伙食补贴。

当时大家能来这里，既然不跑就都是做了准备的，就凭自己主动。来了一看这条件，很苦。但是我不是说了嘛，在农场劳动的时候比这还苦，所以我到了这以后还能承受得了，当时就是这样一种精神。所以，虽然现在知道三线建设问题很多，对我们个人来说也实在吃了不少亏，但不管怎么样，是我们自己搞起来的，看上去也心疼，也着急。现在的三线，大多数人就是这么个情感。

刚上大学的时候，清华就讲我们是"红色工程师的摇篮"。红色，自然是要为国家奉献；工程师的摇篮，我想当工程师搞工程技术，生活上不要追求最好，至少也不会很差。但是没有想到后来到部队农场劳动锻炼，再后来到三线工作有这么苦！我到平坝460厂以后，先是当技术室主任，后来当机动科党支部副书记。虽然当时我还不是干部编制，但因为党领导一切嘛，所以我这个副书记要管机动科的40多个人，包括管理室、动力室、机修室、非标室，还有一个器材库，一共五个单位；机动科下边管三个车间，我负责三个车间的生产和维修的安排，厂里有事，头儿也找我。所以挺长的一段时间后我也锻炼出来了。比如当时搞机修，工厂里800多台机床，有500多台是进口的，有些根本没有图纸，没有备件，坏了以后，生产线停下来就要影响生产。工人们就找你，你就得去修。当时有计划性修理，一年半一次大修，半年一次中修，都得技术人员和工人一块儿到现场去修。拆开了以后先看哪个零件坏了,然后拆开测绘,测绘以后马上下单子让工厂制造。造出来以后,再装备上机床。这个期间这台机床就停着,如果说是关键设备,那就苦了,所以当时我的压力是很大的。

我那时候还没结婚。有一次赶任务,结果就耽误了吃饭。等我赶到饭厅的时候没饭了,师傅还比较好吧,给我煮了一碗面。面是碱水面,煮完了以后汤是黄绿色的,面也是黄的,有点像油条那个颜色,到嘴里边蜇得都吃不下。他看我实在吃不下去了,说"我给你弄点酱吧",就从酱缸里给我弄了一勺酱在面汤里涮一下。我当时也是饿急了,没有考虑过这个东西好还是不好。结果,面是吃下去了,可是这个酱没有热过,就是生酱,苍蝇蚊子在里边叮啊,里面都有蛆。就这么吃完了以后,当天就得了痢疾,还不是一般的菌痢疾,是阿米巴痢疾。① 一天二三十次上厕所,几乎控制不住。当时到工厂卫生所去,大夫直接说:"我这儿没药,也不会治,你看着办吧!"唯一的办法就是向工厂打报告,送我到贵阳来治,但是因为我当时已经负责技术室了,下边管着十几个技术员,我布置任务给别人,他们完不成,最后还是要找我,所以我实在离不开,就只能咬着牙坚持。坚持也不行,我们搞机修的时候要参加劳动,要跟工人一块拆机床,拆完了以后,整个工作服的袖子上全是油泥,只能一个礼拜洗一次,洗太勤了我也没换的。满手也全是黑油泥,你说万一这个时候要上厕所怎么办?根本没办法,没地方洗手!当时我都是熬一天、半天,下了班以后出去才可以在水龙头下洗洗手。

那段时间晚上上厕所也遭罪!外边下大雨——贵州都是冬天下雨,外边又很冷,我还要不断上厕所,就这样打着电筒,还要打着伞,到露天厕所去,所以当时真是遭罪。只有白天在办公室还好,因为办公室起码手是干净的,有厕所,但到车间去根本就没这个条件了。所以手再脏也只能弄点手纸什么的擦得干净一点,当时经常弄得一塌糊涂。

这就逼得我无论如何得把它治好。没有办法,就在平坝新华书店买了

---

① 阿米巴痢疾是由溶组织内阿米巴原虫引起的肠道传染病,病变主要在盲肠与升结肠部位。临床上以腹痛、腹泻、暗红色果酱样大便为特征,易转为慢性,可发生肝脓肿等并发症。

一本《农村卫生手册》，自己翻书看阿米巴痢疾怎么治。后来好不容易从书里看到，链霉素可以治痢疾，但是因为人的肠道不吸收链霉素，所以没有口服链霉素。考虑到链霉素注射很容易造成耳聋，有毒副作用，我也不敢让医生注射。再加上注射是间接用药，药先到血里边，从血里再到肠道，然后再对付细菌，效果不好，我就想，干脆我来点创造性吧！我对大夫说："你给我开注射用的链霉素，小玻璃瓶吧，我干脆喝。"他说："这个可是注射用的，我从来没有听说喝这个东西。"我就拿了一大把一管一管的链霉素，一个个撕开以后兑开水喝。这么着，两个多月，到最后还真算治好了。

这样一来，我又落下了胃病，以后我胃病就再也没有好过，所以身体一直挺弱的。那时候只有咬牙坚持体育锻炼，我当时参加了厂里的排球队，每天真是咬着牙打球，因为我知道我如果不锻炼，躺下了就起不来了。当时没有其他办法，工作那么重，吃得又很差，大夫也说他没办法，就只能靠自己想办法了。

我当机动科党支部副书记主持工作的时候，还有两个分管副科长。病好了以后，厂里派了一个正科长来主持工作，这下我还算好，就解脱了。这以后大概1977年吧，我就调到安顺011基地——就是现在的贵航集团——总部去了。去了以后我就有了一个可以选择的机会，当时组织上问我想干什么，我说我想干技术改造，因为当时在工厂机动科的时候，我也一直搞机床修理、技术改造，这个业务比较熟，所以总部就把我调到科技处，先是在科技处当技术室主任，后来当科技处副处长、科技处处长，以后又改叫技术中心，当技术中心的主任，一直到退休。

四、除了担忧儿子的前途，我真舍不得三线

一直到30岁，我才经同事介绍认识了我老伴。她比我小4岁，也是三线子弟，先在贵阳的301医院药房工作，后来作为工农兵大学生去吉林医科大学读书，毕业后分到安顺302医院。302医院当时是整个011基地或者贵航集团的中心医院，她在内科当医生。认识了一年多以后，1977年，也就是在

460厂待了七八年后,我调到安顺011基地总部机关。调到总公司后,又分了房子,我们就结婚了,这以后日子才好一点。

我们这里口传一句话嘛,就是"献了青春献终身,献了终身献子孙",这在我身上全都体现出来了。献子孙,怎么献法?就是说耽误了孩子。这是我亏欠儿子的地方。你们知道工厂的子弟学校不错,它的教师是哪来的?一开始也是地方上分了一些,但最后都是靠技术人员自己。我们基地的技术人员都是北大、清华、北师大、南航、北航、西工大毕业的,等自己的孩子也到上学的年龄时,学校里没有老师,抽!工厂把生产线上的技术人员抽去子弟学校当老师,这才把子弟学校的质量抓上去了。所以,子弟学校95%以上的老师原来都是工程技术人员,这些人自己的孩子也要教,于是下功夫琢磨琢磨,子弟学校的水平也都上来了。子弟学校的水平高,是因为老师全是好大学毕业的,但我就没有享到这个福了。

我的孩子是在安顺这边出生的,我老伴当时是内科大夫,经常要值班、倒班,所以我们家的孩子老是让托儿所骂,没人去接呀!到放学的时候,阿姨也不能把孩子撂在那儿,只要一个孩子在那边,阿姨就下不了班。到最后我实在受不了了,我下厂了,老伴在医院里值班,那边有病号她根本出不来,我只好打电话给同事:"你能帮我接接小孩吗?"回去以后,我去幼儿园接孩子,阿姨骂啊:"光顾你们的工作吗?你们怎么都不接孩子?"所以我苦了这个孩子!

等他上学的时候,去不了子弟学校。我们基地的子弟学校离总部这儿有几十公里,最远得上百公里。因为总部就是一个机关,当时二三百个职工,没有子弟学校,人数太少建不起来。所以我孩子上的是离家比较近的安顺第七小学。在七小上学,以后又上安顺地区二中。开始我还可以辅导他,可是到后来就辅导不了了。什么原因呢?小学和中学老师布置的作业题,量很大,晚上完不成,第二天老师又要批评,孩子就哭啊,急得没办法。我就说:"我帮你辅导辅导。"我看了他的书,帮他解决这个题,帮助他去做。做会了以后,第二天他从学校回来骂我:"爸爸你瞎教,教完以后老师都给我打叉子了!"

我教他的，老师打了叉子，我就不明白我的错在哪。我一个清华大学的毕业生，我不会做小学和初中的数学题？包括物理、化学这些题我也不会做？我对孩子说："你借你们同学的、小朋友们的作业本回来，我看一看。"我拿过来一看，画对勾的，它有个模式，就是老师上课教的。比如说，这个题应该怎么做，他跟你讲了，这么做下来。布置作业跟这个题是近似的，你得照着老师这个模式做，一点都不能变，变了就是错。老师有标准答案，最后判这个题对和错是按照标准答案判的，差一个字也是叉子。这种学法，把孩子教坏了，就是背功，学习好的孩子就是背功好，他实际上根本不明白，所以你稍微变通一点他就完了。到最后我一看，这个样子我没法教了，我只好在生活上多照顾他，让他上课注意听讲，老师怎么教你就怎么做吧！

后来，上小学五六年级的时候，抓了一下，抓上去了，还是挺好的。以全班总分大概是第六还是第七进了二中，但才半年就又变成两三科不及格了。开家长会的时候，老师说你这孩子得抓抓了。是呀，但怎么抓呢？我们都很忙，没空管。当时我经常出差，到北京、上海出差；也经常下厂，一去一个月、两个月。一个是检查，当时检查多，"工业学大庆"的检查、好多的检查都要配套去做；还有一个就是组织，因为我们科技处要组织全集团的科研生产，要向部里、向国家申请资金，同时还有技术改造项目要落实。技术改造有折旧费、技改费，每年总公司给我们下任务，比如这一年你800台设备10%要经过大修，我排大修、排中修，要把它修理好。所以，到北京汇报，到兄弟单位技术协作，到厂里边去辅助工厂抓科研、抓技术改造、抓技术协作、抓技术交流、抓学术交流，这些项目都是我处里的工作，所以我常年基本上是在外面。

结果说出来惭愧，我上的清华大学，我老婆上的吉林医科大学，我们的孩子两年高考都没考上，到最后没有办法，只能上了大专——成都电子科技大学计算机技术应用专业。考上一个大专以后又不甘心，我辅导他参加自考，就是专升本，考了两个本科：一个是贵州师大的汉语言文学专业；还有一个是贵州民族大学的艺术设计专业。现在儿子在一个公司写点东西，做做策划。

我们当时是顾着自己就顾不上孩子,我要想把我的工作做好,就顾不上孩子;要顾了孩子,工作就顾不上。所以,孩子倒了大霉,就一直耽误到现在。他当然会埋怨,埋怨我们当时太傻了,有那么多机会到北京、到上海工作,就是放不下这里的工作。如果工作撂一撂,全家不就过去了吗?

当时,我这儿的工作已经初见成效了,我在科技处当处长,组织了七八十项技术创新项目,为集团争取了几千万元的科研资金从事技术改造,一年下来整个集团的技术改造费用上千万元。这些钱你不去争取是到不了你这儿的,我争取了这么多,确实是见了成效了,贵州省的科技成果评选,我们集团占相当大的一块。011、061和083三大基地里面,我们011基地是最接近民企的,因为航天工业是一锤子买卖,它的工艺往往都是高温合金、冲压加工什么的,就是机器的加工量也不如我们多,我们一个厂的机床就有800多台,都是进口机床。当年给三线建设配套的时候,国家舍得花钱,一开始"好人好马上三线"嘛!所以,基本上万国机床我好多都见过,许多都没图纸,特别是关键设备坏了以后,工厂就下任务,"你赶快给我修出来",这对我业务上的锻炼也是很大的。我舍不得走呀!

90年代我当技术中心主任的时候,组织各个单位搞技术改造,非常成功。第一批高新技术项目,就是"火炬计划"的项目,贵州省三分之二的项目都出自我们贵航集团。所以,当时舍不得这么一个形势,也舍不得这些人,和这些人在技术攻关中都结下了很深的感情。像军转民的时候,当时我们搞压缩筒,三米长的压缩筒,杆得多长,这个杆的热处理,横着放进去肯定不合格,得吊起来。热处理时蘸火,就是加热以后要到油里边蘸火,让工件快速冷却。杆垂直本身三米长,你想想,如果再把它拉起来,吊下去,加上活动的余地,这么一个处理值上下多高? 起码八米。当时我们基地液压技术的一把手,183厂的总工程师丁伟杰,考虑到工厂内山上的车道不是很险,外侧底下就是悬崖,就利用山体或者说利用悬崖,自己做了一个槽子,一截一截地焊上去的,这样子就可以了。

我们还有一个同学,不是这个厂的,是其他地方的,到最后没有办法,要自己造机床了，自己拿铸铁翻这个床身。① 翻了床身以后，当时有个正火②处理，没有热处理的炉子怎么办？到外面买砖，自己搭起炉子来，里边放上焦炭，支上架子，对车床进行热处理。三天呐，人在旁边盯着，拿鼓风机往里边吹，建了好多测试的温度表，现在温度表不行了，用传感器，监视着炉子，达到它的质量技术要求。弄完了以后出来，淬火以后再继续加工。这些都是跟"铁人"王进喜学的："有条件要上，没有条件创造条件也要上。"跟这些人组织这些项目，搞技术协作，这么大的规模，说实在的，我舍不得离开这里。说老实话，当时有好多这样的机会。因为我调到基地总部后，主管技术改造方面的工作，我和上面的人交往很多，经常把我调去短期工作，像航空工业部总工程师工作会议就把我调过去，到了部里组成一个筹备小组，我当组长；我也认识科技司司长。当时像这样的领导我都认识，只要他们点个头，我愿意也就过去了，但我舍不得呀！

就这样，我就在技术中心主任位置上一直干到退休。先是到55岁，90年代末吧，按照部里的行业管理规定，退出了一线。退了以后呢，到科技委员会，是一个决策支持系统，又当了几年科技委的副主任，还当了贵州航空协会、贵州省科协和贵航集团科协的秘书长，主管科协工作。最后，到了2004年60岁的时候正式退休，那时我们集团已经搬回了贵阳。实际上，因为和科技系统、科技团队密不可分，和他们都有感情了，而且业务已经搞成这样规模了，后边有些我接上来的项目搞不上去，我也得去接手做，所以一直到现在都有项目要做。

因为基础好，所以后来军转民的时候开始还不错。大家都明白，工业行业，还有汽车零部件这个行业我们是有优势的。比如，大众汽车公司生产的汽车，因为国外的环境不像我们这么恶劣，汽车下边的这套排气装置、消音器什么的，都是用铁合金做的。但到了我们这里，因为地面腐蚀性很大，往

---

① 亲历者所说的"翻"指翻砂，即将熔化的金属浇灌入铸型空腔中，冷却凝固后而获得产品即铸件的生产方法。

② 正火，也是一种热处理工艺，又称"常化"（nomalizing）。正火可以改善钢材韧性，具体是将钢构件加热到一定温度后，保温一段时间出炉空冷，冷却速度快于退火而低于淬火。正火时可在稍快的冷却中使钢材的结晶晶粒细化，不但可得到满意的强度，而且可以明显提高韧性，降低构件的开裂倾向。

往寿命还没到三分之一,底下就都锈了。所以,我们为大众汽车公司生产汽车零件,就用上了不锈钢,不锈钢成型很难,但用上了以后,汽车的寿命就提高了。后来,大众汽车公司知道了以后,就把工艺改了,卖到中国或者发展中国家的,统统按我们处置的方式做,所以汽车零部件这一块当时我们上得很快,一度占了市场的百分之七八十。

  我们做民品的时候也是认真调研的。一开始准备做整车的,我当时已经是科技处处长,集团管技术的副总经理带着我们在全国调研,跑一圈下来以后,结论是如果干整车,围绕整个生产线改造,等于重新搞一个行业,我们现在的技术优势用不上;但是,如果干零部件,我们完全合适。所以回来以后我们重点改成干零部件,没干一两年,我们当时就全国领先了。当时什么都做,汽车的起动机、发动机;钣金件,包括车门、排气管、消音器;发动机里边的活塞、活塞环;包括附件,比如传感器、雨刷、橡胶件、密封件、雨刮器这些东西:我们都可以做。主要为国家一开始引进的六种汽车做,比较多的是德国大众汽车公司的车,就是桑塔纳,还有奔驰车。当然,做了大概十年,后来又让"瘦身",就是提倡航空企业要把精力都放到、用到航空技术上来。所以,有些零部件虽然现在还在做,但就不属于主流了,这属于"瘦身"的方案。

  最后,我想说的就是,三线企业在国家的政治和经济史上是有价值的,不是错误决策,是给国家做的重大奉献。第一,我们按时拿出了国家要的军事产品;第二,出口创汇,航空产品的出口创汇,在航空工业部里我们出口也算是早的。你想想,"歼-6""歼-7",一架飞机等于多少件衬衫?即使后来军转民以后,比如液压件、烟草机械、食品机械、汽车零部件,我们在国内行业里也都是领先的。无论技术水平、科技成果、生产规模还是经济效益都是挺高的。而且民企一上来就向地方交税了,对贵州的经济有好处。另外,我们的人才输出。我在搞汽车调研的时候发现,全国各大汽车厂五分之一到二分之一的技术人员都来自军工企业,特别是三线军工企业。

  现在三线建设搞成这个样,当然和国家形势变化是有关系的。但是我认为:第一,一个单位哪怕环境再困难,只要你领导自己站得正,同时千方百计、全心全意地为工厂服务,工厂就应该不至于破产,不至于发不出工资;第二,这些生产设备,特别是国家进口的,几千万元一台的设备,你不用就是废铁一堆,不但不产生效益,还得投钱维修、折旧。要想办法把这些机器的作用发挥出来,给国家创造资产,就不至于说这么个单位捧着金饭碗没饭吃。

赵樟星　赵　云
辗转东北,扎根西南:两代人的三线建设历程

亲 历 者:赵樟星　赵　云
访 谈 人:周晓虹
访谈助理:常江潇
访谈时间:2019年7月19日下午2:00—4:40
访谈地点:贵阳市黔江机械厂宿舍赵樟星寓所
访谈整理:常江潇
文本表述:赵樟星(宋体)　赵　云(楷体)

亲历者简介:赵樟星,男,1936年生,上海人。14岁起在上海做童工,18岁评为四级工,20岁评为六级工。1954年在师兄动员下支援国家工业建设,前往沈阳112飞机制造厂,1968年前往贵阳支援三线建设,先后任黔江机械厂车间技术员、车间指导员、党委宣传科科长、党委宣传部部长,1996年退休。赵云,男,1959年生,赵樟星长子。1959年出生于上海,后跟随父母到沈阳、贵阳生活。受父亲熏陶,对艺术兴趣浓厚,后来获得西南大学美术专业函授学位,调至工会负责宣传工作,收藏和保留了大量三线建设时期的照片及物品。

赵樟星(中)、赵云(右)接受访谈

一、火车驶往东北

1950年2月6日,国民党意图"反攻大陆",上海发生了"二六轰炸"①。当时国民党的飞机没有轰炸南京路这些地方,它轰炸沪西的工厂集中区域,好多厂都遭到了轰炸。我父亲原来是沪西的尼龙销售员,18岁的姐姐也在沪西一家私营染织厂工作,"二六轰炸"以后,父亲和姐姐就都失业了,当时家里还有一个3岁的弟弟,生活很困难。那时候我只有14岁,无奈之下,只读了一年初中就在父亲朋友的介绍下去了闸北的一个机器厂当学徒工,可以说是童工了。我1950年进厂,在机器厂学翻砂铸造,三年的学徒生活吃尽了苦头。工厂没宿舍,晚上就把被褥铺在工作台上睡觉;冬天生冻疮,手肿得像馒头似的;有一次不小心左手大拇指被机器"咬伤",裂开了一个大口子,没条件敷消炎药,只好抓一把香灰撒在伤口上,至今手指上还留着个大伤疤。1953年满师后评了三级工,留在了厂里工作。

到1954年,那时候我们国家第一个五年计划正在进行,国家的141项重点工程②也在建设之中。8月上旬,上海的闸北区劳动局、工会和青年团联合发出通知,号召青年工人积极参加141项重点工程建设,为国家第一个五年计划做贡献。我在机器厂有四个师兄弟,当时我师兄思想很进步,觉悟比我高一些,他动员我们说:"我们国家现在要发展,要完成第一个五年计划,如果我不去,你不去,国家谁来建设呀?"我那三个师弟动员不了,但他把我动员了,我和师兄两人就报了名,简单一考试就通过了。那时候上海工人有名气嘛,我也很年轻,当时才18岁,也没成家,已经评了四级工,所以马上就被录取了。

8月6号录取的,29号我同全上海参加重点建设工程的100多名工人一

---

① 1949年上海解放后,国民党空军撤退至舟山群岛,凭借舟山群岛等地的机场,对大陆频频做出攻击,在1949年10月至1950年2月期间对上海进行了20余次空袭。其中1950年1月7日至2月6日,连续4次集中对上海的电力生产单位和城市重要设施进行重点攻击,以2月6日的"二六轰炸"最为猛烈。空袭过后,上海市区工厂几乎全部停工停产,大多数街区电力供应中断,自来水供应也出现困难。

② 实际指156项重点工程,苏联援建的重点工矿业建设项目数量自实施以来不断调整,至1954年底确定为156项,成为1955第一个五年计划的公开宣传重点。随着形势和认识的发展变化,这些项目有所调整,但"156项"作为一个宣传标识未再改动。

起,在上海江湾华东行政学院集中学习了三天,9 月 2 号就乘火车前往沈阳 112 厂。出发前大家胸前戴着大红花在学校操场集合,乘大客车浩浩荡荡地向火车站进发。客车两侧挂着大红标语:"热烈欢送光荣参加重点建设的工人师傅!""向参加重点建设的工人师傅学习!"车队经过南京路、西藏中路繁华街道的时候,路旁的市民都热烈鼓掌。驶近上海北路时,远远就能听到震耳的锣鼓声。月台上站满了欢送的人群,我的父母也在其中向我频频招手。上海劳动部门、工会和青年团的领导站在车厢门两侧与每个人一一握手道别。上车后我趴在车窗上向父母招手,母亲一边挥手一边抹眼泪,我生平第一次出远门,也情不自禁地流了泪。同年,我姐姐作为失业工人报名华东军政大学当了军人。当时家里经济很困难,能少一个人吃饭是一个,我们姐弟俩各奔东西,家里负担一下子就减轻了。我去了沈阳两年后,我姐姐就到了黑龙江密山农场,后来又到赤峰,她什么时候转业的我也不知道,戴了军衔就到内蒙古去了。

　　火车开动后,我和同伴们心情都很激动,大家猜测目的地究竟是什么样的,有的说东北可不比上海,冬天小便会冻成冰棍,得拿棍子敲,大家都哈哈大笑。第二天一早,我还在卧铺上迷迷糊糊睡觉,突然被吵闹声惊醒:"快看!我们的火车在河里面开!"我从车窗往外看,周围一片汪洋,火车以极慢的速度在黄河铁路大桥①上行驶,河水已经淹没了路轨②。车上每个人都提心吊胆,还好有惊无

上海北站区手工舞蹈团欢送赵樟星
(戴红花者)前往沈阳

---

① 黄河铁路大桥是亚洲最长的铁路桥,长约 10 公里,横跨山东、河南两省,西连太行,过京广线,东至日照,桥上设有长 1234 米的黄河桥站,是中国唯一在桥上设置车站的大桥。
② 1954 年夏季,长江流域发生特大洪水灾害,导致京广铁路 100 天不能正常运行。

险,火车顺利通过了黄河铁路大桥,第三天晚上经过山海关,第四天白天到达关外,从车窗外看到辽阔的东北平原时,我心情非常激动。为了保证行驶安全,直到第五天傍晚,火车才到达沈阳南站。

休息了两天后,9月9日厂里在文化宫召开欢迎大会,由当时的副厂长刘南生主持,厂长牛荫冠讲话。牛厂长热情欢迎远道而来的上海工人参加航空工业建设,他说从7月初开始,已先后来了三批,我们是第四批。后来我得知,1954—1956年的三年时间里,来支援112厂的上海技术工人共计有870人。会上牛厂长详细介绍了工厂建设和生产情况,由于保密工作做得好,我们这时才知道自己要工作的厂名为"国营112厂",对外称松陵机械厂①。牛厂长说:"我们厂主要生产军用喷气式战斗机,目前在苏联专家帮助下开始了试制阶段,我们国家自己生产的第一架战斗机将要在你们这些年轻师傅手中制造出来!"听完报告的我心情无比自豪,下决心要为祖国的航空工业贡献自己的一生。

二、参与中国首架喷气式飞机的制造

进厂后,我被分到56车间,这个车间是生产模胎工艺装备的,和我在上海所学的技术对口。从1955年开始,我一边工作一边读夜校,当时苏联专家还在厂里,他们很重视对工人的培养,夜校的数理化课程很多都是苏联专家来教,我花了四年时间读完了初中和高中。1958年的时候我结婚了,爱人也是上海人,在我们隔壁119厂②搞计量,119厂是搞导弹的核心部分的。1959年我们有了小孩,就是赵云,家务事太忙,没办法,天天晚上都去上课了,所以夜大只读了一年就没有继续读了。

---

① 松陵机械厂前身是张学良在1930年建的飞机场。1951年6月29日正式创建,被命名为"国营112厂"。1957年6月15日启用国营松陵机械厂的厂名,1979年6月5日改称国营松陵机械公司,1986年1月1日更名为沈阳飞机制造公司。1994年6月29日,经国家经贸委批准,在原沈阳飞机制造公司的基础上,裂变组建了沈阳飞机工业(集团)有限公司(简称"沈飞集团公司")。

② 现沈阳航天新乐有限责任公司。

我们中国生产的第一架飞机,是1954年南昌320厂制造的"雅克-18"①,它是教练机,很落后,是苏联来的。中国自己生产的第一架喷气式飞机是我们112厂的"歼-5"②,当时"歼-5"在我们中国的名字叫"56式"。我进厂时正赶上"苦干实干提前一年试制成功'歼-5'战斗机,向国庆七周年献礼"的生产高潮。其中有一项我亲自参与的生产任务至今让我印象深刻,可以说是终生难忘。为试制新机,在生产准备阶段,需要制作一个1∶1的前机身实体模胎,模胎是直径近3米、长度近8米的圆柱状。制造这样一个庞然大物,首先碰到的难题是没有这么大的车床来进行切削加工。最后大家终于想出一个办法:利用车间现有的两块3米×8米的大平台,把它们拼在一起,铸造了两个1.6米高的支架底座,在底座上安装一个轴承座,在前机身实体模胎毛坯件两端安装一个按图样尺寸的钢板圆盘,在圆盘中心焊上一根轴,把轴固定在两头轴承座的中心孔里,在轴上安装皮带轮,由马达带动皮带轮,使这个庞然大物转动起来。刀具架在模胎一侧的刀架上,由我和其他两名工人一起进行切削,一边加工,一边用样板检测以达到要求。当时有一位苏联专家叫沙文诺夫,是总工程师高方启的顾问,经常来车间解决技术问题。有一次他到我们车间,看到我们几个工人在进行切削加工,他竖起大拇指说:"哈拉嗦!哈拉嗦!"③经过一个多月的奋战,我们终于完成了这项艰巨任务。

1956年9月10日,厂里在38车间厂房外的跑道上举行了国产第一架

---

① "雅克-18"是苏联于1946年设计生产的双座初级教练机。中华人民共和国成立后,迫于空军训练急需,中国从苏联首批进口了20架"雅克-18"型飞机。1950年1月,"雅克-18"型飞机正式在中国空军航校用于飞行训练。鉴于中国对空军教练机需求量的日益增大,苏联政府最终决定将"雅克-18"型飞机及其发动机的制造权转让给中国。1951年,中共中央要求国有航空工业力争在3~5年内,从修理起步,逐步过渡到争取能够仿制苏联教练机和歼击机。1951年4月23日,国家航空局决定建立南昌飞机制造厂。1954年7月3日,南昌飞机制造厂仿制的"雅克-18"型飞机在南昌首飞成功。
② "歼-5"是中国沈阳国营112厂仿照苏联"米格-17F"型战斗机研制的战斗机。1956年7月13日全部采用中国自制零件的第一架"歼-5"完成总装,1956年9月正式投入批量生产。当时被称为"56式",1964年才改称"歼-5"。其研制标志着中国成为当时世界上能够成批生产喷气战斗机的国家之一。
③ 俄语"真棒、很好"的意思。

喷气式战斗机试制成功庆祝大会。① 当时国务院副总理聂荣臻、三机部部长赵尔陆等领导为新机剪彩,和全厂职工一起观看了试飞表演。飞机着陆后,我从广播中听到试飞员向聂荣臻元帅报告"一切良好"时,大家一起热烈鼓掌,一片沸腾。广播里还听到党中央、国务院发来贺电,热烈祝贺112厂"歼-5"飞机试制成功。

国产第一架喷气式战斗机"歼-5"

从1961年初开始,厂里着手进行"米格-19C"(歼-6)的仿制工作。当时正值三年困难时期,很多同志因营养不够身体浮肿,晚上加班很饿,食堂就送来窝窝头和豆腐脑,据说当时磨的黄豆还是中央特批下来的。

在那样困难的条件下,我和大家一起不叫苦不叫累,经过两个多月奋战,保质保量地完成了1∶1的"歼-6"样机制造任务,后来又参与了"歼-6"的工艺装备制造工作。到1963年底,历时2年11个月,"歼-6"飞机终于试制成功。在1964年的全国工业新产品展览会上,"歼-6"飞机荣获一等奖,我为此付出过辛勤劳动,因而也感到万分荣幸。

1966年5月,我从工人被提拔到技术员。同年,由于之前在"四清"工作队表现比较好,回到厂里之后我被批准加入了中国共产党。我是标准的"工人当干部",当时提拔干部还是有几条要求的:第一,要根正苗红的工人,工人阶级"老大哥"领导一切,学校来的还不行。我是童工出身,这是我被提拔为干部的一个重要依据。第二,光凭这个身份还不行,要看你在劳动中有没

---

① 第一架国产喷气式飞机于1956年7月19日首次试飞,由吴克明担任试飞员;1956年9月8日国家验收委员会在112厂举行了验收签字仪式,并把该型飞机命名为"56式"飞机,同时批准批量生产。1956年9月10日,军委副主席聂荣臻元帅亲临沈阳,参加国产第一架喷气式歼击机试制成功庆祝大会,并在赵尔陆部长和史良长的陪同下,亲自为飞行表演的国产第一架喷气式歼击机"中0101"号剪彩,接着登上观礼台观看了飞行表演。当天,中共中央和国务院发来贺电,祝贺"56式"飞机试制成功。

有真才实学,要有真本事。我18岁时是四级工,入党前已经是六级工了。第三,要求"三忠于、四无限"①,当时我对毛主席、对共产党那是最忠心不过的,对自己的下一代也是那么教育的。有意思的是,我虽然在1966年提了技术员,升了六级工,却一直拿81块5毛4分的工资,拿了12年,1978年全国才开始涨工资。

1966年"五一六通知"②后,"文化大革命"开始了。我是"硬骨头"保皇派——党员不都是保皇派嘛?——但孩子他妈是"831"造反派的。那个时候也是挺滑稽的,当时在112厂的朱德文化宫——朱德题的字,现在还在呢——孩子他妈所在的造反派演节目的时候我去看,我们保皇派演节目他妈也来看,按照要求,等于我们家里的两个是对头,但其实那时候都是挂个名。说实在的,112厂在"文革"中是很平静的,为什么呢?你国防工厂搞起来了可不是开玩笑,那时候毛主席、周总理要求,国家重点工厂不要乱搞,但是工人不参加不行,因为社会上它有那么一个潮流,所以都是毛泽东思想文艺宣传队演出,厂里也没什么斗争,基本上还是很平静的。

我妈跟我说过一个事儿,小时候我爸他们厂演节目的时候带我去看,我妈她们厂演节目的时候也带我去看。到了"831"造反派那里,他们说"我们这个厂是最忠于毛主席的",指责对方是不忠于毛主席的。然后到我爸那儿去了,他们也说"我们是最忠于毛主席的"。因为我小嘛,我说完我自己都不记得了,是我妈后来说:"你小时候还问过我:'妈啊,到底哪边是忠于毛主席的?'"有这么个插曲。

---

① "三忠于、四无限"是"文化大革命"初期的政治术语,强调对毛泽东的个人崇拜和对其思想的忠诚。其中,"三忠于"指的是"忠于毛主席""忠于毛泽东思想""忠于毛主席的无产阶级革命路线";"四无限"是指对毛主席、毛泽东思想、毛主席的无产阶级革命路线"无限崇拜""无限热爱""无限信仰""无限忠诚"。
② 指1966年5月16日,中共中央政治局扩大会议在北京通过了毛泽东主持起草的指导"文化大革命"的纲领性文件《中国共产党中央委员会通知》。

三、奔着吃大米到贵阳

那我怎么会到贵阳来呢？那时候毛主席号召搞三线建设嘛,说三线建设不好,他老人家睡不好觉。当时三机部给112厂下了通知,要一个车间包建一个搞地面设备的厂,负责招兵买马的是模胎车间的副主任,他管的一个车间也凑不够人数啊,所以他悄悄到各个车间找个别人问:贵阳那边招人,你愿不愿意去？——不能直接问,不然车间主任会说你挖我墙脚,不放人的。当时他来问我,那时候我才多大？1968年才32岁,是吧？我技术也有,文武都行,实际经验也有。一听说贵阳那个地方很不错,气候也好,冬天没沈阳那么冷,夏天没沈阳那么热,还能吃大米,我说那行,就在1967年10月份报了名——我是奔着这个来的(笑)！我们在沈阳的时候一个月才两斤大米,其他有什么高粱米、玉米。高粱米吃"水饭",跟邻居学的,蒸上以后泡冷开水吃。吃玉米面,就是窝窝头,每个月80%都是杂粮,我们上海人爱吃大米,受不了。我就这样报了名,我所在的车间主任还告到领导那里去了,当时我是车间的技术骨干嘛。后来厂里批评了我们车间主任:"你太保守了,没有大局观念。毛主席都说了,三线建设搞不好,他老人家睡不好觉,骑毛驴也要去三线①——再是骨干你也要放他走。"厂党委书记这样说了,我们车间主任也没办法,我就是这么来的。有意思的是,一起来的一些沈阳同事,调过来后待了两年不习惯,大米他还不愿意吃,要吃高粱米,又调回沈阳了。

除了个人的利益,为了吃大米而来,从政治思想上来讲,当时我做团支部书记,又是党员,我也知道三线搞不好的话确实很麻烦。当时苏联专家在一夜之间从112厂撤走,开始我们不明白:苏联是老大哥,挺好的啊。后来厂长给我们做动员,说赫鲁晓夫上台了,苏联搞修正主义。我们中国不是还搞

---

① 毛泽东对三线建设十分重视,曾发表了许多关于三线建设的分量很重的指示,诸如"攀枝花钢铁公司一天不建好,我一天睡不着觉""没有钱把我的稿费拿去""没有路骑毛驴也要去""现在去不去三线就和大革命时期要不要下乡一样",以及"三线建设要把好人、好马、好设备都调过去",等等。参见张国宝:《改革开放之前的几次经济建设高潮》,《中国经济周刊》2019年第11期。

了一评、二评、三评、四评,一共"九评"嘛①,是吧?那时候口号一是要"反修",二是要"反帝","反修"已经放在"反帝"前面了,搞三线是为了防止打仗,怕沈阳112厂保不住了。

周围不管是亲戚朋友还是工友,大家都是一个信仰。什么信仰呢?知道修正主义要卡我们的脖子,让我们的发动机和飞机不能及时搞出来。当时在党员内部都讲了,不搞三线不行,苏联专家到我们这个地方了解得很清楚,一个不注意就给你干掉。当时来三线的,一个是要党员,一个是要技术骨干,都是精兵强将,一个人要顶十个人用。那时候我们说实在的,真的是一颗红心,是吧?毛主席怎么说,我们就怎么做。

我是1968年5月份到这儿的,已经比较晚了。我来的时候我们这个厂已经搞得差不多了,我不是这个厂的建设者。那时候国防厂和外面都是分开的,对外我们的厂名是贵阳黔江机械厂,也叫3127厂。我们本来是准备在七眼桥那个地方自己搞新厂的,当时彭德怀是三线副总指挥,他调研后说安装公司②要撤了,黔江厂用不着在七眼桥那个地方落地,给国家省点钱,就去安装公司那里落脚。这个厂区的前身是贵州省监狱劳改农场,厂里只有一根高烟囱、两间简陋厂房,是劳改犯生产劳动的场地,他们当时制砖,那烟囱到现在还在,已经60年了。我们来这个厂以后,一看还不错,大铆焊车间什么的都有,但是根据我们航空工业的要求,它的质量各方面还达不到。但那是"文化大革命"时期,1968—1969年工厂生产基本瘫痪,1970年才逐渐恢复正常,1970年三机部四院对厂区规划后才修建了厂房。当时厂区和农村基本上都是融合在一起的,我们厂旁边有一个大寨村,当地农民的牛有时候还会牵到厂里,把粪便拉在车间门口,臭烘烘的,为此还打起来过。当地农民比较苦,我们工厂条件比他们好一点,是吧?他总觉得心里面不平衡,好

---

① 1956年苏共二十大后,中苏两党在国际共产主义运动路线和策略等问题上出现分歧并逐步激化。1963年6月,邓小平率领中共代表团赴莫斯科参加中苏两党会谈。会谈期间,苏共中央发表《给苏联各级党组织和全体共产党员的公开信》,对中共进行攻击。从1963年9月至1964年7月,中共中央以《人民日报》和《红旗》杂志编辑部的名义,相继发表9篇评论苏共中央公开信的文章,史称"九评",批判"赫鲁晓夫的修正主义";与此同时,苏共中央也发表文章进行还击。
② 指中建四局安装工程有限公司,原名中国建筑第四工程局安装公司,成立于1958年,负责三线建设的基建工作。

像我们是占了他便宜了,对我们不是很友好。其实我们也没占他什么便宜,后来慢慢就好了。

黔江厂旧貌(赵樟星 摄影)

黔江厂附近的老乡早就是贵阳市里的居民了,你要到平坝的黎阳公司,那冲突多了,那个地方的厂真正叫三线厂。我在工会嘛,经常去做这个工作,老乡把你的路划断,把你的线给剪了,造成你的工厂停水停电,然后问你要钱。我拍过一张照片特别有意思,是遵义的一个厂,很好的一个军工厂大门,旁边就是牛棚,这个厂建了多少年了,动员了多少次,老乡就是不拆,你也不敢动他,他们家本身也不养牛,他就弄个牛棚放在那儿,你只要动我一点东西就拿钱来。像我们黎阳公司,厂房旁边有一片稻田,一下雨控制不住,有些车间里面的油渍、废水就流到田里了,稍稍有一点废水流进去,他们就会说:"我这几十亩田今年没有收成了,长出来的米谁敢吃?拿钱来!"所以早年建厂的时候,有一个不成文的规定,就是让当地农民白用水、白用电,大概30年没交过水电费,后来改制了他们才不能不交。

我父亲跟当地人交往不多,来这儿50年了还不会讲贵阳话。我到了贵阳以后,在小河二十五中上学,镇上没有子弟学校,要和当地人一起读书、交往。在我们这个班里头,一拨贵阳人,一拨东北人,一拨上海人,所以造成了我说三种话,我现在既讲贵阳话,也讲上海话,还可以讲东北话。黔江厂东北人多,所以我讲普通话就带有北方口音,我爸讲普通话还是带有南方口音。我口音里的东北味叫作"三线厂矿的北方话",你听着有东北味,到了东北以后人家一听——你是外地人。

我们 011 基地分为两大块，一类是主机厂，一类是副机厂。我们属于副机厂，是航空地面设备和航空随机工具专业化厂，主要生产发动机、飞机的随机工具和飞机跑道上的地面设备。我们相当于试飞厂的一个车间，地面设备的那些轮档、副油箱的拖车都要我们生产安装。像飞机要起飞，特别是轮档、刹车、导弹要挂在上面，导弹的架子是专业化的，凡是跑道里面的机械都不能在民用工厂搞，都是我们厂生产的，我们搞完以后再去安顺的 162 厂试飞。我们黔江厂主要是支援两个厂：提供地面设备给 130 厂，提供随机工具给黎阳公司。那时候分工太细了，就那么个东西要成立一个厂，所以 112 厂的车间主任到这儿就当了厂长了。沈阳 112 厂将近 3 万职工，整个厂就是一个小城市，从原料投入到搞工艺设备，一直到零部件生产再到总装试飞，一个厂就搞完了。所以我们中国的体制和西方就不一样，美国的飞机零部件都是那些私人厂商生产的，像法国的空客，它的后机身和尾翼，就是在我们的西安飞机制造厂生产的，西安这个厂就是搞大型客机的。

黎阳公司现在有一个厂叫黎阳国际，过去叫转包厂，什么意思呢？专门给德国的一家飞机公司生产一部分零件。外国人也是为了保密，主要的技术零件人家不给你，相对比较难干一点，挣钱又比较少的这种零件给你做。

我来厂里的头两年主要协助筹建，后来工厂建了锻铸车间，我担任技术员兼车间指导员。搞铸造的车间条件很艰苦，又热又脏，有的人打退堂鼓，我就做这方面的宣传："你们不要叫苦，现在这个条件虽然苦，但如果美帝苏修打过来了，把我们航空工业掐脖子了，我们哪有现在这个条件，那不是更够呛吗？"从 1970 年开始，在军品方面，厂里先后为贵州 011 基地主机厂生产的"歼-6""歼-6甲""歼-6III"等机种配套制造地面设备和随机工具，其中为 011 基地自行设计研制的超声速高级教练机生产的配套地面设备和随机工具，还获得了三机部颁发的集体功奖。

从我个人来说，1968—1978 年这十年间，总体上都待在车间当技术员，有时候去车间劳动。1978年厂里开始提升我了,先后担任了党委宣传科的副科长、正科长,党委宣传部的副部长、正部长,一直到1996年以正处级和副总工程师的职务退休。在宣传部工作期间,我还拍了不少照片,比如干部参加劳动的、热处理车间的工作情况、厂区全貌等,都收藏了下来。

黔江厂党委书记石宝昌(右一)在参加劳动(赵樟星 摄影)

四、生活的剧变跟电视剧一样滑稽

搞军民结合的时候,我们厂60%—70%的产线生产民用产品,后来把民用产品去掉了。1998年的时候厂里改制,车间都卖给了私人老板。之前有铆焊、热表处理、非标、钳工、油漆、铸造等好多车间,全完了,就保留了一个军工车间,随机工具和地面设备还在干,面向系统计划生产,不对外。像我家里这个"航空牌"电炉,就是我们厂卖出去的一个车间生产的。贵州有五花八门的这种电炉,做成茶几式的、床头柜式的、麻将桌子底下的,各式各样。贵阳潮湿,冬天全靠它,既可以取暖,又可以烧饭。为什么我们厂有这个生产条件?这个电炉里面有个电阻丝,就是电加热元件,我们厂有一个车间是专门生产电加热元件的,一般民营厂还生产不了,后来就有老板买了这个车间生产电炉。

改制的时候是过去20年来最困难的时候,工资都发不出来了。1998—2000年那个时候正是"下岗风"嘛,我听朋友说,那时候他们郑州那边有老工人因为工资发得少卧铁轨。我们厂总的来说工人觉悟比较高,困难也尽量熬过来了,没闹事。后来2005年以后慢慢就好了,国家把钱都补发了。最困难的那几年,我去了上海的一家私营饭店干活,一开始干出纳,我是很聪明的,跟着老会计学,马上就知道怎么回事,后来就当了会计。干了两年,钱够花就回来了。

原来我们厂有1800多人,现在只剩不到300人。说得不好听点,我们厂现在就是一个车间,车间直接归厂长管,原来的机关单位只保留了几个人,像宣传部、组织部都没有了,就一个党委办公室处理一些文件。厂长、党委书记都还有,不管怎么样大小,它也算是个厂。现在黔江厂有四分之三的厂区都卖给了开发商,你不要看我们厂是个小厂,这一片将近160栋别墅原来都是我们的厂区。

从地理位置来看的话,黔江机械厂位于贵阳市区,这个地方叫花溪区,所以说无论是改制也好或怎么样也好,改革开放走过了40多年,那么实际上它这边的变化远远比安顺、平坝那边要走得快,因为它毕竟靠近城市。像黎阳公司现在搬到沙河了,平坝那些老的厂房和家属区,原来什么样现在还是什么样,开发商不可能到你那儿盖房子去。三线企业走向市场经济以后都要改制,据我们所知,整个贵州的这种三线军工企业,像我父亲他们这种不是主机厂的,改制以后是最困难的时候。因为它军品几乎没有了,去做民品又做不过别人。不是设备不尖端,东西可能也很好,但是成本高。当年是计划经济,各个厂的分工很细,走向市场以后,厂方为了减少成本,很多东西可以不要你黔江厂生产的,另外找质量差不多又便宜的。我举个例子,开始他们黔江厂的面包炉销路还挺好的,结果还做不赢人家一个个体户,做不赢广州那些厂。只有我们黎阳公司在改制的过程中相对平稳。我大弟弟技术比较好,是搞电工的,还留在黔江厂。我的一帮同学,没有走掉的现在都下岗了。

我们的生活跟电视剧一样有意思,当年农村的姑娘特别愿意嫁给三线的小伙子,现在我们三线的小伙子要到农村去找对象,挺滑稽的。

以前当地人那是太愿意嫁给三线人了,这个事情到什么时候开始发生变化的呢?就是改制以后,地方经济崛起、三线企业开始走下坡路的时候,地方的工资水平远远高于三线企业了。就拿我们黎阳公司而言,90年代的时候我们工资很高的,那个时候像我这个级别都已经拿到三四百块钱一个月了,地方公司那时候才一两百块钱一个月。那个时候招学徒工也好,大学毕业生也好,想到我们工厂来,他要走后门托关系的。

五、 两代人的心路历程

1977年我高中毕业,那个时候上山下乡已经走到了尾声,国家又没有取消这个政策,所以厂里面自己办了一个知青点,厂里的子弟就去这个知青点。1978年我去上了两年黔江厂自己办的技校,学习机械加工,毕业后就分配到了黎阳公司,在生产一线开摇臂钻。说实话我的技术不太好,我从小受我爸喜欢画画写字的影响,一直想当的是艺术家。从我懂事起我爸就给我留作业,他画完之后让我照着画,包括我女儿也是受我的影响,从小画画。我一进厂,在车间干着干着老是被抽调走,因为我在文艺宣传队是骨干,又唱又跳又写又画的。我们车间主任就特别有意见,他说:"你干脆调走吧,别在我这儿了。你占我这儿名额,派你活儿你又总不在。"所以当时我每个月工资也拿不到多少。

工作了大概四年之后,我去读了西南师范大学美术专业的函授课程。虽然是函授,但人必须得去,所以重庆和贵阳两边跑,基本上半脱产。读完出来以后,本来是要顺利调到工会工作,结果位于平坝的黎阳公司要在贵阳开拓市场,搞了一个窗口叫华航公司。我正好学美术,就让我到那边去搞装饰设计。当时华航公司是和重庆那边一家公司联合做的,专门做铝合金门窗和室内设计。一直到1996年,整个市场情况就不好了,华航公司开始亏损,公司也慢慢准备撤销。那个时候和我一起在宣传队的朋友正好当上了工会主席,他说:"赵云你哪儿也别去了,你一直没正式在工会,但基本上就是我们工会的人了,一天到晚抽调你。"他们就下了调令,1998年我从贵阳回到了黎阳公司,在工会工作。本来应该2019年底退休,我提前两年办了内退,工资少一点,但是可以不上班,比较自由。

我做三线收藏，一方面是受我父亲影响，另外一方面也受到我们厂老一辈人给我们留下的许多东西的影响。我本身喜欢搞收藏，不太扔东西，尤其是像这种老照片都留着。旧的桌子凳子啥的，有时候我也觉得应该留好了。我本身待在工会，这些实际上也是我分内的工作，凡是有老照片展或者展览换橱窗，我都给留着，这样下来大概收集了上千张老照片。

从内心来讲，我总觉得这些东西可能某一天会有用。当时我是这个想法，并没有打算说我收集了那么多的照片，以后要做一个博物馆什么的。最初把这个收藏做起来的动机，源于多年前有一次沈阳的 606 所①要出一本书，其中有几篇要说到我们贵州三线建设的事情，希望我们提供一些厂史，尤其是老照片等资料。我们宣传部长知道我当时已经收集了很多这些东西，就叫我去参会，于是我就带了一部分照片过去。去了以后，在那次会议上得到了特别的肯定，这样把我的爱好也好，情怀也好，又往上提升了一下。后来又有一个契机，就是咱们贵州国防建设 50 周年的时候，让我导演一台晚会，又让我编辑了一本 50 周年纪念画册，整个里面的平面设计都是我做的，主题是"不为怀旧，只为铭记"。因为我是主编，所以我把三大基地的照片都得拢来，这样收藏品又扩大了。我收集了过去一些老东西以后，黎阳公司和政府合作建了一个三线博物馆，把我的东西往那儿一放，又激起了我的这种兴趣，一层一层叠加起来，到最后收集了很多老物件，搞成了一个"流光逝影"收藏小店。

我 1996 年退休，已经快 23 年了，我现在就在家写字画画，我的画还得过我们航空工业部 50 周年纪念画展的三等奖，还有一篇文章《献了青春献终身，献了终身献子孙》也得了三等奖。退休以后我回去过上海，原来我在上海闸北机器厂的四个师兄弟，和我一起去 112 厂的师兄后来调去西安搞大飞

---

① 指中国航发沈阳发动机研究所（简称"国发动力所"，代号"606 所"），始建于 1961 年 8 月，首任所长为刘苏少将，是国内大中型航空发动机设计研究中心，先后研制 11 种型号的涡喷、涡扇发动机。

机了，三个师弟一个是常州人，在荣毅仁的福新面粉厂①工作，其他两个师弟，一个在上海四方锅炉厂担任人事副厂长，另外一个在上海锻压机床厂担任厂工会主席，也是副厂级。我在这里最后也就是个副总工程师，还不是副厂级。当时我回上海的时候退休工资一个月才3000多块，还没涨到现在的4700多块，那个时候我师弟的工资已经6000多块了。我是师兄，他们是师弟，我的工资才是他们的一半。想当年去沈阳的时候也是自愿，我属于"突击入团"，报名去支援141项重点建设的时候，区里团委的领导让我赶紧写入团申请书，我政治上没问题，家庭出身也挺好，马上就批准了入团申请——到国防工厂不是共青团员还不要呢，当时这两个师弟还没入团，他们去不了，也不愿意去东北。他们当时就问我："老阿哥，侬为啥去来？去受苦干啥？"现在他们又问我："老阿哥，侬去三线干啥？侬待在上海，现在起码是正厂长了。"后来我就笑，我说我也不后悔。

我妹妹是上海公安局的，我完全可以回上海，但我现在不愿意去，感觉上海人太多了，上汽车挤得要死。贵阳蛮好的，天气比上海好。工资少一点，但我过得挺好，我三个儿子挺有出息。我的三个儿子，除了小儿子在银行工作，大儿子和二儿子都在本系统上班，大儿子和大儿媳都在黎阳航空发动机公司，二儿子留在本厂工作，自己也开个小厂。

我现在身体也挺好，三个儿子过得好，我就知足了——我拿这个来宽慰自己。过得去就行了，是吧？钱赚得多，一个人一生也就是那么一回事。我工资确实比他们少，他们一个月现在都万把块钱，我现在一个月还不到5000块，但我能过得去。我说："我对我们国家还有贡献，第一架喷气式飞机你们参加制造没有？我参加制造了！"师弟就说："噢哟，侬有光荣，侬有光荣！"

到我们这一代，已经谈不到后悔了，但是偶尔也会说，父亲如果当时留在上海，那现在我还在上海。我两个弟弟因为在这里生，在这里长，可能这

---

① 福新面粉公司成立于1912年12月19日，由荣宗敬、荣德生兄弟创立于上海，与茂新面粉公司共同构成当时中国最大的私营面粉企业集团。1956年，包括福新面粉公司在内的荣氏企业在经过半个世纪的沧桑后，在荣毅仁的带领下成为社会主义公有制的一部分。

种概念要更少,我毕竟是生在上海。我妈在上海生的我,之后我就一直待在上海,一九六几年的时候我父亲才带我回沈阳。到了我女儿这一代,我之前带她去上海,到了南京路以后,这家伙脑袋都抬起来了,胸也挺起来了——她就觉得上海好。我女儿今年也二十七八岁了,当时她在贵阳读完书以后就跟我讲:"爸,我不在贵阳,我要去上海。"我父亲他们那一代人要支援国家建设什么的,到了我女儿这一代,哪儿好去哪儿。

张良民　李桂英
从"113"到"143"

亲 历 者：张良民　李桂英
访 谈 人：曹慧中
访谈助理：肖鸿禹
访谈时间：2019年7月19日上午9:30—11:30
访谈地点：贵阳市花溪区小河红林小区
访谈整理：曹慧中
文本表述：张良民(宋体)　李桂英(楷体)

亲历者简介：张良民，男，1936年生，湖南人。1955年南昌航空工业技校毕业后分配至西安113厂工作，1969年携全家迁往贵阳，在生产航空发动机的红林机械厂(143厂)工作，先后担任检验员、保卫部干事、车间主任、运输科长、宣传部部长等职务，1995年退休，现在居住的红林小区是典型的单位制大院。李桂英，女，张良民妻，1936年生，湖南人，与丈夫为同乡。自西安113厂至贵阳143厂一直从事资料保管工作，曾与苏联专家共事，1994年退休。

张良民(右)、李桂英接受访谈

一、从西安"113"到贵州"143"

我中学毕业后离开家乡湖南,到南昌的航空工业技校读书,也被称为二十七技校。入校后在钳工班学习,当时的技校是全国招生,学制三年,不要交学费,只有吃饭要给学校交一点儿钱,在吃的方面花费也非常少。不但如此,我们进校就可以算工龄,每个月还能领到9块钱的工资,这样就不用花家里一分钱了,这真是沾了国家的光。

三年的学校生活结束后,就要到工厂实习,我先后去了沈阳和哈尔滨的工厂,前后加起来也有一年的时间。

实习结束后,1955年我进入西安的113厂工作①,这个厂隶属于当时的三机部,也就是航空工业部,进厂之前要审核家庭成分,如果是"地、富、反、坏、右"家庭出身,就不会让你进到这个厂。我以钳工身份进的厂,但是一直

"肃反办"时期的张良民

---

① 现为中国航发西安动力控制科技有限公司,始建于1955年,是中国第一家航空发动机控制系统产品研制生产企业,代号"国营113厂"。

没做钳工,刚进来就被分配到厂里的"肃反"办公室搞"肃反运动"①去了。和我一起去的还有我的一个同学,我们俩关系很好。在"肃反"结束后,我主动要求下到车间,干了半年左右的检验员,但没多久又把我调离了车间,让我去做保卫工作,直至去贵阳前我就一直在保卫部工作。

在厂里工作的第三年我结婚了,那时候结婚什么都没有,被子一拿就算完事儿了。我和另外一个同学同一天结婚,我在厂子幼儿园这头一间房,他在幼儿园那头一间房,两家都是1957年8月7号办的喜事,我们笑称为"八七会议"。

我只读到了高小毕业,那时候在农村多少还是有一些封建思想的,觉得女孩子能写出自己的名字就可以了,不需要读太多的书。说起来我父亲还是小学老师呢,但是他不在我读书的那个学校,平时基本不怎么在家中。母亲是个小脚,六个姊妹中我是老大,弟弟妹妹年纪都小,家里分了田地之后,我就成了主要劳动力,什么活儿都要干。在这样的情况下读了六年小学,白天在学校上课,晚上我还当扫盲老师,教那些爷爷奶奶认字写字,教了好几年。

牵线人是我的班主任老师,也是他的八伯父。我和老师还有师娘住在同一个院子里,他们有个姑娘,我叫她姐姐,在资阳县中学读书,每年放假回来就会到我家来玩,在我们家吃饭。这样一来二去的,她回到自己家里就说我怎么怎么好,很勤劳,在农村还算有点儿文化。因为农村其他姑娘都没有读过书,我和他在各方面都比较合适,所以老师就给我俩牵了线。1953年我们就认识了,在我父母还没见过他时,他就开始给我写信了,我们俩虽然见了面,但那时候还小,什么都不懂,傻乎乎的。如果我父母见了他,肯定是不会愿意的,他当时太瘦小了。

那我为什么最终会和他结合呢?因为他家父母也就是我的公公婆婆对

---

① 即"肃清内部反革命分子运动"。为了清除镇压反革命运动中遗漏的反革命分子,以及打击暗藏的反革命分子的破坏活动,再加上当时接连发生的"高饶事件""潘扬事件""胡风事件",中共中央于1955年7月1日发出《关于展开斗争肃清暗藏的反革命分子的指示》,标志着"肃反运动"的正式开始。到1957年底,"肃反运动"基本结束,共清查出反革命分子8.1万人,其中现行反革命分子3800多人。

我实在是太好了，我还没结婚就被接到他家去了。有一次我家女婿开玩笑，说老妈你太先进了，还没结婚就到人家家里去住。因为我有个小姑子，成绩要差一些，公公婆婆觉得我家里不管怎样，父亲还是个教师，而且当时介绍的人也多，就把我喊到他家去了，和小姑子同堂，在他家里上了两年学，家里的兄嫂也都对我很好。说起家庭成分，我们家是贫农，他家是下中农。他父亲很勤劳，在镇子里租种别人的地，所以也叫佃中农，生活上过得去，全家有饭吃，就被定为下中农。其实自己没有地，都是种别人的田。

我们通信三年之后，他就在厂里登记要房子。房子分到手，一个电报我就去了西安。到那儿的第一年我在家属委员会工作，当卫生委员。结婚没多久我就怀孕了，大着肚子每天三层楼上上下下地检查卫生，但一点儿也不觉得苦。前一天还背了几十斤的粮，第二天早上孩子就生出来了。现在想起来那时候真是好玩儿得很。

后来，我在113厂的工艺资料室工作，主要负责技术资料，也就是产品的一些图纸资料。那时领导和我们讲三线建设多么多么重要，需要一些有经验的资料员过去，我们党委书记是主管资料工作的，他点名叫我去。我年龄小嘛，他就说："小鬼，你去那里怎么样？"他是保密得很，不露半点儿，那时候谁要说三线建设艰苦，就要受到批评，被写"大字报"，所以谁也不敢说半句。说实话，要不是我们党委书记要我来，我根本不会来，那时我们已经生了四个孩子，三个女儿一个儿子，孩子多，最小的半岁都不到。我一直在总工程师手下工作，厂长、书记认识我都是因为资料，我结识厂子里的人多是技术方面的，都很有文化。我自己书读得不多，文化层次低。

当时，他的同学到我们家来，和我们说："你看你们南方人都爱吃大米，现在又生了个小子，饭都吃不饱，好可怜，去贵州吧。3分钱一个鸡蛋，全部都吃大米饭，你爱吃什么就吃什么。"动员我们到贵州来的同学，他是比较早到三线的一批人，因为对工人的情况比较熟悉，所以要到老厂去调人到三线，贵州、西安两地跑。其他一些到三线的，有的是为了解决老婆户口，或者调动工作解决夫妻两地分居。我说我是干啥来了嘛？也后悔过——咋没后悔？但是也没办法，连孩子带家一次性都过来了。我们党委书记他是知道这个情况的,害怕只去一个,另外一个就不会再过去,好多人就是男的去了,女的坚决不去。有些人来三线之前,家里还置办了点儿东西带过来,我们两个都是农村出身,工资少,要供四个小孩,还要赡养老人,生活确实很困难。

做决定的时候,倒没什么意见分歧,一致同意就来了。当时也没人告诉我们这边的艰苦情况。我们的出发点,一方面是响应毛主席号召,自愿支援三线,想要为国家做点儿贡献;另一方面要结合自己的生活需求。我的同学说这边物价便宜,又能吃到大米。在西安时我俩的工资都很低,我每个月65块5毛,她30来块,加一起100块钱,要养四个孩子,还有两家要负担,因为家里都很穷,我们要把节省下来的钱给家里寄回去,日子过得比较艰苦。不过,现在回想起来,如果当时不是我们夫妻俩一起来到这里,可能看到这个情况,我就会打退堂鼓了,不会再让她来。

就这样,1969年我们从西安坐火车先到我家,在湖南待了几天再到贵州。贵州143厂是西安113厂包建的,又叫红林机械厂①,主要生产的是航空飞机发动机,我们承担的产品是飞机核心的核心,心脏的心脏。

二、山洞里建起了三层楼

为了响应毛主席号召,"备战备荒为人民""深挖洞,广积粮,不称霸",三线建设搞到山沟里。厂子在1966年就开始建了,我们选的这个点在红林乡桃井村②,那儿有个穿洞③,是非常自然的穿洞。我们在里面建了三层大楼,

---

① 贵州国营红林机械厂(143厂)始建于1966年10月,1970年建成投产,老厂区位于贵州省毕节市黔西县红林彝族苗族乡穿洞村穿洞组,建在一个大型天然溶洞中,洞长180米,高20米,宽30米,厂房为三层框架结构,建筑面积8670平方米,整个厂房共有215间房屋。主要负责生产飞机液压部件和航空燃油控制系统,后转型为研制和生产军用飞机发动机航空燃油控制系统,开发和生产汽车、摩托车关键零部件,转包生产民用飞机发动机零部件等三大支柱产业的军民两用企业。1991年,红林机械厂迁往贵阳小河经济技术开发区。
② 此处张良民回忆有误,143厂厂址应为毕节市黔西县红林乡穿洞村,经百度地图查询,穿洞村在桃井村东北部,两个村子相距4.1公里,步行约一小时。
③ 穿洞是一种石灰岩溶洞,因前后相通故得名穿洞,以广西桂林的月亮山、象鼻山等处最为典型。

第一层是工具车间和科技车间,二楼是精密零件车间,一共搞了五个车间。在投入生产之后,我在二楼的车间工作,这个生产精密零件器械的车间也是我组建的,我担任支部书记兼车间主任。

1969年刚到贵州时,车间还没组建,我就在第一车间当指导员,带着几个民工连队开始搞建设。当时分了大方连、林泉连、黔西连①,拉水电、拉电线杆,都靠这些民工。最开始的房子全是石头垒起来的,搞好以后就把机器放到厂房里去,我们在干打垒的房子里住了几年。

干打垒就是用土坯和水泥把房子搭起来,我们刚来的时候隔壁住的是民工,民工都是年轻小孩儿,会捣蛋、恶作剧,从洞洞里往我们那屋吐口水或者弄脏东西,哎哟想到都可怕!我们家女孩子又多。那种房子外面都是透风的,只要结冰就会从房顶垂下很长的冰凌。有一年,一九七几年的时候,那个雪一下就下了40多天,路都不能走,但是大家还是坚持工作,想各种办法,用稻草把脚缠起来,还有就是在掌子里打个"钉子",套在脚上,就像给马蹄上打个铁脚一样。就是这样恶劣的环境也没有哪个掉队的。在洞里面上班的同志比我们还要苦。我是在洞外的总资料室,洞里面后来建了分资料室,有时候会轮流到洞里的资料室值班。

为了完成生产任务,赶进度加班加点,我在洞里住了一个月左右,因为工人要加班,我就也要在车间里,那个时候年轻,可以不睡觉连轴转,大家只有一个心愿——搞好三线建设,所有人都齐心协力地为了这个目标努力。厂区车间也都挂一些"三线建设要抓紧""备战备荒为人民"之类的标语。而且当时确实感觉到局势很紧张,中苏关系到了破裂边缘,我们都有些担心这个事情。

---

① 大方县位于贵州省西北部,隶属于毕节市,东邻金沙县,南连黔西县;林泉镇位于黔西县西部,东与城关镇接壤,西与大方县黄泥塘镇隔河相望,南与锦星乡交界,北邻红林乡。从地理位置分布来看,位于红林乡的143厂在最初的筹建阶段,从大方县、黔西县以及邻近的林泉镇招募民工最为便捷。

那个时候也不分什么工人、干部的,做支援工作的也要亲自下车间,去做指导。说起来,大家真的是非常团结,一心一意为了三线建设,没有什么其他考虑,不存在要按时上下班、不能加班之类的想法,有事情都是一个电话随叫随到。兢兢业业、全心全意为了国防生产,大家都有"超英赶美"的志气和骨气。三线建设要靠山、隐蔽,我们选的这个地方真的是足够隐蔽——一个天然的大山洞,站在洞口看不到里面,里面其实有五个生产车间,还有各种配套设施,什么都有。在三层楼下面还有一个很高的空间,可以打羽毛球、跳舞,大家感觉不到苦似的,都很乐观。但其实洞里面非常潮湿,又要白天黑夜三班倒,在洞内工作的好多人都得了风湿性关节炎。到冬天的时候,路上结冰了,通往工厂的坡好陡的,在厂门口经常不是这个摔跤就是那个摔跤,我是在农村劳动过的,家里也是贫苦出身,我没有摔过跤,但不少人都有摔过,还有摔断手、摔断腿的。

我做支部书记的时候需要组织班前会,一般半个小时后才开始干活,主要是政治学习,读报纸,学习毛主席语录,可以达到倒背如流的程度。一个礼拜开一次干部会,厂长召集我们布置工作,然后我们再把精神传达下去。

1976年毛主席逝世悼念仪式上的张良民(右)

我们那时候哪有什么星期天哦,要早请示晚汇报,开会、唱忠字歌、跳忠字舞,学毛主席语录,背毛主席语录、"老三篇"①,现在可能都忘了。我记得过年的时候,只放了一天假;中央几号文件发表了,大家都要去游行。那时候真的也好玩,想一想过得还是蛮充实的。现在的人已经吃不了那个苦了。过去大家都很听党的话,党叫干啥就干啥。

我觉得我们为三线还是做出了一点小的贡献的,虽然是小职员,但我们尽职尽责,我从参加工作直到退休没有出过一次质量事故。生产资料经常要更改,哪个地方孔大了、小了都要改,一个产品如果需要改,要先通知专家,专家改了之后通知技术员,技术员改了,晒出来图纸②,再通知我把旧的换回来。每个车间都要去换,有的车间是管工艺的,有的车间是管产品的,旧的换回来之后要销毁,如果有遗漏的车间没换回旧图纸,按照原来的尺寸生产出来,产品就会报废,技术员、科室领导都要负责任的。所以我一直都用非常认真的态度来对待工作,我工作了35年,一直都搞资料工作。我和厂子里其他人打交道,多是因为传送资料,现在好多人已经不住在这里了,我也因为得了脑梗,有些糊涂,有时候看面孔觉得好像认识,却又想不起名字来。他看着我也笑一笑,我就问这位同志看你面熟,他就说他叫什么,所以这些老同志都还认得我,也记得我。

在西安113厂时,我还保管过苏联俄语原文的资料。一个厂子会有七八个苏联专家,但是后来中苏关系不好了,就把苏联专家都撤回去了。这些专家和我们的关系都挺好的,迁走之前也都很留恋,我们还一起拍照留念——现在时间长了照片不知道搞到哪里去了。当然,工作中也会有矛盾,苏联的东西有些不一定完全适合我们,咱们的工人经过实践弄出来请他们提意见,苏联专家就会反对,但我们是干实际工作的,不能纸上谈兵,还是要通过实践证明。撤走专家之后,我们在技术上遭受到了一些挫折,苏联在技术上卡我们,蒋介石又要"反攻大陆",所以我们这些人可听话了,在什么场合都不

---

① "老三篇"是由毛泽东撰写的三篇文章,分别为《纪念白求恩》《为人民服务》和《愚公移山》。
② 晒图是将画好的硫酸纸底图覆盖在专用刷图纸上,经氨水熏后,没有线条的地方被熏褪色,有线条的地方仍保持原来的蓝色,所以晒图纸又称"蓝图纸",是一种化学涂料加工纸,专供各种工程设计、机械制造晒图所用。

李桂英前往湖北参加图书文献工作会议

会和别人吹牛，根本不敢说厂里面是生产飞机的。

我们每四年有一次探亲假，回家探亲前科长就要给我们上保密课：不要说你在113飞机厂，只能说西安机械厂。出门不管遇到认识还是不认识的，问你在哪里工作，只说在一个工厂当工人就行了，不能讲国防工厂。即便是父母问起在哪里工作，我们也从来没有讲过。

职工进厂的时候，都会接受培训，对他们进行安全教育和保密教育。如果有人泄密了，马上就会受到处分，并且在全厂范围内进行公布。我们厂没有出现过泄密的情况。我前后在洞里干了四五年的时间，从洞里出来后调到了运输科，做科长兼支部书记——当时运输科的一个副科长还不是党员，调我过去培养他，就这样到了运输科。这次干了七年的时间，后来又到了装备车间以及搞水电风气的二车间，又在宣传部干了一年左右。我的工作调动比较频繁，每次都是服从组织安排进行调整，岗位变动和工资也不挂钩，我们两个人加起来就是每个月100块钱。我是1995年办的退休，提前了一年半，因为政策允许提前退休，工资也会照发，那何乐而不为呢？就这样提前退了，和我一批的有200多人，老伴儿在我前一年也退了。我退休时是按照正处职称待遇办理的，所以退休工资每个月有将近4500块，老伴儿是每个月3300块。

我没当过干部,再加上文化程度低,退休后只能拿到3000多块。老一辈都吃了苦了,为了建设三线厂,出了很大的力,费了很大的劲儿,能够把三线建设到这个程度我们感到很自豪,一代更比一代强,对不对?现在我们厂不管在三机部还是其他什么地方,都算得上挺有名气的。我们从那样的艰苦年代走过来,所以自然会对后面一代有所约束,听到他们抱怨工作,对什么方面有意见,我就讲:"你们现在工资也高了,还有双休,想到哪里玩儿就到哪里玩儿,还有什么不满意的?"

三、苦乐相伴是人生

我们拖家带口离开西安奔赴三线时,大女儿11岁,小儿子只有三四个月,前面三个姑娘,最后一个是儿子,人家都说是宝贝蛋。实事求是地讲,在来三线之前,我们一点儿都不晓得这里会那么艰苦,要奶粉没奶粉,要白糖没白糖,要盐巴也买不到盐巴。不仅如此,气候也差异很大,来了之后天天下毛雨,在西安的时候是短袖衣服,到这边之后直接穿上了秋天的衣服,一天到晚毛雨下得没完没了。"天无三日晴,人无三分银"真的是说对了,当地的老农民也很苦,从来都没有像样的衣服穿,那些农村小孩脏得呀,下雨了就看他们肚皮上的脏东西流得一道一道的。农民都是光脚丫子穿草鞋,大冬天穿的都是草鞋。我们小孩穿旧的衣服、鞋子他们都来捡,或者我们送给他们,不过那时候我们也同样艰苦,哪个不得穿着补丁裤子?

平时根本吃不到什么蔬菜,都是靠厂里面开车到安顺、罗甸去拉一点儿菜来吃,家家户户都是一样的东西,每家有个菜卡,按照人数多少给你提供,那是绝对的共产主义:你家吃白菜,家家都是吃白菜;你家吃芹菜,家家都是吃芹菜。平时更看不到什么水果了,偶尔有一些桃子或者苹果,都是从好远的地方拉来的,分水果的时候,挑都来不及挑,就用大铲子来铲,铲到好的就是好的,铲到坏的也没办法。肉啊、油啊这些都很稀缺,每个人一个月只有半斤油,粮票是定量的。我们还算是稍微晚一些到三线的,来的最早的一批人都要翻过穿洞到最底下去挑水,挑回来的水还要淀一淀,如果不淀,那个水就是泥巴浆,说起来我们真的是从最艰苦的时代过来的。

不仅大家吃的东西都一样,住也是这样,不管厂长还是书记都是随机分配住处,排队排到哪个房子就在哪个地方,最开始没有任何差异,后来才有区分,厂长、书记的房子会大一些。

想到过去的日子觉得又困又苦,但是回忆起来那些事情又觉得好有意思,比这里(贵阳市花溪区小河红林小区)还好,为啥呢?大家都是一样的,没有说谁家富谁家穷,绝对共产主义。邻里之间都很融洽,三四家共用一个厨房、一个厕所,油盐酱醋摆在一个台子上,从来不会有什么口角。到吃晚饭的时候,你家吃什么、我家吃什么都是一目了然的。东北人好像不怎么炒菜,即便炒也比较少,他们端着碗边走边吃,看到哪家有好吃的,坐下就吃,从来不说分你的我的,没那么多讲究。

厂子门口没什么东西卖,我们有时候会到周边的稻田里去捡螺蛳和田螺。如果想要买鱼买鸡,只有到赶场的地方才能买到,距离工厂20里路,那时候路不好,没有通车,全靠走路,我们两个去赶场都是走路来回。鸡是真的很便宜,几分钱一斤。所以,我们来支援三线,当地的农民也是很高兴的,我们一去他们的东西就可以卖出去了,生活水平慢慢就提高起来了。

那时候交通太不方便了,如果要去贵阳看病,一早上车到晚上才能到,但医院已经关门了,所以只能第二天再去,看完病了又赶不回来,只好在贵阳再住一晚,第三天才能回来。我那时候胃不好,做胃镜只能到贵医或者省医,厂里的医院没那么多设备,条件也不好。哎哟!这一路上颠得我吐得厉害!在西安都是平地,到了这边全是山,看个病可太不容易了!现在想起来真是觉得日子苦。

三线绝大多数人还是挺能坚持这种苦日子的,没人有怨言,都是要一心一意把航空工业建好,但也有个别人确实坚持不下来的。我们打过交道的一个上海小伙子,是个大学生,来了之后他就要调走,但是走不了。每天只能吃到硬邦邦的豆面馒头和粗粮,我们南方人是要吃大米的,上海人比我们的生活更好一些,所以根本适应不了这个环境。他特别恋家,上海的生活和贵州绝对是不一样的,再加上出门就是山,他非常不习惯。他每天念叨太苦了、受不了,后来为了离开这里,他就装神经病——可能精神上确实也出了点儿问题——装到什么程度呢?那时候都要到开水房打开水,他就在那边当着别人的面儿撒尿。大家都说这个人真的是神经了,不管男的女的打开水,他就站在那里尿——要在人前装得厉害了才能走得了。而且他有个同学在医院工作,也可以给他开证明。后来医生也说要是再不调走治疗就不行了,最后是这样离开三线的。

虽然缺衣少食,但厂子里的文化生活还是有的,羽毛球、篮球都有比赛,厂子里的生产取得重大突破都要向中央报喜的,敲锣打鼓很是热闹。

厂区里也有大喇叭,报道一些和工厂相关的内容,比如生产生活情况之类的,遇到一些重要事件和时间节点,也要向"十一"献礼、向党的生日献礼。

被访者三女儿补充: 除了大喇叭,还有上班号,和部队里一模一样,每天早晨6点半起床号准时响起,听到号声我们就要赶紧起床,准备去上学,起床号之后会播放音乐,一直响到8点钟。整个厂区都能听到,在老厂区时大家住得还是蛮分散的,隔几个山头盖几栋楼,但每个山头上都会加上高音喇叭。喇叭里还会广播晚上放什么电影。一个礼拜放一次电影,只要一听到晚上有电影,我们孩子下午放学后就要赶紧去广场占位置。我们家姊妹多嘛,四个人每人搬上两个凳子,摆好之后还要拿砖头在凳子周围摆上圈,家里做好饭了,我们就轮流换人回家吃饭。那时候播的都是一些老片子啦,什么《白毛女》啊,样板戏啊,后期还会有一些朝鲜片、南斯拉夫片。新闻简报也特别多,在放正片之前最起码要放五六个新闻简报。

平时,我们女孩子聚在一起玩跳皮筋、踢毽子、藏猫呼(捉迷藏)、打沙包这些,现在想来都非常有意思,我们就在家门口玩儿。家家户户吃饭时也都搬个小板凳坐外边，谁家有好吃的了都聚在一起吃。那时候人与人之间的感情很纯真，和现在完全不同。

她（三女儿）到三线来时刚好上一年级。洞外面是机关单位的办公场所，两层楼，我的工艺资料科就在这里，他们上小学就在这栋办公楼。那时候哪有这么多讲究？小孩全部在一起，房子也绝对"环保"——四面透风，下雨时里面就开始滴水，整个环境都很潮湿。

我这几个孩子学习都很好，老二、老三还有小儿子都是大学生，几个女婿也全是大学生，老二是"文化大革命"以后的第一批大学生，考到了西工大，我们厂里只考上了两个，毕业以后分配到西安430厂①，也是发动机厂。老大不愿意学，下乡了，在乡下待了四年多，然后就出来工作了。

三线时期的四姐弟

被访者三女儿补充：不是老大不愿意学，她那么爱学的一个人。那是当时没有读书的条件，厂区里没有高中，只有初中，她上了初中就想到黔西去读，因为县城里有高中，在那儿才读了几个月，就有了下乡这个消息。当时必须去，不能留下来，所以她才下的乡。到了我初中毕业时厂里就有高中了，所以我直接上的高中，高中毕业之后才下的乡。老大是没有条件学，不是自己不愿意学。

---

① 西安430厂全称中航工业西安航空发动机（集团）有限公司，成立于1958年8月，是中国大中型军民航空发动机研制生产重要基地，同时还是大型船舰用燃气轮机动力装置生产修理基地以及新型环保能源领域研发基地，目前位列中国工业企业500强。

老大、老三、老四三个孩子都在这个厂,只有老二在西安,不过现在她也已经退休了,每年夏天都会到贵阳来。大女婿是山东人,二女婿是宁夏人,三女婿是甘肃人——我们家天南海北的,他们都是大学毕业分配进厂的。现在都住得不远,所以儿女们不让我们老两口自己买菜,他们买了送过来,给钱也不拿,吃得我好难为情的。

去年我摔了几次,把腰摔断了,所以他们不让我买菜了,怕我摔跤。我现在站起来、坐下去都挺困难的。孩子们孝顺,吃的穿的都是他们买。我们这一家在厂子里还是有些名气的,大家都很羡慕。我自己没读到什么书,希望他们能多读一些。现在家里女儿、女婿、儿子、儿媳都有点儿文化,有些知识,对我们老两口都很好。现在日子好了,国家政策也好,厂子里还为职工建了电梯房。但我们是老思想,没有去排队。我跟老头子两个人加一起工龄77年,比我们工龄短的都排到了。我们和这里的邻居关系处得好,上了岁数身体又不好,就不想再去其他地方了。

卫盘兴
从上海到贵阳,我忘我工作,心甘情愿

亲 历 者:卫盘兴
访 谈 人:胡　洁
访谈助理:游彧涵
访谈时间:2019 年 7 月 19 日下午 2:00—4:30
访谈地点:贵阳市黔江路附近一餐馆内
访谈整理:胡　洁

亲历者简介:卫盘兴,男,1938 年生,江苏无锡人。中学毕业后考入上海第二师范学校,毕业后被分配进入上海柴油机厂所属的子弟中学当数学教师。1965 年作为第一批支援三线建设的职工调到贵州柴油机厂,先后在工厂多个部门工作过,后期回归教育工作,在贵州柴油机厂下属的子弟学校及技工学校任教,曾担任过子弟学校和技工学校校长,1998 年退休。

卫盘兴(右)接受访谈

一、一纸红榜，我就去了贵阳

我老家是江苏无锡，因为我爸爸参加革命工作，所以全家到了上海。在一次扫荡作战的时候，我爸爸带路把一个日本翻译官送到粪坑里面，日本人用刺刀刺中我爸爸，他后来又从日本人那里逃走了。我妈妈生我的时候只有16岁，很年轻。爸爸逃出去的时候，我才两三岁，还不懂事。我爸爸走了以后，当时和他一起逃出去的人回来后跟我妈妈说我爸爸死了，我妈妈就改嫁了。当时，我奶奶不允许我妈妈带走我，因为我们卫家就我一个儿子。我还有一个妹妹，比我小2岁。我奶奶就把我们留下来了，我从小是奶奶带大的。

后来上海解放，1950年左右我父亲回来了。他逃出去以后，就在上海参加工运，是地下党。他后来当了区委干部，在上海市长宁区区委工作。解放以后，一九五几年我才去的上海。当时是供给制，我爸爸没有工资的，吃饭、穿衣都是国家供给。后来我在上海市第二师范学校读书①，读完师范，就留在上海工作。我们当时是中等师范，培养小学教师，当时分配的话一般都是区里面什么小学，就我一个人分到了上海柴油机厂②，厂里有幼儿园、小学、中学。他们中学缺老师，领导叫我去教中学。

卫盘兴1958年毕业前摄于学校大门口

---

① 上海市第二师范学校创建于1953年，为上海市区面积最大的一所中等师范学校。1960年改为上海市工农师范大学，1962年改为上海市杨浦中学，1984年恢复上海市第二师范学校。1993年始办"五年制师范"专科教育，1997年转制为上海市杨浦高级中学，开始招高中生，停止招收师范生。
② 上海柴油机厂创建于1947年4月，原名为中国农业机械公司吴淞制造厂，新中国成立后改名为吴淞机器厂。1953年8月正式定名上海柴油机厂，开始自行设计和制造柴油机。1993年改制为股份制上市公司，名称也改为上海柴油机股份有限公司。

对于一个中等师范学校毕业生来说，教中学那我学历是不够的。虽然说我成绩很好，但是教书还是比较吃力，所以领导让我一边工作一边进修，这样能逐步提高我的教学能力和知识水平，丰富自己。我去了好多地方进修呢，开始是电子大学，还去过华师大。因为我当时教中学数学，所以进修的一直是数学。

一直到1965年，一张红榜一贴，上面写着"光荣榜：下列人员支援三线建设"，就要到贵州来，有的人看到当场就哇哇大哭。那时候没有像现在这样"我不去，那里艰苦"的想法，没有什么讨价还价的。公布以后，光荣榜上有我的名字，领导来找我谈话。我奶奶当时哭啊，因为那时候对贵州是很不了解的，都认为是边远、艰苦的地方。我爸爸是老革命，他说："好啊！应该去啊！你们年轻人不去哪个去啊？"他又不光只有我一个儿子，当时我来上海的时候，他已经又结婚了，我有两个同父异母的弟弟。

我没有哭，觉得去不去无所谓——那时候和女朋友分手了，一个人很苦闷。之前我有个女朋友，是上海市第四人民医院妇产科的医生，团委书记，非常优秀的青年。当时她被组织上调到西藏军区医院，上海一共调动了20个医生去西藏，她就是其中之一。

她走的时候我去送她，我说："我们没有缘分，你既然到那里去了，就安心工作。"那还是1963年的时候。后来我都记不清了，好像是1970年还是1971年，在上海的时候我们还见过一面，没有什么交流的，见一面就走了。因为她成家了，我也成家了。

她跟我讲去的是西藏军区医院。那些老医生、老领导都是军队干部，都五六十岁了，找不到老婆。她去了就嫁给了年龄和她相差28岁的丈夫。虽说这个不是最理想的，但是在那种环境、那种情况之下，也只能这样了。我说你们现在还是幸福的，因为这些老同志、老干部都是部队的，只是年龄相差有点大，对爱人都很好的。

我们来到这里以后，看到这里很凄凉，马路也没得，汽车也没得，什么都没得哦！当时有人发牢骚，说我们"充军"充到这里来了。我刚来的时候，讲给你们听一个笑话——真是个笑话——我们下了火车过来以后,就在现在的这个厂门口,那时候有一个小饭店,在那个小饭店里面我吃一碗面条,那个面条端上来,红的! 我吃一口就放下了,吃不掉啊! 辣得我啊……后来那个饭店的人看到我们就专门下清汤面给我们吃。

当时刚刚到贵阳的时候觉得无聊,白天上班,晚上喝酒,昏昏沉沉的,我的酒量很大,就是那个时候锻炼出来的。我爸爸经常来信鼓励我好好工作,说祖国需要你。工作了两三年以后,时间长了,也就习惯了。

二、下厂劳动,叫我干啥就干啥

我 1965 年到的时候,厂房已经有了,是原来机床厂的老厂房。老职工也在,但是很少了。厂长、干部以及一套人马都是我们上海柴油机厂来的。以后逐步逐步地,洛阳拖拉机厂、无锡农机校,以及天津、哈尔滨的工厂,都陆陆续续来了一些人。但是他们是少数,100 上下啊,几十个人。像我们一来就是几百,跟我一批 1965 年 5 月份来的,就是 658 个人。我来的时候这个厂已经生产了。先遣部队来得比我们早三个月,1965 年元月份大概就来了吧。他们来了以后呢,就已经把厂建好,可以正规生产了。

我们厂叫贵州柴油机厂[①],属于一机部。我们当时的主产品是 135 柴油机[②],这个柴油机还是比较出名的。到现在为止,南极考察站长城站、中山站的柴油机就是我们厂的全自动柴油机。我儿子 12 月份刚回来,他基本上每隔两三年要去长城站、中山站工作一年。虽然说我们厂倒闭了,但是长城站用的柴油机一直是我们厂的,所以这方面的维护、保养都需要我们厂的基层

[①] 贵州柴油机厂是 1965 年由上海柴油机厂部分内迁组建的,坐落于贵阳市南郊,分小河与甘荫塘两个厂区,两者相距约 4 公里。

[②] 135 系列柴油机是我国第一台自行设计、完全国产化的高速柴油机,由上海柴油机股份有限公司——前身是上海柴油机厂——生产。1964 年,135 柴油机为国家第一台 T120 推土机配套并通过整机鉴定,1969 年又成功为 ZL40 装载机配套。1993 年,上海柴油机厂改制股份制上市后,改名为上海柴油机股份有限公司,上柴公司生产的 135 系列柴油机的注册商标为"东风"牌柴油机,已经列入中国驰名商标。

干部去,我儿子已经去了三四次了。

  1965年来了以后我没有马上当老师,而是去"普行组"劳动,我自己理解也算是一种处罚。为什么呢？我来的时候,算是为了我上海那个到西藏的女朋友——我们中间还有一些拉拉扯扯的过节。她开始的时候很坚决说要去,后来又说不去;又去了,又不去了……来回有半年多,实际上这背后都是由于我。最后她交代了我们之间的争论,那么好了,他们领导就到我们厂[①]来反映这个情况,说我"拉后腿"啊什么的,等于受了一个处分。我当时来贵阳是不是因为这个原因我不清楚,但是来了以后没有马上安排我的干部工作,而是下车间劳动,一直下到最基层的所谓"普行组"去劳动。"普行组"管哪些呢？管车间过道的清洁卫生、清洗扫地,管零件的堆放、搬运,放到机床旁边,有些半成品送到处理区,管行车调动,都是我们"普行组"职责的范围。

  后来,他们觉得我很聪明,就叫我到车间"机体组"。"机体组"就是做柴油机的主体。我做镗床,那个镗床很精密的,只有两丝公差[②]。我到那个技工车间是拜了师傅的,他是上海来的,技术很高,八级师傅[③],那是最高的了。我学得很快,没有两个月我就独立操作了。我镗床会做,其他装置也会做。之后,我调到工具科,在工具科搞器具的采购啊什么的。在工具科任职以后,车间主任找我说:"你下来,跟我搞技术准备工作。"就是初期生产前的毛坯啊什么的这些技术准备工作,这样我又到了"技准室"。那个我是现学的,还有很多东西不太掌握,确实还不懂。虽说我在车间也搞过加工零件,但这个是纯技术的工作,包括图纸我都看不懂。但是我学得很快,没有几天就能看懂图纸,就能给车间生产搞毛坯准备工作。后来教育科有需要,又喊我到教育科。

---

① 根据时间推算,此处应该为上海柴油机厂。
② 即尺寸公差,是指零件加工中允许的最大偏差范围,一般由最大极限尺寸减去最小极限尺寸所得。
③ 八级工资制是一种工资等级制度。主要内容是:按照生产劳动的复杂程度和技术的熟练程度将工资分为八个等级,最高可以到八级。苏联从1926年开始实行八级工资制。我国东北地区从1950年开始实行八级工资制,1956年全国企业工人都实行八级工资制。1985年开始,我国在一部分国营大中型企业试行职工工资总额同企业经济效益按比例浮动的办法,各企业不统一实行八级工资制,而是根据情况确定自己所实行的工资制度。

"文革"之前,人可以说是忘我地工作,不知疲倦,脑子里面也没有任何别的想法,就是工作,觉得这地方还有很大的发展空间,觉得这地方很落后,正需要我们这一代人来创造,来使它改变这个面貌,工作的干劲比较足,可以说是全身心地投入到工作中去。那时候大家真的没有怨言。毛主席说要打仗、要"深挖洞,广积粮",我们总觉得这是一个好的措施、好的政策,就是国家有准备,打不打都有准备,那么我们的国家、我们的民族、我们的人民就有一个安全感。所以当时大家工作的时候都很卖力气,晚上加班我们都不需要加班费,很自觉。说老实话,一个是年轻,可能天真吧;第二个是对国家的感情。不像现在的人,我们那时候一点怨言都没的,都心甘情愿地去做这样的牺牲。

当时的厂领导对我们职工还是比较关心的。我们晚上加班,他从食堂里面烧些稀饭什么的送到车间来给我们吃。厂里面的这些领导干部,像厂长啦,主任啦,那些干部真的好啊!厂长会跑到车间一个机床旁边亲自看,大家心里都觉得厂长这样亲自在你旁边看,很激动的。过年过节,单身职工不是有没回家的嘛,都要在厂里吃一顿年夜饭,厂里供应的。我们厂的老领导、老干部,生产的时候都下车间,晚上加班亲自送烧的稀饭来,所以干群感情比较好。现在,我们厂生活比较困难的退休职工,骂老领导骂得最多的就是一条,就是这些老领导只考虑到国家,给国家上缴得太多了,现在我们连个老年人去玩的俱乐部都没有。对职工的福利办得太少了,这是职工埋怨老领导最大的一点。不过,如果没有他们的上缴,我们国家也发展得没这么快,这是一个问题的两个方面。

90年代以后,大量人员下岗,后来就直接破产了——把厂房都卖了。我们老同志都比较心酸。按道理,我们厂的装备、技术,无论从哪个方面讲都不应该破产。我们这么多的人,花了这么多的心血,好不容易建起来的。我们厂在三线建设当中,来的第一年就投产,第一年就上缴国家地税,是最好的一个厂,就这样没有了,就觉得有点遗憾。

三、"文革"被斗，幸而有惊无险

"文革"期间，早请示晚汇报、跳忠字舞……发牢骚的、有怨言的，都有。有些人受到冲击，有些人变了——到后来都不对了，有些领导都变了。

当时这些领导在"文化大革命"时都受到冲击。有个领导受冲击的时候在我的机体组劳动，一到晚上，大家就聚在一起斗他。批斗他的时候呢，一块牌牌，用铁丝往他颈子里挂，叫他低头。只有我——那时候不知是什么胆量哦——我敢跑去把他的牌子拿下来，拿张凳子叫他坐下。我说："你坐着，让大家批判你吧。"我是觉得，不是不准批判，但是这样做不对，不应该对一个老干部用那个铁丝这样挂。

我当时胆子大有两点原因：第一个，当时在贵州省的"文化大革命"当中，我是所谓造反派，不是保皇派；第二个，我家里根子正，全部是党的老革命，我祖父祖母出身也是贫下中农，所以他们拿我没办法。当时的所谓造反派组长只好说："你怎么能这样？"我说："下次你们再斗，坚决不允许挂牌。你们挂，我就得要拿下来。"

这个领导恢复工作以后，觉得我这个人很真挚，胆量又大。因为我是师范学校毕业的嘛，他说："你还是到你的老本行去，当子弟学校的校长吧。"

我受到的冲击有一次——好像是"文化大革命"中期武斗最凶的一次——是1968年"818兵团打平411"。当时贵州省有两大派，一个叫"411"，一个叫"818"。818兵团属于省里面的造反派，我们呢，是专门掺和在他们里面，他们斗老干部，我们保老干部。虽然我们也是造反派，也同意批判，但是要按正常的来，该批判批判，而不是像他们摧残肉体的那种武斗。

在"打平411"的当天晚上，我遭抓了。我记得很清楚，那时候我爱人来探亲，我和她住在这边的招待所里面。半夜里大概12点钟，我发觉不对头——长矛袖标的人守在外面。因为平时大家彼此都比较了解，他们也知道我的性格，所以抓我的时候，那些男的一个都没有出面，就是叫女的来抓我。去了以后，那些女的就把我关在一个房间里，叫我跪倒。我很坚强，没有跪到他们面前。看到一个毛主席像，我就跑到毛主席像面前跪下，说："我只跪毛主席像,我不跪你们。"到第二天早晨,造反司令部的几个头头——后来都是厂领导干部——听说我遭抓了,觉得很惊奇。我参加"411",他们是不知道的,只知道我的观点和他们稍微有点不一样。所以他们听说我遭抓了,马上来看我,说:"怎么回事?"我说:"我也不知道,昨天晚上他们……""好了你回去休息,你回去。"——就把我放回来休息了。所以我没有遭到什么批斗,没挨打。但是我们一伙的几个人就被打得太惨了。有一个老工人,是我最早下车间劳动的组长,讨饭出身,军队对他比较好,但是他被抓了之后遭打了——打得太惨了。但我因为和他们所谓"司令部"的这些头头平时都有点交流,没有遭打。

后来贵州省野战军0676部队为了保护我们,就把我们这一批人带到他们的师部去两个月,在他们那里吃、住,参加军训,在"文化大革命"中应该说我没有吃到苦。

四、奉命上调,工资反而低了

我是1981年从教育科调到学校来当副校长的,这个学校中小学是一体的,当时叫小学部、中学部,名称就叫贵州柴油机厂子弟学校。我们的老师呢,有一部分是厂里的职工调来的,有一部分是其他地方调来的。现在不一样了,现在叫花溪区第一实验小学,是几千人的大学校了,就在隔壁。

当时在南明区我们子弟学校是非常出名的:小学毕业生有50%考到贵阳市一中,那时在贵州省的比例是最高的,甚至到最后指标没有了,我把优秀的学生送到其他学校去报名考贵阳一中。现在我那些学生,在美国的、读博士的、读博士后的、当大学老师的都很多。看到自己的学生现在都很好、很有出息,我比较欣慰。

1989年我离开子弟学校,到厂里面的待岗处当处长。待岗处负责下岗职工的再安排,就是说他们下岗了,生活出路怎么办,由你这个处来管理。当时厂里招聘代岗处处长,贴了布告没有招到人,就把我从学校调去了。

我就跟厂长讲:"你叫我到待岗处,我又没有资金又没有什么的,我怎

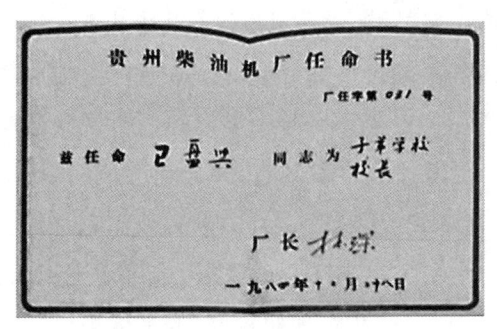

卫盘兴1984年被任命为贵柴子弟学校校长的任命书

当这个处长啊?他们来了以后我怎么管理?我拿什么给他们发生活费啊?"他说:"你要什么条件?"我说:"我看中了那批报废的柴油机,那二十几台柴油机给我。你答应我就当,不答应我就回学校去。"

当时柴油机相当红火,我们有一批报废的柴油机,就在厂区里面,大概有几十台,丢在那里。他说:"这给你不可能,便宜一点卖给你可以的,算半价。"

我说:"你定什么价我都接受,但是我没有钱。等我卖掉了,我把这个钱付给你。"厂长也没有更好的办法,只好答应我了。

这些柴油机拿给我以后,我就找我们装配主任——这个主任的爱人在我们学校当老师。我说:"这批柴油机你帮我看一看。"他就帮我选了八台。他说这八台柴油机问题不大,只要拿进车间,花一个星期可以全部整好。

整好以后,客户都是上门来求啊。正宗的柴油机他们买不到,就来买我的柴油机,记得有一台卖到7万多块的,还有五六万块的。赚钱了,待岗工人就可以发点工资——就这样挣钱。

后来我又发展了木材加工厂。从上海发来的车有装箱板,那个木板很好,我就去买仓库拆出来的木板,还买了几袋加工的多用工具、模板,回来工人再加工做小箱子,一个才几块钱。待岗的工人只要出去能找到工作,我都放。走的好几个工人,有的当个体老板,发财了。

我是1989年去的待岗处,做到1991年底,大概两年多,然后我就到技校当校长去了。我们这个技工学校虽说是厂里的,工资是柴油机厂开,人事关系属于柴油机厂,但我们有独立的财务,有校办工厂,运营是独立的。厂里还有一个电大,也培养了不少人,厂里一些技术人员是电大毕业的。1998年,我就在这个技工学校校长的位置上退休。因为是在厂里的岗位上退休的,我享受不到这个教师工资,后来是市政府给我解决了。

卫盘兴同事补充:子弟学校后来一直办到改革开放,学校跟企业剥离。1998年我参加处理这个剥离工作,叫"扶上马,送一程",拨了几十万块给它,然后把学校交给地方,老师全部给地方。现在这些老师倒好了,企业退休工资比较低,他们变成事业单位编制了,工资高一大截。

当时留在这个子弟学校的老师全部被收编了,不光他们,连工友、校工什么的一下都收编了,连锅端,全都变成事业编了。

我一开始没有享受教师待遇——剥离的时候我已经不在子弟学校了,在技工学校。当时中央的九号文件明文规定,义务教育中小学的教师享受教师待遇,技工学校不属于这个范畴,所以我就享受不到这个待遇。我刚刚退休的时候,退休证上面写的退休金是一个月680多块,他们子弟学校老师都已经拿2000多块了。我总觉得不合理,我原来在学校的时候工资算是最高的,现在是最低的了。

那我不服气啊!我读的是师范,本身是老师,到技工学校不是我自己要去的,是组织上工作需要把我调去的,我反而享受不到教师待遇?我到处找部门申诉啊——找得太多了,国务院信访办,省、市里面都找过,最后还是贵阳市搞教育的副市长落实的。我找了他以后,他看了我所有的资料,说:"老同志,你回去安心点,一个月之内我一定给你一个答复。行不行,反正给你一个答复。我相信你会满意的。"我就回来了。

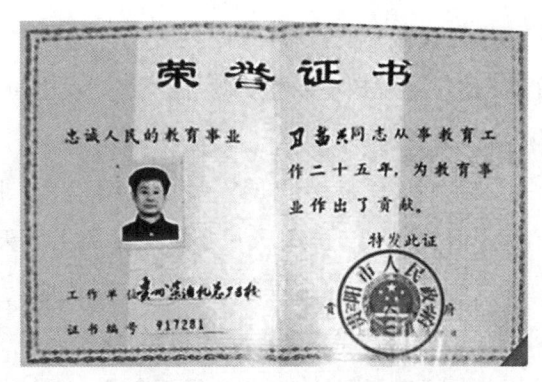

卫盘兴1991年获"忠诚人民的教育事业"荣誉证书

半个月不到，就给我一个通知。这个通知是贵阳市的一个办公纪要，就是他们市长、副市长开会的纪要。上面有这么一条：原来在子弟中小学搞教育的老师，后来由于工作需要调到另外高一级的学校去工作，退休的时候仍旧在教师岗位上的，可以享受教师待遇。

所以我不是一开始就享受教师待遇的，是后来才享受的。国家的政策还是很倾听我们的反映的，实事求是。我到现在还觉得这个市长很开明，过去的一些领导干部接待我们啊，没有话说，就把九号文件给我们，说："你自己看你有没有？你不属于这个范围。"两句话把你打发了。他不管你什么情况，也不看你的资料、你的文件，就给你看九号文件。这个市长太人性化了，后来调到省里面去了。当时我们贵矿的、矿山厂的五个校长都是同一个情况，都是从子弟中学调到技工学校去的，我们五个校长都没享受教师待遇，所以就联合起来上访。最后还是落实政策，享受教师待遇了。

五、错过几百万，我知足常乐

我 1965 年来的时候还没结婚，和女朋友分手以后比较难过，也不想找了。但我祖母介绍她最好的姊妹家的姑娘，就是无锡老家一个村里的，1965 年她非要我回家去和那个姑娘结婚——这样 1966 年 5 月 1 日在无锡老家结的婚，比包办婚姻还要包办婚姻。我是我祖母养大的，对我祖母的感情很深，她说话我没有不听的。

每年回去探亲，当时的探亲假只有 12 天，非常少。交通工具不发达，我们到上海要 48 小时，12 天里还要去掉路上两天，很艰苦。那时候我们春节回家买不到坐票，都是睡在厕所里面、蹲在地上，艰苦得不得了，不像现在有卧铺。1970 年我第二个儿子出世了，我爱人一个人在无锡要带两个小孩，虽说她妈妈可以帮帮忙，但总觉得不方便，在这种情况下，我才把我爱人调到贵州来。

回想当年觉得不可思议：自己都不晓得怎么过来的！真的不晓得怎么过来的！不瞒你们说，那时候我们吃的盐、咸肉，都是上海老家给我们寄来的,贵州没有,买不到!经济条件太艰苦,我两个孩子都负担不起,第三个儿子生下来以后更负担不了。我爱人的妹妹当时生了两个姑娘,想拿一个姑娘跟我家换一个儿子。我爱人跟我商量,我说不要换了,经济确实负担不了,这是你亲妹妹,不是外人,我们就把第三个儿子送给她妹妹了。送过去的时候,她妹妹请奶妈把我第三个儿子喂大的。到他十多岁小学四年级的时候,我爱人的妹妹风湿性心脏病相当严重,就找我爱人商量。她说:"你这个儿子也大了,你们的经济条件也开始好转了,我说不定性命不长,这个病可能看不好……"她就劝我爱人把这个儿子弄到贵州来,所以孩子又回来了。

一九八几年厂里困难,小孩还小,还在读书,我干过什么?摆过地摊——生活不下去啊。晚上下班了,我拿个架架,就站在马路上卖点袜子啊,短裤啊……你不要小看这个工作,我那时候一个月工资只有400多块钱,摆地摊能有1500块左右,贴补了我很大的一笔生活费,我抚养儿子就靠摆这个地摊。当时辛苦啊……人家说:你当校长了你还拎个架架去摆地摊?没有办法,那个时候真的没有办法。

退休以后,我在弟弟的厂工作了一年多。当时我后妈说:"你退休了,现在你弟弟工作比较忙,你是不是到上海来,到你弟弟的厂里,一方面帮助一下你弟弟,第二方面你也得一点经济收入。"当时我的经济条件不是很好,三个儿子都在读大学,经济很困难。这样我就去了上海。

去了大概也只工作了一年多,为什么呢?我不喜欢那个弟媳妇,我那个弟媳妇呢,她的一些作风、做法,我们搞教育工作的人不喜欢:一个礼拜要上几次理发店,还要去香港玩一次……这一套作风我看不惯,还是回贵州去了。

我在上海工作的时候还买了两套房子,但是很遗憾——我那两套房子买的时候一套6万块,一套8万块,够便宜的吧?是2001年买的,买了以后,后来我不是就回贵州了吗?那个房子我就托人租出去了,为租房的事情经常打电话来,我觉得太烦了,就到上海去卖了,一套卖了16万块,一套卖了25万块。

才8万块买的,我卖了25万块已经觉得很好了,哪知道现在要四五百万块?就在上海那个大学区,很好的。我现在都后悔,不知道国家的发展、上海的房价会是现在这个样子,要是放在那边,我现在条件就更好了。

不过现在我三个儿子也还不错,我自己的工资呢,因为我是教师,有6000多块吧,那么待遇在贵州来说也不算低。我们每年还有2万块的年终奖金,所以待遇还是不错的,生活还可以过得下去。所以我上海那两套房子现在虽然说后悔,我觉得也不后悔,为什么?我卖掉以后马上在贵州买了新房子,10万块买一套,20万块可以买两套,我等于买了两套。这两套房子我现在卖掉也要赚五六十万块,对不对?所以我觉得也不算太亏。我当时脑子还是不错的,我说这个钱没有用嘛,赶紧买房嘛。

我和我老伴说,我们家的财富就是三个儿子。因为我三个儿子应该说都还算比较有出息的,这个就是我们一家的幸福,是最重要的财富。金子、银子,没有这个人重要。

2015年,我们"支内"①职工50周年了。当年从上海来的这么多老同志都退休了,想搞一个聚会,我们这几个人就是聚会筹备组的成员。当时从我们厂出去在深圳的、上海的、香港的,还有一个在美国定居的,都赶到这里来参加50年大庆,有300多个退休老职工。今年2019年,已经过去四年了,我们准备明年再聚一次。从上次聚到现在已经走了58个人——大家都这个年龄了,聚一次少一次。我们有一个拿国务院津贴的总工程师,跟我同年,和我非常要好。就是在3月份,他准备到母校去参加一个同学会,之前到药店去买点药,突然心梗,躺在药店门口,就这样死了。聚会一次少一次,所以我们准备在明年办,希望大家再聚一次。我们这些人的感情还是都在的——不管怎么样,我们当时大家一起离开大上海来到贵州,所以大家的感情还是比较好的。

我要是有机会就向中央提个建议:对三线建设职工的政策应该一视同仁。大家都是从上海来的,现在能够回上海的都是有子女在上海的,或者爸爸妈妈在上海的。能够回上海的职工,上海市政府给照顾,每年逢年过节都

---

① "支内"指支援内地建设,这里是指从上海到贵州支援三线建设。

有表示,一年起码多三四千块钱,交通费啦什么的都按上海的待遇。像我们就没得,因为我们还在贵州。我上次就说,我要给上海市政府写一封信,你对支内职工没有一视同仁,我们没有到上海,没有增加你的负担,你反而对我们这批支内职工另眼相看——哈哈哈(笑),开玩笑的啊……

我们这一批人不管怎么样,那个年代,那么年轻,真的是贡献了自己的一生,50多年贡献给贵州了。现在的贵州是能享乐的,那个时候的贵州,应该说是太艰苦啦。所以呢,不知道国家将来会不会有这个政策——我也听说有些人好像在反映这个问题,不要忘记这一大批为三线建设、为国家做出贡献的老同志。

孙根铭　邓辉玉
我从古侗来：一对侗族夫妇的三线历程

亲 历 者：孙根铭　邓辉玉
访 谈 人：周海燕
访谈助理：张航瑞　闵　锐
访谈时间：2019年7月21日上午10:00—下午12:30
访谈地点：贵阳市孙根铭、邓辉玉寓所
访谈整理：胡廷云
文本表述：孙根铭（宋体）　邓辉玉（楷体）

亲历者简介：孙根铭，男，1948年生，中建三局二公司原党委书记，现已退休；邓辉玉，女，1948年生，中建三局二公司原工人，现已退休。夫妻二人为贵州当地侗族人，1966年经招工进入中建三局二公司，分别担任混凝土工和砌砖工。由于表现出色，两人在公司转正，成为工人骨干。1973年，夫妇二人随中建三局搬到湖北，他们的三个孩子长大后也在中建三局工作。90年代，邓辉玉在企业最为艰难的时期被迫下岗，生活窘迫。现在，夫妇二人回到老家贵州，在贵阳一处公寓里安享晚年。

孙根铭（左一）、邓辉玉（左二）接受访谈

一、从古侗到三线

我们两个都是 1948 年出生的,来自贵州黔东南的天柱县,是当地的侗族人。当时贵州平坝在搞三线 011 系统,苏联那时候军工各方面比我们先进多了,当时要是打仗的话,东北的军工企业肯定是保不住的,所以当时我们这边的 011 系统,全部是从东北搬过来的。1965 年的时候中建三局成立,当时是由原来四川的几个土建公司组建的,一年以后到我们那边招工。011 系统是我们公司的甲方,他们委托我们中建三局负责贵州安顺平坝一带的基建工作。1966 年 9 月,我们从大山中来到了贵州安顺的平坝县。

招工的时候我们只知道是贵阳棉花厂要人,根本不知道是跟建筑业有关的。那年招工的时候,上面的部门将指标传到各个公社,然后就找到我们那个村子,当时也是考虑到家庭成分好、工作积极这两个因素,就找到了我。但我当时还没工作,刚刚入团当上妇女队长。把我招进来以后,还需要向我们当时的邻居、公社大队对我的家庭环境和工作情况再次考察。被选中以后我还蛮高兴的,但是真正离家的时候又不想走了,每天睡不着觉,天天哭。

在到三线建设之前,其实我们在农村住的房子还算可以,基本上都是木头房子。但是来到这边以后住的是用竹子搭的简易房子,外面围了一圈油毛毡。当时房间里面的宽度大概是 5 米,长度 20 米。我们睡的全是通铺,分为上下两层,总共能住五六十个人,但是大家感情都很好,也不会有矛盾。那时候人思想单纯,干活又都很积极。

给我们的工资是 29 块,其中 3 块是公积金,需要交还给公社,但是单位上又会有 3 块钱的补贴,所以总共还是 29 块,比学徒高一点。吃东西的话,也有些人会吃不饱,因为当时有些工人是一个月 38 斤的粮食,我是混凝土工,比他们多一点,大概 43 斤一个月,每天饭量基本上没有问题。在食堂吃饭的话,一般素菜是 5 分钱一份,回锅肉、红烧肉是 2 毛钱一份,一般我会一个星期打一份肉,生活还是比较艰苦的。

平时的工作就是建厂房、修路,还有通水、通电。当年按照毛主席说的"深挖洞,广积粮,不称霸"的口号,施工的厂房全部都建在山洞里面。建设过程中没有机械化,基本上是人工挖的。先是土石方施工队负责专门打洞开山,用一个钢钎,然后绑上炸药,再炸开。平坝有很多天然的山洞,我们就在洞里做混凝土。刚来的时候我才18岁,还没有现在这么高。做混凝土的时候,也经常会砸到脚。混凝土都是人工拉车拉上去的。

基本上每天晚上都要加班。当时没有像现在双休,就星期天休息一天——但其实星期天大部分时间也都在加班。每天早上8点开工,吃了晚饭后加班到10点左右。那时候是没有加班费的,如果加班就是有2毛钱的餐费补助,刚刚好可以吃一次肉。

我们当时那些队长都是工人出身的,文化程度很低,签字都是歪歪倒倒的,但是干活很厉害。我们的老队长姓何,是劳动模范。施工队里一个大学生都没有,唯一的一个中专生,在我们工厂里是干活最差的。

我当时是做砖工的,我们队里还是有几个大学生的。我当时还教他们,做砖工要先把灰抹平才结实。当时他们还说我:"你心好,如果是师傅就要骂人了!"他们虽然做得不好,但是也能吃苦。做得不好,我就帮他们一点。

当时我们来的时候,说句真话,实在是太苦了。我们黔东南那边来了好几百人,很多人搞了几个月就受不了,50%左右的人都回去了。我们基本上坚持下来了,当时自己的信念就是:"反正既然出来了,干什么工作都要干好!"

当时的中建系统属于国家建委管。在贵州这个地方做了几年以后,我们就在1973年随着公司一起回调,继续到湖北的山洞里面搞厂房、造发动机。我继续做混凝土工,我妻子继续做砖工。

要说起来真是太辛苦了,我们1972年的时候就有小孩了,每天还要背小孩去上班。即便是当时我妻子怀孕七八个月了,也是继续工作的。

我们分到湖北建机场。那时候太冷了,零下11℃。每天在油毛毡房里睡觉的时候,鼻子上都是冰。下雪天的时候,我背着我的小孩去上班,刚刚去也不适应,我就在路边冻得直哭,我的小孩也跟着哭。当时我又怀孕七个月了,带着孩子,还在桄地坪①——拿铁板将地面磨平。

我们的活儿谁也帮不了谁,一个人负责一个位置。我背个带绣花的筐篓,里面装着我的小姑娘。有次用石灰磨墙,等把小孩解下来,我的姑娘满脸是石灰粉末,只看到两个眼睛滴溜溜地转。

干了几个月,穿的胶鞋就脱不下来了,甚至得用剪刀剪。医院医生问:"你这个脚那么肿,你怀几个月了?"我说才七个月。他说:"不对吧?"我说:"要12月份才生,没错。"医生说:"你这个样子不行的,又怀孕又有伤,还是赶紧要求做个轻巧的活,我给你出个证明。"

怀孕九个月的时候,我在车间外勾墙缝,挺高、挺危险的,后面还背着一个孩子。上去的时候跟着一层一层的砖堆爬上去,下来的时候要顺着钢管溜下来。当时我们的陈万华主任看到了,他就说:"你,女同志下来!"我说:"下来干啥?"当时很高,也没有楼梯,我就只能顺着钢管滑下来。

主任说:"挺大个肚子,你还敢梭呀!② 你明天把小孩送到我们幼儿园去! 我给你开个条子,就送厂里的幼儿园。"我当时特别感激他,就掉泪了。

我当了16年的砖工。那几年工作太辛苦了,但是我总是争取重的事情干,干活比男孩还行。比赛的时候队上都让我冲在前面,在公司也是先进,领导都很喜欢我。

平时休息的时候,我也闲不下来,就帮我们单位职工补衣服、钉被子。我们班长特别喜欢我,还把他的饭票送给我,一开始我还不知道,我一直以为每个人都是那么多饭票。直到后面有一个同志告诉我:"你好傻! 那是班长送你的饭票!"

我们在湖北那么多年,从来没跟别人吵过架。我很喜欢帮别人的忙,有什么事情一叫我就去,在武汉他们都舍不得我走。我们成家以后也依旧住

---

① "桄",方言,即用横条形器具左右抹。
② "梭",方言,即滑下来。

在一排工棚里,吃饭的时候,大家把饭端到门口来,腌菜你来夹一块他来夹一块的,哪家有好吃的就聚在一起,邻里的关系都非常好。

我的工作相对来说更累一些,和混凝土的时候,虽然有搅拌机,但是有些地方搅拌机没有办法作业,最后还是要用人工。我记得那时候有一次得了重感冒,发烧大概39℃。到了医务室以后,医生就给我开了半天假条,但是即便做半天也还是受不了。第二天我就又去医务室,医生又给我开了半天假条——医生也有他的难处。那个年代思想觉悟高,即便觉得身体很难受,但是心里也无所谓,毕竟那个时候还是踏实肯干的。

二、抓革命,促生产

"文化大革命"期间,我们单位基本上没受影响,还是照常工作。批斗会虽然也开,但是工作基本上是正常的。基本上白天工作,晚上再开批斗会、游街,被批斗的都是当时单位的领导之类的。但是这些领导真不错,批斗以后工作照样做。公司生产基本没有受什么大的影响,小的影响当然也有一些,所以整个三线建设在这边是很顺利的。

我们属于共青团,就组织了一个"红卫兵战斗队",我是战斗队的负责人之一,选取的都是比较老的工人与那些工作表现好的积极分子,这些人组成了一个战斗队。还有个派别叫造反派,也不是说都是坏人,但是这些人在单位的表现相对而言都是差一点的。

那个年代要说起来所谓的"敌人",也就是因为观念不一样,天天斗,天天吵架。我们这些人平时很老实,工作上也比较积极,所以看那些人平时又不做事又吊儿郎当的,看不惯。他们把这里当官的——包括公司经理、副经理到施工队的党支部书记、队长——都拉去批斗、戴高帽。最激进的一次是用钢筋混凝土搞了一个人像,起码有400斤重,叫他们四个人抬着去游街。但总体来说我们单位还算比较保守的,被批斗的不是太多。

现在看来"文革"时期还是很荒谬的。当时挨斗的人,应该百分之八九十的都是好人。因为那个年代的干部工资待遇跟我们工人是一样的,这些人也都是实实在在干事的。那时候没有贪官,也没有人搞特权。我们当时公司经理是个南下干部,后来调到我们公司来,就因为工作需要才带了一辆吉普车。每天晚上不管在外面开会回来多晚,即便到10点、11点他都要到工地来,看一下再回去睡觉。

"文革"的时候,大家都写大字报,满街都是大字报。至于内容是真的还是假的,我也搞不清楚。每天早上还要学毛主席语录,早请示晚汇报,背"老三篇""新五篇"①。像《为人民服务》《纪念白求恩》《愚公移山》等,要求全部背下来。背这个东西的要求是特别高的,包括标点符号都不能错,哪个是句号、哪个是逗号都要搞清楚。一旦背错了就是政治问题,严重的时候有些人甚至会给你上纲上线,背错了两句话就会挨批斗,但是一般情况下还好。

我们平时去平坝上班的路上,就有红卫兵设路卡,要求背诵毛主席语录,背不完就不能让你过去。即便去商店买东西,也要先背毛主席语录,才卖东西给你。反正"文革"的时候,毛主席语录我是背熟了的。

还有一段时间跳忠字舞,就跟现在跳广场舞是一样的。跳忠字舞,就是跳一个"忠"字形状。跳圆圈,老老少少都跳,每天跳10分钟左右。那时候没有什么娱乐活动,也没有电视,一个月休息一两天。电影一个月可以看一次,在公司的广场上会组织放一到两场电影,像《小兵张嘎》,还包括一些样板戏。

那个时候放电影稀奇得很,我在农村从来没看到电影,甚至连照相都没照过,车也没见过,每次看电影的时候都要到平坝,走上十几里路,但还是特别激动。

1967年的时候,我们第一次回到了古侗。我们到家要三天时间,从贵阳到凯里一天,凯里到天柱一天,天柱到我们家一天。

---

① 应为"老五篇",而非"新五篇",即"老三篇"加《关于纠正党内的错误思想》和《反对自由主义》。"老三篇"参见张良民、李桂英的口述。

我们还要背两个小孩,挑两个包包,走 10 公里山路。第一年回去探亲,是坐火车回去的。到贵阳以后,人挤人,你踩我踩,把我的鞋子踩掉了。我坐车的时候一直都没睡,在地上坐了一晚,连座位都没有。到了古侗下车以后,没有鞋子,也没有商店,就只能光着脚。别人笑我:"怎么光着脚,没得鞋子穿,草鞋都没有,好可怜!"我就穿个袜子,再扯个草绳子把它捆起来,怕掉了。那次回去我在家里一直哭,抱着我妈妈哭,我都不想回来了。

那时候红卫兵坐车不要钱的,全国各地跑。所有学校都不上课,全国搞串联,所以坐车很挤,没有办法。

三、纪律和保密

我们厂里有两项规定需要我们遵守,一个是纪律,还有一个就是保密。违反纪律的人还是不少的,当时我们有些人干了一个星期以后,觉得太累太辛苦,就不去上班,或者是跑回家去了,像这种跑回家的就只能当农民。我们当时来的时候县里总共 100 个名额,第一批可能跑回三四十个人,留下五六十个人。跑回去的有两种情况:一种是拿了一个月的工资以后再跑的,这样也够回去的车费;第二种就是到 1972 年的时候,我们的合同轮换工到期了,如果愿意回去的话你可以回去,不愿意回去的可以留下来,就转正继续留到单位了。那时候又回去了一部分,主要是因为当时在单位上结婚的很少,大部分都在农村结婚,也有小孩。那时候我们要搬到湖北,他们肯定是不愿意过来的,所以我们到湖北的人相对就不是很多了。

在农村的时候,无论是吃的还是干活都是很自由的,但是来到这里就不一样了。到这里每天要上 11 个小时的班,很苦很累,吃饭还不如在家吃的好。其次是住宿条件。虽然家里的房子有好有坏,但是至少每个人都有一间房子住。在这里一个工棚里有几十个人,住得也差,都是上下铺,通风也不好,不像现在农民工单位要求都是板房,外观也美观。还有就是当时不像现在大家经济条件好,那时候条件差,被子都没有。像我的家庭条件算好的了，我自己带了一床被子来，垫的盖的都有。我们有些同事、同乡就跟我两个挤在一块，两个人睡一个被窝，情况更差一点的就什么都没有。

还有一个纪律，体现在作息时间上。比如说上班不能迟到，不能早退，不能旷工。每天有规定的作息时间，该睡觉就睡觉，该起床就起床。晚上休息的时候不能半夜三更发出声响，早上起床的时候没有广播，有人在厂里吹哨子，规定起床时间。另外要求大家都要工作积极、互相团结。

我们那个年代的人是很崇拜毛主席的，毛主席对苏联的评价不好了，我们对苏联的印象也就不好了。所以当时说准备打仗，我们最起码有百分之七八十的人都是相信的——尤其是到了这个单位以后。

我当时是以招兵的名义来的，招工时也搞不清楚是做什么工作，我们厂只能叫代号——208。招工的时候具体情况我也不知道，只知道当时区政府的领导告诉我们招兵。招满以后，按照部队的编制，一个连一个排地来到这里，来的时候总共100人，坐的解放牌卡车。来到这里以后才知道是国家搞三线建设，我们到施工队搞建筑工作——倒也没有觉得上当受骗，当时就觉得我们能够出多大力就出多大力，思想觉悟还是可以的！虽然说累一点，但是起码很高兴很安心。

我妻子当时在第二施工队，我在第三施工队。后面过了一段时间就不搞施工队了，搞团营，就是一个公司一个团的编制。单位里的保密制度主要跟我们的工作有关。从实际来说，三线建设是国家的保密工程。比如说我们的施工范围，写信的时候都不能给家人讲，我们也能理解。另外一点就是除了单位内部的人，跟外面的人也不要说是做什么的。我们在山洞里面施工也不能说，怕有特务。公司专门开过相关的会议，让我们不要带任何生人进来，带人来要赶快送出去。我们的建筑工作做好以后，011系统的人就把门全部封掉，我们就不能再进去了。

四、我们的后半辈子

从我个人的角度来说，对于毛主席时代还是怀念的。那个年代工人、农民阶级地位很高,但是现在不一样了。我侄儿在县里的政府部门工作,参加工作12年,他退休以后现在一个月6000多块的工资,像我们退休的话,我是3000多块,我妻子2000多块。我们两个人的退休工资加起来都没有他一个人高。从另外一个角度来说,那个时候我们工人跟干部、领导的关系不是一般的好。单位开会,工人提的什么建议领导都要听听,即便做错事领导也不会批评,至少不像现在老板这么批评人。那时候工资待遇是一样的,人格尊严也是很强的,我们作为工人群体,别人是很羡慕的。

80年代末90年代初的时候,工人的地位就不太一样了,尤其是搞下岗的时候,像东北那边基本上是整个企业全部垮掉了。

当时我们单位下岗的还不多,实行四五十岁提前退休的政策。后面单位就把工人分为一部分,管理人员分为一部分。像工人这边就出了一个作业队。那时候我们年龄相对都比较大了,和那些年轻、能吃苦的小伙子比没有任何优势——单位肯定更加看重他们。老工人没有活干了,慢慢就下岗了。

下岗的蛮惨的,上有老下有小。单位里也有花25 000块钱把工人工龄买断的,我原来三个小孩都在中建三局工作。

我那个时候就下岗了。我后来跟领导说:创业是我们老的创的,是不是?我们那时候没奖金,挣的钱都是交给公司积累,等到后面你们这些领导来,坐享其成,不管我们下岗工人,我实在是不能接受。像我儿子、媳妇都是可以的,我儿子原先修建天津电视台,天津电视台的外围都是他焊出来的。他是突击队的队长,也是天津市的劳动模范,那年也被下岗了,我特别想不通。

到90年代可以说是家里日子最难的时候,我们一个月就90来块钱,两个孩子都承担不起,甚至要借钱。我上有老下有小,还有婆婆、妈妈——家里面两个老人,他妈妈还瘫痪成植物人了,所以他的钱基本上拿回去给他妈。

下岗以后生活要说苦,倒也不苦——实事求是地说,在思想精神上没觉得太苦。我儿媳妇在医院当护士,当时怀孕了,单位让她下岗,最后连孩子都拿掉了。那时候我不知道，过了一两年才知道，孩子们也不跟我说。我听到以后实在是难受，结果后面她等到三十几岁才生小孩，现在我儿子都48岁了，他姑娘才13岁。

现在想想当年的三线建设还是挺正确的。如果当年战争发动起来的话，贵州还是比较安全的。据我了解，最近几年航空方面的工业发展，我们011系统还是做了很大贡献的，所以我对这个评价还是积极的。此外，三线建设对贵州的经济发展也起到一定的作用。原先贵州这个地方基本上是一穷二白，没有任何工业，因为011系统的存在，贵州从60年代开始一点点发展到今天。

搞三线建设，人家就不敢欺负我们了——国家强大了就是好。那时候搞三线建设，我没有文化，想的就是我们国家的武器发达起来了，别的国家就不敢欺负我们了。

但"下岗"的时候对整个三线企业的影响太大。像有些厂本来是生产飞机的，却去生产洗衣机，受到严重的打压。现在他们的退休工资也低得很，很多都是2000块钱一个月。

对我们这些老职工，你好歹付出点什么，是不是？现在有些当官的，买几套房子、几辆车子——我都不晓得怎么讲……其实建筑业——尤其是我们公司——现在搞得很好了，还发展了很多国外的工程项目，沙特、印尼、马来西亚都有，可以说名声打出去了。但是福利太差了，我们就觉得蛮悲观、蛮失望的。如果各方面福利能够好一点，那么我们还是比较欣慰的。我们的愿望也就仅此而已。

孙德生
无悔一捧忠骨埋异乡

亲 历 者：孙德生
访 谈 人：王东美
访谈助理：彭圣钦
访谈时间：2019年7月21日上午9：30—下午1：00
访谈地点：贵阳市亲水湾小区孙德生家中
访谈整理：彭圣钦

亲历者简介：孙德生，男，1952年生，辽宁沈阳人，中共党员。1968年，作为知青，在辽宁法库上山下乡，半年后跟随父亲前往贵州支援三线建设，参加170厂"青年突击队"。1970年招工进厂，成为正式工人，先后做过抛光工、精修钳工，后来在团委、工会、宣传部担任干事。1983年参加党政干部专修班，1984年参加成人高考，考入贵州省电大。1989年调到某军工生产车间兼任党支部副书记、行政副主任和工会主席三职。1992年调到011基地任信访办公室主任，负责接待和信访工作。1998年挂职到一个即将破产的企业担任副厂长，负责破产操作。2002年回到011基地信访办退休。

孙德生（左）接受访谈

一、170厂①"青年突击队"

我是辽宁沈阳人,刚刚考入初中,就开始"文化大革命"了。我呢,是1968年8月份上山下乡,那几天沈阳下乡了20万人,我就是这20万知识青年之一,下到辽宁省的法库县。我们所在的地方是整个县里边最贫困的,叫报家屯公社大山屯大队。我们那个地方离县城还有90里地,离公社有8里地,所以很偏远嘛。公社吃的是一半大米一半粗粮,而我们所处的那个地方完全是粗粮,见不着米,连酱油都没有。当时下去不到半年的时间,我父亲就响应号召,从沈阳的黎明机械厂②——代号"410厂"——来到三线。当时有个政策,支援三线的,可以把下乡的子女带到三线来,所以1968年12月份,我就随父亲到这来了。

1968年六七月份刚刚招完一批工,我来的时候是12月份,招工期已经过了,所以我就没赶上招工。那个时候我不满16岁,但是那会儿像我这样的年龄也招,就是童工。我有一个同班同学,但因为他家是1967年来的,他就可以参加工作了。

我们这些人来了以后没工作,当时就成立了一个"青年突击队"③,实际上就是民工,干一天给你1块钱。实际上是一天1块2毛,但是还有组织单位要抽成10%,我们只拿块把钱。虽然只拿块把钱,但是工作非常辛苦,什么盖房子、机器安装⋯⋯那时候的口号是"建设大三线,让毛主席睡好觉,孩子老婆齐上阵"——一定要叫老人家睡好觉,所以我们不能睡好觉(笑)。

当时工厂厂房,还有一些工厂的基本设施,都处于建设时期。凡是这些苦、脏、累的活,我们全都参与了。生活条件确实很差,吃的吃的没有,穿的

---

① 170厂对外称为新艺机械厂,是从事航空发动机叶片制造的专业化工厂。
② 即沈阳黎明航空发动机厂,始建于1954年,是"一五"计划期间苏联156个工业援建项目之一。后来迁移到贵州支援三线建设,是贵州黎阳航空发动机厂(代号"460厂")的主体组成部分。
③ 我国第一支青年突击队是成立于1954年1月13日的北京展览馆木工青年突击队,由18名技术较好的青年团员自愿组成。他们以能成为青年突击队队员为荣,爆发出强烈的积极性和创造性,创出了空前的生产效率。青年突击队这个新事物得到了党中央、团中央和北京市委的高度重视,先后在北京市和全国推广了展览馆工地组建青年突击队的成功经验。从此,青年突击队如雨后春笋般发展起来。

穿的没有,喝的喝的没有,用的用的没有。住的是油毛毡搭起的房子,吃的叫"牛皮菜",就是当地喂猪的一些东西,我们也吃不惯。比如"魔芋豆腐",刚来的时候觉得腥气很重。有些口味也适应不了,什么折耳根之类的……有很多北方人不吃腊肉——烟熏火燎的。而且刚来的时候经常停水,我们还经常到山上去接水。

工作经常是挑灯夜战。那时候的人都很自觉,你说8点钟上班,我们可能7点半到7点40分,大家全都到齐了,然后干一天的活。都是自己带饭,那时候也能吃,一大盒菜,一大盒饭。我一个朋友,也是一起的同事,二两的馒头一下子吃了十个,你们感觉很可怕吧?一问,还没吃饱,又喝了一盘菜汤,还喝了一盆豆浆——便宜啊!馒头2分钱一个,豆浆那一盆也是2分钱。那时挣钱挣得少,肚里边没啥油水。一斤米做成饭能做多少啊?一个人一顿就吃完了。

我们把山上的大块石头打碎,粉碎了以后变成小块的石头搞建筑,都干到凌晨两三点钟,甚至三四点钟——那时候就没有时间这个概念。没有奖金,也没什么补贴。但是我们这代人受党和国家教育,只知道奉献,没有索取。不光是我们,包括我们的父辈,整个三线建设的人,口号叫"献了青春献终身,献了终身献子孙"——这话一点都不假。那时候人家说什么叫追求啊,追求着早日要出产品,叫党中央放心,让毛主席睡好觉,要毛主席放心。真的,人太淳朴了!我们也是在这个环境当中,包括我自己,尽管不是正式职工,但加班加点就一句话!从来没有说"这么累,还加什么班啊""我天天这么晚"之类的。

搬运和安装工厂的一些大型设备,现在可以请民工来干,或者找外边的"背篼"①来干,可能要出天价,但我们当时完全是义务的。大型设备,比如说苏联的4000吨锻床②,用什么钢丝绳、斤不落③,靠一些笨重的方法搞吊装、

---

① 贵州特有的一种廉价劳动力,他们背着一个用藤条或竹子编成的箩筐,几个人结成群坐在街头角落等待有人请他们帮忙背东西。
② 即锻压机床,是金属和机械热加工用的设备,用于改变金属的外形,包括卷板机、剪板机、冲床、压力机、液压机、油压机、折弯机等。
③ "斤不落"是一种使用简单、携带方便的手动起重机械,又称手拉葫芦、链条葫芦、倒链、神仙葫芦。

安装，不像现在有吊车啥的。我们跟那些老师们一起干，他们是工厂的正式工人，我们是民工，叫"青年突击队"。

我们还要铲墙皮。所有011基地的设备和仪器仪表，都需要到西南地区计量站进行检测。这个检测要把原来用白灰、水泥抹的墙皮铲掉，重新拿瓷砖或者其他材料装饰，所以我们就去铲墙皮。刚开始连口罩都没有，干完以后吐痰，连灰带土加水泥的吐出来，都是黏的。后来我们带队的领导就说："哎哟，这帮孩子这样干哪行啊！给他们发口罩。"后来就戴一层口罩、两层口罩，那里边全都是灰。你想，把这墙一糊，门窗一关，这一铲的灰得多大啊！所以过几天一吐痰，里边还都是灰。

搞基本建设的时候我个儿挺矮的，没有现在这么高。来贵州的时候我才一米五八，16岁。我们两个人负责卸一车煤，一天要卸三四车，上午两车，下午两车。那是多少你知道吧？解放车那是5吨，所以一天就是20吨。当时工厂建设需要，我们去马场火车站①卸水泥。你想想我就不到一米六的个儿，背两袋水泥。两袋水泥多重？200斤！来回卸那个车，每次背200斤。

那时候人有点好胜逞强。我本来可以背100斤，但是那几个比我大一点的能背两袋，我说我也背两袋。我那小个儿，两袋水泥200斤。后来，粮站卸粮食，200斤大包我们也是自己扛。不过我个儿不但没有压下去，还一下蹿起来了，后来蹿到一米七五。

因为我们不是正式职工，所以穿的都是人家工人交给劳保库以后的工作服。这个"青年突击队"一共33个人，12个男生，21个女生。那时候女生年龄都比我大，有的十八九岁、20来岁的，有的是高中生，比我大六七岁的都有。我是里边最小的，因为上学比较早。人都有爱美之心，但那时候也没人讲究，也没人挑剔这个。工人的工作服不是

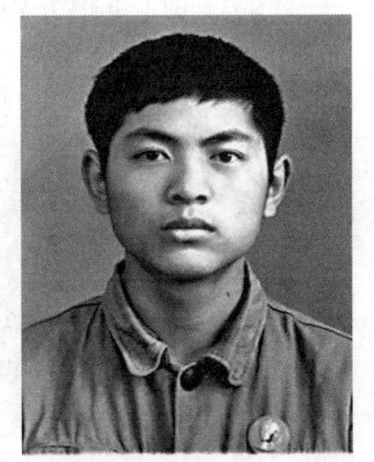

16岁的孙德生

① 即贵州安顺平坝火车站，始建于1960年。

一年一换嘛,他们的工作服可能膝盖啊、胳膊肘啊哪个地方坏了,或者破了旧了,把旧工作服交回去,才能领到新工作服。我们这些民工只能到库房里边去捡那些旧工作服。

这种工作服像咱们现在穿的劳动服,拿回来以后我们再补一补,然后又跟库房里边的人央求,把那个不行的工作服扯个裤腿、袖腿,我们拿回家再补一补。旧工作服前面一大块补个大补丁,屁股后边两个"眼睛",膝盖也是补丁,胳膊上也是补丁。穿的鞋是人家穿完交回去的劳保鞋——人家穿劳保鞋是两年一换,然后我们再按脚的大小,到里边去捡回这样的鞋来穿。我们这一帮小青年,那时候哪知道什么叫美不美的啊,年轻的女孩也都是这样的。

后来我们就连这样的工作服也没有了。厂领导说:"这帮小孩干活,得给他们发点东西,这工作服得发吧。"后来不知道是哪联系的,发的叫再生布工作服。这个再生布工作服看起来挺好的,我们一看是新的!我们从来没穿过新工作服!结果这新工作服穿身上,一般干个三五天、个把礼拜就破了,有的干一天活就能磨破了。再回收那些东西,然后再重新做,做成麻袋片。我们比如说背水泥、卸煤时,整个衣服都是透的——麻袋片嘛你想想——就穿这样的工作服,大家也没什么怨言。

一天给个1块2毛钱,让人扣了10%,我们拿着1块钱,也高高兴兴、乐乐呵呵的,而且还不知道累。说句心里话,我们那时候都是长身体的时候,也是缺少知识文化的时候,但是为了工厂建设,大家就这样过来了。那个时候我们170厂"青年突击队"很有名气的,敢打、敢冲、敢闯、敢干,哪块有脏活、累活、苦活,都是我们上。

20世纪60年代的孙德生

二、从抛光工人到"文艺青年"的蜕变

后来又有一批年轻人接替了我们这项工作,我们就给安排到工厂学点技术:水暖工、锅炉工,还有车间打毛刺①的这些工种。我被分到锅炉房烧锅炉。

烧了半年,到 1970 年国家有个政策,可以招工进厂了。当时分了几批进厂,先按家庭出身好的,就是指政治条件好,父母属于支援三线的或者党员什么的。因为算是贵州三线国防建设的第二代,所以我当时就属于第一批进厂的,领导干部的子女跟我们也是一样的,1970 年 7 月份进厂。进厂后我干的是生产车间的叶片。

第一批进厂分的工种是最差的——苦脏累的活。因为你政治条件好,所以就分到关键岗位。干的啥?是抛光工,就是说给飞机发动机的叶片——就是毛坯——抛光打磨。所以有很多人后来就得了矽肺病,粉尘作业嘛。

所以咱们现在回过头来看,那个时候啊就是叫"鞭打快牛"。因为你政治条件好,表现积极,所以你到的是最艰苦、最重要的岗位。虽然说这岗位可能很重要,但这地方很艰苦,像什么吹砂工②啊、打磨工啊、抛光工啊,可以说是工厂里边技术性相对来说不是很强,但是又苦脏累的活。包括厂长的子女,我们都分在一起,做抛光工。1970 年 9 月份、10 月份、12 月份,进来的人分的工种就比我们好得多了,技术性强,占机床的,车、钳、铣、刨、磨……我们是完全手工操作。干了将近三年的抛光,后来我调整为钳工,叫精修钳工。

1973 年以后,我就陆陆续续被借调到工会、团委做一些工作。因为啥?因为我 1971 年就加入了共青团,是当时第一批团员。当时全厂发展了六个,我是其中的一个——咱不说红还是怎么样,就是比较上进,所以成了第一批团员。

---

① 即打磨金属毛坯,会产生金属粉尘,对人的健康有害。
② 即喷砂工,利用高速砂流的冲击作用清理和粗化基体表面的过程。手工喷砂工人是矽肺病易感人群。

"文革"的时候有很长一段时间没有发展党团员,1971年以后才恢复了整团、建团,开始发展党团员。1971年我入团以后,时间不长就开了团代会,我就被吸收为厂团委委员,又被选为团委常委。

当年我们成立了团支部,我就担任团支部的委员,后来当团支部副书记,到1972年当团支部书记。我爱写些东西,经常被借到团委和工会帮忙搞些活动。1974年以后,陆陆续续地一年借调几个月的时间,1975年5月份贵州省搞了一个农村社会主义教育工作队,每个单位抽调一两个人,当时我所在那个单位抽调两个人,我就是其中之一。贵州三大基地组织了几批,一年一轮换。我好像是第二批,一共是35个人,由省国防工办办公厅政治部副主任担任我们的队长。工作了一年,正好是1976年,上边有个文件,就说我们这个队已经结束了任务,由另外一个队来接替。所以我在7月份,正好去了将近一年的时间就回来了。

回来以后就留在了工厂团委工作——原来是借调,这次是正式下调令。后来先后在团委、工会、宣传部当干事,另外还负责一个广播站,一直工作到1983年,经常给省广播电台、报社投稿。所以说我当时是省里边报社和电台的通讯员,也感觉比较荣幸,因为能拿到一个通讯员的证也很难得。在这么一个企业里边,能有这么一个人的报道经常在省台、省报上进行播报和报道,领导也很高兴。其实我刚刚开始也不行,写几篇稿子到那儿,等你下次来送稿,东西在纸篓里放着①。后来写多了,参加了几次培训,我就知道怎么样才能让这个稿子不被忽略掉。基本两篇稿子中一篇,中稿率就比较高了。稿费几毛钱的、1块钱的、1块5毛的——两三块钱都算高的了。那时候喜欢照相,我用稿费买来了相机。因为喜欢这个东西,自己钻进去学习,我们厂里边第一个暗室都是我建的。

除此之外,我爱好创作,经常自己原创一些东西。但是工厂那时候条件不好,大山沟里边写的东西拿不出来。1976年唐山地震的时候,我们企业工会的领导就跟我说:"小孙啊,你能不能搞出一个作品来?"因为原来我经常

---

① 指稿子被扔在垃圾篓里。

写快板、小品、三句半①、哑剧什么的，我说我看一看，就把报纸拿回来反复研究。我说："这样吧，咱们搞一个诗表演。"接下这个任务，我写一段，他们排一段。一直写到8月3号，写完了。整个节目20分钟，参加了011基地的职工文艺调演。这节目当时挺轰动的，省总工会也看中这个节目了，准备拿到北京参加全国职工文艺调演，叫大型诗表演《人定胜天》。那个年代，道具、灯光，都是自己做。但是赶上9月9号毛泽东逝世，停止一切娱乐活动，国家把这些比赛全都取消了，就没参加上。这是1976年我从"社教"工作队回来以后的事情。

20世纪70年代酷爱摄影的"文艺青年"孙德生

三、我有一个外号叫"3点半"

1983年以后，我们基地为了培养第三梯队②，培养后备干部，就办了一个党政干部专修班。这个专修班文化水平参差不齐，所以叫预科班。有人说了，这是011基地的"黄埔军校"（笑）。在预科班培训几个月，我就参加了1984年全国电大的成人高考统考。预科班也是要考才能进的，否则也进不去。因为我们文化水平比较低，所以当时工厂推荐了11个人，但是只考上去了8个人，我很幸运地在这8个人当中。

当时我完全凭文科这块的分数，在这11个人里考了个第5名。因为啥

---

① "三句半"是一种曲艺，指一组表演词仅由三句和一个短语组成。表演者为四人，前三人每人说或唱一句，第四人则念诵归纳前三句内容的词或短语，反复循环至结束。

② 第三梯队干部指储备干部。最早提出"第三梯队"概念的是胡耀邦。1983年5月，胡耀邦在会议上说，老同志是第一梯队，运筹帷幄，制定党和国家的大政方针。现在中央书记处和国务院第一线工作的同志是第二梯队，但也不年轻了。所以，下决心搞第三梯队，选拔德才兼备、年富力强的干部进入各级领导班子。参见《"第三梯队"名单建立前后》，《党政论坛（干部文摘）》2015年第3期。

呢？数理化咱们根本就没学着啊！就学过一元一次方程、一元二次方程,后来几乎就没有学什么东西了。但是我那时候幸亏爱写东西,另外愿意看一些书,什么历史啊,地理啊,凭这个分上来的,否则的话也不行。

其实在1977年恢复高考之前,我就被推荐为工农兵大学生。但是那时候有很多事情是今天的人很难理解的。第一次说推荐我上的时候,我觉得我这小学刚毕业,初中才读一年,还有两三年没读,高中三年没读,怎么去上大学啊？推荐我的时候,我干得挺好的,你想想首批整建团的时候,发展6个团员,我是其中之一。我们也是几千人的大厂,当时有将近6000名职工,连续推荐了我三次。后来第二次让给别人了,第三次正好赶上我在搞"社教",别人给我打电话,我说搞"社教"挺好的。其实我是很幸运的,但是我就没去上大学。如果我去了,我就不是今天这个命运了,真的绝对不是这个命运！所以我就错过了这么几次机会。

但是这一次参加党员预科班我比较坚决,我说还是去吧,因为当时已经开始在讲有关文化、文凭的问题了。如果我继续在宣传部,干得也挺红火的,写的东西经常见报,还经常上杂志。但是这一看初中文凭——今后不定哪天整到我头上。后来我要报名,党委书记还说:"哎呀,小孙这段时间工作这么紧张,不行啊,明年再说吧。"好几个人说:"小孙,你这样的文化底子太差了,我们到时候帮你补一补,明年再去。"我一看好几个同事、朋友都在报名,大家一起报名应该是可以的。后来领导说:"那行吧。"但他们没抱我能考上这种希望,结果没承想就考上了。

怎么考上的？我是宣传部的干事,还要每天安排广播,工作其实很忙。宣传部每天都有任务,一天要写一篇稿子,我又负责广播站,每天早晨7点半要开生产作业会——因为你要了解情况啊。人家其他那十个同学呢,单位都给他们时间,叫他们复习做准备。当时赶上"工业学大庆",天天出报道,几天要出一个小报。由于工作性质,领导没办法给我这个时间。

当时我爱人身体不太好,小孩又小,才不到3岁。我说:"唉,这怎么办?"——一点招都没有。

那时候我真是咬着牙拼了命！每天早晨6点半起床,7点半要参加工厂的生产作业会,安排完广播,中午回来以后,进屋倒床就要休息,饭做啥就算啥。那个时候不像现在是烧煤,当时是现生火做饭。我爱人做好饭,我糊一口,碗都洗不了,就上班去。写完稿子,晚上 11 点钟才能回家。11 点多钟我回来以后,看书看到 3 点半到 4 点,就睡两三个小时的觉。

我那时候一心为工作。所以我爱人有时候说:"这一辈子你也不管孩子,一心就是扑在工作上。"就这样,我坚持了 17 天,熬得也不行了,就把初中的课程基本上看完了——一元一次方程、一元二次方程、函数,但是也整得糊里巴涂的。我主要攻的实际上是文科这块,地理、历史、语文、政治、文学创作,死记硬背。就这样我熬了半个多月,参加考试,凭文科的分数上去,数学的分数那就不行了,才得了三四十分吧。

这样就进入了电大学习,脱产带薪学习两年。当时省长是我们贵州省电大的校长,很正规的,各科的功课大家都很认真。两年的电大学习也挺苦的,门上、墙上全都是纸条。我躺在下铺,床上、顶上就是公式那些东西,死记硬背,就凭这个读完了两年的电大,当时还作为数学课代表,还没事经常写点东西。在电大我有一个外号叫"3 点半"——每天 3 点半睡觉,人家睡觉,我在看书,但是人家在看书,我在玩。那时候演《霍元甲》《陈真》,我一集不落,看完以后再看书。

孙德生 1986 年贵州省电大毕业合影

四、市场经济的先行者

1986年我毕业了,厂里叫我到团委继续当团委书记,当了两三年。

在整个011基地,我的团龄是最长的,从1971年入团当团委委员一直到我后来当团委书记,前前后后,从第一届团委一直到后来我离开的那届,17年。到1989年,我觉得年龄大了,就跟领导提出来应该换个岗位,别老在团委,叫年轻人上——那时候我已经快要37岁了。领导说那让我到下边分厂的车间去锻炼一下。

我就是那一年从团委到了我们一个主要的军工生产车间,去当党支部副书记、行政副主任、工会主席,干了将近三年的时间。当时在基地像这种一个人兼三个职务的很少,我们整个单位就我一个。

这个车间有200多人,分四个工段。我本身就是从车间出来的,对车间比较熟悉,为了叫职工能够很好地工作,不耽误和影响整个公司和基地的产品进度,我采取了很多办法。一是搞生产竞赛,提高了奖金的幅度——因为我们外边还接一些民品活,私下对职工进行奖励制度的改革。比如说工时定204个小时,他超100个小时,给什么样的奖励?超200个小时给多少?过去上面要封顶的,叫"下保底,上封顶"。后来我们就说你干得越多,奖励就越多。比如说一个月工人的工资可能只有200多块钱或者300块钱,但是这个月他的工时超过了200或者300个小时,就等于又拿了一份工资,这在当时是没有先例的。

这就把职工的生产积极性激发起来了。有的职工甚至一个月拿到了800—1000块钱的奖金!晚上不回家,加班加点干,家属给他送饭。车间大门锁着,他就从窗户进来。星期天叫他休息都不休,继续加班加点干。原来一个月手工操作生产200件,这时候在激励下可以生产500件或者600件,成倍地往上翻。

那是1990—1991年,我们这个班子几个成员制定了这么一个政策,在整个黎阳公司都很轰动,但是也受到了批评——觉得你们车间领导这种做法,是不是好像有点唯金钱论?但确实激发了职工的热情,激发了干劲,促进了生产不断向前推进和发展。原来是这个月有31号,31号才能完成任务,后来不但能够每个月提前一两天完成任务,而且职工还能得到一些休息和缓解。这就不一样了！你像原来的话,哎呀！6月30号到半夜12点,甚至到7月1号的凌晨,我们才把活交出去,算完成6月份的任务。后来我们可能是到28号,甚至25号,任务就完成了,开始准备下个月的工作。

这种激励和奖励制度,对生产产生了很大的影响。一方面保证了产品质量,另一方面职工也得到了实惠。我们过去完不成任务是要挨上级批的。这样的话任务完成了,职工也得到了实惠,上边领导基本上也认可,这不就皆大欢喜嘛！所以总体来说,还是得到了上面的认可。我和我们班子在当时黎阳公司也作为一个典型,做了一个介绍。

那么我们这笔奖金从哪里来的呢？有的从我们接的一些民品活里边拿出来。当时我们广开门路,在外边找一些民品,比如给烟机的一些零部件——烟嘴、烟枪这些进行加工,给单位挣了一些外快。

孙德生(九排左二)1989年参加170厂第四次代表大会

五、破产企业的"破厂长"

1992年,我就调到基地来了——原来是借调,这次是正式调的。当时四个部门同时要我——宣传部、工会、办公室、报社——当时还有个《贵州航空报》。问我到哪个单位,我说:"我在工会、宣传部也都做了那么长时间,干脆我就在办公室吧,正好办公室需要人。"办公室负责信访工作和接待工作。我就从1992年一直干到1998年,六年时间。

1998年11月份,我受咱们基地安排,挂职到一个破产企业去当副厂长,主要是操作企业的破产。当时去了三个,我是其中一个。

当时基地对干部是有要求的,要求年龄在45岁以下。我1998年已经超过岁数了,不想去负责破产的事——很多人都不想去。但是组织上这样安排,又下了红头文件,我还是要听安排的。为什么我年龄超过了叫我去呢?因为我原来是从企业来的,有在生产车间工作的经历。其他那两个,一个是组织部的,一个是人力资源部的,他们连机床叫什么都不知道,分不清楚。

这样我就到伟宏机械厂——代号是3008——挂职。当时我们也想把这个企业进行资产重组,让它能活多少算多少,但上面的领导要求它破产,要按这个程序走完。

在破产企业里边工作这几年,滋味是很难受的。你不是发展生产,不是启动项目,不是带领职工往前奔,能看到光明——哪怕萤火虫屁股大的光明也是光明,芝麻粒大的前途也叫前途啊,这完全就是给它定死的,是不是?

伟宏机械厂原来叫大修厂,是维修整个011基地的工厂,以维修各个单位的车辆为主。原来这个工厂很不错的,有学校,有职工医院,有礼堂,有公安处,有商店,五脏六腑都全,就是个小社会。后来整个社会发生变化,整个011系统、贵航总公司发生变化,人家企业自主经营了,或者说企业都已经改变资产性质了,但是这个大修厂没有军品,就没有生存、发展的机会和能力了,已经好几年不景气,所以进入破产,按照破产程序来操作。

这一破产以后,礼堂要垮,医院要黄摊,设备停在那儿,都已经生锈了,招待所没人管了,学校也很难坚持。职工人心惶惶的。

当时职工拿的下岗补助金是 208 块，1998 年的年月，那种日子很难过的！所以说职工是一种敌对的心理，哎呀！一天天闹啊……我们三个人，三个所谓的"厂领导"，光杆司令——所以说我这叫破产企业的"破厂长"——我们住在工厂，吃在工厂，孤零零地住在那个单位原来的招待所里，招待所也破破烂烂的……吃不好睡不好。因为我们一天挺忙的，没时间做饭，就请了一个人做中餐、晚餐两顿饭——我们都交伙食费的。住那个地方三层楼，老鼠在那楼里边横行霸道、横冲直撞。甚至有一天中午我们吃饭的时候，蛇从楼下都爬到我们三楼的厨房来了！

基地这些领导没体会，他就觉得你们在那儿要顶住职工闹事，要做职工的工作——所以有时候我对领导是很有意见的：这个时候该你出来就应该你出来，叫我们死扛着、死顶着——我们说话算吗？不算啊！

职工上贵黄路闹事，堵贵黄路堵了好几次。其中有一次堵得最严重，两天两夜，从清镇堵到贵阳，都堵到平坝了！最后贵州省公安厅防暴队都去了。结果那种情况下 011 基地的领导还不出面呐！

下半夜 3 点，再不解决，贵州省公安厅就采取行动了，影响就太大了。省领导电话打到国务院，叫 011 基地的主要领导马上赶到伟宏机械厂，当面向职工做一些解释，做安抚工作。后来基地的董事长、书记、人事总经理，还有各个部门的领导呼啦啦都去了，连夜开会。哎呀！职工情绪都很激动。

怕见群众的领导，绝对不是好领导。我们还得保护这些见不着、不敢见老百姓面的所谓"领导"，用身体挡着他们，自己身上挨拳头……所以心里边很有气。

说实在的，我们跟职工能做的工作都尽量做，能解决的问题尽量解决。哪家里边困难的，房子漏的——因为我管的就是生产后勤这一块——大半夜的咱也得去。虽然是破产企业，但咱们该做的工作得要做，就这样平息了一些事情。

就这样坚持了四年，2002 年我回来了。回来以后，我到 10 月份就离开了工作岗位，提前内退。

当时我们去的三个人内退了两个。我提前内退也是有原因的——当时组织上下达文件，走的时候什么职务，回来还是给你什么职务。我很有想法：我们在那儿几年吃了这么多苦，而且还错过了考高级政工师的机会。我从参加工作，到这个基地这么多年，原来什么职务还什么职务，原来什么职称还什么职称……所以2002年我就内退了。

退休后，我的兴趣就在搞曲艺创作上，属于业余爱好。我现在是中国曲艺家协会的会员，贵州省戏剧家协会的会员，海南省的"候鸟"艺术人才。在贵州国防建设50周年的时候，我受国防工办的委托，写了一个音乐快板作品《一件旧工装》，里面有一句是"无悔一捧忠骨埋异乡"，浓缩了整个贵州国防建设50年的经历。这在当时是唯一原创的自编自演的作品，引起了很大的轰动。可以说我的其他作品，写的时候可能没用多少时间——半个月、一两个星期吧，但这个作品，我整整花了几个月的时间才写出来，因为这里边有我的经历，有前辈的期望和梦想。

我们这代人什么苦都能吃，什么苦都吃了以后，我觉得我们的韧性还是有的。现在尽管国家对我们这一代人有些地方很不公平，但是我们也感到

孙德生（三排左七）1983年参加神剑文学艺术学会航空部贵州支会成立大会

知足。因为我们这代人活了60多岁,毕竟没经历过战争年代,也没像老一代那样吃不饱、穿不暖,感觉还可以。按理说你们比我们还幸福,想学习的时候能学到,我们想学习的时候学不到。如果说我在那个年代像你们一样学习,估计我现在应该也是个人才,哈哈哈!

杨丽燕　廖文彬
苏联人觉得修不成，但我们提前几年修成了成昆铁路

亲 历 者：杨丽燕　廖文彬
访 谈 人：周海燕
访谈助理：张航瑞
访谈时间：2019年7月21日下午2:00—4:00
访谈地点：贵阳市同兴山庄中铁三局二公司
访谈整理：周海燕　丁　菊
文本表述：杨丽燕（宋体）　廖文彬（楷体）

亲历者简介：杨丽燕，女，1941年生，北京人，中铁二局一公司退休护士；廖文彬，男，1938年生，四川资阳人，中铁二局一公司退休医生。两人分别毕业于北京铁道医学院护校和成都职业护校，并分至西安铁路局下属的宝鸡医院。在那里，出身迥异的杨丽燕和廖文彬相识、成婚。1964年，国家动员进行三线铁路的建设，他们俩被选中后来到贵州，随即分配到西南铁路局下属滇黔铁路贵州六枝一处工地医院。两人先后参加了滇黔铁路、成昆铁路和湘黔铁路贵定到怀化段的修建。在20世纪90年代的下岗潮中，廖文彬提前退休。

杨丽燕（左）、廖文彬（中）夫妇接受访谈

一、身份迥异的两个人

我是1941年出生的。我们姐妹五个,我大姐、二姐都在北京,就我一个人出来了。

我姥爷是袁世凯的亲戚,他一个人娶了三个太太,生了九个姑娘,我妈是老六。后来我姥爷高血压,犯病倒厕所了。去世以后九个姑娘怎么办?当时我大姨、二姨在农村,三姨、四姨在美国,五姨去了美国找她姐——因为老四是跟她同一个妈的,在我姥爷没死的时候就已经到美国去了——袁世凯看这几个姑娘成了孤儿了,怎么办?就把三个姐妹送到了北京香山慈幼院,我妈和我七姨学的幼师,我八姨就学的护士。我和我姐都在香山慈幼院幼儿园长大的。

我父亲是热河省省长的秘书,那个时候他们积极参加国民党。(**廖文彬插话**:她爸和我说:"我又没做过什么伤天害理的事情,我就是参加了国民党,现在这些人也找不到了,说也说不清楚。"——结果就因为这个事情影响了她们。)我们姐妹五个从来没有入党,一直到一九八几年邓小平主持工作以后,我爸平反了,当上了政协委员、人大代表,一大堆头衔给他戴上——除了我家老二,我们全部都是党员。(**廖文彬插话**:后面给平反以后姊妹全部入党了。)

我大弟是航天部的,我姐、我姐夫是铁道部的,我妈也是铁道部的。我初中升高中的时候,六个班,只有我一个人是铁道部的子女,我们老师说:"女孩子学护士好,你去吧。"我也没考试,是保送上去的。

她家里面的人,两个弟弟、两个姐姐都在北京。她大的那个弟弟,在航空航天工业部是正部级干部,现在月工资有1万多块,是我们两个的双倍。大姐是北京一家医院的总护士长,好像还是中国妇联协会的成员之一,代表中国去访问过日本。

我是资阳的,1938年出生。我是典型农村的,我母亲生了八个娃娃,七个是儿子,最后活下来四个,我是最小一个。

大哥比我大17岁,他结婚的时候我才出生。怕抽壮丁,我大哥去给国民党开军车,开了十几年。解放前部队都到广西了,准备把他带到台湾去,共产党的军队把他们俘虏过来了,了解了他的家庭情况——我家里面是佃中农——喊他继续干下去。他说:"我不干了,我要回去,在屋头种地都愿意。"就不出去了。1958年"大跃进"的时候很多单位要人,招他,喊他去体检完了就通知他,他也不去。

我们家人很少读书,我三哥和我头一年没升上学,第二年考上去的。他考了国家农业学校,也是个中专,我就考到成都职业护校。

为啥第二年才考上呢?因为我嫂子看到我们要读书,就指桑骂槐地对我们。一要考试,她就骂。我们只能中午抽时间看书,第二年才考上。当时整个小学考上14个人,我和我哥哥同时考上了。我嫂子就闹,指桑骂槐地骂。我们班主任天天都去给我们家做工作,他说:"人家烧香磕头地都想考上学校,你们两个考上不去读,太可惜了!"他想让我们去学点文化,因为他们那辈人吃了很多苦,写个什么东西都会被别人骗,就说我们这些小孩要多读点书。

后来把我分到西安铁路局,一共分了十几个,宝鸡医院分了三个去,我算其中一个。

二、一层层下到六枝

我是1962年从北京铁道医学院附属护校毕业以后分配到西安铁路局的。毕业以后,我们整个班有十个同学分到西安铁路局,还有同学分到广州局——全国各地都有,因为我们属于铁道部,全国各地属于铁路上的医院都得去。农村来的分到了西安铁路医院,我们五个北京市的都分到宝鸡医院了。

我们结了婚一起来的。我们走到一起,是直来直去——就是老实嘛。(**廖文彬插话**:这个人,北方人的性格都有,善良,也不在背后搞什么小动作。)

工作一年多,就开始挑人了,反正就把我们俩挑上了,说修铁路。什么都没说明白,我们就过来了。

第一次来是 1964 年。来的时候这儿有五个条件:第一个就是政治条件好,政治思想也要好,必须是党团员;第二个就是业务技术,就是能够单独承担工作;第三个要吃苦耐劳,不怕艰苦……其他记不清了,反正要求了五个条件。我们西安铁路局组织了一整个卫生所来,有医生、护士、检验、药房、后勤。

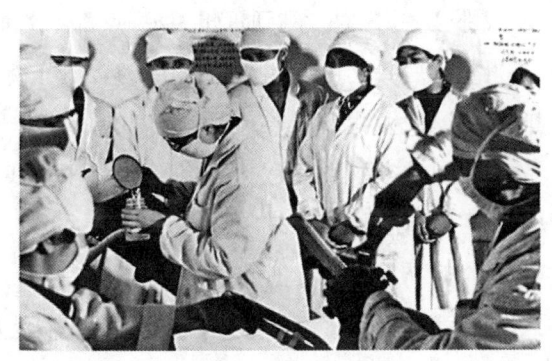

杨丽燕工作照

我们 1964 年 10 月 12 号左右动身,先坐火车,到了安顺的时候,咱们那个第一颗卫星,10 月 16 号发射了。

那时候年轻嘛,思想有点先进,受了"蒙蔽"。当时区党委书记、卫生所所长,说的都是好听的。我们稀里糊涂的,喊过来就过来,又听话,觉得光荣得很!还戴花什么的,整得非常热闹。西安铁路局的局长都亲自来给我们开会,在局里面的时候,开会说:"你们光荣得很!你们去的这个名额都是由这边单位来定的,就是他们做主来选的。"

那个时候人很缺,但都是挑人去的,怕犯政治错误。当时我们是挑出来的,说对三线建设有政治意义。

11 个人来送我们,从局里边送到火车站。卫生所还派了一个抗美援朝的老干部把我们送到贵阳来。

贵阳火车站到了以后呢,来接我的是我原来在成都的同学。接了以后他就哭起来了。(**杨丽燕插话**:就是舍不得啊。)那个时候我还晕车,连火车都晕,坐一个多小时的车,就算在车上不吐,下了车都会吐,然后才走得了路。汽车上去,从安顺吐到六枝。

我那会才 23 岁。刚到贵州,我一点都不习惯。来的时候他们嘱咐我们到了贵州以后要吃辣,不能吃甜。因为贵州肝炎多,肝脏喜欢吃甜的①,要我们吃辣的。我说我们北方人不爱吃辣的。

来了以后,局里边派人把我们送来贵阳。我下了火车以后胆囊炎发作,只能到医院,让医生给我打针。

在贵阳待了两天,把我们送到了第一线。中铁——原来叫西南铁路局——把我们分到了西南点。过了两天,我们就从贵阳到了安顺。

下了火车发现安顺更差,到处是猪拉的屎,又下大雨——贵州就是雨多,下了一个月。他又晕车、又吐,那玩意才恼火! 给我们安排到中南铁路一处公立医院,后来分到了六枝一个卫生所。一路下来,一个比一个条件差。

到六枝以后就更好玩了。到那儿,大家吃面条欢迎我们,搁了好多豌豆尖,还有折耳根,我们没见过也没吃过。我说这绿的玩意儿是什么啊? 又苦又辣,又有腥味。我们来的人都不吃,都扔了。后来医生和院长就说别扔,这是最好的东西才给我们的。我们还是不习惯,只有吃干的,把那些都给他们吃。

到那儿什么都不习惯。

三、艰难的修筑

我们修了三条铁路。1964 年是从六枝到昆明——这是滇黔铁路,以前就修了一部分,我们过来以后从六枝那边开始修;1966 年是成昆铁路,1971 年修通的;第三条是贵定县到怀化的,跟湖南交界。

她弟参加了那个珍宝岛战役——当时跟苏联打。三线修铁路时说,我们一天不修通,毛主席觉都睡不好,所以我们拼命在这里整。

当时用半军事化来管理——营、连、排、班——工地上按照部队那种编

---

① 意指吃甜容易得肝炎。

制,吃饭都是集体的。每个单位都有食堂,不能私自开灶。

修铁路,首先是自己挖路。山比较大,根本没有交通。而且当时比较乱,那边是少数民族地区,国民党又在发报进行通讯骚扰什么的。所以先修一条公路,是为了修那条铁路专门修的。

杨丽燕的弟弟在珍宝岛

先修的路只能过一辆大卡车。不开玩笑说,当时在工地上,我回医院给单位取药,坐车的时候如果要挤在驾驶员和副驾中间,我就不坐。我要爬上去坐。(**杨丽燕插话**:就是怕万一出事了。)我们单位当时已经损失了十几个老司机啊——掉下去就基本活不成了。(**杨丽燕插话**:我们那儿死了不少。)

成昆铁路的烈士陵园里有我们一个司机,是树的标兵——标兵就是先进。他开翻斗车,专门拉材料。开车的时候下面是一条河,叫牛日河①,旁边是雪山,冷得要命。结果车翻下去,山底下还住着工程队。工程队的人在那里端着碗吃饭,就听到"轰!轰!"的声音,车就下来了。大家还不知道怎么回事,车子一下子摔到了那个球场坝,把那些吃饭的人的碗都吓丢了。车子摔得粉碎,没辙了。

山上滑坡多,那个飞石一个一个地打下来,我们有个炊事班的师傅在菜园子里面摘菜,就被打死了——当时飞石哗哗哗地就下来了,我看不对,赶紧跑到边上! 赶快跑!

成昆铁路还算好的,打隧道,岩层很好,很硬,打的时候喷点浆就可以了,不需要另外打什么。比较难的是昆明到玉溪,这条铁路挨着玉溪那段是六队修的,石夹沙的那种,最后洞口垮了,后头也垮了,中间施工那段人堵在里面,赶紧去抢救。(**杨丽燕插话**:原来打隧道还不加水,粉尘很多,所以矽

---

① 牛日河是大渡河中游的一条支流,现在叫尼日河。

肺多，我们那好多工人得了矽肺。因为要戴口罩，他们有的工人不戴口罩，就干打，那个灰也大，就容易得矽肺，这是职业病。）

打加水的容易遭风湿病。干的那种隧道，直接打，打得那个灰尘……整个人都看不到了。我们单位患矽肺病的都有十个人嘛。(**杨丽燕插话**：我们在六枝那个隧道，瓦斯爆炸，死好多人。）这个瓦斯是铁道兵修的①，爆炸以后抬出来的人堆了几屋子。

死了有100多个人，连长还在那里指挥进去。进去一批，完了；进去一批，又完了。他不懂科学：打不下来，进去再多都会死。(**杨丽燕插话**：第一个进去以后就死了，死了又让人冲，冲又死了——他们不懂。后来我们说：死人了，不能再往里冲了！）所以后来那个连长受处分了。

我们属于工程队，他们是铁道兵，虽然干劲大，但是技术上比我们还是要差点。后面他们搞不下来，就交给我们施工了。

贵定到怀化的这条路也是我们修的。在贵定，当时我们队在上面采山沙来拌水泥，结果有一天下雨了，我们采沙的那座山垮了一大块下来。整个一座山，垮了一大半下来——如果人在那里肯定遭了②！跑都跑不出来，太危险了！真的。还好那会都在屋头休息，没砸到人。(**杨丽燕插话**：那是真的苦，我们在医院，他还要跑工地，那些工人出去上班，他背着药箱跟着到工地上去——为什么呢？就怕工人受伤了以后抢救不及时。）

我们两次到四川，进成都——修成昆铁路那会儿，当时苏联量我们都修不起③。结果我们还提前了几年修通！所以当时中央也很重视我们，派文艺团来慰问。当时我们单位大到什么程度？13个处，5个工厂，5个车队。你说庞不庞大？后来分成两个处，就是中铁五局和二局。

我记得通车的时候，司令员来祝贺我们提前完成(**杨丽燕插话**：原来他们说我们这里的铁路是修不通的。），给我们发了一个奖品，是一个茶缸。

---

① 修隧道时通上瓦斯，代替炸药，用来炸开隧道。
② "遭了"是四川方言，指倒霉了。
③ "当时苏联量我们都修不起"这句话中的"量"为四川方言，指"估计"，这句话意指苏联看不起我们，认为中国修不了成昆铁路。

代价非常大,死了很多人。有一个烈士陵园,我们那里有十个以上在里面。

四、 排队迎接金芒果

我们这辈人,什么都遇到了。"文革"是我最反对的。1965年武斗,打得鸡飞狗跳,我说我没看到哪里有犯罪分子,也没晓得哪个是地方乱党,我说我怕打成仇了①,就不去参加。

印象最深的是我们躲武斗,打得凶的时候就往家里跑。我家是四川资阳的嘛,从甘洛②那边背个烂箱箱,背到火车上,最后到成都,到资阳。

坐火车从甘洛出来,就是人多!你想上车,要爬得上去。我印象最深的是一个少数民族工人,太挤了,他旁边有个人出不来,就想直接从他背上跳过去。我还没反应过来,那个少数民族工人站起来,两拳把那个人打在地上去了。

我们是有车票的,但就是挤不上去,我和她两个只好趴在车顶上。时间长了觉得不行,手稍微一松就掉下去,喊都喊不回来了——你想,好危险嘛——哎哟,只要开门就有人被挤出去,那是太乱了。

都不知道是怎么活下来的。

"文化大革命"的时候,红卫兵、孩子坐车不要钱,挤上去的都是年轻小孩,在那里乱蹿,火车上简直人山人海,上厕所都没办法。

跳忠字舞、听广播,都有,大家都会。我们从北京来的,都要先喊口号,什么"毛主席万岁""祝毛主席健康长寿",然后就开始唱了:"节约光荣,浪费可耻!"——米掉了都要搁嘴里头。这是幼儿园教的,节约光荣,浪费可耻。

---

① "打成仇了"是四川方言,指结仇,这里意指参加武斗后与人结下仇怨。
② 甘洛为四川省凉山彝族自治州下属一个县。

我从成都接她到甘洛县。在火车上有人喊我,硬是要我跳忠字舞。我跳不来,因为我一辈子都不喜欢跳舞。然后他们就让我唱歌。我说:"唱歌也不行,我要是唱,会把你们吓得从窗子跳出去。"

我一直都对这不感兴趣,没有这个细胞。

记得有个什么"金芒果"是送给毛主席的,然后就转送到我们二局来了。那个二局的党委副书记、政治部主任端了个芒果,开个火车头,在上头举起芒果,路过的时候要夹道欢迎,一直等到走完成昆铁路——就是一个形式。

芒果最后怎么处理的?不知道。①

中铁二局共青团会议合影

---

① 1968年,巴基斯坦外交部长访问北京时,送给毛主席一篮芒果。为了表示对革命群众的支持,毛主席又把这一篮芒果转送给清华大学工宣队。此后,芒果就成为毛主席超凡魅力的政治象征,全国各地都掀起了喜迎芒果的庆典热潮。大街小巷的人群敲锣打鼓、载歌载舞,捧着芒果四处游行,人们甚至还按照鲜果的大小、外观、形状制作出塑料仿真芒果,送给全国各地工人阶级观赏。参见《最大关怀最大信任最大支持最大鼓舞,我们的伟大领袖毛主席永远和群众心连心,毛主席把外国朋友赠送的珍贵礼物转送给首都工农毛泽东思想宣传队》,《人民日报》1968年8月7日。

五、和少数民族相处

我们当时除了修铁路,还负责给少数民族普及文化。

我们那会儿是在玉田①的山上——还算好的地方。来看病的病人都是从山上背下来抢救的,没办法。

真的,那会儿真的苦。住院的老乡头发上的虱子,哎哟……也不敢剪,有人说洗吧洗吧,给她洗澡,给她换上我们的衣服。

那会儿有个女的来生孩子。我的天,到处都是血,还有虱子,胳膊都有泥巴能抠下来……到我们医院了,怎么办呢?我们怕弄脏了医院,让她脱,她又没有换洗衣服。然后我们大家就捐献衣服给她换。

换下来的衣服怎么办呢?也不敢给人扔啊。我们就学雷锋,四个人洗那条裙子,在医院洗被子那两个大水池子里搓,搓的水放了一次又一次,换了一次又一次。最后没办法——真的,你说彻底洗干净?真是没办法——看着水稍微清亮点就挂上去。那么大一条大裙子!他们说有两三丈,我还不相信。弄完了以后真的才相信。

他们睡觉也穿那个大裙子,上厕所也穿大裙子,就这么一蹲就上厕所了,真的这么落后。

大凉山上和底下又真的不一样。(**廖文彬插话**:不一样,上头住的要穷些,底下住的要好点。)我记得很清楚,有个人啊,60岁了才结婚,生了个小孩,后来带小孩来我们这里看病。看了以后我钱都不好收他的啊。反正我是没收过他的钱。他好像还是奴隶——奴隶就是彝族里最穷的——这老乡,哎呀,也不会说,又听不懂,走了每次都是作揖哈腰的,意思就是谢谢,我就觉得太可怜了。

我也帮过他们不少忙,看病都没收钱,有事都来找我,因为他们看病很远,要走十多里路,还是恼火②。有一次有个小孩摔倒,皮都翻起来看得到骨

---

① 玉田镇隶属于四川省凉山彝族自治州甘洛县。
② 此处意为很不容易。

头了,喊他去医院,他说懒得跑,硬是让我在工地上给他弄,工地本身条件也很差,我记得很清楚,给他缝了12针,把皮缝上去然后打消炎的药。第二天他就不来了,说他痛——青霉素,怎么不痛嘛?——后来好了,他又来感谢我。

我们接触的少数民族还是挺多的,他们当时男的就是一个裤衩,女的就是一块布围着,反正不大讲究,但也很客气。但是喊你吃饭你都不敢吃……我们教他们卫生知识,教他们学文化,说普通话,那时候少数民族的话是听不大懂的。

假使他要来学,我们就给他讲,不来的话我们也不怎么和他们多接触。我们医院原来是美式的(**廖文彬插话**:我们医院的底子是美国的一个教会医院,新中国成立以后设备就全都给铁路上了。)——所以我们的日常用具都不像咱们平时用的那种,而是不锈钢的,好厚。彝族老乡看着我们医院什么都好,以为这是锅,就拿去做饭了。

六、 铁路上的孩子不认识爹妈

这儿不让带孩子。我们单位基本上都没有带孩子的,就是你家在哪儿,自己父母给你带了。

我们老大一直在北京我妈妈那儿,全都是她带。我的工资就寄回去给我妈,我们俩就省着花。

原来我们在北京住的房子和这都不一样。我们住的是我妈铁道部分的房子,是地板的。到这儿我们都是住油毛毡棚。一直住到1995年,我们才从医院搬过来。油毛毡棚是怎么做的呢?用那个竹子编的,油毛毡一片一片拼起来。然后抹一层泥巴,下雨又漏水。(**廖文彬插话**:你们是没看到我们那时候工棚的房子——应该照照相的,现在照不到了——房子周围是竹子做的,上面是油毛毡。最怕的就是火灾——失火了,离得再近都来不及抢东西出来。)我们姑娘来的时候4岁多了,从北京到这儿来玩儿——那是我第一次接她到工地来玩——她看着牛,说:"大象怎么没有鼻子,还长两个角?"大家都笑了。还有一次她在玩,看到猪到处跑,就扔了玩具跑去追猪了。彝族老乡看着有玩具就拿走了,后来有人说是医生女儿的,你们要给送回去,老乡就都给她送来了。

小的在工地,但你要上班带孩子也不成,还是请别人带,就这样。小的四五岁之前找的本地老太太给带着,没上过幼儿园。

1976年老二刚4岁,有一次下大冰雹,砸了家,我们也不能顾孩子,要去管病人。我当时是护士长,在忙抢救,那个冰雹打得被子什么都是湿的,我们这姑娘就钻到床底下去了。

小孩跟我们吃了很多苦。这边没有幼儿园、托儿所。下大雨,她去抢救病人,我去把小孩顾着。当时我们的处长是怎么说的?要让你们的子女不认识你们。他的意思就是让我们把心放在铁路上嘛。

那可不?我回去孩子管我叫三姨。我在北京生了老大、老二,不给办户口。后来铁道部部长来访,专门问我小孩的户口。我就去找户籍工作人员,他说:"人家地质队的,比你们更辛苦,还不是一样?"我说:"我们修铁路也辛苦。"我们在北京专门为我姑娘的户口跑了好多趟,后来就明白了,他是不想给我们办。(**廖文彬插话**:他就像没有理由,横起①的。其实上海就比较松。)一直到初中毕业以后,两个孩子只好全弄回来,到贵阳这来上学。

读书都是借读,交借读费。真的都是这么艰苦出来的。

老大高中就在这儿读,刚开始这边一句话听不懂。在北京她成绩好,外语课代表,什么都挺好的,到这儿读书,她听不懂,一到考试她就紧张,发高烧、输液,第二天去考,又烧,又输液,又考……成绩就差了点,考了师专。她在学校挺好,是班长,18岁的时候就在学校入党转正了。

1987年毕业,原来是准备给她留校的,说她第一个是形象好,第二个是说普通话,就说让她留校,系主任都找她谈话了。第二天她说分配了,我说

---

① 四川方言,意指蛮不讲理。

我去看看会不会有什么问题,她说:"妈,我是党员,你赶快回去,影响不好!"就等着宣布结果。

结果她被一个干部的女儿顶掉了。

我那会还在外地出差。福建要建一个水电站,旁边的铁路受影响,要改。我就去改那条铁路。

等我跑回来已经晚了,定下来了。我就去找那个校长,谈子女工作分配的问题。后来我说:"校长,我走了,我们是平头老百姓,你还要在这个位置上混下去,说不定你还要往上爬点,你得罪不了他们,你得罪我可以,我的子女就放弃了!"——我这个人,当时脾气有点怪,他那个脸涨得通红啊……

我们去求了一个干部,花溪教育局的,听说他喜欢画,就赶快让我爸爸画一张大山水画,两瓶酒,拿个袋子提着。去了以后我刚刚把东西搁下,还没吭声,他贼头贼眼地说:"赶快!"他那老婆赶快把东西提进去了。但最后还是让人家顶了,我们又没什么办法,回来以后还不敢和孩子发火。(**廖文彬插话**:我们和地方不熟悉。)

后来我们那老大还不错,她在那隔壁民族中学干了一年,第一年带的那个班出来,就有一个考上了贵阳的卫校。以后校长就不放她了,一看她就说:"你就在这里啊,在这里我给你分房子。"她一直工作都挺好的,优秀班主任、优秀班集体什么的,在这儿都是优秀的。后来清华中学要招老师,让我们老大去面试,直接就把我们姑娘调过去了。

七、 退休后比普通工人的工资都低

到了一九七几年、八几年的时候,我们医院支援三线的基本都走了。黑龙江的,甘肃的,山西的,好多……我们都是一块来支援三线的,最后人家都走了。

原来我姐姐、姐夫他们给我联系的是北京中日友谊医院,让我们俩去。

后来我们准备去了,我们单位又不同意了,就根本不放你走。到贵阳的他也不批,什么都不批——反正你们就在这儿吧。

主要还是她是先进——她得的奖不少,这么厚一沓(比画)——又是优秀党员,又是积极分子,都摆了那么大一摆。后来是单位不让我走了,有一个书记,卡了我们好多回,有些证明他就不给。

退休以后我们就在这里定居下来了。定居下来了就没动,上面也不管我们了。

搬回来以后,还是住油毛毡房。本来那些农民都喊我们把那个地买下来修房子的,我们领导说,我们铁路上没有定居那个概念。他们倒是有房——他们年纪大了以后都有家了,就我们这些人到处都没有固定的房子。后来1995年才给我们分的这房子,搬了就好一点。

贵州属于高原,原来有高原补贴、取暖补贴这些——我们不是从平原到这嘛,应该给我们一点高原补贴吧? 到这什么都没有,而且工资又偏低。他们本地的人还有高原补贴呢,这就不合理,对吧? 我前几天才听他们说,我们这儿还领高原补贴,一年有四五百块钱呢! 我说,我从平原到这里都没有!

我们俩来的时候月工资都是40块出头。我现在是刚刚到3000块钱,多几块钱,3007块钱——我是我们家最贫困的。和我们调来一块的五局医院的,人家现在就5000多块,现在我工资是最低的了,和一般的工作比都差点。

真的,现在社会平等的也不少,不平等的也不少。我们这个年代的人不管做什么都恼火,我们年龄都这么大了,工资偏低。现在工人的工资比我们两个人的加一起都高。

我们是1995年退的。二局的局长下了红头文件,动员我们退休。那时候不是搞下岗这一块吗? 二局说:"你们家里两个职工,不走一个好像不行,把你工龄给你算到60岁,给你补5年的工龄。"

我想既然工龄给我算到60岁,早点退了好找工作,我就退了。等我们办完手续以后,上面说局长犯错误了,要把那些有优待的工龄全部扣回去,所以我就算的34年。

我1961年7月份参加工作,毕业后我连家都没有回,到西安去进了铁路局。到1995年4月份退休,走在哪里他们都说你这是35年工龄——他给我算34年多!1961年7月到1962年7月这算一年,算到1995年就是34年半!那几年算工资还有这个规定:25年算一坎,30年算一坎,35年算一坎,40年算一坎。就是把我卡在35年。

以前我们领导说:"你们外局的工资都高。"当时我有几个同学在这边,说我不会比他们差。实际上我的工资是怎么回事呢?早先我们一共87块5毛,一直干了17年没动过——没有涨一分钱。

搞工资这些事情的人,都比较精明。就像贵州省劳动局,他这个工资是怎么搞的?人均工资是多少钱一天,或者是多少钱一年,统一的就是这么多。工龄工资还比四川那边低,一年2块钱,30年的才60块钱。

我们单位退休,不管你是技术人员,是工人,还是医务人员,只要不是干管理工作的,一律按工人待遇。现在我们比他们普通工人的工资都低,3000多块,不到4500块。我们现在两个加起来退休工资6000多块。

像交养老金的问题,毛泽东时代没有这个说法。开始交养老金的时候我们已经退休了,我们就没有交多少。如果按照这个来算,现在的政策是不合理的,对不对?① 014基地那边也有这种情况,不过他们比我们好的一点是住在城里面,我们是跟着工地走,住的是油毛毡房,没有固定的房子。

我觉得没有什么可谈的。时间久了,你说国家要来顾我们这种情况也顾不过来了,底下那些官员真的是官僚得很!

我们有个同事,就和我们一样的,工龄差不多。他们就是轮流去坐②。结果市里面看到推不了,也压不下去,就承认他们是事业单位,人均工资一下子涨了2500多块,加上原来的2000多块,一共5000多块。我们单位没有

---

① 廖老的意思是,因为缴纳养老金的时间很短,所以按照现行政策他们拿不到太多退休养老金。
② 指上访。

人去闹,就没有人来管我们。单位上,闹得太凶也不好意思;不闹,就一直压着你。

中央事情太多了。这些搞具体事情的人没有把这个事情放心上——他们就没有用心去完成这些事情。

现在我的小孩工资比我们加起来都高。我们也想得开,退了休什么都看得淡。我们这些人都是有一天活一天了,随时都会出问题。

已经到现在了,还有什么要求?——有什么要求也没用。说得难听点,泥巴都埋到嘴这里来了,我随时都可能会走,没关系了。(**杨丽燕插话**:2017年,他得病,呼吸脉搏血压都是零。差点就走了,抢救回来了。)开始是请北京的医生,请了两三次请不来,后来是华西医院给我做的。得不起病啊。

自己掏钱给他做的,那次就是全费3万多块。安起搏器8万多块,自己又掏了3万多块,他这几次住院十多万块钱,都是自己掏,自己拿现钱交的。没办法。

孟宪志　刘学英
祖国的需要就是我的志愿

亲 历 者：孟宪志　刘学英
访 谈 人：周海燕
访谈助理：张航瑞
访谈时间：2019年7月21日上午
访谈地点：贵阳市孟宪志、刘学英寓所
访谈整理：张航瑞
文本表述：孟宪志（宋体）　刘学英（楷体）

亲历者简介：孟宪志，男，1933年生，天津人，天津油漆厂原团委书记，后调至天津拖拉机厂，担任团委副书记。在"好人好厂好设备"的政策下，天津拖拉机厂一分为六，支援三线。孟宪志作为党员也被动员来到贵阳，担任贵州工具厂党委宣传部部长。刘学英，女，孟宪志妻子，1937年生，天津人，原为天津第八车具厂员工，后调至天津市粮食局，在三线动员中跟随丈夫来到贵州，在贵州工具厂担任工会宣传委员，现已退休。

孟宪志（中）、刘学英（左一）接受访谈

一、津门生活 30 年

我 1933 年生于天津,工作后被分到东方油漆厂。1958 年,天津油漆厂、中国油漆厂和东方油漆厂合并组建为天津油漆颜料总厂,我调至总厂担任团委书记。当时我管辖的大概有 1900 名青年,职工三四千人。1960 年,为纠正"大跃进"时期的一些不正之风,接到上级部门组织工作队的指示,我带领当时天津红桥区 50 多个队员到静海县新集公社进行"整风整社"运动。作为我们来说,就是全心全意,一心一意拥护"三面红旗"。新集公社负责数个管理区,还包括管理区下面的各个生产大队,主要工作就是纠正"五风"①。那时我们普遍认为,共产主义马上可以通过人民公社实现。

当年是非常困难的,再加上身体一直不太好,我就患上了浅表性胃炎,做过钡餐透视,这么多年也是一直落下了病根。

1961 年,我被调到了天津拖拉机厂。天津拖拉机厂是在 1960 年以后,苏联撤专家、撕合同,给我们造成很大困难时,在国家发奋图强、自力更生的背景下成立的。当时的规模是 15 000 人,年产量 15 000 台。1960 年建厂时,曾专门召开过万人誓师大会,天津市委书记也亲自到场,得到了媒体各个方面的关注。

天拖的隶属单位是机械工业部,部长是陈正人②,"万人大会"的时候他也来了。"万人大会"以后,就选取了原来天津水上公园那一带区域建厂,规模相当大,整个天津市都轰动了。但是经过两三年的建设,天津拖拉机厂依旧进展缓慢,一方面是因为建设成本相当高,另一方面是因为地理环境不

---

① "五风"指 1958 年在"大跃进"运动、大炼钢铁运动、大办农田水利建设和人民公社化运动中,泛起的"官僚主义、强迫命令、瞎指挥、浮夸风、共产风"等五股风。
② 陈正人(1907—1972),江西遂川人,曾用名胡思义。1925 年加入中国共产党,曾为中国共产党第八届中央委员会候补委员。土地革命时期,历任江西省遂川县县委书记、井冈山湘赣边界特委副书记、江西省委代理书记、江西省苏维埃政府副主席。全面抗日战争时期,任中央军委总政治部宣传部部长、中共中央西北局组织部部长。解放战争时期,任东北民主联军总政治部主任、吉林省委书记兼军区政治委员。新中国成立后,任江西省委书记、建筑工程部部长、中共中央农村工作部副部长、国务院农林办公室副主任、农业机械部部长等职。"文化大革命"中受迫害,1972 年 4 月 6 日在北京逝世。1980 年得到平反。

佳——稻田较多，地势低洼。周恩来总理观摩时说："天拖天拖天天拖，大姑娘拖成老太婆。"就是批评天拖进度太慢。1961年我调过去的时候天拖正在建设过程当中，做党委调研秘书，后又担任团委副书记，负责当时天拖厂的思想工作。

　　天津是我出生、成长的地方。我1933年生，初中毕业以后，因为家里比较困难，就直接工作了，被分配到天津第八车具厂。后企业里调干，调至天津师范学院。大学毕业后我放弃了教书的岗位，又回到原单位。1961年，天津开展粮食系统"三反"①运动，将我调到了粮食局秘书科，后来又调到行政科。

　　我刚到粮食局的时候，天津的粮食特别紧张，每月25号提前五天借粮，老百姓就到粮店门口排队，甚至凌晨一两点就开始排队买粮食。不过到1962年就开始好转了。

　　我上学、工作、结婚都在天津。家里有十来口人，当时我的奶奶、父母、叔叔、大爷、大娘都健在。我还有两个儿子一个姑娘。在天津的时候，我们两个人每个月都有四五十块钱的工资，虽然说不算富裕，但是过日子是没问题的。

二、从社会动员到家庭动员

　　我们的毛泽东主席很有远见，在看到了苏联的局势后，想到：假使"帝、修、反"同时进攻中国，我们该怎么办？假使爆发了战争我们又该怎么办？毛主席就想到了三线建设，所以就有了"三线建设不好，毛主席睡不着觉"这样的话。朱元璋的"高筑墙，广积粮，缓称王"就让毛主席联想到要"靠山、隐蔽、进洞"，将重要的工业、企业进行战略性转移，将贵州划为三线，提出"好

---

① 一般意义上的"三反"运动是指1951年底到1952年10月在全国党政机关开展的反贪污、反浪费、反官僚主义的政治运动。但亲历者此处所说的"三反"应该是1960年在财贸系统开展的新"三反"运动，即反对分散主义、反对投机倒把、反对贪污盗窃运动。

人好厂好设备"的政策,来支援三线建设。天津拖拉机厂当时也是国家重要的企业,正好面临"天拖天拖天天拖,大姑娘拖成老太婆"的困境,就因此一分为六①,在本地仅留下原有三分之一的规模,其他的分散至各地。在进行三线建设动员的时候,我正好被团委派送到长沙解放军政治学校学习,回来后准备调至党委宣传部。等我学习四个月回来后,"万人大会战"我刚好错过。在我学习期间,天拖厂已经定了一分为六计划,然后就从党委抽调人,我被分到工具分厂。

我们分厂在1964年底开始筹建选址,当时先遣人员已经抵达贵阳,由副厂长唐少波②带队。为了快速选厂建设,选用当时的贵州农具厂进行改建。工具厂建成后,大概有1500人的规模,其中天津拖拉机厂的人员占80%,洛阳拖拉机厂的人员占10%,剩下的是原本贵阳农具厂的员工。我分配的任务主要是抓生产,随着工具分厂成建制地迁到贵阳,担任厂党委宣传部部长。

三线选人也经过了动员的过程。对于我来说,作为一名共产党员,作为国家干部,服从分配是我的天职,即便有再大的困难也没办法。当时先遣队回来后,专门做了有关宣传组织报告会,宣称贵阳"冬无严寒,夏无酷热,四季如春",生活方便、物价低,鸡蛋几分钱一个,肉几毛钱一斤,每个月8块钱就能够生活。

当时家里专门来了领导动员,告诉我丈夫准备要到贵阳去,最好我带着孩子也跟着一起去,这样在那边才有个完整的家。贵州还是比较不错的,生活很好。我当时就想到那儿去一个月8块钱就能生活,我一个人的工资就能解决家里的开销问题了,所以就考虑到这一点。我当时就说:"既然都说到这份上了,那行,我也同意吧!"他们就马上给我们办户口迁到贵阳。

---

① 除了天津拖拉机厂本部外,划分为工具分厂、铸造分厂、机修分厂、发动机分厂和底盘分厂。
② 唐少波(1921—2012),男,天津市原一机局副局长、离休干部。

天津人多数还是服从分配的，其实也有不少人得到了好处，比如白龙①的父亲白文喜、母亲张金兰。白文喜原来是天津拖拉机厂的工人，从部队转业进厂；张金兰原来在天津沧县②的一个火柴厂做女工。他们两人本来在天津分居两地，通过支援三线，就能阖家团聚了。有一些厂的工人反映说，当时他们的儿女在当地找不着工作，但是到贵阳以后就得到解决了。

但是像我们家来说，还是比较吃亏的。我原来是天拖厂的干部，她是南开区粮食局的干部。既然我要到三线，那么全家都得来到这里。那时我的大儿子才七八岁，二儿子五六岁，姑娘两三岁。最关键的是我妻子，她从小就没有离开过天津。

我所有的亲戚都在天津这边，在家里我是长女，下边还有几个弟弟妹妹。父母那时候工作忙，岁数也不小了，我也不可能把几个孩子托我父母照顾，增加他们的负担，只能我自己苦点。说实话，那时候我可不想来。

当时我们从天津东站出发，天拖的党委书记李超来送我们，跟我们说："你们到那儿不错，以后那儿发展比天津还好！"我心里特别不满，就顶撞了他两句："是啊。你的任务也完成了，我们都充数来的嘛，我一个干部就顶天拖一个职工，你反正完成任务了。我还带着三个娃，家里五口人都给折腾到贵阳去了。"那时候就是从内心里不想来，因为在天津土生土长的，从来没离开过天津市，这一下子走那么远，6000公里。

我一上车就后悔了。那时候火车也不像现在那么方便，去贵阳总共倒了六次特快，先从天津到北京，再到柳州，然后才能到贵阳，一共三天两宿。我们到了北京以后，当时北京正好在庆祝新中国成立十周年，展览我都没心思看，就一直在北京东站等着去柳州的车。我抱着老三，老大、老二由我丈夫领着。上车以后，车上也不全是我们的人，也有出差的，也有其他单位的人。和人家聊天，人家说下一站就到了，我还以为我们也到站了，其实人家的下一站是郑州，我就把带着的东西都吃完了。结果下一站到了问过领队，

---

① 白龙为孟宪志、刘学英夫妇的干儿子。
② 沧县现归河北省沧州市管辖。

我们才知道到贵阳还需要两宿,心里就更烦了。我这一路上根本就不高兴,根本就不想来,但是还能怎么办呢?没办法。

到了以后太憋气了,天津全都是平原,但是贵阳这儿都是山,我感觉我这辈子就在这儿了,出不去了。

我妻子从来没有离开过天津,她其实心里是非常不情愿的,但是我要服从分配,她也要服从我了。当时她很想不通,家里也是做了很多工作劝她,她母亲也知道我当时肠胃不好,动员她跟我一块来,这样可以照顾我。如果当时我自己来的话也不太现实:把三个孩子和她全都留在天津,我不放心;他们也不放心我一个人在外面。最终在她母亲的劝导下,她还是跟我一块来了。如果她当初不跟我,不跟我结婚,也不会遇到这个事,反正现在她想到这件事就是后悔。

三、初到贵阳,抓"活思想"

1965年5月1日,我们到达贵阳,贵州工具厂组织人在车站迎接我们。

贵州是非常潮湿的,房子里面的墙上都流水,屋里特别闷。刚来的第一晚,锅碗瓢盆、睡的铺盖都还没到。我们两个大人将就一下就算了,但是我们还有三个孩子呢。好在孩子他们稀里糊涂的,尤其我那两个儿子,东跑西颠,玩儿得可高兴了。

比我们先来的人给我们煮了一锅稀饭,送了点干粮。虽然当时的食堂也是比较简易的,但是和当地比还是强——毕竟是成建制过来的——所以我们在食堂就随便买点蔬菜,能混一顿是一顿。等我们的大件行李到了,才算正式安顿下来。

毕竟刚刚建厂,当时厂里托儿所、学校都没建好。我在家待了几天以后,我丈夫就让我上班了。好在这和天津比车少、人少,我就让老大背着老三,老二拽着哥哥,三个孩子在自家的院子里遛着玩,我去上班去。

上班以后我妻子被分配到行政科,负责粮食会计工作,管理400人的粮食发放。后来厂里组建工会,她就去担任工会宣传委员了。我的工作量比她要大很多,作为领导我需要把人协调好,还需要忙着党委的各种会议。当时上面领导来贵阳了解搬迁职工的思想状况和适应情况,毕竟很多人是想家的。我们的职责就是让各级的宣传干部做好思想工作,那时候叫抓"活思想",正好也赶上"学雷锋"的高潮,关心同志胜过关心自己。我当时组织学习毛主席著作,让他们安下心来。有很多学习小组,其中有一个叫"421"小组,全部是女孩子,每天学习毛主席著作,为人民服务。比如说谁生病了,她们就去关心;谁想家了,她们就去做思想工作。

抓"活思想",一个途径是通过民主生活会,汇报自己的思想;另外一个就是接近群众,联系群众,发现苗头就要及时帮助解决。我们培养了很多学习毛主席著作的积极分子、三八红旗手,我记得比较典型的是厂里的谢俊凯、张爱花两夫妻,是从洛阳拖拉机厂来的。到贵阳后,张爱花在机修车间,谢俊凯在检验科。他们毛主席著作学得好,通过学习提高觉悟,自己能够以身作则;同时也能够发现别人的一些缺点,帮助别人、关心别人。所以这两个后来都成了学习毛主席著作积极分子。当时我们刚建厂,很多道路还不通畅,谢俊凯就带领着检验科的职工群众,拣废砖、废沙修路,从厂一直通到社区。

孟宪志(左一)于贵阳工具厂留念

1966年生产走上正轨后,厂里开展了一些读报活动。早晨上班前,大家团坐在一起,学习一段毛主席著作,或者是读读报纸,学好才开始工作;下班以后再开会;晚上吃完饭,再学习毛主席著作。平时也会搞一些业余活动。我们工具厂的篮球打得特别好。天津拖拉机厂的篮球队员有好几个到这来,组成了一个 20 人左右的篮球队,总跟 7578、7579、7580 卫戍部队①的人比赛。

文艺方面,我们党委宣传部组织了一个业余创作小组,组织可以写作的同志一起编写反映职工文化生活的作品,有相声、天津快板,然后通过我们自己的职工文艺队给职工群众演出,也在市里的比赛中取得过名次。

1970 年发生了一件事情,我至今特别内疚和自责。当时厂里有一个技术人员姚尚全,清华大学毕业,一个很上进的青年知识分子。他组织技术人员出去考察,回来以后设计了一套加速生产的方案。给厂里领导汇报以后,副厂长对这个方案非常不满意。他想不通,回家闷闷不乐,不吃不喝不睡,把家里一切都安顿好之后,自己就走到铁轨上被火车撞死了。当时厂里总是流传,档案里记录了他在清华大学上学的时候在图书馆偷过书,这个应该对他的悲剧也有一定的影响。三天以后,他的尸体运回厂里,我特别内疚:当时为什么没有及时发现呢?为什么不能跟他聊一聊?我没抓住这个"活思想",没有及时发现,也没有正确引导、解决,最终造成这样的后果。

学习毛主席著作、发现"活思想"都是比较小的事情。哪里有问题,造成后果,我们要负主要责任。如果每一个宣传干部都能够这样想,周围群众的思想问题也会少一些,或者说解决得快一些。有的时候如果不亲力亲为,很多事实会受到歪曲。我想到另外一个例子,前后调查有几个月的时间。我们厂有一个老工人朱开祥,比我大一两岁,这个同志每次运动都是被整的对象,原因是档案里说他当过土匪,炸毁过解放军的汽车,炸死解放军十几个人。朱开祥本人也说不清楚到底参与没参与过这件事,但是就一直背着这个包袱。我们调查后,发现事情是这样的:朱开祥有一次跟朋友孟兆斌聊天,当时看到过土匪炸死解放军十几个人,炸毁一辆军车。此后,孟兆斌在运动中为了立功,就写了一封检举信。我们的职责是不能让一个人不明不白地背锅,所以我觉得我们花那么多精力也是值得的,但另一方面也说明那个时候很多事情确实处理得不好——问题的根源就仅仅是一封子虚乌有的信。

---

① 专门担负警卫、守备和维护军容风纪等勤务的部队,称为卫戍部队。

四、抓革命，促生产

"文革"确实耽误三线建设的整体时间，打乱了部署。虽然"文革"中喊的口号是"抓革命，促生产"，但实际上很多生产都瘫痪了。"文革"来了以后，我们做思想政治工作的也成了风口浪尖上的干部。

1966年9月5日晚上，我们厂组织全体职工在评剧院看节目。就在最精彩的时候，有个叫唐为山的人从厂里赶到现场告诉我，说省委来通知了，干部已经被包围了，不让下班、吃饭，喂奶的女干部也不让回家，要求我们厂组织人员去解围。解围路上又接到一个通知，说这些人在甘荫塘被截住了。到了甘荫塘以后，我们发现他们都是红卫兵。当时我们就把学生围起来，让他们赶紧回家。这些人其实自己也不知道在干什么，搞了一整个晚上，回来以后都疲倦得要命，都没睡觉。这时候又接到艺校的通知，又有一拨学生造反。只要有一个造反，那我们去救火，无形中就站在了保守一面。形成了"组织"以后，我们党委的权被剥夺，我被发配到职工食堂去当管理员，管了两三年。

我那时候特别害怕，总是胆战心惊。这些造反派是对的还是错的，我们也弄不清。我就是逍遥派，既不保守，也不造反，老老实实上班生活。我们科里也有造反的，在我办公桌上写我是"修正主义的传声筒"，我也没掺和这事。尤其我家两个儿子那时候都上学了，就怕他们惹祸，好在这三个孩子还是比较听话的。我们也不知道别人怎么想，那个时候邻里间相处，就是一般鸡毛蒜皮的话大概聊两句，平时很少跟其他人来往。

那两三年我们家连食堂的东西都不敢买——一个馒头都不敢买。因为你家里人在食堂，即便不买都有人怀疑你是不是从食堂里捞油水了。所以无论晚上下班多晚，我到家都得自己做饭。晚上睡觉的时候都能听到造反派在厂里游行喊口号，喊得越响我越不安。

那时候家里完全是吃苦在先享乐在后，厂里头有任何福利，我们都躲得远远的,有任何困难我们都冲在最前头。我的孩子在学校里上学,不敢有一点特殊。所以当时我下来,我妻子就特别想不通,还得了面神经麻痹。

1966 年我得了面神经麻痹,想住院治疗,就找我们科长,但他觉得不好做主,那我索性就问厂长。他也不敢说什么,只说:"你就这样每天去医院看看,别住院了。"我害怕,也没敢住院,所以就耽搁了。当时我不只是面神经麻痹,每天晚上睡不着觉,头发也一块一块地掉——那叫"鬼剃头"。后来我到卫生所,那里的医生还不错,他说:"你不要想那么多,该吃吃,该喝喝。"我说:"你们劝我,我知道,但是人的想法不一样,这件事搁在谁身上,谁也有这个想法,我就是不放心。"

我当时心里想的就是"真金不怕火炼",我就是一颗螺丝钉,拧到哪儿都能起到自己的作用。所以当时到食堂我并没有心理包袱,也没有悲观失望。我回到家经常跟妻子说:"没事,你别多想,我很乐观的。"

我接替了原来食堂管理员的工作,首先从食堂的账目角度来说,我搞得是清清楚楚的。日清月结,每天清一次,每月公布一次账目。其次就是食堂的花样,原本食堂都是大锅菜,我到了那以后搞了小账,如果有职工愿意改善的,就可以在小账这儿排队,单独给你炒个宫保肉、回锅肉、小炒之类的。那时候物资已经可以买了,所以主食方面除了馒头以外,像包子、水饺、锅贴,花样非常多。可以说我去了以后,食堂的面貌焕然一新。我们厂还有一些铸工,他们的工作内容是高温有毒作业,我就单独给他们搞了一个营养食堂,让他们得到营养补助,吃到营养食品。虽然我原来是宣传部部长,现在下到这当管理员,但职工得到好处还是非常感谢我的,我也非常欣慰。所以在"结合"①的时候,我第一批被"结合"出来,又回到了党委宣传部,那一年大概是 1970 年。

---

① 1970 年后,按照中央指示,遭受"文革"动荡的各地相继启用前期被冲击的一批老干部来稳定生产、社会生活。由此,一批老干部被"解放"和"结合"进领导班子,被重新安排到领导岗位上。

五、我们要"打仗"了

三线建设的根本,是毛主席睡不着觉,要准备打仗,"靠山、隐蔽、进洞"。一旦战争爆发,依旧能生产,人民生活、部队需要依旧能够保证供给,打仗用的枪炮、子弹能够保证供给。建洛阳拖拉机厂就有这样几方面的考虑。平时生产的是履带拖拉机,战时可以生产坦克。当时的工业既考虑到了国防因素,也考虑到了民用因素,一旦战争爆发,马上就可以运转起来。

思想上同样是需要准备打仗的。作为职工来说,要保持紧张感,把自己的本职工作做好,使三线建设的速度加快,同时也要给职工宣传教育,从思想上提高警惕。厂里配备有民兵组织,有普通民兵,也有基干民兵,都是非常不错的。刚搬迁来到贵阳时,厂里的宣传工作、文艺工作、体育方面、民兵方面都是先进。像民兵组织,平时经常训练,也搞整队训练,拉出去到靶场打靶。当时南明区武装部组织我们工具厂的武装部成立民兵组织,一旦战争需要,基干民兵马上就可以变成正规军。我们工具厂女民兵相对要少一点,以男民兵为主,但女民兵中也有一些打靶很准的。可以说是"招之即来,来之能战,战之能胜"。南明区武装部专门给工具厂的民兵组织配备了100多支枪支,包括弹药、手榴弹。另外,厂里还专门有一个地下防空洞,一旦战争发生,可以进防空洞预防轰炸。

珍宝岛战役爆发在1969年。我们三线准备了很多年,珍宝岛战役爆发后,说明真的要打仗了。所以人们思想上确实没有麻痹大意。比如印度本来和我们也是友好的国家,但是因为中印边界纷争,发生了中印边境自卫反击战;苏联原来是老大哥,结果也撤专家、撕合同;美国就更不用说了,他们一贯都是封锁我们,通过台湾来跟我们作对。当时这个形势的确是有战争的危机,所以毛主席睡不着觉,的确也是可以理解的。

六、落叶生根,安享天伦

三线建设,我觉得是值得肯定的。虽然当时的指导思想是"备战备荒为人民""靠山、隐蔽、进洞",但实际上毛主席战略思想的警惕性还是对的。如果没有三线建设,贵阳是相当落后的,贵阳通过三线建设奠定了现在的工业基础,尤其是现在的011系统(国防系统)是非常厉害的,很多航天工业零部件都是贵州制造的。我们作为工具厂给全国的机械工业提供了生产制造的基础。任何先进的东西,它的造型必须要通过复杂刀具加工出来,像拉刀、滚刀、插齿刀,这些都离不开工具厂。

当年毛主席一个行政命令把企业迁到贵阳,但是现在很多企业都不能适应市场的需要,大部分也都倒闭了。从我们两个的角度来说,就因为毛主席的这个决定完全改变了一生的命运。

说心里话,三线建设真是劳民伤财,人力物力都跑到这儿来,其实财富创造也不算太明显。但是以过去的眼光看,计划经济时代,这是国家的命令,所以就得服从。我觉得对我来说,在天津也好,在贵阳也好,都是一样的。既然当时已经定下这事了,那就走吧。

从当时的客观条件来说成本确实太高了,在大山里建一个工厂相当困难,花费资金相当高。现在就是工具厂还在,改叫贵州电器厂。后来我的大儿子在电器厂当副总工程师、机械总工程师;小儿子留在工具厂;女儿从工管校毕业,在工具厂财务科做成本会计,后来调到机械设备进出口公司和中华职业公司,现在都已经退休了。孙女在英国留学,现在都有娃娃了,我们家已经是四代同堂了。

当然,天津比内地好,比三线好。我们当时从内心上肯定不想来,来到贵

孟宪志、刘学英夫妇全家福

州确实是不得已而为之,但是作为共产党员应该吃苦在先享乐在后,当国家需要你的时候,你不能讲任何条件,必须服从。

现在想想,其实就算当初留在天津,也不见得就比现在过得好。假如我在天拖,妻子在粮食局,天拖后来"文化大革命"时闹得更厉害。而我既然是做思想政治工作职务、做党群工作的人,往往就容易站在革命的风口浪尖。反过来讲,现在我觉得贵阳市的气候还是不错的。

我1969年第一次回家,特别羡慕天津那些人,要是不走就好了。回去看到我们原先住的房子,已经住了新人。

不过现在也适应了。贵阳最近这几年变化确实大,我们刚来的那十来年实在是太落后了,吃的喝的都比不上城市。我当时不愿意来的原因就是我家十来口人,我的祖母、爸爸妈妈都在眼前,弟弟妹妹都热闹,忽然间来到了人生地不熟的地方。当时贵阳话也听不懂,现在这几年好多了。

天津、北京、上海这样的大城市支援落后的三线,当时来说是义不容辞的,青年人应该到祖国最需要的地方去,祖国的需要就是我的志愿,这个不光是口号,也要落实在行动上。我们当时就是这种指导思想,祖国的需要就是我们的志愿。

李仲和　陶乃茹
从上海到贵州：随遇而安的一生

亲 历 者：李仲和　陶乃茹
访 谈 人：胡　洁
访谈助理：袁拾梦
访谈时间：2019年7月17日上午9:00—下午1:00
访谈地点：贵阳市李仲和、陶乃茹寓所
访谈整理：范文君　袁拾梦
文本表述：李仲和（宋体）　陶乃茹（楷体）

亲历者简介：李仲和，男，1933年生，河北秦皇岛人。1951年进入中国科学院长春仪器馆工作，1953年随工厂移居上海。1966年响应国家号召内迁至贵阳，成为新天光学仪器厂工具车间副主任，1993年左右退休。陶乃茹，女，1939年生，河北秦皇岛人。1957年随丈夫迁至上海，成为一名教师。1966年随丈夫内迁至贵州，成为新光厂子弟学校第一批办校教师，1994年退休。

李仲和（左二）、陶乃茹（右二）接受访谈

一、心甘情愿到艰苦的地方去

我出生于1933年,全面抗日战争八年,国内战争四年,1949年新中国成立,等于我小时候基本上都在打仗,而且是在农村,没读过什么书——我只读到小学四年级。四年级以后,我就从河北秦皇岛老家到长春一个亲戚家了。

那是1951年国家正需要人的时候,我就进了工厂,当时叫中国科学院长春仪器馆,现在叫长春光电仪器所。大家学历都很低,连上过初中的都很少,工厂就给我们这批人培训了一年。这一年学了一些初中、高中课程,除了数学以外,还有些机械方面的知识,什么机械制图、机械原理、材料力学、热处理学,直接一样一样给你填,反正就是灌输,就是填鸭,反正你就是拼命学。

到了1953年,我们这个企业和另外一个小企业合并起来,国家接管,我们就从长春迁到上海。当时国家的光学仪器基本上是没有的,就是这么一个光学仪器厂,生产最低级的显微镜,国家都当宝贝。国家接管以后,我们这个厂就叫上海光学仪器厂,但不属于上海市,属于第一机械工业部。

1966年,我们厂正式迁到贵阳。1965年来这里搞基建,1966年分批搬迁。迁了三分之一到贵阳,厂里职工3000多人,当时我们迁了1056人。

内迁的历史背景是什么呢?毛主席当时提出来,中苏关系闹别扭,以后可能要准备打仗,苏联也可能打进来,美国也可能打进来,是很危险的。毛主席讲,在这种形势下必须要备战,要分散大城市的重要工业,要到三线建设,"深挖洞,广积粮""备战备荒为人民"。这个口号提出来,就是全厂动员要内迁贵阳了。

大家都知道贵阳三线是很艰苦的,知道贵州非常困难。当时开全厂动员大会,讲我们现在与苏联的关系,讲国际环境,讲资本主义孤立我们,现在我们怎么办?要准备打仗!现在没打,要有准备。一旦打起仗来大城市就完了,国家的工业就完了。总的指导思想就是准备打仗。动员以后,自己车间再分小单位动员,小单位就写决心书,贴在墙上。当时毛主席威望很高,从党委书记到普通职工,人人表决心,写大字报。干什么呢?报名参加三线建设!

大家都报名,也不知道谁到三线来,由上层领导选拔出来1000多人。大家都是表决心的,不愿意来的也有,但是是极个别的,一个车间100人,也就有一两个人不愿意来,就不写决心书。不愿意来,要受批评的,你是党员,党员要开党小组会、党支部会,说你为什么不来,你是什么原因。当时大家绝对是发自内心的,不发自内心的可能也是少数。一切听指挥,这个道理绝对相信。

大家知道这里苦,我们不怕苦。响应毛主席号召,就到艰苦的地方去,就是这种思想。很朴素的一句,不需要多说什么。

我和我爱人不是一个单位的,她是学校教师,属于外单位的。当时号召举家搬迁,全家到三线。有这个政策,你要到这里来,你的家属必须一起跟着来。不管你什么单位,必须服从统一指挥。所以1966年就都到这来了。

当时的环境是你们现在想象不到的:思想教育可以讲是深入每一个人的心坎里

20世纪50年代,李仲和(前左)、陶乃茹(中上)夫妇家庭照

面。我们在上海每个礼拜至少有三次政治学习,下班以后学,每次至少一个小时。小组里自发组织,十几个人一个小组,学国家形势,读报纸,谈体会。什么叫大局?什么叫国家?工业学大庆,人家王进喜怎么艰苦奋斗,搅拌水泥搅不开,人就跳到里面去搅;学雷锋,他帮助战友的家属;农业学大寨;干部学焦裕禄。一个时期一个时期地学,都是学得很深的。班组学习不是领导干部来组织你们学习,是班组组长负责,你好好学,不学不行的,而且要谈体会,结合你自己的工作:你怎么在工作当中学焦裕禄的?你怎么在工作当

中学雷锋的?你要做出检讨:哪个地方做得不对啊?所以毛主席伟大就伟大在会教育群众,他的教育思想是很厉害的。学习也好,工作也好,安全也好,生产也好,好了就评先进,还给你摆功。大家都说你好,要向你学。学你什么?"一二三四五"给你说出来。工人里面,月月超常完成任务,质量比较好,又肯帮助人,带徒弟,生产好,有技术革新的,那么就给你评先进,厂里先进啊,市里先进啊,劳动模范啊。评为先进有奖金、奖品。像我爱人是连续六年被评为"先进校长"。我们这里还有《列宁选集》、咖啡壶、毯子、杯子什么的,都是纪念性的。

以前人的思想就是感谢国家,所以没有怨言的。这个是新旧社会对比出来的,从抗日战争、解放战争,一直到成立中华人民共和国,所以每个人都是热爱国家的,心甘情愿到这里来。

现在是现在的环境,当时是当时的环境。当时苏修逼债,中苏关系僵了,以美帝国主义为首的一些国家围堵中国,挑起了朝鲜战争,中国非常困难,你不自力更生行吗?你要不闭关锁国,你想对外开放,人家给你开放吗,是不是?没那个条件给你开放,所以你必须自力更生,必须艰苦奋斗,必须那样干,不干不行的,国际形势是这样。

二、想法有一些,但心里没怨言

当时我们在上海条件还是蛮好的,我们两人都有工作,不过三年困难时期也挨过饿。有的人,家里三个孩子、一个老婆,就一个人工作,你说他咋生活?非常困难。那时候计划经济,实行定量,口粮叫你自己报,但不同行业都规定一个最高限度,报的时候不能超过最高限度。一线搞翻砂,特别累的话,定量可以到42斤;我们属于机械加工,也不算太重的活,可以到40斤。当时没有说吃不饱的概念——还没有这么困难——我就报了36斤,我说我够吃了。我爱人是教师,国家规定最高27斤。那会儿人们都不往最高报——想不到以后会挨饿,会没吃的。三年困难时期一旬供应四两油、二两肉,你说咋够吃?另外,一个鸡蛋5毛钱,你买得起吗?

我生老二的时候是 1961 年,那时候是三年困难时期,我是真的一个月子里就吃了两个鸡蛋。

上海算好的,一直到我们内迁的时候,我有工程师证,一个月给我供应一两斤黄豆、几盒烟。我不吸烟,但黄豆我是要的。

上海的工资是高八类①,在全国来讲属于工资很高的;贵州这里是三类地区,工资很低的。到这里就等于把工资带来,你在上海拿多少钱到这里就拿多少钱。但是有一个问题:到这里再升级,再加工资就按地方的加了,不能按上海的加。你工资虽然拿的是上海标准,但你在这里,就是多少年也不给你加工资,一直到 1977 年。这里工资很低的,1968 年大学毕业生分到厂里也就是 50 块左右。我上海带过来的工资算高了,84 块。按级别分,我属于五级半,最高八级。过来之后有好多年不升级,你五级半就是五级半,拿这个工资就是这个工资。即使你再升级,你在上海加一级,工资加 20 块钱,你在这里可能就加 10 块,所以苦就苦在这里。

另外,当时这里也是很困难的。"天无三日晴,地无三尺平,人无三分银。"搬到这里以后,艰苦到什么程度?从这里到贵阳,一开始没有公共汽车,你要到贵阳市区,来回全部走路,路高低不平,全部是土路。汽车一开尘土飞扬,汽车上坡下坡,高低差很大,就像升电梯一样,"呜——"就下来了。我们生产的潜望镜管子很长,不好运输,新光厂就花钱修路,也没修得多好,还是土路,就是给你搞平。

房子是怎么样的?每一户有一套房,但是比较简陋,没有厕所,自来水龙头公用。厕所是在外面露天搭一个棚,搭个台子,可能有五个坑;旱厕所,都是没有水冲的。住在这里,大小便都到那去。自来水什么样子呢?一个单元一般是六家人,走廊外边一排五六个水龙头,大家洗菜啊什么的,水就流下去。有人不讲卫生,有的时候小便就往里头倒,有的时候把大便往里头

---

① 1956 年中国实行工资制度改革,依据各地自然条件、物价和生活水平、工资状况,适当照顾重点发展地区和艰苦地区,将全国分为 11 类工资区。规定以一类地区为基准,每高一类,工资标准增加 3%(如浙江属二类地区,安徽属三类地区,北京属六类地区,上海属八类地区,广东属十类地区,青海属十一类地区)。这一规定沿用到 1993 年。

倒。小便倒也就算了，要自觉一点，大便不要倒对不对？有的时候下水管都堵死了，这很艰苦的。

一家分两间房，有的是一间房，一间房也就是 12 平方米。水是公用水龙头，烧饭怎么办？自己在走廊里生炉子。当时我们在上海，1961 年就开始用煤气；到这里来每天早上得生炉子，灰啊、烟啊……那个小煤炉这么小（比画），扇风都不会生火的。后来改进了，走廊里砌着一个炉子，用砖头砌起来的，自己烧煤。企业也给工人福利，厂里到煤矿派车把煤拉过来，分给每一家，一家一年给几吨煤，够烧了；要付钱的，但都比较便宜，不要运费，等于煤矿拉了是多少钱就收多少钱。最早烧煤球，后来就烧煤，家家在那烧煤，你说说上班下班要浪费多长时间？晚上用锡纸把煤球炉封起来，第二天早晨起来的时候打开，那火就燃烧起来了——就是这样子，生活很艰苦。到后来这个房子慢慢改造，独立一户，有独立的厕所、独立的水。

我们过来之后看到这边的情况，从那么优越的一个地方一下子转到这里，想法总归是有一些的，但是没有怨言，因为来的时候做好了一切充分的准备。我们都是党员，在上海就已经入党了。来的时候带的财产，除了破破烂烂的家具以外，其他同事们送的，我们自己准备的，都是《毛主席语录》这些东西。到了家里以后，墙壁上贴的全都是毛主席语录，那是用红纸抄的，比如"下定决心不怕牺牲"，我们就贴在墙上，这样精神动力强。

这里也有它好的地方。比如吃水不要钱，一开始吃的就是河水，很干净的，后来国家修了自来水。第二个，住房的面积比上海大一点。我们在上海住的也是公房，也不错的，但是有很多人原来住的是老房子。上海这么发达，也有很多人很穷。我在上海的时候是组长，到别人家里去看一看，走一走，那个小阁楼黑黑暗暗的，白天就要开灯才能上楼梯，不然就要掉下来。到这里住的房子大一点，房租费也只花一点点钱。看病也不要钱，子女看病报销 50%。另外就是解决了家属的工作问题。过去在上海，就业的机会很难的，你一个家里有一份工作已经不简单了，一家里夫妻两个都有工作是不容易的。有的家里三四个子女，只有一个人有工作。我们有个职工，家里有五个孩子，五个孩子都长大了，都没工作，老婆也没上班，就一个人参加工作,家里很困难的;来了三线以后家属基本上都安排工作了,都是正式职工,这下生活水平就提高了。所以这里也有优越的地方。

我们过来算工资高的,他们当地的工资很低。我们吃的菜就向当地农民买,有时候一个礼拜、两个礼拜拎只鸡回来。猪蹄2毛5分钱一斤,鸡蛋7分一个。他们当地人就认为:"你们上海内迁过来的人太有钱了,你们是大地主,你们还吃得起鸡,你们把这个地方的菜都给买贵了,那我们怎么办?"

我们跟当地人也没有发生什么冲突。厂里会从当地招工,招进来的青年都是修飞机场干苦力的,想招进来不容易,招进来以后到上海培训一年。他们都没结婚,十七八岁,相当于我们的徒弟,现在都退休了。周边的农民用我们的自来水浇地,水都是打的地下井,地下水抽到水库上去,再流到家里来。你用就用一点嘛,我们也不跟他们搞矛盾。

我们从乌当赶集回来,碰到当地农民背着孩子去马路,我们稍微有点钱,有的时候装几颗糖在口袋里,给小孩子吃一块,小孩子说"谢谢你了"——他们哪买得起糖哦!吃菜吃什么?吃盐巴和水,辣椒、酱油都买不起,很穷很穷。辣椒自己种的,盐巴必须要买;用盐和水蘸点辣椒,当菜吃。

三、又当老师又当阿姨

1966年,我原本在上海的学校教书,他们厂内迁,全家动员,我们就一道跟着过来了。他在他们单位办好内迁以后,就到我们学校找我们领导,说我要内迁,我们校长还很舍不得呢,我当时刚刚入党,学校也挺重视我。但是这属于大政策,要加强三线建设,所以也就同意我们一道过来了。他在动员的时候就跟我讲,"我们可能要到贵州了"。我们的思想很单纯的,在学校也好,在工作单位也好,思想都是很进步的。所以我就同意,走就走,全家走。那时候我们有两个儿子,一个6岁多,一个4岁。

我们1966年9月27号到贵阳,29号我就上班。我们这一批是大批内迁过来的,人是最多的一批,大人都去上班了,那些孩子们怎么办?没地方放。所以我们就赶紧要建这个学校,把孩子们收过来,家长工作比较安心,是吧?

当时我们有几个党员,三个人,他们这里的组织部门就带着我们开始准备办学。学校校舍已经准备好了,就利用厂里面原来一个幼儿园,比较简陋的几间房子。什么课桌椅、门窗,都没有。我们就想办法给学生弄一些课桌椅,弄一个职工宿舍当办公室。

进来的时候九个老师。有的年级四五个学生,有的年级七八个学生。一年级来的人比较多,一批人是1959年生的,一批人是1960年生的,考虑到这种情况,这两个年纪比较接近的就同时招进来作为一年级——一个大班一个小班,年纪足的就是大班,年纪不足的就是小班。

办学的时候教室不够,就在院子里边用油毛毡围起一个房子,上面就是油毛毡当房顶;黑板没有,我们就用油毛毡做黑板——就是在这个环境里边教书的。到1969年以后,校舍办好了,我们就搬到学校教室里边,各个班就真正分开了。之前就是复式班,今天来个人,明天来个人。

一开始我从小学一年级到初中三年级都教,是个"万金油",缺什么就教什么。数学、语文、唱歌、体育都教过,最终我就是在中学教初三政治——当时中考这一门真是核心。1994年我离开学校退休的时候,我最后还带一个班,送他们中考,中考了以后我再退下来。后来我做校长了,有的时候哪一个科目缺老师,我就顶上去,所以我样样都教过的。

那会儿工作的时候,我们家两个人都上班,孩子们吃饭就是他们自己搞。我们晚上回来随便做一点,中午孩子自己做一做。我们的大儿子到贵阳来,六七岁就开始烧饭,他男孩子么,一边玩一边烧饭。我们吃的饭,焦一顿糊一顿的,锅烧得都黑了。

那时候家家都差不多。家长们要去上班,根本顾不了。我们学校里,老师上好课,跑到大礼堂,到食堂里边去把饭打过来,然后再分给学生;学校就跟幼儿园一样,一个人一份让他们吃饭,吃好了我们就给他们洗碗。那时候没办法,等于是又当老师又当阿姨。所以现在学生看到我们都非常亲。

我们这是个子弟学校,学生都是内迁职工子女,孩子之间还是讲上海话的。当地的学生很少,我们不收,只有个别可以,就像走后门一样。一直到1996—1997年才划归地方,开始招地方学生。

我们教学质量好,什么原因呢?一个是我们光学机器厂知识分子比较多,知识分子也重视子女教育。还有一个原因,从上海过来的这些老师都是正规师范学校毕业的,最起码是中专——过去中专也是很难考的。而且上海跟当地不一样,上海的中专要学三年,贵阳的师范两年就毕业,而且两年也没怎么学好,所以教师的质量也不一样。

办高中只有六七个人,办不下去。我们一开始跟乌当中学挂钩,把学生往那里送,到后来就跟贵阳一中联系。我跟他们去谈判,让他们收我们的学生,分数稍微低一点,下降一个分数段,我们厂里的消防工厂为他们生产一些零件——就这样达成一个协议。后来有一部分人考到一中,然后就是八中、二中,反正你有本事就去考,考上就可以去。

我们新光厂子弟学校这些学生,毕业以后在全国各个地方的,甚至在国外的,都定期回来聚会,请老师参加,或者来看看你。谁有什么红白喜事,孩子过满月,儿子结婚,他们都经常聚会的。大家都是上海一起过来的,家长都在新光厂,子女在子弟学校一起读书,从幼儿园一直到初高中毕业,都是同学。这个感情和外边学校的不一样,大家都在这一个小团体里长大,甚至相互之间结婚了也有的。

我还是很喜欢做教师的。退休了以后,我在地方教初三补习班,又教了九年,教到65岁。那时候农村户口一出去就是城市户口,他们那些农村的孩子没考上中专的,户口出不来,我们就办了个补习班,读一年再去考中专,考上了,户口就出去了,所以上补习班的人很多。我们办两个班,一百三四十个人,一个班得有七八十人。我教政治,那时候政治在中考中是一个主要的科目。后来我帮他们这个私人办的学校搞管理——搞管理是我的本行。我要是不干了,学校就没有这一个人搞全面管理了。老板甚至讲,要是我"急流勇退"了,学校就不办了。那么多学生,从农村来的,各种各样的学生都有。现在那些孩子们经常在外面碰着我,喊我。

九年了,一年一批,一年一批,陪了多少批学生——大部分都是农村的。

也不是说都考上中专了，有的考上，有的考不上，考不上就回来。那些农村的孩子没有好的教育条件，不是说他们自己不要读书，而是农村有些老师自己本身能力有限，也就是混日子过。所以学生们到我们这培训一年，有些进步很大，他们好起来，有了出路，户口就迁出去了。

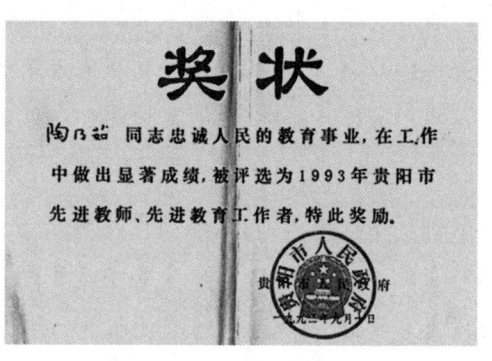

1993年，陶乃茹获得"贵阳市先进教师、先进教育工作者"荣誉称号

四、从"好人好马"到"孔雀东南飞"

当时这边厂房也没有。1965年我们派了一些搞管理的人过来，找基建队伍搞建设，建厂房，建宿舍。南京部队过来一批转业复员军人，80多个人，开始劳动盖房，因为宿舍比较简陋，要求不高，建设的速度很快。盖完以后1966年就迁过来了。一年建设，一年内迁。

我们厂甚至连上海食堂全套人马都过来了，好人、好马、好设备、好机器。像设备，如果有两台都是好的，那一台要到贵阳来；如果只有一台好的，那这台好的要到贵阳来。人也是，"地富反坏右"不能来，又红又专的才能来。

当时的企业样样都自己搞。我们这个厂从托儿所、幼儿园、小学到中学都有，高中人不多就不办了，自己到别处去。女同志产假56天，你回家休息，发工资，56天以后必须上班；小孩子送新光厂自己办的托儿所，有半托的，有全托的；托儿所的阿姨、老师都是职工。上班的时候你送过去，下班以后接回来，当中有要喂奶干啥的，就出去喂奶，定时的。从托儿所到幼儿园，都不花钱的，国家全包了；小学要一点学费。我们三个儿子都在这儿读书，从出生开始一直到初中毕业，然后考高中、大学，考到外面去。新光厂自己有医院，有食堂，有技工学校，自己培养，毕业以后进自己的工厂。

搬过来之前上海光学仪器厂生产光学计量仪器。各种各样的机器零件,它的质量怎么样,尺寸合格不合格,都要用计量仪器去计量,我们光学仪器属于高端的计量仪器,它这个精度可以达到 μ,μ 是一毫米的千分之一。我们厂仿照德国蔡司,有测长的,有量圆度的,有量角度的,零件需要什么高精度的测量,我们都能够生产。搬到这里以后,还生产一部分海军用的潜望镜。

最早迁过来的时候,改名叫新天光学仪器厂,名字前面没有贵阳,也不讲贵州省,因为要保密;还有一个信箱代号,叫"85号信箱"。新光厂不属于机械工业部了,属于国家仪器仪表总局,是副部级的。后来上海光学仪器厂又分过来一部分,成立了另外一个光学仪器厂,两厂合并叫新天光学仪器公司。现在叫新天光电科技有限公司,还是国有企业,还在生产,只有几百人了。

从上海搬到贵阳之后,我们一共是九个分厂,每个厂分工不同:一厂搞木工翻砂①,二厂是机械加工,三厂是喷漆电镀,四厂是光学仪器,五厂是装配,六厂是小件车间②,七厂搞机修,八厂是工具车间,九厂生产显微镜。

我到这里来以后,在工具车间当车间副主任。工具车间负责什么? 全公司在加工零件过程中需要工具——加工零件要钻个孔,要钻头,这个钻头就属于工具。这个生产工具外边买不到,自己生产零件必须用专用工具,专用工具就要自己做。还有模具,像塑料杯子,你怎么浇铸下去的? 要有一套模具,灌进去就行了——模具就是工具车间生产的。工具车间生产不对外,专门为自己企业生产需要的工具。

那个时候车间两班倒。第一班是上午8—12点、下午1—5点,第二班是下午5—12点。上班前要开会,大家排队、点名,看有没有迟到的,讲一些注意事项,讲要守纪律,或者读一段毛主席语录,然后大家就干活去了。干活要求很严格,不好串岗,不好随便走,组长要管的。有的同志之间要聊天的,组长就会讲:"不要乱说,好好干活,到你岗位上去。"当时人比较直接,比较

---

① 光学仪器有的零件需要浇筑成型,就叫翻砂;翻砂需要做木模,把零件的形状浇出来。
② 专门生产公司需要的小零件的部门。

自觉,比较老实。一句话——大家很单纯。

工人跟干部的工资待遇差别很小。像我们党委书记,他原来是南京独立师的副政委,被派到上海光学仪器厂当厂长,然后就迁过来了。在新光厂当厂长,工资也就是170块钱,还算最高的了。当时贵州县团级的一个县长或者县委书记,工资也就是九十几块钱;上海的县级干部可能一百二三十块,也就相当于我们工人的八级工资。知识分子和工人相比,反而工人工资高,像大学毕业生工资就五十几块。那时候工人最好了,地位高,特别是机械工人,国家很重视;没人愿意经商,没人愿意到银行这些商业部门。

我们1966年来这儿,"文化大革命"就开始了。一下火车,贵阳市车站那个大字报简直是铺天盖地的。上海1964年开始搞"四清",那时我还是工人,没受影响。到这来当领导,提了副主任,那些个人就乱来了。我也没说过什么,也没得罪什么人,都曾经莫名其妙地挨过打——就是武斗。

"文化大革命"是乱搞的。叫所有的领导统统排成队,叫他们讲一讲——讲什么?讲一讲怎么学习毛主席、为人民服务的。那么一个一个开始讲了:我没做好,这没做好,那没做好……

但是我脾气不太好,我说:"'为人民服务'——你们天天不干活不上班,这里贴大字报,那里贴大字报,工人不生产,这个叫'为人民服务'吗?"我就拼命讲下去。他们听了不让我讲,我说:"我还没讲完,毛主席的话一句顶一万句,我才讲几句?我没讲完,你干吗不让我讲?"他们气死了。

谁都少不了被斗,把省长都拉到我们这个地方来斗,党委书记照样斗,挂着牌子,一个一个斗。搞得不像话啊!我说:"你怎么会这样斗人家?"没有道理的。

当时新光厂有两派,一个支持党委,一个反对党委。夫妻之间、家庭之间都搞两派。我们俩都是红的,都是思想一致的、支持领导的。我相信党的领导,相信领导要文斗不要武斗,要抓革命促生产。农民不种地,工厂不生产,国家不是完啦?

我们这一派叫"职工派",人家骂我们是保皇派;那一派起名叫"411

派",不搞生产搞革命,说我们只拉车不看路——难道这就是搞革命?生产他是不讲的,一天到晚贴大字报、游行、武斗。我们就是想搞生产,不要把生产搞乱了。但是你要打我,我也要准备,所以"职工派"里头也有武装,什么长矛、枪之类的。不搞这些东西,那边打过来你咋办呢?是真打,拿着就要拼刺刀了。

那一派有的人跑回老家,有的在这里搞斗争。我们还是一天到晚照样生产。没人干活怎么办?跑掉也得发工资,不允许扣他工资。你说国家穷不穷?十年"文化大革命",当时真是搞错了,真的。

他们有部分人从上海来本身就不高兴,非常明显,就借这个机会想回去。有的刚中专毕业的小青年学生到这儿,这么艰苦,人家都不愿意在这儿,有的人干脆就跑回上海去了。

毛主席那个时候提的口号是对的。边远地区比如贵州发展起来了,是内迁带动起来的,这个是对的。到后来可能想学苏联,像"人民公社"啊,"大跃进"啊,"赶英超美"啊,提这些个口号,有点过头了。国家的发展达不到这种要求的。

我们工厂最辉煌的时候大概是"文革"结束到 1985 年之前,发展得还是不错的。贵州地方干部的子女一下子全部进来了。为什么呢?新光厂装配车间和光学车间,要穿白大衣,进车间要换鞋,地板要打蜡,像医院一样,它有清洁要求,而且整个上班时间都开空调。即使机械加工车间脏一点,但是它也是要求精度高,不是傻大粗的。所以乌当区当地政府干部的子女呀,老婆呀,好多都要到这来,收入也还可以。我们当时也跟机械工业部和教育部要人,每年也都分了几十个大学生过来。

一搞改革开放,企业下放到地方,归贵阳市管,就完了。国家不承认企业的领导干部级别了,我们这个企业原来属于副地市级,比县级高一级,后来贵阳市的人事局、机械局管我们,他只是个科级干部——科级单位还没有我们高。当时一下放到地方之后,还有啥感觉?大势所趋你有什么办法?

你没法说了,对不对? 原来我们的工资跟政府机关工作人员相比,同级干部都比他们高。现在没法说了,工资很低。我爱人原来的工资比我低得多,我内迁的时候84块,她才四十几块,后来我的工资也一直比她高。下放到地方以后,她的工资就猛加上去,我们企业工资不加的——我现在的退休金4000块多一点,我爱人6000多块。我如果是在上海,最起码也要6000块。

改革开放以后,人家说"孔雀东南飞",企业就办不下去了,因为国家不管。国家原来对大型企业统购统销,计划经济给你下指标,生产什么产品,必须完成什么什么,国家统一收购。国家发工资,不存在企业亏损啊,盈利啊,这个都是小问题,国家都包了。改革开放以后呢,市场搞活了,叫企业自力更生,亏损你自己负责,必须把生产的产品卖出去。生产什么产品,开发什么新产品,你自己决定。我们新天光学仪器厂原来是仿照德国蔡司的产品;一改革开放,有很多先进的技术就到中国来了,我们的产品就不吃香了,不容易销售出去了,工资就发不出了。原来职工住院,医药费全包,百分之百报销;现在生病,没有钱给你报了,报销单自己拿着,等企业什么时候有钱再说,甚至两三年都不给你报,职工很困难。

国家改革开放,上海、广州、深圳那边发展快,很多人要过去。一个原因是只要有技术,去了以后工资高、待遇高;另一个原因,上海又是自己家乡,上海迁过来的人,父亲母亲、兄弟姐妹都在上海,当然要回去咯。上海也需要这些人,"你们过来,我给你解决户口",这样大家都拼命要报名回去。

那时候我在新光厂当组织部部长,大家排队要求调动。但企业要搞,你要调动怎么行? 知识分子都调走了,有能力的技术工人都调走了,我企业怎么生存? 已经很困难了,再调走不是更困难了吗? 于是就规定,符合一些条件才能调走,比如夫妻分居多少年的,父母身边没子女的,父母身体不好需要照顾的,必须要有这个条件才能放你走,否则不放的。不放,大家就又吵又闹,编假的理由。后来没办法了,很多很多人就走了,回上海的,回深圳的,回广州的,企业慢慢就垮掉了。

我为什么不回去? 一个,我在上海没有家。我不是上海人,是北方人,我在上海工作了13年,也就是有一些朋友,回不回去也无所谓的。第二个,我现在回去干什么？回去我们年纪都很大了，人家谁还要我们？那时候我都50多岁了，人家都要年轻的，40岁以下的。

人员流失最严重的时候大概是1985—1986年。我们有些技术好一点的，全家人偷偷地就跑掉了，啥都不要就走了，到上海工作了几年以后档案还在我们这儿。上海南汇区的书记带着走掉的职工过来，跟我们说："是不是把档案给他们？"我说："给你就给你，现在都开放到这种程度了，再卡也卡不住了。"是吧？就这样，人越来越少，没心思生产了，企业就萎缩了，现在搞到几百人。

当年留在上海的光学仪器厂现在也早就没了。最早迁了三分之一到这儿，后来又一次迁了七八百人；再后来也是因为改革开放，市场竞争太厉害，企业发展不起来。

五、现在我们只能算贵州人了

我们是在家乡认识的。当时我在老家读书，他在上海工作，回家去时我正好初中毕业，就经人介绍认识了。我年纪小，才18岁。我妈妈很早就死了，我是在外婆家长大的。家里同意了，我们1957年4月份订婚，到9月份就结婚了。那时候不用买房，不用彩礼，结婚证一领就行了，完成任务。

我初中毕业在老家待了一年，1958年上海市招生，我就自己复习考试去了，考取了上海第二师范学校，然后就读。1959年生的大儿子。我是考上了师范学校以后，才发现自己怀孕了。到底读还是不读？我想进来了还是读吧，孩子也还是生下来了。师范毕业以后我就分配在上海学校工作。

结婚以后基本都是他说了算，两个人生活很简单，我又小，又不懂什么，刚到上海就学着烧饭什么的。在学校里读书，住在学校里，吃饭也不要钱；在家里也用不到我这种小孩做事情，就学学。

我们有三个儿子，老大、老二在上海生的，老三在这里生的。我们过来的时候，老大在上海读一年级，老二只有4岁，我们就全家过来了。现在大儿子在湖州,二儿子在贵阳,小儿子在上海。他们三个也没说过贵阳不好,对我们从上海迁过来,也没有想法。我们从小管住他们,没有让他们有这么多自私的想法。我们两个人都是干部,工作比较忙,让他们能够自己独立,自己闯自己的。

老大读高中,出来以后没有考大学,就学工,想将来到厂里面,后来一毕业就上山下乡了。然后部队里招兵,就参军去了,在四川搞飞机定期检查,属于空军地勤部队,转业到湖州。老大家的孩子是我们大孙女,30多岁了。

老二也下乡过,然后又回来考技校,分配在新光厂里工作。后来厂里效益不好,他也跟其他人一起出去了。老二家的孩子是我们大孙子,30岁,现在在广州联通公司,读书也是非常出色的。我们孙辈中间有两个博士,一个是在温州医学院工作,工作几年以后现在读博士;一个是小孙子,在上海第二军医大学,他是2014年考进去的,本硕博八年,现在马上六年级了。

小儿子大学毕业以后到083基地工作,083基地原来也不错,后来慢慢就有点萎缩,效益不太好。那时候改革开放,他们原来那些同事先走一步到深圳,他就跟着到深圳去了,后来又到上海去办厂,现在在松江自己办厂做机加工。他年轻,想法多。我大儿子都退休了,没想法了;二儿子还有两年退休,他也没想法,够吃够穿够用就行了。

我们现在都退休了,早晨8点左右起床,锻炼锻炼,打太极拳、练剑。一起的大部分都是新光厂的人,还有一些附近的居民。中午吃点简单的,饺子、馄饨、面条、米粉,都是自己做。

当时的企业就是小社会,我们跟外面的当地人也很少接触,就是买菜的时候从他们那里买。我们这个交际圈,主要还是厂里的这些职工。就像一个整体搬到这边来了,还是我们这拨人在一起。有些老同事、老朋友早就回上海了,有的回了20年,有的回了10年,他们也经常到这里来。有的一年来一次,有的两年来一次。特别是退休以后回上海的,经常到这儿来聚会,会会朋友,大多数圈子其实都在这儿。我们有上海退休职工大聚会,以前是每年一次,我们也去。因为上海人多,大家都去上海方便,都到这儿来就不太方便了。

我给你讲个例子。原来我们技术科有一个老工人出身的,后来提拔他当工艺员、技术员。他今年 100 岁了,还健在,在上海。因为他家里有困难,一个人来的贵阳,在贵阳一直做到退休,大概是 1975 年退休的。他家里有孩子有爱人,就一个人过来了。很苦的,那就是老单身了,一年探一次亲啊,回家一次,住个 20 天。

像这样家在上海一个人到这儿来的,也不止这么一个,没听说人家抱怨什么。那时候回趟家不像现在——现在一个月工资来回上海能跑好几趟,是吧?那时候几个月的工资跑一趟上海,不容易的。没有卧铺,坐回家。我要回家探望父母,足足坐 48 小时到北京然后再转车,坐到老家。你想想,要坐 48 小时的火车,人吃得消吗?那个时候国家很落后,交通不像现在买卧铺、机票都可以。过去你有钱都买不到,而且也没钱,就是那么困难。

我们这里回到上海的人很多,退休的都要将近七八百人了。回去的话,上海户口很难得,它有条件的,必须夫妻两个都是内迁职工,另外你在上海要有房子。我们的房子都交给国家了。他们为什么有房子?他们有的是上海本地人,可能有私房;或者有父亲母亲、兄弟姐妹在上海,那落户也是正当的。

现在国家有政策,内迁职工,包括他们在上海生的子女,如果有亲戚在上海,可以报居住证落在上海。有居住证以后,现在有补贴:退休金在 3500 块钱以下的,一个月补贴 250 块;3500 块钱以上的,一个月给 200 块钱补贴。除了这个,过年过节还有 1000 块钱的补贴。讲起来好像是没多少钱,但是我们这里退休的认为蛮多了。为什么会有这个政策呢?像我们这种同类人员,想着如果在上海工资应该多少,到这里工资多少,差距比较大,好像心里有点不平衡,就有意见;有意见,上海市政府就帮着要解决一下、照顾一些。

现在我们只能算贵州人了。1966 年到现在 50 多年了,这里肯定就变成我的第一故乡了。我们儿子说:"我到底是什么地方的人?我是河北人还是上海人?"因为他是上海出生的。

李仲和(前排右二)、陶乃茹(前排左二)夫妇全家福

我们在这儿已经很习惯了,也不想回去了。上海天气太热,我们觉得气候适应不了。小儿子就在上海,我们刚刚从上海回来不到一个月。每年我们在上海,在湖州,在老家住几个月,大部分时间还是住这里。这地方气候好,我们住的地方也宽敞,有 88 平方米,两个人在这儿还可以的,很舒服。我们在湖州自己也买了套房子,50 多平方米,两个人住也不错。

到现在,我也不后悔从上海到这儿来。这不是自己选择的,就是服从组织分配到这来——国家需要到哪就到哪去,就是这么简单的事情。到这来以后,你做一些工作是应该的,还要什么?没有想法。我就好好工作就是了,你普通工人做好自己的本职工作。我们没有想过到这来吃亏了,国家要给我补偿。现在要回去,国家、上海市关心我们,说给我们补贴——有,我们就拿着享受;没有,就算了。上海工资比我们这高,湖州也比我们这高,贵州发展得慢,这个你没办法,这是国家的形势、地区的形势。

胡树开
从中专生到省技术劳模

亲 历 者：胡树开
访 谈 人：谢治菊
访谈助理：原璐璐　许文朔
访谈时间：2019年7月17日上午9:00—12:00
访谈地点：贵阳市孔学堂第三会议室
访谈整理：原璐璐

亲历者简介：胡树开，男，1945年生，广东人。7岁随父亲支援内地建设，先到湖南861厂，后到西安昆仑厂。1967年毕业于西安无线电工业学校（中专），随后被分配至遵义405航天控制厂（隶属于贵州航天061基地）工作。最初作为兼职维修电工在建筑公司实习，后到沈阳119厂、天津764厂和太原785厂学习。1970年工厂投产后先任调试组调试员，负责产品调试、检测，后来成为工艺员，负责编写工艺文件。其间因工作突出且发明了很多测试设备，于2000年被评为贵州省劳模。2005年，胡树开以车间主任身份退休，后又被工厂返聘为总经理顾问，直至2013年正式退休。

胡树开（左）接受访谈

一、广东人到贵州

我老家是广东的,家里兄弟姐妹五个,我是老大,还有三个弟弟、一个妹妹。我父亲是技术工人——所谓的"技术工人",其实就是解放前在那些电器行干过。刚刚解放人才奇缺,虽然父亲没有文化,但在当时还是技术工人,我们就跟随父亲支援内地建设。先到湖南861军工厂,在那儿待了三四年。后来大西北开发,又支援大西北,到西安昆仑厂,那是由苏联援建的。所以我在湖南上的一年级,突然就调到西安,到西安又跟不上人家,这个时候就耽误学习了。所以我比同班同学大2岁,中专在学校待了四年,到1967年毕业。

为什么我要上中专?就是家庭比较困难。当时我父亲每月工资70多块钱,家里七个人,很困难了。给我们兄弟姐妹买双鞋啥的,那都觉得负担很重。我母亲在家属区给人打扫卫生,两三层的楼,她负责好几栋,早上三四点钟就起来打扫卫生,还要自己去收卫生费,一个月2毛钱,有些人还想给不给的。尤其在1958年困难时期,都吃不饱饭,我父亲都浮肿了。孩子都是大饭量,饿得简直不行,但自己不能去盛饭,都是我妈来控制,一碗一碗地盛好。你要是自己盛得满满的,别人就没有了。所以那段时间是非常困难的,我上中专就是想要提前工作。

中专毕业后,我是1968年到的贵州,从西安无线电工业学校统一分配到这来。我们学校同时分到这来的有70多个,都在同一个厂。当时我们就是服从分配,学校分到哪里,也不会解释。你也可以自己报,因为当时分配有几个地方,有一个到部队的,就是现在的酒泉发射基地,还有很多人都分到太原去了。因为我是南方人,还是希望到南方,所以就报了个贵州。

以前对贵州也不了解,大家说贵州原来是发配犯人的地方。但在那个年代要是上高中,以后也没读成书就上山下乡了。我很多同学都报了高中,结果就没上下去。当时碰到那些同学,他们也都比较羡慕,说:"你们还挺好,毕业了还能分配工作,早早就可以挣钱了。"

当时到贵州来,坐火车什么的都不方便。我记得来以后,早上6点来钟在遵义下火车，觉得很荒凉，那些房子全都是木板砌起来的，街道也不宽。而且贵州"天无三日晴"，当时全是毛毛雨，雾蒙蒙的，空气很潮湿，觉得很不习惯，弄得身上都是湿漉漉的。我们下了火车一出站看到这么个情景，心里一下子凉了，就想怎么到这么个荒凉的地方。

在遵义市住了两个晚上后，工厂来接我们。那时交通也不方便，汽车沿着那些曲里拐弯的山路——就是临时修出来的土路——慢腾腾地走到工厂以后，一看厂房都没盖起来。工厂是 1964 年筹建的，我们去的时候是 1968 年，来得还算比较早，当时 061 还叫筹建处，也没有楼房，汽车库、仓库都是席棚子盖的，就连马路边的围墙都是席子围的。房子还没盖起来，食堂什么的都没有。

后来把我们拉到一个小山坡，山坡上有四栋房子，叫作"四栋房"，都是一些当时学大庆的干打垒。这种房子是拿石头和泥砌起来的，两层楼的四栋房子，就安排我们住在那儿，大家都集体生活。附近也是荒凉的，都是农村的房子、稻田、小山坡……天也阴沉沉的。当地话我们还听得不太懂，他明明在那卖馄饨，人说卖"抄手"，"抄手"是啥啊？看半天原来是馄饨。当时这个地方和我们想象的相差比较远，而且我第一次离开家，心情也不习惯，一直非常沮丧。

因为我是老大，肯定在家里也是有点榜样示范作用的。但这是我到现在都非常遗憾的——照顾不了家。我们这个单位属于绝密单位，所以通信也不方便，家里家长都没有文化，你给他写信也都看不懂。弟弟妹妹也都不太懂事，联系得比较少，一个月写不了一封信。我们在西安想着到了南方应该是山清水秀的，应该是比较好的，起码是吃大米饭。那时候在西安没有大米吃，细粮在西安的供应比例大概只有 20%，还是糙米。所以我到了这儿以后，每到探亲，我都到自由市场去买点大米、菜籽油带回家去。

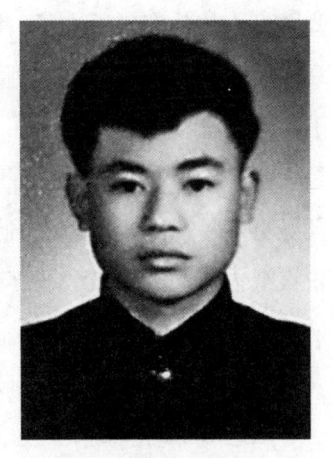

青年时期的胡树开

当时米比较便宜,一毛三分几一斤,最好的米才一毛四分几。我拿回去,家人简直不用菜都能吃,觉得很好吃。我回去就想多带一点,但是不行,火车上限重量。一年能回去探亲一次,也是匆匆的,工作太忙,你要申请探亲假,人家不批,还动员你明年再休。每次探亲连路途上的时间给你算上,最多不超过一个月。

我确实对家挺想念的,想家就盼呐,盼探亲假。回家坐车要转车,要么在重庆转,要么在成都转,绕这么一大圈。车票可能得花个三四十块钱,光车票就把你一个月多一点的工资花没了。但是探亲假的票是可以报销的,只是不能坐卧铺,就是硬座票。当时坐火车虽然很困难,但还是很想回。尤其是在春节回去的时候,简直是……现在想起来,就觉得我这一生竟然能在这么艰苦的环境里度过20多个小时——实在太困难了。我回去不是要带大米嘛,那时候还是小伙子,提东西还行,我一般就带50斤。你还得伪装好,像是普通行李一样。这么长的帆布旅行包,上面印着"大海航行靠舵手",装好,然后捆实。

上车才困难!那么重的东西,那么多人往上挤,挤上去沉沉的往车门那儿一放。上车肯定没座位,坐不上。我记得有两次都给我挤到火车茶炉房,就是锅炉房烧水的小间,那时候都烧煤烧开水的。我就挤到那里头去了,就蹲在煤堆上,动不了地方。人家要来打水,也过不来。一到停车的时候,这些要打水的旅客都下去了,就在锅炉房那个窗口"给我打点水""给你给你,拿去接"……好了,我就成服务员了,给他们打热水,这一路就给人干这事了。两天都在锅炉房动不了,你想上个厕所都不行,根本就过不去,那简直是太挤了。那时候简直是浑身煤灰,弄得到处都是黑的,就那么艰难。有时候好不容易在走廊,站着打瞌睡怎么办?没办法,就钻到人家椅子底下,拿张报纸去垫。睡得腰酸腿疼的出来,出来还没你的地方,然后就得使劲儿地挤挤挤。出站的时候超重是不行的,得装得提着很轻松。他们爱吃这米,把大米带回去给家里头,即使自己艰苦点儿,家人高兴就行。

回想着那时候确实经过这些苦,把自己也锻炼出来了,后来再吃点什么苦也无所谓了。成家是一九七几年,生活也很困难。当时工厂要过年过节了,职工生活要改善,当地没有肉供应,要有的话都是国家供应的冻肉。工厂有个冻库,冻的肉和鱼什么的,都放在里头,肉臭烘烘的时间也长。每年给指标,过年过节或者平时给你发票,你要想改善生活就去买肉,就去排队。人家从冻库里扛出来半只猪,很早就有人在排队了。大家都想买好的,那第一刀谁要?他排第一但他不想要第一刀,为啥?第一刀就是皮,还是肥肉,他不要,那砍肉的就说,"你不要我就不砍"。第二个他也不会要,第三个他也不会要。第一刀就在那僵着不砍。就僵在那,有时候僵一个多小时,有熬不住的了,后面的就说我要,这才卖出去了。就这样,哈喇味①的那种肉,当时都得这样才能吃得到。

二、我发明的石油仪器得到了大庆油田的认可

我在学校学的专业是无线电,当时这个专业分得比较细,有学雷达的,有学通讯整机的,有学无线电材料的,等等。我们是学整机的。刚来时工厂还没有投入生产,这段时间里我们没有工作岗位,工厂就说"你们先锻炼吧",让我们劳动实习,跟着建筑公司劳动。

建筑公司有很多工种,木工、电工、水泥工、钢筋班等,还有生活服务。我们分配到水泥预制厂的各个班组做预制板,跟着师傅们干,和钢筋、水泥、泥沙打交道。同学有些分去打预制板,很薄但是很结实。钢筋拉紧,把这钢筋铺得非常平整,跟支撑网似的。然后在上头铺上水泥,抹平。等干了把钢丝绞断,预应力②就全在里头了,所以这个板子非常结实。我们后来盖厂房,顶棚那层都是用的这板,又轻又结实。预制板弄起来以后,这些厂房就盖起来了。我们也比较自豪,对新来的年轻人讲:"你看,这厂房那些水泥板,都是我们当时亲手造出来的。"就是到现在也是比较自豪的。

---

① 油脂在氧气、日光、水分、温度的作用下,发生氧化、酸败产生的异味。
② 预应力混凝土结构,是在结构承受荷载之前,预先对其施加压力,使其在外荷载作用时的受拉区混凝土内力产生压应力,用以抵消或减小外荷载产生的拉应力,使结构在正常使用的情况下不产生裂缝或者裂得比较晚。

当时我在水泥班。水泥班里头也有很多工种,我当维修电工,没事就在那巡检设备。我在学校对这方面比较感兴趣,动手能力比较强,所以让我当电工。工地上有很多设备机,像搅拌机,还有他们制造水泥的什么卷扬机那些东西,坏了我就跟着师傅一起去维修。这些东西我一去就能独立地给它完成。后来用不了那么多人了,有一部分人到边远地区插队劳动,到忻州农村去帮助农民,叫深入生活。当时我没分配到那去,但是后来地方大队的扩音机坏了,还专门叫我去修。

业余时间我们很多同学——还有其他学校分来的——没事就打牌,通宵的。但我到现在都不会打牌,对这个不感兴趣。我比较喜欢无线电,业余时间我就用来装收音机,自己去买一些元器件,帮助有些老师傅弄收音机。那时候什么东西都没有,也没有电视,到了晚上黑黢黢的,最多就听听广播,所以都希望有半导体收音机。我当时有专长,就把业余时间用到这上面,自己琢磨,自己制造线路板,设计布局,所以我动手能力就是从这时候练好的。我在学校的时候学的电工,仪器仪表学完以后,也是没事干了,就想自己动手装一个三用表①。当时三用表是买不起的,我就去买些处理元件,自己拿个木盒子装,能量电阻,能量电压,能量电流,能测三极管……这些功能都有,还挺漂亮的。装出来以后,那些同学都感到很惊讶。我们刚到那时候就是参加这些劳动,在这儿干了大概有两年。

工厂要1970年投产,投产前半年生产计划就已经有预测了。要生产什么产品呢?主要是做军品。整个基地生产导弹,我们工厂生产导弹上的一个自动驾驶仪,还有舵机,还包含这套东西在阵地上的一些测试设备。当时为了让我们了解这些产品,就派我们到天津、太原相应的厂家去学习,天津是764厂,太原是785厂。在天津待了有三四个月,后来在太原大概有半年。当时我们主要是搞装配,就是电气装配、调试和检测这些东西。那时候住在旅馆,早上就到工厂跟着工人一起干,向师傅学习,消化这些工艺资料、设计图纸,包括一些设备什么的。回来以后就要能独立地制造产品。

---

① 三用表,又称万用表、复用表、多用表等,是电力电子等部门不可缺少的测量仪表,一般以测量电压、电流和电阻为主要目的,是一种多功能、多量程的测量仪表。

后来工厂投产了,就把我们召回来,我主要是搞产品调试。整机装好以后,线路非常复杂,你要检测它正常不正常,要进行调试。比如参数要调到某个数值范围,检测有什么毛病等,有故障要查故障,要找清楚原因,不能有隐患。我们管这个岗位叫作调试组。

干出一批产品以后,我的岗位就变了,变成了工艺员①,编写工艺文件。设计图出来了,你要把它转化成能够用于生产的流程图,叫工艺规程。工人就按照工艺规程所规定的加工顺序、加工方法、检测手段、使用设备等走一遍,产品就出来了。

编写这个东西非常辛苦。因为我要加工这么一个东西,画一张图纸,你不能说把图纸就扔给工人,那样工人怎么干呢?从哪开始干?用什么设备干?干到什么程度?先干哪个后干哪个?没有个规范就不行。工艺不一致,最后生产出来成品的质量是不一样的。所以编写这个东西必须要合情合理,工艺要先进,又要让工人都看得懂。要做到这一点是不容易的,因为每个工序都得一样,对每个工序要把它分解,先干哪个地方,下一步干什么,要合理安排,让工人干得手要顺,效率要高,选用设备要准确。当时还没有这么多办公用具,都是手写。而且我过去也没干过这事,开始都提心吊胆的。但提心吊胆也是个好事,因为啥?提心吊胆就得对工作认真负责,不是稀里马哈的,随随便便就行了。

我第一次编写这些工艺流程的时候在 21 车间,到最后也没离开过这个车间。当时这个车间不算是工厂的主要车间,主要是生产整个装备车间使用的测试设备,我们就专门制造这些非标准的测试设备。我主动去接触这些技术,确实学到了不少东西。在学校学的理论经过实践,很快上手,明白了这些原理。所以,我们从天津实习回来以后,整个任务都压在我们头上了。当时有很多技术革新,自己要用的小设备,都自己画图请工人师傅加工。比如导线怎么焊接?那可是成千上万的线,要求把它拧紧,我们就自己

---

① 工艺员是技术人员的一种,不直接参加具体的操作,和操作员有很大区别。简单说,工艺就是把产品设计者的意图转化成产品的行业规范,而工艺员就是编制和监督实施这种规范的人员。其主要工作包括设计文件的质量和安全会签、各种工艺文件的编制、产品装配过程中所需工装模具的设计、产品装配过程的改进、技术创新、现场的技术指导、工艺纪律检查以及相关部门涉及的销售技术支撑等。

设计了两头机,拧得非常紧,很好用。还有一些测试用的设备,比如做好电缆,怎么测试?要导通、绝缘、抗电,那么多点,一个对一个,那就需要很长时间。

我是2000年当的劳模。因为那时候搞民品,主打的产品是石油仪器,就是仪器勘测,测那些油恢复的液面。油井里头油层不是始终那么高的,一抽以后液面就下降,有时候也许抽干了,油是慢慢渗过来的。油田就需要掌握这个情况,如果底下没油了,你还在那开电机,开着"磕头机"①在那抽,那不是浪费能源吗?要了解油井液面恢复的情况,就需要这样的检测仪器。我们生产的专门测这个液面的仪器叫作回声仪,用回声的反射,给一个声音,下去以后反射一个波,然后就计算出这个时间和液面高度。

原来油田仪器都依靠美国进口,用的外汇非常多。我们成功替代了美国产品,一炮打响。首先是在大庆推广起来了,他们也帮助推广,然后全国26个油田全都在使用我们的产品。当时这个产品比较单一,后来发展了很多系列,都是非常先进的石油仪器,整个装备很齐全。所以当时生产石油仪器方面,一提我们21车间,在厂里都比较出名,油田也都知道工厂里有个21车间。

胡树开在办公室编写工艺文件

1986年之前,我一直负责工艺规程编写。编写这个工艺可以很轻松,也可以非常辛苦。要投入进去就不光是编写工艺,生产现场工人提出的问题要能够解答、能够解决,使生产顺利地进行下去。我在这方面有比较大的贡献,做得比较突出,可以说一心扑到工作上。而且我自己亲手制作了很多测试设备,创造、发明了一些东西。比如在工艺当中弄出来一块很复杂的线路板,它的性能怎样?它装这儿装得对不对?元器件有没有毛病?必须检测,

---

① "磕头机"是油田上对抽油机的俗称,是开采石油的一种机器设备。

检测都有手段。这个手段就是要做一个测试台,把这些往上一插,按照技术要求该检测哪些东西,就是掰开关,各种仪器显示出哪些正确哪些不正确。我做了比较多的这方面的设备,所以当时被选上了劳模。

当时 061 整个基地对劳模非常重视,包括贵州省国防系统工会,都非常重视这个事情。我得劳模的时候给了一个奖章、一支钢笔和一个笔记本。虽然那么长时间过去了,但我还住在航天园的时候,每年过春节人家基地领导来慰问,都要把我请过去,当面进行慰问,发慰问品。最近每年贵州省国防系统还让免费体检。后来厂工会说:"老胡,你回来给我们年轻人都讲讲。"

但我拒绝了,因为当时我觉得我讲的很多东西和现在的管理程序可能有矛盾。当时我做很多东西是为了速度快,比如做测试设备,要是正规的话必须提出申请,批准了以后安排专门设计部门来设计完整的图纸,图纸派发下来,再由相关的工艺部门编制工艺流程来制造,时间周期很长。而且他们

胡树开(前排中)在"大干五十天"活动中获得第一名

设计的有些东西不在现场观察,弄出来可能还不好用。所以当时制造这些设备是为了快,不出图纸,草图一画,我自己组装,测试弄好,到标准化室去申请一个号,列入测试设备的计量许可,人家许可你用,这样很快就能用上。按照管理程序来讲,这种是不正规的,但是能解决问题。我要是讲这些事情,现在年轻人可能听不进去,后来我就婉言谢绝了。

三、三线虽然艰苦,但没有白活

三线建设是为了备战需要,当时的背景也挺复杂。毛主席不是说"深挖

洞,广积粮"吗?搞三线建设就是防止国外"亡我国家"。所以,在这方面当时贵州有几个基地——我都不太清楚——建工厂要"分散、隐蔽、进洞",这么个原则,要防止敌机来轰炸。我们来的时候,厂房之间的距离就很远。当时我们在遵义,从那边到团泽①,有十几公里,沿着条山沟,厂房有些在山洞里头挖,现在都废弃了。当时也走了很多弯路,厂房都建成什么落地拱,在山跟前儿建造拱形的一个房子,然后上面再种上草,盖上瓦,伪装得跟老乡房子一样。

当时就做备战,除了在工厂生产一些设备之外,没有别的任务。我们的任务就是把产品做出来,保证质量,保证我们的部队装备。后来也参加过备战训练,就是工厂组织民兵训练。我们当过基干民兵,就是跋山涉水地拉练,包括露营,偶尔还实弹射击——年轻力壮的人才让你当民兵。

我们当时主要生产导弹配套的定向陀螺仪②,是一个定位,把导弹发出去以后偏移了,和陀螺仪之间就有一个偏角,又返回来以后,你就知道导弹偏了,要赶快发信号纠正。还有舵机,导弹偏转要靠舵调整,纠正它的飞行方向。还有一个设备是在阵地上使用的测试车,就是在导弹发射之前还要总体再检测一遍。这个车上有各个厂家的仪器,比如专门测量自动驾驶仪的,旁边测量导弹和引擎的,另外一个是电源供电的,把这些集中装在一个车上,开到哪就在哪检测。

当时一个工厂就是一个小社会。买个东西必须到工厂办的小卖店,小孩上学有子弟学校,从小学到高中,而且工厂有教育科专门负责这东西。我们要坐车了,到运输科——还没有专门的车——看到他们要出车了,告诉他们我想去赶个场或者到中心,跟司机讲我坐你的车到哪去一趟就行。食堂那时候都比较便宜,最好的有肉的菜就3毛钱。最早的食堂就是席棚子,开饭之前大家排着队,吃早饭要先"早请示",做个仪式:大家举起手来,先背诵一条毛主席语录,然后敬祝毛主席万寿无疆,再开饭,天天如此。当时到食

---

① 团泽镇,隶属遵义市汇川区,距中心城区27公里。
② 定向陀螺仪,采用陀螺定向测量方法,用陀螺经纬仪测定某控制网边的陀螺方位角,并经换算获得此边真方位角的测量工作。常用于定向连接测量。

堂吃饭也要走比较远，因为车间比较分散，去晚了有时候还得等。还有医院，去了大家都认识，也都公费报销。该怎么医疗，大家一商量，都比较和谐。还有，比如我们要烧煤了，有煤场把那煤都砸成小块，人家给你送到门口。还有工厂澡堂，因为各家各户没有洗澡的地方，澡堂每周开个两三次，一到那天大家都去公共澡堂洗澡。再一个就是理发店。托儿所那是自负盈亏了，比较便宜，5毛钱，最早的时候是2毛钱。我们有时候还看电影，到半夜下着雨，大家都坐着小板凳，打着伞看电影。有时候有些内部电影，我记得有一部电影叫《卖花姑娘》①，不知道怎么传来的，说在遵义市看，给我们排到半夜2点。那么多人去看电影，全厂的车都出动，大卡车几十辆，都拉到遵义市红花岗那边看电影。看完回来浩浩荡荡的，晚上车灯一照像一条龙一样。还有《山本五十六》，讲日本军国主义，那时候宣传说日本威胁，所以演这个电影，也是半夜三更的。有个大礼堂，全厂一场放不下那么多人，还分两场，半夜三更看电影。

那时候大家凝聚力比较强，大家互相关心。过春节每年都要搞团拜会。大年初一，工厂搞些舞龙队、跑旱船、跳秧歌等，然后全厂职工家属一早就全集中到工厂互相见面，互相握手拜年，场面非常热闹，每年都这样。过去没有搞这个时，那得挨家挨户串门拜年，后来觉得这样做太麻烦了。再一个大家想初一睡个懒觉都不行，而且串了这家串那家，到哪家都吃糖，也受不了。工厂觉得搞团拜会挺好，一下子大家全都见面了，东北那些人还会整舞龙舞狮，还挺热闹。小卖店过年过节买东西的都多得很，大家都排队买东西，每家每户都按照票买，买的时候大家互相打招呼，非常热闹。

以前住的也是一栋楼，走廊一层十家，通的，大家都挺高兴。每家每户有什么好菜，端过去各家尝尝；哪家有病，需要帮助搬什么东西——比如搬个床垫到楼下了——人家楼上一看底下东西来了，主动下来帮忙。现在就不行了，你看我们现在搬到那边去，一个单元一层五家，到现在那几家住的什么人我都不知道——没见过，见不着。都是独家独户了，防盗门一关，也都不出来，所以哪层住的谁都搞不清楚。在厂里头都认识，你到外头来了，

---

① 《卖花姑娘》是朴学、金正日执导的朝鲜剧情片，上映于1972年。该片讲述了卖花姑娘一家人的命运。

谁认识谁？谁都不认识。所以人之间的关系冷漠了，没有熟人，你有了什么事，得找谁帮忙，都发愁。偶尔到超市碰见熟人，高兴了聊半天。

我是1971年结的婚，爱人是我同学。当时她在宝鸡，1976年才把她调过来的。当时分配，我们这个单位不是绝密吗？政审的时候说她父亲有笔账不太清，受影响，人家这招收的人就没要她，所以就没来。

后来搞清楚根本就没那回事：她父亲是西北电力设计院的勘测员，酒泉发射基地建电厂，他去勘测，把勘测的图纸都弄好了以后让一个人给带回来，结果回来以后那人说图纸没有了。这是政治问题、大问题，那么保密的一个基地，电厂图纸没有了，那还得了？后来查来查去是档案室往回带的这个人的问题，把那个人开除了。但是她因此就没分到这来，分到宝鸡的一个民营厂，专门制造农药喷雾器上面铜制喷嘴的成型毛坯，后来又调到宝鸡晶体管厂。到贵州来以后，她一开始在总装车间干了一阵儿，然后又调到了专门试验新工艺的这么个单位，干了一阵后又到资料室的标准化审查岗位，一直到退休。

我们有两个孩子，老大女儿，老二儿子，现在都在这个工厂。我女儿现在在人力资源处管全厂的工资，哪个地方要花钱了，要经过她那里批，工资核算考勤什么的也汇总到她那儿去。现在她们工作也挺杂，每年的年报也要她负责。一些新分配来的大学生的接待、管理，也都是她们负责。儿子跟我一个单位，现在是石油仪器公司的销售员，常驻青海。他们都是跟着我们来这儿的，现在也都自己独立担当部分任务。我儿子每年都是先进营销员，每年他还出去锻炼自己的能力，确实也锻炼出来了。

我在2005年退休，退休时的职位是车间主任。然后工厂又返聘我继续当总经理顾问，就做技术方面的事。返聘了八年，到2013年我才正式回家。在这个过程中，我从学校出来到了三线，向基层和工人学习那些比较朴实的精神，他们任劳任怨的精神确实对我影响比较深。他们干活那奉献精神都是非常好的。在这个过程中，我虽然非常辛苦，但干工艺从不熟悉到熟悉，最后能够得到大家认可，自己也做了很多实际的事情。军品的测试设备自己动手做，后来我做的一些设备，还转到军品车间继续使用。这些测试台确实解决了工人操作的烦琐问题,没有这东西效率就低,也容易出错出事故。我给他们解决了这个问题,工人能够很顺利地使用设备,顺利地完成任务。自己测试,自己编译工艺,经过几批的实验验证,确实是正确的。这么多工作虽然很辛苦,但是回头一看还是比较有成就感的。从这点来讲,我觉得时间过得非常快。

  回想起来这一生到了这个地方,虽然比较艰苦,但是没有白活。工厂对我也比较照顾,自己的付出工厂也没有忘记。虽然现在有很多新人不认识了,但是过去那些同志们见到我还都非常客气,还都"胡主任,胡主任"在叫,挺亲切的。所以这一生确实觉得自己对这个工厂还起到一些作用,感到很欣慰。自己学到的专业知识也没有白学,不像有些人学了专业知识用不上去,干别的事情去了。做自己最喜欢的事情,对于我来讲,还是比较满意的。

胡高升
根正苗红的教育带头人

亲 历 者：胡高升
访 谈 人：吴晓萍
访谈助理：原璐璐　许文朔
访谈时间：2019年7月18日上午9:00—下午12:30
访谈地点：贵阳市胡高升寓所
访谈整理：原璐璐

亲历者简介：胡高升，男，1947年生，山西应县人。1967年大同机械工业学校（中专）毕业，1968年由七机部全国统一分配至遵义405航天控制厂（隶属于贵州航天061基地）工作。1983年后从制冷部门调至教育处从事职工培训，办职工初中补习班、高中班、干部中专班、技校班以及职工大学等。任教几年后，于1991年升为教育处副处长，1993年任处长。1996年，胡高升被提拔为该厂副厂长，主管劳资、子弟学校、职工教育、保卫等工作，2007年退休。

胡高升（右）接受访谈

一、分到贵州,他们是非常羡慕的

我出生在山西的繁峙县。父亲解放前参加革命,最后因工作调到了应县,我到上学的年龄才和全家跟到应县来。我父亲是离休干部,最早在县里当过税务局局长、人事局局长,还当过公社书记。我们弟兄姊妹一共六个,我是老大。除了我,我们整个家族实际是在山西的。

我是1968年在大同机械工业学校毕业的,它是七机部所属的七所中专之一,此外还有哈尔滨、沈阳、四川、西安、上海和北京的六所,都是军工类学校。当时我们一毕业,就直接分到贵州来。我们一起毕业分配的,贵州分区十个,南京分区十个,哈尔滨分区十个,还有山西长治的一个厂。分配的时候可以说没有什么想法,那时候就是国家分配去哪儿就去哪儿,不能说我不去这儿我要去那儿。

我们1963年考进去,三年困难时期刚过,只招了两个班,共90个人,一个班45个人。后面有些学生因为吃不饱就不上了,还有一些因病退学的。临毕业,我们剩了79个人。毕业的时候,正好"文化大革命",1967年全国"文斗"。当时我们这派(走资派)是不掌权的,掌权的那派在毕业前就开始对这届毕业生做社会调查,调查每个人的七大姑八大姨,把你调查了遍。调查完,符合航天部分配的只有39个人;另外40个人不符合,不是舅舅有问题,就是姑姑有问题。他们那些不合格的在学校又等了两年,最后是让国家内务部分配到地方上去了。所以他们当时对我们分到贵州是羡慕的,为什么?因为他们认为:"你看人家第一批分配工作,去了可以养活自己了,可以有上班的地方了。"后面在学校里又待两年的说:"我们简直是疯了,不知道自己该怎么办,该上哪去。像你们都上两年班了,我们还在干待着。回家待着不是事,在学校待着,已经毕业了,也不是事,非常难受。"所以他们对我们当时是羡慕的,不是说你看他们跑那么远去了,怎样怎样……但反过来像当地的老百姓,那些年龄大的老年人,会说:"贵州、云南过去是充军的地方,怎么能去那个地方?"他是有这种想法的。

分配之前"文化大革命"串联的时候我来过贵州,当时红卫兵就住在贵州工学院。但是到贵州我就感冒了，因为这儿气候有点不太好。感冒以后发烧找医生，又是吃药，又是打针，调理两天以后赶紧走了，到重庆去，所以当时对贵州印象不深。1968年来了以后，我们刚到这儿很不适应，因为山西、河北那块是一望无际的大平原，一到这地方，周围全是山，好像天只有那么大。而且来了以后正好10月份，赶上了贵州雨季，天天下雨。当时非常憋屈，心里就烦躁，憋得慌，为什么呢？憋在山沟里边好像有点透不过气了。刚开始来，难免也想家。另外我们对这个地方吃的东西也不适应。一到礼拜天，我们几个到市里面逛，没想到饭馆弄出来的东西都辣得嘴麻，干脆就吃不下——因为山西那个地方不吃辣。所以刚来的时候大家对这个地方印象确实是不好。

当时贵州可以说很落后。落后到什么程度？我们那时候都是带两双解放鞋，但下雨一穿的话经常踩水，想买一双半筒雨鞋，但在遵义的任何商店都买不到。雨衣买不到，甚至手帕、手绢等也买不到。后面只好给家里边写信，让我父亲和母亲给我寄来。当地的农民也很落后，没见过汽车，看到以后高兴得不得了。建筑公司拉砖、拉沙、拉水泥这些车，拉到工地以后农民要坐车，司机说拉过去可以，回来要装水泥、沙子，就拉不了他们了，但当地农民说没关系，他们走回来——为了坐这趟车子，走五六十里路回来。还有，他们看工棚里边有电灯，那家伙！挺明亮！看着这个电灯就稀奇得不得了！不得了！这个是什么？有些农民就把灯泡偷回家，拿个绳吊起来，还说："怎么不亮？"但是当地农民很朴实，有些工人星期天到家里边，他们非要把工人留在家里让吃点饭，喝点酒，非常友好。

之后我父亲也曾来过我这里。他对贵州也不了解，但我爸爸毕竟一方面是老干部，另一方面胸怀比较大度，看到我的条件这么不好，还远，他也不难受。他说："上哪儿工作不是工作？人家还有出国的。"——他经常这样开导我母亲。我父亲还有一句话："哪儿都是活，在哪儿只要生活得好就行。"所以来这儿以后他对厂里、山沟里边的印象还挺好，说这地方上班很正规，一到8点一些工人呼啦呼啦地练跑，然后骑自行车开始上班。尽管他实际上非常想我，但是每次我回家，走的时候他绝对不掉泪，就说："走吧，家里边都挺好。"每次我只要打电话,他就说:"我这儿都挺好,你们啥都不要考虑。"

刚来的时候我们基地在遵义,但我们厂距离遵义市还有25公里。刚开始没有投产,就让大部分人跟着公司盖厂房和家属楼,主要是给建筑公司帮忙。到了1969年,厂里把我们每个人的工种定了。原来我在学校的专业是热处理,但毕业体检的时候说我有微弱的色盲,不能从事热处理,来这儿给我调成了制冷。1969年7月份重新分配以后,就全部把我们派到沈阳119厂,对口到那儿去实习。实习了一年,到1970年7月份回来。这时候厂里边开始投产,我们就开始各自从事自己的专业。我在制冷这个地方一直做到1983年。

这期间,我在山西老家找了我爱人,是爸爸帮忙物色的。那时候"文化大革命",军委会就讲了,说分配到这儿来,你们就准备把骨灰埋在这山顶上,谁也不要说想调走或调回去——没有这可能。而且这里对三线职工也很照顾,原来有一些农村户口的,到这边都给转成城市户口。但我爸爸给我在老家找对象的目的,可能认为有一天我能因此调回去吧。另外当时厂里和我们同年龄来的女的很少,有一些遵义、上海等地的学徒工,好像总觉得各方面生活习惯不太一样。像我们有个辽宁航校来的男的,找的就是遵义女孩,当地人吃辣椒吃得厉害,但他不能吃辣椒。他说女的一做菜里边就有辣椒,他也没有办法,两人就经常干仗,经常吵架。所以总觉得好像还是老家的生活习惯、风俗都一样,就在老家找了。

当时我父亲在县城里边是个老干部,在人事局、税务局工作多年,认识的人也很多。我爱人的父母亲跟我父亲关系挺好,对我爸挺了解。他们原来也见过我,认为我家庭好。我岳父是当地老师出身,他就一个女儿,但有四个儿子。他的观点是女孩只

胡高升一家三口的合影

要找对人了，其他无所谓。老头也挺看得开，就把唯一的女儿给我了。

我女儿是1974年出生的，出生以后在当地雇的奶妈，奶到3岁，1977年我们才把女儿接过来。我爱人是1975年调过来的。当时航天部对环保工作重视起来以后，要求厂里边搞环保的必须达到大专毕业水平。因为她当时在厂里接受培训时化学学得好，厂里边就选中她，让她去贵工学习两年。两年拿到大专文凭以后，她就开始主管厂里边的环保工作。

二、我们要在航天部里站稳脚跟

厂里在1979年开始办电大，我没事就跟着听。我当时连续把高等数学的一、二、三级全部考合格了，还拿到了大学物理单科证，厂里就把我从制冷岗位调到教育处，从事职工培训。

那时从遵义和上海各招进来200多学徒工，说起来都是初中毕业，十八九岁，实际上初中基本没怎么学。后面还有部队下来的，主要是武汉空军部队的一些军人，又有200多人。他们根本就没接触过这些东西，文化基础太差。比如说装配工，给他讲一些电路正负极、串联并联，他啥也不懂，根本没接触过这些东西。机械加工方面的工人给他讲公差，他也算不过来。后来就先是以各个车间为单位，针对性地给他们培养——搞机加这行业，不会看图纸不行，得简单地教他们怎么识图，怎么计算公差；装配工怎么看懂电路图，什么叫串并联；还有工艺怎么编制，编出来的工艺如何一步一步做，要符合工人的操作习惯。如果你编的工艺工人没法干，这不行。所以专门也给工艺人员进行培训。

因为企业要求的精度比较高，技术工人如果没有简单的物理、数学计算方面的知识是不行的，厂里边就开始大面积地开设这些基础性的培训，办初中补习班，一批一批地培训，这样就从车间把我抽出来任班主任，担任平面几何课的教学。

我们的目的是先把初中文化培训上来，主要是现代化学、物理、数学这方面，也开语文课，但是政治什么的不太开，主要是把基础文化提上来。这样就逐步把初中课程几乎复习一遍,先普及初中教育。普及完以后,在这个基础上又进一步,有能力的参加职工高中班。职工高中班出来以后参加全国电大考试,比如财务考试等,这样回来以后对工作还是很有作用的。

因为技校当时报考人多,基地就委托工厂办技校班,所以我们还办了两届技校班,我分别在这里边教了几年课。在这个基础上,后面就是针对性地办中级技术培训班,专门从技术角度,比如装配、机加方面进行专门培训。逐步地厂里中级技术培训完以后,又进入了高级技术培训。还有干部中专班,学一些管理方面的知识,进去以后主要是为厂里边后面的管理服务。我们基地也有职工大学,或到外地的一些大学等,每年厂里边会给一定的名额。

后来到了1991年,把我提为教育处副处长,1993年就是处长。当时教育处不管是对部队转业的,还是包括技术培训这方面,整个做得不错,比原来好多了。我们经常组织培训,然后考试、技术比武等,把学生的学习热情、理论水平、操作技能都提高了。另外后面我们还培养"三高"人才,就是高级工艺人才、高级技术工人和高级设计员。这方面是上面让基地给我们拨钱的,然后把我们送到外边院校去培训。这一步一步地培训了以后,那种精度要求比较高的产品,厂里边就能拿下来了。因此职工培训这方面,我们在基地里边连续几年都被评为先进教育基地、成功教育基地。

这和厂里对职工教育这方面的重视也有关系。我们厂里边历届的领导,不管是奉献精神也好,工作认真程度也好,或者开发产品方面也好,可以说做得都挺好。我举个小例子:在开发产品方面,我们的厂长经常到北京的航天部去争取些产品回来。只要听说有什么新的项目来了,他马上就到北京去争取。争取后就给我们分一部分,不然厂里工人没活干,效益就没有了。

我们厂是某防空武器的主机厂,以自动驾驶仪为核心部位。这里边有个最难干的东西叫挠性陀螺仪①,看上去不大,但作用不小。这玩意太难干,

---

① 挠性陀螺仪主要用于惯性导航系统,提供角速度等信息。其种类较多,工程上使用较多的是一种单平衡环挠性转子动力调谐陀螺仪。挠性陀螺仪具有体积小、重量轻、可靠性高、成本低、能够消除支承摩擦等特点。

为什么？因为它要求的精度非常高，价格又定得很低。但是我们厂长把它承担下来了。刚开始一个好像七八千块钱，基本上工厂不赚钱。那厂长怎么解释？厂长就说："我们现在就是争取他们不愿意干的。难啃的骨头，我们拿回来啃。一方面锻炼了我们的工人队伍和技术人员，另一方面我们要在航天部里站稳脚跟。"让厂里的技术水平和加工水平提高，他要达到这个目的。后面当我们做出来而其他地方没有生产的时候，挠性陀螺仪提到18 000元一个，最后提到28 000元一个，价格就上来了。

这些东西有时候不是手工操作能够解决的，需要买一些自动数控设备，厂长就去航天部争取点钱补助。这样厂里就进入了良性循环，既更新了设备，又锻炼了工人队伍。以前咱们国家靠进口的仪器，之后我们也要开发。一九八几年的时候，我们根据油田的需要，试制了一些产品——从国外拿来仪器以后，一开始是拆卸模仿，最后我们也生产出来了。生产出来的石油仪器，到目前为止仍然是我们厂里最主要的名头，各大油田，如新疆油田、大庆油田、山东油田、华北油田等，几乎都用我们的产品。我记得1998年《贵州日报》登过一篇报道，说井冈山仪表厂做到28年不亏损，年年盈利，这个报道有点特殊意义。1996年全国开始下岗解约，我们厂从来没下过岗，也不解约。这个厂可以这么多年不亏损，或者效益一年比一年好，领导确实做了不少努力和工作。可以说这就是我们厂一直保持盈利的原因。

1996年我调到厂里任副厂长，主管职工教育、子弟学校、保卫等工作。子弟学校是我们厂里的，比较大，从幼儿园一直到高中，还有技校。我们厂高中的水平在原来061基地还算是不错的，一个班不到50个人，每年重点大学能录取十四五个。什么清华的、北航的、南理工的、南航的都有。好的教学质量是稳定职工队伍的一个很大的基础——如果你这个学校办不好，教学质量太差，职工将来下一代上学都是问题。

子弟学校最开始就是我们厂自己成立的，老师就是当年我们1968年一起来的，清华大学来了3个，西工大的十几个，西交大、南理工、南航的都有，北航的来了40多个，哈尔滨军事工程学院的来了40多个，来得最多的就是北航和哈军工的。这个师资后来也让有些来的家属——本身原来是外地的

胡高升（二排左五）与井冈山仪表厂教育处同事的合影

小学、初高中老师什么的——上任了。到恢复高考以后，每年都会有大学生分配到我们厂，有西师的，也有贵州这边的，包括贵师大、贵大等。再后来就陆续每年从外地招一些。每年一过完春节，我们基地的劳动人事处，带着各个厂的劳资处处长到各个大学去招生，全国性的。我们就像个铁招牌，每年到这个季节都去各个单位选人，愿意报名的，一开始签个意向性协议。整体不是很好招，一听说在贵州深山老林里边，大多不愿来，有的尽管是贵州本省的，来了以后一看不行，因为协议是意向性的，也还是可能走掉。

多数来的是我们本地的，但是外地的也不少，全国各地的都有，往往北方的要多于南方的，比如东北的。你去上海就招不到，一说贵州，他不去。那可不像支援大三线，国家让他来就来。不响应毛主席号召？那不行，那时我们整个基地三分之二以上都是上海人。但在北方，尤其有些农村出来的孩子，有工作就不错，要不你自己找工作上哪儿找？

一开始70年代左右的时候，我们那些学校和工厂还没建成，职工子弟还都送到农民学校去上学。建成后，我们子弟学校的幼儿园和高中一开始是不开放的，只招收职工子弟，后面到了80年代末期，也开始招收地方上的。因为最开始老师的工资全部由厂里支付，在山沟里边完全就是工厂全包，不仅办企业,还办社会。但改革开放以后,我们厂里对有些后勤部门开始实施责任承包制,就是工厂包你们工资,但奖金你们自己赚。你自己能盈利,就分一点奖金,盈不了利就没奖金,工厂不给拨奖金了。所以到后面逐步地工资是工厂负责你一半,另一半你们自己想办法挣,这样就得想办法放开了。放开地方招生能够收一部分费用,这样就开始向外招人。当地社会的民风是比较淳朴的,招来的学生和子弟学生能融洽地相处。

三、一辈子在三线,我觉得还可以

当时毛主席建大三线的决心是很大的。为什么?因为1962年的时候,苏联、美国、印度都和中国干,毛主席就觉得周边没有和中国友好的国家。我们就听说毛主席说了,大三线一定要建成,如果大三线建不成,他睡不好觉。

当时我们还听说毛主席说了一句话,大意是:"如果大三线建成,铁路通不进去,我骑着毛驴也要去看一看。"贵州一开始是没有铁路的,1972年才通车。当时全国其他地方都是单线,来回还得车站错车什么的,只有京广线是双线。毛主席就说把京广线改一条出来也要通进大三线。所以我们来了以后,厂里边的领导就强调大三线的重要性。

当时建大三线的目的就是把从零部件开始的各个部件,整个在贵州一下子完成。以前的话,比如说哈尔滨、沈阳、北京、太原、西安各生产一部分,最后把这些东西拿到上海去总装。一旦打起仗来,把沈阳一炸,哈尔滨一炸,整个导弹就形不成系统了。那么毛主席就是要建设成建制的基地。当时在遵义市我们航天一共是32个单位,包括两所医院、一所技校、一所中专、一所职工大学。其中有个现在叫遵义医学院的,也是国家整个把原来的大连医学院搬迁到遵义。

搬迁到什么程度?把大连医学院的篮球架都搬过来了,彻底搬——大连医学院就不存在了,直接就搬到这了。当时在贵州省,大连医学院是比较有名气的,可以说比省医的知名度还要高。

另外我们061基地专门还有汽车修理厂、木器家具厂等,我们单位用的木器家具,柜子、办公桌椅全部由这个厂生产。其他就是生产导弹各部件。另外,成建制的像贵阳这边的011基地,他们是生产战斗机的,也是整个在贵州就形成一个基地。

说到战备意识和战备动员,比如说像中苏打起来以后,厂里也开会说这个事。但作为我们来说,并没有太紧张。那时候从报纸上看也好,从广播中听也好,消息来源很有限。我反正只管干我的活,生产我的东西。我们每次生产一批一批的产品出去,都交给部队。那时候计划经济,我们只管国家下达多少任务,我们就做多少。给你一笔200发,你就生产200发,完成任务就行,需要多少就生产多少。

邓小平提出来个"50年不打仗"的决策,一些军工企业就没有活干了——50年不打仗,这个军备就少了,我们不用生产那么多产品。不管是飞机还是导弹,或者雷达等,这些军备放在库房里边时间长了也不行,那就不生产。所以当时就转入民品——我们厂有仪器这一块。另外像前面说到的,我们厂有些高精度的产品,这个国家还是要的,所以我们厂就一直有效益。有些厂一旦军品没有了,厂里边大部分人几乎就没活干了,只能下岗,当时叫什么"解约分流"。

现在已经过去那么多年了,回忆起来那时候也是真的有意思。对我来说,一辈子在三线,从事三线建设的工作,我觉得还可以。我性格比较随和,不管是在学校还是到这儿,不管干什么,始终都是。我举个小例子,刚开始我们1968年过来,那时候一个月我们中专毕业挣30块5毛,人家技校毕业挣31块5毛。我们这儿是技校比中专等级低,但他们工资还比我们多1块。有些人就说这个事,但我不觉得是个什么事。我说反正现在我们已经上班了,我们同学那么多在学校待着还分配不了呢。当时好像是1972年才给我们转正——原来是一年的见习期,结果整四年。过了四年以后这才算第一次涨工资,转正以后是37块。再到后面涨工资难,按百分数涨,40%或百分之多少的人涨。

在我们小组里,我的学历还算比较高一点的。但是有几个部队复员下来的,人家是党员,要让党员当班长。我们小组里当时有24个人,涨工资的时候说只能有40%的人涨。我当时就表态:如果和我是同等条件的,我可以放弃,优先让其他人涨。结果那次我没涨,车间主任在会上就说我"发扬风格"什么的,其实我不觉得啥。因为我父亲是个老干部,从小家庭条件也可以,在经济这方面好像无所谓。大家只要在一起好好的,不管是工作也好,干啥也好,高高兴兴、愉愉快快就是最好的。我也跟他们说,不管在哪个单位,如果大家人际关系搞得很紧张,你就是挣得多,自己吃得好喝得好,但心情不愉快,也等于零。有时候挣的钱不一定多,但是在这个小范围里边大家都很愉快,随心所欲、畅所欲言,大家该开玩笑开玩笑,该说什么说什么,心情愉快了,比什么都好。

再有个例子是我的入党问题。1991年在当教育处副处长之前,我不是党员,没写过入党申请书。我原来当技术工人的时候始终认为,只要把工作做好,把项目干好,就行了。一开始到了教育处以后,作为一个普通培训员,我觉得在教育处的学习条件更好了:跟着电大学习也好,或者自己学习也好,总是尽量强化我自己,提高我的软实力——我在这方面比较注重。但是1991年提了副处长后,我主持工作,党委书记就找我谈话。他说:"高升,申请入党不是因为好像入党就更高威,或更有名气,不是为这个。因为党委布置下来的工作,开支部会议的时候,你不是党员就参加不了。为了方便工作,你要写个申请书。"书记说得也比较实在,并不是说你写这申请书就进步多少,好像脸上有光什么的,主要是为了方便工作,要不然党委开支部会议都参加不了,我就一直对党的政策不了解。他说为了方便工作,我得写一个。所以我真正入党的时间好像是1992年底,那时才正式成为党员。

还有评"先进",我从到了教育处当副处长开始,每年评"先进"的时候,我就要求领导不能当"先进",都是下面的一般人员得。比如"先进单位""三八红旗手",还有"五好"这些,我全是评下面的。

所以我始终是有这么种心态。后面80年代初期调回去的政策放松了,我们分配来的十个可以往回调。1989年的时候我也有机会调回去的。当时我父亲已经离休,但是他原来的一些同事和下级,就给我和我老婆联系朔州市的两个地方,一个是中国银行,一个是太平洋保险公司。结果回去一看,因为是刚成立的朔州市,街道还是乱七八糟的小平房,看上去比现在贵州的县城还要落后。我女儿那个时候小,她说:"要回你们回,我不回,我一个人在贵州。"这样就没有弄成。但我们其他几个同学调回去了,调的单位都是一些地方企业,效益不太好。我们在这儿的五个在这个单位一直干到退休,相对来说比他们要稳定,比他们情况还要好。

现在在贵州待习惯了,回去一段时间,北方太干燥,生活也不是很习惯了,气候不太适应。而且现在我们同学来贵州聚会,对这儿的评价也很高。自然景色是一方面,他们对贵州的民风也有好多体会。6月份我们同学20多个,带家属一共49个人,在贵州举行聚会,对贵州印象非常好。我们这49个人一个大巴车,走了八天。其中年龄最大的是我们的老师,82岁的老两口也来了。有次到一个地方要坐四个小时车,到那以后他俩晕车晕得实在是受不了。我们还专门邀请了一个护士和医生来参加,是我们同学的亲戚,就是因为怕有意外情况发生。当时一下车要开始吃午饭了,别人都坐好了,上菜了,82岁的老师就坐旁边,因为他晕车晕得实在没有办法。饭店老板看到就问我什么情况,我说老师晕车晕得不想吃饭,人家马上拿出来两个大苹果

胡高升(后排右一)全家与父母合影

给削了皮,说先吃点苹果,然后马上又倒上热水。他说你慢慢地吃一下,如果晕车不想吃饭就先不吃,先吃点苹果,还挺好。后面有一家是晚餐的时候,上来一般是八菜一汤,但是可能数量少,也可能我们有点饿了,一会儿吃得就不多了。饭店老板一看,这菜都吃差不多了,结果就免费一桌加了三个菜。这就使他们的感受跟原来想象的不一样。

  这几年退休以后没事,我们老两口就国内国外到处走一走玩一玩。现在我已经做爷爷了,外孙女都大二了,下半年大三。女儿在我们厂的信息化部门,女婿原来在我们厂医院,后面调到贵航集团300医院,现在自己折腾又调到061基地去了。他们怎么着,我们尽量不管,但是我们还管后勤。原来小外孙女上学的时候,他们上班,我们退休了没事,经常去给他们把饭做好。小外孙女上了高中以后就住校了,我们便不管了。但是他们上班,我们还是去帮他们煮饭。所以我感觉我家总的说下来,还是可以。

韩全利　张玉兰
流水线上　四十六年

亲 历 者：韩全利　张玉兰
访 谈 人：周海燕
访谈助理：张航瑞
访谈时间：2019年7月7日上午10:00—下午12:30
访谈地点：贵阳市3535厂宿舍
访谈整理：于　帆　张中英
文本表述：韩全利（宋体）　张玉兰（楷体）

亲历者简介：韩全利，男，1955年生，江苏南京人；张玉兰，女，1932年生，山东济南人，韩全利母亲。韩全利一家于1968年9月经国家动员从南京来三线，进入军需被服厂3535厂工作，在贵定县生活了近20年。1990年全家随工厂搬迁至贵阳。目前，母子二人均已退休。

韩全利（右）、张玉兰（中）接受访谈

一、带着两个腌菜缸来三线

我 13 岁来到贵定县盘江镇,15 岁不到就参加工作,也是在这个单位(3535 厂)退的休。这个单位不是倒闭了,按我的理解它是后继无人。

我父母一开始在南京三牌楼那边的 3503 厂。当时南京的厂里面动员,开大会宣传三线建设。

当时,国家的口号是"备战备荒",就是要支援三线建设。一个形势是苏联和我们国家关系相当不好,在南京修长江大桥修了一半,撤走了。美国和我们国家当时没建交,很多国家都喜欢来欺负中国,所以毛主席下令嘛,必须要到大西南搞三线建设,把部队上所有供应的物资全部在里面生产。

我父母响应国家号召去支援三线建设,1968 年 9 月份到的贵州。我母亲今年 88 岁,来了 50 多年了。

为什么要来呢?一个是因为家里面人口多吃得也多,为了解决就业问题,去了三线,15 岁就可以工作。第二个就是想到一家人一起响应党的号召,还是蛮光荣的。

我今年 88 岁,老军工了。我是山东济南的,我老头子是山东章丘(今属济南)的。我家老头走了 26 年,1968 年来建设三线的时候是 38 岁。

他开始是给新四军做衣服的,1948 年国民党散了以后,他爸就在济南的 104 厂,1954 年又到南京的 3503 厂。

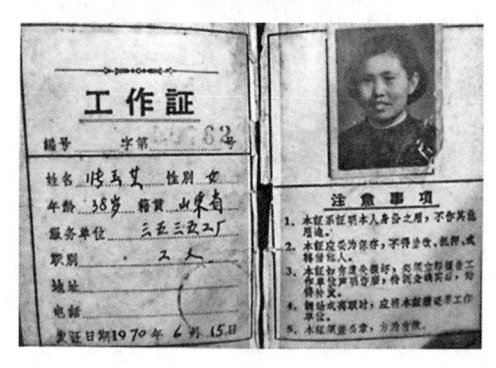

张玉兰在 3535 厂的工作证

那时候说要打仗,我们报名说建设三线,准备开战,要做衣服。那时候我们说建设三线好,好在哪里?反正去好多人,一批批的,我说我要报名去。车间主任说:"人家单职工是为了把家属从农村里带出来,你是双职工,你去干吗?你就在南京。"但我还是去求厂长、书记,晚上求到12点,求了半个月。我说我们去建设三线,出一分力量,反正都是工人。主要还是为了孩子们上班,来找工作——当时在南京找工作不容易。

刚刚那个师傅①,他爸爸也是工厂里面的。他们原本全部在农村里,他爸爸到这里来,就把老婆孩子全部带来了,一大家人都参加工作。所以他还是有很实际的一个考虑。但我们就亏了。我家有五口人,兄弟姊妹三个,都是在这一个单位——现在都退休了。

当时比起在南京还是好过一点,因为子女来了以后就都上班了,在这里的收入高一点,家里面好一点嘛。但好也没得用,有工作了,发了工资,但是有钱找不到地方买东西。在南京条件好,烧蜂窝煤,但是在这个地方,下班了以后没得烧,需要自己上山砍柴。买米也远得很,要走一两个小时,才能在当天内背回来。动员以后啥子奖励都没得,就是搬家运过来,他们付钱。给你家500块钱,给他们家1000块钱这样的。家里当时就运了几个柜子、床、板凳过来,穷得很。在南京都喜欢腌菜,带了两个缸来,现在还在。

3535厂最开始是在贵阳市贵定县盘江镇,20多年以后才发展到现在这样。我是1990年的时候,跟着厂搬到贵阳来的。1968年刚来这里的时候,当时先在贵定的旅馆住了一个星期,看到贵定县觉得还可以,结果后面往农村里走的时候,我们都后悔了。当时也没高速路,路都是从山上挖出来的。

在南京可以到下关、山西路、鼓楼,到雨花台,到中山陵,这些都可以去玩。到了这边,出门除了山就是山。我们从南京过来的,肯定在这里不适应。那时候闭塞得很,什么收音机、电视机都没有。想要打个电话都不知道去哪里打,只有写信。有一个信箱,信写完以后你要走很远,跑到邮电局投递进去。

---

① 指访谈时陪同他的一位邻居。

二、"我眼泪都哭干了"

这里是大山隐蔽的地方,路不好走,一走路就摔跤。到这里以后,有的人就说,我们又不是来改造的,是来建设三线的,一年连点肉都没得吃。那时候在山沟里连点菜都没有,一年到头看不到多少肉。厂长说,准备打仗,我们响应党的号召来做衣服。一个月半斤肉,都是仓库里长霉的,吃完以后,连肉都没有了。厂长就拿着棉大衣去换点猪油,换点肉来,一个人分一点,就凑合嘛。以后就和农民联系,就叫他们给种点菜,种菜厂里给他钱嘛,我们去也是拿钱买……那时候我才拿29块钱工资,可苦了。

这边人吃辣椒吃得多,我们刚来的时候,就吃从外地买的大白菜,一家一发一袋子。50多年了,习惯了。还有苞谷碴碴,怎么吃嘛?这些东西我们从来不吃,现在入乡随俗吃了,但也不习惯。我母亲到现在几十年了还是不吃辣椒——北方人都不习惯吃辣椒。来了这里五六十年了,她也还是山东的口音。

在这里,穿的衣服是自己买的。每个星期有一天赶场,去看摆地摊的:2块钱一个褂褂,或者3块钱一个褂褂,就买了。有时候也买点布来自己做点裤子。住的是干打垒的房子,我家那个房子是贵州人盖的,是两个板板搞好以后又往上加。顶上就是用一般的水泥乱敷一下,天上下大雨,家里下小雨。沥青什么的,都是没有的。那个时候小,就无所谓。

苦啊,我这讲起来,那泪都哭干了。我们一家人都在这儿干,那时候穷啊,就拿29块钱工资。他(韩全利)爸爸才拿30多块钱。

说到孩子都掉眼泪。我记得我什么补丁的衣服都舍不得丢,就给孩子过年做一套布衣服——那时候都会做——过了年,这些衣服到夏天再穿穿,破了补上给他穿。我们小孩只能这样。

赶场的时候,买个鸡蛋都舍不得吃,只给孩子吃。买一斤肉,也是给孩子吃,我们就不吃了。

这个缸是我们 1954 年在南京花 5 块钱买的。我儿子要去一个,我这一个留作纪念。

南京人都喜欢腌雪里蕻,这个大缸有用处,腌菜、腌雪里蕻。这儿也有萝卜卖,我把萝卜对切,就可以晒萝卜干,一腌一盆。我们上班前,拿着一块馒头抓着就上班去了,剩下的都给了小儿子。小小炒一点菜,一点肉偷着抽出来,给他多吃一点。

张玉兰从南京带来的一只陶缸

真的,我现在想想过去,想想这么多年待在贵州,也没打成仗,我说这不是自己找的事吗?我家就是济南市的,我弟弟在济南市山东师范大学,他来看我,借钱给我,我们粮票不够,他就给我寄粮票。

13 岁以前,我本来在南京一直读书的,到这地方之后,读了一年多就没读了。这学校不行,条件太差了,老师是农村里面来的,也不晓得是不是随便发的——有的老师都没鞋子。所以我 15 岁就进厂了,做部队上的衣服。咱们当时读书条件差,又不是在县上面,是在一个镇里面,肯定愿意工作,还能挣点钱,是不是?一个月 16 块 5 毛,三年才能转正,才能拿 26 块钱。慢慢地调成 43 块钱,我整整拿了 12 年。好像是 1974 年还是 1975 年开始,可以拿到 43 块钱。

三、高音喇叭下的军品流水线

我们单位组建的时候只有几个人,然后就成批地来,在当地招小年轻学徒。我们是第二批——第一批是 1966 年来建设的,拿一个牌子,搞一个红布做建设揭幕仪式,然后就开始建设了。

当时国家给这些军人做被子、棉衣、单衣、裤头，都是我们厂里做的。我们二车间是做棉衣的，四车间是做成品的，被子专门有个车间做。37厂是专门做鞋的，我们这厂是做被服的——你看我一点不糊涂，快90岁了，这些我都能记住。

我们那时候早晨7点半去，学习一个小时，8点半开始上班，一直上到晚上6点下班，回家吃饭一个小时，每天晚上加班，从7点半加班加到11点半，星期天也不休息。1971—1973年三年里，每年有364天都在干活，只有大年初一放一天假。中午吃饭，单位上面用大卡车烧好饭运到门口，每个学员拿一个碗去打饭吃，不要钱。吃完以后继续干活，车子开到下面一个车间——这样持续了好几年。当时就是累啊，累到晚上我们11点多钟吃完饭以后，干脆就想在车间睡觉。流水线上那么宽，可以睡觉，都不想回家了。

工作的时候也紧张，特别特别紧张。它是一道工序，流水线39秒动一次，你这里人不在了，下面那一串也没有活干。解手的时候，也要看着这里，到了时间，来不及了还要跑出去，再赶快跑回来。我们有三年的时间，天天加班加点还拿不到钱——没有钱。

国家当时很大一部分收入其实是放在训练军队和后勤上了。我们国家有几百万军队，全中国一共13个被服厂，还是供不应求。大量在地下滚打的训练，他们穿的衣服都烂了，就一直需要我们加紧生产——这是上面要求的。给你这批生产任务，比如说他们车间生产的是棉被200万套，像我们现在生产的是大衣、军队服装、单衣或者棉衣那些，给你500万套指标，在这一年当中必须干完。

厂里面实力最雄厚的时候，有3600多人。车间里一天到晚"大干200天""迎接献厚礼"，天天都是大标语。每个车间都有高音喇叭宣传毛泽东思想，每天宣传中央或者上面的精神。我们一边干活，一边就在那听。有时候还会有哪个首长来视察。

我们得到这些任务不容易。当时他们喊我们"学员"，学员们要加班加点地干——专门抓着年轻人，像我们这么年轻的，30多岁的。那个高音喇叭每天早晨还会吹起床号,然后差不多等到中午,就开始让年轻学员去投稿搞宣传,大力宣传战备意识。我们单位当时都是年轻人,包括这些老的,他们当时岁数也都不大。

我当时是宣传员。我会写文章呢,我自己是旧社会的高中生。我大哥是黄埔军校第一批毕业的,后来又去苏联、法国留学。二哥是大专生,小弟是山东师范大学的教授。

来这里之后,都说为了响应党的号召,现在准备打仗,我们一定要好好地干,为了建设三线。天天开会,坐这里给你上课。当时的宣传就是谁不浪费材料谁就干得好。表扬谁,就写上他的名字。

我没投过稿,去投稿的是单位里的宣传员,我们编号都是一年、二年、三年,一班、二班、三班,像这样地投。一个班里面"八大员",有宣传员,那个宣传员不要求政治上表现出色,谁被喊去当宣传员,就要写东西,每个星期布置两个题目的稿子,必须写出来。那时候党员很少,年轻人要求上进,都想当个团员。

搞宣传多。主要宣传的还是"大干",任务要超额完成。对不对嘛?就是这样子的。经常打些标语,有一些"大干一百二十天"的项目,什么"向国庆节献贺礼"哦,多得很。年轻人不觉得,老年人受不了。

每天晚上7点半学习毛主席语录,从7点半到8点半,每个人都拿着毛主席著作,四卷厚厚的——一个小时的学习,今天你读,明天我读,后天他读,就是去学习。不学不行嘛,不学不让你工作!早晨也是的,学习一个小时,8点半回来正式工作,像这样,早请示晚汇报。我们以前也搞过战备意识的奖励,专门搞两千民兵训练。我当年是民兵,带枪的。不是每个年轻工人都要当民兵,要选拔,看人灵不灵活,再一个看枪打得准不准。

我们当时每个车间都有指导员、主任、技术员。指导员在下面就要经常开车间大会,一个车间几百人,去宣传国家这些政策和形势。年轻人的劳动态度,还是靠平时学习来培养。指导员背着手拿个本子天天转,几年下来,每个年轻人的心理他都掌握到了。积极分子要写思想汇报,一周一次,党员过组织生活也是一周一次,在会上由书记读。

我们车间主任是管生产的,还有一个技术员管科技。指导员是管政治的,思想"有病"的,指导员就要找他谈心。午休一刻钟的时间,指导员找来谈10分钟,再留5分钟时间上个厕所,然后就去上班。工人那么忙,你把他喊到办公室来坐到这里,然后谈完之后还要生产。谈话当然有效果——必须有效果嘛。当时"文化大革命"刚刚结束,你要是稍微说一点不太中听的话,要负责任的。我们都很小心,除了干好本职工作,不能乱说话,不能多说一句。

一九六几、七几年的时候,上面不是经常把那种打倒的当官的,都放到这里劳动改造?副部长、部长什么的,都有军衔。有个人我看他可怜,有一次包了水饺,蒸了大包子给他——我这个人就心软——他说:"别给你搞成'现行',叫领导上批评。"他当时跟我说:"你韩叔不是党员,工作还这么累。"还说:"韩师傅管这个车间管得这么好,入个党都不给入。"后来他又上我家来,说:"你以后要上北京,上我那儿去玩。"一段时候之后,可能是平反了,又叫他回去了。

四、和"牛鬼蛇神"在一起让我失去了入党的机会

工厂里面的保密制度相当严,对保密工作特别重视。我们不能泄露我们是干什么的,只能大概说是被服厂的,其他的就不能说了。外面有人值班,个个身上别好枪,来回转。厂里面经常教导我们,出去不该说的话不说,不该做的事不做。还经常开职工代表大会,进行宣传教育。有些老同志是在工厂里面训出来的,比较本分,踏踏实实地干工作干一辈子。

车间里的工作,我是这个(竖起大拇指),是最好的,但我不是劳模。劳模还是厂里面评。

最开始我也要求过上进,后来没成。工作三年以后,差不多18岁,我就

已经不再追求政治进步了,觉得没什么意义。当时我已经从学徒转正了,在我们单位,本职工作我是做得最好的,但是最后没能成功入党,可能跟我接触的人有关系。

当时讲的是"牛鬼蛇神"——人家经常点名批斗的那些人就是"牛鬼蛇神",我和他们关系好。这些人被批评,主要是因为他们工作不好;第二个呢,是因为他们不学习、懒惰、旷工,搞这些。

这些人都会无缘无故地旷工,平时不请假,单位也不敢开除——不过我们工作真的太累了,晚上下班后到食堂里面打四两饭、一个汤,吃完了以后回去睡觉,第二天早上又上班。他们是从贵阳来的,散漫惯了,就旷工。我那时跟父母亲住在家里面,如果不住在一块儿,搞不好还调皮旷工,可能我就不上班了。

不听话,也有惩罚,主要是在调工资的事情上。本来应该上调一级的,你不听话了,就不给你调,你拿20块钱就永远拿20块,我已经拿40块了。他不给你调,就在这方面卡你。

有些贵阳的学员不在乎这些惩罚,就算经常被找去谈话,但该旷工他还是旷工。贵阳离我们那里有60多公里,一年一次探亲假——转正以后才有——探亲假的长度差不多半个月、20天,回到家之后他觉得下个月有事了,这个假请了之后就在家不走了,不回厂里,就旷工。最多就是把人给开了,那就不在这里了,反正已经这么累了。我们那边好多被开了就去贵阳,到贵阳来以后发展得挺好的。你给我开了,把我户口给我,从哪里来还给我放到哪里去。

五、贵州发展起来了,但被服厂后继无人

我一九八几年30多岁的时候成家——朋友不好找,在农村找来找去。我没有找南京的老乡,找的是在一个单位一起工作的贵州人。都是介绍的,没有自由恋爱,到介绍人的家里去讲讲,互相了解,之后觉得合适就结婚了。虽然单位里75%都是女生,但那个时候没去找,因为年轻的时候贪玩。我们

下面有好几个厂,朋友在兵工厂,一到星期天不是到他们厂里玩,就是去另外的厂里玩,到处玩。大家在一起吹牛,有时赶场,去外面喝酒。

我工龄长,46年了,退休金有4000多块。回想起来,80年代的时候,三线建设基本上告一段落。到1980年,我都参加工作10年了,觉得太辛苦,就感觉到特别失落,没有兴趣。天天都是一个动作,干、干、干,天天都是。没有说是今天干这个明天干那个的,每天都一个样子。十多年之后,邓小平撤部队撤了100万,我们任务稍微轻一点。但是轻了以后它的质量要求也高了,你看那仪仗队升旗的那些人穿的都是我们生产的衣服,品质高了,样式要好看嘛。

为什么不迁回南京?我们家一辈子的工人,上面没有人,我们也没什么关系。父母就是一辈子老实人,当工人,怎么迁回去?你找得到谁拉关系?不过挺开心的是,我们虽然住在3535厂的生活区,但和周边的农村,和里面那些人关系特别好。老母亲上个月下去(回老厂区),那么大年纪了,下去到村里,个个请她吃饭,个个喊奶奶"你来了就去我家吃饭去",特别好。没事的时候,我们经常开车带她去。这次带她去了三天,没在家吃过一顿饭,天天都是别人请她吃饭。

现在好像当工人没什么,但是当时不一样。当时那个形势在这里,要是有人问起来,问你在哪里上班,我说我们在中国人民解放军3535工厂,别人听到特别羡慕你。因为你当工人了,每个月都有薪水的。去赶场的时候,我们穿的衣服都和别人不一样,黄衣服、白衬衣、蓝裤子。在外面走起路来,腰杆都是直的。

我觉得国家对建设三线的这些老同志、老军工,还有战士,有点太苛刻了。就是国家现在富强起来,对这些来支援三线的老工人,你最起码有点优待吧?我们年轻人就算不要优待,他们老人应该有一点是吧?像我母亲,老母亲之后年龄更大的,我们单位没得几个了,没得几个了。

我们一家人老实,又没有亲戚,又没有朋友。我们厂里这些当干部的,现在厂长,有的上南京来,在南京买房子——这些当官的都有钱。他爸爸其实应该算离休干部的，但还是按一般工人退休了。人都说1948年参加工作的算离休，但我们厂的工人不行。就是当个书记或者会计也行的，可他去当了工人。

想想我真是寒心，我说来建设三线了，苦日子在这过了，闹半天还是这样……我说只要把这孩子拉起来那也就成。我有两个儿子、一个姑娘，三个都是车间工人。我

张玉兰把退休后的各种证件小心地放在一个铁皮盒里

们一家人老实，因为没有三朋四友当官，巴结不上，就这点吃饭钱还不够呢，所以也没钱送。想起来挺寒心的，那有钱的当官的家属，什么都有，哪样都不缺。

这一栋的十多个老太，现在剩下我们两个老太——本来多得很，现在俺这一栋的就只有那两个，那边栋的还有三个。我们退休工资刚开始的时候才200多块，不到300块。国家慢慢给我们涨起来，现在也只有2000多块。我要是在南京，现在能拿4000多块。你看看，去年我手断了，这一年半了一直在治疗，把我所有的积蓄都用完了。谁管？没人管了。

我这段时间眼睛白内障动手术，两只眼睛都动了手术——就是干衣服干的，把眼睛干得不好了。我干了40多年，就是天天这样干，线断了要穿针，那针小小的，怎么穿？当时我们产量又高，质量要求又严，差一点点都不行。

一句话说，就是在这个工厂太辛苦了。我们是不穿军装的军人，算军队的编制，工作证上面都是中国人民解放军职衔——干了一辈子，就得了这些证件，其他什么也没得到。

我觉得这个单位时间不长了，因为它后继无人。部队上面每年都生产，但是有那个定额却没人干。该退休的都退休了，还有些老年人眼睛也不行了，没有什么产量，也没什么质量，所以这单位慢慢走下坡路。以前我们单

位在全国都是第一——几年之前还是全国第一。七八年前的时候,当时我一个月才拿800多块钱,但单位还不错,还没像现在这样。

后来我就不干了,交了停职离休①的报告,自己到外面干了。我们单位里,我是第一个出来的,所以家庭条件其实还是比其他人要好一些。

我现在的工作是别人介绍我去的,在大酒店负责安全,保安嘛,也就是打工。附近的那些老总跟我关系也好,我就一直在那里上班。一天的工作量也就是五六小时。现在工作挺好,一个月拿1600块,比原来高一倍的钱,又不辛苦。我们这些当工人的,没有什么牵挂。很多像我们一样,在厂里干了一辈子的,都说这个单位早垮早好。

我孩子现在在机场修飞机。他自己也成家立业了,他爱人是私立教师。我们这一辈也帮不了他,只是说给他买个房子买个车子——能做到这样,也已经不错了。

我们虽然从小的时候就过来了,但是等懂事的时候,就很埋怨父母亲:大城市不待,跑到这里来干,要吃的没吃的,要住的没住的。我们还在这里结了婚,成家立业,小孩也有了。后来小孩也成家立业了,也生了小孙子。

总的来讲,我还是埋怨我母亲和父亲。一九八几年的时候,我带着爱人回去了一趟南京,见到了一些以前的人。之后再回贵阳这里来,就好像到了另外一个世界了。

现在贵州发展得还行,大数据全国第一,这是一个;第二个,贵州在全国旅游胜地中也是第一。把贵州玩遍了,就是大哥了。贵州山水甲天下嘛。现在也不存在后悔不后悔了,已经习惯了。现在贵阳生活的环境,我觉得比南京还好。

---

① 应为停薪留职。

高守仁
十年航空缘,三十年三线情

亲 历 者:高守仁
访 谈 人:时　昱
访谈助理:夏　雍
访谈时间:2019年7月19日下午2:00—4:30
访谈地点:贵阳市华烽电器总厂社区活动中心
访谈整理:时　昱

亲历者简介:高守仁,男,1942年3月生,籍贯北京,专科学历,中共党员。1958年在长春接受空勤军事训练,同年被空军招收为空勤人员。1960年转业到北京曙光电机厂(125厂),1969年到贵州参加三线建设,在贵阳华烽电器总厂工作,曾任该厂设计所副所长,1998年退休。

高守仁(中)接受访谈

一、航校参军：血书报国结缘航空

1958年我读高中的时候，当时说蒋介石要"反攻大陆"，又发射了响尾蛇导弹，这时候国家空军感觉压力比较大，开始对地方招收空勤人员，我就是那时被招收的空勤人员。

年轻人都想写血书，报效祖国。那年我16岁，也是热血青年，就到了长春现在的空军大学——在那里开始接受基础训练，譬如队列和防化学训练。后来又到丹东——那时候叫安东——的大东港，去部队锻炼了半年，就当兵去了。

航校当时有很多，长春就有二航校。后来因为调整，我们就转到北京南苑的高级航校继续训练。北京南苑高级航校当时的校长是顾同舟①，"林彪事件"之后，谢雪畴②是我们的政委，他后来的任命是周总理亲自签的。那时我们有两个班，我是领航班的，都是装备空军，后来这个学校改名叫指挥学院。

1960年的时候我身体不好，领导就说"你转业吧"。他说："既然咱都是空军的，那么你就转业到一个航空工业的新建工厂去参加建设吧。"我就到了北京的曙光电机厂，也就是后来的125厂，三机部下属的，当时是为了扩大航空工业组件生产组建的工厂。

125厂原来在东直门外的牛王庙，最早建厂的时候借用西域宾馆，当时我们主要的活动地点都在人民大学里面。厂长是参加过"一二·九"运动的骨干，虽是个农民厂长，但很有魄力，也很有远见。当时航空工业部说在北京要建两个厂，一个是仪表厂，一个就是125厂，主要干电机电器。我们厂长负责选址，选址选在哪？他当时说："我们就选在国际机场的边上吧。"后来这个仪表厂就建在人民大学边上。

---

① 顾同舟(1920—2007)，原广州军区空军司令部参谋长。1971年在"林彪事件"中被指控向林彪等人提供情报，于9月17日被隔离审查，1980年7月29日被逮捕，1982年被中国人民解放军军事法院以资敌罪判处有期徒刑11年。
② 谢雪畴(1920—2017)，男，汉族，1920年11月生，湖南宁乡人。1938年3月入伍，1938年10月加入中国共产党。军旅作家，曾任兰州军区空军副政治委员。

我一进厂就在人事科,先是负责招生,另外还有培训。我负责185位学员的培训,还有一些中专生、技校生的培训。因为要培训自己的技术力量,要送一些学员到一些老的工厂去培训,还要送一些中专生或者学历稍微高一点的到大学去培训。当时主要是送到北航、华中工学院(今华中科技大学)这几个学校,送到清华的也有。我接触的人比较多,包括国防大学战略研究室的专家领导。他们都知道我也是当兵的,又因为我在车间里边比较活跃,还有点号召力,所以当时虽然闹"革命"组织"革委会",但是领导们都比较支持、认可我。

之前因为苏联援助,我们飞机上的东西都是俄文,我也懂一点——我这个人闲不住,就想去多学一些俄文,正好我们有一个总工程师在人民大学办俄语训练班,我就参加了训练班。他说:"小高,你又不干技术工作,为啥要学?"我说我闲不住,车间工作多少也有这方面需要,后来他们还是同意我旁听了。这个训练班是专门给我们厂办的,在人民大学上课,因为俄文资料多,我就开始作为旁听生上俄文训练课,这个我还是很荣幸的。好像从那时开始,总工程师跟我就认识了。他是老师,因为俄文和英文都好,原本也准备到俄国去的。那时我们125厂准备组织四个人到俄国去学习,需要填的表格都是我给他们填的。那时我晚上去学习,领导说:"守仁,你来,你把这些表给他们。"那时125厂还有三个中国俄文翻译,跟我关系特别好。我经常有事儿上不了课,他们给我补课。1960年中苏关系开始恶化,四个人的苏联培训取消了,专家也撤走了。这时候生产很困难,需要自己把当时的"米格-15"、后来的"米格-17"研发搞下去,后来搞了"歼-6""歼-7"——都是自己设计。

我除了慢慢学俄文,还学了英语。当时我在这儿干了半年,就感觉干行政和我当初参军的理念不一样,年轻时得学一技之长,老干去北京劳动局要人这些事不是事儿,就跟教育科长说,我也想到外边去学习。

到工厂和我在航校学的东西是不一样的,什么空气动力学、飞机原理、领航轰炸,这一套东西到工厂不适用,要在工厂生活下来,就要学点技术。所以我又到了天津105厂,就是天津电器厂。在那儿两年,我主要是到实验车间学习电机电器的实验。这个专业是比较细微的,就不是航空的大体系,它属于电机电器方面。这个也是自学,白天上班,晚上我就去上虹桥俱乐部办的无线电班。档案科是管档案的,也要懂英文,于是我又学英文。虽然我当时得了肺结核,身体状况不好,上半天班,但没耽误学习,所以我后来参加考试,像考中级职称,英语我都能得90分。到1962年,我又回到125厂,就在实验车间。

当时的情况也比较复杂。因为我如果选择当干部,粮食定量就要从30斤减到二十七八斤。大小伙子受不了,为了多吃点定量粮,就改成工人了。工人粮食起码高两三斤,为了干活,反正工资也差不多,从天津转过来的话工资是43块4毛8分。如果当干部的话,你只有42块钱,另外粮食定量也低,怎么办?那就选择当工人吧,反正试验工都穿着白大褂,好多中专生也跟我们一块干,也是要求有一定技术文化的。后来我就在125厂一下子干了十多年。因为我受过训练,我在干实验的人里边还是属于有点文化的,所以领导也很重视我。但到了1978年,那时候就开始感觉学历、干部和工人身份的差别产生了。

二、从政工干部到技术骨干

1969年,我从北京125厂来支援三线,3月18号坐火车到贵州。国家三线建设的一位副总指挥是彭德怀,1965年就开始做准备工作。实际上,1969年工厂才基本上建成一定量的住房,就是那种干打垒;工厂也有一部分生产能力了。因为我是做最后工序装配和试验的,所以1969年才来——早的那一批1967年、1968年就进来了。当时不是整个实验车间都下来的,谁来谁不来是组织决定的。有的人家会提出有什么困难,像我们两口子又年轻,都是干这个的,人家就说叫你来。我们也没有考虑说还有两个孩子——我老大是1963年生的,老二是1968年5月生的,正在吃奶,那时候的托儿所也管不了那么多人,后来我把老母亲带过来帮我们带孩子。我也算不上骨干,反正人家决定了,我就没有提出什么异议。也有其他人不愿意来的,但我们就没有提。当时我身体还不太好，得了美尼尔氏病，经常头晕恶心，但是我还是这样就来了。

我在125厂干得还是比较顺心的，工作和上下人际关系都比较顺利，有很多都是熟悉的老同志。来主要是因为党的号召。毛主席说，三线建不好，他睡不好觉——我们要让老人家睡好觉。人家决定了叫我们去，我们就去了。

那时候我单纯到什么程度呢？支援三线时，他没有说是搬迁到哪，我们建好了会不会回来。干了两年都没想回来的问题，后来这一扎根就几十年。

当时人家厂里边通知到车间说谁谁谁，你们把自己的工作交代一下，然后到贵州修文——修文在哪儿我们都不知道。每个工厂负责建一个工厂或者建一个厂部，搞航空业的011系统，就是沈阳410发动机厂与112厂建的，设想在这儿生产配套飞机的零部件。后来我们都搬出来了，现在125厂还剩不到1000人。

工作这种事我不会跟家里说，但是走之前我还是跟我父亲母亲说了，然后把那些零七碎八的东西收拾一下。我母亲看我带两个小孩，大的这个五六岁，小的还在吃奶，就跟我们去了。我母亲没有粮食吃，她没有户口，没定量粮供应。每个月我们二十几号就得早早地到粮店去排队，提前把那点粮食买出来。

家里还是支持的。我父亲解放前带我到东北去，1945年日本刚投降，他就到东北了。本来是想闯关东的，也有熟人，我老家在北京郊区三河县，那时候战乱多，一会儿国民党，一会儿日本人。日本投降了以后，我父亲干脆就上东北，去秦皇岛找熟人，说能找点事儿做，就在山海关的餐馆工作。当时关里关外车不是直通的，必须换车。换车呢就需要吃饭，我父亲开始是给人家当跑堂，后来解放初期就自己开餐馆。我爸爸当时是工会的小头头，也是一个爱国人士，1949年我们老家解放，要分地，我们就又回老家——你不回来就分不到地，那么就回来了。当时唐山空军正好招一些厨师，他就到了保定航空第一运校，后来又到山东诸城机场——所以我进空军还是有一定原因的。

我走的时候，125厂没有举行欢送仪式，一是这个就是一份任务，应该去的；二是大家都是分批走的，也没有什么特别表扬的，但当时厂里送了一个毛主席像。

当时毛主席做了一个很重大的决定，苏联如果打进来，我们把部队集结到东北，开到苏联去，几十万的军队我开进去，在你苏联土地上打，不要在我国土上打。只要打起来，我就把原子弹往那儿扔——毛主席的气魄不得了！当时勃列日涅夫、柯西金就怕中国军队打仗不怕死。

毛主席做这个决定，那是很不简单的！而且他让波兰转告苏联，我们是做了准备的，你们要打，我就先动手——要不为什么叫"用战争来消灭战争"？国家没有实力，和平是不存在的。

我们当时相信战争是很有可能的，包括后来的珍宝岛战役，那是真正和苏联打。我当时感觉，怎么和苏联老大哥打起来了？我们勒紧裤腰带把东西还给它，苹果都是一个个筛选给它的。当时罗马尼亚的吉普，200斤花生米就能换。我们中国人没吃过花生，都是还债。没钱还，那就拿东西还。

既然北京说要支援三线，我们就在这好好干，自己创造条件。包括墙上打洞，搞装修，都是自己弄的。基建没有完成，我们自己动手干，装配电板、拉引线什么的，这些都得干嘛。我来了之后有很多实验设备没人管，领导让我去维修，把设备安装好。所以德国振动台，还有包括高空低温的这些设备，都是那时候安装调试的。当时贵州太潮，电器的东西一吸潮就爆了，很快就坏，维修力量跟不上。咱德文也不懂，正好懂一点德文的航大的一些人也跟着过来了——他们1962年都跟我们有联系过——我请他们帮我翻译一下。电子电路当时都是纸质版，原来的图纸磨坏了，找不到了。我们一边干一边学，把这些设备的图纸重新描下来，原版的咱别给弄烂了，我们用复制的版本。后来就把这些设备里边的电子管用国产的替代，变压器坏了拆了重修——进口的不可能老给你，是吧？到了后来这个振动台可以正常运转了。

我们几十万人在贵州，但特别分散，按照当时毛主席的要求是"靠山、隐蔽、进洞"，为了战略就进山洞——就是它打到这儿了，我们还能生产。但贵州这么多片,安顺、平坝、修文都是组织生产,自己不能配套,还要和外边主机去配套。所以我们基地前期也生产过飞机,但是空军不满意,慢慢地机种也就被淘汰了。这机种一淘汰,那你就得下岗、解体,很多工厂就散了。

这生活上真是困难——当时也正是国家三年困难时期,没吃的,到贵州后比在北京惨多了。那时候一个月给一斤肉,还要排队,早晨老早或者是提前夜里12点去排队,第二天10点来钟才能把猪杀好,买的人挤得都能掉粪坑里头。没有酱油,只能买点酱油膏回来勾兑。也没有东西吃,有时候人家从外边调运来的那些白薯干,发霉了还得吃。有的时候面条也是人家外边搞的,连上厕所的手纸都从北京运来。当时生活还是很困苦的,冰天雪地,贵州的雨没完没了,我们的孩子都小,洗的衣服一个星期都还不干,还是湿漉漉的。现在的小孩有尿不湿,那时候哪有?就是弄尿布,尿布洗了你得反复用,没办法,就只能放炉子上烤。那时都是这么过的。小孩上托儿所能吃什么?奶粉不用说了,那都是奢侈品。航天部比我们组织得好,而且在北京办子弟学校。

冬天下着毛毛雨,我们的装配车间靠山洞那边,有一个大于30度角的斜坡,一下雨比溜冰场还滑,一边下雨一边结冻,人爬不上去,脚底下就用稻草,后来就干脆弄点破铁片子,锉出牙往脚下垫。我们拉设备,那时候说设备到了,大伙可高兴了!没有大型机械,靠人拉上去,就在底下垫上滚杠,一点点拉上去,都是这么弄的。

咱老厂山洞还在,当时设备没有现在先进,都是打洞以后埋上雷管,带上炸药一点点炸的,打山洞用的时间不短。我们装配试验车间保密级别比较高,要进山洞,但是后来这里边老漏水,防水不好做,又重新盖新的装配车间。

生产和研发之余,我们还会做一些训练,比方说打靶、野营拉练,当时都参加过。备战活动主要是讲加紧生产、提高思想、防止敌特。那个时候思想政治教育活动多,有军管的,车间里白天生产,晚上还要学习。不同级别的人都要求有保密意识。因为是和飞机联系在一起的,算是重点单位,不该说的话不说,不该问的东西不要问,和外边联系时不能谈这些。社会关系比较复杂的,我们都有人控制,所以不是那么简单。

记得当时有偷听敌台被抓进学习班的人,他一个人写检查,别人看着,然后开批斗会叫他交代问题,白天开批斗会,越是困的时候越批斗你,叫你交代问题。

那个人过去也是部队转业的,当时是个副指导员,我们之前还有点信任他,我这人心眼还是好,他生病了就派个救护车,送他去医院看看。后来他到北京天安门广场铺地砖,再后来就恢复名誉,把这事平反了,之后到北京王府井附近当办事处主任,我有什么事找他就直说。

我们是执行上级命令的,政治上的工作该怎么办怎么办,但是人心咱们还是有的。政治上的事,就算是囚犯,但有病你还得帮他看。我之前在东北看到过解放军——那时候还是八路军——国民党的部队我也见过。相比之下,共产党的政策还是宽大为怀,跟国民党还是不一样。

我们车间的指导员以前是抗美援朝板门店谈判的秘书,也是部队转业的。1975年的时候,他知道我的情况,就说:"老高你要调回北京,如果不转业的话,将来就没人再管你了。"所以我从1975年就转成技术人员了,在装配试验车间,工厂生产的产品都要经过我们试验以后才能够发出去。我还经常参加一些配套,再有就是部里边组织的机械环境试验的专题标准制定,我都去参加了。参与起草了航空工业的振动标准,参加了若干次的会,一边学习,把人家国外的标准消化吸收过来,然后制定我们自己的机械环境试验标准,实际上就是振动、冲击、加速。说老实话,我还不是笨人,在技术上慢慢地就当个副主任,后来就到设计所管新品研制。一边又到外边开发产品,我研究过导弹,当时航天没我们航电是不行的,他们的技术能力也是后期才有的,很多工厂的制造能力没有航空业发展得快,红旗导弹之类的一些舵机都是我们生产的。

后来我就到设计所管研制车间,新品开发、试制,试制好了上生产线。开始仿制的东西多,后来是我们自己研制的,包括零五系列,后来这个产品获得国家银质奖,到现在还在用。其他的还包括我们10号工程里边的两个角度传感器,一个副翼的,还有一个小副翼的。当时开发速度还是比较快的。在设计所还干了一些军转民的产品,给北京吉普、长春一汽,包括大众公司配套,开发汽车配件。

尼克松访华以后,我们开始搞民用产品。我们在广交会上认识了一个港商,他主要做制氧机和轮椅的电机,这套东西我们给他接轨上了。由于我们资质较好,大家心也齐,后来就批量生产了。那个时候军品不景气,要干民品,特别是我们贵州,原材料要从外地进,东西还要往远地方送,运输费用、人员出差什么的都要配套,所以经济上越来越困难。当时有门路的人就调走了,我们也申请过,但我们书记说你们两口子都是生产骨干,不能走。人家既然这么说,咱就这么干吧。

80年代开始转制,军转民,变化了都很高兴,我们军工产品又能出口赚钱了。我们设计所研制车间搞出口,一个月几千台机器。400台5升的压缩机,还有200台3升的压缩机……一共才50多个人,从头到尾干,压力很大,但是我们交货很好。

我试验完了要出报告,因为设备是美国制造的,螺纹、压力标准都是英制,还要把中文的和英文的翻译配对好,但技术员刚分配来,还不行,我还要把这些翻译工作做好。

有的时候雪下得挺大,大雪会把电线压断——你没有见过那种凝冻,想象不到——这一根高压线,上边一边下毛毛雨,一边冻,最后变得这么粗(比画),连房檐上的滴水都有冰柱这么大。后来不光是电线断了,高压线的铁架子都被拉倒了,大片停电。

那时我很刻苦,下雪晚上停电,我就点着蜡烛在家里出报告——当时就是这么个条件。军转民以后能出口这么多台机器,所以华烽厂的效益还是可以的。虽然享受的只是70%的工资,但能按时发就很不错了。

我们在八九十年代的转型算成功的,国际贸易上有一席之地。那时候都是整体送往广州,从海运走,优康公司的美国人来,开始我们开不了机器,看着它的东西运来了,动不了。后来我说:是不是有个插销?我就用曲别针把这个电路给接通了,机器就动了。中国人不笨,都聪明的,所以我在他们美国人面前有底气。

转型的第一点是设计理念要先进，要避免那些不好的东西，发挥我们的长处。不能够有奴隶主义，一直跟他学是不行的，要有独创性，要消化透。因为它给的备件，我们国产的叫代替。它给我们的是瑞典的薄钢片，不是我们需要的那种钢片。这个东西不能冲压，一冲压就变形，不好弄。后来我们把这个东西叠起来，用线切割。先切割这个片与片之间，线切割它容易被烧，烧了以后连接这个东西还要不能有毛刺。这一类问题我都给它解决了。线切割完了一点点揭开，怎么去毛刺呢，我采用震动的方法——转型确实需要一些敬业的人员。

再有一个就是政策上要好一点。1992年或1993年，国家又有一个调整方案，要把这些厂搬迁出去，从山沟里迁出去——山沟里太困难了，不光生活困难，生产也有一定困难。停电你没办法；水有污染；孩子上学不行，没条件；你要看个病的话，需要跑贵阳，靠自己的小医院解决不了。所以国家决定给我们搬迁，方案定了。开始讨论的时候是和襄樊的厂合并，后来由于中间出了变故，就把华文厂和我们华烽厂合并了，他们干插销、接插件，我们干电机。合并以后，1992年搬过来。那时我在设计所的工作又有调整，领导不太熟悉新品，叫我弄个"新品办"，我又去干这个。干一段时间，再加上两个厂有个磨合期，这里边矛盾挺多，我一看没法干了，就提前退休了。

只能说我们确实吃过苦，而且干了一些不说是惊天动地，但也是很感人的事。他们那天问我们过去的产量，我说一个月600多台。现在一年都生产不了600多台，订货单也完成不了。我起不到什么作用，就不能再去评说别人了。回过头来看，我可以说无愧，在岗位上的时候我没有碌碌无为，我在努力。刚才跟你们说了学技术，院校的外语训练班我也都参加，学过俄语、英语，日语我也懂。技不压人，多学了你到哪儿都能适应。如果我不这么学习，对电机、电器这些一窍不通，我只懂空气动力学，我只懂飞机怎么飞，怎么去控制它，你到工厂可还能适应？你在这个岗位上干的事儿，换个地方你还行吗？你多学了，到哪儿都行。

三、退休之后：教育反思与家风建设

退休以后，有个老板托朋友把我找去，说帮他管理企业的技术，我一个人承包设计工艺。汽车发电机我没有接触过，但是我一看图纸，再看这个东西，我就明白它的弊病在哪儿，需要做什么工作。我一个星期就把样机给他交出来，然后指导工人怎么干，而且我把电磁铁绕组的参数全改了，比它原来设计的还要好。老板看他前边请的五个工程师都不那么专业，怎么加工也不知道，还弄一堆废的东西，心疼坏了。我去了一个星期，陆续出了五六个新产品，都成功了。老板不愿意让我离开，后来还给我一个总工程师的头衔，电镀热处理也让我去过问。我说这差别太大，但是我不笨，自己学。就像我在设计所开始时对电机加工也不太熟，但可以学。我就到图书馆拿书，电镀热处理不懂就自己学。我要知道得全面，那压铸也得懂，磁场制造也得懂；你不懂，开会只能大眼瞪小眼听人家讲，但我就能挑他的毛病。我说你这儿有气孔，就不能用，你为什么有气孔？因为排气不好。讲得到位了，我在设计所就站得住脚。这些知识从哪儿来的？我不客气地说是书本，我刚到125厂的时候接触的都是哈工大、南航、北航的学生来实习，他们的书我借来看。那时候搞霍尔效应①的，没有几个人懂。我就借黄坤、谢希德的《半导体物理学》来学。那么厚的书，跟我专业也没什么关系，但是我看了以后再搞，什么无刷电机②，他一说霍尔效应我全明白。中科院两个人教我们做无刷电机，我就能够帮忙出点子。知识不怕多，多看书，我什么书都看，文学、历史、工程、医学的都看。

我是1998年退的。后来老产品都干不了了，技术人员流失了，老工人退休了，新工人待遇又低，说老实话也跟不上。到现在我们工厂还是招不进人——大学生不愿意在这儿干。总之现在是人员匮乏，管理人员多于工人。

---

① 霍尔效应是电磁感应的一种，这一现象是美国物理学家霍尔于1879年在研究金属的导电机制时发现的。当电流垂直于外磁场通过半导体时，载流子发生偏转，垂直于电流和磁场的方向会产生一附加电场，从而在半导体的两端产生电势差。

② 无刷直流电机由电动机主体和驱动器组成，是一种典型的机电一体化产品，其运转效率、低速转矩、转速精度等比任何控制技术的变频器都要好。

坚持学习，有一技之长很重要，像我们有两个孩子，老大开始读的厂办技校，后来参加成人高考，老二送到石家庄上学。孩子总得要读书，在山沟里怎么办呢？山里没有高中，到外边又不适应，那时从久长到安顺，两个星期你总得送钱送吃的，我觉得太麻烦，就把孩子送到石家庄。小不点的闺女在北京，在她姨家——读书是个大事。所以我们说这帮孩子们不光是生活吃苦，受教育上也跟不上。好在他们自己努力，都参加了成人高考，现在工作、生活还算如意。

我认为现在的教育，品德教育、为国贡献的思想淡薄，都是寻找适合自己挣钱多的方向，这个矛盾就来了。我们的制造业，比如航空业也面临着人员匮乏，留不住人。待遇跟不上，就都到外边去挣。在工厂一两千块钱一个月，我外甥女在公司，一个月拿4万多块。但人要有一个觉悟，就是说怎么能兢兢业业把工作做好，而不是说我准备跳槽到挣钱多的地方，人要能够做到这一步。

我们干一辈子，从来没有感觉说要离开航空工业。既然干这个，我就把它研究透。我感觉我两个孙子大学毕业，也不干自己的事，都是要找待遇好一点、工资高一点的工作，还要工作清闲一点。我跟他们有点代沟，我一说，他们说你那都是过去的事。现在怎么能够让年轻人爱岗敬业是个很需要思考的问题。我读研究生，将来我要赚不到钱的话，我对不起我的父母，父母是花钱培养我的，我不去挣钱，怎么报答父母？都是这么想的。但国家和父母怎么能够分开？有国才有家。

每个人都跟国家同命运。国家困难的时候，我是勒紧裤腰带过的，饿着肚子。经济发展了，我们生活改善了，现在三线把贵州的经济各方面开发出来，我们也从中受益了。国家发展了我们才有受益，国家不发展我们没有受益嘛！

当时来三线倒没有什么特别的感觉，但是我就感觉是个本分。值不值得？这个是命运的安排。在北京优越不优越？他们待遇现在都比我们高，住得也好，但是死得也早，好多都不在人世了；现在我还活着，这就是胜利。我们这儿空气好，社会安定，就行了。迷恋城市生活？城市生活它有好的方面,但是我不适合。

心态要好。你老想不通,跟人家去比,比什么呢?虽然现在拿的养老金不高,但是实事求是地讲,现在的生活水平高,我是够用的。躺在人民币上睡觉,那不舒服。我现在有好的生活条件,想吃什么都有。过去你想吃花生都没有的,那时得还债给苏联;现在想吃什么有什么。人家说去买房子住,我认为我这个陋室一张床睡觉,挺舒服的。想玩玩电脑也行,手机跟全国各处的朋友都能联系上,这就挺好的,我的朋友他们没把我忘记。

当时来贵州,说老实话,从心里感觉是有点失落的,生活上太苦。今天我感觉还挺好,所以我也有点幸福感。我是一个比较容易接受现实的人,不是那么清高。过去我干航空工业,现在就是个退休老头,但是要我写点东西也还能写——水平不高,但是完全能表达出来。我有好多朋友——我走到哪儿都有朋友,还是善于交际,天南海北的哪儿都有——我不管他们看待我是不是从城市里来的,我就是我。我不希望人家怎么表扬我,只要平视就行。说老实话,我对工厂的贡献,我也没希望他们能记住。毛主席的诗词,我就特别欣赏:"待到山花烂漫时,她在丛中笑。"国家好,我们就跟着好,都脱贫了还能剩下我贫吗?我就是这么个老头。

得自己照顾自己。我姑娘买房的时候,说大卧室留给我们,叫我们去,但我们也不过去。说老实话,儿女好,也孝顺,包括这些孩子们,他们来了总有他们吃的,我做着他们喜欢就行了。外孙女,你见着了,我说过她:"父母不容易,对你们都有期望。"

我给他们讲三线的故事,有时候也给他们写。有一次她跟她妈闹脾气,我说你这个要克服,把自己位置要放对。我特别生气,单独给她写了一封信,面对面交给她,我说你把我说的话当耳旁风,我干脆把我要表达的东西写下来。

孩子们上大学了,我还给他们写诗。我也教育我儿子,在工作当中要夹紧尾巴,要低调,即使你是副总,但他们也是人,工资也有八九千块。你不低调,人家会怎么看你?你要平等待人,爱护你的下属。我二孙子上学,大孙子工作,我和他们说要爱学、爱岗。这就是寄予希望,他们听不听那是他们的事情。但是我该说的都说了,我要表达。我那大儿子有时会说:"你这是把我们给弄到这儿来了,不然就在北京生活了。"我说:"你在北京有北京的好处,在这儿咱们重新生活,我们做我们的努力,不要去再想那些事。"现在孙子辈不想回去,因为孙子吃不惯北京的东西,虽然说挣得也不少,但自己租房子花个两三千块,也没剩下几个钱,自己就跑回来了。

努力了在哪儿都能立足。再好的单位再好的人,你不努力,人家没准就把你给踢出去了,所以自己要把自己的位置放好。我孙子现在搞旅游,负责贵州这片,进步很快。这个东西就是靠自己——当然跟环境有关系,这是外因,还要有内因——通过内因才能起作用。只要自己努力了、奋发了,就没有过不去的坎,没有克服不了的困难。我们在山沟里边很困苦,我们也适应了、过来了,回过头就感觉到幸福。那是过去吃过苦,才懂得甜。

二十几岁来的,我现在 70 多快 80 岁了。"献了青春献子孙",我子孙、孩子都不愿意离开了。所以习总书记"不忘初心,牢记使命"这句话我很欣赏。你有什么初心?初心在哪?后边一句是"牢记使命"。应该怎么干?你怎么能够报效国家?咱们不说别的,你到国外有没有安全感?现在国家强大,就有安全感。如果现在我遇到陌生人问我是哪儿人,他们说我这是北京的口音。我说曾经是,我曾经是北京人。到贵州人家认为我是外地人,到北京人家也认为我是外地人,我就是个外地人,但是我做的事情对得起国家。

傅亚东
举家奔赴三线，为国奋斗终生

亲 历 者：傅亚东
访 谈 人：吴晓萍
访谈助理：蒋　萌
访谈时间：2019年7月17日中午
访谈地点：贵阳市万江土菜馆
访谈整理：蒋　萌

亲历者简介：傅亚东，男，1958年生，辽宁沈阳人。1965年随支援三线的父母从沈阳119厂来到贵州，高中毕业后任教三年，离开学校后在061基地下属井冈山仪表厂后勤处工作。1989年被调到深圳分公司工作三年，其间靠自己的努力和拼搏，最高月收入将近7000元，积累了第一桶金。1992年回到贵州，历任集团后勤处科长、副处长、处长，管理集团公司后勤、车队相关事务。2018年退休。

年轻时的傅亚东

一、随父奔赴三线

1965年国家发出一个号令,"备战备荒为人民",开始启动三线建设,一直到1978年,这是当时发展的一个战略。1965年的八九月份,国家就开始组建这支队伍,那时候是响应毛主席号召,毛主席说了三线建设不好,他睡不着觉的。

到三线啊,还不是一般人能来的。要"好马配好鞍",要来的人都要通过政审,要家庭没有问题的,拥护共产党的,不是什么人都可以来的。像我们单位①就是上海和沈阳119厂包建的,建在黔北地区遵义的山沟里头,把我们整个就迁到这边了。

我们家是1965年10月份来的,来得比较早。我父亲是军人,转业到沈阳119厂,是单位里边的普通工人。当时贵州呢,有个说法叫"天无三日晴,地无三尺平,人无三分银",意思就是说这里人比较穷,山沟里边物资比较匮乏。

我父母那一代人都没有给自己留下后路。那时候的人思想非常单纯,别说待遇了,加班费都不讲的,只讲奉献。不像现在人要讲条件:我要到哪去?要不要带孩子老婆?要不要涨工资?要不要什么待遇?那时候没这些。我父母是举家从东北搬迁过来的,也没有什么家具,带着简单的行李就来了,一心扑在三线建设上。

我那时很小,但还有点印象:坐火车到北京,父亲带我们到天安门里边去转了一圈,然后坐火车就给我们拉到遵义来了。到了遵义,举目无亲,谁也不认识,只有单位的人来接一下。

来的时候遵义相当落后,只有一条延安路,终点到现在的丁字口,车都没多少。当时基地路都没有,都是慢慢修起来的,边建设边盖房子。刚来的时候住在农民家,跟农民同吃同住,确实是比较艰苦的。在农民家里住了有

---

① 指井冈山仪表厂,1970年建于遵义市汇川区团泽镇,由沈阳119厂对口援建,是航空工业部061基地自动化仪器仪表和精密传感生产的骨干厂,主要生产军工产品、医疗器械、仪器仪表等。后因061基地的调整发展,搬迁至贵州航天高新技术产业园贵阳园区。

半年多，工厂盖了四栋两层楼的房子，我们搬到那儿去以后才改善了居住环境。

刚来的时候还没有投入生产，要先搞工厂的基本建设。开始给我父亲安排在保卫，弄什么电话总机——先把通讯弄上。所以我父亲他们这一代人确实比较苦，走到外头，不像现在出门带着矿泉水，到哪个地方有人接待。我父亲当年还有一辆自行车，从东北带来的，骑着自行车跑来跑去，非常艰苦。后来工厂才有车，是一辆北京吉普，都是县团级的领导以上才能坐的。我们厂当时规模比较大，战线拉得比较长。我父亲那代人都是骑着自行车，带着干粮，喝着稻田水，出去架线，要把电接上。就在那种艰苦的情况下，人确实还是无怨无悔的。

那时候遵义市的年轻人要进我们061基地，是要找关系的。我们厂是上海和东北包建的，所以厂里以上海人和东北人为主。后来哈军工来了一批，西安无线电厂来了一批，辽宁航校来了一批，在遵义招了一批青工，1972年又在上海招了一批青工，当兵的又发来一批。因为规定部队的退伍兵、残疾人，企业都要安排工作，所以我们厂全国各地哪个民族都有，当时有1800多人。而且像我父亲、岳父他们那代人的老根都不是东北，都是要不就到东北上学的，要不就到那当兵的，要不就是在那儿结婚的……组成人员比较复杂，天南海北、五湖四海的都有。当时遵义的几大基地把遵义带动起来了。

我们厂对外叫"井冈山仪表厂"。这里面有个笑话：仪表厂里为了安排家里没有工作的老婆、子女和来的亲戚朋友，就成立了劳动服务公司。生产什么呢？生产面包。面包箱子上印着"国营井冈山仪表厂"，开车拉到遵义去卖。遵义那些人一看，说井冈山仪表厂的面包不能买，江西井冈山生产的东西怎么能跑到这儿了？肯定时间长不新鲜。得跟他解释是061基地的，一说061基地，当地的都知道。所以说从保密上来讲，对外从厂名一直到职工教育这方面确实都比较严格。比如当地的农民不知道我们厂是干什么的——国家安排两个生产队专门种蔬菜，供应我们吃，他们不种粮，吃商品粮，连这两个生产队都不知道我们是干什么的。

现在到我们厂，"备战备荒为人民""为人民服务"的大幅标语都还在。

建厂的时候，我们厂子来的人才比较多，专门有搞书法、搞绘画的，把这个字刻在车间的厂房里头。每天晚上8点钟，工厂要放《新闻联播》，让大家了解国内国外的事情。1968年中苏珍宝岛战役①，还有中印边境自卫反击战，我们都知道。包括咱们放人造卫星，工厂都组织大家去收听收看。

我父亲刚来的时候月工资只有47块5毛，那时候我母亲还没上班，47块5毛就要管我们四个人生活。过了一段时间我母亲上班了，一个月18块钱，略微地改善一点。那时候工资待遇都相差不太大，我们那厂长、党委书记是13级干部，一个月才164块钱。我老丈人是"中干"，一个月78块钱。在贵州这个地方，70多块钱感觉小日子过得已经相当不错了，干部职工的差距不是很大。不像现在，多的挣几十万上百万块的都有。

我父亲是一个比较要强的人，当兵之前没什么文化，人也很苦。他4岁没妈，8岁没爸，跟着我大爷出去，8岁就在开封一个老板那做小工，在那儿慢慢长大，东家对他也比较好。他十七八岁的时候去当兵，没读过书，但是穷人的孩子早当家，到了部队以后就发奋学习，学了不少文化啊，汉字啊，道理啊，慢慢学会这些东西。进了工厂以后，我父亲是"活学活用毛主席著作积极分子"，在那个单位里边当个小班长，一天到晚骑个自行车，风里来雨里去的。别看他没文化，那信纸他能写个十来篇，因为他要出去演讲。部队院校、各个机关、企事业单位叫他出去演讲，做"忆苦思甜"报告，还到我们学校讲过。他是苦大仇深的这么一个人，对党、对国家特别忠诚，认为是国家养育了他，培养了他，造就了他，对国家特别感恩。

他那个人对党、对国家忠诚到什么程度？我跟你讲个笑话。我住的边上就是单位，距离也就是100米。8点上班，早晨7点半我父亲喊我："赶快起来去吃饭，吃完饭上班去。"我说等一会儿，他过会儿又喊我一遍。我跟他讲，我等一会儿就起来，他就不耐烦了。我父亲是河南人，河南人爱吃面条，家里有擀面杖。他到屋里，一擀面杖就打我腿上了，我母亲赶快给我拉开。我父亲说："既然是工人，上班就不能迟到早退。你像什么工人？"我没办法，就起来上班了。中午我下班回来了，我父亲看着我一瘸一拐的，他也心疼。

---

① 这里傅亚东的说法有误，中苏珍宝岛战役发生在1969年。

从那以后对我的态度就慢慢改进了。我父亲脾气不好,没有多少文化,教育子女没有方法,只有棍棒底下出孝子嘛。

我父亲就是苦大仇深的这么一个工人,自己没什么文化,靠自己勤奋努力刻苦,给自己打下这么一个小天地,最大当过班长,而且非常认真,直到退休。他军人出身,当那么多年兵,只有服从。而且老一代人的传统观念比较重,按照现代人讲是脑筋不灵活,按照那个年代讲就是比较传统。后来工厂安置这些老同志,我们厂安排了两个地方,一个是遵义,一个是苏州。我父亲退休以后就安置在遵义市,有个航天三区,就在那儿。2008年,我父亲就去世了。

我这一辈子敬仰两个人,一个是毛泽东,一个是我父亲。我父亲可以说在贵州献了青春献终身,就把我们也献在这里了。

二、工厂中的成长

我是1958年出生的,很小就被父母带着过来了,底下还有两个妹妹。刚来的时候在农民家借住了半年,因为没有子弟学校,我们也在农民的子弟学校里上学,学校叫"前进小学"。那时候起这种名字,有点"文化大革命"的味道——包括我的名字父母曾经也给改过,我现在叫傅亚东,那时候叫傅向东,体现了对毛主席的感情。我从1968年就在前进小学念书,念了两年,因为我们单位拉的战线比较长,为了把工厂集中,就从原来的杨岔路2号沟集中在向阳山和金钟山这个地方了。到这儿有个白云寺小学,我们又迁到白云寺小学来上学了,一直上到五年级。

那个时候家属孩子都是跟着工厂走的,工厂往哪儿走我们就往哪儿走。农民的小孩也一起上学,所以是9点钟上课,到下午两三点钟放学。我们上一二年级的时候,一走路就摔跟头,摔得一身泥巴还得去上课,湿了咣唧的还得扛着,一直扛到下课放学。哪像现在打个电话,叫父母赶快去换衣服?

后来因为厂里孩子慢慢比较多了,我们厂里面就开始重视教育了,办学校,自己在单位里边找老师。到我们厂来的有清华、北大、哈军工、西交大的毕业生,好多都是文化水平比较高的。那个时候还没生产,就把这些人抽调出来当老师。一开始我们就搭着席棚子上学,搭一排,可能有30米长,一间一间隔开:这是一年级,这是二年级、三年级、四年级、五年级……这就办了个小学,开始上学了。

席棚子太冷了,家长一看这么艰苦,干脆就在家属楼里边腾出几套家属房子,又把这些孩子弄到家属房子里头上学。慢慢我们厂盖起了一个四层的教学楼,那就不一样了,很牛了。房子建起来了,买个桌椅板凳——我们的桌椅板凳都是从北京运来的,那时候国家也很重视教育。然后就开始分年级,好像是从1973年开始,就把学校搬到那儿去了。那时候还没有操场,前面就是个烂水坑。

慢慢地,小学、初中、高中就都有了。所以我说我们这么多年,基本上没离开这个厂——我们都是这样。我老婆那一代人就是在这个厂里边接生的。我们厂来的医生、专家、教授,那时候水平还都是比较高的。孩子在这儿出生,然后上小学、初中、高中,我们整个011基地有技校,有大专,有中专,后来就上大学了嘛。

工厂办社会,医院、小学、初中、高中、银行、公安、粮站,包括小卖店、副食品店,我们厂这些全都有。工厂的体制里有供给科、商业科,买东西都要票。鸡鸭鱼肉这些东西,物资比较匮乏。我们的解决办法,一个是从重庆派车去拉,一个是从上海往我们那儿运——山沟里啥也没有,吃了一个"大白兔"奶糖,哎哟!都感觉高兴得要命,感觉这都是上海货、是重庆过来的。要么就工厂发票,在山东买来的苹果,是福利,一家一箱,拿票买去,大家一下就抱一箱,这半个月大家全家吃苹果,家家吃苹果。

供应的副食品都靠票,一个人一个月一斤猪肉——你可能想象不到,一斤肉怎么吃?我们厂有商业科,公家把肉拉来,都是冻肉。大家去买肉,拿着票去了以后排队,排到跟前一看,这轮到我了,是血脖这地方,就是猪头和猪身子结合的部位,淋巴比较多的地方,一看到这儿了,我不要,我就排着。后边的要不要?后边有些等不及,"行行,给我砍二斤",7毛5分钱一斤,然后砍二斤走了。我得看着,一直等到后面猪屁股的第二刀。第一刀不好在哪？第一刀它皮多——屁股圆的，皮多怎么办？我得等第二刀。因为买得不多，都是两斤三斤的，第二刀买个两三斤正好。再下一刀就到猪的大腿骨头了，那又不好了。要不就到那肋巴骨的地方，肋巴骨的这块可以吃排骨，可以吃红烧肉。有的时候一看票多，有四斤，干脆四斤全买了。带鱼4毛钱一斤，大家挤着买。哪像现在，你有钱想吃啥吃啥，这个愿意吃那个不愿意吃的。那时候，梨1分钱俩，同学小伙伴在一起，你拿1分钱买俩，我们一人一个，要不就你咬一头我咬一头。

最头疼的是工厂没有肉吃，有一次困难到什么程度？人家河南的病猪肉，那时候叫豆猪肉（米猪肉），猪肉里面长小豆豆，容易传染人。买回去怎么吃？给它用油炸，用高温给它全部过一遍。那时候还有高压锅，用高压锅给它弄出来，家里边就吃这个。

我父亲比较勤劳，家后边那栋房子那边有片空地，他拿木头钉个小房子，养了30多只鸡，所以我们家有鸡肉吃。那片地靠近农民，有时那鸡到农民地里去刨，农民不高兴，就撒药。一撒药以后，我们家的鸡摇摇晃晃回来了，那一天就死了好几只！我父亲一看要死了，舍不得扔，赶快把鸡脑袋给放血，放血以后用水泡，还是自己吃了。不像现在，动不动就说这个不好，那个不好……那时候哪有那好不好的事啊？物资极度贫乏，我们小时候想吃点东西，不容易。

不容易到什么程度？家里东西都是藏起来的。买一筐橘子、二斤糖，父母要收起来锁在柜子里头，过两天拿出来点。我在家里看到哪儿有1分钱2分钱，要捡起来赶快塞火柴盒里头，有点零钱赶快塞到枕头底下存起来。那时候就有这种观念，现在都体会不到。

我们家对我还算比较惯着的，1975年高中毕业前，家里给我买了块上海手表——1975年得120块钱一块！现在那表还在家。那时候戴那块表，又想显摆又不好意思——因为还在上学——又想让别人看看我有表了，又觉得这个不太好。我记得最清楚，那年我父母补发工资，给我买了一块表、一套运动服、一件衬衣。那个衬衣叫"绿叶牌"，现在还有。那个"绿叶牌"的衬衣，印的是小树叶，穿着俏色得很！在那个时候算相当好的。所以那个年代啊,哎呀! 吃穿太贫乏了。

我高中毕业以后在学校当了三年老师,后来就下乡了。真正在农村待的时间不长,但是我下乡的时候,割稻子、挑粪、挑酒糟、往山上背瓦、值班、放牛,全都干。后来学校又以招农民工的形式把我弄回来当老师,每个月给生产队交 30 块钱,就是我挣的工资交给生产队,生产队给我记个妇女分,7 分或者 8 分。交了这个钱,每年就可以给你分粮食了,麦子、稻子,还分点花生。我在农村干了一年,分了 400 斤稻子,一点花生,还有百把斤麦子,17 块 5 毛的现金。我跟我父亲推个板车到农村打谷的地方打稻子,这个是新米,吃着香。还要打面粉,家里穷,厂里面都打九零①的面。我们那时候看着别人吃富强粉②,富强粉的面蒸馒头多白! 我就跟我父亲讲,我说别打九零的,天天吃黑馒头,打八五面。后来我爸打了一部分的八五面,剩下还是打九零的面。那时候生活不行,很苦的。

我既是老师,又是农民。我们校长跟我住楼上楼下,他就跟我讲:"过一段时间找个学校给你培训培训,让你出去进修进修,以后干脆就在我们学校算了。"我那时还不想当老师,就从知青考取技校,从技校又分配回我们原来这个厂。那时候工厂有照顾政策,身边无子女的,家里可以留一个,剩下的要分到外厂去,分到外地去。我是老大,而且父母身边无子女,就给我留在这个厂,两个妹妹就分在其他厂了,后来在那个厂找了一个子弟也就结婚了。

三、 靠勤劳智慧收获财富

我在工厂的时候一直在后勤运输科。那时候邓小平让改革开放搞窗口,我们厂也搞,我还到深圳干了三年。我这人劳苦大众出身,去的时候就

---

① 指用 100 斤小麦打出 90 斤比较粗的面粉,做出的馒头比较黑。
② 1949 年以前,中国面粉分 1—4 号,50 年代初逐步取消原有牌号,统一改为一、二、三等粉,分别定名为富强牌、建设牌、生产牌,质量分别相当于原来的 2、3、4 号粉,"富强粉"因此得名,它是小麦种子最核心的部分磨出的面粉,价格偏高,口味也好,在 80 年代是比较高档的面食原料。

抱着挣钱的目的去干。父辈吃苦耐劳的精神,我继承得比较多——到那边去,就不分白天黑夜地干。

首先是干我们企业的事。我在那儿干什么呢?报关员。报关、开车、四面采购、各个单位送货。因为我们是中外合资企业,从日本、英国发的货,我要去提货,也要给他们发货、结账、开发票。那时候就我那一台车,单位领导要出去,我们集团公司的领导来,我都要去接送。本来我们集团公司在深圳有个窗口,也有车,但是司机水平不行,我们局长去了以后给翻到沟里去了。所以每次他们领导一来就给我打电话:"你过来帮我接一下。"他要去哪边,我也要陪着去。

我们楼下有个食堂,是专门供应工人的,每个礼拜要买三次菜,也让我去。每天晚上6点钟下班,吃完饭6点半,7点钟我又开车去给他们拉菜,10点半之前回来。还有我们隔壁的一个香港独资企业,卖皮草的,每个礼拜要给广州送货,一个月基本能送十次,也是我去。

我到那去的目的就是挣钱,一定要把我的"第一桶金"弄好,所以就不分白天晚上一直拼命地干。我在那地方,谁都知道我能干,虽然我开的是公家的车,但我都自己洗。隔壁老板跟我说:"外面洗车一二十块钱一次,你在外头洗。"我说:"不用,我有时间,自己也能干,自己洗洗还给公家省钱。"那时候我们厂长的月收入是400多块钱,但我月薪最高的时候达到过将近7000块钱——该我挣的我要挣,但该给公家挣的,那绝对不能少。

在深圳我落不了户口,买不了房子。因为孩子小,我又回来了。儿子1989年生的,我1990年就去深圳了。父母年纪大了,我老婆一个人带着孩子,孩子没有父亲的教育也不行。当时我心想,在这儿干了几年了,最后的结局不会太好——在那儿打工,老了以后就没什么意思了。再一个,我和我们厂长关系也比较好,他认为我挺能干,准备给我调回来提干,所以干了三年就回来了。

回来第二年我就提干了。当时提的叫科长,因为我们厂长是县团级①——我们最开始是按照部队的编制,集团公司那个时候已经是正师级

---

① 当时单位的级别是跟着该单位一把手的级别定的,厂长是县团级,他只能是科级。

了。后来我们整个基地提高了待遇级别，我们厂就是正师级。所以我们底下这帮"中干"，那就接近县团级，就是处级干部，后来我们都叫处长。

运输处有50多辆车，几十号人。我没当一把手的时候，一把手是个外行。他做党支部书记兼处长，我是副书记兼副处长，承担一切重担，驾驶员管理、车辆管理、外头的交通事故、保险、维修等，方方面面都是我来做。那个领导非常感激我，我们俩一直处得不错。后来他年纪大了，退了，我领导一看，就给我提处长了。

后来"军转民"，我在单位后勤，好像对我们影响不大。但对整个企业来讲，那个时候压力比较大。大到什么程度呢？我们厂职工有1800多人，加上家属、孩子、离退休的，全部加起来有5000多人。那么一个小社会，这些人的吃喝拉撒都靠着这个工厂。

没别的办法，搞什么呢？跟汽车配套搞自动泵，做自行车的变速器、打包机、电唱机、音箱、落地台灯……还有好多我不知道的，为了迎合市场做了好多这些东西。

整体而言，"军转民"搞坏了，但是我们厂始终没有把军品给甩掉，自己研发了很多军品，号称从建厂到现在从来没有亏损过——我们厂是北方119厂和上海仪表厂包建的，上海人比较精明，北方人又比较顾家，大家能抱成一个团，几十年没有亏损过。

现在跟过去不一样了。过去我们厂里每个礼拜或者每个月都要开几次全厂大会，那时候厂长叫什么名字，总公司叫什么名字，大家全知道，因为一开会就集中在一片地方，大家划好地方坐下——我们曾经还改过部队的编制，一连、二连、三连、四连……这边地是三连的地方，你们就坐在这儿——领导们都在桌子上坐着：这个是厂长，这个是书记，这个是总司，这是副厂长……大家都知道。不像现在干几年了，有些人都不知道厂长叫什么名字。那时候工厂经常要教育职工，各个单位有基层党组织，不断进行教育。主要有两种形式：一种是开全厂职工大会，一种就是工厂的领导组织"中干"开会，开完会以后，"中干"回到各个部门再去讲这个事，把中央的部署具体什么情况告诉大家，给全员灌输思想。

我能有今天,主要有两点:第一,吃苦耐劳这种传统精神在我身上可以说得到了充分的体现,我不讲吃不讲穿,而且埋头苦干,获得领导的表扬;第二,我运气好,炒股票赚钱。1997年开始我进入股市,有钱就放股市,也是老股民了。那时候股市也好,炒股票还要填单子,人家操盘手在里边,叫你交易以后你才能交易。父亲在遵义,我就告诉他去股市。去了以后,因为我一个朋友的老婆在证券公司当个小领导,就让我父亲当大户,坐在那个大户的座上。① 他有我的股票、我妹妹的股票、他自己的股票,还有我一个朋友的股票。一个瘦老头,上百万元的资金在他那里。有什么情况,我就告诉他,"你去把这个股票卖了",我父亲就坐上公共汽车到证券公司填单子,把这个股票给我卖了——就那么整。

那时候开始就挣了钱,挣了钱我就买房子。当时只有5万块钱,我贷款买了一套130多平方米的房子。在好多人不知道用公积金的时候,我就用公积金开始买房子。我省吃俭用,积累了资金以后前前后后买了五套房子。

我们2004年在贵阳建的基地,2007年搬来的。我合计我们要来1万多人,一定会把小河街的经济带动起来,2004年我就先下手给小孩买了一套,就在小河街上。买了以后就租出去,反正就是以房养房。

我父亲去世以后,我母亲一个人在遵义。我想,老太太就我一个儿子,我不养谁养?我就想办法给她接过来。接过来我又怕婆媳关系处不好,因为婆媳是一对永远的敌人——我马上就在这儿买一套,把我母亲接来她单独住。

四、青梅竹马的爱人,放心不下的儿子

我跟我老婆,叫日久生情嘛。我们都是一个厂的,父母都熟悉,相互之间都比较了解。高中毕业以后我在学校当了三年老师,我老婆是我学生,所以在学校我当体育老师的时候就带着她们一块玩。慢慢一块长大,又分在

---

① 指傅亚东父亲办理业务时被当作大户,坐在大户专属的位置上。

一个单位,所以我们后来就结婚了。我丈母娘住在中苏边境上,有俄国人血统,蓝眼睛。我老婆年轻的时候大眼睛白皮肤,人瘦溜,挺好看的,一看就有点俄罗斯这种味道。

我是1987年结的婚,那时候不兴彩礼,兴什么? 兴旅游结婚。我爸因为就我一个儿子,给我拿了6500块钱,巨款! 我母亲给我缝个腰带,把钱都装到这里头,拉链一拉系上。给我老婆也做了一个,我丈母爹给我老婆拿点钱,就攥在裤腰上了。

我们出去旅游了一个来月,去了重庆、武汉、杭州、北京这几个地方,最后又杀回上海,到了上海买了几天东西。那时候上海的东西比较俏市,我们到上海买了西装、皮夹克、吃的——包括大白兔奶糖——买了几袋子,坐着火车回来。我那时在运输处,用车子方便,厂里去了一帮人,弄个大客车到遵义火车站把我一接,从我们进厂就开始放鞭炮。一放鞭炮,我们住那地方的人就知道是我们到了。快到的时候家里边也开始放鞭炮,把我们迎接进来送到新房——走之前我朋友帮着收拾了家里房子,弄好以后家里摆了两桌——我们家的房子那时候还可以——里屋弄一桌,外边弄一桌,把单位的双方领导、几个朋友叫来喝杯酒,就算完事了。这就是我们那年的结婚:山坡坡里头,能有6500块钱出去旅游,那已经非常不错了。这一晃已经30多年了。我是独子,我父亲传统观念比较重,这一切都是为了儿子。就像我们现在对儿子一样,他再损我,再看不上我,我们还是要对他好的。

我的工资收入都给我老婆。我老婆她好在哪儿? 不一样在哪儿? 我老丈人原来在厂里是个干部,收入也高,所以他们家生活条件好。我老婆是老大,花钱不在乎,大手大脚。我是那种穷苦人出身的,回来以后过了一段时间,我问老婆:"咱们家现在有多少钱了?"我老婆说:"没钱,都花了。"我一看不行,就说:"对孩子的教育咱们分开。你来养,吃穿你来出;我来育,将来孩子上学就业、买房子买地这钱我来出。"我就跟我老婆达成这么一个协议,从1993年就AA制,这也就过了30来年了。

小事我不管,大事我说了算——用钱的事我来。咱们今天上香港去,这来回的全部费用我来出。又比如说家里买房子买汽车,都是我来出,不用她的钱。生活用品她买,我不用买。我买的衣服都便宜,一直穿着工作服。我有两套礼服,还是工厂发的神鹰西服,原来是我们厂发的工作服,出门的时候我把神鹰西服穿上,人一看这人还有点品位。后来工厂又发一套罗蒙西服,我一直放着,我说我儿子什么时候娶媳妇,我就穿那套西服。还有一套雅戈尔的,那是我当一把手以后,因为经常出去见见局长,见见其他单位的领导,也得给自己弄得干净利索一点,所以我这一辈子就三套西服。

我就一个儿子,1989年出生,性格比较倔强,人比较聪明,逆反心理比较厉害,不听话,现在天天跟我们干仗,拿他没办法。当时上大学,上了个三本,那也是花了钱的——所以国家把三本停了也是对的,这三本就是学校的"自留地"。毕业后在上海干了七八年,3月份回到家以后不找工作,就是吃饭睡觉打游戏。

他小时候非常优秀,就是游戏把他害了。这么说吧,今年30岁了,打游戏打了18年。因为他是独生子女,我跟我儿子讲,我说:"你是叫这个社会给害的,你们独生子女这批人,过去是单独的'独',现在你们成毒害的'毒'了。你们把我们也害了,现在每天我还得给你做吃的。"

我儿子这种人处于啥状态?仇视社会,仇视家庭,对父母不满。我没办法——这孩子教育的事真是没办法,他都说了,等你们死了,把房子一卖,还能用若干年。房子我都给他买了,在万科买的,买了100多平方米的。他3月份回来,我4月份就给他买了,买了也不住,跟我们住在一起,现在要赶我们走,说看见我们就烦。

自己检讨一下,就是我们这一代人对孩子教育不太懂。那时候望子成龙、望女成凤的心情比较迫切,再一个我工作忙,也没有教育孩子的经验。现在做父母的有电视、有书籍杂志,有可以参考、可以借鉴的东西,我那时候啥也不懂,家里突然添个孩子都不知道怎么养。

我们这代人算是吃过苦的,有了孩子以后就对孩子比较惯,什么都由着他来,这就坏了。现在我跟他们年轻人讲,孩子一定不能惯,你今天惯了他,明天你就要吃苦。

过去有些人认为这地方不应该搞三线建设,但是我认为毛主席的战略战术是非常正确的。这个三线建设,第一,它使国防力量逐步发展起来;第二,三线人员到哪儿去,就能把哪儿的地方经济带动起来。就像我们到了贵州,遵义当时很穷的,来的这几大基地能把遵义这种老区带动起来。所以虽说有些人否定三线,但我认为三线建设还是可以的;对于我们个人来讲,东北那个地方原来是国家的重工业基地,我们要留在那个地方,现在生活不会这么好。因为啥呢?东北那地方煤挖完了,石油开采完了,就剩点粮食,可持续发展的东西不多,所以我认为到这儿来还算是对的。

我们可以说一生都在贵州这地方,对贵州还是有感情的。我退休的时候,厂里让我讲点啥,我说我1965年来到贵州,我父亲这一代献了青春献终身,献了终身献子孙,把我献在这了,现在我父亲无怨无悔,我同样是这样。我们这个厂培养了我,造就了我,养育了我,我也非常感激我们这个企业。现在家庭过上了小康水平的生活,我们还是感谢我们这个工厂的。

冯世林　尹惠荣
两代人的光荣与蹉跎

亲 历 者：冯世林　尹惠荣
访 谈 人：谢治菊
访谈助理：原璐璐　许文朔
访谈时间：2019年7月19日上午9:30—12:00
访谈地点：贵阳市贵州民族大学教务处办公室
访谈整理：许文朔
文本表述：冯世林（宋体）　尹惠荣（楷体）

亲历者简介：冯世林，男，1953年生，浙江宁波人，三线二代。尹惠荣，冯世林妻子，1957年生，山东潍坊人。冯世林父亲冯子敏1944年毕业于上海交通大学电机系，1953年在南京714厂工作，1958年担任四川780雷达厂（今绵阳长虹集团）总工程师，后前往贵州都匀112厂担任厂长兼总设计师。冯世林为冯子敏幼子，受"文化大革命"影响中断学业，后考取专科，在083系统内工作。尹惠荣"文革"期间为下乡知青，在083集团下属都匀305厂任技术员。因分居两地，两人于1987年一起调回苏州，于2000年下岗。

冯世林（左二）、尹惠荣（右二）接受访谈

一、父辈：一生事业，一生奉献，一生曲折

我姓尹，叫尹惠荣，今年62岁。老家是山东潍坊那边的，父亲好像是解放战争期间当的兵，过长江到南京，然后部队南下，到了贵州独山那个地方就留下来了。1958年父亲转到都匀，先后在武装部、兵役局、军供站几个单位工作。现在军供站还在，在都匀老火车站对面。建三线的时候，好多人从外地过来，下了火车第一站就是住在都匀站里面，好多人都知道这个军供站。后来军供站也建了酒店，叫文峰大酒店，现在还有。我生长在都匀，也在都匀做过知青。

我姓冯，叫冯世林，今年65岁。我老家在宁波，出生在南京，算是三线二代，这里面的故事说起来就太长了。我父亲叫冯子敏①，解放前在上海交通大学，大概是学的电机专业，江泽民比他晚两届，算是校友。

我父亲在上海参加的地下党，属于那种纯粹的共产党员。我曾经问过他："1942年正是抗战最艰苦的时候，你怎么想到去参加新四军，参加地下党？当时国民党也是抗日的，在校园，特别是大学校园里也招了很多青年，你怎么没去参加国民党，却参加了共产党？"他说："我这个人比较喜欢看书，看了很多进步期刊。我分析下来，共产党是真心抗日。年轻人当时一腔爱国热情，那个时候在上海租界，要抗日我就要找

2015年冯子敏老先生佩戴抗日战争胜利七十周年勋章留影

---

① 冯子敏(1922—2016)，浙江宁波人，1940年效实上海分校高中毕业，1944年毕业于上海交通大学，1942年参加革命工作，1943年加入中国共产党。1953年起历任电子工业部直属工厂设计科长、副厂长、厂长、总工程师等职。支援三线建设三个工厂时，试制成了一级接收机、飞机用歼击雷达、地炮雷达三个重大产品。后曾任苏州电视机厂总工程师，组织领导技术质量攻关，曾获第四届全国电视机评比国家银质奖。1987年离休，2016年6月10日去世。

真正抗日的组织。"我说:"那个时候你20来岁,没考虑到个人的安危?"他说:"那个时候国家、民族都成这个情况了,哪有考虑个人安危的?年轻人都有这么一种爱国的情怀。"所以他参加地下党,然后又带着几个女同学去苏北参加新四军。当时新四军搞"三年精兵简政",看那几个女同学年纪都挺小,就动员她们回去,但是要我父亲留下。我父亲说:"既然我把她们带过来,你新四军暂时不要,我还得把她们带回去。"又带回上海。

我父亲参加地下党,我姑姑是介绍人,我们家几个姑姑、叔叔都是抗战时期加入的地下党。实际上我父亲大学没有读完,三年级的时候就被日本特务发现了,结果把我叔叔抓到上海的宪兵队去了——因为他们俩长得很像。最后我叔叔能出来,还是靠我的一个二叔公,这个叔公因为在日本留学,日本人把他一拉,他就去了,在汪伪政府官位还挺高——外交次长。他跟日本人说你们抓错人了,我叔叔才能出来。

后来我父亲就到了南京,就是南京的地下党,一直在马鞍山日本人的制铁所里发展地下抗日组织。① 解放以后他一开始在南京市总工会教育科做科长,1952年还是1953年,当时叫"技术归队",因为他是上海交大毕业的,属于技术人员,就"归队"到了南京714厂②。

714厂现在叫熊猫集团,国民党时期是一个修械所,但不修枪械,主要修电台啊什么的。解放以后政府接收过来,在南京是一个比较有名的企业,是最早的国企。我父亲在714厂是设计科副科长、党总支书记。他在上海交大读书,教学全是英文教材,老师上课都是用英文,所以他英语挺好的。我父亲刚到714厂的时候,厂里很多坏的仪器、仪表堆在那里,厂里的人都修不了,为什么?说明书都是英文的,看不懂。我父亲动手能力很强,到了那儿,看英文说明书,知道它的原理,一台一台全部给修好了。

50年代中国和苏联关系比较好,苏联援助我们国家156个项目,全国都

---

① 据《马鞍山历史大事记》,日本制铁株式会社马鞍山制铁所于1942年4月成立,日本侵略者在南山铁矿采用大爆破强化开采,年产量约为90万吨。1944年10月,南京地下党组织派共产党员冯子敏前往马鞍山制铁所,协助前期来此的共产党员周湛开展地下抗日工作。

② 南京714厂前身是1936年创办的中央无线电器材有限公司,被誉为"中国电子工业的摇篮"。1941年该公司迁到南京,制造收音机、军事、交通通信机。1946年更名为南京无线电厂。50年代更名为国营714厂。

冯子敏老先生（三排右四）1953年在南京714厂与同事合影

有，我们国家的工业基础就是从那个时候开始发展起来的。其中有一项就是在四川绵阳建了一个专门做雷达的军工企业，实际上应该是三线的起头。绵阳那个厂就是现在长虹集团的前身，这种企业都是比较保密的，那时候代号是780厂，信箱是305号。1958年我父亲作为援助内地的技术干部到了绵阳那个厂，当总工程师。

他们这一代人真是祖国需要到哪儿去，就到哪儿去。我母亲那个时候在南京市委工作，是一个秘书，二话不说跟着我父亲，全家都去绵阳，在厂里做办公室副主任。我在南京出生，1958年我4岁就跟着父母一起跑到四川，一直到1972年离开。

780厂当时搞了几个产品，飞机上的火控雷达、敌我识别器……我父亲是总工程师，这些产品都是要带领大家设计和创造出来的。那个时候我印象中父亲是很忙的，见不到他人。我那个时候也小，早上我醒来他已经不在家里了，晚上起码到十一二点才回来。

刚过去厂房什么的都没有，产品开发是在一个临时搭的工棚里，条件蛮苦的。但他们的工作热情和现在人不好比，那是没日没夜，没有什么星期六、星期天。因为这个企业是苏联援建的，还有很多苏联专家，有专门修的专家楼。但是到了1960年、1961年,中苏关系破裂以后,专家全部撤走了,后面这个产品开发就完全靠自己了。

50年代末60年代初碰到三年困难时期,父亲一个月粮食定量只有18斤,我母亲属于干部,定量是22斤高粱。那个时候副食品很贫乏的,没有肉吃,没有油水。当然党、国家对他们这些知识分子比较照顾,困难时期之后,老百姓都吃不饱肚子,他们每个月还供应三斤肉——这是专门给我父亲的,我们吃不到。1961年的时候,厂里都是吃麦麸子,麦麸子是厂里分的,也不多。蒸一碗麦麸子,然后划成五份,我们家五口人,一人一块均匀地分,肚子饿也没办法。还有一次,家里还剩一两粮票,叫我哥哥上街去买东西。结果,他拿这一两粮票整个街上转完了,买不到东西,一两粮票的食品都没有。那个时候受罪饿肚子,但是国企里面总归比农村还是要好一些。

780厂在绵阳县郊区,那个地方本来有一块坟场,我父亲就在楼底下开了一块荒地,种什么?种牛皮菜。牛皮菜原来是喂猪的,因为它长得快,叶子掰掉以后煮一煮,也没油,饿了就吃。还有种红薯——这样熬过来的。

那时候物价很贵,我父亲也想得开,他工资算比较高的,大概130块,为了保证身体,发了工资就到农贸市场去买鸡买鸭。那个时候一只鸡要四五十块,一个月的工资,两只鸡差不多就要吃完了,他说不吃不行,不吃就熬不过去。

到了"文化大革命"时期大喇叭搞批判,就讲:"我们工人阶级吃什么?你看看'臭老九'冯子敏家吃什么!"

"文化大革命"中,我父亲也受冲击。他算是"白专"典型,对政治不是那么敏感,业务上比较较真,发现不对的问题,他爱讲;人家不敢讲的事,他敢讲。所以历次运动他都有份,属于"老运动员"。1957年"反右",他差一点给打成"右派"。名单报上去了,结果批的这个人是他地下党时期的顶头上司,当时是南京工委书记,他一看我父亲的名字,说:"这个人怎么会是'右派'?这个人我了解,他不会是'右派'。"就拿笔给他划掉了。这个事情我父亲一直不知道,还是后来他回南京以后工委书记告诉他的。

到了"文化大革命",他还是口无遮拦。以前到国外去访问,他回来以后就在大会上讲人家工业怎么发达,这是实际情况,但是有些话是不能讲的。他在全厂大会上介绍出国访问的整个经过、成果,到了"文化大革命"就成了罪状了,说他"崇洋媚外",挂一个大牌子,上面是"反动学术权威",1966年就给关在牛棚里面——那时厂里的中层干部基本上都关进去了。大概到1968年放出来过,因为一些学术问题的争论,又把他打成"五·一六分子"①,1968年底又抓进去,这一进去就到1972年才出来。

"林彪事件"以后,贵州都匀083基地有个112厂,全名叫长红机器厂,也是做雷达的,叫地炮雷达,就是引导炮兵攻击地面的目标。这个厂大概是1968—1969年建厂,正好赶上"文化大革命",他们前面做过一个雷达不成功,也很着急。当时第四机械工业部部长叫王诤②,他和我父亲很熟,到英国访问什么的都是一起去的,他就问我父亲在干什么,叫他出来工作。就这样点名,把他从四川绵阳调到了贵州都匀112厂,到了083基地。

我父亲刚来都匀的时候是副厂长兼总工程师,当时的厂长徐浩也是从南京调过去的,搞雷达专业,他希望有一个技术上拿得起来的人到这个厂,曾经到绵阳去过两次,动员我父亲过来。我父亲一开始因为在牛棚里关了几年,刚出来,还犹豫要不要马上去,但是他跟这个厂长很谈得来,觉得这个人能把产品弄出来,有共同语言,就同意来了。

我父亲1973年到的厂里,1974年开始就组织技术人员攻关。当时做雷达很不容易,那时厂里人心比较散,做产品东说东有理,西说西有理,争议很大,又赶上"反击右倾翻案风""批林批孔",政治斗争很厉害。你要搞产品,造反派就会说"宁要社会主义的草,不要资本主义的苗",阻力很大,压力也很大。技术员做得热火朝天,厂里造反派还经常开大会批判他们,当时的一个说法叫"雷达上天,红旗落地"。我父亲算有点资历的,来了以后首先就抓

---

① "文革"初期,北京少数学生组织成立了"首都五·一六红卫兵团"组织,此后,从中央机关到各地方机关,曾发生自上而下大规模清查"五·一六反革命集团"运动,全国各级党政军机关大批干部和群众在运动中被诬陷为"五·一六分子"而遭到迫害。

② 王诤(1909—1978),江苏武进人,原名吴人鉴。黄埔军校第六期通信科毕业,1930年参加革命,1934年加入中国共产党,1955年授中国人民解放军中将军衔。中共第十、十一届中央委员。曾任中国人民解放军副总参谋长兼总参谋部第四部部长、国家电子工业部部长等职。新中国电子行业的奠基人、开拓者之一。

技术人员,要求工作态度放在第一位。如果全身心地投入,那么你可以参加产品的研发;如果说是在里面想有什么个人目的,或者搞派系斗争,那就不要你。这样他去了以后就把整个技术队伍组建起来了。

这个产品也是一个仿制的雷达,原来是苏联送给朝鲜的,朝鲜就弄了一台给中国,叫我们帮忙仿制。这个雷达里都是国外的元器件,要国产化,就完全要靠我们的技术人员自己来搞,资料、技术、图纸什么的还是自己出,自己摸索,所以当时也很不容易。最后到 1976 年设计定型,这个产品就完成了。

完成了这个产品,他就调到凯里的 4202 厂。这个厂做单边带电台①,是装备到部队师一级单位的。我父亲一开始去也是做副厂长兼总工程师,主要抓产品,后来就是厂长兼党委书记。这个厂后来民品搞得很好,做电视机,叫"鸿雁牌",在贵州很有名的,80 年代供不应求。如果他不离开 112 厂,那么这个电视机肯定是在 112 厂做了。所以 112 厂现在很多老职工说:"你父亲走了真可惜了,他不走的话,我们厂不会弄到破产,因为有民品做,至少还有日子过。"

1982 年他 60 岁,我奶奶那时快 90 岁了,一直住在上海。我父亲觉得自己在外面漂泊了几十年,想退休回江南一带,回去尽孝。他给机械工业部打报告,部里不愿意让他离开,最后说可以把他调到上海附近,要么嘉定,要么南京、桂林。桂林肯定不去,我父亲觉得南京离上海也太远——那个时候不像现在这么方便,南京到上海要一天时间——最后他就到了苏州。

到了苏州,位置不好安排,因为他在贵州是厂长兼党委书记,按央企的级别也算蛮高的了,厅级。到了苏州,怎么安排位置?人家苏州电子局已经没有他的位置了。我父亲觉得位置不位置无所谓,到这个年龄,搞技术工作就行了。最后就安排他到苏州电视机厂去当总工程师。苏州电视机厂的"孔雀牌"电视机,80 年代火得不得了,一台 1800 块,有钱也买不到,还要凭电视机票,票还要 700 块。我父亲在苏州电视机厂待了几年就离休了。我祖母 93 岁过世,他也算是在我祖母面前尽了孝。

---

① 单边带电台是发送和接收调幅信号两个边带中一个边带信号的无线电通信设备。

二、一个纯粹的知识分子党员

三线这些工厂实际上是个小社会,在里面当厂长、当书记很不容易。厂里几千号人,都在山沟里,吃喝拉撒、子女上学问题、就业问题,他全要管。这个企业一般还是比较大的,都是千把人,大的两三千人,加上这些企业的人员都是从大城市过来的,什么北京、上海、天津、沈阳、西安,都是从这些大城市过来的,还有思想问题。而在苏州,是地方国营企业,他这个书记、厂长就非常好当,下了班以后的事都属于市政府管,跟企业一点关系没有。

三线当中有派别,在083基地,据我了解我们112厂里从刚才说的这几个城市过来支援建设的,就存在派别。四川的,南京的,还有一个就是天津的,北京的,大家互相心里面都有那种不满,钩心斗角,没有人能够把他们调剂好。我公公在南京待过,在绵阳待过,来了以后,因为他比较正直,虽然工作上比较严厉,但为人还是比较随和的,这两边的人实际上都听他的。

我父亲晚年一直讲邓小平改革开放是实事求是纠正"文化大革命"的错误,他对邓小平很崇敬、很欣赏,最推崇的就是"实践是检验真理的唯一标准"。我父亲这个人做人也是这样,比较耿直,不会搞什么人际关系。拉拉扯扯这些事,他不做。所以我就说他们老一辈共产党人和现在是有区别的。战争时期都是提着脑袋加入共产党,不知道牺牲多少人,不知道哪一天你就牺牲了,但是我父亲却义无反顾,这个信念一直比较坚定,直到他过世。

父亲对我们兄弟姐妹的影响是很大的,就是做人要正直,我们家几个人都这样。我父亲以前搞技术,他当总工程师、副厂长的时候,人际关系很好,特别是技术人员跟他关系好。因为他说搞技术比较纯粹,一就是一,二就是二,这件事对就是对,错就是错,没有什么好调和的。但是后来他当了厂长、党委书记,那就得罪不少人了。后来他年龄大的时候,给我讲起这些事情,他说:"我这个人是知识分子,不适合去当厂长、书记,去从政。"

那个时候人际关系和环境与现在完全不一样,现在人关心政治的不多,那个时候的人比较关心政治。上面中央有什么动态,下面马上就知道。粉碎"四人帮","王张江姚"抓起来的事情,贵州地方上都还不知道,工厂里已经传开了,因为我们112厂是北京广播器材厂、四川绵阳780厂加上南京一部分人过来的,所以北京有点什么动静,中央还没公布,厂里马上就知道。当时这是"政治挂帅",我父亲就属于另类。

我从自己角度看我公公,觉得他这一辈子不容易,也很尊敬他。工作上勤勤恳恳,为人正直,很严厉,也容易得罪有些不理解他的或者心胸狭窄的人。他把雷达产品做成,把设计定型了以后就被调走了,成果出来了,不要说成名,也没有分享到最后成功的成果——那些东西他没享受到,是别人享受了。我就觉得有这么一个机会,给我公公,让他的这一生有个记载,对他也是一个很好的纪念。

三、 我们这一代的蹉跎岁月

我自己的经历实际上是跟父亲连在一起的。1958年,我到了绵阳,去的时候蛮苦的,房子还没建起来,住的地方都没有,就是搭工棚。到了年龄上小学,地方上报名报不进去,因为我们属于外来的,不收。我当时到了一个民办学校,凳子都没有,桌子是石头垒起来的。我要背着个凳子,走六七公里到这个学校去上学。这个凳子还不是一人一个,是两个人坐一个。我跟一个同学一起——他是当时厂长的儿子——他家出一个凳子,我跟他一起上学,一人背一段距离。到了学校,他坐一半,我坐一半,这是小学一年级。一直到小学二三年级厂房建起来了,学校也办起来了,我们才进到工厂办的学校。那时叫四年子弟小学,里面师资都是从各个地方抽过来的,也都是比较好的。

厂里子弟学校可以上到初中,但是高中就有问题了,地方上不收——"你这个企业我们不收的"。我父亲后来在凯里当厂长的时候,为这个事情跑省教育厅,开着车跑了好几天,最后教育厅发文,才让凯里中学把厂里的子弟收进去。

　　60年代当时有一个口号叫"备战备荒","备战"就是到处挖防空洞,我以前初中那个学校下面就是一个防空洞。特别是珍宝岛战役中苏打了一仗后,到处都挖防空洞,备战的气氛很浓郁。全省动员、国家动员的力量很厉害,从中央到地方各级政府都有统筹安排,各个单位的民兵统一出动去挖。为什么那些厂都选在山沟沟里面？他就利用那种天然资源,再加上人工都去参加劳动,机械设备都放在里面了。全民动员,挖起来很快。

　　那个时候不像现在经济意识很强,就是强调服从。全民皆兵,每个厂都有民兵,拉出去训练,备战意识确实很强。"备荒"就是厂里面自己建农场,自给自足。养鸡、养猪、种菜,这些都是自己弄,供给工厂的厨房,地方企业他不给你这些东西。像我们那个地方有条河下来,桥都要自己修。

　　我父亲1963年在市里组建都匀兵站。那个时候我小,只知道他住在市里,每个月回家住一晚,第二天一早就走了。当时就说是过兵任务①。1964年兵站建成以后,过兵任务很多的,一车皮一车皮去当兵的,形势很紧张。我看到坦克过去,觉得很好奇,从小就喜欢当兵的,很崇敬他们。

　　可能因为我太小,那时候自己感觉不是很紧张。一直到进厂当了民兵,也觉得就是这样。但其实我父亲、我公公他们那时随时准备着要打仗,很喜欢看那些武器和军事方面的东西。后来我们到苏州去,苏州、上海离日本那边很近的,离咱们台湾也没多远,我公公说如果在那边买了房子,万一打起仗来,那边一个炮弹过来,这些房子还有用吗？你想他们对战备的那种紧张！

　　到了"文革"中我们兄弟姊妹三个很惨了,我们属于"黑五类狗崽子"。那个时候红卫兵不是串联吗？我哥哥也出去步行串联,不到成都就被抓回来了,说他是"黑五类狗崽子",不能去串联。那个时候我小学快毕业了,都是受歧视的。

---

① 即接待经过的军队。

上山下乡时,家里三个兄弟姊妹全部下乡,为什么呢? 因为你是"狗崽子"。按理说,我排行最小,应该不用下乡,但是成分不好,就没有留在父母身边。我自己说老实话,小学只上了五年,然后"文化大革命"就停课了。后来又上了两年中学,那时候初中教材也不像现在是数理化都全,总共两本书:《工业基础》《农业基础》。

两年读完以后,到了下乡年龄,就下去了。我是1972年下的乡,那时十六七岁。下乡四年,到1976年从乡下进到工厂,干到1980年。

我在工厂干得也挺好,但只是一般的技术工人。本来我不想去读书,到1980年的时候我父亲说:"你这样不行,现在有一个机会,学校招生。"那个是083基地办的电子工业学院,是大专,教育部备案、国家认可的。我说:"我基础很低,小学上五年,初中上两年。"我父亲说:"有这个机会,要自己去争取。不争取的话,这辈子就错过了。你要没努力过,自己以后要遗憾的,争取不到那是另外一回事。"后来我哥哥从成都信息工程学院毕业,本科,我姐姐是中专——所以父亲对我们的影响还是挺大的。

报考这个我花了两三个月时间,不是复习,完全是从头学起。中学课程当时有初中、高中的自学教材。三个月,早上一睁眼睛开始看书,一直到晚上12点,那真是拼了! 给自己定的目标是三天要学一本书,三个月下来反正勉强都懂了。当时有很多高中生、中专生一起参加考试,但是因为大家基础都差,还好我算是录取了。要说像现在高考这种,我根本没法参加。

我跟我爱人就在这个学校认识,她也是那个时候考上的,我们是同班同学。

这个全职学校叫四机部083系统职工电子工业学院,是在都匀当时的26所旧址上办的一所学校。实际上它的主体是一个无线电技工学校,一开始在遵义,然后1978年左右搬到都匀。当时083系统从各地大量抽调的高中生比较多,像我第一年参加高考①,就差几分没上录取线——当知青的时候没想到去学习这些东西——到了企业里加班,又没时间去复习。083系统

---

① 指1977年"文革"后首次恢复高考。

有很多人都这样，求知欲望比较强，四机部就下了一个文，把技工学校办成综合性学校，有干部培训，有文职财会，还有我们电大大专班，还有技校生，四类。然后就叫我们去考——也是有特定通知的，选拔几个比较喜欢学习的去考。我们是1980年电子工业学院第一批学生。

那个时候去学习都是带薪的，38块3毛。在这个学校读了三年，出来就各自回厂，这是事先说好的，必须要回厂当技术员。毕业以后1984年我们结的婚。我先在都匀待了一年，我父亲到了凯里，我跟他一起过去。那时候跟爱人还是分居的。

那时我们刚刚从学徒出师，三年满师，刚刚转为正式职工，工资确实也不多。我当时回到都匀的305厂，生产继电器，有很多种，微型的、中型的、大型的。

1987年，我调到了苏州，那个时候父母亲都过去了，父亲也退休了，这是一个原因。加上4202厂已经不景气了，虽然电视机做得还可以，卖得还火，但是军品的任务越来越少，靠民品也是今天不知道明天，技术人员基本上能走的就都走了。那时候说老实话，苏州的技术人才很匮乏，我父亲去那里，是唯一一个高级工程师。我们名义上算是技术竞聘过去的。

1987年调动有一个目的，也是解决两地分居问题。083系统这些人员带薪去读书有一个条件，就是毕业以后回到原单位，满五年才能提出调动的事。当时他要来我们厂，我们厂也要他，但他们厂不放；我要去，我们厂也不放。一直到工作四年了，083系统内部可以调动，我就调到他的厂，然后我们一起从他们厂调到苏州。到了苏州我们就不属于三线厂了。

2000年以后，企业转型，就是国有转民营，我们就"集体下岗"。

实际上说穿了像破产这种情况就是国有资产流失，流失到个人手里。

我是破产之前自己辞职的,为什么?跟企业当时转了合同制有关。我也想回来照顾父母,因为我父母还在贵州,就办理"失业"。当时苏州有个政策,无论你是干部、工程师、还是工人,满50岁就可以退休,所以我们当时48岁就办了"失业"。企业象征性地多少给一点,就是2万多块钱,其他就没有了,不算内退。"失业"以后拿了两年多失业金,拿来正好交社保,等于自己没有收入了。两年以后我就退休了,工资很低,1040多块。后来随着政府调整,这几年每年加一点,退休12年了才3000块冒头,跟事业单位、公务员相比,在企业真的很亏。干企业的人是非常卖力的,但是收入可能是最低的,真的亏了这批企业人。我们好多同学是公务员,包括医院的护士,就是都匀的,他们退休以后,都四五千块、五六千块的,你看我们退休是一千零几块,而且是在苏州。我同学都不相信,我说不相信也就这样。

四、抚今追昔,难掩内心失落

我们三线厂最红火的时候就是20世纪七八十年代,工资也比地方企业高几块钱,80年代末就不行了。原来红火的时候都不愿意去政府部门当公务员——待遇很低,而央企待遇相对来讲很高,所以那时候都是削尖脑袋要往央企去,这是七八十年代。到90年代就反过来了:公务员待遇改善了,企业的人很多都往政府部门去。那个时候实际上就两个导向,第一个是从山沟沟里面尽量往市里面跳,第二个就是从企业尽量往公共部门跳。

冯世林、尹惠荣夫妇和冯子敏老先生
2013年在苏州东太湖合影

70年代是个什么情况?比如我是1977年上来的知青,下到083的都匀厂里。我是我爸的子女，应该说是回到他们原单位系统去上班，但是他们都觉得083好，把我们一个系统的这些子女全部送进083。那个时候确实083好，市委领导的一些子女也全部送到083。70年代确实很红火，工资比地方上高几块钱——几块钱也不得了。一个月生活费三十几块钱，不大吃大喝，生活中稍微节省一点，花不完的。肥皂、洗衣粉、卫生纸这些小东西也会发，好的话给你发个电风扇。80年代以后，在山沟沟里面比较单调、艰苦，职工开始往外跳，包括我当时也想往外跳，所以那时读书一个是充实自己，一个是想以后能尽量往外调，这是人们普遍的想法。像我们这些本地人就想到市里面去考公务员，公务员那时已经很吃香了，像政法部门的、州机关的、市机关的，就想到这些地方去。当然有些没有门路，也有到市里面企业的——都想往好的地方跳。

这些年难忘的事情还是挺多的，比如说"文革"时期的事情、"黑五类"的经历、上山下乡，都是挺难忘的。我们上山下乡的时候，我老父亲关在牛棚里面，那个还是蛮压抑的；后来到了贵州，进了三线厂，算是解放了。人生经历就这个样子——三线厂整个集体生活，早上都是起床号，工厂这一吹，我们门前那条大路上，上班的人群就像电影里面演的战场那样。现在有的时候你还能听见起床号、熄灯号，非常亲切。整个厂内社会非常热闹，运动场上，食堂里，非常热闹！现在我们再去看，全部荒芜了，厂区一片凄凉，看着也很有感触，有时候就会想起当初那个热闹的场景——这也是特定环境下出来的东西。

有人说把青春都耗在三线厂了，我倒没觉得这个样子，我觉得我在那很充实。我们当时那个厂长是从一个工人成长起来的，很和善，很关心我们，没有官架子。工作上印象最深的就是我们这一帮人吃完中午饭就去加班，奖金从来不提的——我们不知道有奖金——就跟着师傅干，完成定额，是一心扑在这上面，不计报酬，不想经济上这些东西的，晚上大概干到11点。大家吃饭就是大食堂，下了班大家就去吃饭，窗口排队，菜就是大众菜，一罐一罐的倒进去……但是吃得很香,现在好像就找不到这种食堂的感觉了。

厂里有各种文艺队,车间有车间的球队,厂里有厂里的球队。车间比赛,厂里比赛,各个厂互相比赛。篮球、足球、乒乓球,好多厂都有。体育场就在我们男女单身楼的前面,有时候不加班,大家打球热闹。没有比赛,大家自发打球,很轻松。当时没有电视,没有手机,要到城市里面去喝酒的话,太远,所以灯光球场就是大家每天文体活动的一个聚集地。

到苏州以后这种集体感情就淡漠了,下了班回家,互相不干涉。上班时间跟三线厂不一样,中午只有一个小时,甚至只有40分钟给你吃饭。有食堂,吃完饭接着上班。下午4点半或5点就下班,各回各家。这一点跟三线企业不太一样。要是大型企业,比如说马钢、宝钢这些,他们可能跟三线企业有点像。

那个时候人与人之间很亲近,虽然有各种派别什么的,但是因为都住在家属院,楼上楼下、左邻右舍,人与人之间那个亲切感、人情味很浓的。现在看不到这个,人情很淡薄。

历史就这么一步步过来,你想回到过去是回不去的。

以前住筒子楼,大家左邻右舍;现在住的房子,一个单元一个单元,一家不识一家,人情味淡薄不少,这个真的不一样。

市场经济以后,大家经济意识增强,为了自己的利益,可能相互之间人情味也淡薄了。真的,这是社会的大环境造成的。以前那个时候谁有什么事情,去买什么东西,比如从上海带回大白兔糖什么的,我给你一点,你给我一点。不过现在实行AA制也好——同学聚会,条件好的他可以出钱,但是次数多了人家也恼火,一个人出钱请大家吃饭,他请了一次,第二次可能就不太会再请,所以AA制就挺好。大家实际上都不富裕,虽然有人做老板,每次都叫人家请,被请的人也不好意思。所以现在不管是什么样的感情,跟金钱还是有点挂钩的。以前这方面东西想的不多,反正也没钱,穷开心穷开心的。要出去玩,到田野、小山村、山沟里面去玩,自己带着馒头,在当地挖点野菜就行了,没有像现在这样的,出去一趟花好多钱。

现在有钱,但是人并不快乐。那个时候虽然身上没多少钱,但是人很快乐,真的快乐。

我在三线厂时间比较短,他们说的在三线厂那种经历,可能我没经历过——我在那里才十年嘛。知青也好,三线厂也好,这是人生当中的一个经历。现在我们老了,退休了,原来的老同事回来,对我们来讲就是三线情结。人生经历的这些其实很丰富,确实也苦,也累,但是现在我生活能过得去。

马德安　马　玲
祖国哪里需要我们，我们就到哪里去

亲 历 者：马德安　马　玲
访 谈 人：张腾霄
访谈助理：蒋桂东
访谈时间：2019年7月17日下午3:00—5:00
访谈地点：贵阳市马德安寓所
访谈整理：蒋桂东　张腾霄
文本表述：马德安（宋体）　马　玲（楷体）

亲历者简介：马德安，男，1940年出生于四川资阳农村。1958年被招入四川132厂并到南京511厂培训，担任钳工和车工。1967年1月跟随511厂到达贵州大方县羊场坝，前期负责501厂的发电工作。1970年工厂开始正式生产，他从电厂调回工具科工作30余年，其间经历了工厂的两次搬迁，于2001年退休。马玲，马德安女儿。

马德安（左二）、马玲（右二）接受访谈

一、从四川到南京当学徒

我是四川资阳人,汉族,1940 年 7 月出生。父母是农民,我上面有两个哥哥,下面有两个弟弟。农村的孩子读书晚,1958 年我 18 岁上初一,刚拿到书,就通知我去四川 132 厂①当徒工,132 厂就是现在成都黄田坝那个飞机制造厂。

我们先到乡里去报到,在乡里背上被子然后走路到区里。在区里住了两天,再去县里住一晚上。第二天给每个人发一个黄牌牌,上面写着什么名字,几营几连几排几班,晚上坐火车到重庆。坐在火车上,人家就说:"这些小孩子干什么呀,都是小娃娃,都戴个黄牌牌,到底要干什么?"有人问:"小朋友你们到哪里去?"我说:"我们不晓得,我们到重庆。"到了重庆以后坐了三天船,早上 4 点钟到的南京。南京的 511 厂②派人找了公共汽车来接这一批人去培训。

开始我是参加钳工培训的,后来提出"一专多能",我就专钳工,还干车工。因为钳工月初没什么事,月底事情多,厂里就说月初干车工,月底回来干钳工。

本来 132 厂招的徒工送到南京去培训,培训以后回到 132 厂。后来,我们国家和苏联闹僵了,苏联不建 132 厂了,厂就垮了。我们这批人从资阳县到南京 511 厂去培训,一共有 2000 人,培训完了以后 132 厂不要了。有些下放回到农村去,有些参军去了,我就在 511 厂工作了。

大概到 1966 年初,我们国家自己把 132 厂建起来了。建起来之后,132 厂向 511 厂要人。他们说:"我送了 2000 个人来你这里培训,我要把他们弄回去干活了。"511 厂那边就说:"你们不是不要了吗?你们不要了,我们就把他们下放回家,让他们参军去了。"成都这边说:"不行啊,你那里现在还有多

---

① 132 厂是苏联援助中国 156 项重点建设项目之一,为歼击机制造厂,对外称国营峨眉机械厂,1958 年 10 月 18 日动工兴建,1964 年建成。

② 1949 年新中国成立前夕,空军 21 厂(国营第 511 厂金城集团的前身)在上海大场飞机场内正式成立,从事飞机综合修理,1958 年开始从事航空附件制造。1979 年 1 月,该厂踏上军转民之路,首辆金城牌摩托车诞生。

少我们送来的人？"511厂说："不行，这些人我们已经培养出来了。原来你们不要，现在又要了？我培训了半天，也需要这些人啊。这些人是我的生产骨干，你要想把他们带走，不行。"

132厂的人就守在南京火车站。他们给我们讲："你们想办法逃到火车站，户口什么的都不要，只要人逃出来就可以了，逃出来我们就把你们带回去。"那时候511厂是解放军站岗，铁丝网拉着的，跑不出来啊。511厂不让走，他们知道有人想回家，就让师傅陪着、看着，陪着一起睡。车间里面也交代了："把你的人白天晚上看好，不上班都没有关系，他要看电影，就带他去看电影，但是不准他跑。"厂长他们希望我们留下。

当时我也想回到自己的家乡。成都420厂①有个苏州人想离家近一点，调回苏州，我也想离家近一点，调回四川，两方单位就协调对调的事情。

二、一路颠簸到三线

三线建设之后，这个对调就不行了，以三线为重。

当时给的优惠政策是我爸到贵州来，可以解决我妈的户口，因为我妈是农村的，我爸就想，能把我妈的户口问题解决的话就来贵州。

工厂选人来三线，是搭配着来的，去了要能干活，要找年轻一点的。我属于年轻的嘛。那时候到贵州来没有动员，领导决定叫哪个去就哪个去。记得我正在上班，大概是下午2点过，我在干车工，我们工长跑过来说："马德安，你把机床退下来，我找你有点事情。"我就退下来。工长说："今天你下班以后把卫生打扫好，明天你就来办手续，到三线去。"我说："啊？我到三线去？我要对调啊。"工长说："对调？对调不行。"后来，特调处喊我去，就说："你到三线去。你刚才跟工长讲，说你想对调到成都420厂去，我已经给人

---

① 成都420厂曾经是西南地区最大的军工企业之一。

事科打好招呼了,你要以三线为重,不能对调。毛主席都说了,三线要建设好,不通车骑毛驴也要去。你们要响应毛主席的号召,要支援三线建设,要去搞三线。"

当时,中央决定511厂要包建一个三线工厂,要求包建的三线工厂选点一定要在贵州。511厂包建贵州501厂时,我们中的绝大部分①都来了。我肯定想对调回去四川,不愿意到贵州来嘛。贵州离四川还是要远一些,那个成都的厂离我家近得很。我还是想回去的,但是要响应党的号召,没得办法,只能服从命令。关于爱人户口的问题,那时候他们说:"你不用管,那是到贵州的事情,贵州会给你安排的。"

接到通知后我就给家里写信,告诉他们我到贵州去了。家里倒没有什么反应,觉得要调是正常的。这就像之前在511厂报名参军,我们好多人都去验了。验上了以后,厂里面就通知哪些人去,哪些人不能去。厂里说不能去的,就不准去——参军是为了保卫国防,在这里干活也是为了保卫国防。不允许我们去,我们就没有去参军。

从通知到动身来三线,给我们三天准备时间,就说:"你们明天来厂里,

1966年马德安(前排右一)离开南京前与工友合影

---

① 即从132厂到511厂培训的人。

到工具室去,把新的工具换好,什么尺子呀,卡尺啊,量具啊,都换好。换好以后,后天工厂就派人来给你打包,拖到火车站去给你托运,这些东西都是工厂管的。"好了,我们东西托运了,火车票给买好了,上火车了。结果那时候南京在闹"文化大革命",到处打架,火车站和轮渡闹矛盾。轮渡不开,我们就过不了江啊。过不了我们就在火车上等,打电话给厂里,厂里又派车把我们接回去,在招待所住了两天。1966年12月29号就走了。

1967年1月我到了贵州。之前我坐火车先回四川老家去看了一下,然后又从四川坐火车到了贵阳。四川也打架——"文化大革命"一路到处都打架。到了贵阳以后是个晚上,我们走了有三四里路,到贵阳河滨饭店去找人。那里接待以后,就说:"你们先住下,明天看买不买得到车票,买不到车票你们就搭便车走。"那时候一天只有一趟车。我住了一个晚上,第二天招待所就说:"马德安你可以回厂去了。"

我身上只有一斤半还是一斤二两粮票,就带着粮票跟司机一路走。这一路上从贵阳到羊场坝①,一走走了三天:第一天走出贵阳20多公里车子坏了,停下来等修好再走。天黑了还没修好,只好走了3公里,找一个小城镇住下。第二天又走,走在路上又坏了,又停一晚上。哎!又找一个县城在那里住。

那个时候没有电话,就发电报给厂里,说我现在在哪里。厂长当时已经急了:"这个人从贵阳前天就出来了,为什么到今天还没有到呢?人到哪去了?"接到电报他们说:"这个人还在路上!"

第三天晚上五六点钟到羊场坝,就到我们501大方那个点。到了后保卫科乃至县公安局的人都来了,问我出了什么问题。

那个时候国防工厂不得了,保密得很哦!我说:"这个司机说车子坏了——第一天说他车子坏了,第二天说他车子又坏了。"他们问我:"他做了什么?"我说:"他在路上照了相。"他们说:"照了什么?"我说:"他把车子掉头过来,有个女的坐在车子上,然后给她照相。"他们问我:"那个女的是哪里的呢?"我说:"听说是大方的。"公安把这个司机找到,就让他把照相机交出

---

① 当时厂址设在大方县羊场坝乌鸦洞。

来,又把那个女的喊过来:"你们为什么要照相?"问他:"你自己拖国防物资,你怎么能这样!你是江西车队来的,你们车队交代好的不允许照相。"然后就把他们带到县公安局,把相机收下来,把照片冲洗出来,没发现有什么。但是这个车子拖着电池的瓷瓶,这些材料是一筐一筐的,有的露在外面,他照的照片上看到了瓷瓶。

后来调查清楚了,女的是大方当地的老百姓,地方上处理一下就放了。对于司机,后来就告诉他们车队的队长说:"这个人不懂规矩,照了相,看你们要怎么处理?"他们队长就把他调回去,另外来人。我来的时候我们厂是三个车队的司机负责给501厂运沙石、木料这些建筑材料,一个是上海车队,一个是北京车队,一个是江西车队。

三、 受欢迎的三线人与不被理解的发电工

然后我们工厂就开始包建。那个时候真苦,先来的人传消息回去,我也知道这里艰苦,但比想象中还要艰苦。我记得打水吃的地方离我们那有点远,翻山越岭可能有两公里,就那么宽一点的河沟,水脏得不得了。

贵州这个地方一个是冷——我们来的时候也没想到贵州有这么冷,冬天路上结冰,里面车子开不出去,外面车子开不进来。元月份的时候,我们四个人走路到大方百货公司去挑棉被。那个时候买棉被,还要棉花票。我们是外地来的,没得棉花票。厂里就写个条子,让我们拿着去,给我们说:"钱不用给,什么也不用管,你们拿着走,他们和厂里面算钱。"我们挑着回来,那个棉絮上面结了一层冰。

另外一个是山比较大,上班的时候走路要上坡下坎。那个坡好陡的呀,上坡又下去,但是没有办法。当时我们来了有一二十个人,包括炊事员、保卫科人员、公安,来了就做前期的准备工作。一部分人负责领导、定工,找几个大方当地的老乡打山洞。山洞打通了以后,我就带着我们511厂来的三个人,再加上三四个民工,白天夜晚地发电——我们来的时候贵州没电,点煤油灯、马灯。开始弄一个小的发电机是12千瓦,然后增加到50千瓦、74千

瓦、620千瓦。620千瓦的发电机本来是要到印度尼西亚去的,印度尼西亚和我们国家的关系搞僵了以后就不给他们了,就从海上拖回来。中央决定给501厂两台,一台放在贵州给我们,另外一台放在陕西汉中。

发电不能停,要24小时发。宿舍离我发电的地方有三公里远。我们先是两班倒,天还没有黑就走起去上班,把那批人给换回来,把晚上的晚餐带过去,第二天早上再回来。后来就是三班倒了。炊事员白天中午送饭。我们厂专门自己架了电话,打电话问发电工今天想吃什么东西。然后一盒一盒的饭打好,用背篓背好,带到发电的那个地方去。我们晚上回来,一个人发五节电池的电筒,三四个人走三公里路走回来,到一两点钟才到,然后去敲炊事员的门,把他们拉起来,说我们要吃夜餐了,给我们弄饭——就这么辛苦。

1968年上半年,电厂建得差不多了。然后开始建厂房,拉电线。当时建厂就是找一个平的地方建,然后把草从山上推下来,把那个厂房盖掉,看不到山头看不到厂房,比较隐蔽。厂房离电厂还有30多公里。为了给厂房通电,男男女女、老老少少,不管你是家属还是职工都一起帮着拉高压线。有河沟就过河沟,有崖坎就跟着线"梭"(滑)过去,"梭"到对面山上,把电线拉好通电。501厂自己发的电,通501厂、143厂——143厂是西安430厂包建来的。

我们这个厂好就好在原来国民党留下来一个厂房①,后来移交给毕节师范学院。毕节师范学院只允许看守,不允许使用——它是国家一点一点交给你的,有多少凳子、多少椅子、多少床铺、多少房子,毕节师范学院只能看守,不能使用。厂房那些他们都不敢动,一样都没有动过。里面有一个发动机厂,还有军官住的房子——蒋介石住过——有家具、椅子、桌子,很多东西。我们厂来了以后,毕节师范学院按照贵州省国防办、毕节地区的命令全部移交给我们。

那时候贵州这边的地方上,比如县政府对我们挺不错的。我们工厂附近有家地主,因为有保密规定,他们就明令让地主搬走,不准在这里。

贵州当地的人对我们还是比较欢迎的——欢迎得很!听我们讲话不像大方话,他们就问:"师傅你从哪里来的呀?"我们就说:"我们从南京来的。"

---

① 乌鸦洞溶洞群内的厂房。

他们就说:"哦!来,坐坐坐!"那时候我们不是有毛主席像章嘛,唉呦,他稀奇得很!① 那个毛主席像章要是给他一个,唉呦,他们热情得不得了!

晚上发电的时候要从老乡的门前过,他就认识我们了,然后就会拖着我们进去坐一会儿,去他们家吃苞谷饭、吃腊肉。他知道我们是国防工厂,保密单位,是做飞机的工厂,对我们相当好——当时老百姓相当讲道理的。我们那个时候来,东西很便宜,像三四斤重的一只鸡,你给他两三块钱,他就卖给你了。我们也尊重当地的风俗习惯,我们来的时候厂里就给我们交代了,老百姓叫你到他家去,你一定要去;叫你吃点东西,你一定要吃——你不吃,就是瞧不起人家。当地人每年都给我们送一两只鸡来。比如,你姓李,我姓李,我们两个是老乡了,是一家人了,认家门了。

一九七几年的时候我们去农民家玩,有时候赶集就会去农民家睡,玉米熟了,他们都会掰玉米来烤给我们吃。

我们生活各方面都有保障,政府很支持我们,国家有粮食配给我们。像我爱人是四川农村来的,当时来探亲,没有粮食吃,来了以后还给配三个月的粮食:油、米、面。到了期限以后,又配三个月的。看病厂里面有医院,医院有两个医生,有些病看不了,要骑车拖到县城去。地方一听说我们是工厂来的,相当支持我们。像地方上,大方县有什么事情也慰问我们一下,给我们发一点东西。县里能给的都给你,因为带动了他们地方的工业嘛。

当时和我们一起包建501厂的是贵州建筑四公司。我们发电机小,那个四公司有三四百人,建筑工地的也有好几百人。他们晚上用电用得相当多,不管100瓦灯泡还是150瓦灯泡都在用。我们去查他们的灯泡,告诉他们:"我们发电机供应不了,你们不能用这么大的灯泡。"他们就不干,说:"我们是来给你们搞建筑的,用一点电有什么关系?"我们去了四个人,他们就把我们的人抓起来了。我就跑出来去通知武装部部长,他是我老乡,部队转业下来的,我们一道进厂的。部长喊了个民兵,拿着机枪、步枪就冲到外面守着。

---

① "稀奇"为西南地区方言,即喜欢。

部长说:"我一开枪你们就给我冲进来打。"我看机枪、步枪都来了,不得了,要出事! 就马上给厂长、副厂长汇报。他们喊那些民兵撤掉,这才没有出大事。

四、在工具科

工厂快要投产的时候,1969 年二三月份南京 511 厂来了一大部分人。这些人来了就要生产了。来的时候把生产工人要用的东西都要带来,连生产工具都要全部带到贵州来,要不然到这边来以后,没有工具你怎么生产? 哎呀,做工的什么榔头咯,锉刀咯,扳手咯,什么乱七八糟的东西你都要带起走。

工人们来了,那时候苦啊,房子不够住。东西是托运过来的,东西到了,人还没来,东西都堆到一个大的坝子里,用东西盖着。结果当地老乡来偷大包裹,还有从南京带过来的一些咸肉咯,香肠咯。

后来还来了一批广东人,叫"塔山英雄连"①,300 个部队转业下来的退伍兵,整整齐齐地开到了 501 厂。

1969 年 3 月 25 日要生产了,但是生产不起来——这样东西没有,那样东西没有,只能慢慢地起步,到了 1970 年才正式投产。

投产后工人原来是做什么工作的,现在应该还干什么。但是因为南京 511 厂不一定来这么多人,这个岗位缺人,那个工作也缺人,那么就有一些人顶上来,工作岗位就变了。

我做发电工的车间叫动力车间。动力车间要留我,但因我在南京 511 厂是车工和钳工,所以把我调到了工具车间,负责全厂的工具整理。当时全国各地发来的东西,量具、刃具、钻头、车刀,这些工具都一箱箱堆在那里,不整理出来也不行啊,我就整理写在账上。

当时工厂建制跟南京的 511 厂是一样的,工会啊,团委啊,这些都有,负责组织工厂篮球赛啊,足球赛啊,还放放电影啊……这些文体活动当时搞得比较多,因为厂里面是单独的一个社会。"文化大革命"的时候每天晚上开

---

① 应该是隶属广州军区某团的"塔山英雄团",是中国人民解放军广州军区某团的荣誉称号。该团于 1940 年组建,初为八路军山东纵队第 5 支队第 16 团,后为东北野战军第 4 纵队第 12 师第 34 团。

会，要学习。

现在不存在保密不保密了，原来我们是保密单位啊，生产的东西不能带出厂，图纸也不能带出去。特别是外面的人来，图纸是不能给他们看的。专门的车间是不准进的，要签名、登记，你进去干什么，几个人进去，几个人出来，什么时候出来。像我们在南京，只能讲南京市202信箱，不能把编号告诉人家，不能讲南京511厂，南京511厂别人不知道是干什么的。那个时候我们511厂是军人站岗，你是出不来的。虽然自己感到挺光荣的，但也不敢骄傲，不敢对外说自己是军工企业。

20世纪70年代马德安（前排左一）与工友于011基地501厂羊场坝厂区合影

我们501厂有自己的信笺，有个代码。金江机械厂是另外一种信笺。以前有个校长，我们老乡，他用501厂的信笺寄给国外的亲戚，后来受处分当普通老师了。当时羊场坝厂是一圈围墙，我们小孩要进去都是偷偷溜进去找大人，抓得严的时候，连小孩都不准进的——虽然门岗跟你是熟人，他晓得你是谁家的女儿，但他不会放你进去。

在工具科，我们有时候到北京三机部开会，主要是大家工具调剂调剂，你什么东西多，他需要什么；他东西多的，你要不要——大家调剂一下子。011基地二三十个厂也办培训班，大家学习专业知识。我们厂有一部分到日本、德国去的。那时候那边的工资高，到德国去工作半年、一年，他们又赚一笔钱回来。

在工厂干得好就表扬一下，给你个先进。因为干得好，他们叫我入党，我不入。年年喊我入党，支部书记找我谈了几次，非要叫我入党。我说我不入党了,以前写了申请入党,他们说我有个亲戚在国外。我说:"我哪有个亲戚在国外?"也查不清楚,但是就不给我入党。后来我到了年纪就不想入党了——入不入党都要干活。我不是党员,但我比党员做得好。有的党员还不如我,就挂个名字,挂个党员的牌牌。

我基本上每年都是厂级先进,还有车间先进,那时候我们没有奖金,只有奖状、证书,发一个什么钵钵①,发条毛巾。也没有升工资——我是一个小小的科室主任,升工资,你要让老百姓先升工资嘛。我们小头头先升了,老百姓不是骂死了?升工资基本上按3%的比例,升哪个我要跟科长讨论。

我们厂开始是搞军品的,后来又搞民品。主要是挖掘机的泵,液压泵。设计人员就设计液压泵,还派一些人到德国去学习。我们原来生产的液压泵是最好的,还有出口,后来就不行了。军品是上面指定的哦,民品要你自己去摸索,自己去搞,搞得出来发展前途就大。改制以后啊,关键看能不能生

1989年2月马德安被501厂评为厂级先进生产(工作)者

产出新一代的民品来。整个011系统好多工厂都倒闭了,我们厂现在还算可以,马马虎虎。现在工厂每个月给我256.7元,社保工资给我3334.7元,那么就是3500多元。我们每年还有补贴,半年发一次,1000多块钱。

五、三线锻炼了我

我这一生从小年轻十七八岁的时候出来,一直到现在也80岁了。我们这一生为共产主义、为工厂、为国家做了一定的贡献——不说很大的贡献,

---

① 四川方言,即喝茶用的茶缸。

但做出了一定的贡献,没有我们就不会有今天。贵州本来没有什么厂,没有工业,主要是靠三线建设来的工厂,现在贵州有好多我们这些三线建设的工厂啊。没有三线建设,贵州也发展不起来。我们老人的思想,跟现在年轻人的思想不一样。这一生就是祖国哪里需要我们,我们就到哪里去——一个号召我们就去。不管艰苦不艰苦,没有什么二话可讲的。

在大城市看电影呀什么的多舒服呀。那时候生活又方便,买东西也方便。像我们这些人是"献了青春献终身,献了终身献子孙"——都献给了国家。我家三个孩子,老大1968年出生,老二1970年出生,老三1974年出生,三个孩子都是自己带。我爱人还要工作呀,她从农村来时还在厂里做临时工,做小工,修房子帮挑灰浆、挑砖头啊。孩子养大点了,就丢到幼儿园去。我们自己厂里有幼儿园、学校。厂里面的学校没有话讲,老师都是自己厂里的职工。不过,教育程度比起南京那是要差得多。如果在南京,小孩子受的教育就不一样了,他见的世面也不一样了。我曾经跟孩子讲过我们来贵州的事情,到贵州来是没得办法,那是响应党的号召,那个时候说让你到哪去就到哪去,你是二话不能说的,不能说我不去的。

我这一辈子反正就这样贡献给国家了。原来到工厂的时候,就想要好好地当个技术工人。哪知道后来没当成技术工人,去做了科室人员。反正分配到哪儿就去哪儿干,到哪个单位就把哪个岗位干好就行了。像我们这些是拼命的,从南京搬到羊场坝,从羊场坝搬到扎佐,从扎佐搬到这边,那个时候我们是自己私密地搬,不请一个人呀!像我们这些人,年纪越来越大了,身体越来越差了,病也多了。国家对我们三线工人照顾不够啊!

三线工人为了建设三线搞国防,从大城市跑到山沟沟里,没得办法。现在身体都老了,国家应该考虑考虑——这些老的人活不了几年了。

不过,这一生也值了。从南京来到贵州,锻炼了我们。一是锻炼了我们艰苦过日子,二是锻炼了我们不要依靠别人,把自己的工作搞好,一心一意地扑到工作上。这一辈子做什么事情不要违反国家的法律,不要违反国家的政策,要响应国家的号召!

杨军凯
我把一生献给国防事业

亲 历 者：杨军凯
访 谈 人：陆　远
访谈助理：王余意　蔡子扬
访谈时间：2019年7月17日下午
访谈地点：贵阳市三桥新街28号林泉电机厂家属区
访谈整理：王余意

亲历者简介：杨军凯，男，1934生，籍贯辽宁，中共党员。1956年入伍，1960年进入国防部第五研究院二分院第六设计部，1965年转业到林泉电机厂（3651厂）。参加过三线工厂的选点工作，作为车间指导员动员职工参与三线建设。1970年来到位于贵州桐梓的林泉电机厂，历任工厂车间主任、厂办主任等职，1994年退休。

杨军凯（左二）接受访谈

一、不蒸馒头争口气

我是 1934 年生人,老家在辽宁黑山。我 1956 年入伍,是 38 军①的炮兵,搞无线电的。1960 年我从部队到了北京国防部,1970 年又从北京到了贵州的三线工厂。

当兵前,我是老家村里的团支部书记。22 岁入伍,这个岁数在当兵的人里算是比较大的,为什么我还要去?因为团支书要带头。那时不考虑自己的孩子,也不考虑家里有老人,只想着我得带头报名,下边的工作才好做。那时候部队还入朝鲜呢,我所在的队伍作为补充调换,驻在鸭绿江这边。当时还有苏伊士运河局势紧张,我们有三个月睡觉没脱衣服,背包放在枕头边上,多余的东西打包好,写上名字,随时准备出发。这叫一级战备,随时准备打仗的!

我本该在 1958 年退伍,退伍前部队打算送我上学,因为我只有小学文化程度。我说我不去,家里还有老人,想回老家——结果老家也没回成,因为新成立的国防部第五研究院二分院②要从全国的部队里选拔一些家庭出身好、有点专业知识的人。我们团有八个人被挑去二分院,我就是其中一个。1960 年 2 月,我到了二分院第六设计部。当时的研究院隶属总字 743 部队,我们虽然不享受军人待遇,但属于部队编制,技术人员和干部都要穿军装。

我们这个研究所是搞航天器上的元器件的,进来的人都要经过严格审查,光家属就审查三代啊!职工一部分来自部队,另一部分是全国工业发达地方的老工人,尤其是四级工以上的老党员。当时保密程度很高,我们在哪儿工作,不能让家属知道具体地址。凡是家属想找我们,按信箱号找是找不到的。就是问邮局,邮局也不告诉你。围墙外的老百姓不知道这里是干什

---

① 38 军的历史可追溯至 1928 年参加平江起义的湘军独 5 师第 1 团,之后汇入工农红军红五军。在解放战争中,其名称为东北民主联军第一纵队,于 1948 年 11 月改称中国人民解放军第 38 军。38 军在朝鲜战争第二次战役中表现出色。从朝鲜战场返回后,38 军驻防东北。1985 年,38 军改编为中国人民解放军第 38 集团军。

② 1956 年 10 月 8 日,我国第一个导弹研究机构国防部第五研究院正式成立。此后,国防部五院成立了若干分院,二分院创建于 1957 年 11 月 16 日,位于永定路。

么的，只知道是个机关，里面有工人，有当兵的。要想进入工作区域，得经过两三道岗。每位职工有出入证，大家出门后都把出入证换来的牌子拴在裤腰带上，怕这个牌子丢到外边，被坏人捡去就不好办了。这么做是对的，这儿的材料和咱们平常见的铁啊、钢啊不一样，当时担心特务混入，拿走材料去分析成分，所以保密程度比较高。

那时我们有个誓言："工作在永定路，死在八宝山。"来这地方了，就老老实实干，从事国防一辈子——就这意思。1960年苏修上台，苏联单方面撕毁协定，撤走专家。当时咱们国家提出"不蒸馒头争口气"，知识分子，包括我们这些没有什么文化的，都加强学习。大家下班后吃完晚饭，都在办公区、宿舍看书学习。那时候年轻，不知道哪儿来的那股劲，非要给国家争口气不可。当时的红二导弹①，整个研发的苏联专家都撤走了，都是我们自己干。像我是小学文化程度，刚到车间连铣工都不知道，还以为是洗衣服的。在老家没见过铣床，当兵时也没见过这个东西，20多岁当兵回来，什么都不懂。开始我连代数、方程都不会，都通过自学学会了，达到初中文化程度。现在想，不知道那时候哪儿来的那个劲儿！记得我承担一个模具任务，完全是用

1960年2月杨军凯（二排左一）与战友于通钢等合影

---

① 红旗二号导弹是中国第一枚国产地空导弹。

手工锉出来的。因为国产锉刀不够硬，我整整做了三个月，一个礼拜天都没休息过，都搁那儿埋头做。

到了1965年，上面提倡三线建设，说是毛主席睡不着觉，哪怕没有交通，骑着毛驴也要到三线去。我们属于听话的人，一听毛主席这么关心，就响应号召来了。

三线建设是为了防止苏修入侵，如果苏联真的从东北打过来，那么南方还有隐蔽的地方。听说过"山、散、隐"吗？就是"靠山、分散、隐蔽、进洞"的布局原则。我们厂分别派人到河南、陕西、贵州等地考察选点，我去的是陕西汉中。最终选定把工厂建在贵州桐梓①，娄山关脚下的一个县城。

也是在1965年，七机部把五院的一个研究室和模样车间合并成一个厂，批准名称叫林泉电机厂，代号3651厂，454信箱。② 当时我是模样车间的指导员，也就是支部书记，我得去动员职工参加三线建设。这个工作相当难做，但不做又不行。对于家住北京市的职工，我要到他家走访。有的走访了十几次，家里面说什么也不同意，那也没办法。咱们得从实际出发，不能强迫。确实有的家庭只有一个孩子，他来了三线的话，家里两位老人就没人赡养了。所以工作做到一定程度，不来也就不来了。最后落得个什么呢？听话的都来三线了，没听话的都留在北京了。当然，没来的只是少数，30多人中有五六个吧。

除了动员大家参加三线建设，我还得帮留在北京的职工安排新工作。我们车间有一个山西籍的1955年的兵，干铣工干得很好。他在通县找了老伴安了家，家里有三个孩子。我跑了四趟通县，帮他安排工作。我跟县领导沟通："这是国防部出来的二级工，他的技术能和你们这儿的四级工相比。如果比不过，我不求你们。"一比较，咱们这位二级工确实比地方上的三级工、四级工厉害。因为什么呢？我们的铣工学得全面，什么样的图纸设计出

---

① 林泉电机厂的建设地点为贵州省桐梓县鞍山区燎原公社陈家湾。林泉电机厂（国营3651厂），隶属中国航天科工集团公司061基地的现代化企业，是中国航天微特电机、二次电源及小型化遥测设备的研制生产单位，是航天微特电机专业技术中心和检测中心。林泉电机厂成立于1965年，1966年内迁贵州桐梓，1987年调迁贵州省贵阳市。
② 根据第七机械工业部1965年批文，原七〇七电源研究室（四室）、例行试验组、模样车间及部分机关人员合并，组建专用电机厂，第二名称叫国营林泉电机厂，代号3651厂，454信箱。

来，他就得干出来。所以无论走到哪儿，国防部出来的工人，人人佩服，技术过硬呐！

二、工厂在三线里面真困难

工厂到了三线后是"边建设、边生产、边生活"。1966年，一些当过兵的先过来这边搞基建。我是1970年最后一批到三线的——军管会信任我，在二院整个撤出以后，让我留下做收尾工作，和另一位同志带着所有的档案、材料从北京过来。1970年，林泉电机厂800多名职工，算上家属，差不多100多人。有五个车间，职能科室齐全，包括生产科、劳资科、器材科、总务科……这儿好像一个小社会，什么部门都得有，吃喝拉撒睡都得自己管。

迁来桐梓后，我在我们厂待过很多部门：厂办、总机关、政治处、机动科、车间……做厂办主任的缘故，和地方打交道比较多。要说桐梓相较北方落后多少年呢？我估计差距有三四十年。1965年我们来桐梓选点的时候，这里还没通火车呢。就文化程度来说，我是小学水平，在这里算高的了。当时像我们一样年龄的，哪有念过书的？地方的发展情况，也较北方差得远了。县里面没什么工业，就只有化工厂、化肥厂、瓷厂、茶厂、酒厂这么几个小厂。雨天进县城，是要穿雨靴的，一下雨，道路全成了"水泥路"。

我们刚来的时候各方面不适应。烧火用的是"煤巴"，大家天天下班后就和泥巴去，把面煤与黄泥和在一起，然后放进土炉子里烧。那时候厂里统一在楼下边盖个煤棚，每家有一间。我有段时间当厂办主任，就让车队司机到煤厂拉一车煤来，装到车里装不下为止，起码五六吨，再把这些煤分到各家，使一年都使不完。煤的质量不好，蒸馒头的时候，水蒸气老上不来，蒸出来的馒头经常是黏糊糊的。有时等到做完饭了，火反而上来了。那会儿的米，也没法跟东北大米比。面也没好面，烙饼啊，包饺子啊，面都是黏的。刚到这儿时，吃不来辣，尤其吃不惯鱼腥草。记得第一次吃鱼腥草，我第一口咬下去，就吐出来了。

职工们吃的粮食、蔬菜都要到乡下甚至外地去运来，吃什么东西都是统一分、统一领。比如去地方上买粮食，粮食公司没有汽车，山沟里一些不通公路的路段，甚至得自己背，能背30斤的背30斤，能背50斤的背50斤。有一年快过春节的时候，总务科的人到乡下买了两头菜牛，被乡卡拦住不让过。他们来找我，我又去县委找到书记，书记给我批个条，才把牛拉回来。生活挺困难，不过县一级、乡一级的干部都挺好的，他们基本都是南下干部。因为我们属于县团级单位，所以好办事。我们还从云南买蔬菜，从浙江运来梨，夏天会拉几车西瓜，给各单位分，每家分到十几个大西瓜，哎哟，那都多得吃不了！有时候运来好几车，没地儿放，还得盖个冷冻库。所以工厂在三线里面真困难。有一年我想吃北方经常做的青椒炒肉片，在整个桐梓县找不着一个青椒，有钱没处买。

手表、自行车、缝纫机这些，挺难弄的，市场上看不到，想买都要通过当地百货公司经理。有的职工家里边来信了，说谁谁结婚需要一块手表，会先找我，我再去找百货公司经理。有的一下子要几块手表、几件缝纫机，也不可能都满足，这些经理还有其他的关系找他帮忙。往往这些经理跟你谈着谈着，就管你要东西，我一般都给。但他提出要无缝钢管，拿来冬天生炉子用，那可是做炮、做机壳的材料，和别的无缝钢管质量不一样，那不能给啊！所以有时候也得罪人。

那时候物资匮乏，我们也和当地干部、群众互相帮忙。比方说，我想给我们厂里职工弄点冬天用的块煤，就到乡里的小煤窑看看有没有好煤。小煤窑想要我们帮忙弄两桶柴油，我说："这我可以给你调，你给我全厂弄好煤就行。"再比如有一年冬天，厂里锅炉房缺煤，拉完一冬天的煤起码需要八辆车，我们车队才四辆。我就找部队去借车，部队里汽车连连长问我："杨主任，你有汽车配件没有？"我们厂有个汽车配件库。我说："你缺什么，就上我这儿弄。"他也爽快地回我："你再要用到车，两辆三辆的，直接找我，不用找团长。"以后我借车，就直接找他。这叫互相帮忙。再有，县里邮政部门遇到了线路问题，我就帮他们从厂里调来线缆。不过收点保管费，就是今天先帮你调上，明天还我，稍微收点保管费。

工资水平的话，1970年全厂一个月的工资才发4万多块钱，职工大概

1000 人，平均每人也就四五十块钱一个月，你看工资低不低？1960 年我们到二院后是中专生待遇，每个月拿 32 块钱。半年后升上二级工，工资涨到 43 块 4 毛 8 分。很多人一直是二级工，十多年没涨级，到了桐梓后只有一九七几年涨过一次。我是比较早的三级工。来贵州之后我每个月工资是 70 块钱，这 70 块钱当中要拿出 20 块钱寄到老家，因为家那边没有劳力，工分不够，要还公家钱，交粮食费。剩下的钱养全家五口，三个孩子加我们夫妻俩。不过那时候东西很便宜，5 块钱能买 30 斤大米，鸡蛋几分钱一个，猪肉、羊肉 3 毛 5 分一斤。但是买肉还是要凭票，你得有关系、认识人，才能弄到好肉，不然给你这么厚（比画）的肥肉。

工厂到桐梓之后，基本没有保密制度了。同样的进厂程序，在北京要经过两三道岗，在这边牛都能领进厂房里。环境变了，也敞开了。好多事情和当地的老百姓有矛盾，比如说，老百姓紧挨着工厂的围墙种地，但是工厂的图纸设计中，围墙外要保持一定距离。我们不让种，就容易发生冲突。常常是职工中午吃完饭，刚想休息一下，老百姓拿着铁锹、铁棒冲进来砸东西。处理这些关系，一般都通过区、公社来联系解决。因为什么呢？他们用我们的资源。我们许多厕所的粪肥都分给公社的生产队用——不这么做的话，他们跟我们干架。

地方老百姓可羡慕我们了。我们是县团级单位，又是军工厂。像我这样一个办公室主任，能和县长、县委书记平起平坐。县里开几级干部会议时，厂长有时候派我作为代表出席，大会都把我的座位安排在主席台前边，还给我安排单间的住宿。这和乡里来的、区里来的干部不一样，显示出比他们官大似的。每次开会都对全县广播："在主席台就座的有：国营什么厂，什么领导，什么职务，坐在前排……"林泉厂在桐梓招工，也不是随便什么社会人都能进来。一般优先招两类人：知青和退伍军人。

三、我最愿意的是在车间和工人在一起

我待过很多岗位，管过干部、组织、宣传、团委、学校，但是最愿意的还是

在车间和工人在一起。因为我本身是工人出身,跟工人最亲切,他们找我,我能伸手、能帮的,我就干。机关就不一样了,各有各的事,看你怎么去弄。最困难的是啥呢?写材料。因为我文化程度低,有时候提笔忘字。直到现在,我这字典也总离不开。但是到了车间,里边各种人都有,你作为书记,总坐办公室不行,要深入下去了解工人的生活。正月初一到初三,春节拜年,工人们一会儿来一帮,一会儿来一帮,没什么东西,喝点儿酒,就着馒头吃,特别热闹。我愿意过这样的生活。

支部书记主要管思想工作。特别是当兵出身的,过去很强调政工,革命传统、军人作风和精神要带给下边。比方说,职工的家属来了三线,厂长、党委书记和其他厂级领导干部,都要到他们家去看望。家属有什么困难了,孩子生病了,支部书记都亲自帮忙解决,这是老八路的作风。现在可没有了,现在这种作风给丢了。

那时候厂里有定期的政治学习,根据上级的指示由政工部门拟定计划,下到各个车间。比如"三会一课"制度:支部大会、支委会、党小组会,支部书记讲党课。上级会经常检查,看支部的工作计划、会议记录、完成情况等。咱们很多人只有小学文化程度,那些马克思、恩格斯的书咱也看不懂,但是都要学。我是书记,不给大家讲还不行,那就反复看,再把自己理解的意思给大家说说,就这么干。另外还有时事教育。在北京和贵州时,我们都有宣传部门,定期做时事报道,包括中苏珍宝岛战役等,每天在宣传栏出海报。另外每个车间的党支部都有一份参考,专门给支部书记用的,那是份正面清单,反面的东西不让登。

其实我在工作上也有过难题,曾经想要调个单位。虽然大部分同事都不错,但也不是所有人都信任你。有个别人,可能他对咱不好,咱对他也不好,那这样工作就不顺利了。所以我曾经给061基地写信,说不想在这儿干了。上级已经批准了,县里也同意接收——当时我在厂里已经当了中层干部,属于正科级了,县里的正科级也没几个。但是这边厂长、党委书记不放,那就没辙了。

我也想过要调回家。因为两地分居的问题永远解决不了,快40岁了,还是一个人生活。在北京的时候,我们也是分居两地。每年上级给的调动指标很少,有的地方甚至还造假呢,因为不造假家属就来不了。到了 80 年代,中央有文件,不管是在北京也好,到三线也好,都可以带家属,到那个时候才基本解决了职工的两地分居问题。我老伴 1977 年才来到贵州,她来的时候,大儿子留在老家照顾我父母亲,两个小儿子跟着过来了,他们来的时候都上初中、高中了。后来这两个孩子都通过招工考试进的林泉厂,整个基地招考,没有什么照顾。

四、 工厂搬迁与我的退休生活

  1991 年,林泉厂整个从桐梓搬到贵阳了。为什么会搬?这有个故事在里面。我们这个单位原来想回北京,职工们闹得很厉害,就不想在贵州待。因为地理位置和交通的关系,80 年代来贵州出差的科技人员越来越少。他们出差一趟,从贵阳下了飞机,得坐七个多小时的汽车才能到桐梓,路况还不好。外边出差来这儿的人少了,任务单也就逐渐减少了。比方说我们在北京搞到一项任务,让人来验,谁都不愿意来。要是再遇到问题拿去返修,时间也耽误得比较久。所以大家都想回北京,二分院也要我们,因为这是"独一门"。为什么没有回北京?当时的贵州省省长不放。我们这个建制单位是有实力的,曾经贵州要试产电视机,就选择了我们厂,结果还真搞出来了。搞完之后受地理条件的限制,工厂状况还是不行,我们要求离开桐梓。省长就发话了:"贵阳你随便找个地方,其他哪儿都不行。"他了解我们单位的情况,这么多的科技人才,有搞无线电的,也有搞交流电、直流电的,等于一个研究所的价值,所以不让走。

  企业改制,我们也跟着改,不改不行。原来我们是供给制,比如职工家属来了三线,厂里就给你配家具,用水用电都不花钱。那时候有钱呐,领导去趟北京,要个新型号,希望给个几十万块钱的研制费,上面都给你,因为你这个单位有实力啊。改为企业制后,不给你钱了,怎么研制?所以我们厂大概 1984 年提出要军转民,搞民品去。盘式电机、电风扇、电视机,这几样都搞。还搞过小电机,就是搅拌机、吹风机那种,我们一天能出 1500 台。工厂比较困难的时期是我们刚来贵阳那会儿。那时候桐梓有 100 多人要退休,这些职工是做水泥砖这类劳力的,得养着他们。同时,盖房子又投资了不少钱,把我们厂的老底掏得差不多了。搬到贵阳之后,科技人员走了不少,回北京、上海的比较多。

我是 1990 年就来贵阳了,带着十个人过来装两条生产线。那时候工厂在新厂址附近盖着新房,我们装生产线的住了三个月的招待所。等 1991 年工厂整个搬来的时候,房子基本盖好了。我干这一辈子,就得了这一套房。交了多少钱呢?工人交了 2 万块多一点,有职称的就多加分少交钱,像我是中级职称,大概交了几千块钱。

我们这单位现在为什么日子好过呢?我们在北京丰台盖了厂房,每年靠出租收不少钱;我们还在好几个地方有办事处,北京一个,上海一个,原来武汉和昆山也各有一个。办事处效益还可以,我没退休的时候产值上亿元,现在产值达到 3 亿多元了。

现在的企业与过去比完全不一样了。有一回老厂长来了,我陪他到新厂房看看,设备全是新的、进口的。工人最低是大专学历,都是专业技校出来的。现在招工是双向选择,有的人来这单位,经过审核可以用,人家干不干还不一定呢,"不行,我走了"。过去我们那代人是献了青春献子孙,我已经献子孙了:两个儿子进了这个厂,我孙子在单位驻上海办事处。再一个跟过去的区别,举例讲,厂长给车间主任 10 万块钱奖金,这 10 万块钱只有他俩知道,底下工人不知道。我们那时候没有什么"模糊奖",假如我拿 1 万块钱奖金,不光我知道,下边工人都知道。过去不仅公开,还比较公平,你拿 10 块,我拿 10 块。现在可能车间主任拿 20 万,其他工人拿几千块,不一样,所以工人就有意见。

我是 1994 年退休的,比 60 岁提前了几个月。退了休我还给一家温州的私人企业打了两年工,我在那儿当办公室主任,负责招工、培训。我在贵州每个月拿五六百块钱退休工资,到了温州的企业,人家给我 1000 多块钱,拿我当人才,就体现了我的个人价值。这是个什么机缘呢?这位温州的老板也搞小电机,订过我们厂的零件。他来我们厂以后到车间看过,当时我是车间的支部书记,懂业务,不是光会说,又当过办公室主任,会管理。听说我退休了,他就叫我去了,还让我老伴过去照顾我,给我们两人1800块钱一个月,这是1998年。1500块是工资,剩下300块给我们俩吃饭用。温州这企业还给我房子住,有电视、沙发,我母亲来温州的飞机票还给报销,挺好的。所以我干了两年。干了两年,起了挺大的作用,起码生活上宽裕不少。第一次发工资发了三个月的,我就给辽宁老家装了电话,起码和我父亲母亲联系起来就方便了嘛。

我退休以后,厂里也找过我,让我到白洋淀的一家电机厂当联络员,教教他们怎么修电机。一个月给我多少钱呢?给我250块钱,让老伴一起去。我说我考虑考虑。实际上我不愿意,这个价值太低了,和温州企业差距太大了。你给我500块我都不去,别说给我250块了。我在温州,那价值体现出来了。就说我这一辈子的经验,我到那儿给你管理,什么盖食堂、招工、培训,这些我都懂。

后来还有另一个搞小电机的人找到我,他打算创业,想让我和他合股,他出钱,我出管理。让我管理可以,但技术我不行,咱没文凭,也不敢瞎来。我说咱们有多少能力吃多少饭,我这一辈子干航天事业,干他那一行我干不了。

五、 现在好像把三线建设给淡忘了

三线建设是一件大事,咱们国家发展的一件大事。这个事儿从整个国家大的角度来讲,一开始是正确的,最后就不行了。我去年回了趟东北的家,在返程的火车上遇到两个年轻人,他们从石家庄上车到贵州去。我问他俩:"你们知道三线建设吗?"他们说:"没听说过呀!"三四十岁的年轻人不知道三线建设,这么大的事没听说过。

咱们国家的宣传,好像把三线建设给淡忘了。原来那些领导还挺关心,后来就不重视、不关心了。下边的意见往上提,提了也没人理。比如涨退休金,每次上调我们跟东部省市比都相差不少,还是按照贵州当地的标准发。虽然说在这里养老金可以满足生活需要,但是国家重视程度还是不够。没来过三线建设的人不知道,来过才知道多艰苦。当年毛主席着急睡不着,让我们来这儿,最后又把我们扔在这儿——这样说有点怨气了。来这儿的工资待遇和北京相比,差了一倍!现在我退休金3000多块,那些同时参加工作留在北京的拿6000多块。所以多数老年人都回原籍,像专家、高工,回上海的多,北京也不少——这个厂有一两百人从北京来的,都回去养老了。像我们这一代人,我那天和我同事说,光厂里从北京来的,已经死了百十个了。

我没想过回老家,出来几十年了,已经习惯了。特别是冬天,东北冬天冷,家里还没有厕所,厕所在外面。虽然房子修得比较好,有暖气什么的,但是风沙受不了。夏天北方又太热,去年我到北京看望一位战友,住在宾馆里,整宿地开空调。在这里多舒服啊!

总的来讲,我认为三线工厂对贵州的工业发展是有帮助的。因为贵州原来没有什么工业,现在航空航天被推动起来了。但这个地方的发展速度还是慢,而且新上台的领导上来都搞政绩,比如建地铁,和北方一样那能行吗?不因地制宜,不实事求是,这里下边都是石头、水,在北方比如说10块钱搞一米,这里1000块钱也搞不了一米。你再看这片居民区,十几年的小平房、小炮楼没人管,地方领导都换多少批了?我们都看不过去了!路面坑坑洼洼的,两年前的明沟还淌着臭水,现在才给盖上。这还属于贵阳市呢,搞得还不如农村。

要说这辈子的遗憾,一个是干了一辈子没住上新房。这是单位的缘故,我们厂盖了给厂领导、高工住的高职楼,还有面向中层干部的中职楼。但像我们这样退了休的老干部,什么也轮不到。实际入住的老中层干部最多十几个人。比我们晚了两辈的徒工的徒弟都住进去了,我们还没有。这是单位领导的问题。退休了,就卸磨杀驴,过去干得再好也没用。厂里盖的房子,什么结构、能住几户,有些领导连看都不看。所以说一个单位一个样,领导和领导又不一样。这就是一个人的运气。

另一个,我就想着我的立功奖章。我在部队立过功,没奖章,这有点说不过去。我说，材料费、加工费、运费，我都自己出钱，你给我一个奖章就好。我想把这荣誉给子孙后代看："你看，你爷爷活着的时候立过功。"不是所有当兵的都立过功的。这不像在战场上，事迹比较突出的能立功，在平常的情况下立功不容易。

这辈子和自己比，就算值。为什么？因为过去在家种地，没有出来过。而且我们同龄的呢，有的当过兵都回农村了，他们家庭现在不如我的家庭。此外，和老伴团聚，老伴特别知足，因为她的同龄人，没像她这样跟着我走南闯北的。前面说过，退了休我们还到温州打了两年工。要对子孙说一些教育的话，我总想，你在一个单位，不管是做什么，都要好好干。要本分地干，踏踏实实地干，不能这山望着那山高。我孙子就是干好几个地儿，好几份工作，干了没多久就觉得不理想，不愿意去。

杨军凯的荣誉证书与奖章

彭 勃
从航空干部到厂校校长

亲 历 者：彭　勃
访 谈 人：陈　勇
访谈助理：谢景慧
访谈时间：2019 年 7 月 17 日上午
访谈地点：贵阳市五眼桥受访人家中
访谈整理：谢景慧

亲历者简介：彭勃，男，1929 年生，贵州人，险峰机床厂子弟学校校长。1950 年高中毕业进入中国人民解放军第二野战军五分校，九个月后被分配至军委民航局贵阳站工作，1952 年转至重庆西南航空站，三个月后转至北京，在二机部保密处任职，1958 年被分配到贵州惠水险峰机床厂，先后担任厂子弟学校教导主任、校长兼支部书记。1983 年由于个人原因先后调至厂办技工学校、电视大学。1984 年担任技校协理员职务，直至 1990 年退休。

彭勃（右）接受访谈

一、高中毕业入军大

1949年11月16号遵义解放,我那年刚好20岁,正在遵义的一所高中读书,叫贵州省立遵义高中。据我所知,遵义解放前,解放军还没到,国民党政府那些军官早就跑掉了,解放军来的时候就空城接管了。1950年1月8号,我们学校就放寒假了。我在读书期间看到城里到处贴的都是解放军的招生告示,招生的是解放军二野军大五分校①,我当时就想,解放以后没有出路是个大问题。我是农村的,家里供我读书已经很困难了,再想供我上大学更困难,也没有门路,所以我就想要找个出路。说老实话,我觉得这是一个机会。

放假以后我就回家跟家里商量。我说解放军要招生,我要去报考,看看家里面同不同意、支不支持,结果家里面都是反对的。家里当时有三辈人,爷爷奶奶、爸爸妈妈,我当时已经结婚了,还有岳父岳母。家里说现在是兵荒马乱的时候,去当兵很危险,而且当时我媳妇快要生娃娃了,所以他们就不主张我出来当兵。我说不去也没办法啊,后来家里既不赞成也不反对。我觉得只有参军这条路比较适合我,家里既然没有什么阻挡,1月12号我就返回遵义报名去参军了。

当时学校在修文扎佐。1月12号我们在遵义等汽车接我们到扎佐,结果等了半个月车都没来——当时不是要解放西藏和云南吗?说是没有汽车了,汽车要优先送解放军到前线。军官就动员我们步行,说这就算参

1952年彭勃入伍时的留影

---

① 二野军政大学五分校建立于1949年5月,由二野五兵团司令员杨勇、政治委员苏振华分别兼任校长、政委。学校始建于江西上饶,后随刘邓大军挺进大西南,到达贵州后,二野军大五分校总部驻扎在修文马家桥,后迁至遵义。在刚刚解放的贵州许多县里,二野军大五分校的毕业学员担负起了各项工作,特别是组织与发动农民群众建立农协与村政权,开展清匪、反霸、减租、退押、征粮五大任务,直至实施土地改革。

军以后的第一课,行军走路。大家都哈哈大笑:都一二十岁了,谁不会走路?他说这不是简单的走路,行军走路和平时走路不一样,因为是集体走,要有一定的组织形式,对步伐有要求。走的时候穿着也有讲究,弄得不好半天下来脚就起泡了。我们这批一共一百多人,12人编成一个班,指定一个人带领这一班人,当时也指定我带了一个班。因为那个地方(遵义)没有组织,几个招生的同志就住在旅馆里,把我们安排到当时遵义的豫章中学,吃是到遵义老城仓库里面去领米。当时我们在遵义的新城,仓库是在西边的老城,要过湘江河,我们几个人就向老百姓借几个箩筐、几个扁担,去粮食仓库领米。米是领回来了,但是没有锅,又到老百姓家去借锅,用人家的灶煮饭吃。就这样我们在南门关汽车站里学习了一个礼拜——本来是在那儿等车,没有车就改为学习。

1月27号我们从遵义南门关出发往贵阳走,从遵义到扎佐一共走了四天。我们一到息烽就全部解散了——还没到扎佐的时候名单早就分配好了,直接有人把我们带到相应的地方,我被分到了三中队。春节过后,3月2号我们学校就往修文县城搬了,刚到县城就正好碰上土匪攻城,当时的土匪还很猖狂,因为他们有武器。上级要求我们不要乱动,我们就在驻地把背包拿下来坐着,看到对面山上解放军在打土匪,后来土匪逃跑了。

一个中队有十多个班,一个班住在一间房里,连天铺(大通铺),吃饭、睡觉、学习,都是在这儿。这个大学和现在的大学不一样,上课是以中队为单位带到大队来上课。我们这个学生大队有十几个中队,有一个女生中队,剩下的都是男生,一共一两千人。各个中队轮流来上课,主要是政委、大队长来做报告,我们每个人就带个笔记本边听边记。上课没地方坐,就给每人发个草墩,或者自己带个小板凳。领导在上面做报告,我们在下面记,回来就根据这个报告讨论,发表自己的态度。

一开始是"端正入学动机"。领导讲了很多种动机,比如说有的人是为了逃婚——家里面订了婚,男生对婚姻不满意,或者结了婚的不满意,逃婚出来的;有的是为了避免国民党拉壮丁……各种各样的花样。我就谈自己的动机,我没有逃婚这个问题,我的目的就是为人民服务,为了找前途。但是我们参军的时候有些假的行为,我也不怕暴露这些丑恶。当地解放军来的时间不长,我就有顾虑:贵州当时在全国来说是反动统治比较严、比较落后的地方,刚解放时我对共产党、解放军一点儿都不了解,担心去参军以后,如果形势发生变化又怎么办,所以我给自己改了名字。我原来的名字叫彭崇钢,参军的时候改成了彭勃。后来端正动机的时候就认认真真地跟组织上讲,我名字改了,家庭住址也改了,我家实际上是哪个地方,我原来的名字叫什么,都老老实实地向组织交代清楚,这就叫"端正入学动机"了。

我在的这个学校全称是中国人民解放军第二野战军五分校,就是第五军事政治大学,主要为组建政权培养干部,所以它是以政治为主、军事为次的。整个二野军大的校长是邓小平①,政委是刘伯承,我们属于二野的第五兵团,领导就是解放贵州的杨勇、苏振华,因此他们两个人也分别是贵州的第一任省长、书记。1950年9月我从军大毕业,按理说军大的学制是三年,但是贵州军区急需用人,就提前毕业了30多个人。

彭勃1950年军校毕业证书

二、"住"在信箱里面

1950年9月我被分配到军委民航局贵阳站做人事办事员,分配我的时候单位还不叫民航,叫空军司令部②,现在的大十字振兴街同济堂药房所在地就是当时的空军司令部办公地点。当时我们的站长是部队政治部的一个主任,团级以上干部;还有个老管理员,是个老红军,主要干部就是这两个

---

① 此处可能存在口误,刘伯承兼任第二野战军军事政治大学的校长与政委。
② 1949年3月,中央军委决定成立军委航空局,负责统一领导中国人民的航空事业;1949年7月,中央军委取消军委航空局,设立中国人民解放军空军司令部。

人。关于民航站,真正开始搞民航的是国民党那个时候的"两航"——中央航空公司和中国航空公司,后来两个公司在广州起义,咱们新中国就有民用航空了。以"两航起义"为基础,贵阳解放后就成立了民航站,里面也有"两航起义"的人。我在那里一直做到1952年6月,因为当时航空业务不多,再加上"三反""五反"运动,贵阳站就宣布撤销了。

撤销后我们这些人大部分分配给贵阳市政府,还有一小部分被分配到重庆西南航空站,我也属于调回重庆的这一批。到重庆后我就被分配到西南分局的人事科,在那儿基本上是闲着的。待了三个月,西南民航局也撤销了。当时国家成立了第二机械工业部,西南分局的人大部分都被调到北京二机部第四航空工业管理局。1952年9月,我又从重庆到了北京。

到了航空工业管理局,我被分配在第一处,也就是保密处——国家机密单位每一张图纸都是需要保密的。航空工业局的代号叫北京33号信箱,我们往家里写信,地址就是北京33号信箱。当时所有的国防工业都用信箱代号,所以我们就是"住"在信箱里面。保密处的工作主要是航空工业局系统的保密规则制定,各个工厂要制定保密规则,那么这个局里面要出一个保密规则的框框出来。我们就是搞这个东西,然后到工厂去检查,看保密工作做得怎么样,有没有泄密。就这样做了几年,1956年11月份我申请入党被批准了,就成了预备党员。

到了北京四年多,也就是1956年,我才和家人团聚。那时候没有什么钱,路又非常远,也没探亲的规定,所以中间几年一直没有和家人见面。我离开家的时候孩子还没满月,见面的时候孩子已经6岁了。我当时向组织写报告,说我们已经分开五六年了,要求能够在一起。组织批准了,我就把他们接到北京,把家属户口也转了过去。单位给分了一个一二十平方米的房间,在一个四合院里。很多同事一起,但是家属没有工作,一家都靠我的工资养活。

1957年我的工作又换了,是给一个副局长当秘书。那时候已经开始"整风"了,要求给领导干部提意见,给党提意见。在这个期间我是预备党员,党支部又让我担任共青团的一个副书记,而且还要我负责支部的板报,是局机关党委板报的编辑,所以在这种情况下,我不可避免地要写稿子要发言——因为要争取预备党员按时转正。"整风"期间不是"右派"向党进攻嘛,后期就开始反对"右派",要求每个人把自己在前面发言、写稿的内容跟"右派"向党进攻的这些相联系、对照。我们这些年轻人那个时候看到什么就是什么,见风就是雨,道听途说的也把它写出来。后来让我写稿子提意见,我提过八条意见,对党的方针政策方面没有提,主要是针对局里领导的思想作风和工作作风,说他们粗枝大叶、偏听偏信等等。

"整风"期间党的转正工作停止,因此我是在"整风""反右"结束的时候才办的转正,也就是1958年上半年。我的转正报告在小组、支部大会都通过了,但是到局党委的时候没有批准。因为中央有一条规定,在整风运动中政治上要划为"左、中、右"三档,"左"是没有问题的,"中"又分三档,"中左""中中""中右"。"中左"是没有问题的,"中中"问题不大,我是划在"中右"。"中右"中央是这么规定的:局党委不能批,因为这不是局里批的范围。我们党支部委员跟我谈话的时候就说,不能批是因为立场改变还不够好。我当时还是一个团员,也保留团籍,党员的预备资格被暂停、取消,因此我的党籍就停止了。

正好1958年一机部和二机部要合成一个部,干部多了。按照毛主席的十大方针,中央工业和地方工业要并起。我们这个部属于中央工业,各省就有一个工业厅来管理地方工业发展,工业厅下面成立一个机械工业局。我们多出的干部就按照属地原则分到各个省份,我被调到了贵州的机械工业局。

三、 重回贵州入险峰

"大跃进"开始了,按照要求贵州机械局下面要建立一批机械工厂,也就是后来的惠水县八大工厂,险峰机床厂就是其中一个。险峰机床厂是后来这八大工厂里的两个厂合并在一起成立的,一个是西南重型机床厂,一个是锻压设备厂,这两个厂成立了筹建处,1958年8月我就被分到了锻压设备厂的筹建处,当时是借用河滨公园旁边贵州财经学院的办公场地。摊子铺得很大,讲排场,实际上我们当时能力不够——这就是"大跃进"。

我到那里不久,上面就成立了一个惠水工区指挥部来统一部署八大工厂建设,专门把贵阳市委副书记调过来当指挥长,惠水县县委书记是副指挥长,指挥部也从贵阳搬到了惠水。我们是第一批过去的,汽车把我们从贵阳拉到惠水。指挥部什么都没有,我们就住在一个山顶的破庙里。现在工厂看起来那么一大片,那时候两边要么是稻田,要么是荒坡,要么是苞谷地,要么是橘子林,上无片瓦,下无空地,我们去了以后这些地方才慢慢变成砖瓦厂。

我被分到了工区指挥部的基建处,负责建砖窑,生产砖瓦。12月我又从基建处调到了指挥部的劳资处负责学工培训。这些厂建起来需要大量工人,多数工人要自己培训。劳资处负责对省里面各个地方招来的学工进行培训,然后分配到厂里面。

我们险峰厂学工培训是这样的:在上海招的学工就在上海工厂培训,我们就去上海给他们做培训,贵州招的就在贵州培训。我被安排在了贵阳的汽车制造厂,就在贵阳的三桥,二桥还有一个配件厂,这两个厂我们安排了四五百个学工在那儿学习。为了更好地培训这些学工,我们成立了一个培训组,一共有四五个人,机械处的一个副处长任组长,负责沟通协调,我是副

险峰厂团支部工作人员合照

组长,负责具体工作。学工要分配到各个班组去跟老师傅学,分工的事情就由我来负责。1959年6月培训组长被调回厂里当工会主席,他让我也回厂里。因此又把我从汽车制造厂调回了厂里,到工会负责生产竞赛与宣传,就是要去看工人怎么生产,积极性怎么样,要把积极性报道出来、广播出去。

险峰厂的效益一直都不错,哪怕在"文化大革命"期间都还可以,当时在贵州算是尖子梯队,改革开放以后慢慢开始走下坡路。计划经济时期的生产任务是上面安排的,生产的成品也交由国家安排,工厂亏了有国家来补贴,如果赚了还可以得点儿奖。改革开放市场经济以后险峰就靠自己找活干了,刚开始也还是可以的,因为产品质量比较好,在全国都挂得上号。像我们生产的大型导轨磨床,很多钢厂都需要,包钢、上钢、重钢等这些钢厂都要用我们的磨床。大型的造纸厂也要用我们的轧辊,这个机器规格很大,它主要是压锡箔纸的,当时全国能够生产这个产品的厂家不多,所以订货的比较多。但是这个机器的使用周期比较长,所以我们一直生产也就不行了,后来有部分厂里人跳槽出去自己单干,开公司修这个机器,挣钱以后就搞这个机器的生产,竞争就慢慢变得激烈了。虽然如此,险峰厂现在还在。

四、 我对险峰厂的教育是有贡献的

这个厂一直叫锻压设备厂,后来在"文化大革命"的时候,毛主席有一句诗叫"无限风光在险峰",所以这个厂就用了毛主席的这句诗词,1967年打报告申请把名字改成险峰机床厂。1962年的时候这个厂逐步走上正轨,职工达到了5000人,从全国各地过来的,有沈阳的,有重庆的,我们的副厂长就是从沈阳第一车床厂调过来的,还有一批工人与干部一起过来支援。职工多了,慢慢地子弟也就多了,娃娃要上学,所以这个厂里就成立了一个子弟学校。当时有一个副厂长是从北京调过来的,他在北京是那个局的副局长,调到我们厂来当副厂长。他爱人来当子弟学校的校长,就是从她开始把这个学校办起来的,但那个时候只有六个班,一到六年级各一个班,一共100多个娃娃。

1959年中央政策要求对部分"大跃进"期间的厂子下马,我们这个险峰厂没有下马,但是人员要自己解决。除了工厂抽干部,我们从农村、县里面还抽了一些干部与教师来支援。子弟学校的校长是厂里面派的,但是下面的教导主任、教师都是地方来的。后来子弟学校按照中央要求"哪里来的回哪里",地方抽调的干部要回地方。厂里派去的一个干部当校长,他是半路出家的,不懂教学。副校长是从河北农村过来的一个干部家属,在农村是妇女干部,多少还有点文化。从农村来的教导主任被调回去了,没有人管教学,干部科就点名要我去。1962年6月我就从工会转到了子弟学校当教导主任。

刚开始五六个班级就我们六七个老师,后来工厂慢慢扩大,不断有毕业的大学生调来,到1965年分配过来的大学生就有几十个,有来自云南的、四川的、贵州的、安徽的,五湖四海。这些大学生里很多是毕业后分配到了江苏的无锡机床厂,这个厂现在还在。当时中央决定要把无锡机床厂的一个产品调到贵州险峰机床厂来生产,因此1965年就从无锡机床厂调了一个厂长过来,叫侯伯远①,他属于一机部的七级干部还是八级干部,当时算是省级干部,级别还是很高的。

我的工作职责就是管学生、管教学。刚开始师资很薄弱,就几个老师,都是从其他地方来的,都是专职教师,但是一般都是中学毕业——那时候科班出身的老师太少了。我到子弟学校的时候只有一个科班的,是从湖南过来的一个中师毕业的老师。我们的学生小学毕业以后要到惠水去上中学,还有的到贵阳去上中学,这样两地折腾,职工就有意见,要求厂里办初中。所以,1965年就开始办初中。初中毕业生还是要找出路,高中还是要往贵阳、惠水跑,职工又要求办高中班。我们就向一机部打报告申请办高中班,1968年就开始建高中。因此,除了建初中的教室以外,还要建高中的教室。小学部这一栋楼之外,又拿出一块土地来建初中与高中,所以现在看子弟学校那个地方很大,就是那样来的。

这样,我们的规模就开始由一个班、两个班,后来慢慢变成了两个班、三

---

① 侯伯远1954—1956年任北京第一机床厂党总支书记。

个班,因为娃娃越来越多。地方上的我们也要承担一部分,因为厂在人家的土地上,所以对附近的农村要适当照顾一点。就这样,我们从几个班变成了二十几个班,由小学变成了完整的小学、初中、高中,由 100 多人变成了一两千人。

规模扩大,老师就不够了,那怎么办呢? 我们就向贵阳市教育局要老师,有六中过来支援的老师,有一个还是大学毕业生。所以我们最后由七八个老师变成七八十个了。摊子越大,我这个教导主任管的范围就越大,担子就越来越重。后来险峰子弟学校还被评上了模范学校,因为在惠水县我们这个师资与规模算是大的,其他的学校只有小学,没有初中,区里面有个初中,但没有高中,县里面才有高中。

我们还经常组织老师到贵阳有名的学校参观学习,比如甲秀小学、省府路小学、贵阳六中。而且我们的考试都跟省府路小学联系,用省府路小学的试卷,拿到我们那儿去考,但对老师保密,阅卷采取交换评卷,这样的话成绩也比较真实。所以险峰厂子弟学校的办学质量还是比较高的。1967 年国家实行高考,当时我们的高三有两个班将近 100 个人,第一届高考我们就考上了两个——那时候真的是千军万马过独木桥,比例非常非常低,我们这些考生是硬碰硬的,没有任何门路。后来每一年我们的高中毕业生都有考上大学的。

厂子弟学校与外面的普通学校享受一样的国家政策,没有特殊性可讲。不同的就是待遇不一样,厂子弟学校的教师是厂内编制,教师和工人的待遇是一样的,但是会按照级别进行调整。这些教师在原来的地方是什么级别,来这里后还按这个级别发放工资,如果再评级的话,会涨工资,但是很有限,几年不涨一次。不过如果和外面的教师相比,待遇还不一定低,因为有奖金,月份要评奖,季度要评奖,随着工厂的效益浮动。我虽然是教导主任,但是我的工资与一般教师没有什么区别,都是按级别来的。我从一机部过来的时候是行政十九级,到了险峰厂后直到 1963 年才调了一次,但是幅度非常小。

之前我的入党程序被中止,"文化大革命"结束后我就写了报告给党委,党委派人去北京调查,当时的一机部后来变成了三机部,实际上是航空工业那个部,由这个部根据"整风"期间做的决定进行复查,又认为我不是反党,就把我平反了，落实了政策，恢复了我的党籍，时间还是从1956年入党的时候开始算。去调查的同志是险峰厂的组织科科长，他到部里反映我的诉求，我要求回部里去。结果部里回复说中央有政策，凡是那个时候到地方上去的，除非专业人员需要，才能回到原单位，否则都由地方安排。比如说部里要给你恢复党籍，由地方认为你这么多年表现够不够党员条件，如果确实各方面都积极，工作没有什么问题，那就恢复，如果有问题就不恢复。像我这种情况，第一，我服从厂里安排，让我去哪儿我就去哪儿；第二，我兢兢业业好好工作，让我去当教导主任，我就任劳任怨地工作。结果是党籍恢复了，但是不准回部里。那就由党委负责安排，把我任命为险峰子弟学校的校长兼支部书记。1979年，我就开始主持这个子弟学校的全部工作了。

后来我声带有血，说不出话来——你看嘛，说多了就不行——我就要求调离，医学上说我这种情况不适合教书，厂里就把我调到宣传科管业务教育。那个时候正好办技工学校，是我开始办起来的，后来厂里的电大也是我在宣传科的时候办的。所以对于险峰厂的教育，我可以自夸是有贡献的，技工学校、子弟学校、电视大学我都出了力。1983年的时候技工学校缺校长，原来的那个副校长是装备车间的一个主任，文化水平比较低。因为一机部要求全国的技工学校实行统考，按正规要求，技工学校的毕业生要给他三级工待遇，因此考试要求就很严格，需要一个懂教育的校长，就这样党委决定把我调过去。技工学校正式统考由一机部出卷子，贵州省劳动局封印，封印后派人到各个学校来监考，也是单人单桌，跟考大学一样，考试完了卷子密封起来交到上面，阅完卷后再送回来。我们第一次统考还不错，三个班级参加统考，云南、贵州两个省里的所有技校，我们排了第三名。

取得一个比较好的成绩，我也觉得很高兴，但是呢我这一辈子运气都不怎么好。统考一结束我这个校长就不当了，当时中央要求"老中青结合"，老的要退二线，工作换年轻人，那么我又是该让位的时候了，校长又让给人家了。1984年我就正式退居二线担任技校的协理员，校长安排我做什么我就做什么。我那几年基本都往外跑了，到校办工厂找点儿活干，增加点收入，或者找个机床来修，比较自由，上班时间不受限制，厂里也不怎么管我，就这样直到1990年退休。

五、 大家庭与晚年生活

虽然我这一辈子总体来说运气不太好，比如这之前，林彪死了以后，有些党员不是有问题吗，中央就提出来要"整党"①。我们厂的党委书记是安徽大学毕业的，原来是车间的技术员，后来提为车间副主任，然后又到清华大学学习一年，回来就在我们厂提为党委书记。之前厂里办了一个积极分子学习班，我们都在一个班一起学习，他在"文化大革命"期间当的书记，就怀疑我有问题。我也不知道他是怎么怀疑的，起初也没觉得自己有问题，后来听他在厂干部会餐上说"有的不适合做支部书记的已经调了"，这句话让我想起来了，厂里面的支部书记只有我这个兼支部书记的被调了。

好在我的工资待遇没有受到太大影响，这一点我是要感谢组织的。1951年我在民航贵阳站的时候是二十级，到险峰厂后提了好几次，1956年升为十九级，1963年升为十八级，1967年升为十七级，1984年又提为十六级。当时在险峰厂的中层干部中我是最高的咯，几个副厂长都是十六级，党委副书记也是十六级，所以我的待遇还是可以的，就靠这个工资待遇把一家人养活了。我原来是工厂退休的，工资比较低，后来是教师标准的退休工资。因为国家有规定，教师要归队嘛，我们学校后来就统一归贵阳市教育局管了，收了以后我们学校就变成了贵阳市十一中，所以我也按教师的退休标准，比工厂的要高点儿，现在一个月有7000块钱多点儿。

我的家庭算是大家庭，一共五个孩子，老大男孩，老二女孩，老三、老四双胞胎男孩，老五女孩。到现在一共有二十四五个人吧，逢年过节的时候要摆三桌，这个房子要挤满，吃饭的时候夹起菜就轮流转。老大是在险峰厂上班的，现在已经退休了。老二在凯里的无线电工业学校，毕业以后分在了贵

---

① 此处记忆可能有误。1969年4月，党的九大政治报告第六部分以大篇幅论述和部署了"党的整顿和建设"。1969—1971年，全国开展了以思想上整顿和组织上"吐故纳新"为主要内容的整党建党运动。因此此次整党应该在1971年9月林彪事件发生之前。

阳一个电子计算机公司，虽然公司垮台了，但他也退休了。老三、老四还在险峰厂上班，一个是车间的机床工人，搞磨床的，一个在后勤搞采购，不过他俩明年就退休了。老五是贵州师范大学地理专业毕业的，在省旅游学校当老师，今年刚退休。老大家的大孙子、大孙女都在贵阳，大孙子没有固定单位，搞点儿零工，大孙女在贵阳一个招投标公司。老二家的外孙一中毕业后考到了意大利一个大学，后来又去英国留学一年，回来后先是在广州工作，后来又去了上海。老三家的孙女是我们厂子弟学校毕业的，考上了西北大学，本科毕业又考取了华南理工大学的研究生，毕业后留在广州一家高端制药公司，研发生产抗癌药的。老四家的孙子也是厂子弟学校毕业的，然后考上了湖南理工大学，毕业后在重庆一个汽车制造公司的研发部门上班。老五家的孙子从贵阳这边的实验二中考上了师大附中，大学考到了意大利的一个学校，学建筑设计，现在在杭州的一个设计院工作。重孙辈儿的就不讲了，你们刚刚看到的那两个小姑娘，才10岁，在尚义路小学上四年级。我自己是兄妹四个，但是我的弟弟弟媳儿去世得早，留下了七个侄儿侄女，现在兄弟家也是几十口的大家庭，两个妹妹家也都是四五个孩子。我在我父亲去世的时候统计了一下，我们家将近100口人，算是个大家庭，一个个工作都是老老实实的，人气高，家庭氛围好。

退休以后我经常看看书，也爱写点儿东西，你们看这个就是我写的自传——《为实现共产主义理想信念奋斗》，没事儿就写写。平时我也出去遛遛弯儿锻炼身体，你看我都90岁了，这状态还是可以的。前些年我还自学针灸，有些老熟人还总找我来扎针，也就是自娱自乐。我们这代人，出生于战乱时代，经历了新中国成立、建设、发展与繁荣，能够参与其中就是为人民服务了（笑）。

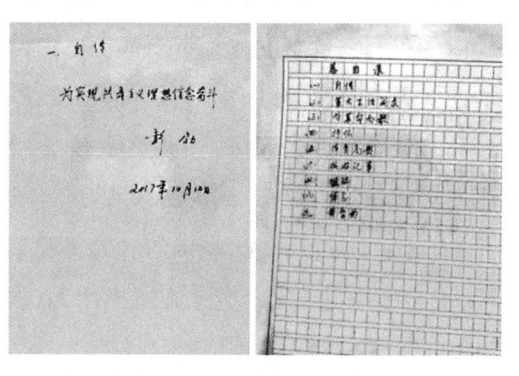

彭勃自传手稿封面与目录

徐平胜
爱上红色收藏的三线人

亲 历 者：徐平胜
访 谈 人：夏　雍
访谈助理：胡晋杰
访谈时间：2019年7月19日上午9:40—12:00
访谈地点：贵阳市南明区甲秀楼
访谈整理：夏　雍

亲历者简介：徐平胜，男，1953年生于贵阳，中专学历，被人们称为民间"红色收藏家"，1968—1971年就读于贵阳矿山机械学校，遵照"五七指示"半工半读，参加劳动。毕业后经过层层政审，分配到国营建新机械厂参加三线建设，住过牛棚、干打垒。军转民以后，经营过中巴车，承包过厂。一生爱好红色收藏，2011年创建了黔中红色藏馆，将自己近40年的红色藏品展示给公众。

徐平胜（中）接受访谈

一、"半工半学"的读书生涯

我家祖籍广西。我父亲是 1919 年出生的,今年如果在世刚好 100 岁,他是一位铁道兵,当年是一个副连级干部,也算是一个小领导。他在政治面貌上很清白,具有良好的革命军人气质。2019 年 4 月 3 日,花溪民族中学搞活动的时候,贵州省统战部特邀我和父亲参加了中国共产党、共青团员、少先队员的红色活动。

1971 年我参加工作的时候,父亲一个月的工资是 68 块钱,虽然当时母亲没有职业,但就凭父亲一个人的收入,养活一家人是绰绰有余的。我们家里面能够买收音机和自行车,应该算是经济宽裕的家庭。我们家四个孩子,我排第二,大哥在铁路上工作到退休,我弟弟还在六盘水上班,也是铁路工人,我们家可以算得上"铁路之家"。

我出生在 1953 年,那时候刚刚成立不久的新中国国民经济十分薄弱,现代教育还处在起步阶段,特别是我国的西部地区,基础教育更是落后。我上小学的时候,书费只需要几分钱,课本是三本书:一本语文、一本算术、一本思想政治。学费 3—5 角,我们揣着 1 块或 2 块钱去学校报名就足够了。读初中的时候我们不需要交学费,但是半工半读,也就是读一个月书,然后到工厂去劳动一个月。记得那时我在工厂里面当钳工,跟着师傅学习,就懂得钳工的一些知识。其次,还要去"支农",农村"双抢"必须去:"抢种"的时候我们要去,主要是去插秧;"抢收"的时候也必须去,主要是参加收庄稼——收玉米、收稻谷;等等。那时我还小,收庄稼还不会,就是跟着大人抱一点、捆一点,只做一点力所能及的小活路。特别是在收庄稼的时候,感觉到腰酸背痛,累得难受!

我 1968 年初中毕业后,被学校保送到贵阳矿山机械学校读中专,从 1968 年到 1971 年三年期间在学校。毛主席有个"五七指示"①,就是要"学

---

① 1966 年 5 月 7 日,毛泽东给林彪写了《给林彪同志的一封信》,这封信后来被称为"五七指示"。在这个指示中,毛泽东要求全国各行各业都要办成一个大学校,学政治,学军事,学文化,又能从事农副业生产,又能办一些中小工厂,生产自己需要的若干产品和与国家等价交换的产品,同时也要批判资产阶级。"五七指示"也成为"文化大革命"中办学的方针,造成了教育制度和教学秩序的混乱。

工学农",我们当时是要求"半工半学"。我是1971年从贵阳矿山机械学校毕业的第一批学生,那一年我们学校毕业的有八个班,每个班有40多人,一共有300多学生。当时从300多个学生里面挑选15个人到三线企业083厂工作,也就是第四机械工业部。

政审非常严格,要审查清楚你家祖宗三代是否清白,比当兵选拔都要严格。通过层层选拔后,我幸运地被083系列的国营建新机械厂录用了。[①]

二、建新机械厂的苦与乐

1971年被国营建新机械厂录用以后,我就开始了三线建设生活。当时建新机械厂在隔了十里以外的村里包了一片土地,我们就在那里种苞谷、大豆等粮食。在承包的土地里参加劳动有八九个月后,就分配工作,到岗上班。我当时被分配去搞电镀工作。

电镀工作分为很多种类,总的来看,可分为非金属、有色金属、金属三大类,在厂里我每一种电镀都干过。事实上,电镀是十分危险的工作,因为当时搞电镀用的是氰化钾和氰化钠,这东西0.1克就会致人死亡——只要放在嘴里一咬,或者舌头一沾上,人就会死,因此,使用时要特别小心。

我最先去的时候住的是牛棚,然后是干打垒,最后才住上没有粉刷的房子。我们厂原来在的那个地方是一个劳改队,劳改队搬走以后,因为那里面有很多牛棚、工具房这些基本设施,厂里领导就看中了那个地盘。我们作为学生刚分配去,就只能住在牛棚里。当时不是一个人,有20多个人住在一起。棚子里每个间隔之间差不多1.2米,地下都是长青草的泥巴地。后来,慢慢定制了一些木桩式的上下铺,休息的地方条件稍好一些。

那时候我们国营建新机械厂在贵州都匀,那里的老百姓基本上都是苗族。厂里招了一些当地的苗族工人,来了以后我们最开始在交流上还存在一些问题。苗族非常喜欢喝酒,我们和他们混得有点熟悉以后,他们就开始

---

① 国营建新机械厂现更名为中国振华(集团)科技股份有限公司建新分公司,目前位于贵州省贵阳市新添路150号。

找我们喝酒——他们喝得太凶了,我们根本喝不过。看他们喝酒都叫人害怕:用干辣椒放在火上烤煳了以后,放点盐巴就当下酒菜吃——这样喝酒。六七十年代的生活条件很差,当时喝的酒叫"青缸子酒",因为不是粮食酿的,是用酒精勾兑的,所以又叫"代粮酒"。

在和当地苗族同胞交往的同时,我们也向他们学会了一些东西的吃法。70年代的生活条件太艰苦了,基本没有可吃的东西,人们吃的是50%的杂粮、50%的大米,参加劳动一个月有40斤粮食,这个我记得很清楚。相对于我们国营建新机械厂的工人来说,都匀当地的老百姓生活更艰苦。他们自己织了网去河里打鱼,不管打的鱼是大还是小都拿来吃。网上来的鱼,最大的有3两左右,就拿回来煮着吃。他们吃鱼有个习惯,就是吃了鱼肉过后,鱼骨头不丢掉,拿来放在火上烤。烤脆了以后,他们就拿鱼骨头来下酒。我们之前不知道鱼骨头可以吃,吃完鱼肉过后就把骨头丢掉了。其实,那个鱼骨头烤过是很香的——那个时候花生下酒这些东西根本没有。70年代生活条件太苦了,所以鱼骨头都舍不得丢掉,吃完鱼又拿骨头来烤脆,用来当下酒菜。

在国营建新机械厂里面,我们最初拿的是基本工资,进厂时是16块钱一个月,转正以后才享受到每个月37.5元的工资。1983年以后,工资才逐步提升,当时厂里有粮食补贴,不叫奖金,叫"附加工资",这就是所谓的"人均奖",每人4块钱。

国营建新机械厂为了提升工厂技术工的技术,每年也会举办一些技术性的比赛,每一个工种都必须参加相应的比赛。比如,电镀工要参加电镀比赛,这些比赛可以交流技术、提高技能。那时候,因为我还算是个技术工,在厂里勤奋刻苦,为人也不错,搞技术革新这些也很出色,经常有机会到北京、上海这些地方其他新的工厂去学习。通过我的技术革新,原来需要八个小时的工作量,现在只要三四十分钟就能完成,节省了大量的人力、财力。记得当时改革开放以后,厂里第一次发放福利,福利是什么呢?当时四川生产的小瓶装天府可乐,第一次拿到这个福利,第一次有天府可乐喝,当时厂里的人高兴极了,笑得牙都快掉了!

改革开放以后,三线建设企业大部分都进行了军转民,部分企业破产,大量工人纷纷下岗。受军转民的影响,国营建新机械厂的效益越来越差,所以我就停薪留职在外面尝试创业。离开国营建新机械厂以后,我 1989 年的时候在都匀跑中巴车运输,失败以后又在都匀承包过一个厂,我自己当厂长。那个时候一边在国营建新机械厂里上班,一边在外面自己办厂,就这样两边工作。所以,我曾经辉煌过,也倒霉过——倒霉的事就是我厂里当时死了两个人。我承包的厂里的一个工人,他生病后,抱着一个小孩,从大概八米高的地方掉下来,两个人都死了。因为他们是在我的厂里摔死的,我作为厂长,总不能说不管不顾吧?我办厂就因此而失败了。

随着改革开放政策的不断推进,083 旗下很多厂有的破产,有的被收购,有的转型,我们国营建新机械厂也做军转民的民品生产。083 总部搬到了贵阳的新添寨,我就来到了贵阳。

三、如痴如醉的红色收藏人生

我和我爱人是 1979 年认识的,她当时毕业于桂林师范,是都匀当地的布依族教师。我爱人的姨妈和我家婶婶关系很好,我们就在都匀通过她家婶婶介绍互相认识。当时我爱人家离都匀市有 50 多公里,她家那边的布依族比较多。我们从外面来都匀搞三线建设的大多是汉族,她虽然是当地的少数民族,但新中国成立后提倡民族和睦,没有民族压迫、民族歧视了。我们谈恋爱的时候,我弟弟花 8 块钱买了一辆自行车,骑了一年多后就给我拿去都匀骑。当时从贵阳骑自行车去都匀要 70 多公里,主要是骑去看爱人的。那个时候 50 公里的班车费才 1 块 3 毛钱,但是 1 块 3 毛钱来回还是不划算,挺贵的——当时 1 个月的工资才 37.5 元,那个时候几分钱就可以买东西吃,肉包子才 3 分钱一个。

我爱人和我的关系一直都很好,说来很多人都不相信,我们两夫妻穿一件衣服穿了 30 多年!1988 年我在厂里当领队兼教练的时候,买了一件好的运动教练衣服,这件衣服我们夫妇俩谁出门谁就穿,一件衣服两口子穿了 30

多年。直到现在,她的工资、退休金、工资卡都在我身上。我为了搞收藏买东西,把家里面的钱都花光了,她都没有埋怨过。

在生活上,我们家过得相当简朴,不抽烟不喝酒,有时为了节约公交车费,步行外出。但收购藏品时我不怕花钱,觉得有收藏价值的东西,就不顾一切代价,千方百计购买。

我有意识地收藏红色物品有近 40 年的时间。其实我对收藏的兴趣在儿时就开始了。那时候大人们常喊"毛主席万岁",课堂上唱《东方红》《毛委员和我们在一起》和《大海航行靠舵手》等红色歌曲,毛主席伟大的形象烙在心中。上小学以后,我特别喜欢看《小兵张嘎》《地道战》等红色电影,平时大人给我的零花钱都不舍得花,攒着买电影票。14 岁时,我偶然间得到了一枚毛主席像章,如获至宝。渐渐地我就开始留意收集、保存。

徐平胜的黔中红色藏馆

要说真正开始收藏,那是 1980 年,第一次去女朋友家——就是我现在的爱人家,发现一个大箩筐里全是信件,上面各种时期的邮票格外醒目,正是信封上的各种邮票深深吸引了我,让我从此踏上了收藏之路。刚开始的时候我只想搞点邮票、钱币收藏,后来找了点钱以后,就开始搞起了红色收藏。

为了有更多时间搞我的红色收藏,我经常给我们领导说:"我把我的工资给您,您去领回来,给大家分了,他们把我的活一起干了,我自己去外面找我的钱。"实际上我是想全身心搞收藏。

后来我调到了贵阳,投资买了 20 亩土地搞红色收藏展览馆。我们俩自己戴着手套砌围墙、搞地板。为了搞好红色收藏展览馆,每一分钱都很节约。我们一直都没有洗衣机,贵州电视台 2012 年来采访我的时候,给我出了一个专题片,电视播出去以后,有个人找到我们,送了个全新的小洗衣机给我们,纸箱包装好送来,我们很感激。说实话,那个洗衣机就是那种里面没有甩干装置的塑料桶,很小很小,也就是一二百块钱左右,但我们已经很感激了!我们用的电冰箱是我租场地给人家,最后那个人搬走了,电冰箱烂了不要了,我拿去花了100多块钱修好,就一直用到现在。

虽然我买收藏品上万地买,但是这些生活用品,我们都舍不得花钱,我爱人都很支持。她非常勤劳节俭,退休以后还在学校打工,同时还帮人家搞家政管理,帮别人喂喂狗、管管家务,也收点劳务费。对于我搞红色收藏,她很支持,从来不吝惜。有一次,我在毕节看到一个很有收藏价值的东西,需要3000多块钱才能购买。知道我手头钱不够后,她就去找那个做家政的老板预支了1500块钱,支持我去毕节买了那件藏品。我爱人对我的支持力度太大了,我非常感谢她!

我运气算好的,1997年我在贵阳买了20亩土地,修了500多平方米的房子,后来贵阳市修北京东路,我的房子被征拆,获得了几百万的征拆款。我就用这笔征拆款投资我的红色收藏馆。

我的收藏主要有三大内容,第一个是中国人民志愿军红色收藏,第二个是对越自卫反击战红色收藏,第三个是中苏战争红色收藏。每一件藏品都进行过精心整理,有很多类别都形成了完整的系列,比如"毛泽东像章系列""党史系列""劳模系列""红宝书系列"和"大炼钢铁系列"等,这些已成为我引以为豪的财富。在"毛泽东像章系列"中,有解放战争、抗美援朝时期制作的,多数是"文革"期间发行的。其中,仅贵州生产的各种版本、各种材质的毛泽东像章就有600多个品种。"毛主席去安源"的像章有200多个品种,"毛主席视察大江南北"的像章也有100多个品种。不同时期的像章具有不同的制作工艺,六七十年代的像章,有金、银、铜、铝、塑料、陶瓷等不同材质,形状也是多种多样,有圆形、心形、五角星形。

毛主席的纪念品是我收藏的核心。在我的藏品中,比较多的是各种样式的毛泽东瓷像、塑像、纪念章,各种版本的毛泽东著作等物件。"党史系列"也是我收集的重点,有红色书报刊、红色文献,有中国共产党创始人创办的刊物、发表的文章,有中国共产党第七至十五次代表大会文献,有不同版本的《共产党宣言》、50年代的党旗,还有书籍、徽章、党章等。这些红色藏品折射出了一段时期国家和社会的状态,不失为历史的一个缩影,具有十分重要的历史价值。我的"劳模系列"收藏有贵州省劳模奖章40多枚,其中有1955年的贵州省劳动模范奖章、1960年中国人民解放军凯里军分区优秀民兵奖章,这两枚奖章目前在贵州仅各发现一枚。"大炼钢铁系列"中有1958年"大跃进""大炼钢铁"奖章和纪念章20多枚,此外还有"大跃进"时期的文章、资料等。

徐平胜收藏的三线建设红色藏品

30多年来,我收集了很多红色文化藏品,每件藏品都有时代特征。细细品味,它们背后还有很多故事。

我花了九年时间收藏300余份新中国成立前后的入党志愿书,这些入党志愿书有油印蜡纸版的,也有彩色印刷的。让我印象最深的是1951年3月的一份入党志愿书,这是抗美援朝期间一名志愿军战士写的。当时战斗激烈,他在中朝边界的东仓里①,在一张A4纸大小的纸上用红笔画线蓝笔写字,表达了入党的愿望。

为了搜集散落在民间的革命文物和珍贵文献,我很多时候长途跋涉、走街串巷,先后到过北京、沈阳、上海、武汉、成都、昆明等地,寻找珍贵藏品。

---

① 东仓里位于朝鲜平安北道铁山郡,距离中朝边境不到50公里。

所到之处，都会一头扎进古玩市场、旧书摊、废品收购站，与摊主软磨硬泡地砍价，细心淘宝，每次出门总有收获。只要碰到心仪的藏品，不管花多大价钱，我都要买下来。有一次，我在昆明看中了一枚毛泽东像章，它的主人是昆明的一名收藏爱好者，几次商谈对方都不肯出让。我不死心，三次往返于贵阳与昆明之间，最终将这件藏品收入囊中。还有一件珍贵而又有意义的藏品——一号瓷像《敬祝毛主席万寿无疆》，这是我2007年多次前往毕节获得的"战利品"，当用8000多元从朋友手中收集到这尊瓷像时，我高兴得不得了。

徐平胜的红色藏馆成为红色教育基地

不管是国内战争，还是对外作战，为国土而战，为自己的国家而战的，我认为他们都是国家英雄，都值得敬佩，我的很多收藏都和这个有关。我们贵州很多人都不知道三线是什么，说句实在话，我现在办的三线馆与六盘水和都匀的"三线建设博物馆"不一样。我办的主要是支援三线博物收藏，当年那些人从外地来支援贵州的三线建设，我要让大家知道这些人是从哪些大城市来的，他放下那边的很多优越条件，来到我们这些山沟沟，为了三线建设奉献。上次，贵阳市政协主席说："我马上给你挂个爱国主义教育基地的牌子，这个就是我们爱国主义教育基地最好的一个题材！"所以政协主席陪着我到处跑去选址，还有资金上的支持。我搞三线建设收藏馆是彻彻底底的，我们需要用心血去做这个事情。我最希望的是能够把三线建设的精神传达出来,延续下去,希望三线精神让更多的人知道,在中国确实有为国家贡献过的三线老职工的存在,他们为了三线建设奋斗一生。当然,当年参加三线建设的人员,现在有生活过得好的,也有过得不好的。也不是说必须要给他们怎么样,但是要给他们一些精神上的鼓励和支持,比如那些破产单位的老职工,起码给点生活上的补偿,能够让他们安度晚年,有一个好点的生活环境。就我自己来说,没有任何要求。我搞三线建设收藏有很多有价值的东西,现在很多都是拿来宣传三线精神。宣传的内容里面有没有我,这都不重要,重要的是要讲三线精神的弘扬。

徐平胜给党员讲解红色故事

三线建设是当时最大的国家战略,我们都是中国的公民,有义务热爱社会主义,拥护共产党,所以我们不和国家谈什么条件。如果样样都讲条件,那这个社会也太累了。如果你不和别人讲条件,可能收到的回报还会更大一点。

八年以前,我把贵阳市乌当区阿栗村500平方米的自建房作为藏品展览室,并取名"黔中红色藏馆"。那时,我和我妻子每天将藏品免费向公众开放,向公众讲解红色文化历史。这个藏馆吸引了许多参观者。2014年末,随着贵阳的城市发展,我的房屋被征收拆迁,收藏馆不得不停办,藏品就移到了现在的家里。目前最让我头疼的是藏品越来越多,家里太小,容纳不下。尽管我多次自己想办公益展,但很多展馆要么没有空余场地,要么收取场馆费,红色收藏展览公益活动很难开展。

在贵阳乌当区阿栗村的家中创办黔中红色藏馆的时候,有很多收藏爱好者还专程从外地赶过来参观并与我交流。咱们香港、台湾的一些客商慕名而来,要高价购买我收藏的珍品,但我都断然拒绝了。我对他们说:"我只收不卖,收藏不是为了金钱,而是为了一种信仰、一种情感。"我的梦想是建立一个红色文化收藏主题博物馆。在我的这些红色藏品背后,每件藏品都有一段故事,沉淀着我国的红色文化历史。享受收藏过程的这些点点滴滴,这就是我收藏的乐趣所在。

唐光烈
改善环境的"水利工"

亲 历 者：唐光烈
访 谈 人：张腾霄
访谈助理：蒋桂东
访谈时间：2019年7月21日上午10:00—11:23
访谈地点：安顺市唐光烈寓所
访谈整理：蒋桂东　张腾霄

亲历者简介：唐光烈，男，满族，中共党员，1937年1月出生，辽宁沈阳人。1960年从水利部沈阳水利学校毕业后，在辽西地区的一个水利局工作。1961年结婚。因妻子在沈阳410厂工作，他也调到该厂。1968年12月唐光烈带着母亲、妻儿从沈阳来到贵州170厂参加三线建设。唐光烈在170厂水源办工作近十年，后调到房产科工作。六年后，又从房产科调到行政科，带领大家种树搞绿化、改善工作环境。1992年退休。

唐光烈（左一）接受访谈

一、听党话来三线

我叫唐光烈,东北辽宁沈阳人,满族,中共党员。我出生于1937年元月份。我父亲原先在东北大学读书,"九一八"事变后父亲就在家了,大学没毕业——他念半截道就得淋巴结核了,后来做了手术。母亲就做家务①。

我有两个姐姐、一个哥哥、一个弟弟。我初中在沈阳第十五中学上学,中专毕业于沈阳水利学校,当时属于水利部。1960年我毕业参加工作,在辽西地区的一个水利局搞水利。1961年25岁的时候我结婚了,爱人是1936年出生的,和我是一个学校一个班的,她是参加工作以后又考的学校。我们那期招的都是调干②,也就是说参加工作的人员可以参加考试,可以升学。所以班里同学年龄差得就太大了:有两个孩子的爸爸,有两个孩子的妈妈(笑),还有十七八岁的学生。我爱人毕业后在沈阳的410厂工作,后来帮我办理手续调去了410厂(笑)。

我们410厂在贵州这边包建了170厂。那时候170厂水处理不好。我在沈阳是搞水利的,所以领导就通知我来了。领导通知的,来就来呗,来支援三线建设。当时没有什么承诺,也愿意来。因为当时是"臭老九"嘛,不来还不好,来解决高位水池水的问题。对于三线建设我们是知道的,那时候报纸上也登,说国际形势比较紧张,三线建设不好,毛主席睡不好觉嘛(笑)。那时候苏修嘛,跟苏联关系紧张,讲"深挖洞,广积粮",当时看报纸都知道,有评论员文章啊,社论啊,《红旗》杂志啊,《人民日报》啊……都有说到这些——一般消息都从《红旗》杂志、《人民日报》了解。

当时中国跟苏联的关系比较紧张,有小的冲突——大仗可能打不起来,因为两国也都要考虑战争需要钱的事。双方都比较困难,日子也都不怎么好,但中国也得做好战备。要是打仗,都得去,不用说,也不用动员,需要到哪儿就到哪儿。那时候的人都是这样,党需要到哪儿就到哪儿,没有价钱可

---

① 即母亲是家庭妇女。
② 从1953年开始,凡是国营企业、事业单位和机关团体以及中国人民解放军系统的正式职工,经组织上调派学习或经本人申请组织批准离职报考中等专业学校和高等学校的,都称"调干生"。

讲,说有什么困难之类的。当时人都不说这些,叫来三线就来了——要听党的话嘛。

我接到通知就过来了,从接到通知来贵州到动身不到一个礼拜。解放初期家里也不像现在家具这么多,人事部门给你开好调令,统一买好车票就出发。那时候车还不直接通到贵阳,只到武汉。到北京有接待站,然后到武汉,还得等车,第二天才从武汉出发去贵阳——哪像现在这交通方便呀!不过一路上都有厂子派去的人接待,北京、武汉车站有人接,打个横幅:"欢迎到三线。"一路上吃住什么都不用管,有人给安排好了。那时候谁先办理好手续谁就先来,一批一批的,办好手续就走。

当时410厂只来了一部分人,能来三线,一个是因为组织需要你,另一个是你报名了也可以来。这边需要啥,你报名了又正好合适,就完事了,不用审查,因为进410厂的时候,已经政治审查过了,那叫政审嘛。

1968年12月份和我们坐一趟车从沈阳410厂来贵州的有四五户,到这正好过元旦。我爱人作为家属一块过来支援三线建设,来贵州的时候两个孩子都出生了,老大是1961年12月出生的,老二1967年出生。我们不仅带着两个儿子过来,母亲也跟过来了。我弟弟没有工作,也随我过来了——他现在住到贵阳去了,他儿子给他在花果园买的房子。我哥哥也是410厂的,来过一段时间,因为有高血压,不适应贵州这边的高原地区,后来又回去了。我大姐在河南,她是河南鹤壁矿务局的,已经退休了,都快90岁了。

二、齐心建三线

来的时候听人说这里是比较艰苦的。艰苦也得来呀,你不来,它这还得有人来嘛,需要你就去呗。

来了之后发现这里比我想象的还要困难,工作上比较辛苦。建厂初期大家都比较积极,那时候也没有休息啥的,艰苦创业,比较苦,不像在东北可以按部就班,到这就按部就班不了。不管男的、女的、老的、少的都是这样,没什么价钱可讲。就当时来说,工人都是热火朝天地建厂,修厂房、修路。

大部分基建工作都是工程兵来建，我来时基本都扫尾了，"三通一平"已经结束。所以我没有参与基建工作，1969年就开始生产产品了。

在生产车间，什么化验的呀，检查的呀，都有，军工厂要求比较严，它每一道工序都是严格的。产品质量出现问题，就一道道工序去查。假如第一道工序是你做的，你给我签字，出现问题，那就找你；第二道工序是他做的，出现问题，他签字的，就找他；第三道工序出现问题，我签字的，就找我。因为我们做的是飞机制造，一出事故，马上就要查的。

当时各部门效率很高，部门之间互相协调得非常快，从不扯皮，没有说让领导出面来解决的，都是一条心嘛，为了备战，要准备打仗嘛，要把最好的产品拿出来。那时候人心是比较齐的，心都往一个事情上想。也能吃苦，不叫苦，不知道什么是累。虽然环境艰苦，工作也比较累，但是大家感觉心里特别高兴，也没想什么困难，可能单纯。吃完饭就把本职工作干好，这就心满意足了。

一般早晨大喇叭一响，一广播，大伙就开始上班了。8点钟上班，一般都提前十几分钟到岗，没有说到点了再去的，都提前去上班。那时候人心特别齐（笑），上班八小时，但是你有工作没干完需要加班，马上就加班，没有二话说。加班也没什么加班费，也没什么奖金拿——啥也没有。大家都没有怨言，也没人说我有事啥的找借口不去——没有那个事！完了每天还挺高兴，乐乐呵呵的。

刚来的时候，工厂应该设立的各个部门都有，还是比较齐全的。各科室、生产车间、工会、团委这些都有。一九七几年电视也没有，就听听收音机。各种活动都是工会组织。那时候工会里头文体活动比较多，每年都组织什么男女篮球赛啊，排球赛啊，长跑啊，歌咏比赛啊，什么文艺节目、文艺比赛等活动。各单位组织活动都要参加的——单位组织的你得参加呀，那也是一种娱乐嘛。

我来了以后就到水源办，这属于机动部门，负责水、电、风、气。水源办上班是一分钟都不能停的，当时也是两班倒，都安排好了。如果上了夜班，第二天就休息，第二天上夜班的第三天休息，都是这么安排的。水源办的工作就是从一个有水源的地方抽水到山顶上的高水池,把水处理好再放下来。从河上抽上来的水是脏的,当时人喝了这水得肠胃病的比较多,老胀肚。因为有些设备之前的工作人员没学过,不懂这些玩意,用不了。其实设备是齐全的,像什么沉淀的、消毒的药都有,但他们不知道怎么用。我来了以后,弄水弄了一个月,把水处理好了,大家不拉肚子了,也不胀肚子了,也不往医院里跑了——干这个的就得要尽到职责。

那时候上班没有奖金,没有加班费。工资都很低,不像现在都几百、几千块的,我在水源办的时候40块钱一个月。厂长是从东北打到海南岛的那些老干部,人家才拿多少钱?那都是团级干部,才拿90来块钱。也不比什么工资高低,也不讲你工资多少、我比你多多少——不讲这个。这样持续到1986年,到我退休之前还都这样。

我因为身体不太好,到1992年就退休了。那时候还没有像今天这样改制,但退休时一个车间也开始做民品了,生产煤气灶,像我烧火使的煤气灶都是工厂自己造的。后来因为生产任务比较重,就不生产那个了,又转回军品,工厂可以随时转行。保军转民那段时间,大家的劳动态度、生产热情还是挺高的,工资也没啥变化,因为军转民只是一小部分,不影响军工。有一些零部件,比如叶片,时间长了还得换修,还得生产嘛。

当时生产上干得好没有奖励。后来给点物质奖励,一般来说很少,给一个荣誉证书就完事了,我得过一个小的证书——物质少,荣誉证书比物质还好。

当时厂里有两个劳模。有一个是哪一届的人大代表,代表贵州,还有一个全国劳模。我对劳模心里非常羡慕,他们各方面还是比较优秀的。能评上劳模,一个是工作上,另一个是品德方面,两个都很重要。主要是工作上得要突出,人家干不了,你能干,那人家就羡慕——不是嫉妒,而是羡慕。像那个贵州人大代表,他主要是业务技术好。全国劳模是工人,他在老厂的时候,第一架飞机也就是"歼-6"的发动机就是他亲手做的,那时候没有机器,都是人工操作生产,他亲手参加做的嘛。

工厂军工色彩的表现,一个是赶快投入生产,拿出好的产品,都是一个心眼,一心一意。为了拿出很好的产品来,大伙吃苦,不怕困难。把产品拿出来那就是备战。干得再好,没有产品出来能行吗?——那时候空军需要这种产品,我们必须要完成。生产就是准备战争,拿出好的产品来就是最好的礼物了。另一个就是工厂的保密制度。对外边亲属都不能讲生产啥的,家里人知道,家里以外的人就不能讲了,像姐姐姐夫这些都不能讲。我们是生产发动机的,那时候亲属都不讲的,大家都能严格做到保密。

我们心比较齐,党说啥就听啥。当时保密教育也说有特务,会上讲了要注意情报,具体的情况是不知道的,保卫科会提醒。那时候保密制度是相当好的。像我们厂原先对外叫新艺机械厂,为了保密就用170厂。像我们来时候的介绍信上就一个大戳戳——011单位170部——就这一个大戳戳,根本不知道什么170厂,但这个大戳戳到哪儿都通行无阻。

三、 前人栽树,后人乘凉

我在水源办工作十年多。1980年落实政策,"臭老九"的帽子也都摘掉了,该干啥干啥了。给我初步落实政策是干什么呢?——房产管理员。那时候企业里头分房相当困难,谁要房子,一般都是头头事先打好招呼,认识的都来找,没有门路的就分不到房子,人际关系相当重要。为打破这种人际关系,我给想了一个办法:按照家庭人口数、现在房屋居住面积、工龄加厂龄打分排队,排到你了,该你去了,你自己去选房号。在这个楼你要一楼还是二楼,我没权分配。你人口多,房子的面积又小,肯定是排在前面,自己选房,对门是谁,如果过去有矛盾你就躲开,这样职工也都非常高兴。后来其他地方都来看,打分排队,领导也少麻烦了——你找领导说也不行,就像考大学,你分数没到,我怎么给你分配学校呀?你分数到了,自己选择学校,清华北大你自己选呗——这个方法叫"打分排队,自选房号"——分数到了就有你,房子在那儿,你自己排队去选。

后来,单位人事科给技校毕业生分配工作也参照这个方法。人事科分配内部子弟的技校毕业生,工种有好的有不好的,咋办?人事科也难,都是我们170厂的职工子弟，都是熟人，给他还是不给他？最后没办法，就按照毕业时的成绩排队选单位。

在房产科工作了不到六年，工厂开始"文明建设"①——1986年，全国都开展"文明建设"——要改善环境，把我调到行政科去了。那时候全厂树很少，路两边没有几棵树。到那以后，我就开始重点抓改善环境。路两边那树不好栽呀，都是石头，必须要用炸药给它炸开，炸个坑，然后把树埋上。这个小区里头的树都是炸开的坑种下的。后来接着就搞水上公园。原先他们搞土坝，一下就给冲垮了，人家知道我是学水利的，叫我重新修，这才有水、有坝。现在170厂的绿化都30多年了，前人栽树后人乘凉呗。

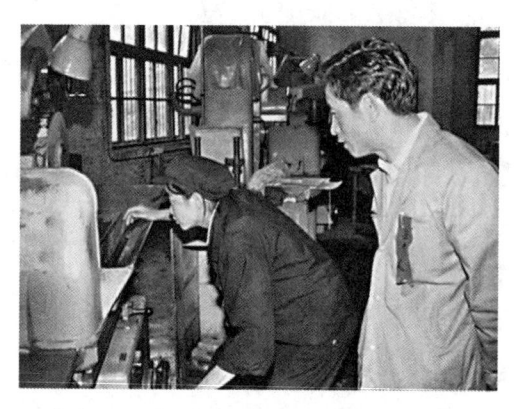

唐光烈（右）20世纪90年代在170厂担任青年工人升级考试的监考

四、知足与不舍

刚来的时候感觉各方面不如城市生活好，气候不适应。阴雨天气特别多，不像北方说晴天就晴天，说下雨就下雨，这里一阴阴一天，潮湿。不过时间长了也就习惯了，变成自己老家一样了（笑），现在哪也不想去了，适应了。不过吃的还是不习惯——因为北方都吃豆油，到南方都吃菜油——后来实际上也习惯了。

刚来的时候也没有和当地人发生什么口角。我们来的时候，工厂领导说给附近的农村接上电灯、接上水，用电、用水都不花钱，他们生活一下就改

---

① 1986年9月28日，中共十二届六中全会通过《中共中央关于社会主义精神文明建设指导方针的决议》。《决议》指出，我国社会主义现代化建设的总布局是以经济建设为中心，坚定不移地加强精神文明建设。

善了。当地人知道我们搞三线建设,但我们一天忙到晚干啥他们不知道,生产啥玩意他们不知道,后来一九八几年了才知道的。

刚来的时候生产忙,没有时间,和当地人接触也少。后来有时间了,不是那么忙了,我到河边钓鱼认识了附近农村的农民,和他们相处挺好的。我们厂的职工和附近农村的村民也都相处挺好的,没什么隔膜。像是什么今天吵架明天斗殴的,没有这个事儿。另外,厂里头和平坝县、马场镇等这些所属行政区域的各级部门每年都要搞一次联谊活动,春节的时候像团拜会呀都会聚在一起。那时候不管职工内部还是与外边都挺好、挺和谐的,可能那时候单纯,也没什么压力,把本职工作干好,这就心满意足了。

厂里人谈恋爱、找对象也没啥标准,就像近亲结婚一样,都是170厂内部结婚。因为和外边不接触,也就是说厂里是一个比较封闭的区域。这里的孩子只有老王家找老李家,老李家找老赵家……因为比较熟悉——生活范围比较小,想找外边的也找不了呀。前后楼都知道你家几口人,干啥的,都比较了解,只要俩人合得来就行。当时结婚也不要彩礼,双方都有工作,买东西,两家一起骑车去买,你买电视机了,我就买电冰箱,你买这个我买那个,都是两家承担,没有说叫男方一家都承担的——没有这个。

生活物资大部分都由生活科到外地去采购。医院呀,学校呀,托儿所呀,都自己厂办。后来建了泳池,电影院是1980年开始建的,那是个大俱乐部,老年人打门球啥的,文体方面都有。在养育孩子方面也没啥困难,到时候就上托儿所,上完了托儿所就上学校,工厂都给你安排好了嘛。上工厂办的托儿所交费很少,上学要钱要的也很少。我们这个工厂很重视教育,都搁外边招聘老师,职工内部也有老师,教育条件不错。孩子们也都知道三线建设的事,学校也教育,老师老讲。另外,职工也进行培训,教育处管职工培训,学什么企业管理、质量管理,组织职工学习、培训、轮训。那时候主要是生产太紧张了,培训很少,而且人员少,有送回东北去学习培训的,送到北航学习的也有,不过很少,我没有参加过。

我觉得我这一辈子还是挺好的,都很平顺,平平安安的,挺好。特别是年老了,感觉更好(笑)。你说你也不上班也不做啥的,国家退休金给你3000

多块，工厂还有300多块钱，你一个人都花不完，你上哪朝哪代能找到当今这个社会？所以说最大的满足就是这个。另外，我年轻时候想的基本上都达到了，没有白来到世上，对国家多少还有点贡献——虽谈不到贡献，但尽到了自己应尽的责任了，我觉得没有什么懊悔的地方。

我老伴2016年去世了，如今我大儿子还在我们厂上班。他从西工大毕业时，工厂需要特检人员，他就进来了，主要做材料检查工作，就是飞机发动的叶片材料需要检查，检查合格才能送到加工车间。这关过不了，材料不行，飞机上天去那不是一般的事呀。一般检查不出来，必须要特殊检查——他是干这个的。老二在贵阳一个证券公司上班，老三是姑娘，也在贵阳。孙子中央财大毕业后在贵阳农业银行上班。现在老大早上坐车去上班，晚上坐车回来。他自己有房子，离这里很近。有时候回来看一看我。

我也没想过回东北，孩子们也没有想过——一家都在这儿了，现在就是贵州人了。住的地方也比较宽敞，生活上没什么忧虑，退休金又给你这么些，有病了可以上医院，你说你还要求啥？环境这么好（笑）。现在生活也没啥负担。能走的时候下午就到退休办活动室看书、看报。那儿有阅览室，打麻将的、下象棋的、打乒乓球的都有。我走不了远路，没啥事就在家研究福利彩票（笑）。

三线就是我终生比较难忘的地方了（笑）。参加三线建设还是比较高兴的一件事情，我没有后悔过，心情比较开朗。那时候到这个厂来是很骄傲的事情，因为这个地方是三线建设的重点，到了党和国家最需要的地方来了。虽然20世纪80年代的时候三线建设不搞了，但是社会是发展的，国际形势也在变化，这是必然的，得找出路嘛，你不能因为什么军转民了就有失落感，这不行。咱们尽不到力，也要尽这份心，是不是？

三线给我印象最深的就是厂里的劳动热情比其他地方高。不管男的女的，能吃苦，也不怕困难，也不怕累，也不讲究什么报酬。三线精神就是艰苦创业，不怕劳累、不怕辛苦嘛。我现在也没想到哪去，他们（其他工人）都退休了，随子女进城了，我还舍不得呢。厂子建设这么好，绿化搞这么好，这地多好啊（笑）。这是自己亲手搞的绿化，舍不得这个地方，跟这里感情还是比较深的。

王开勋
为了解决母亲的户口,我来了三线

亲 历 者:王开勋
访 谈 人:谢治菊
访谈助理:原璐璐　许文朔
访谈时间:2019 年 7 月 19 日下午
访谈地点:贵阳市花溪区红林小区
访谈整理:谢治菊　许文朔

亲历者简介:王开勋,男,1938 年生,四川成都人,曾任 011 集团红林厂副总工程师。为了解决母亲的户口问题,1969 年王开勋从西安航空工业部 113 厂主动申请调往贵州省黔西县支援三线建设,任车间主任,后于 1985 年升任 011 集团红林厂副总工程师,1995 年退休。退休后,到无锡的私营企业工作过一年,后因外孙需要而回家照顾外孙至成人。

王开勋(左二)接受访谈

一、来三线是为了和母亲团聚

我叫王开勋,生于1938年9月,成都人,但是我是从西安来贵阳的。为什么会从西安过来呢?因为之前我在航空工业部直属的西安113厂工作。我们厂当时包建了好几个厂,贵州这个厂是其中之一。

最早一批从西安过来的人是1966年来的,有23人,后来1967—1970年陆陆续续都有人来。我不是最早一批,是1969年11月过来的。过来的时候,厂里面已经派了一两百人过来了。

当时来贵州是我主动要求的,为啥呢?为了我和母亲团聚。我在西安的时候,因家在成都,母亲是农村户口,不能和我在西安团聚。如果我从西安到贵州,母亲的户口可以和我迁到一起,当时家里面只有我一个孩子,没有兄弟姊妹,父亲也过世了,就剩一个母亲,所以现在实事求是地说,当时我是为了解决母亲和我一起迁户口的问题,主动申请来的贵州。

本来我家里曾是大地主,爷爷在的时候很有钱,他过世时,三个儿子一个人分了300多亩地。我父亲是小儿子,虽然分了300多亩地,但他抽鸦片烟,去世的时候把地都卖得差不多了,就剩15亩。我妈为了养我,要生活,就慢慢地把剩下的15亩地也卖完了。所以我稍微大点的时候,家里就很穷了。上初中的时候经常干啥事呢?你们可能不敢想,离我家20里路有个地方挨着成都市市区,每天晚上11点钟我就出去,第二天晚上才能回来。干啥?在那捡狗屎回家当肥料种地。家里太苦了,有一次我把捡的东西卖了买了一斤牛肉,就为这事,我妈把我骂得挺惨。还有一次捡狗屎,晚上看不见,结果不小心掉到粪坑里边去了。养猪的猪粪下边不是敞开的吗?猪在里面,那粪就流在底下,晚上看起来亮光光的,一下踩里面去,就掉粪坑里了。我只好把我的衣服脱下来,那时候是冬天,挺冷,有一个小伙伴跟我一块儿去的,比我小一岁零一天,就把他的衣服脱下来给我穿,然后把脏衣服冲干净,再穿湿衣服回家,这是我印象最深的一次。你说那个时候苦不苦?苦吧!

当时我们那个村,初中毕业生只有两个人。上学每天都要走路,大概要走12里路,早上去,晚上回来,每天走。想住校?没钱。

我初中毕业是 1955 年,当时没有工作,高中不想上,就在我们生产队当了一年的会计。1956 年,西安 113 厂到我们那个地方招生,我就报名了,但我妈不愿意我走这么远,说走了她一个人更孤独。我想了想还是坚决要去,怎么办呢? 我把被子、脸盆打包好,背到招工办去,招工办离我家有五里路。背去以后,对方说我没考试,要考试才能进去。我说什么时候考都行。最后他们看我决心那么大——把被子铺盖都带去了——就免考了。就这样,我到了西安,把我妈一个人留在了成都。

所以我一想我妈一个人在老家这个情况,扎心,就想把我妈接来住在一起。

想接我妈来一起住的另外一个原因是她这辈子很苦,生过十个娃儿,我是老幺。前面九个都死了,最大的养到 7 岁,都病死或饿死了。我刚生下来,还没满月,我父亲也过世了。所以我到三线来,为啥? 我想和我妈住在一起。

我在西安工作的时候,她去过两次,每次都住不了一个月,没户口,人家不让住,就给赶走了。后边也是,去一次又赶走。生我家老大的时候,我妈来照顾我儿子和媳妇,住了几个月,可能不到三个月,又被赶走了,没办法。

我和我爱人是在西安 113 厂认识的,我们一个单位,她参加工作比我晚一点,当时我们都是工人,在一个车间里上班,就这样认识了。她 1958 年参加工作,1959 年入的党,很能干,人家都称她为"田铁人"。当时,一个关系和我特别好的同学比我先结婚,结婚以后就给我们牵线。我觉得她根正苗红,又能吃苦,这样我们就开始谈恋爱了,谈了一年多结的婚。

结婚之前,我们两个出去"潇洒"过一次——西安的第一食堂,最好的饭馆,点了四个馒头,富强面馒头你知道吧? 一碗饭,炒两个菜。我记得很清楚,其中有个菜是鱼香肉丝,4 块 8 毛钱,那顿饭总共花了 11 块钱,真是好吃。结婚的时候我们啥也没有,厂里边给我发了一张双人床、两把凳子、一个两斗柜、一张有两个抽屉的桌子。她家条件好些——她姐也是我们厂里的人——送了她一块上海手表,120 多块钱。

我们结婚也没办啥酒,一起买了两个樟木箱子,把西安的东西全都装在箱子里。后来,我们俩收入也不算低,有八九十块,就慢慢攒钱,还买了缝纫机和自行车。再后来,1969年花126块买了个"红灯牌"收音机,这样就凑齐了"三转一响",那时候算不错了。你想,当时大家的工资都是死的,这说明什么?说明当时工人的工资待遇比较好。

结婚的时候,单位还分了房子给我们,朝西晒,热得很!就13.3平方米,在一楼,三家人共用一个厨房和一个厕所。就这么一间房子,最多的时候住了两个孩子加上我妈,共5人。当时我妈就跟我儿子住在小床上,我们三个睡大床。这样的情况一直持续到1969年我们来贵州。后来条件好点,1983年我们才买了一台12寸的电视机,花了几百块钱;1985年换了一台18寸"日立牌"的,1200多块;后来换21寸、29寸的,现在是50多寸的。

结婚后,我爱人和我妈的关系特别好,没红过一次脸,到现在为止,我们家儿媳妇也跟她处得很好。我们育有三个孩子,大的是儿子,老二和老三都是女儿,三个孩子从幼儿园到高中都是在厂里读的书。两个女儿读到初中,厂里招工,16岁就参加工作了;儿子高中毕业进的厂,后来上了个电大,还读了个技校。当时没有想过让孩子们考大学,想着考完大学还不是就这么回事,不如进厂挣点钱。后来,找的女婿和媳妇都是厂里的,好像孩子们谈对象的时候,似乎没考虑过找外面的人,想就在厂里面找个算了,在一起多好。现在住的这个房子是单位分的,花了两三万块钱,净面积有60多平方米。

二、融入适应与工农矛盾

我来贵州的过程不是很顺利。我提出申请的时候,西安的老厂不同意我来,当时我是团支部书记,支部团员接近400人,他们觉得我的工作做得还可以,所以不放我。但我母亲一个人在农村,年纪也比较大,我不放心,扯了很长时间,单位才同意放我过来。

来的时候交通很不方便,先坐火车从西安到成都,从成都再转车到贵阳,到贵阳后坐了10个小时的卡车才到毕节黔西。从贵阳去黔西的路上,就围绕一条鸭子河拐来拐去的,就像"七十二道拐"一样危险,路又是土路,灰尘挺多。刚来的时候,感觉还是不太习惯。毕竟那时候的西安也算个大城市,但到这边来之后呢,越走越偏僻,最后走到山沟沟里去了——真是到山沟里了,离黔西县30公里,周围啥也没有。我们来时还没地方住,就临时搞了一些简易的干打垒房子,外边下大雨,里边下小雨。这个房子我一直住到1985年,住了16年。

来的时候不仅环境不好,企业也没有完全建好,都是一边建一边生产。准确地说,我们1969年来的时候,还没开始正式投产,只是正在准备生产线。我虽然是个初中生,但因为原来干过团委书记,所以刚来的时候就让我负责一个车间,算是车间主任,管七个人,是综合连队五个车间之一,先带领大家编工艺规程,规程编出来后,再慢慢准备生产线。当时的技术力量很薄弱呀,来的七个人都是西安厂包建人员,包括我老婆在内。

开始建厂的时候是一个师傅带一个徒弟,一般带两年。当时是一个学徒期,学徒期跟工作不一样,有的要三年,有的要两年,有的一年就满了。比如说某个人比较笨一点,他可能学一年,学不会就不学了,不管他。学徒工的工资是22块,出师之后就是一级工,在西安是36块。工人很少有机会出去培训,就是师傅带徒弟。后来到了80年代,机会就慢慢多一些了。

1961年工厂体育比赛后工友们的合影,后排右一为王开勋

那个时候干工作,没什么白天黑夜之分。我们工会说做生产准备,就是编工艺规程这些东西,白天晚上都干活。办公室在医院里边,医院建得比较早,所以他们就在医院找了一间房子当办公室。后来我们发现一个山洞,是个天然的穿洞,有180多米长,高度接近30米,很符合搞建设的"靠山、隐蔽、分散、进洞"八字方针,这个山洞就变成了我们的厂房。洞里的条件很艰苦,但大家干劲不减,一直坚持到1990年到贵阳。我也在这洞里被提拔为厂里

的副总工程师——记得是1985年提拔的,是个正处级。

回想刚到黔西工作的那几年,条件真是艰苦。有十多年,全厂职工吃的东西,每家每户都差不多,什么吃得好、穿得好——不存在。吃的是什么呢?那个地方没有东西吃,农民不种菜,都是外地拉进来。厂里面派车到其他地方去拉菜、拉西瓜,一拉几十份,家家户户吃的一样;蔬菜就那几种,你吃这个菜,我也吃这个菜。我们住的两层楼干打垒房子,一共有18户,吃饭都到走廊上吃,所以楼上楼下吃啥东西,家家户户都知道。那时候人与人之间的关系不像现在这么复杂,连门都不关,小偷什么的都不存在,没听到谁家丢过东西,也没什么攀比的。吃肉一个月一次,每人每次只能买一斤,在厂里买还要排队:头天晚上排,第二天早上买,否则就买不到。我儿子稍大一点,到十来岁的时候,经常晚上排队去买肉。

不仅如此,当时孩子穿的衣服没有不是补丁的,裤子这里补一块那里补一块,所以我们在西安就买了台缝纫机。买那个干啥呢?给孩子做衣服和缝补衣服。我的手很巧的,孩子也不多,就自己剪,自己做。那时候是每个月15号发工资,除去安排基本生活,就和关系好的几个人,每个人每月拿出点钱来,十块二十块的,强迫自己存钱,轮流给大家买个大件的物品,所以钱是没有剩余的,也没有银行的概念。那时候的缝纫机、自行车都是大件,要100多块,很贵。虽然条件艰苦,但是觉得有吃有穿有住,一家人又在一起,没感觉有啥困难。

不过好些人还是不太适应。从西安老厂调过来的400多人,中途离开这个厂的大概有110多人,找各种理由调走:有的装病,有的说家里有困难,老人没有人照顾——反正各种原因,就是不愿意待在这山沟里。当时在他们看来,最大的困难就是太偏僻了,交通不方便,从黔西县城出去的大巴车,一个星期才有一趟往返。更何况黔西县离我们厂有30公里,这30公里开车都要两个小时,路上的石子乱七八糟的,走路更不消说。

记得当时的说法是,"三线建设不好,毛主席老人家睡不好觉",我们只知道这个,到后来慢慢才知道是与苏联有关系。那时候我也没参加啥战备活动,也不太关心,也没有信息来源。三年困难时期,我单身,母亲在农村,没受啥影响——不对,好像吃过野菜,在单位后面枣园那边,也吃过煮的白水萝卜。我们当时是早上8点上班,晚上6点回来,吃完饭又去山上转一圈,九十点钟再回家。"文革"的时候,因我是团支部书记,人缘比较好,虽然我是保皇派,但没被批斗过,两派都没斗过我。"文革"期间,有向毛主席"早请示晚汇报"的制度,还要背毛主席"老三篇"。

其实,我们厂虽然是西安厂包建的,但其他地方如安徽、山东、湖南的人也挺多,山东和湖南的最多,其中有一部分人是转业军人。安徽的和山东的住在一起,闹过矛盾——也就是些琐碎的事情,没啥大的矛盾。矛盾闹得大的是老厂那边的一次冲突。当时,我们在盖房子,大方县的民工在我们这盖房子,跟我们厂里的职工发生过冲突。为什么会发生冲突呢?食堂里面买饭要排队,民工插队,我们厂里职工不让插队,民工拿着砍刀,要打我们职工。当时职工比较团结,有好几百人,到车间去拿那些钢棍,磨成尖的,跟民工好几十个人打起来了,打伤了好几个。这事后来不了了之了。

三、 保军转民之后

大概80年代中期,国家就提出了"保军转民"的口号,我们也开始搞民品,组织一帮人出去跑市场,跑天津,跑上海……当时其他工厂也在全国各地跑。我们跑了一两年,就成立了个专门的开发公司负责此事,还是由我分管。刚开始跑市场的时候困难很多,找不到产品和客户——全部国企都在找,太难找了。直到我退休,才慢慢有活干,当时军品干不过来,我们就转给别人。

1985年我当厂里的副总以后,主管生产和销售,包括生产科、计划科和销售科。我曾经还管过后勤,如基建科、房产科、医院、保卫科、护理科和运输科等。当时的领导和现在的领导可不一样,每天都兢兢业业的,我晚上没有一天在家里边待过。每天吃完饭就会到车间走一走,坚持了十来年,直到1995年退休。厂里最好的时候有两三千人,现在也有2000多职工。我们那时候总体的计划安排是根据全国生产发动机的厂家来配套的,他们头年会安排第二年的计划,我们根据他们的安排来生产我们的产品。我们厂里内部的计划科就根据全国的总计划来制定具体的实施计划,比如说下个月生产什么、生产多少——做计划和做生产,是两个部门,但生产科得根据计划科的计划来生产。生产可能涉及厂里面的好多车间,当时我们搞机械加工的,一共有十个车间。

当时的销售科主要干的工作就是送产品给对方,如对方有啥需求,再反馈回来,主要起到一个连接、沟通的作用。那时候我们对党和工作的感情很淳朴,没有想过动歪脑筋,你想我管计划、生产和销售,如果想贪污,现在早就是千万富翁了,对不对?当时是想都不敢想,管得严,思想也不敢放松。听说我们厂里有一个搞供应卖材料的,80年代贪污了12万,把钱放到弹簧床的钢管里,被判了无期徒刑,何必呢!

记得当时我们一年的销售额大概是3000万。印象最深的是1984年还是1985年,我们厂里面都是做油泵的,现在一台泵都是五六十万,当时一台泵才几千块、一万多块钱。那年一共卖了130多台,产值超过2700万元。① 不过利润不高,最多20%左右,500多万元。这些钱要先预留再生产的投入,比如买设备盖厂房等各个方面的投入,这样就没多少了。发工资也要用不少,每人大约180块,2000多人,每月就三四十万,一年下来就是500来万。我说的纯利润,是扣除工资后的,也就是工资在20%之外。虽然国家对我们厂有投入和补贴,但比较少,根本不能用来买设备。不像90年代,国家每年还拨至少两个亿搞科技投资,可以用来买设备。那时候也没啥福利,大概是从90年代开始,每年发两次卫生纸,一次一卷。还有什么?中秋节、春节发大米、油或面,这都是90年代后才有的。工资也是死的,就如我管销售,不管卖多卖少,我都是拿这么多钱。

一搞改革,大量的人员失业了。当时广州军区转业到我们厂来的有几百人,基本都下岗了,工资只发平时的60%。退休人员的工资也受影响,养老金下调20%。当时的说法是日子好了给我们补发,后来也不了了之。我被扣发了三四年的养老金,估计有几千块钱,后来单位也没补,大家也没去

---

① 此处亲历者回忆的单价与总价存在矛盾。

反映,就这样了。

1990 年厂子从山里面搬出来是国家调整安排的,因为在山沟沟里没办法发展了。我们这个系统有很多厂破产,包括小河的工具厂都破产了。我们如果不搬过来,也会破产。我们厂的主打产品是飞机发动机里边的心脏——燃油泵。能生产燃油泵品的,全国只有两家,一个是西安厂,一个是我们这个厂,就这两个厂。我们现在还是以做军品为主,从 1990 年开始兼做民品——摩托车发动机的气缸筒。不过这个东西是个易耗品,没啥太大的技术含量,很多私人厂也在生产,我们厂里竞争不过私人厂,没搞几年就搞不下去了。

让我比较难忘的事是 1994 年我和五个同事去意大利出差,得过一次阑尾炎,还动了手术。其实,自 80 年代以来,厂里已经有人陆续出国谈生意了,我也去过意大利一次。我原来在家里面得过阑尾炎,都是保守治疗的。去意大利出差,我从北京上飞机后两个多

王开勋在工作中

小时,就感觉阑尾又不舒服了。坐飞机大概九个小时到巴黎机场,那时痛得厉害,我就到处找药、找医生。没有看到医生,也没有卖药的。最后看到一个像中国人的人,和我一起去意大利的同事英语比较好,就帮我去问。问到的这个人是南京人,正好是个医生。我们把病情告诉他,说怀疑是阑尾炎。他听我介绍,也认为是阑尾炎,就给了我四颗药,一天吃一次,一次吃两颗。飞到意大利是晚上 1 点多钟,我们在宾馆住下来。我是带着五个人一块去开会的,第二天早上 8 点钟我们本来要开会,结果会没开成,打电话叫救护车。不到五分钟车就来了,把我接到医院去。到医院后,当时叫我站在一个有履带的机子上,是一个像 X 光一样的检查,确定我是阑尾炎,而且快穿孔了,马上要手术,就立马安排了手术。我当时出差申请的时间只有 15 天,哪里想到

会手术？意大利还专门配给我一个翻译，是个女的，个子跟你（访谈人谢治菊）差不多，一看我啥都没带，专门给我买了一套睡衣，这睡衣现在还在。做这手术，花了2万多美元，是我们买材料的那个加工中心掏的钱。本来要七天才能出院，我四天就出院了，想着还要去验收在一个加工中心买的设备，所以没敢耽误。结果那单生意谈成了，回来的时候才13天，没到15天。话说回来，当时如果对方不给买单的话，回到厂里来也是可以报销的。我们厂里面一直就这样的，出差在外边生病干啥的，都可以报销。不仅如此，我记得当时出差，每天还有60元的补助。

总之，也不知道是不是我们的思想有问题——以前我们上学不要钱，住房不要钱，看病不要钱，家属看病也不要钱，连保险费都不用交，都是国家安排分配的。现在看不起病，你看我家老伴是癌症病人，我们的钱给她看病没问题，但看完后生活质量受影响，一年的补品就要七八万块钱，还好家里的孩子比较团结和孝顺，所以我们也想开了。

现在真的得不起大病。我们条件比较好一点，孩子收入也还可以，要是条件不好，是看不起病的。我记得当时我老伴住院期间，贵的药一颗2000多块，你吃不吃？要治病，当然得吃。可以说，现在住房、教育和医疗这三样是最困难的，没有钱，买不起房，上不了学，看不起病。网上不是有说吗？从小学到大学毕业，不花100万块钱下不来。

不仅如此，现在的干部，总感觉公心不够，千方百计谋私利；而那时候的干部，却是千方百计让老百姓过好日子，工资也和工人差不多，甚至还少些。比如工人都是按照等级发工资，清洁工这样的工资都有等级，按职员的级别拿。当时厂里一个二级人员多少工资？工人42块5毛2分，行政干部38块5毛，真是和现在不一样。印象中是1992年以后搞市场经济才开始变的。还有，政策不合理——不合理在哪儿呢？我们厂里面有一个1957年大学毕业的本科生，现在退休工资是4000块钱多点；而当时的幼儿园老师，现在的退休工资是7000多块。因为学校划归地方了，幼儿园老师是事业单位退休待遇，所以高这么多，你说这合理吗？都是养老金双轨制惹的祸。提高工人的工资，国家拿不出钱来，降低事业单位和公务员工资，会有人闹事，所以这问题似乎永远解决不了。

　　我的孩子对我们这段历史都挺理解的,孙子辈也经常听我们的故事。我的外孙对我很信任,我对他也挺宠爱的,他从小生下来就在我这长大,对我们比对他爷爷奶奶还要亲。我喜欢钓鱼,他小的时候天天都有鱼汤喝。我感觉养他和养自己的儿子女儿差不多,没啥代沟。我给你举个例子:我退休后到无锡干过一年,当时他1岁多,他妈一个人带,结果没带多久,长了一身的疮,我只好又回来带外孙,我对我儿子都没这样上心过。他也挺珍惜的,一直对我们很好。他在大连东软信息学院上的学,学计算机,今年25岁了,还单身,连女朋友都没有。他独立性很强,两三岁就送了全托幼儿园,比在"蚂蜂窝"公司上班的孙女年龄稍小,小的时候他们两个老打架,现在好得像一个人似的。

　　回看我的一生,我感觉对得起自己的良心,也对得起国家给我的那个待遇,对得起我下边的老百姓。可以这样说,我待过的单位,到现在为止,没有什么人恨我,没有一个说三道四,对我都挺客气的,所以说我和群众的关系处得还可以,也觉得自己这一生是值得的。

齐士超
走出校门的三线建设者*

亲 历 者：齐士超
访 谈 人：王东美
访谈助理：彭圣钦
访谈时间：2019年7月19日下午2：30—4：30
访谈地点：贵阳市汇安购物中心
访谈整理：彭圣钦

亲历者简介：齐士超，男，1943年生，辽宁鞍山人，中共党员，高级经济师、中级工程师。1966年毕业于吉林工业大学（今吉林大学）企业管理专业，1968年分配到贵州柴油机厂支援三线建设。在车间工作了两年后，调入生产指挥部从事生产计划工作。"文革"结束后，任经营计划科科长。1984年升为厂部总经济师，分管企业管理、计划、销售、供应、运输五个处室。1996年调到贵阳轴承厂任厂长，2003年退休。

齐士超（右）接受访谈

---

* 本文整理参考了亲历者本人自撰的回忆录。

一、冒着枪林弹雨，千里赴戎机

我家是东北辽宁的，我是农村的孩子。我1943年出生，1950年刚一解放就开始读书，1961年高中就毕业了，考入吉林工业大学，1966年企业管理专业毕业。

三年困难时期国家提出"以农业为基础、以工业为主导"的经济发展方针。① 1961年高考时，我想既然国家"以农业为基础"，农机制造行业一定会有大发展，就填报了吉林工业大学农机系志愿。

农机系有拖拉机、农机、排灌三个专业，报到时我分到了排灌专业。在排灌专业读了两年，1963年暑期，农机部（那时吉林工业大学归农机部管）、教育部专业调整，吉林工业大学排灌专业转入新成立的镇江农机学院（今江苏大学），我校65届排灌专业转入镇江农机学院。因吉林工业大学1961年管理专业未招生，就把我们班改学企业管理了，是为企业培养懂技术、懂管理的人才的专业。实际上我们这个学校的企业管理专业——那时候在机械部里都清楚——就是"厂长专业"，是给企业培养领导的。

五年里我们学习了理工科的基础课——物理、化学、机械制图、高等数学等；学习了技术基础课、专业课——电工学、材料力学、金属工艺学、理论力学、机械原理、机械零件、公差与配合、金相热处理、机床刀具与汽车拖拉机制造工艺等；还有企业管理方面的专业课——财务会计、劳动定额、统计学原理与工业统计、工业经济、技术经济分析与企业管理组织计划等。按常规1966年毕业，当年暑期就该分配走向工作岗位了，可是受"文化大革命"运动的影响，并未按时分配就业。

1966年3月开始我在上海柴油机厂毕业实习，7月突然接到学校电报，要立即返校参加"文化大革命"运动。开始大家以为只半年多时间，还是热

---

① "以农业为基础、以工业为主导"是毛泽东在认识到"大跃进"带来的后果后，在1959—1961年间逐渐形成的纠"左"思想。该提法的最终确立，是在1962年召开的党的八届十中全会上，党中央将"以农业为基础、以工业为主导"确定为"发展国民经济的总方针"。参见戚义明：《"以农业为基础、以工业为主导"方针的逐步形成和最终确立——基于〈毛泽东年谱（1949—1976）〉的考察》，《毛泽东研究》2016年第4期。

情积极地投入运动中去,可是后来一直拖延下去,日渐年龄大了迟迟不能工作,还要家里继续供养,于是变得消极逍遥。面对这一社会问题,1967年中共中央、国务院、中央军委、中央"文革"领导小组联合下发关于1966年大中专毕业分配的通知,并提出"面向基层、面向农村、面向工厂、面向边疆"的"四个面向"的分配原则。1968年3月份班上同学返回学校进行分配,按照机械部、教育部的分配方案,我被分配到贵阳的贵州柴油机厂工作。

我们班同学分配得很分散,有的去青海西宁、乐都,有的去陕西宝鸡、汉中、岐山、铜川,有的去山西榆次,有的去四川绵阳、简阳,有的去湖北十堰等三线工矿企业。贵州分来三人,我在贵阳贵州柴油机厂,另二人去平坝三机部军工厂。

1968年3月份分配完后,我回鞍山家里告别亲人后准备起程去贵州报到。由于"文革"武斗,铁路一直不通,几次动身都未成行,在家滞留两个月。5月18日可算买到票啦,即刻由鞍山乘车,经停北京、武汉,挤上了去贵阳的火车。我记得很清楚,那天上了车挤到卧铺车厢,卧铺车厢人都是挤着坐的,二楼卧铺已经挤塌下来了。好像有一个人带了一点菜油,挤得全部都洒在了我裤子上。火车绕道广西,经桂林、柳州沿黔桂线铁路,于5月24日抵达贵阳,我就到柴油机厂报到。我们吉林工业大学66届的有十名同学在柴油机厂,后来67届又分来十人。火车途经广西柳州时,听闻车窗外激烈的武斗枪声,一路辗转走走停停,真可谓冒着枪林弹雨,千里赴戎机。

到了火车站,那时候贵阳还是很荒凉的,冷冷清清的火车站广场。我记得那时候天还将亮没亮的,这一路挤得一身都是汗,我就在车站广场上找了个水龙头洗一洗。当时还不晓得柴油机厂具体在贵阳哪个位置。

我到贵柴去报到,那时候没有公交车,结果是从市里面走到小河(今小河区)的,都是山路。现在的天气好多了,那时候贵阳天气真叫"天无三日晴"!来到贵阳时,雨还不算大,秋天、冬天就淅淅沥沥下个不停。道路都是土路,雨一下,把地下土都泡成烂泥了,一天的衣服、鞋都是湿的。贵州的气候还阴冷,不像北方的干冷,而且室内还没取暖。刚到贵阳那会儿,真的不太适应。

1994年齐士超(中)与古巴渔业部副部长(左六)
在贵州柴油机厂大门前合影

二、总经济师的贵柴三十年

新分配入厂的大中专学生一律分在生产一线。我被分到机械加工车间做磨工,从此开始了两年的生产劳动,风里来雨里去,和工人师傅打成一片,倒班干活,操作磨床,加工柴油机零件。两年的生产劳动磨炼了我的思想,掌握了劳动技能,了解了企业生产过程和车间班组的生产管理基本状况,为以后的工作打下了基础。

在车间劳动两年后,1970年7月份我调入厂生产指挥部工作。那时厂里的生产组织管理体系都已"破"掉,各职能科室都被撤销不复存在。厂里的生产只靠几名技术人员和生产管理人员组成的生产指挥部去组织管理和协调。此时我在生产指挥部做些生产准备工作。后来我转入刚恢复成立的生产计划科,根据年度、季度生产大纲要求,负责编制、下达机械加工车间零件投入产出计划。十年动乱结束,经过企业整顿,工厂的组织机构、职能科室都建立健全了,逐渐恢复正常生产秩序。

这时我调入刚成立的经营计划科工作,负责编制下达工厂柴油机产品年度(分季)生产大纲、季度(分月)生产计划、月度柴油机商品入库计划,并牵头组织销、产、供平衡工作。1984年我由经营计划科科长岗位调入厂部,任厂总经济师,进入厂领导班子,分管企业管理、计划、销售、供应、运输五个处室。从1966年毕业直到1996年5月调到贵阳轴承厂①任厂长为止,我在贵州柴油机厂工作整30年,亲历了贵州柴油机厂的发展历程。

为因应60年代的国际形势和从合理工业布局出发,国家提出建设三线战略布局。从1964年开始,在三线地区的13个省、自治区投资2052.68亿元,400万工人、干部、知识分子、解放军官兵和民工投入建设,建起1100个大中型工矿企业、科研单位和大专院校。贵州柴油机厂便是其中之一。

贵州柴油机厂定名于1966年3月1日,根据八机部(农机部)三线建设规划投资1327万元,利用贵阳动力机械厂和贵阳综合电机厂两厂厂址,由上海柴油机厂部分内迁人员与当时两厂留下的部分工人、技术人员和洛阳拖拉机厂部分支内人员合并组建而成。贵州柴油机厂是按专业化原则改扩建的,重点改建机械加工车间、冷冲压车间、装配车间和有关辅助厂房,新建热处理车间、锅炉房、空压站等设施。热加工部分柴油机所需要的铸件毛坯,八机部规划由上海柴油机部分内迁在贵阳,另外组建贵阳农机铸造厂提供。缸套、活塞、活塞环、活塞销、进排气门、发电机、启动马达、高压油泵、船用齿轮箱、发电机组配套的发电机、控制柜等由地处上海、四川和甘肃等地的专业配套厂供给。

1965年5月1日贵州柴油机厂动工改扩建,为尽快上马、早日投产,一面改扩建,一面由上海柴油机厂向贵阳搬迁设备。整体搬迁机体生产流水线(有30台套②专用机床)、汽缸盖孔加工自动线(有8台套专用机床)、曲拐粗加工自动线(有7台套专用机床)和一些关键工序工位上的组合机床以及专用非标准设备。同时搬来的还有加工零件所需全套工艺装备。当时是

---

① 1965年,贵阳轴承厂以始建于1958年的原贵阳滚珠轴承厂为基础,由北京轴承厂搬迁部分职工和设备组建而成。
② 台套是一种货物的存储单位。

争分夺秒一面改扩建,一面搬迁,一面安装调试设备。1966年初改扩建基本竣工。为提高设备利用率,按产品(加工的零件)为对象原则,工艺相近的零件归类在同一生产班而设立的各生产班组建完毕,机械加工设立了缸体、缸盖、飞轮壳、体壳、曲拐、凸轮轴、连杆、杂件、摇臂、强力和标准件等11个生产班组,机床设备在所在班组各就各位,安装调试完毕,工厂具备了投产条件。1966年3月机械加工车间和冷冲压车间投产,当时贵阳农机铸造厂尚未竣工投产,我厂所需缸体、缸盖、曲拐、飞轮、飞轮壳等壳体件毛坯由上海柴油机厂供应。3月投产,当月就生产入库30台4135柴油机。1966年全年生产了801台/6.408万马力的柴油机产品,实现利润83.74万元,创造了在一年时间内完成改扩建、顺利投产并盈利的奇迹。

"文革"中我厂广大工人、技术人员坚守生产岗位,克服困难,努力工作,虽然两派观点不同,但从未因观点相左发生武斗停产事件。从1966年3月份投产到1976年12月为止,我厂共生产柴油机及柴油发电机组18 822台/157万马力,有力地支援了国家建设。而且十年间累计实现利润1472.3万元,收回了一期改扩建1327万元的投资,投资回收期10年,投资效果不错。如果没有"文革"干扰,投资效果会更好。

一期改扩建初步设计的生产纲领为年产1500转/分,冲程140毫米的4、6缸4135和6135柴油机3700台/30万马力的生产能力。工厂在1971年生产了26.28万马力柴油机产品,基本达到30万马力的设计能力,1979年工厂实际生产了3372台/32.7万马力的柴油机产品,突破了一期30万马力的设计能力。根据国家建设的需要,1972年我厂进行第二期扩充设计:增加4135产能,开发8缸8v135柴油机和12缸12v135柴油机并形成产能,建成后企业具备柴油机及发电机组5425台/60万马力的生产能力。二期工程在1976年动工,1980年国民经济调整暂缓,后来续建,在1979年时工厂已具备4080台/41.7万马力的生产能力,90年代中期已达到并实现了60万马力的二期纲领。

135系列柴油机是上海柴油机厂设计开发的产品,建厂伊始我厂生产的柴油机采用上柴的图纸和工艺,柴油机单缸功率20马力。后来我厂通过对柴油机进行加大行程的技术改造（柴油机单缸功率提高至25马力）及8v135、12v135与增压产品的开发，135系列柴油机功率形成100—450马力的完整系列，与之相配的手动、自启动相复励和无刷柴油发电机组功率50—250千瓦。135系列柴油机油耗低、性能稳定、功率范围宽、市场适应能力强，很受用户欢迎。我厂生产的C、K工程系列柴油机是空压机、压路机、挖掘机、油田通井机、煤田地质钻探机的主要配套动力，其用户有蚌埠空压机、柳州空压机、自贡空压机、徐州工程机械、洛阳建筑机械、三明重机厂、长江挖掘机厂、青海工程机械厂等。Q系列柴油机是八吨载重汽车和装载机的配套动力，ca和caB系列船用单机和船用机组是内河船舶和水产系统近海捕捞船舶的配套动力，T和T-1系列柴油机是工业基本动力和农业排灌的动力，D系列电站单机是我厂自配柴油发电机组和外供福州发电设备、郑州电器厂、天津发电设备厂、江西车辆开关厂组装柴油发电机组和电源车的配套动力，这些厂都有一定的军工计划任务。D系列外供组装的电源车和固定式发电机组用在国防工程和"二炮"导弹发射阵地供电。我厂自配的柴油发电机组功率为50—250千瓦的范围，在计划经济时代，发电机组全部物资由国家物资总局收购，转入市场经济后我厂产的发电机组大部分自销在民用市场上，尤其在电力供应紧张的八九十年代。但也有用在重点工程上的，像南极科学考察站、边远山区卫星测控跟踪站、火电发电厂的保安电源等。我厂生产的柴油机产品除销于国内市场外，也出口到南亚、东南亚和拉美一些国家和地区，并为部分国家培训技术人员或派驻技术人员现场服务。

60年代前仅有上海柴油机厂一家生产135系列柴油机，60年代中期我厂投产后虽然增加了产能总量，但仍然供不应求。计划经济时代，每年由机械部平衡社会需求，向我厂下达详细计划，在全国订货会上机械部内燃机处向所需的工矿企业下达产品分配单，用户凭分配单在会上或会下来我厂签供货合同，我厂根据部下达的计划和用户的量（合同）与期（交货期）编制年度、季度及月生产计划，组织生产，按期交货。计划经济年代，部每年下达的计划中包含发电机组，我厂生产柴油发电机组全部由国家物资总局收购，我们生产入库的柴油发电机组发到物资总局成都天回镇仓库收储。记得在

"文革"三线建设和国防军工建设高潮期间,发电机组合同上用户全是航空、航天、造船和特定的国防工程。

转入市场经济后,企业根据市场需要自产自销,在90年代经济快速发展时期柴油机产品一机难求,有的用户急不可耐下车间跟踪产品进度、催货,那时厂招待所住满了催货人员。由于135柴油机热销,供不应求,80年代在江苏、广东、广西、安徽、湖南分别建立了南通柴油机厂、江门柴油机厂、英山柴油机厂、合肥柴油机厂和常德柴油机厂,南通柴油机厂和江门柴油机厂是江苏省和广东省地方投资建设的,后三家厂是劳改系统投资建设的。彼此之间虽有竞争,但由于产品的信誉所在,我厂的柴油机仍是用户首选。

1992年齐士超(中)正在召开用户座谈会

三、 以计划为指导组织好企业生产

生产不断发展也促进了我们的技术进步,我厂开始按上海柴油机厂产品图纸生产1200转/分、140毫米冲程柴油机。通过我厂科技人员不懈攻关,把柴油机冲程由140毫米改为150毫米,加大冲程后在不增加成本、不改变连接安装尺寸的情况下,把4135柴油机功率由80马力提高到100马力,6135柴油机由120马力提高到150马力。由于不增加用户购机成本,而且配套连接安装尺寸不变,很受用户欢迎。

我厂6135AD、6135AG柴油机因油耗低曾连续两次荣获国家银质奖。根据市场需要,我厂开发了1800转、2200转的135柴油机;根据用户需要,我厂开发了6135增压柴油机,单机马力增至220马力用以配120柴油发电机组;根据国外用户需要,我厂开发了船用远程操控自保(高水温低油压超速保护)船用机组;根据特殊需要,我厂开发了60赫兹频率的柴油发电机组,开发了50—250千瓦带有自保装置的自启动柴油发机组。我们还为丰镇、荆门等20万千瓦、30万千瓦火力发电厂发电机开发了250千瓦全自动保安电源。根据机械部二期扩改造规划要求,我厂开发了8v135柴油机(行业里只有我厂生产)和12v135柴油机(我厂的v型夹角是90°,上海柴油机厂的是75°),完善系列型谱,扩展了市场。我厂是机械部柴油机行业国家重点大型二类企业,在农机部、机械部大力支持下,立足三线,通过全体工人、技术人员努力工作、辛勤奉献,在生产经营和技术进步方面不断发展,取得优异成绩,曾被机械部领导誉为"三线建设成功的企业"。

之所以能成功,首先是有一个成熟的、面向市场的、市场占有率高的135系列产品。建厂伊始,部、省为我厂配备一个强有力的厂级领导班子,尤其是一把手由上海柴油机厂厂长兼任我厂厂长,上海柴油机厂总工程师调任我厂总工程师——"好人好马上三线"。当时我厂关键岗位上的中层干部、工人技术人员都是由上柴调进的支内人员,他们发挥了积极的作用,是我厂迅速完成改扩投产和以后发展的骨干力量,打好了企业发展的基础。当时上柴支内时,职工食堂炊事员除中餐外,还配置有西餐人员。

企业的活动是以生产计划为指导、以生产为中心开展的。上海柴油机厂是有历史渊源的老厂,有一套完整、行之有效的生产计划管理制度,我厂借鉴承袭了这套制度。柴油机产量指标单位为台/万马力,发电机组产量指标单位是台/万千瓦,产值单位是万元。在计划经济时我厂以国家下达的计划和用户根据分配单签订的合同为依据编制工厂年度、季度及月度生产计划;在市场经济条件下,以订货合同及市场预测为依据编制年度、季度及月度生产计划。年度、季度计划会根据用户及市场变化而调整,月度商品入库计划因生产周期所限不宜调整。

机械加工车间月度零件投入产出计划要根据原材料备料周期和加工周期,有一定的提前期。通俗地讲,T月要装配入库柴油机所需零件要提前一个月在T-1月加工完入成件仓库,而原材料要再提前一个月即T-2月就要备料投入。零件具体的投入提前期要根据其备料投入周期及零件的加工周期来决定。为保证装配车间均衡连续生产,零件出产提前期为 T－1 月,对于生产节奏、节拍能保证装配进度所需的自动线或生产线流水线上的加工的零件不一定提前一个月产出,只要跟上装配进度即可。如果在 T－1 月末的时点上,T 月商品入库装配柴油机的所需零件还未产出入库或入库量不足,这时就要向机械加工车间下达 T 月商品缺件计划,要求车间调整作业计划,优先把缺件生产出来保证装配需要。

我厂上述生产计划、零件月度投入产出计划及月度商品缺件在厂一级是由厂生产科、计划科(原先在经营计划科)编制下达的。车间要依据厂下达的零件投入产出计划编制车间作业计划。供应要依据年、季、月生产计划结合原材料配套件库存,编制原材料配套件采购的期及量计划,要保证有足够提前期与量满足机械加工和装配需要。加工车间根据厂下达的零件投入产出计划,要编制车间的作业计划下达给生产班组。

厂生产计划科编制下达零件投入产出计划和车间编制作业计划都要借助于零件台账。厂生产计划科和车间各设立一本零件台账,每个零件单独一页,由台账员管理。车间台账登记的内容有零件投入/累计投入、出产/累计出产(出产指加工完成入成件仓库)和在制品三栏目。生产计划科台账除登记上述三栏目内容外,登记内容还有发出/累计发出(发出指库存成件由成件仓库向装配投入)和零件库存二栏目。车间和生产计划科要根据原材料投料报表、零件入库报表,同时登记零件投入量/累计投入量、零件产出量/累计产出量,随时对报废单、丢失单的报废、丢失量(指零件加工过程中报废、丢失)进行登账,冲减投入累计量。在制品是指投入车间尚未完工入库的零件,车间累计投入量减去累计出产量就是在制品量。为加强在制品管理、保证账实相符,车间和生产计划科要经常对账,定期进行在制品盘点。如有差异要查找原因并调账,保证两账对应的数量一致。车间零件产出(入库)累计量减去生产计划科台账上的零件累计发出量就是零件库存量。T－1 月末时点上的库存量是编制 T 月商品缺件的依据。如 T 月装配柴油机需某零件 300 件,而 T－1 月末时点上该零件台账上只有 100 件库存,则 T 月该零件缺件为 200 件,这时就要编制 200 件缺件计划。台账上累计投入量和累计产出量反映零件的投入和出产当量水平,是累计编号法编制零件投入产出的依据。如果T月柴油机商品入库累计量为Q台,那么T−1月的零件产出累计就要达到Q台水平,原材料在T−2月的投入累计就要达到Q台水平。在车间编制作业计划的投入产出时,有些零件因工作地限制、工序工位间移动载具限制、某工艺手段等限制,零件要按一定的期量标准分批次和分量投入产出。

生产技术准备工作与前方生产息息相关,编制前方生产计划时,还要做好生产技术准备工作、编制生产技术准备计划、协调工艺装备改进、外购外协件改自制、自制件改外协外购等工作和前方生产的衔接协调,保证计划完满完成。

现在回想起来,就是上述这些行之有效的生产计划管理工作,才保证生产有条不紊地进行、不断发展,而计划的编制及相关计划工作之间的平衡协调,就是我在柴油机厂生产计划科和经营计划科的工作。

贵柴生产的柴油机产品获得国家银质奖章

四、市场经济下的"先天不足"

虽然过去我厂在生产经营、技术进步上取得可观成绩,被部领导誉为"三线建设成功的企业",但在市场经济深入发展的今天,过去的成绩已是明日黄花,三线企业不按经济规律办事的劣势日渐暴露出来。三线建设里面像贵柴这样的还算是普通机械行业,不算军工企业。军工企业全部在县份,在农村,都是"靠山、隐蔽、进洞"。这样的话,一旦企业供应的链条、销售的链条出现问题,就将严重影响企业生产经营活动。实际上"文化大革命"结束以后,国家就考虑到这个问题了。在山沟里的那些厂,实在是生产上不去,有很多不方便,生产成本高,适应不了市场要求。国家调整过一次,就把它们又从山沟里迁移出来,靠近城市,给它们创造条件。柴油机生产上游材料,外协外购件取自省外或北方或上海等地,运距远,成本高,而下游柴油机销售市场远在千里之外的外省,一些原用135柴油机配套的企业已经选用其他行业厂新品。135柴油机市场在缩小,我厂柴油机在千里之外不断缩小的市场里竞争,已不具优势。

新产品开发是企业立足市场延续生命的根本,90年代我厂曾开发125柴油机,样品已出并展开潜在用户需求的市场调查。由于贵州经济落后,外在的支持扶植不够,企业内生能力不足,尽管该机技术指标先进,但我厂只好中途放弃,眼看原用户转投其他厂家,没有新品当家的我厂只好抱残守缺,在日渐萎缩的老市场中求生。90年代中期135柴油机市场一度火爆,各厂为抓住这一良机纷纷增加产能产量争夺市场,随后全国性的三角债形成,货款收不回,有的企业以破产方式逃避债务。资金链断裂成为压倒我厂的最后一根稻草,问世44年,一度红火,产、销、利三旺的贵州柴油机厂于2009年政策性破产。

三线企业的贵州柴油机厂破产在贵州乃至全国不是个例。三线建设时从上海等地内迁到贵州的机床、电机、仪表、光学仪器、工具制造、汽油机、铸造、拖拉机内燃机配件、紧固件等众多企业先后破产了。相比其他依法破产企业,我厂争取到政策性破产的优惠,破产时正式职工买断工龄,给予一定补偿,55岁的男职工和50岁的女职工可以提前五年进入社保。

三线建设大量企业虽然破产了,但改善工业布局、促进中西部发展、为以后西部大开发打下基础的积极意义,三线建设者舍家为国、立足三线、艰苦奋斗的精神,是不容否定和值得传承的。建设刚开始的时候,像我们这里还有房子住,那些在下面的一些军工企业都是搭的窝棚,住的干打垒的房子——那干打垒就是拿鹅卵石和着水泥压出来的板子,凝固了就成型。这个房子都是相当简单的,上面就是很薄的石棉瓦,夏天热冬天冷,下雨天还漏,职工是很苦的。但是虽然这么苦,整个三线职工无论是落脚在城市,或者真正在乡下,那时候艰苦奋斗的精神是很可嘉的。那些原来在华东、东北那些地方的工人背井离乡来到贵州,很艰苦的!所以我觉得那时候的工人艰苦奋斗的精神实际上是留给我们的一种宝贵财富。

这就是我一辈子亲力亲为的工作。作为我们那个时代受的教育,对于我个人来讲,无论我在哪里,我都会这样勤勤恳恳地把自己的工作做好。我们的工作平淡无奇,无经天纬地的伟业,实际上不是说我心里有个雄心壮志,而是在实际工作中很自然的体现。

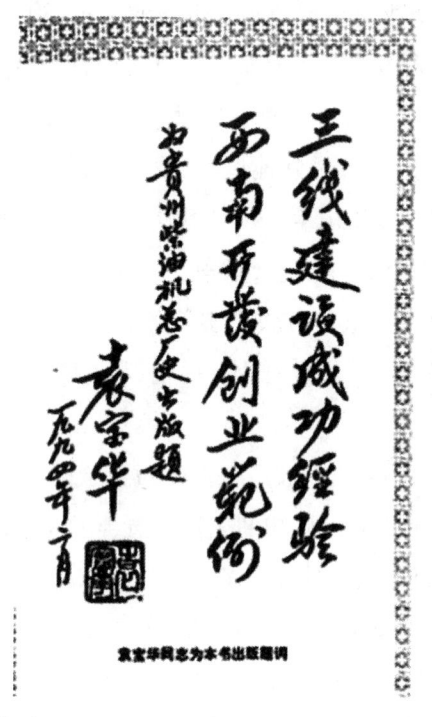

1994年袁宝华同志为《贵州柴油机总厂史》题词

郭敬轩
逃荒生涯颠沛流离,工厂进洞筚路蓝缕

亲 历 者:郭敬轩
访 谈 人:陈 勇
访谈助理:许文朔
访谈时间:2019年7月21日上午
访谈地点:贵阳市黎安小区
访谈整理:陈 勇 许文朔

亲历者简介:郭敬轩,男,1941年生于安徽,随全家逃荒至徐州。1962年考入南京航空航天大学,在校期间任大班主席,由于表现突出,在校内入党。1967年前往贵州支援三线,任职于460厂。工作以来一直从事军用航天发动机技术研发,曾被外派埃及、巴基斯坦等国,对出口发动机提供技术支持与维修。曾任460厂副经理,研究员级工程师,2000年被授予国务院政府特殊津贴证书,享受国务院政府特殊津贴专家待遇。2001年4月退休,现居贵阳。

郭敬轩(右)接受访谈

一、逃荒记忆:"大雨大灾,小雨小灾,无雨虫灾"

我1941年生,老家安徽,在淮河边上。我们家是雇农,不是贫农。贫农是有点小地,雇农是给别人家干活的,家里没有地。解放前叫"大雨大灾,小雨小灾,无雨虫灾",没有雨,虫灾就出来了。你们没听说过蝗虫灾吧?我是亲眼看到的,黑压压一片呀,就像阴天下雨一样,整个太阳都看不见。蝗虫飞过以后,把小麦的麦头全部咬掉,地里庄稼、所有的树叶子全部吃光。我们只能用扫把去打,打了以后用锅炒着吃。

那个时候到处是逃荒的,有朝南方的,有朝北方的。一家人都出去,家里有点收成的,可能留在家里看家;没有的,锁上门就走,家里也没什么东西。有的逃过去以后春天再回来,有的就不回来了。我们家是属于不回来的,就落在徐州了。

我父亲逃亡到徐州以后在徐州面粉厂做工。体力活,粉尘比较多。那时候我家住在原来日本人的焦炭厂——做焦炭,就是把煤烧成焦炭,去炼钢炼铁。鬼子一跑,焦炭厂那个地方就盖了一些窝棚,大概有几分地,用土墙围了一个小院子。

我是第二代,在徐州太平村长大。我排行老大,弟兄四个,加上父母还有祖母,最多的时候七口人。解放前吃不饱,副食也少,非常贫困。我们那个村子有十几岁的小男孩还光着屁股呢。所以我们说没有共产党就没有新中国,没有咱们现在的生活。

解放时我8岁,上学很晚。我是1962年考到南航的,发动机设计专业1967届,那时候是五年制,我是第11届。当时的学制,师范跟医学院是四年,工业学院是五年,清华是六年,"文革"以前咱们国家大学学制最多的是八年。

我们在学校里是大班,那个大班一共五个班,发动机设计和飞机设计这些。我是大班的班主席,所谓"主席"呢,是学习不管,其他啥事都管,吃喝拉撒睡全都管;"大班长"是啥事都不管,只管学习。不过班主席下边有人,分得比较细:劳动、卫生、体育、锻炼……

我是 1966 年 3 月份在学校入党的。毕业的时候,同学们都不愿意来这边,因为咱们江苏的学校大部分都是江浙一带的人。我兄弟姐妹都在徐州,我分配以后家里也老想让我回去。但我想我是学航空的,江苏省也没什么航空工业,还是想为航空做点事。

我如果家庭成分条件不好的话,就在江苏省分配了——我们班的团支部书记,无锡人,因为父亲有点什么小问题,不能到航空业,就分到了江苏省一个农机厂里,到"文化大革命"后期就变成科技副县长,然后是常州的市委秘书长,到后来就是江苏省纪检委副主任。

二、披荆斩棘:"党员到最艰苦的地方去"

"党员到最艰苦的地方去",我就这样分到贵州来了。工厂建厂是 1965 年,我差不多 1967 年在这儿开始工作。1969 年我们第一台混装发动机建成了,就开始生产了。

我们厂有点特殊,刚一开始属于航空工业部直接管,011 基地只管我们党、团、工会组织,因为这些属于地方管;真正的生产计划都是国家管,1985 年以后属于 011 基地管。现在属于中国航空发动机公司管,正式名称叫贵州航空发动机公司,又叫贵州黎阳公司。之前公司的代码是 460;4 是指原来工业部的 4 局,6 是指第六个五年计划。

刚来到这地方时蛮艰苦的。生产现场有的在山洞里头,有的在山沟里。我们 460 厂,它不是"山散洞"吗?进山要"分散""进洞",就分了三个地方。一个地方是我们山沟里头,主要的生产线或主要装配汽车都在这山沟里头。我们厂原来是在四面环山的一个地方,进厂必须要爬一座山,然后下去。进去以后就是平地了,这里解放前是土匪窝。上班时下山的坡比较陡,马路上全是自行车往下冲,还曾经摔死过人;下班就只能推着自行车回来,因为那个坡上不去。上下班人很多,很多自行车,那是一道风景线。

另两个厂——红湖厂和新艺厂不在这里,在另外两个地方,其中新艺厂做叶片。三个厂房加一起,最多的时候人数是 1 万多。

我们一共有三个山洞，相互离得比较远。两个是天然洞，一个是人工洞。人工洞里头 100 多人，山洞里是两层楼。天然洞是另外的车间，里边比较阴暗，每天有 20 分钟的晒太阳时间，出来透透气。

现在两个洞关闭了，就一个洞开放，蛮大的山洞，大概开放一半。你要到黎阳老区就可以看到"山散洞"，我希望你们去看看。上海商用发动机公司经常派一批人到我们这来参观，学习艰苦奋斗的精神，感受三线建设的艰苦。

当时三线建设强调"边生产边生活"。刚开始，好多人都住在车间，工人的床在小屋里头隔开。办公楼是一个小楼，有一间房子是给这些独身工人住的。也有些工人家属就住在厂房里，慢慢地宿舍盖起来了就好了。车间楼上办公，我就住在办公室楼下面。早上起来到食堂里吃完饭就上楼干活。我独身，没觉得辛苦什么的。

技术人员和工人之间还是比较和睦的，那些老师傅还是不错的，有些什么事跟工人商量，一起把问题解决了。另外还要培养一部分年轻人，学徒工是贵州招的一些年轻人，规模也不小。我在发动机转子车间——就是发动机转动的部分——也跟学徒工一样，边摸索边进步。

当时交通各个方面都比较困难，大家说笑话，说晴天是"扬灰路"，汽车一来到处都是灰；雨天就是"水泥路"。到贵阳来一趟要坐大卡车，我们那时候交通车就是大卡车，大卡车反正也不花钱——给你一张票，轮流坐前面的座位，到贵阳来买点东西就要两个小时。

三、固守军工：从仿制到自主研发

我们厂没有转型，一直保持军工性质，是为空军服务的。1995 年以前工厂是咱们空军发动机 80% 的供应商，一门心思为空军服务，不允许干别的，就干主业发动机，在两个外国产品的基础上发展了十几个型号。现在是负责生产咱们国家航母需要的发动机、飞机，还有一些无人机。

我们保密是因为现在黎阳公司是咱们国家新产品最多的一个，都在研制过程中,产品还是比较好的。为啥说我们是艰苦奋斗出来的?咱们国家有一个政策,就是新设计的发动机,国家给钱;不是新设计的发动机,国家不给钱。所以我们要在发动机上下力气。

我们研究所刚开始不具备研制新发动机的能力,要想发展壮大,采取的办法就是仿制和修改:首先把外国比较先进的东西拿过来吃透了,造出来后我们再研究,看哪个地方不好,跟空军的要求有哪些不同,我们再改哪里。

"文化大革命"中咱们国家有一个错误的认识:空军"歼-6"打遍天下,对"歼-7"不感兴趣。沈阳、成都两个发动机厂都不生产"歼-7",最后把"歼-7"交给我们。当时"歼-7"的图纸是苏联的,从设计图到工艺规程全部是苏联卖给我们的,这个图纸到了我手里。

我是南航发动机系毕业的,属于生产技术人员,所以分配到研究所。但我工艺上的经验很少,就一边跟工人商量,一边看苏联的工艺。苏联的工艺跟我们的工艺不一样,每一道工序进刀量多少,车床的转速是多少,用什么床子,它的工艺规程规定得很死。但是这套规程在我们这里就不行,原因是什么呢?"文化大革命"时期我们来的大部分都是外边的老师傅,以沈阳、哈尔滨、株洲331厂这三个地方的厂为主,各个厂的工艺方法、工艺路线都不一样,工人的技术水平和加工思路也不一样。但这也正是我这个啥也不懂的人学习的机会。他们吵,我听,按照他们吵好了以后的方案来执行。就这样一步一步完善我们的工艺,把苏联的工艺变成我们自己的工艺,这是一个过程。

为啥沈阳和成都发动机厂不愿意干涡轮7?因为涡轮7工艺复杂、寿命短。涡轮7在410厂生产,出来是50小时寿命,就是说工作50小时以上就要返修。这是一个大修,涉及整个发动机,很频繁,而且返修两次发动机就不能用了。当时苏联的纪录是200小时。后来我们第一台发动机研制成功,自己生产大部分零件,加上我们没有生产的410厂的零件装在一起的混装发动机,在沈阳试测第一次就达到200小时。

沈阳那边是另外一个路子,那个路子叫"大拼盘"。什么叫大拼盘?就是美国的一点东西、苏联的一点东西、自己的一点东西,把它们拼在一起,形成一个所谓"新的"发动机。这种学习发动机设计的思想,我感觉是不好的,为什么呢?你不知道外国这个东西它有什么优点,这两个东西能不能匹配在一起。就像谈恋爱一样,没谈恋爱就拉郎配,不可能协调统一。

为什么咱们发动机老有"心脏病"?按理,发动机每个部件的性能数据你必须要有,就好像做面包,我要从商店买各种各样的面粉,才能做出各种各样的面包来。现在没有发动机研究所给设计部门提供货架式的研究成果,而且工业部门的人,包括咱们原来的中国航空工业,现在谁还愿意做基础研究?实际上基础研究非常重要,不管哪个行业,没有基础研究,就像没有人种小麦,就不可能做出各种各样的面包。所以像发动机也要有基础研究。

发动机转子车间里,叶片转动要求的功要大,必须要在风洞里吹,这样的话才能吹出来。咱们国家有一个大的风洞产品,帮助咱们生产的导弹和飞机差不多赶上国际水平。

我们这边采取买外国的路子,原原本本地把外国的东西拿来,看它有什么优缺点,按空军的要求来调整。所以说我们从原来的 50 小时到 100 小时、200 小时,大概 1987 年时,水平达到 300 小时。

我们这里现在也有常驻的空军、海军两个军代表。他不光验收,还要监督,不是每个零件都验收,而是对关键零件逐个验收。工人干出的活,有什么缺陷,有什么差的地方,能不能用,我们要和军代表商量。我说能用,为什么能用?要给他说清楚,保证不会出问题。军代表里一开始大学生比较少,后来都是大学生了,而且都是专业大学生。

我们厂的地点离老百姓很远,干民品是很困难的——就是卖茶叶蛋,也只能卖给自己人吃。在要求军转民的时候,我们成立了一个汽车变速箱的厂,其实就是一个车间,这个车间由于兄弟单位的汽车发动机没干出来,我们变速箱也就没法用,因为变速箱是要跟发动机配合的。

民用的任务我们没有,但是我们工厂老区有这么一个公司,给法国、美国、德国这些欧美国家生产民航发动机的零件。为啥有这么一个机构?因为咱们要买外国的好多飞机或发动机,咱们有个条件,你要补我点东西,他就拿点零件让你干。外国人拿零件,拿毛料来,我给他加工,赚加工费,叫"补偿贸易"。

补偿贸易以前也有,大概是80年代开始慢慢形成的,原来是一个车间,现在已经扩大了。我原来管补偿贸易的时候,就是其他厂不愿意干的零件我们拿来干。一开始白手起家,五个零件干好以后,外国人验收了,认为我干得符合他的要求,他才让大批量生产。就像做馒头一样,我做的馒头好吃不好吃,你要尝一尝。

现在三个厂都搬到贵阳了,搬到一起,相当于在同一个开发区,给外国人干活。我们这个厂还是蛮好的,那边的厂比较大,现在都是先进设备,全部是数控,包括五坐标的数控。我们厂是一家优质供应商,全世界只有三家,我们国家就这一家,在我们这儿。这些成绩主要还是靠咱们工人和技术人员的努力,一门心思就干这活。

发动机的主机、发电机、油泵,还有一些控制的小幅阀门,属于我们生产;有些附件是外边生产。因为你做得比较好了,有几个零件全世界就我们有竞争力,而且做得非常好。

一开始我们的想法就是说我有加工能力,但是订货量不足,就干点零碎,赚点钱。但主要是想了解外国的先进工艺,培养咱们自己的技术人员。现在想法已经变了,做得已经非常大、非常好了,目的主要是赚钱。

我出差比较多,因为我的产品是在外厂、空军,还有飞机场,有些基础问题、质量问题要处理,这是一个;另外一个,还要跟锻造厂、一些附件厂,跟他们在技术上沟通。

我到国外也是处理这些事,产品卖到国外去了,要进行售后服务。埃及、巴基斯坦,我长期在外边就是这两个地方,都是一年零两个月。还去非洲一些其他地方,做产品服务。在那里大家有来自飞机厂的,有附件厂的,还有发动机厂的,一般四五个人,在一起处理问题,每天留一个做饭,大家轮流。

四、豁达人生："够吃够用就行了"

我工作变动比较少。先干了五年工艺，然后就干检验，是发动机总装试车，还包括产品的故障分析，一直负责技术生产。从1997年，我的工作改成生产技术。

从技术员开始，我考助理工程师、高级工程师，一级一级地往上考，循序渐进。技术员持续的时间有十几年，1967年起，到1981年变成工程师。高工是1989—1990年评的。1991年我就当副经理了，但是是干活的——也就是管技术、管质量的。评研究员级工程师大概是1994年，参评的人也不算太少，厂里有几十上百个。我是研究员级高工，工厂里头分工程师、高级工程师、研究员级工程师。工程师相当于副教授，高工相当于教授。

当时厂里有"军管会"，认为你在学校里是造反派——其实我在学校里不是造反派，也不是保皇派，相当于逍遥派，对打砸抢什么的有反感。那时武斗比较厉害，老师被斗得比较厉害。我在学校里头时就出现一个事儿，一开始因为我是班里干部，有些同宿舍的就问我"文化大革命"来了怎么办，我说这个就像电机一样，启动的时候要慢一点，加点电阻电容。后来人家要批斗我，说我干扰了"文化大革命"，因为我说让它"启动得慢一点"——老让我交代。再举个例子，有人把"毛主席万寿无疆"写成"无寿无疆"，这属于"反革命"！说错话的、喊错口号的……"反革命"要批斗，这样的事多了。"文革"时就这样。

当时政治气候，大学生是"臭老九"，是吧？所以处对象这事，尽管我是党员，也不行。人家那些年轻的工人、小姑娘不愿意。再加上我们来的那一批还有空军退伍的一些战士——新工人里头两部分人：一部分是空军复员的，还有一部分就是从贵州省各个地方来的，女工更愿意找这两类人。所以我结婚比较晚，1974年33岁时结的婚，"文革"都快结束了。我爱人是东北抚顺人，姐姐和姐夫在我们厂里，她是调过来以后和我结婚的。

我爱人原来是河北承德一个丝绸厂的工人，做蚕丝——就是把蚕的蛹变成丝。她那个厂不管织线，就光管抽丝，半手工半机器。首先每个人有一个小锅,在小锅里放着茧子,茧子煮了以后,她要用手把混杂进去的石头挑出来,然后把蚕茧提出来在机器上一放,它就自己转。工人就把丝拣起来,然后纺成现在的丝绸。

结婚就是办了结婚证就完事儿了,也没有请客。厂里也没有仪式,没有领导主持,就是在我父母那里兄弟姐妹聚一起吃一顿饭。同事也没吃饭,就是买点糖块,在单位里头发一发。结婚照是上的色——那时候没有彩色的。

小孩1975年出生,头两年送徐州去由老人帮忙照看,后来在托儿所。这个托儿所是很奇怪的,一开始没有场子,就在一个大草地上,露天的,就像放羊一样。到后来就建了一个房子。我家小孩我记得很早,大概2岁就送过去了。规定的是3岁,但2岁就可以送托前班,然后是小班、中班、大班。

早起自家做饭,中午吃饭的时候,我们每个车间里头都有个锅炉房,大家带着饭菜站着热一热,然后再拿到草地上跟小孩一块吃。小托有中午饭,没有晚饭,一下班就接回来。

我结婚以后先是借的房子——现在都拆掉了——非常简陋的,就是一个厨房、一个卧室,公用卫生间。洗澡有澡堂,2000年前后家里才装了热水器,有电的,有的是煤气的——煤气的我们厂还死过人呢,死了好几个。

当时房子面积,也就相当于这个厅①这样的。一家三口住,一直到1977年分到了一个简易房,就是别人搬走留下的。分房靠排队,比较公道,看工龄加年龄。我住房改善有卫生间的时候是1985年,面积有扩大,两室一厅一厨一卫。

厂里从小学到高中有三个子弟学校。教师有的是贵州的,也有从外地吸收来的,还有原来老工人的夫人或者丈夫跟着过来的。为了吸引教师,他们的工资比我们技术员的高一个档——一个是教育高一档,一个是设计高一档,就是发动机设计的。我们有一个设计所,设计所的设计人员工资比我们搞技术的高一档;现在也还是这样——要留住人。原来我们厂里子弟学校非常好,有贵州省高考状元,到后来归地方就不行了。

我们厂在本地还是比较有名的。那时候尽管工资不太高,工人也就是

---

① 指当时访谈所在房子的客厅,目测十多平方米。

1000多块,但到贵阳买摩托车可以先不付钱,身份证一亮,人家一看是公司的,可以先让你把车开走——他知道你会很快付钱。这是 90 年代的事。

我们厂领导班子 1999 年就提出来一个想法,叫"两房一车":就是每一家有两个房子,一个房子在平坝,一个房子在贵阳,再有一个小汽车。原来想自己买地盖房,地方政府不同意,必须要开发商开发,我们就联系了开发商。这里就是两个组团,就是黎阳家园两个组团——12 组团和 13 组团;另外还有红湖的一个厂区,还有两个是新艺厂的。

现在这个房子是开发商买了地没钱盖,我们工厂投资盖房子。工人分期付房费,等拿到房子才全部付清,而且价格比较低。当时的房价刚开始,跟开发商谈的是 900 块钱一平方米,因为在山上盖,到后来盖着盖着,开发商说难度大,提高了 50 元,就 950 元一平方米。房子是 2001 年盖起来的,大部分工人都在这个区。

原来没有新厂的时候,就在平坝。我们离平坝县还有五公里,在一个山沟里头。我过去就在平坝住。儿子现在还在平坝上班,也是在老工厂里上班,媳妇在新厂上班。我去看他们,有个小孙子,马上上六年级了。

当时工人和干部的关系是非常好的。那时候我们有个观点:连总经理都不能超过工人平均工资的两倍,干部也不能拿太多。尽管大家的工资都不太高——我退休工资不到 2000 块,现在 4300 块——但是工人和干部之间的矛盾非常少,大家一门心思干活。现在可不一样了,两极分化非常严重。

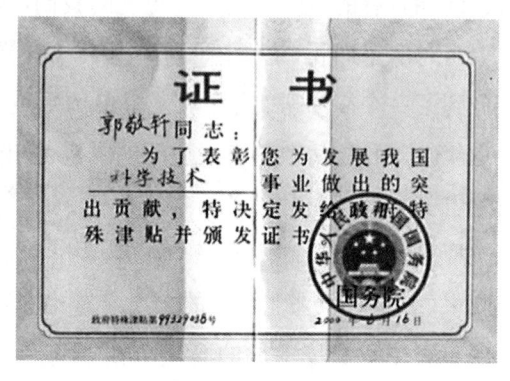

2000 年 6 月,郭敬轩获政府特殊津贴,并获国务院颁发证书

反正我感到无所谓,够吃够用就行了。

童鹤龄
三线建设的义务宣传员

亲 历 者：童鹤龄
访 谈 人：夏　雍
访谈助理：时　昱
访谈时间：2019年7月21日下午2:00—4:30
访谈地点：安顺市开发区新世纪小区
访谈整理：时　昱

亲历者简介：童鹤龄，男，1947年生，安顺人，籍贯安徽安庆，中共党员。1970年招工进入贵州省平坝化工厂，后转为军工，进入安顺302医院。2005年退休后参与贵州省宣传部三线建设宣传工作，撰写多本关于三线建设的著作。

童鹤龄（中）接受访谈

一、红色家族史

我1947年5月5日出生,和马克思同日,汉族。老家在安徽安庆,安庆原来是安徽的省会,1952年以后省会才变成合肥。全面抗战的时候,我父亲就到贵州来了,我出生以后,他也曾经回过安徽,但去了以后住不惯,退休后又回到贵州养老,贵州的气候比较好。

我父亲不是党员,但还是比较出名的。抗日战争的时候,他在武汉军工厂工作,后来武汉沦陷就到长沙,长沙沦陷就继续往南,最后来到了贵州,还参与过从美国运送物资给西安的八路军。从50年代一直到退休,他得了很多奖章——胸口全都是奖章。他还是贵州省的劳动模范,和北京的时传祥是同一批的劳动模范。1961年,刘少奇第一次接见工农的时候,他和时传祥都在,那个时候毛主席到杭州去了,周恩来总理到贵州来了,留在北京的就是刘少奇主席,刘少奇去接见了他们。

后来我父亲在"文革"中被斗得死去活来时挂的一个牌子,标语就是"打倒刘少奇",两米长的一个板子,上街也要背,回来就放在床脚下。那时我的两个妹妹才几岁,一看到稻草人就害怕得要哭。但是他从来没有反对过共产党,即便我们当时从"红五类"一下子变成了"黑五类"。

之前我父亲还当了两年的厂长,他是搞技术的,当时叫技术革命和技术革新,还是先进模范、典型人物,所以突然从"红五类"变成"黑五类",非常痛苦。我们家不服气,就到省军区去告状,后来是第一个被平反的,所以说坚持斗争我们做得还是比较好的。

父亲平反后,被扣的工资补回来了,是县里面第一个补发的,2000多块钱。那个时候生活很便宜,父亲养活我们五兄妹,我母亲因为孩子太多照顾不过来,就辞职在家里。当时我父亲月工资是101块钱,县委书记才70来块钱。那时候大米七八分一斤,一斤肉5毛7分钱,这些我记得非常清楚。

父亲虽然在"文化大革命"中被整,但他一直都是学习毛主席著作的积极分子。我们这一家人都秉承我父亲的传统,三兄弟都是共产党员,也都是单位的优秀党员。我们家到现在没有一个因为政治问题或经济问题受过任何处分。我爱人 19 岁就入党,比我早多了。她家是唐山的,大地震的时候,家里面走了不少人,她父亲是 1964 年就过来的,龙超云①是她父亲手下的广播员。我一个在六盘水的妹还获得过贵州省"五一劳动奖章"。

我有两个小孩,老大在国际航空公司当飞行员,老二在公安局工作。老二 30 多岁的时候就是市公安局西秀分局的常务副局长。我们很谨慎,生怕说错一句话影响他们,他们都是非常优秀的干部,我们不能给他们带来负面影响。

现在孩子们的生活条件好了,你看小孙女她们昨天才从日本旅游回来。现在小孩放假了,每年放假都要出国去玩一下。小孙女平时跟我们生活在一起,她读书都是老伴去接回来。每天我要在红枫湖走一个半小时,8 点钟不到赶回来。吃了早餐后我就去医院上班,在医院做一些宣传工作。

二、知青招工,错失大学

我一直喜欢读书,中学时代就是班上第一个发表文章的。1963 年、1964 年的时候,因为个子比较高,16 岁时被选拔到省体校去参加排球比赛,但是自己还是想读书,就又逃回到学校读书。这一读不要紧,就"上山下乡"当知青了,这个是谁都不能算到的。

贵州三线建设是从 1964 年开始的,贵航应该是 1965 年开始建设,这个时候我还在学校里面,高中刚刚毕业,开始上山下乡。董加耕②是 60 年代初期青年的核心,我受董加耕的影响带头上山下乡。不幸中的幸运,我下乡了以后,全省的第一个拖拉机是我买的、我开的。我还是知青中最早到山西大寨参观并两次受陈永贵接见、照相的人。

我们这儿铁路 1958 年才开始修,解放以前只修到独山,抗日战争的时候

---

① 龙超云,女,侗族,1952 年 8 月生,贵州锦屏人,1968 年 11 月参加工作,1985 年 7 月加入中国共产党,曾任贵州省人大常委会党组书记、副主任,贵州省第十三届人民代表大会代表。
② 董加耕是江苏省盐城县葛武公社董伙大队人,1961 年高中毕业时,成绩优秀的他立志回乡务农,其事迹被《新华日报》《人民日报》等相继报道,推动了全国知识青年上山下乡运动,当年南京市就有 72 名应届毕业生在他的感召下,自愿放弃高考,到苏北农村插队务农。

日本鬼子修了清源之后的部分，1959年我们修到贵阳，以后才有了川黔线，1965年之后才有滇黔铁路。修湘黔铁路的时候，我刚好下乡去当知青，就去修湘黔铁路。下去后在铁路文工团，但我去了几个月就开始招工了。

1970年我从下乡地点回来招工进厂，到的是化工厂。化工厂1965年开始筹建，1969年生产，1970年才开始从高中和知青里招工。我比较幸运，是首批进来的，到县化肥厂，不久因为需要和省化的那些老工人交换，我又交换到贵州省平坝化工厂。这个厂也属于中央企业。我们化工厂属于三线企业，化工、冶金、磁铁化这些。贵州的化肥厂都是1965—1972年搬过来的，还有一些砂轮厂——中国的八个砂轮厂，有四个在贵州，"三砂""五砂""六砂""七砂"四个。当时我们化工厂的师傅都是从内地迁过来的，首批是上海来的20多位老人，我的师傅就是从上海江南造船厂来的。

我喜欢读书，即使工作的时候也还是坚持读书。为了上大学，前后我总共五次考大学，但还是因为各种原因没有被录取。

说起五次高考，还是比较凄惨的。进了化工厂之后的1972年，工农兵学员推荐，我也报名了，但厂里说我还没工作两年，没有资格。我第一次考的时候是1973年，整个化工系统2800多考生我考了第一名，考上南开，都通知了，但当时有个领导说张铁生让这次考试成绩作废了——张铁生是"白卷"先生——就点名要了我这个指标给了他儿子，又把我给晾起来了。等两年以后我超过26岁，按照当时的政策也没资格考试了。后来"文化大革命"结束，1977年恢复高考，那年我出车祸差点死了，正在治疗，就错过了。等到第二次1月份高考，我还是以第一名考上。这一次他们说我结婚了，超过28岁，还是没去成①——就是这样凄惨。后来工作很久之后读了西工大进修，那时有个保密学院，也算是双学位大学本科，一个哲学，一个时政。

化工厂的备战色彩还是很明显的。我们化工有高炉，平常搞化肥，打仗时马上改成硝酸——它们前面的工序全部一样，就是最后的工序不同。工

---

① 这里童老的回忆似有不确。在邓小平的关心下，1977年高考破例为大龄知识青年开了绿灯。当时的招生文件特别规定："对实践经验比较丰富并钻研有成绩或确有专长的，年龄可放宽到30岁，婚否不限。"实际上，当年很多学生都超龄录取了。

序一改，三天就可以生产了。冶炼的高炉平常是冶炼钙镁磷肥，打仗时马上就转为特殊用途。它就是这样战备的——很多人不知道。当时的厂长是中央来的，他说："你知道这个厂的背景吗？"这个是秘密，所以化工厂必须要靠铁路，高峰火车站就是为这个厂和高峰厂建的——高峰厂是做枪炮和航炮的。

当时不能宣传，所以包括企业都用号码厂，像我们304是搞飞机机身的，现在贵飞叫102厂，还有平坝的222厂，后来才叫长征环宇，是搞航炮的，还有黎阳是搞发动机的，所有的军工企业一共28个——之所以知道这些，是因为这些厂我都去采访过，都跟他们做过画册。贵航建立40周年的时候，我们有一个项目叫《千里走贵航》，所有的厂我们全部走到了。

以前一般不让宣传，就用号码，不管你搞飞机还是干啥。我们医院也叫战备医院，打仗就马上收伤员，不打仗就正常看病。自卫反击战的时候，我们就改成战备医院了，那两年优先给伤员看病，安顺的叫73医院，贵阳的叫444医院，他们住不下，就转到我们这边来住。当时完全准备战争，一直到70年代初期都发通行证的，进出都要通行证、保密教育卡。所以我们工资卡里面直到现在都有几块钱的保密费。

那个时候是要准备打仗的呀，北面珍宝岛战役，苏联给我们压得很厉害；蒋介石这边蠢蠢欲动；南面越南、老挝、柬埔寨，还有缅甸这边半包围；还有印度……都非常紧张，所以才有三线。那个时候天天提随时准备打仗的。因为搞了这个三线，他们就畏惧了。可以说，每次世界要打仗的时候，对贵州就是一次发展机遇。

当时大学生和我们知青一样都是劳动三年，三班倒。那个时候不是机械化的，要拉板车，晚上拉一车银矿石，有400多公斤，一晚上要拉50多车。化工厂的工资比军工一级低1块钱，我们是31块左右。吃饭就是几块钱，一个月30多块钱，我还存了20块。买衣服需要一丈五尺七寸的布票，像我们这么大个，存的钱还不够买一套衣服的。

我原来在化工系统，后来调到军工来，因为能写稿子，就搞成了政工，做宣传。我虽然从来没当过宣传部长，但我的宣传工作还是得到很多人认可的。中间我还到省委党校学习过两次，主要学三本书：毛主席的一本，列宁的一本，还有马克思的一本，三本书学三个月。"文革"中天天政治学习，每天是两个小时的学习，下夜班都要学习两个小时，像我们贵航的更是要学习。

我觉得应该客观看待政治学习这个问题，政治学习是共产党执政以后的传统，那时候人们生活非常艰苦，非常困难，但是对党的那种热情、忠诚度非常高。

三、放弃省会，加入302医院

在化工厂工作时有一个北京的老干部，70年代在"文化大革命"中被打倒，从北京贬到贵州来当我们的厂长，后来恢复名誉，又调回北京去了。他是一个老革命，在这边受苦时我就帮他。他走的时候问我："你要不要调省化工厅，或者到北京？我可以帮你。"我说我什么都不要，能做文化工作，结识这群人就已经很知足了。因为搞宣传比较成功，后面还有两次机会可以调到省里面工作，一个是调到省委宣传部，还有一个是组织部，但我都没有去。

当时家庭负担倒是不重，但因为家里头有小孩要读书，父母跟着我们一起生活，这些机会都被放弃了。当然还有一个情况，就是那时到省委机关去，我还要减5块钱的工资，当时地方的工资比较高，有3块钱的保密费，加上一级工要多1块钱，我就没去。

我很早就关心贵航了，当时还在上山下乡，我有两个同学到贵航011来半工半读，这个时候我就关心贵航了。后来航空302医院刚建成几年的时候我就来了，找了一位朋友帮忙，他是1970年第一批进入医院工作的，是创建医院的元老。后来我就调过来了，到贵航医院还是搞宣传，一直干到院长助理兼工会主席。

我们航空工业医院原来是属于贵航的，后来中央直属。当时医疗资源非常贫乏，贵州一下建了三个医院——我们302，贵阳的301，平坝的303，后

贵航302医院老院区，1970年建设，2004年搬迁

来又建了修文的304。建立这些医院一开始是为军工服务的，后来一看很多地方都没有医院，就敞开为地方服务。我们医院也是这样的，当时为军工服务，现在是安顺最先进的医院。其实我们的宗旨就是为贵航011的职工服务，302是飞机片区，303是发动机片区。我们医院一半的医生都是遵义医学院毕业的，遵义医学院原本是大连医学院，也是三线建设过来的。现在有1200多个床位，医务人员1300人，其中老的、退的医生至少有200个。

企业属于贵州时，我们一年会议费才10万元，后来改成中央直属，属于国资委，开个屁大的会议都要到北京去，反而不好——会议成本太高了，要60多万一年。2011年以后贵航集团又被打散和板块化，分成八个板块，我们属于中航资产，所以是中航直接管了，接管后就从副地级升格成正地级了。

六七十年代军工和地方是两个板块，地方完全不能过问，现在国务院认为医院是军工的负担，就交给地方了。我们调研过，国资委的领导也说，凡是交给地方的企业大部分会死，只有3%的能成功。他一分钱不给，地方又管不了，交给地方绝对是死。几十个三线医院交给地方局的话，不占编制，但是地方拿不出钱来，就只能自生自灭，那时好多人才都被挖到了地方人民医院。

当时来建设的时候整个贵州都很苦，但是军工的一点都不苦。它的后勤服务——包括我们医院——每两个月到湖南和安徽去拉肉来分给职工，我们有肉吃，一斤肉、三两油。非常公平！云马是大厂①，1万多人，3万多家属，总共4万多人，肉来了，都分成等份，从党委书记到下面，每个车间抽到什么就是什么，没谁有意见。但现在做不到了，也没这种情况了。以前我们老医院经常放五台货车，解决职工和病人吃的问题，我们每年要下去到望谟拉苹果、香蕉、甘蔗分给职工，那个福利是非常好的。你现在问老同志过去好还是现在好，他绝对说是过去好：过去50多块钱可以养活家里5个人，现在谁都养不活。我们医院用车拉煤，一个车拉来两家分，你只交10块钱，煤费、油费渠道都能保障，所以没谁想走。

现在福利没有了，跳槽的人也很多，医院这三年走了200多个人，很多都是辞去领导职务走的。为什么要走？没有稳定性。过去你要进来，首先要政审，没政审这关你过不去，政审很严的。现在我们军工的工资都非常低，我们退休了，按正常职务我是县处级，在地方要拿9000多块，我们才拿到他们的三分之一多一点，我们干军工的还抵不到乡镇卫生院看大门的人的退休金。我们是事业单位，但是一退休地方政府就说是航空工业企业，企业不按级别，不按职称，就按整个企业的平均工资安排退休金，不公平。

我觉得三线受影响最大的是1993年航空航天被拆分了，航空归航空，航天归航天。当时正好100多家企业在贵州开会，就在安顺开。但我们医院的转机也是那个时候，记得当时航天一个所的党委副书记突犯心肌梗死，就送到我们302医院来抢救，我作为医院代表和贵航宣传部部长两个在那边守了七天七夜，任何人不让见，把他抢救过来了，北京也来人了。本来他的老伴来了，五天都不让见，但他起来之后呢，就让老伴和儿子进去看。两个人一看就兴奋了，又多说话，心脏破了，一下子就死了。这对我们的刺激太大了，从此以后我们就搞心肌梗死的研究，院长到大连医学院去学习。后来有三个病人患心肌梗死比这个书记还厉害，陈院长吸取了书记的教训，把这三个

---

① 云马飞机制造厂是隶属于中国一航、贵航集团公司的国家大型飞机部装企业，中国高级教练机、贵航某系列型号飞机研制生产基地，民机转包和国家重点型号零部件配套生产基地，国家定点的环卫专用车、客车、索道缆车研发生产企业，国防军工一级保密资格单位。

全部抢救活了,我们医院和院长的名声就一下子出来了,所以现在我们医院的胸痛中心是贵州省的前几位,还有一个神经中心在全省排前两位——脑和心脏,这两个非常出名。现在黄金窗口期患脑梗,我们可以做溶栓、提栓,还不用动手术,95%不会去世的。

四、心系三线,著书不断

我在单位的时候,很多正高的论文和其他东西都是我去给他们修改、评的,但是我连一个副高都进不了。为啥?我们单位政工没有副高以上的级别,副高、正高全部是医疗系统的,我从政工系统进不去,从经济师系列也进不去,所以没办法——不给你指标,你怎么去评?但是我们贵航的,还有其他很多正高的材料都是我给他们做的。前段时间我们有一同事,下乡去扶贫两年,我一直鼓励他,他也是我们首批下乡去当村支书的干部。后来他挂职副县长,回来提拔到我们贵阳301医院当党委副书记、副院长去了。

我们院史都是我承担写的,包括贵州省的春晚,我都参与过。2001年我还出了两本专著,都是在北京出的。一个是"世界各国的飞机",这个系列一共有10多本,其中中国部分是我写的,早就出版了,但因为属于保密的,没法看到。保密也很正常,像这个011基地史、"歼-7"飞机等在80年代也是保密的。

我写的知青和知青的文化,包括北京新华社的人看了都哭了,他们说比《芳华》还精彩,说我写的这些事情很多北京、广东的老同志看了都流泪了,要拍成剧。但是我比较低调,就是作为一种爱好,把它原始地记录下来。

这50年来,我走到哪儿宣传到哪儿,退休了也是,尤其这四十几年一直在宣传三线,所以无意之中也把自己塑造成了一个三线研究的专家。这个是无意中的——2005年的时候,国家规定副职55岁必须要退,因为我是主管,本来我还可以继续干的,但是有些退了的人不服气,老盯着我,上面就说退吧,退到二线就不管事了。这个时候贵州省把我找去搞宣传,然后就研究了三线,2009年开始真正深入研究,也发表了关于三线的一些东西。

退休后，有一次参加航空宣传工作评审会，贵州的、四川的、上海的，还有辽宁的，5个省区的评审到贵州来评，我是贵州的评委。一看，我们就提了最大的缺陷：中国航空最大的集团是贵航集团，怎么三线一笔没提呢？那么就增加一个篇章，叫"三线"。谁来写？大家说是我提出来的，我来写。结果这个系列片写得最好的就是我们三线，感人肺腑，包括"歼-10"的总设计师宋文骢，就是我推出来的。当时他们成都设计院的来了，我说你把宋文骢的资料拿出来我来写，后来把宋文骢推出去了。

我编撰的有关中国三线建设的资料都在这了，还写了一本关于贵航的书，20多万字。中央电视台的三次节目，关于三线的部分也是我写的。2005年的时候，正好国家要搞一个8集系列片，叫《龙腾东方》，我也参与了，这些原稿都有的。这样，我就一直做到现在。20世纪90年代后期开始提军民融合，这两天我又写了一本关于军民融合的书。我还拍了不少历史照片，现在搞三线文化研究，他们也要搞一个三线文化产业园。

我现在72岁了，退休以后还在单位上班，同时还在大学里面讲课、做报告。我在职的时候没什么成就，退休这十几年的收获最大：写了几部书，也一直从事扶贫志愿服务，与北京的一位老领导袁立本[①]一起，我是他的扶贫志愿者，他四十几次到贵州来扶贫，我都参与了。

我在医院当院长助理、工会主席，凡是宣传口全部是我在负责。到任何单位去都搞宣传、搞文化，但是从来没当过宣传部长。退休了，整个贵航的宣传还是我在做。

现在想想下乡这几年还是锻炼人的，进到企业以后我从来不叫苦。那天杨希乐走的时候，说："老领导、童主席，你无论在职还是退休，从来没有跟医院提过一分钱的要求，有什么工作你就默默在做，但是你做出来的时候给我们树立了榜样。"

我到医院来做了很多，五年的工作分文不取，现在的扶贫志愿服务工作也都是我自己掏钱下乡去搞的，但我心甘情愿，觉得作为一个志愿者就应该

[①] 袁立本，1940年生，河北人。中共党员，研究生学历，高级政工师。中国航空工业总公司副总经理、党组成员，中国航空工业第一集团公司顾问。

这样。现在医院说这么多年来都没给我一分钱,要给我工资,说我付出了很大的代价,所以给了我部分补贴。但是我觉得要不要都无所谓。我从来没提过一分钱的要求,也没提过其他要求,不然心情会不舒服的。你看我现在70多岁了,不提要求反而活得年轻。

如果以前去省里面,我可能会有新的发展。很多领导人说:"老童,你在这儿空间太小了,至少要在一个省级平台才有发展,为什么就在这个单位从来没调走过?"但是我满足了,自己搞搞研究,也是在学习。我从来没后悔过,现在退休了,很自在,也很成功!我心满意足。

徐瑶林
研发新工艺的航空业总工程师

亲 历 者：徐瑶林
访 谈 人：黄　菡
访谈助理：袁拾梦
访谈时间：2019年7月21日上午9:00—12:00
访谈地点：安顺市平坝170厂
访谈整理：黄　雯　袁拾梦

亲历者简介：徐瑶林，男，1927年生，辽宁大连人，曾任平坝170厂副总工程师。1941年进入工厂学徒，从事机械修理，在战争中回乡参加土改，又辗转到沈阳机床二厂谋生。1948年11月沈阳解放以后，在共产党组织下，重新回到工厂工作。50年代被评为111发动机厂的超八级工，工资每月高达150元。1966年12月份在组织动员下来到平坝。"文革"开始后成为"专政"对象，军管后担任生产组组长，主持研发了我国涡轮发动机叶片的硬质合金技术，获得了国家科技进步二等奖。

徐瑶林（右）接受访谈

一、辗转于工厂之间

我 1927 年出生在大连附近,父亲祖籍山东,母亲是大连人,原籍复州。①祖父当年闯关东,应该算第一代产业工人,是开汽车的。二三十年代,他就开福特从镇上跑县城——那个时候不叫镇,都叫街②——小日本侵占大连的时候都叫街道。福特就是现在的卡车,装得下几个人,拉客的。

1941 年我 13 周岁小学毕业后参加工作,进工厂做学徒。那个时候还是日本人在管,当时当职员的,那都属于反动势力,到了解放后就收拾了。我的大舅、老舅都进了工厂。大舅在沈阳铁道工厂做客车;老舅在私人工厂,叫东明铁工厂。东明铁工厂是什么水平?它自己的人高中毕业,派到我学徒的那个厂做模型工。

我学徒的私人工厂是给一些大厂的设备做修理的,像 2000 吨、3000 吨的水压机,还有电缆厂的碾片机、滚压机。我们到那工厂去,配件做完以后,就负责保修。工厂说实在的分工比较严格,管理精打细算,没有浪费的。徒工包吃包住,一天三顿饭、5 毛钱。苞米面那时候三四分钱一斤,米好的 8 分钱一斤,那个情况下,一天是 5 毛钱伙食费。当时是集体伙食,有食堂,有宿舍。

1945 年东北光复之后,整个沈阳就瘫痪了。日军留下的军用仓库啊,老百姓就开始抢,苏联兵也抢,国民党也抢。共产党进去控制时,满大街都是物资,什么物资都有!那个情况下,我就回老家了。

光复前地下党在东北、辽南挺活跃的,当时复县的监狱大部分关押的是政治犯,都是共产党的地下工作者。我念高小的时候,有一年学校丢了三个学生,其中有一个是我班里同学。我们俩同班同组,他在班里是个子最高的,我是最小的。解放以后我才知道他是地下党。到一九七几年,他在高检

---

① 复州现位于辽宁省大连市瓦房店市内。
② 1904 年日军强占大连后,改"达里尼"为"大连",大连作为城市名称的称谓由此开始。日本人按照政治需要和文化习俗,对大连的市街道路进行新的命名。中国人集中的地区,主要用中国人的习惯称谓"街"做通名。

当检察长，从检察院下来以后就做政协副主席。

1945年回家后，因为我是工人，就参加土改工作组。我们家那个村有个连长，到那搞监督演习。我们当时开参加监督演习的会斗恶霸地主，我也参与了。还有抓宪兵、斗宪兵——宪兵就是日军走后被落下来的伪军。他们藏在草里，秋天草都深，根本看不着，在里面躲多少天，最后我还是把他们都抓着了。

当时辽南有纺织厂，还有轴承厂。我们国家第一个轴承厂就是日本强占时期建的，用的徒工都是送日本培养回来的。我是在纺织厂。东北解放战争开始后需要布匹，叫工厂开工。开工的话，我们机械工人就要修机器。1946年6月，组织上写了条子，我就去瓦房店的纺织厂报到。之后解放战争开始，国民党反攻。1946年9月底，共产党开始从辽南撤退，工厂把机器全弄油抹上，草袋子包好，拉到岫岩。有一部分人跟着过普兰店，到了石河义。工厂的干部、党员都跟着走了。

国民党来了之后就"抓兵"，向每家按户口要兵。你没有正当的证明，没有国民党工厂开的证明，就必须回去当兵，不去就跟你没完。

原来的工厂解散，不能干了。1947年1月，我就跑去沈阳找工作，为生活，也为"躲兵"。当时东北地区，工厂谁管的都有①，沈阳基本是"三不管"，我前后去了三家工厂。第一个考的是铁道工厂，但铁道工厂最后出证明说不行，就推给苏联管的南满铁路。后来又考沈阳机床二厂，原来国民党时期叫第四汽车配件厂。这个厂是以前伪满最好的机械厂，东北第一流的，做设备也拔尖。当时收40人，有400人报名，考操作。比如你考钳工，给一块铁棒子，给你记个符号，要多大尺寸的；还有做铁板外套，你做好后，尺寸差多少就扣多少分。结果400个人，我因为技术好，考了一等二级。

后来辽南解放，打营口、辽阳。第四汽车配件厂属于国民党，也是临时性质的，1948年初辽阳解放以后，就把工人全解雇了。

我没办法，就考沈阳兵工厂。当时辽沈战役还没开始，但经常能看见共产党的宣传，鼓动大家回解放区。因为兵工厂全是高级工人，共产党就总贴

---

① 伪满政权垮台之后的一段时间，东北不同地区分别处于共产党、国民党、苏联的势力范围。

动员队伍的广告。我想,干脆往回走,就往解放区去。

回解放区不容易,共产党可严管着,审查很严格。虽然共产党总体上动员工人回解放区,但因为害怕回来的人里有特务,回去需要细节证明。你回原籍,要到当地派出所登记,首先登记、审查,不带回原籍,半夜都不让走,跟过堂一样。

1946年工厂解散之后,我们属于停薪留职。解散之前厂里都告诉我们回家等着,将来工厂恢复,我得在。所以我回去之后第二天,赶紧给工厂打电话,组织部门回意见说别停薪留职了,马上进厂。这样,我才又回到纺织厂和兵工厂,工作到一九五几年。

二、成为超八级

回解放区后我先进了纺织厂,进去后成了第一批公开的共产党员——我工作的单位当时只有俩。我们1948年12月入党,候补期三个月。本来我1949年2月就应该转正,结果1949年我参加南下,先上沈阳政治学院去集训了。这样我们俩就不在一块儿了——和我一起入党的朋友被另外抽走了。那天开党小组会,好几个单位凑在一块,我伙伴力量少了,心情不好,就没有发言,情绪不高。支部书记就说他觉悟不行。

按党员标准折腾几年,这政治压力太大呀!入党时,就借党章看了下,完了入党——我们哪来这么多觉悟?我识字,但不会写文章,在工厂干那么多年,又没看书看报,啥也不知道。但那几年,我在车间工作拔尖,我的技术走哪儿都是拔尖的。

1951年军工、航空业开始发展,从1月份开始纺织厂里就陆续有工人被调走。咱们那时候实行八级工制,八级是最高工匠。当时都在调好的工人,最少是四级。我那个时候是六级工,按当时的情况,工资按粮食发,有240斤,级别很高了。1952年我也被调去沈阳进了航空业,到111发动机厂搞发动机。111厂前身是小日本的飞机厂,咱们用的是那个基础。我到111厂,是按八级工进去的。进去之后,紧接着就评了超八级。超八级的基础工资是100元，还有各种津贴。保密津贴是15%，100块钱就得15块钱的津贴，还有职务津贴，也值部分钱，总共将近150块钱，养八口之家。养到什么程度？二弟、三弟都结婚有孩子，我在沈阳，四弟也在沈阳读书，二弟有时候在沈阳吃饭。我把伙食费留够，剩余的钱全交给老人，身上不留钱，也没攒过钱娶老婆。

在111发动机厂我搞发动机修理。最关键的叶片需要弄模具，我做的模具一下就露脸了。白天机床压力机不空就晚上搞，工程师、技术员跟着，我就调整模具。一连干三四天，都是下半夜。抗美援朝的时候，我一下解决了一个发动机的技术问题，从工人马上提科级去搞技术，做厂里技术车间大的技术师，叫技术室主任。技术车间里都是大学生，清华、南开、交大的毕业生，他们解放前就念书，基本都是五年制大学，我在他们中当领导，负责技术。

1957年，徐瑶林（后排左一）于沈阳410厂参加同志欢送会

后来修理厂要过渡到制造厂，1955年我就被调到410厂。410厂现在叫黎明制造厂，就是现在的沈阳黎明公司，咱们国家最大的发动机公司。我在黎明厂基层工作了一年，调到一个关键车间，后来又到模具车间干了一两年，就提车间干部，当管生产的主任。1958年提干之后，1960年就送上西安

1960年，西安航专100班全体同学（二排左五为徐瑶林）欢送老师

航专学习，这就改行了，搞仪表、陀螺仪——航空发动机、导弹不有陀螺仪吗？在那念完以后，部里就把我调到北京的22厂——就是清华仪表厂——干了不到一年，又回到410厂。

三、170厂的岁月

组织动员来贵州的时候，我在410厂做工具科副科长，管全厂工作供给。党委开过一次会，给大家分工去哪个厂。动员的时候基本没有说二话的，只有一个在老厂的江苏老干部，他不想动。我说："你别找麻烦，赶紧表态，赶紧走。不走的话，你原来那边肯定不要你。"他不肯走，这么一来老折腾，最后折腾到江西去了。人生地不熟，说话都说不到一起，没过两年就死了。来的时候，组织说毛泽东动员要搞大三线建设，要打世界大战，三线建设搞不好，他睡不了觉。所以工厂干脆就扩充，到内地踩个点以后就往这里来，"好人好马上前线，一面红旗两面插"。

1966年，徐瑶林（一排左三）于沈阳410厂与工具科同事合影

组织当时就说赶紧上内地扩大，搞十年完成任务就可以回去。所以那时候我们在贵州搞的房子，全是干打垒，没想到要长住。当时厂里开完会，一个礼拜就动身，都没有回家看老人，车票集体买好，特快列车到柳州倒完车，没等两小时再上车，就来贵州了。

我们第一批是1965年6月到的贵州，档案、户口也跟着过来。第二天就上工地，那是原先军马场的地方，开始搞建设、建厂。当时除了沈阳410厂的，还有哈尔滨的、湖南331厂的。170厂的厂长是沈阳410厂来的，副厂长是从哈尔滨来的，没搞过技术生产这些东西，搞后勤考核。

几边人一起生产，难！难！难！比如说最主要的地方，工具、机修、设备维修，这套管理全都不一样。好歹在来之前咱们部里这个体系，我们这些做大厂的，在东北这几个发动机工程都要进行检查，一个季度检查一次工作：谁生产管理又提高了？有啥特长？各厂负责的人都互相交流一下，大家多少还能调整。到这儿以后，具体生产落实到具体人员，可能在原单位不搞这项具体工作，只知道一星半点，很难。

刚到这儿连席子都不给，没有地方住。到秋天的时候，干打垒的房子晚上可以看星星。咱待的地方，原来就只有三家人。三家人什么生活结构？圆棚搭的稻草屋，留个门，这面一间养猪，那面一间养牛，人住在棚顶。家里没有锅灶的，就在地下用石头支起来锅灶，一个碗、一双筷子。我们从沈阳来的时候，这些人不都穷吗？给他们做衣服、被套的布票，老百姓不买布，拿这个布票，骑七八里去马场卖了，弄狗肉，弄酒，吃完喝完醉了。他们稻田也不下肥,望天收。

也没有菜吃——当地的老百姓不吃菜。菜只有牛皮菜,熬汤是黑的,剩下就是吃辣椒。后来我们自己搞补给队,一部分家属种点菜。按东北的惯例,大菜地亩产1万斤,种上几亩地就够了,但这里土不行,蔬菜不长。

之后马场正式成立公社,搞一体化,厂社结合。那个时候,他们就慢慢向厂里人学生活方式,一年多就有变化了。但改完以后,正好搞"文化大革命",厂社结合被冲击,一体化就淡化了。但这边的快速发展和三线有关系,没有这个基础,它起不来。

刚开始基建的时候,白天晚上一样拼。两班制,白班是早上8点到12点、下午2点到6点,晚班从晚上6点到12点,完了吃饭。当时得盖大食堂、修电站,机械化不够,晚上职工家属也一块上。给多少钱呢?一个月20多块钱,一天合7毛8分4厘,就这个价格。工人陆陆续续安装好,机器能动了,就开始边基建边生产,到1966年10月份就能出点东西了。

机械加工是1967年开始做第一批,能加工的就加工出来。正儿八经的建设,一直到1968年才开始。

难。什么条件都不具备,连库房都没有,这工厂1968年前没有库房的。当时计划所有物资都入库,但只有350平方米的地,那能生产吗?最后军管跟他们算账,需要6000平方米库房才能生产。国家马上就调物资,没几个月这个窟窿就填上了——你要什么给什么。

建厂的过程中,强调"艰苦奋斗",厂里挂上大字名言"艰苦奋斗",上工前就动员强调"大干快上",还有政治学习,从1966年八九月就开始弄了。

"文革"开始后,1967年开始武斗,厂里基本就批斗、停产,当时厂还没有建完。

我到"专政队"好几个月,被关起来批斗。全厂被批斗的,党委书记、副书记之外,我是第三位,戴尖帽子上舞台。演话剧的时候,反面人物就被揪上去了,踹你,弄你,展览,拿小石头打你。脖子上还要挂一个小黑板,起码有五六斤,黑板后面给钉上钉子,卡着脖子,我在舞台上,韧带都压钙化了。

我和党委书记都挨批斗。他劝我说相信党,相信领导。上食堂吃饭,我们都排在那里,站着鞠躬,人家吃剩了我们再吃。晚上干到半夜,大食堂半夜来粮食,180斤、200斤都得扛。半夜夜班下班,还得去刷澡堂。有些车间外面有点平地,就问能不能给修个篮球场,我们就修了两三个!

专政八个月,还得干活,我气得得了甲亢,走不动,心率躺着有90,一下地就120——心脏问题就到了这个程度。后来在办公室休息了三五个月。

得甲亢的人特别能吃。这一斤牛肉馅包的饺子,孩子一个都不吃,我一个人吃还不够。哎呀,这一气之下得了甲亢,贵州省看不了,最后安排检测后出证明,可以出省治疗。这时候工厂造反派头头说实行"人道主义","你自己走吧"。我到北京找老领导帮忙,才找到医生手术。

四、搞出的新工艺拿了国家科技进步二等奖

170厂在航空工业应该说是第一个独立搞发动机叶片的,1968年投产建成之后,在咱们国家是头一个。

1969年,170厂被军管接手。从这个时候开始,它的体制就不是工厂的体制,而是部队的体制了。三组一师——政工组、生产组、后勤组,那时候计件、质检、生产这些都在一个生产组,我成了生产组组长。

到生产组还是困难多。这边什么财务、检验、材料、计件都在一块,实际搞不了。说实在的,我在沈阳搞整体发动机,生产准备,基本上一个发动机要做的工序总共15 000项的样子。沈阳410厂当时还是把好人好马拿出来的,到这儿,只有四分之一的工序。工作量减轻了很多,搁在以前,要管1500号人,我到这最多管百十来号人。到1972年,这个生产大组因为不适应就拆掉了。工业有复杂性,这个知识面谁也没那么广,大组管不了。

生产组撤了之后就变成了科室,财务、机械、后勤、会计、检验、安全……基本上恢复老一套的那些东西。我不做生产组组长,就变成全厂的副总工程师。管机动,就是生产准备、工具、机修。比方说整个机组要生产,组织工装设计、工艺编制、消耗管理……这些总工程师也管,但基本上具体的工作

是副总工程师抓,养护、机修等动力设备,动力、电档、机修、复合垂电器等,都要管。

咱们国家生产涡轮发动机的叶片,是从高温合金锻件开始的,后来技术发展,但锻件温度达不到,就逐渐改铸造。铸造的温度提高了一二百摄氏度,原先的刀具就用不了了。你用多少刀具都配不出来,质量也控制不住,后来就演变成铸造模,但又没有专用设备,我就用最旧的苏联 M7130 改装。改装要模具,但当时没有模料。后来正好从德国、英国进口发动机,就借设备来,它们的磨床上带大气孔砂轮、模具砂轮。但咱们用不上,因为咱们没有人家公司搞数控的数据,开不了这个设备。但这个砂轮磨模涂得快,磨削也快。邯郸有个小工厂跟北京一个老工程技术员研究搞这个砂轮,我们就干脆跟他联合起来,投了点资,把工厂联合办上,砂轮问题就解决了。

砂轮有了,但磨床没有。最后我提出改造方案,很简单,谁也想象不到的:用个做不等分的简单工具,用几个床位打。在咱们国家来讲,这个方案是头一个。一九八几年初,这东西就成型了。后来工艺也稳定了,很简单,又便宜。

后来看工厂的历史资料才发现,研发者换成了别人的名儿。实验时参加的工程师,把他名报上去了,说是他创造的。我当年指挥、改造完了以后,这个改造得到国家科技进步二等奖,我连名都没。

那个时候 170 厂总共有 2000 多人,车间也多,光为生产服务的就有六个车间。170 厂主要生产航空发动机,就是战斗机的发动机,主要是"歼-5""歼-6""歼-8""歼-9"。现在把精密铸造部分拿出去成立了专业公司,生产几个机种的关键铸造件,都在贵州。现在这边也生产发动机,公司也要搬到贵阳,但是好几年了,也没搬利索——贵阳市那个地方腐蚀的东西不让进,噪音大了不让进。

五、个人与家庭的命运

我来贵州时已经结婚了,但起初是一个人过来,爱人留在沈阳。我和爱人 1948 年结婚,是包办婚姻。她的家庭,按现在讲叫民营,开纸坊的。本来属于工商业,结果当时给评的时候,家里年轻的、有能力的都跑出去了,没人说理,就被评了富农,有点管制的性质。

当时我俩在一条街上班,互相都没见过面。结婚接到家里了,我才看到模样——搁到现在能行吗?人都没去看,就过上一辈子。

结婚的时候,家里没有多少东西,彩礼给了两匹衣服料子、两床被子,给点棉花。婚礼的时候坐轿子——她到底喜欢坐轿子,精装的马车——人一生就这么个事儿。到家里,拿掉盖头之后,才知道长啥样。我的想法是这人长得还顺眼,还可以。我爱人看到我的第一眼,想的是就个儿矮了一点!结了婚以后,我们很快就生子,她在家也有工作,我也没把她接到一块儿,礼拜六我骑60里回家。

来贵州前动员过来的时候,组织承诺说城镇户口不变,给解决家属的问题,家属没有工作的到这儿都有工作。等我爱人来了这里之后,第一份工作就是托儿所,干了十几年,转正也没转呐——给她气得哟。后来好歹动了脑筋,怕老了没人管,给她买保险,攒点养老金。她现在不错,因为年龄高,补助也高,拿到两千几百块钱的。

我三个孩子都在这,那是响应周恩来的号召,"一个不多不少,两个三个正好",三个就达标了——我那时还做先进经验介绍呢。

我们家孩子全是工人。那个时候,人家孩子最底线都是去上"七二一"大学,对吧?我是领导,只能先叫别的同志的孩子去。80年代初招工紧张,尽管我自己有绩效,但我跟组织讲自己的孩子不要紧。国防办副主任就另给个指标,让我小女儿去另一个系统干正式工作去,愿意回来再给调回来。我姑娘就去了083。结果闹得满城风雨的,别人讲她怎么走后门,孩子想上哪儿就上哪儿。这状后来告到国防办主任那

1997年徐瑶林夫妇金婚纪念合影

去了，主任说这是组织批的——当时国防办给安排了十几个指标，每个基地领导层的孩子有困难，就给个指标，都安排在083。

在航空工业，最开始我们全是仿制的，发动机仿制多。怎么能去生产自己的发动机，把它创造出来？之后我们去仿国外的这几种，自己改造出来，我都参与了，就觉得我这一生干航空工业，没白干，那就行了，对吧？所以说帮国家把设备管理好，工厂后来得特奖，这套管理系统，虽然人家不说是你的，但反正是我领导成立的一些东西，这流程当时全是我抓的，我就觉得把这事干了。

现在的人不好接触。那时候的厂长后来当部长了，坐车里来这儿检查工作，看我走路，赶紧把车停下，俺俩单独照相；他还上我家去看看我的破家，别人家都不去，这是老朋友，就够意思。跟着共产党干点事儿，有这点情谊就行了，就值得。

刘树发
东北人到西南去：三线建设里的文艺宣传者

亲 历 者：刘树发
访 谈 人：陆　远
访谈助理：王余意
访谈时间：2019年7月21日上午
访谈地点：安顺市黎阳航空展览馆一楼办公室
访谈整理：付思涵　王余意

亲历者简介：刘树发，男，1941年生，籍贯吉林四平，中共党员。1959年进入辽宁空军部队丹东14团当雷达兵，后进入空二军政治部文工团进行曲艺创作。1966年进入沈阳黎明航空发动机厂担任磨工，1969年受三线建设号召，前往贵州安顺黎阳航空发动机厂，先后在厂宣传科、厂工会工作，参加多次形势宣传教育和样板戏排演，1981—1984年任黎阳厂法庭法官，处理工厂小社会的民事纠纷。1984年进入改组后的黎阳发动机航空公司宣传部，2001年退休。

刘树发（中）接受访谈

一、只身赴黔

我的老家在吉林长春附近的公主岭。我是1941年生人,身份证上是7月1日,实际我出生在农历八月十六日,中秋节第二天。办身份证的时候,统一写个7月1日,我就跟着这一天生日了。

我18岁那年去辽宁丹东当兵,就在中朝边境上。黄海的水过来以后,涨了潮就进入鸭绿江里,一退潮,踩着那河里的石头就能到朝鲜。我当兵之前在念中学,念到高中一年级得了点病,叫什么大叶肺炎,一搞搞了两三个月。好了以后没多长时间,丹东14团——独立团,就是雷达团——部队下学校去招雷达兵,要招空军地勤,我就报名了。我之前不是得了大叶肺炎吗?以为够呛,最后还真验上了。14团的团部在四道沟,离丹东市30来里地,从团部到训练营也是30多里地,那个地方有个空军英雄张积慧①,他是4师的,就在我们连队边上,离得很近,不到1里地。

我当雷达兵第三四年的时候,空二军政治部文工团把我招去了,因为我愿意写一点东西,算是给部队培养文艺骨干这么个形式。一待就待了三年。我在创作组,搞曲艺,就写个快板什么的。

回到连队不长时间,"文化大革命"就开始了。那时候从文化战线开始批判什么"三家村"、"四家店"、《燕山夜话》,批判什么才子、佳人、洋人、死人、牛鬼蛇神……整个那段时间部队就是那一套。后来就下放了,我们就那么地回到家,算是复员了。

那时候复员的原则是"从哪来到哪去",我家是吉林公主岭附近农村的。哪个人没有点私心呢?我就琢磨,这都要回家咋整?就没想过要回家。最后还好,部队领导就说给我留到工厂。1966年3月,我就进了沈阳的黎明航空发动机公司。黎阳公司是黎明公司的子公司,这个地方(贵州黎阳公司)就是沈阳包建的。除了黎明公司之外,还有一些附件厂,哈尔滨的东安、湖

---

① 张积慧(1927—2023),山东荣成(今荣成市)人。在抗美援朝作战中曾十多次参加空战,击落击伤敌机五架。1952年2月10日,张积慧和战友并肩作战,一举击落美国空军"王牌飞行员"乔治·戴维斯,打破了"美国空军英雄不可战胜"的神话。

南的331，还有重庆、四川的厂，以沈阳黎明厂为主，几个单位一起包建。

我从部队到了黎明厂以后，工厂专门拿出一个月时间做保密教育，就讲工厂的保密信箱、分箱、图纸的图号不能往外说，最好的朋友也不能给他们看。那时候咱们的航空才刚刚起步，这些都是最高国防机密。工厂里人的文化素质也好，转业兵能有百分之六七十，来的大学生不多，中专生多一些，航校来了一批。再一个就是招工，招你到我这工厂来，要查你祖宗三代，一般人你进不来。比如你祖父那时候是富农，那就不行。我家是贫农成分，那时候贫农是出身特别好的家庭，也算是根红苗正，"越穷越光荣"——有那个说法。

进厂以后一开始我被分到保卫处，待了半天就把我整到了51车间，是一个磨工车间。磨工分内磨、外磨两种，比如你要磨一个东西，要把它车圆，这叫外磨，要把里边搞光滑，这叫内磨，都是上机床去磨的。那一年是1966年，北京要搞文艺汇演，我到了车间报到，还没等认师傅，他们说我们这儿文艺骨干少啊，来了一个文艺骨干，就给我搞到文工团去了。那三年我就都在文工团创作组，名义上是工人，但没干过工人。当时文工团采取轻骑队的形式，一共十七八个人，有唱歌的，有搞乐器的。但那时候是这样的，你要是搞舞蹈，你得会音乐，你得会快板，你得会唱，"一专多能"。我现在在黎明厂那边写的作品基本上都没有了，虽然还没到雾锁尘封的地步，但时间已久了，记忆也少之又少了。当时厂里都是派系斗争嘛，虚度了，虚度了。

1969年厂里面就开动员大会，说要我们到三线来。"文化大革命"阶段形势挺严重的，那时候有好几派，又是造反派，又是保皇派，又是骑墙派，都到北京去。周总理接见，强调一点，中央有这样的文件，要各种派别大联合。最后周总理以中央的名义说每一派都是革命群众组织，要"跑步大联合"，大家的心情都得到了平衡。在那种情况下说要到这儿来，大家都报名。那时宣传说"三线建设要抓紧，就是和帝国主义争时间，和修正主义争时间""三线建设不好，老人家（毛主席）睡不好觉"，所谓的"好人好马上战场"——像我们这样不会干啥，什么好人好马？——厂里单位就成立三线建设办公室，大家都可以去报名。当时有贵州六盘水的、贵阳的，还有西安的，每个新建单位都去要人。我报名的时候就报了贵州,因为之前文工团那帮搞舞蹈的、搞音乐的、搞指挥的、搞创作的老朋友都到这来了,分配在各个地方,450厂、130厂、162厂、100厂、170厂、黎阳厂……他们就说:"小刘你过来吧,别在那边待着了,没啥意思了!"我一听这话,也没想其他的就过来了。我1968年才结婚,老婆还在农村没来呢,1969年我自己毅然决然就到这来了。

二、初到贵州,艰难适应

我当年从沈阳出来以后,路上没倒车,五六天时间到的贵州。走哪儿呢? 走广西,桂林、柳州,从南边这么绕过来的。现在的话从贵州出去到马尾,就直接到怀化进湖南了。

不像现在,我们那时候成熟得晚,不计后果,心里很单纯,说来就来了。刚到这儿的时候,大南方还挺新鲜,山清水秀的,远山近树,岸柳成行。柚子啥的2毛钱一个,还有橘子,这些水果相当便宜,东北吃不到。来以后就不行咯,后悔了! 没到一个星期就开始有高原反应,咱们这地方平均比东北高1200来米。这里比沈阳苦多了,没法比。一个月才二两油、半斤肉,二两油才这么点儿(比画)! 爷们! 你就吃这么点油?

当时进厂的原则是"先生产后生活",我们有的住在老乡家的牛棚和山洞里——有住牛棚的,有住"菜籽冲"山洞的,有的住在大厂房里。一直到1970年,才盖了一批干打垒小房。1969年来了以后,我就住在所谓的"招待所"里,就是用干打垒做的。就这么大的大砖(比画),沙子、水泥往里一灌。有的地方一看都透亮,能从缝隙中看到你。1969年的时候厂党委也没有办公室,就租小楼,不大点儿的小白楼,也是干打垒,刷了一层白色。1971—1972年的时候,这个地方才盖了一栋党委大楼,用砖盖的两层楼。因为办公楼没那么多人,有几个小房就够党委用了,其余的就做独身宿舍。之后我们有一部分独身的就搬到党委办公楼去了——这算条件不错了。

来了以后就吃食堂。食堂的饭简单得很,大米是贵州大米就不错了,一般都吃湖北大米、湖南大米,那边的大米是三季稻,跟东北一季稻不能比。

稻子不好吃,菜就是大头菜,用大刀哐哐像剁猪食一样,剁碎了放锅里,往大锅里搁上一勺子油,油有点冒烟了,把这些大头菜咔就往里一扔,搋来搋去,搋来搋去,搋蔫巴了,扣(kuǎi,舀)一勺盐往里一搁,然后再整一勺子辣椒,这就叫"富油白菜"。尽吃那!尽吃那!吃得我现在都不吃白菜。那时候一个月半斤肉、二两油,不管是我家、你家,整个都是那样。我们当时都觉得受不了这个地方,太苦了,刚来的三个月,天天拉肚子。

虽然大家都穷,但精神挺好。大家都有一个思维方式,就是忠于毛主席,让老人家睡好觉,都愿意勒紧裤腰带。

黎阳厂是1965年开始踩点建的,1966年就进入了正式建设,1967年内地的人就陆陆续续往这来了。那时候黎明厂有400多人来,我是1969年最后一批来的。我来的时候,主要的厂房比如试车台、小零件车间,基本都建起来了,但是还没有完全投入生产。50车间边上的38车间、39车间厂房还没建起来,那个地方只是一个很大的坑,大家都在里面钓鱼。

那时候不是说贵州"天无三日晴,地无三尺平,人无三分银"吗?我们当时生活虽然苦,但要比当地人好。我的工资是41块9毛3分,他们连工资都还没有呢。就这么大一块地方得有多少块石头——地就没有成片的,用拖拉机、收割机、铲蹚机都进不去,就靠人刀耕火种,刨个坑种点东西,穷得很。

贵州那时地方保护主义太严重,一旦有点事儿,一个老乡就可以把咱这水源地关了。工厂里边发动机哗哗正在试车,水一关就一个起落,一个开车闭车,十几万块钱啊,一下就损失那么多钱。告到地方,地方政府唯唯诺诺,也不给处理。军工企业在这地方有点受委屈,老乡觉得我们占了他们的地方。我们吃的是龙井的水,龙井在一个大山洞里。"那是我们的,我们说让你吃就吃,不让你吃就不能吃。"找到他们政府,也解决不好。

三四十年以前,工厂都是保密的。老乡可不管这个,他们上车间里头拿东西,你不让拿,他就要打你。我们工厂属于半军事化性质,支部书记提醒说:"不要和老乡一样,影响不好,要注意军民关系。"但工厂被他们欺负得不得了,后来35车间、36车间这帮转业兵不信那个劲,不愿意受这个气呀!有一回,老乡进去捡铁屑呀什么的,车间的人把大门一关,硬是把老乡打得趴地下了——打了之后反而好了。这儿人风俗就是这样:你打赢了之后他得请客,请完就服气了。但你打懵他之前,他是不会服气的。

当地有风俗,四月初八抬菩萨。老菩萨那家伙还挺重,四五个人抬着,南山北山这么跑,累得直淌汗。但我们是不参加的,看都不愿看,觉得没意思。

平时农民也会担点东西来卖,用稻草编成小串,把鸡蛋放上去,一串五六个地卖,我们也会跟他们买一点。那时候五六分钱一个鸡蛋,现在一个鸡蛋八九毛钱。一到礼拜六工厂里的人就到外边赶场。农民这个拎一筐莴笋,那个整一筐韭菜,摆上就成个菜场,从这儿摆到那儿,合适就买点来吃,我们的职工就靠着他们买菜。

三、宣传教育与文艺活动

我进黎阳厂,一开始到的是 50 车间,待了不到一年就去了宣传科,在宣传科二组搞宣传,写写标语、写写文章、出出板报,主要就是配合工厂政治部的宣传。那时候宣传科订一些报纸——《贵州日报》《人民日报》《参考消息》,还有《文汇报》。贵州的报纸能当天送到,但像是邮封信什么的,我家在东北,家里人给我写信,没十天半个月到不了。我们当时信箱的代号是贵州省平坝县 207 信箱,你在 50 车间就 50 分箱,在 38 车间就 38 分箱,这都是保密信箱。家里也不知道我具体在哪,只知道在三线,写信也只能写到信箱。

我们那时候写标语、刷口号,就是一些"三线建设要抓紧,就是和帝国主义争时间,和修正主义争时间""毛主席万岁万万岁",再还有"抓革命促生产""备战备荒为人民"——听说过这些词吧?当时就是要给工人做战备教育。深挖洞,广积粮,建设工厂要"羊拉屎",就是要靠山、隐蔽、分散。你建到面上来,飞机来轰炸怎么办?这是因为 1958 年苏联撤走专家,1958—1959 年的时候"反帝""反修","反修"就是反苏联。当时毛主席说要准备打仗,我来到这以后呢,中国和苏联在珍宝岛打仗,那时工厂里都战备动员,前边一吃紧了,下边就做动员。动员就是说抓革命促生产,要抓紧时间工作,支援一线、支援战争、支援战场。

工厂里政治宣传工作还是比较正规的,党组织活动比较频繁。"三会一课"是定期的,每个星期都要搞。"三会"就是党员大会、党委会、党小组会,"一课"就是党课。我是1978年入的党,考察了十多年,虽然当时不是党员,不参加党活动,但是会参加行政会。像是形势报告之类的政治学习,我在宣传部门,不参加也不行——我得宣传形势啊。我们宣传科参加得最多的是形势报告,一年到头除了开会就是开会。普通工人、党员也开展党小组会,每个车间都有党支部,里头每个工段都有党小组,就通过工段的党小组把形势往下传达。当时安顺这些厂的宣传部之间也会有联系,互相通个气,开个座谈会,我到你那儿、他那儿,你来我这儿,取取经什么的。

当时厂里评先进、评劳模这些活动,都是宣传科搞的。工厂每年都要评这个,比方说,你们是30车间的,一个是车工,一个是磨工,你们俩干得很好,大家有目共睹,那就评你们俩,评上以后报到宣传科,宣传科就备案上报。车间的评选是每个小组开会选的,大家一人一票。每个车间支部选几个,报到厂里的党支部,党支部就和车间行政一起商量,说:"老刘不行,老刘上回有故障。"马上领导就找老刘谈话:"这个月支部认为你就算了。"那时候评选"五好"职工、优秀职工,都突出思想政治、业务熟练、是党员、能团结群众,这些个条件加到一起,按照这些个条件套,你不错,你就上去了;差一点就下去,争取下一年。

劳动模范、先进工作者,一年厂里评两三个人,这两三个当中再选出来,报到011基地。之后就会给选中的人开一个表彰大会,授奖、授勋章、授奖状,还有点物质奖励。我还当过几年先进工作者代表,哈哈!70年代的时候,物质奖励就给个奖状,笔记本、钢笔这样的纪念品给一个;80年代以后,就会给几百块钱。厂里评"先进工作者"之类的,还有一个"光荣榜",贴到墙上,厂一级的是一年,再下一级的每个月更换一次。

我在宣传科待了一段时间之后,1971年3月全国工会恢复,又调到工会,搞的还是形势宣传。实际上我们的宣传科科长变成了工会主席,原来的宣传科又提了一个副科长当科长。1970年的时候文化活动就是样板戏,每个厂都组织样板戏。咱们这个黎阳厂搞什么呢？搞《智取威虎山》。每个厂自己选一个剧排，像我们这选的是《智取威虎山》，170厂（新艺机械厂）选的是《海港》，100厂（红湖机械厂）选的是《红灯记》。

对这个《智取威虎山》，我可有发言权了——我是《智取威虎山》剧组的指挥。那时候生产不是很紧张，政治部就说："把刘树发调出来几天，咱们搞《智取威虎山》，这是政治任务。"要了就得去，一去就是十天半个月、一个月的，回来没几天，又得出来演。那时候政治任务几乎压倒一切。搞三线建设那段时间，什么都没有，录音机也很少，碟子、磁带都没有，我们就把几个识谱的人找到宣传队，收音机一播《智取威虎山》，马上就开始记谱，就这么硬记下来，哪像现在这个环境啊？尤其他是业余的！搞完一遍听一遍，听完了再搞一遍，用几天的时间就把这个搞起来了。

搞完之后马上组织人。厂里援建的人来了以后，哈尔滨有一部分人，沈阳黎明厂有一部分人，文艺骨干不少。前前后后有30多人参加排练，杨子荣、少剑波、白鸽、座山雕、八大金刚，这些个都整齐了，这帮人的质量都不错啊。像《智取威虎山》的主角少剑波，扮演者是黑龙江哈尔滨东安机械厂京剧队的台柱子，还是个专业的。他现在90多岁，还活着。"杨子荣"也是哈尔滨来的，小嗓子好，形象好。"白鸽""座山雕"也都是哈尔滨过来的，因为哈尔滨京剧团业余京剧队来的人多，他们也是支援三线建设的，分配到各个单位，车、钳、铣、刨、磨工都有。这些演员是政治部知道有才艺特长然后组织的。像我，政治部知道我愿意搞曲艺、快板、歌曲，能写东西，就叫我来了。平时都是做工，然后就业余时间练。

当时还请了安顺京剧团来帮我们排练，这个京剧团是解放初从山东过来的，也是为了支援边疆——贵州原来很落后的。像咱们这个地方，比如副食品业，大部分是上海、江苏那边来的，航空企业是沈阳来的，纺织业都是上海、北京这些地方来的。

我就在剧组里当乐队指挥。咱们属于军乐队，乐队里面的乐器，长号、短号、巴松，再有什么京胡、二胡、板胡、三弦、扬琴，这些基本都有，都是我们自己从贵阳一点点买的，今天买一点，明天买一点。里面奏乐的人有的是有一点基础的,有的是从大专院校来的。有一个北京大学军乐队的队长,他毕业之后就分配到黎阳厂来,就培养他吹黑管、长号,那都是触类旁通嘛。他会管乐,基本管乐器他都能统归。大家都是"一专多能",撂下这些上舞台跳舞也可以,拿这个板子打竹板也可以。"走上台子面带笑,打起竹板做介绍"——就搞这些玩意儿。

整个排演的过程里,大伙都挺团结的,这个是让我印象最深刻的一件事。京剧咱们之前也没搞过,你去演"常宝",他去演"李奶奶";你去演"少剑波",他去演"杨子荣"。那时候演出,演员上妆,穿着衣服,杨子荣大氅,大衣、大毛的都有。有的是买的,有的是自己做的,很多都是自己做的,那时间经济也挺紧张。咱乐队乐器还挺全的,大伙也有点基础,也肯学,京剧就搞得挺好了。《智取威虎山》队伍马上定为011宣传队剧组——宣传队就是011基地的,不是黎阳厂的,升格了。从听、记谱一直到演出,再到定成011宣传队,一共是21天。

我们1970年开始排,1971年就登台了,第一次登台是在011基地的一个大礼堂。剧团基本上就在011基地这些厂之内巡回汇报演出。今天我到170厂演出一场,如果那地方继续要,有时候演两三场,演完之后就到另外一个厂。反正整个011这十几个厂走一遍,最远到过遵义。吃是当地厂管,但是其他就没有了,基本上是免费的一个宣传队。

演了一年多,各个单位紧接着生产需求就往上涨了,需要人呐。京剧团巡演把人抽走了,比如说我:"小刘是这儿的磨工,我们一共就几个磨工,一个萝卜顶一个坑。他一出去,生产任务完不成怎么办?"车间叫苦,单位就决定把宣传队解散了。完成了历史使命,我们自动解散。

当时宣传队这伙人不光排京剧,小歌舞剧、快板、相声、舞蹈、歌唱都搞。比方说毛主席的最高指示传下来了,各个单位传达完了,像咱们搞写作的人,一个晚上不睡觉就把它搞出来,第二天一早宣传队集合起来,排一上午就拉出去演。车间、地方都演。实际上,宣传队比车间艰苦。一早就上班了,关键是写出来的东西还得背,一个节目,歌曲你得学唱,曲艺你得学背。上台不能拿着本子啊,尤其你搞数来宝啥的,一般表演时间都在五六分钟,就这个剧本也得三四篇、四五篇这样的。白天大家在嘟嘟囔囔的,一伙一伙地都搞这个,上午背词抓得紧,下午上台彩排,差不多了,拉出去演。

厂里演节目是礼拜六、礼拜天,不占用工作时间,就在"三用"食堂演。"三用",就是又开会,又吃饭,又演出。那食堂挺大的,有这五六间房子那么大,前边搞个土台台,演出就在上面,我们就坐在下边看。也没有凳子,下边都是长条凳,一般的情况下都归在边上,到时候一演出就拉出来。工人可不是随便来看,得凭票入场,要都来,没那么多地方,搁不下。每次演出就给大家发票,也算是一个福利。什么时候不发票呢?开大会的时候。毛主席有新的指示了,或者是中央有重大事件了,有什么文件要传达了,各个单位就带队来了,就开会传达精神。就在"三用"食堂里面,都自拿小板凳坐。开会以后,大家都不走,马上宣传队就演起来了。

四、两地团聚,扎根"第二故乡"

直到 1984 年,我老伴才从东北过来。我原先住在党委大楼的单身宿舍,大楼住了不长时间就搬到库房的单身宿舍去了。我老伴来的时候,我还住在库房里,比如这边是堆烂东西的,那边挺宽敞的,我就在这儿把烂东西一遮,就在这儿住了。到了 1990 年左右,我们才从干打垒房子搬到一字楼,那是三层楼,红砖砌起来的,那就觉着挺好了。

中间十多年,我和我老伴基本上是两地生活,平时就靠写信。我的两个孩子,老大 1971 年生的,老二 1975 年生的,都跟着妈妈在东北。她一开始倒来了一次,在这待了两年,我那小孩是在这生的。那时候物质条件不好,粮食定量,油二两、肉半斤,几个军代表和我关系好,他们的肉比我多,把肉都给我,在这生小孩,我老伴没苦着,还算好。

那时候进厂的人太多了,从地方调到工厂来的很少,厂里没有招工的名额让我老伴留下来。他们就告诉我,要想把老婆户口解决了,靠工厂是不行的,得靠地方,接近地方。我就和党委书记说:"我要解决老婆户口问题。"书记说:"我们这儿解决不了,得到地方法庭去。"我就到黎阳厂的法庭当了四年审判员，那是1981—1984年。当时安顺有好几个法庭，黎阳厂有自己的法庭——那时候都是办小社会，工厂里有保卫处，有公安，还有学校。

黎阳厂那时候有万把人，法庭主要管民事的方面，刑事案件还得去平坝法院。我管的主要是离婚，搞家庭调解。夫妻之间不和，离婚，谁也不服谁。常言不是说吗，结婚之前，女的说啥都好听；结婚了以后，女的说啥就不那么好听。但是要想掌权，那是谁不讲理谁掌权。时间一长，男的不服气，也就吵起来了，谁也不服，就离婚。到我们那儿去，他一要离婚，我们的办法是什么？就是调解。这个纠纷起来，总的原因来说，就是钱的问题、感情的问题、作风的问题，都有。有时候还假离婚，而且假离婚的例子在厂里还不少。为什么？假离婚以后工作反而好调动。为了调回原籍办假离婚——主要是为了解决这个问题。还有的牵扯到房子问题——那时候房子很紧张，按工龄分配。比如说你们是两口子，一个小，一个大，要差五岁八岁。这时候分房子，就把两个人的年岁加到一起除二，那你们就吃老大亏了。如果离婚，那就按照一个人算，你工龄长，分到的房子就高，两个人可以等得到房子后再和好。实际上我们都知道这个是为了解决具体问题的假离婚，就睁一只眼睛闭一只眼睛。

1970年我刚到厂的时候工资拿的是41块9毛3分。到一九七几年的时候，工资就这么一格一格地涨，一格七八块钱。比如说我表现很好，两个领导很认可，考虑小刘这工作不错，给他涨两格，有时候三格，三格就是二十几块。一般就是涨一格。到了1978年以后改革开放，工资逐渐从三四百块涨到四五百块，最后到了两三千块、三四千块，就这么多起来了。

黎阳厂、100厂、170厂、601库、第二设计所，这些单位原来都是独立的，有法人代表的。1982年开始，咱们黎阳厂这一圈就开始合到黎阳来了，成立了公司。成立了之后部门得健全，马上就成立公司宣传部，原来601库的党委书记来这儿当了宣传部部长，那时候我还在当法官呢。宣传部的王玉鑫师傅，挺有水平的一个人，在老厂办报，说："小刘上哪去了？"有人回答说："小刘在法庭。"他说："去法庭干啥？给我吧。"就把我从法庭要过去，到了公司宣传部。最后退休的时候，我到了工具处。那时候老了嘛，就在那儿。我是2001年退休的,退休的时候拿的1000多块钱,之后退休金每年都增加,现在4000块,在贵州当地基本达到小康。

20世纪90年代初的时候,厂里有一部分开始转民用。民用厂和十堰那个湖北第二汽车制造厂合作,专门成立一个变速箱厂,那时候张大荣经理还在,是他组织的这个。后来张大荣退休了,这个厂子就停产了。黎阳厂的主力现在都已经搬到金阳(今贵州观山湖区)那边去了,大概从1975年就开始搬了。

我的两个孩子学习都很好,都是考进厂里的。不幸的是我老大脑出血死了,死的时候才43岁。老二现在在沙文,就是金阳新区,我们这个厂搬到了沙文,他和他媳妇都在那边。他媳妇在公安,他在工会。我的大儿媳妇是陕西西安的,爸爸是一个高级工程师;二儿媳妇是河南人,她爸爸是从部队转业直接到这来的。两个儿媳妇都是厂里的。家里小孩会说贵州话,普通话说得也好,见着贵州人说贵州话,见着东北老乡说东北老乡话。到现在我们家还有包饺子的习惯,经常在自己家里面包饺子。刚进厂那时候买的面都是湖北、湖南的面,也不好吃,现在到超市大部分都是东北大米。

我搬迁的晚,是2017年搬到金阳的,现在在那边帮他们看孩子。安顺这边我也有两所老房子,有时候回来看看,钓钓鱼,那边钓鱼不方便,这儿塘多。到这儿来熟人还真多。

我最近一次回东北还是2006年,都十多年了,中间几乎很少回去。孩子都在这,基本上就在这安家了,成了第二故乡了。我家里兄弟姐妹六个,现在我大姐、二姐、大哥都不在了,还有弟兄三个,我是老大,还有妹妹、弟弟都在公主岭,生活都挺好。家里边父亲母亲一死,剩哥哥姐姐弟弟妹妹啥的,回去对你都好,但自己就有一种客居的感觉。比如你是弟弟,你总陪着我,家在农村,你有一些活;要是不陪着我,哥哥回来了,得陪着。可是地不等人呐,人家不好受。对我来说,没啥事就不回去。不像有老人(父母)的时候,有老人才有家。

我的同事里面也有来到这吃不了苦,后来又调回去的,但是不好调。比如说你从沈阳来的,你在沈阳有铁杆朋友,还有一定的权力,你和那边联系好，然后和这边的组织联系，说你有病，不治之症什么的，要准备回去了，也许考虑考虑就让你回去了。像咱们这样一来就两眼一抹黑的，想回去都回不去。一开始是都不习惯，生活要能习惯，不是三年两年就解决的，我在这50来年了，现在慢慢算基本习惯了。现在如果再回东北，可能生活、气候上也不习惯了。我现在跟黎明厂的那些老同志都没联系了，铁打的衙门流水的兵，有的不在了，调走了，甚至待了几年又过世的、退休的，回去谁也不认识谁，物是人非。

我一开始来的时候思想比较单纯，既然是国家有号召，咱们都忠于毛主席，要建设三线，你不来，他不来，就没人来了。来了也没有想很多"为国家奉献力量"啥的，没那些豪言壮语，说来就来了。来到这一段时间以后有点后悔，因为气候也不服，吃的也不行，高原反应也很大呀，几个月啊那拉肚子拉得都不行了。最后一点一点地也就过来了。说实话，一看那时候回东北也没什么希望，紧接着一年，随着时间的推移，老婆也过来了，老人也过世了，在这边也就这样子了，"青山处处埋忠骨"嘛！到哪儿都是这样的。你回到家里头，了不起还回410厂，或者回地方，也都是一样的工作。

这一辈子我还没什么遗憾，觉得还值。在这边也成家立业了，工作一直干到完事儿退休，有了退休金，有了生活保障。再说，在工厂干了这么长时间，也基本完成了组织给的任务，总归觉着还是可以，没留什么遗憾。三线企业弥补了贵州没有航空工业、钢铁工业的空白，实际上这地方矿山很多。在钢铁这方面，从安顺这里到六盘水那边，都是东北带动的。我们刚来的时候，贵阳才三四十万人口，现在400来万人口，那时候小贵阳才不大点儿，现在也是中等城市了。他们有句口号："翻身不忘共产党，发财不忘黎阳厂。"

新中国工业建设口述史

丛书主编　周晓虹

周海燕　吴晓萍　主编

战备时期的工业建设
三线建设口述实录（1964—1980）

下卷

本卷主编　吴晓萍　谢治菊　陆　远

商務印書館
The Commercial Press

王作勤
无悔的三线往昔

亲 历 者：王作勤
访 谈 人：时　昱
访谈助理：蒋　萌
访谈时间：2019年7月24日上午9:15—12:00
访谈地点：六盘水市王作勤家中
访谈整理：蒋　萌

亲历者简介：王作勤，男，1941年生，辽宁阜新人。1960年初中毕业后到当地海州矿运输段从事电镐工作，1963年调到阜新矿务局74工程处，1965年主动报名支援三线建设，来到瓦厂后参与修路、修房等基建工作。1966年响应国家政策，从工人被整编为基本建设工程兵，到军需股从事供需工作，后因工作突出调到司令部管理股代理司务长。1970年前后退伍回到厂里，先后在保卫股、组干处（组织部）、局纪委工作。1997年退休。

王作勤（右）接受访谈

一、从煤矿转战三线

我1941年11月出生在辽宁阜新，1958年毕业于阜新市第七中学，实际上我当时高中都考上了，但是因为家里困难，考虑到父亲母亲岁数越来越大，说什么我也不想念书了。学校老师上家里找，让我把高中念下来，我说什么也不念。不念以后在家待了很久，我父亲一看我真不想念了，没多长时间，就给我安排了工作。那时候我父亲是阜新海州露天煤矿采掘场经理组的，他人际关系挺好。我父亲就跟当时的主任说："你看我这二儿子说什么也不愿念书了，你说20来岁在家待着，也不是个事，能不能联系联系给他找个工作？"因为他跟我父亲一个办公室，就说没问题，给矿上矿工科打了个电话，说了情况，人家海州矿就同意了。我在家可能等了有15天，等体检这些合格了，就通知让我去海州矿运输段。海州矿运输段是露天采矿，就是从地上一点一点挖。挖的大露天，敞开的，不像贵州这里又是顶洞又是斜井的，就是挺大的一个大露天，南北是100多里那么长，宽也有个100多里。这个露天矿是解放前小日本侵略到东北的时候开发的，他主要是要咱们中国的煤，因为阜新的煤是比较好的，所以一开始开了个小露天，就是有个三四台大电镐。咱们现在这个地方还没有这个，用大电镐挖一勺头，就能挖出四立方煤，你说多大！一个电镐有咱们这房子这么大，那是66 000瓦的电。小日本开的时间不长，可能开了一个坑，还没怎么出煤，他们就失败了。小日本投降以后，煤矿他也带不走，就留给咱们了。1949年，咱们开始自己建"大露天"。所以我一分配工作，就到这个电镐上，负责打电镐。

1960年3月我正式参加工作，在42号镐当助手，咱们刚上班的都是助手，给电镐加油。这一排车来了以后，马上就给电，大轮子一咬，哐一下就给电，之后电镐才能动，我就干这个。另外来车子给信号，让那车进来。洗煤厂的大黑车，高有这么高（比画），一辆有十节车厢。一给信号，有东德的电机车拉着这个车过来，停好以后，这镐就开始一勺一勺往上装。一节车厢，六勺就装满，因为一勺就四立方，要装一节车厢，得装将近一个小时。装完了以后，一给信号，车就拉走。它那（辽宁阜新）叫运输段，我们这（贵州盘州)叫采掘。电镐专门是采煤的,它采煤的时候,上面有岩石,岩石底下,一层一层往下才有煤,有的地方还没有煤。反正越挖越多。那时候我在镐上,整个大露天有43台电镐。辽宁就是两个露天煤矿,一个是阜新露天煤矿,还有一个是抚顺露天煤矿,这是解放初期就建设的,那时国家相当重视,像朱德、邓小平等国家领导人都到过阜新"大露天"参观。

我在电镐上干了将近三年,1963年调到阜新矿务局74工程处。工程处是什么呢?大部分属于机电安装,另外就是各个矿井的土建工作。1964年4月,就听说中央煤炭部要支援三线建设。1965年11月份,中央下了文件,意思就是要支援三线建设。当时这是毛主席的号召,三线建设不好,毛主席睡不好觉。在这种情况下,阜新矿务局决定将74工程处成建制地支援三线建设。当时在阜新花园俱乐部开的动员大会,开会的时候,阜新矿务局的领导,还有74工程处的领导介绍了建设三线的重要性。他在大会上说,我们在底下听。中国当时的情况是什么呢?国际形势比较紧张,最大的威胁是美国把航母开到咱们台湾海峡。另外苏联那时候跟咱关系不好,一开始对咱中国还支援,后来就变脸了,变脸以后对中国也是一个大威胁,让中国还账。就说这个电镐,那时候从苏联进了22台,这电镐你说用什么还?用多少吨黄豆?把这镐都埋上,才还他一个镐的钱。所以在经济方面,他们封锁咱们。另外一个蒋介石,也是叫嚣"反攻大陆"。小日本呢,侵略咱们中国死心不改,虽然投降了,还在对中国施加压力。所以在这种情况下,毛主席一考虑,真要打起来,东北那大平原,一打就进来了。因此,为了备战备荒为人民,必须建设大三线。三线这个地方山高,打仗一般很少打到这,比较安全,就算真的打起来,我们有后方。在这么个情况下,毛主席提出了建设大三线。当时毛主席说了,三线建设建不好,他睡不好觉。所以煤炭部就开始筹集支援三线建设,当时可以说从全国各地,尤其是东北三省来了很多人。我到西南的时候,可能有十几万大军从东北各个地方过来。

我那时候也就二十三四岁,觉得建设大三线是党中央毛主席号召的,就听从党的召唤积极报名,参加三线建设。当时每个人都要表态的,我们74工程处的要求是全体都得来,让大伙响应党的号召积极报名,但是也有不报名的,反正跟你说好了,你要是不去,你就没工作,不过后来确实也有不少没来的。我们这 74 工程处底下,有一些干部就一个一个找人谈话。人家征求你意见:"这三线建设,你去不去?"我说:"去,我现在正年轻,是热血青年,坚决支援三线建设。"当时我比较年轻,可以到外面闯一闯,我想好男儿要到外面闯一闯嘛!在这种情况下,我就报名了。报名以后,就回家跟我父亲说了一下,我父亲说:"你岁数不大,这一跑也五六千里地,贵州那个地方比较落后,你最好还是跟领导要求别去了。"他不愿儿女离他远。后来我就说我已经报名,单位领导已经同意了,我说我总在阜新也没多大发展,不如到外面闯一闯。这样我父亲就同意了。我也跟我爱人讲了,我说你还没工作,儿女又这么小,咱们家生活困难,我出去闯一闯。我爱人是小学六年级文化,刚开始在阜新市四建公司上临时班,所以我这一说她也同意。

我表态愿意支援三线以后,单位领导找我谈话,我就说了一下家里情况,当时父母身体不太好,还有两个孩子,大女儿 2 岁,二女儿才两个月,家庭生活很困难。当时领导就答应救济我,给了我 30 块钱,我那时月工资才 47 块 4 毛 3 分。还给了我一床羊毛毡子,为啥他给这个?因为知道贵州这个地方潮湿,铺上一个毡子就会好一些,给了这两样东西我挺高兴的。他说:"你回去准备,衣物、行李这些,你要自己准备好,剩下的,什么雨衣、雨鞋这些东西,单位发。"我们每个来西南的人,都发一件雨衣、一双水鞋,还有路上吃的一箱面包和喝水的大水缸子。

二、 荒山露宿草萧萧,艰难开辟新天地

1965 年 12 月 20 号,我们整个 74 工程处晚上 8 点到阜新车站,坐的晚上 9 点钟的火车,第二天 9 点钟到达北京。到了北京,当时领导考虑我们一个单位有 600 多人,怕人走丢了,就分组。每组找一个负责的带队,小组不能分散,要求 11 点半必须回到北京车站。我们这组顺着长安街就到了天安门,去看看人民大会堂、人民英雄纪念碑和故宫。故宫没能进去,没有那么长时间,9 点多钟去了,走到那,来回就得一个多小时,所以没有时间看故宫,就把

天安门跟前这一片看了看。说实在的,我们到那一看,祖国很伟大,天安门挺雄伟,还有纪念堂和博物馆,反正心情特别激动、兴奋。我之前没到过北京,那时候钱也少,从阜新到北京可能得四五十块钱,哪有闲钱去北京呢!看完以后11点多我们就顺着原路又返回来了。12点半就上车,这回的车就不是客车了,是闷罐车。闷罐车里面黑得很,一开门里头就有草用来垫着睡觉,一节车厢能装个100来人,600来人就六节车厢。路上就不多说了,从北京到安顺闷罐坐了四天四宿,才到达安顺西站。从安顺到盘县瓦厂没有火车,我们在那等了四天以后,六七台客车把我们这600人从安顺拉到这里来。

早晨8点钟从安顺出发,一路上总是下小雨,尤其到了晴隆县,有二十四道拐。二十四道拐就是从山下,一点一点就这么盘上来,盘到山顶以后又从这一点一点往下,有二十四道拐。现在二十四道拐已经变了,都是柏油路了,当时这路都是泥土路。这一点一点爬上来,因为有雨,汽车一轧就一个沟,路又窄,说实在的看着是真害怕。到山顶从车窗往外一看,白茫茫的一片,就在云层上边,提心吊胆的。尤其是原先在我们处里开车的这帮人,一看到这个道,那么高,再加上天天下雨,就更害怕了。这些司机到瓦厂以后,说啥也不干,溜回去了四五个,啥都不想要,工作也不要了。这也说明咱们贵州的气候当时有多么恶劣,原先是天天下雨,一个月也见不着一回太阳,洗一件衣服得十来天才能干。不过现在气候一点一点变好了。那时候我们有三件宝:雨衣、靴子、大破棉袄。冬天,这三件宝天天得带着,你不带雨衣,不带靴子,没法下地,干不了活,那脚一踩,这底下都是黄泥巴。

就这样我们坐车坐到两河,后面连公路都没有了,从两河到瓦厂有七公里,我们就下车自己背着行李,顺着山坡一点一点地往瓦厂走。到瓦厂那个地方,一看都是大山。

那时候住着用竹笆和油毛毡建的房子,就是把竹子编成一条条的,外边抹上黄泥,上面是油毛毡盖着,有十几栋。当时我们从阜新来的一些医生、护士、技术员是女同志,她们单独一个大宿舍,剩下的都给男的。我们进去以后,有上下两层铺,都用竹子铺上。因为总下雨,油毛毡房子也经常漏雨,所以地下就有水,一踩一个坑。在这样一种情况下,我们在瓦厂安营扎寨了。

那时候这里啥都没有,一片荒山,哪有什么自来水,喝的都是雨水。连老乡都离我们很远,但是能听到老乡一边犁地一边唱山歌,我们都感到很新奇。有时候瓦厂还会组织我们支援农村,帮农村干活,那时候领导让你干啥你就干啥。到春季需要插秧的时候,会插秧的就穿着靴子在水里头一点点帮他们插秧,改善工农关系嘛。我们刚刚来的时候,当地老乡太穷了,住的房子都是木头板子镶起来的。二层楼,楼底下养猪和牛,上边铺个草帘就睡觉,有的没有被子就盖草,就那么困难。我接触的一个80多岁的老头,说他长这么大没看到过什么叫火车。

住下来的第二天,西南指挥部刘辉①给我们这些人做报告,介绍当地的环境,我们到这要干什么,又说了三线建设的重要性,希望大家听从毛主席和党的召唤,安心工作,为三线建设贡献力量。我们来的时候,这600多人第二天就分成7个中队,一个中队六七十人,我就分在七中队。因为我们这个单位(74工程处)以前是搞土建机械安装工作的,有各种土建师傅、木工啥的,所以我们就开始建食堂,打石头房。当时不分什么工种,让干啥就干啥。我被分配干水泥工,我没干过,就给我分配了一个师傅叫张林,是六级瓦匠,他就教我们怎么砸石头,完了怎么上瓦。那时候没有水泥,就用黄土掺点儿白灰一搅和,一抹,就是干打垒。当时处里领导发话,四个土建连专门盖房子。要求是半个月,一个连队要建一栋三层的石头楼。我们可能用了一个来月,建了七栋石头楼。这楼建好以后,我们大批的办公室人员,都到这里来了。

建完房子就到了春节,我们不放假,继续修两河土公路。当时是全处总动员,不管你是干部还是工人,一律都要去修路。早晨只要亮一点就出发,一直干到晚上七八点钟看不着人才收工,还天天下雨,中午由食堂送饭。大约一个月,我们把路修好了。那时候不分白天黑夜,顶寒风,斗冰雪,打眼放炮,开山炸石,运石运沙,抢修公路。在工作中,大家也没有叫苦,就知道干活,想为三线建设贡献自己的力量,把两河公路修好。

当时我印象最深的,是跟我一趟车来的一个人。我那时在公路上用小

---

① 1965年,中共盘县矿区指挥部委员会成立,刘辉任党委书记。

车推沙子,推石头铺路,他们组采石头和沙子,他就拿着撬棍在上面撬,撬大石头,结果连人带石头一起滚了下来。我那时候在路上干活,听见哗一下,就看到连带着石头从山上下来一个人。我们队长叫冯助,他喊说山上掉下个人,让我们大伙赶快向上跑。等我们跑到那,就看那个人躺在那,这么大个石头压着,脑袋都没了,当时就死了。这个人比我大,40多岁,家里还有两个孩子。他被砸死了以后,第二天处里就给他开追悼会。当时西南建设指挥部指挥长丁丹①过来了,那是中央一级的领导,专门负责大西南建设总指挥。给他用板皮什么的搭了个简易的台子,开了追悼会,最后就埋到离我们瓦厂不远的一个山坡上。这个情况得跟在阜新的家属说,去人一说,把爱人、两个孩子和他兄弟从阜新带过来了,不管咋的你得让人家来看一看。来了以后,领导跟他们讲,他是光荣牺牲,是为三线建设贡献力量。处里当时就定了,给他弟弟安排工作,他弟弟那阵也就20来岁,后来他弟弟就跟他嫂子凑合在一块,就为了照顾孩子。本来是想留在瓦厂,但这地方艰苦,又天天下雨,孩子小也挺困难,他弟弟还是要求回阜新,领导一考虑,同意了。

修路的过程中,因为我初中毕业有点文化,就去食堂当了管理员,采购员、炊事班什么的都归我管。路修完了以后,我就上食堂了,专门围着整个连队吃饭、生活服务。那时候吃的也很一般,因为这个地方不开发,菜都很少,有菜也是少数的,像红萝卜、白萝卜啥的。当时给你炒的一小碗红萝卜,有点油,5分钱。那时候都困难,挣得少,大家都吃这5分

2015年王作勤指着自己当年搭建的宿舍楼

---

① 丁丹(1917—1981),山东文登人,1937年加入中国共产党。1963年,煤炭工业部党委发出《关于组成中共西南煤矿建设指挥部委员会的通知》,西南煤矿建设指挥部委员会成立,丁丹先后担任党委副书记、代理党委书记、党委书记。

钱的。最贵的菜就是1毛5分的，多少有点油腥。那时候的肉都是冻肉，还得到刘官镇去拉，6毛多钱一斤。那时候东西便宜，因为搞生活，我在这方面比较了解。鸡蛋用草串成一串，1毛钱仨鸡蛋。老乡有时候杀牛了，牛肉2毛钱一斤，大米1毛3分6厘一斤。白面可能比大米还要便宜一点。

三、从代理司务长到干部组织管理

1966年3—4月，中共中央批准国家建委党组关于施工队伍整编为基本建设工程兵的请示，一面进行三线建设，一面做好战争准备。煤炭部党委做出关于在盘县矿区进行整编工作的决定。当时我在74工程处土建7连当工人，有一天连队指导员找我谈话，问我愿意不愿意当兵。我特别愿意，那时候我二三十岁，谁不愿意当兵？这时候他就跟我说，让我到处里去学习，学习15天。学啥呢？就是生活管理、薪金发放。后来整编当兵的时候，这个工作就是部队司务长，管理所有连队从领导一直到士兵的薪金发放。

学完回来以后，我们七中队的指导员就找我，和我说："这马上要建军了，你学这个工作就是代理司务长，就是生活保障、发放薪金。以后七中队伙食什么的由你来管。"我说我服从领导安排。有一天连长和指导员找我，让我带几个人到军需股，去搞供需。那时候团部底下有军需股、管理股、作战股、政治部、后勤部、司令部。服装什么的都由军需股发，让我带着几个人去领军装、帽徽、领章，就这样我带着几个人领完以后，发给所有战士。那时候来了好多人，铁道兵有471人，大部分都是干部，还有几个连长、指导员，都是来我们这个地方当兵的。整个的来了以后，41支队①建了7个团、1个司。司部就在咱们老盘县攀登高中那，剩下就是各个单位，我们瓦厂这个叫406部队。建军节时在瓦厂举行了基建工程兵41支队建队授旗仪式。我们当时编兵了1万多人，后来又到四川、云南、贵州等地方招兵，最后整个41支队达到2万多人。为了备战备荒为人民，属于部队编制的人员才稳定了，你要不

---

① 41支队是当时国家整编的基本建设工程兵中的煤炭支队，由煤炭工业部盘县指挥部整编组建，下辖401、402、403、404、405、406、407七个大队。

编兵,有的人不愿意在这待着就溜了。

军事训练属于连长他们的事,我当时是代理司务长,负责给他们服务。我记得很清楚,当兵的时候我们伙食费是一个月13块1毛1分。那时候还有粮票、饭票,这些都得我发。我底下有采购员,有卸载员,我需要什么东西,什么菜、什么肉,就喊他们去。那时候中央电视台、中央总工会、贵阳京剧院经常到我们这来慰问,这些伙食都是我在搞。由于在工作方面挺突出的,一年后我就被调到司令部管理股,这就是团部了。还是管工资发放、服装发放、伙食这方面,反正探亲假、出差都得上我这支钱来,所以那时我的工作还是比较忙的。我原先是工人,是代理司务长,一直没给我提干,有一天管理股的韩股长就找我谈话,说他和谢股长要培养我,让我写个入党申请书,我就写了入党申请书。

我写入党申请书刚好是"文化大革命"正紧张的时候。一到"文化大革命",就批斗走资派,两派就对立起来了。虽然部队不让搞,但是因为我们是工改兵,所以也是有斗争的。铁道兵是正规部队来的,这些从老区来的人虽然当了政委、连长,但还是有分歧,就这样开始抓走资派、阶级异己分子,我们一趟车来的领导都有被抓的。我说实在的,有的人也跟我说,"文化大革命"要积极斗争,要我也揭发揭发。我说:"领导,我原先不是你们这个单位的,我是在海州矿工作的,对你们我也不了解,让我给哪个人写大字报我也不能乱写。"后来斗得,那家伙,整个大铁牌子、大铁丝一挂,挂在脖子上斗争,尤其我们有一个姓左的党委书记,是从东北来的正处级,给他整了个阶级异己分子,批斗他是走资派。走资派、阶级异己分子写上,完了挂牌斗争,开大会让大伙发言,就批斗他,让他低头。我没参加过"文化大革命",我也不批斗谁,可是我管这个伙食,就有个事。那时候我在小仓库专门有个屋办公,左书记有一天晚上就去敲我门,他进来以后就给我来个立正,我说:"左书记跟我打啥立正?"他说:"兄弟,我是被批判的走资派,你是当兵的,我就得给你敬礼。"我说:"你别这样,你有啥事你说。"他说:"我成天挨批斗,还得给你们食堂打扫卫生,太累了,完了打饭还不给打好、打满,吃不饱。看在都一趟车来的,能不能照顾照顾?"我答应了。他走了以后,我就把当时跟我最好的大班长找来了，他也是从阜新来的，是二级厨师。我和他说了左书记的事，让他以后负责给左书记打饭，咱也不特殊照顾他，但是跟咱们一样，咱们吃啥他吃啥，让他吃饱。左书记打那以后才吃饱。

那时候家属来访探亲，没有粮食的都找我。当时部队粮食只要到军需股开个条子，大米、白面、黄豆等，仓库里的东西随便我们吃。那时候用解放牌车到那一拉，就拉回来了。虽然粮食随便吃，但是部队吃点肉也很困难，要到刘官镇的冷冻厂去拉。后来我一考虑，部队里有时候新来的小战士炊事员他掌握不了，天天都有剩的饭菜，这些东西一扔不是浪费嘛，所以我就跟管理股韩股长建议，我去买几头猪咱们自己养。他说："作勤，你这想法太好了，现在咱们连点新鲜肉都吃不着，咱们自己把猪养起来就好了，明天你就去。"他给我派了个车，又派了两个人，到普安县买了十多头小猪、两头小母猪。我提前安排了几个战士在这楼后面把猪圈打好，我回来以后把猪往里一搁，派了两个有经验的四川兵喂猪。大约到年底的时候，老母猪就下崽了，那会儿养了有40多头猪。这就解决了部队吃肉问题，不管建军节还是平常大家都有肉吃。因为我这个事比较突出，所以当年就给我评了个"五好战士"。但是当时"文化大革命"不说提干这事，要不我早就提了，我在部队都干完了以后也没提干。

1970年5月份我跟老卢回家探亲，我家三个孩子和爱人都在阜新石家子，是农村。我有军人证，可以在我们石家子公社领十斤大米、十斤白面，油你愿意买多少买多少，这是对当兵的优待。当时我们在东北很少吃大米、白面，都是粮站分配的，就是在城市也只给你个一斤二斤的，剩下的都是粗粮，苞米面、高粱米、小米这些。尤其农村，你上哪吃大米白面去？但我回家就有这个待遇，所以我回家以后，我爱人的哥哥、嫂子、侄子高兴透了。因为我是当兵的，村里大队还给了我家一个牌，叫"光荣军属"，到春节的时候，都会有人打个鼓、扭个秧歌到我家门口慰问。

我探亲回来以后，刚好赶上部队退伍，退伍人员名单都贴上了，我一看，所有一趟车来的老人都走了，就没有我和老卢。老卢是二级厨师，我是干这个工作的，所以部队就把我们俩留下了，那时候退伍的已经到土城集中学习去了。这时候老卢就跟我说,他都50多岁了,如果咱们还跟部队走,尤其我有农村的家属,孩子长大后学习、工作咋办？我一想也是的,我跟老卢一商量,就一起去向部队提要求。第二天就找我们股长,我说退伍这回没有我的名,我家的生活比较困难,孩子两三个,还在农村,我跟部队走,孩子慢慢大了咋办,要求转业。他说这是团部党委和领导定的,他做不了主,意思就是要留下我们俩。

我又去找军需、干部管理股,还有财务,这些股长都对我不错,他们的意思是我要不走马上就提了,起码是提连级干部,咋的都不同意我走。后来我一打听,退伍办公室是徐副参谋长管,晚上我就到他家去,我说退伍没有我的名,我家庭太困难,领导照顾照顾我,让我退。他说:"这可不行,这是咱团部领导和党委定的,部队需要你。"我说:"部队需要我,但是我家庭困难,有些问题你们解决不了。"他说:"啥问题？"我说:"我孩子慢慢都大了,还在农村,孩子工作你们能解决吗？"他说:"咱们当兵的,这事解决不了。"我说:"那解决不了,我就要退,领导照顾照顾我,跟团部领导好好说说。"就这样,过三天他才批。本来我在部队是代理司务长,最后叫上士也行,代理司务长也行。因为我要求退,人家一赌气给我整个给养员,就是伺候大伙吃饭的"给养"。我把所有的工作都交代清楚以后,给我发了退伍证,写着"中国人民解放军建制406部队司令部管理部工作,退役军人"。

就这样我就退了,退伍以后我就到土城,之前退的早都去集中学习了,我是最后一个才去的。我去土建大队的工资科报到,之前六中队的连长就在工资科工作,他看见我,说:"你咋来了？"我说:"退伍时没有我,我这是生拉硬拽要求退的。"他说:"你原先在部队司令部管理股工作,你的工作我不好安排。"我说:"我到你这当工人,你让我干啥我干啥。"他说:"那你上保卫股吧,保卫股现在才两个人,加上你三个人,就搞保安工作。"就这样我到了保卫股,反正就是当小兵呗,干了还不到一年就入党了,因为到保卫股这种部门必须是党员,虽然我到那时间不长,但是因为我在部队写的入党申请书档案里都有,到时间以后,监察处的副处长和一个机关党委的书记找我谈了话,宣了誓,我就这样入党了。

在保卫股干的时间不长,那时候从局里调来了一些干部,有一个监查处的党委书记姓陆,一个人,我也一个人,我们俩住对门。当时我岁数小,有时候给他打打饭、打打水,我们俩处得关系就不错,后来他和我说想把我工作调动了。我说我现在在保卫股还有枪,我干保卫工作挺好。他说:"好啥好,我准备给你调到组干处,管干部去。"我说:"我还没转正。"他说:"那不是我一句话的事嘛,需要你,你就到组干处,马上就提干。"我说那我服从领导安排。就这样,连入党到提干不到一两年我就到了组干处了,到组干处去管提拔干部入党、管档案。

后来有一天陆书记跟我说:"作勤,这个档案每个人你都看,摘录摘录,看看哪些不清的,需要进行外调的,你写个调查提纲。"我准备了五六天,有30多人需要外调的,有些是家庭成分,特别说家里有什么事,不太清楚需要调查的,就写了调查提纲。写完以后交给书记,他说:"咱们现在需要培养干部,需要培养党员,所以你写的这个东西,干脆咱们就给你配个人去外调。你外调得有介绍信,那得一个个写,到哪个地方,调查啥事,都得写清楚。"后来我就跟工资处的张处长一起去外调了,一去就去了半年。全国各地哪都有,东北三省,哈尔滨、大连、抚顺、阜新,山东烟台,哪儿都去,回来以后,把情况向领导汇报,大部分没啥大问题。调查完有的就被提干了。

我那会儿还招过工,在晴隆、兴义、兴仁三个地市招工,报名了300人。招工时我负责政审,当时还讲成分啥的,所以这300来人都得我政审通过、体检合格才能收。那时候的人都想当工人,虽然报名报了三四百人,但最后我们只招收15个。

1975年,我们上级矿

1977年王作勤(前排左一)所在部门获得"先进集体"称号

务局的局长到我们这来,商量抽调人员补充到局里,要求要比较精干和年轻的,最后定了我。跟局长领导一说,他也同意,又是当兵的,又是党员干部、机关干部。就这样,我就调去局里的组干处了,当时组干处有11个人,分成干部组、组织组、纪检组,一组三个人,加上两个处长,所以是11个人。纪检组就是现在的纪委,我就分配在纪检组。我们组干处曾得过"先进集体",还奖励了我们十大元帅的金奖章,是23K金的,有毛主席、周恩来、朱德、刘少奇等。我们每个人都有一套。1980年我又调到局纪委办公室工作,做信访工作,查处案件、来信来访,反正纪委整个一年的工作总结都是我写,我就是办公室主任,经常跟领导下去党风检查、查处案件,反正没有我不干的。

四、15年分居终团圆

1980年,领导考虑我家在辽宁农村,批准我家里的人农转非,我家里的人才从老家农村搬到咱们这来,之前我们家两地生活了15年啊!当年5月份的时候,农转非手续下来,领导第一个让我回家接人。我说:"我家出来连房都没有。"他说:"我们组干处吃香,管干部的大处长,那谁不听?"跟他一说,让我找行政处,当时咱们学校后面新盖了一圈四层楼,给我分配了一套房子,在三楼,是80多平方米的三室一厅。我一看房子虽然有了,但我家以前在农村都烧煤,来了连个煤棚都没有。我就给土建处打电话,我原先是在集体宿舍,和土建处的人一个屋。我说:"我家农转非的,现在连个煤棚都没有。"他说:"你需要啥?"我说:"你建材厂有板皮,乱七八糟给我整点。"他说:"没问题。"就这样,他们派车到马场乡,我带着他们到建材厂,连圆木、板子、板皮拉了一车,我找点时间一下就把煤棚解决了。可有煤棚没有煤不行,我就到供应处,我说我家人要来了,没有煤,供应处就给拉了一车来。

5月十几号,我就回家搬家去了。到农村,把手续一交,回到家一看,我爱人的哥哥和嫂子都来祝贺我们。那时候粮食紧张,我家三个孩子,还欠队上六七百斤粮食。我爱人有个表哥,就在粮站。我以前回家探亲,有军人证

王作勤夫妇与大女儿

都照顾我,最后我又去麻烦他,给免了。我在自己家找点板皮、木头啥的整了两个箱子,家里啥都没有。

我家属在农村苦,可能在农村住了八九年,一开始就在她大舅哥家住,就一个耳房,有个能做饭、能住的地方,在他那住了可能有一年多。后来大舅哥他大儿子要结婚,这一结婚就得要房子。我们就去外边租房,租了三四家房子。我在部队那阵,工资有54块,后来到矿务局一年一年地涨,1980年的时候可能开110块钱,说实在的那也比农村强了。那时候我除去伙食费,一个月也给家里邮50块钱,我爱人一个人在农村带着几个孩子,当时三个孩子都念书,所以我家最苦的阶段就是在农村。在农村我家属还得干点农活,一天2分,2分才多少钱!我在这天天吃大米,他们吃高粱米,带壳子的,那农村的生活多苦,尤其咱家条件不好。说实在的,那时候我一回家就脑瓜疼,走的时候特别难受,尤其是对孩子们。回去挺高兴,但待不了十几天,又得返。在部队十几天假,连路途来回不到一个月,在部队一年只能探亲一次。后来到地方,我家过来前也是一年一次,在地方的时候好一点,你多待一两个月都没问题,在组干处的时候我回家探亲,组织知道我家困难,允许我多待一些日子。1980年以后,我就一直搞政工,我对生产方面和工厂转型不太了解,但是大体上也知道,反正我们这矿务局生产效益始终是不错的,煤质又好,所以我们煤的销售量和效益都相当好。三线选在这,也是因为咱们贵州六盘水这里有相当丰富的煤炭资源。像攀钢、昆钢、广钢都需要我们的煤,我们这个地方从一出煤就开始对口攀钢,铁路也是从这个地方修到攀枝花,就为了运煤。我们的煤,尤其盘江的煤是最好的炼焦煤,生产钢材必须有我们这个煤,现在叫精煤。攀钢的钢厂出的钢是制造飞机、大炮的,所以这个就是主要目的。我们国家有了钢材,就可以制造飞机、轮船、大炮、枪支等,这样才能壮大国防。

1997年,我在局纪委正科级干部上退休。说实在的,我们这一代人就属我们这茬子辛苦,又艰苦又跑得远,从东北到西南,原先工资就低,再加上我退休又早,我退休的时候一个月多少钱?800多块钱。现在连续14年给我们企业退休职工涨工资,有时候100多块钱,有时候200块钱,反正涨到现在我省里那部分工资是3300多块,再加上局里头补贴的钱,加在一块还不到4000块钱。我们都这样,我们原先的矿务局局长和党委书记跟我同一年退的,他现在不也就4000多块钱?没办法,赶上这个时候了。

从心里来讲,打从参加工作以来,尤其是支援三线建设,当兵、提干又入党,虽然现在说起来工资低一点,但我很知足,感谢党,感谢党组织。我们当时来的时候口号是什么?"深挖洞,广积粮,不称霸""全心全意为人民服务,为三线建设添砖加瓦""备战备荒为人民",所以我们这一代人,说我们"献了青春献终身,献了终身献子孙",这句话一点不假。你看我这几个孩子都在这,但他们都非常好,比我强。我们家是两代人三线情,前一段说的是我,后一段说的是我儿子,他现在是宣传部采访科科长,从参加工作一直到现在都在这儿。

咱们根据国家形势变化来讲,如果没有毛主席支援三线建设的号召,我们想来都来不了。国家需要,一个年轻人到外面闯一闯,我认为是应该的。尤其现在发展到这个程度,原先在农村住茅草房,还没有个定居,左搬家右搬家,来到这以后住楼房,后来又从老矿务局搬到这儿,一步比一步强,我也感到知足了。

文寿山　王孝桂
从神枪手到三线人：一位组织干部的跌宕人生

亲 历 者：文寿山　王孝桂
访 谈 人：谢治菊
访谈助理：蒋　萌
访谈时间：2019年7月18日下午2:30—5:00
访谈地点：都匀市文寿山家中
访谈整理：蒋　萌
文本表述：文寿山（宋体）　王孝桂（楷体）

亲历者简介：文寿山，男，1941年生，湖南人。1961年8月参军，当年立三等功，1962年立二等功，1963年又立三等功，获得广州军区"神枪手标兵"称号。1964年离开部队，至北京国防部第十研究院。1965年部队裁军转业，其间任第四研究所干部科干事，后主动申请调至三线。1969年3月到38所干部科，负责干部工作。1978年下放到伺服研究室任指导员。1981年调至116厂，任党委办公室主任兼组织科科长，直至1996年12月退休。王孝桂，女，1946年生，湖南人，文寿山妻。1967年与文寿山结婚，1969年随文寿山到三线，无工作。

文寿山（中）、王孝桂（左）接受访谈

一、做梦都留恋的部队生活

我老家是湖南的,1941年12月出生,家里一共五个兄弟姐妹,上面的大哥走的早,下面有三个妹妹,1962年我父亲就不在了,我母亲带着我三个妹妹过。高二暑假时,我在广州参的军,我记得是1961年8月1号。到部队以后,当年我就立三等功,1962年我就立二等功,1963年我又立三等功。1963年最大的一个事情就是我获得广州军区的"神枪手标兵"称号。当时不觉得怎么样,现在回忆起来,一个军区里多少个战士?我们是大军区啊,我一个人当个标兵,报纸我都还留着的。1964年我又被广州军区评为"五好战士标兵"。

现在国家不是有一个退伍军人人事部吗?它有个采集信息,有个调查表,被大军区授予什么称号的都要登记。年初我就登记了,还照了相片。刘镇武知道吧,驻香港部队第一任司令员,他是我的战友,我在四班,他在七班,后来他当参谋部副总参谋长,是上将。那会有个电影叫《带兵的人》,那里面有个小郭,小郭就是我,看过电影的人都知道,现在也看不着了,很多年不放了。

1962年开始一直到1963年,台湾那边广播喊得厉害,要"反攻大陆"。当时毛主席他们好像真的要大张旗鼓地打过去,所以我们部队还到过前线。按道理打仗应该是晚上行军,偷偷地进去,但我们就是白天行军,晚上睡觉。大白天的,我们的炮、马队、车队就这么从广东开到福建云霄。到了云霄前线,每晚都有人站岗,那真是不脱衣服睡觉,随时准备打。枪就在我们旁边放着,子弹背起来,150发子弹够重的,还有4个手榴弹。不过最后没打起来,没多长时间就回去了。

1964年9月份,国防部决定从各大军区调100名优秀战士到国防部第十研究院①工作,我被选了,一个师也有1万多战士,就选了我一个,我就到

---

① 为加速国防科研工作,1960年以来,中央军委开始筹建为国防尖端工厂服务的第十研究院。1961年5月,中央军委正式批准组建军事无线电电子研究院,称国防部第十研究院,领导雷达和有关电子技术的研究。

北京去了。在十院我一直做干部工作,是干部科的干事。当时觉得还是可以的,从连队一下到了军级单位,后来感觉是昙花一现。我为什么说是昙花一现呢?

受当时历史的影响,我调到北京后没多久,1965年5月份,上面命令集体转业,裁军100万①,研究单位全部转业,我就这样转业下来了。那个时候大家都服从领导安排,有意见也不好说。转业以后,人还是留在北京原单位,还是第十研究院,单位名字也没改,办公什么都不动,就是把军装脱了。

"文化大革命"时,我已经转业了。红卫兵到北京去,我们负责接待红卫兵,一批一批地安排他们什么时候见毛主席。毛主席在天安门上三次接见红卫兵,我都坐在那的。我记得,有一个红卫兵是广州外语学院的学生,正好毛主席来的时候他上厕所了,后来他就找我哭,说没见到毛主席,怎么办?我说你别回去,留下来,下次见毛主席再带你去,后来他就留下了,其他红卫兵都回去了。没过多久,毛主席第三次接见红卫兵又来了,就安排他去,我说你做好准备,不要到时候又要上厕所。这次他看到毛主席挥手过去了,就高高兴兴地回去了,回到广州他还写信感谢我。1966年我是国庆代表,看到了毛主席。②

1962年文寿山和战友在东海前线站岗

---

① 这个数字无法考证,有记载的裁军百万应指1985—1987年邓小平主持的"百万大裁军",可能为口述者混淆后口误。
② 1966年10月1日上午10点,文寿山在天安门参加中华人民共和国成立17周年的群众庆祝游行大会。

二、主动请缨，举家共赴三线

1965年的时候，毛主席已经开始了三线建设。我们十院干部科也在筹建这方面的干部，给三线的各个研究所配所长、政委、书记，甚至研究室指导员。按连队建制，一个研究室里面要有一个主任和一个指导员。我也学习一些文章、材料，当时毛主席强调，三线建设不搞好，他睡不着，讲三线建设要靠山、分散、隐蔽。

我是湖南农村的，不怕苦，我就说我也跟着去三线建设。当时正在进行"文化大革命"，工宣队队长都不让我走，说北京那个地方需要我，到这边来好像感觉我有点用才不当。当时我在十院政治部，他们需要我做他们的稳定和大团结工作，希望我在里面起团结的调和作用。开会我讲话下面都没人交头接耳的，大家都信任我。他希望我不要走，说我这个心情是好的，要求是合理的，但他们工作需要，要我暂时别走，那里生活那么苦，而且有人去了，我就别去了，他是这样跟我做工作的。后来我晚上没事就找他们，找队长聊，看到我忠心忠义的，才批准我来到都匀38所①。

其实，想到贵州来，也有私事在里头。我家住在农村，当时户口卡得很严，调北京不可能，这一来的话，她（妻子王孝桂）的户口也可以从农村跟到这来。家里的小孩，一下就在一起了，互相有个照顾。我离开北京迁户口的时候，派出所一个女的拿了个笔，她说："你考虑一下，我现在不签，不盖章，你还可以回到原单位去工作，我盖章了，你这个户口就回不来了，而且我告诉你，在北京你是35斤定量，在贵州最多给你27斤，粮食也少了，你划不来。"我说："签，我下定决心了，我就不回去，都匀什么样子我不知道，我出来就不想回去了。"

1969年9月底，我们一家人坐火车到了38所。我从北京先回到湖南，一天一晚就到了长沙。接上家里人，再过一个晚上就到贵州都匀了。下了火车我都不知道怎么走，也没人接。但我知道我们这个车子号码，当时部队

---

① 38所又称西南雷达研究所，1965年始建于贵州都匀，1988年整体迁建安徽合肥，现名中国电科第38研究所。

号码是昆字202部队。车子号码是什么2929,下火车我就到处找人打听,结果刚好看到这个车,我知道这是所里的车。我和司机说把我们带上吧,他问我哪的,我说我从北京刚调来的,他就把我带过来了。

38所那会儿是一片荒地,我刚去时在干部科负责做统计,当时只有91个人,后来发展到1000多人,很多都是我从各个地方招过来的,包括王小谟,后来还当了38所的所长,现在是院士。我们来了以后生活是很苦的,当时的口号是什么?"先生产后生活。"领导派我到南京去选技术干部,我第一批选了200多个,把他们的档案拿来,我包车,把这些人一起带过来。200多个人,过来以后怎么住?没有房子,油毛毡搭的房子隔开,这家是张三的,那家是李四的,没有厨房,露天里面一个水管,大家用,大家洗。这就是为什么提出"先生产后生活"。生活问题,不要去讲条件,苦就苦,先把生产搞上去。搞生产,没有厂房也搞不了,要盖生产厂房。当地砖供应不足,就要到广西那边拉砖,用车皮拉回来。我们吃晚饭以后,从家里面坐了个解放大卡车,领导带队到货场,从火车上把砖卸下来,卸了一个通宵,这个东西没有什么补贴,也没有晚餐,就这么干。来了以后大家一起去,都不分你的我的,自觉性很高,一次三四十人,这批完了以后就再换一批。你卸下来以后,车皮才能开走,又去运下一批。累了就稍微坐一会儿,回到家里面稍微躺一会儿,不影响上班。8点钟照样上班,没有任何怨言。这说明了什么?说明当时的职工一心要把三线建设搞上去,让毛主席他老人家安安静静地在北京工作。当时毛主席讲句话大家都懂的,他当时说一句顶一句,他说睡不着,我们为了让毛主席睡好觉,我们就一定要加油!不分家属、职工,能者多劳,有力出力,大家都搬砖头,那个时候就是一种忘我的精神,为了工作把自己都忘记。当时就下定决心,不但把我们这一辈子献给三线建设,子子孙孙都在三线建设上面,献完终身献子孙,我们完了、退休了,子子孙孙他们就搞去。当时有那个决心,所以思想非常统一,也好做工作,只要是说上面有指示,毛主席怎么说我们就怎么去做,我们就可以拿着红旗游行,坚决按毛主席说的办。

刚来贵州也有点不适应,主要是气候,比较潮湿。当时天气不好,每天下雨,我就感觉贵州真是"天无三日晴",衣服晒不干,见不到什么太阳。不像北京四季很分明的,慢慢热,再慢慢凉快。贵州一下雨,就得穿衣服了,穿得多多的;出太阳又热了,但这个时间很短。当时正好是那个天,但是我也没有任何怨言。文化方面,贵州看电影少一点,与北京比不上,北京早就有电视了,在这还没看到电视。

在这儿就是自己有块地,家里可以自己种点吃的。有时候分点白菜、萝卜、韭菜根的,想吃肉的话,可能一个礼拜吃不到一次,生活艰苦。和以前相比,变化最大的就是粮食,粮食感到紧张了。在北京不紧张,这里只有27斤。当时我们的钱少,有三个小孩,她(王孝桂)也没有工作。一个月43块钱,扣掉房租,扣掉幼儿园每个小孩2块钱的学费,就不多了。孩子和她每个月每人还有3毛钱的医疗包干。到月底家里面基本上是揭不开锅的,没有什么钱。我们自己买了布自己做衣服,她会踩缝纫机,我也会踩,就慢慢学,咱们衣服都自己做,这就省钱了。在北京的时候,她是在农村,农村集体食堂,集体分东西,一人一份,我们来了以后,就没有了。还好当时有一个困难户补贴,我们科长一个季度给我们补助20块或者15块,这个钱解决问题,我工作的那几年可能每年都拿的。一九七几年之前我们的工资一直冻结就没调,到1974年还是1975年调了一级工资,涨了几块钱,从43块涨到49.5块,又好一点了。后来到了1978年又涨一次,涨到50多块了。

1967—1969年刚正儿八经启动三线的时候,大家的战备意识应该是比较强的。当时也模模糊糊的,现在要回想起来,具体情况记不得了。当时宣传就是说要做好准备,准备打仗,当时好像是中央提出来这么个口号:"深挖洞,广积粮。"我们就加紧了,加紧搞雷达工作,怎么样把它赶快研制出来,一代一代地研制出来。现在不光是三坐标雷达,预警雷达、非军用雷达都有了。前年春节后我看到电视,王小谟有讲话,他还在搞一个什么雷达,他说在他有生之年必须要搞出来。那个时候,可能家家户户都为了打仗,家里面东西尽量少买。而且你开什么会,布置什么任务,就随喊随到,当时人的思想比较单纯、比较集中。比如说我们晚上开会,就是哪怕11点、12点有个临时会了,那没话说,去!以前的文件,按照密级单位来的,绝密、机密、秘密,存在哪一级,有时候到哪个会议室,谁开会讲的什么文件,都有讲究。传达的时候,前后有站岗的,看守别人不要来,我们传达文件以后再分开。

那时候开会一般是党团活动,一般是礼拜天晚上。每个礼拜天晚上学习文件、报纸,汇报思想,谈心,思想分析。开会细到什么情况?我举个小小的例子。我们那有一个放映员吃饭的时候吃饱了,馒头吃不下,剩下的就随手丢到马路边了。别人看到就反映到我们那,就是不爱惜粮食。这小孩不仅家庭要教育,也会分到党支部,让青年委员去找他谈一谈,落实这个事,我们开会都讲这个事情,继续教训,以后不这样干了。细到这个程度,不像现在,丢就丢了,谁管你了。

我们上班是吹号的,吹的部队号,一吹,保证人都到了。卫生打扫完了,开水打回来了,我们一般都提前到的,从来不迟到。所里工作时间上午是8—12点,下午是2—6点,实际上业余时间大部分还在工作。像研究室,我们机关晚上去看一看、查一查,每个研究室都是加班的,不管男的女的,看图纸的,搞实验的,有些东西没有完成的,都在加班。我不是学技术的,我也不懂,就是在那个过程当中,什么是二极管,什么是三极管,哪个是集成电路,为什么叫集成电路,那个时候才开始进门。

我那会是干部,那时候没有奖金,干部和工人的工资差不多,同时参加工作的,不会相差很多。像我们这个年龄的工人可能也是40来块钱、30来块钱,也不多。有时候有的工人工资比我们高一点,他工作时间长,或者工种是什么有害工种,有补贴,要比我们高一点。那时候当工人和当干部差别都不大,不过有时候我们从工人当中选拔广播员,或者到机关临时帮忙,他们还是愿意到机关来。我们宣传科没有干事,下面去选工人,哪个工人写广播稿多一点,嘴巴表达能力强一点,我们就选到宣传科来帮助工作,干一段时间会了,就下调令留下来,这样也有的。

1969年我到38所,一直到1981年5月我又调到116厂①。1985年38所全部搬到合肥去了,他们政治部主任喊过我,说:"你要回去和我说,我们

---

① 116厂即中国振华集团南华仪器厂,由哈尔滨前卫无线电厂分迁到都匀蟒山下建成。主要从事研制、生产六大系列无线电测试仪器,用于军事、铁路、电力、石油、钢铁、邮电等部门。2001年全面停产,2005年政策性破产。

就让你回去,我们要搬迁了。"我当时就回答说:"我不回去了。"走了以后孩子考大学是个问题,分数线都不一样,贵州的在那边考,肯定考不上。

我在116厂的时候,当时效益还算可以的,起码工资发得起,到年底还有点奖金,大家也很满意。后来改革开放,工厂企业下放到地方。当时我们开大会讲,就像过大海把你们丢到海里面去,你们能过去就过去,游不过去就淹死了。所以从那时开始,我们日子不太好过了。因为原来我们生产仪表,只要检验合格,上面统一收回去把钱拨给你,计划经济嘛。年初你生产200台,把钱拨给你,200台验收收走了,反正我身上有钱。后来1989年左右,不计划经济了,开始尝试市场经济,做出来的得我们自己去卖。卖不掉,这个钱压在那,后来钱就不够了。有一段时间我们搞种子含油量测试仪,黄豆、芝麻放这儿就测试含油量百分之多少,这个仪器当时好卖,但是油厂又垮台了,机器卖不掉,效益就差了。

2005年1月5号我们宣布破产,大家提早都知道了,走的走,内退的内退,病退的病退,能买断的都买完了。那天只是宣布一下破产,大家都比较平静,也能接受,工作保留就都交给工作组。我们仪器厂有一个中心在那安排几个人的工作,还有一些遗留工作要做嘛,他们就留到现在。现在这个厂子也租给别人了,租金也是083在管。

文寿山1965年在国防部第十研究院工作时留影

三、知人善任,为厂选才

1969年9月份我来38所以后,就在干部科一直干到1978年。1978年10月份我就下放到雷达伺服系统研究室当指导员,又当党支部书记。到1981年5月份我来到116,116是一个无线电仪表厂,我在组织科管中层以上干部,管党员,一直做到1996年12月份退休。退休手续办好以后,1997

年我还留了半年,帮助他们工作了半年。这样算是逐步退休了,不是一下离开的。

我从参加工作一直做干部工作,反正我就是按照"有知识,懂业务,不图虚名,会干实事"这14个字的原则来做。"有知识"呢,要有点文化程度,你初中都没有毕业,你当干部?你写不成东西!起码初中以上,这是有知识。"懂业务",你本来开拖拉机的,搞别的东西开不动。"不图虚名",这个是实实在在的,不会华而不实,或者你做了什么东西马上表现,就表现我今天干了什么,不图虚名,就踏踏实实地工作。我搞干部讲课也这样讲的。他们说这几个字好,我说是毛主席讲的,讲的是懂业务,不图虚名,会干实事。

那时候的干部,真是踏踏实实的。现在的干部,表面上跟你这样讲,背后会不会另外去做,这个我说不清楚。老老实实的、一步一个脚印的那种干部,怕就不是很多。比方说有些大干部,开会怎么样,但是实际上他又表现怎么样。有时候我也看微信,也看看手机上的一些情况,有些干部表现不好。但总有一条,我们相信大多数干部是好的,他的素质应该是好的。现在最大的一个问题是什么?分配不公,贫富差距比较大,当管理干部的可能钱多一点,辛辛苦苦的拿的并不一定很多,特别是私营企业差距更大。党章的纲领是要实现共产主义,如果按照这样下去,共产主义什么时候实现?党的纲领没有变,问题应该马上解决,但要我说,短时间解决不了。

那时候三线的干部,我说实在话,认认真真扎根的恐怕还是少数,有些人家属来了,或者本地人,这些人比较稳定,大城市来的就不行。我在38所,就管干部调动,一九七几年的时候,我吃晚饭都吃不成,吃晚饭时家里经常来一屋子人,有要求调动的,也有要求换个工作的,说明他们是不安定的。那会有想回到北京的,想回到上海的,想回到徐州的、南京的。这里面就有我们所长。他本身档案也在北京,户口也不迁来,对大家有影响。大家都想回去,还是回城市好。我就不想回去,因为我本身是农村来的,当兵出身的,也不算很苦,过得去。那会儿倒是没有不经过同意自己跑了的,也不可能。但是有没有未经同意把家属搬来的?有。对方单位什么工作关系都来了,但我们并没有发调令,搬来了以后只能又退回去。因为安排工作只能走程序嘛,不是说不能来,你下次再来,我们要分批去解决,但这种情况不多,就是一两个人。

大部分普通人都还是留在了这个地方,全家来的都还是比较扎实的。就是那些家属没来的,年纪又轻,文化又高,还是大城市来的,有点想回去。有的我就主动找他问:"家属在哪工作?能不能调过来?"他都不想调家属来,还想走。也有家里面父母亲年龄大了没人照顾要求回去的,我们适当放了一部分。为什么放?第一,这里工作,他不是关键人员,他走对工作不影响。第二,确实他也有困难,我们也说得过去,但是不能马上打报告就放,对别人影响不好,起码得拖个半年一年的再放他走。

几十年来的干部选拔,从我本身来看就没什么变化,都是按照要求来做的。但是在每一个时间段,关于选拔标准的中央政策都会有一些变化,比如有一段时间很重视被提拔者在"文化大革命"中的表现。再如60年代,就是要根红苗正,那个时候出身是很重要的,出身不好就当不了干部,现在这是要批判的。70年代要好一点,看工作能力,当干部应该有一定的组织能力。80年代,你不管怎么样,干部也是职工,对不对?是职工当中的一员。就是说职工有责任心的才能选出来当干部。我们从组长开始,小组干部、班长、班干部,车间里面就是车间副主任、主任,这就属于中层干部。我们选出的干部在群众中要有一点威信,他说话大家要听,就是用评分考察,有个过程,突然一下提不起来的。比如,你平常就听到张三李四说我们这个组长不错,挺负责的,那个车工组组长不错,我们就作为干部培养对象记下来,然后去考察以后,觉得还可以就提升为车间主任。要说这些年干部选拔具体有什么不同,就是提拔的标准在不断变化,比如像刚才说的,后来的提拔中成分就没那么重要了,主要还是看能力。

90年代,干部提拔还是看能力,几乎没有人走关系,因为提干部的会议我基本都参加的,几乎没有人拿过什么关系。就是看哪里人,什么文化程度,群众关系怎么样,工作能力怎么样,现在本职工作干什么,能不能完成任务,考试成绩如何。成绩怎么衡量呢?从对他的评价来看,比如说他原来是组长,这一组这几年来任务完成怎么样?质量怎么样?有没有事故?他组织能力强不强？这就是考察的标准。另外就是上下班的出勤情况，考绩包括考勤嘛。那时候贪污的不多，虽然改革开放以后咱们去承包些什么任务，到外面出差，当采购，弄一些回扣，个人打点折扣，话又说回来，现在也不算什么，有时候几万块钱，不多，被发现的都追回来了。不管哪个年代，反正有人群的地方都有左中右。这种人都是有的，但不多。关键在于管理教育，你平常管理严一点，他心里面还是有点害怕，能够约束自己，也有组织纪律是吧。

1961—1963年文寿山获得的五好战士奖章和特等射手奖章

组织科这一机构这么多年基本没有发生变化，反正在工厂，哪怕上千人的工厂，组织部门也最多三个人。有的工厂大一点，像112厂那边叫组织部，但是也只有三四个人。1986—1996年，我当了十年组织科科长，一直就两个人。我跟领导讲了，我说我不要多配，为什么？我是科长，我也当干事，我也可以收党费，为什么要别人？我也可以做事情，又当科长又当干事。我还是党办主任，党委这些文件、材料都是我写的。虽然我上班时间比较忙，但是我有一个习惯，我做记录，写日记。党委不是三年改选一次吗？他们要写报告的时候很紧张，我不紧张，因为材料都现成的嘛，你要我写的话，一天就写完了。党委书记报告，我说写好了你们去看吧，党委书记说："不看了，你写的我照念就行。"我还比较注意收集资料，有什么大事情，这一段怎么评价的，我就写下来了。比如说，有一段像捐送物资那种很动人的，大家把好的衣服甚至没穿的衣服都拿来捐给他们，收了多少钱，收了多少粮票，出了多少钱，出了多少物质，鞋子多少双，衣服多少件，送给谁了，我都有记录。开党委会要总结这一段，我就可以写得很清楚。当时职工的精神面貌，我都有总结的，用不着临时去想。

四、夫妻携手，共渡难关

他（文寿山）是我们老家的，我是农村里头的，我俩从小一起长大。当了兵以后他回家探亲，我们两个人就好上了，就结了婚。我们一个队长看好我，一定要介绍给他。当时我也傻乎乎的，不懂。结婚后到北京探亲，就有了我家老大。老大还没有好大，才1岁多，就到这个地方生了老二。我们一共有两个儿子、一个姑娘，三年生了三个孩子。我叫师傅做个长长的凳子，有时候晚上看电影，我们一家五个人就坐在一个凳子上。

小孩小的时候，我还要去干临时工，他下班开会回来得晚，小孩没有人接，把小孩子丢在幼儿园，就没有人管。三个孩子，抱一个，背一个，大儿子自己走，三个孩子挨得紧，没办法。当时我就不理解，经常吵。其实他也不是不肯回来，他没有办法回来。他说他还是想回来，但回不来，走不了。后来慢慢跟我讲，我也理解一些了，就好些了，没有为吃的穿的这些事情吵过架。那时候我们很苦，老二上学要路费，老大是一个星期从贵阳回来要一回路费、生活费，一个星期才给他一点，我们也好不容易攒点钱，就给他一个星期的生活费。姑娘星期六回来我们就买点肉吃，就给她吃点肉，是这样子的。平时我跟他两个都吃蔬菜，没有办法。反正钱就这么一点点，大部分钱都是到我这个地方来开支。但是人家很羡慕我们，他说你们这家大人、小孩都没有穿什么补过的衣服，都干干净净的。没有穿过什么补过的衣服，主要还是我安排得比较合适一点。

我们两个儿子都是大学毕业，老大上的是贵州农学院，老二上的是成都科技大学，老三上的是黔南卫校，是中专。我们这个姑娘，很可怜，是个残疾人，她腿不好，生下来就这样子。他（文寿山）带着这个姑娘到处去看病，跑这个跑那个，全国各地都跑完了。北京、上海、昆明、广州，哪个地方都跑光了，就看这条腿，后来走到了上海，当时我们是医疗包干的，3毛钱一个人。那个医生我还记得，叫陈中伟①，人家好心好意，就说"你不要走了"，当时他

---

① 陈中伟（1929—2004），骨科专家，中科院院士。1954年毕业于上海第二医学院，并在上海市第六人民医院工作；1963年首次为全断右手施行再植手术成功，开创再植外科，被国际医学界誉为断肢再植奠基人。

也很有信心,开始这一截大腿没有,就有小腿这一截,他当时就想给她搞个什么假肢。后来开刀以后一看,她这个肉拉不开了,萎缩了,太晚了,牵引不开了,就缝起来了,这个脚还是能走路。当时有人说你不要给他钱,这样子开开刀就不负责任。这个不能怪医生,他有他的想法,就是上海医院很难进去,他(文寿山)写了一封信给陈中伟,陈中伟就给我们来信,就喊我们可以来了。

当时那个人的思想真好,从来不认识,陈中伟是全国看这类病最厉害的医生,全国第一,周总理接见过的。我给他写信,他马上就回信的,说几月几号我从美国回来,几月几号你必须到上海,几月几号你来以后找谁。我去以后就找那个联系人,叫付国芳,我记得,找到他,他就给安排了。"给你留了床,你明天办手续进来。"有人负责,就感到很亲切。那会儿医保也简单,到财务科开个转账单,交给医院,医院有多少就写多少,回来之后直接报销。

我姑娘原来在我们厂里卫生所工作,一破产就没有卫生所了。没有卫生所了以后,就给我们厂里这几个人看病,她是学医的。破产了以后,她们两个护士,我家姑娘是一个医生,就这么给人家看病。但是这两个护士,年龄要大一点,要先紧她们的工资,她就没有好多钱了。她参加工作可能晚一点,得来的钱要先紧工龄长的。给她工资少,累得不得了,结果最后破产后还是没有办法。正好战友①来了,说有什么困难,可以帮我们解决。我说我们确实有个困难,姑娘的工作咋办?

2003年12月,战友来以后就看有困难没有,我说没有,她(王孝桂)就说:"破产了,我姑娘残疾,她的工作可能出问题。"后来晚上在宾馆吃饭时,我也去了,我这个战友就跟那个省里面的、市里面的、组里的领导说:"我这

---

① 朱家华,文寿山在第四研究院时一同工作的室友,后转入公安部,重新参军,后获授部队少将警衔。多次来都匀看望老战友文寿山。

个战友(文寿山)也是你们的上级,他家姑娘有困难,希望能解决。"后来我姑娘就调到中医院去了,现在单位比较照顾她,在一楼挂号,就不用上下楼了。

他(文寿山)这些事情,孙子、儿子都知道,爷爷、爸爸原来是个什么样的人,现在你看看都成这种样子了,就等于是下水了一样的,意思原来是高高的,现在就低低的了。没有办法,不是他自己要转业的,他是集体转业没有办法,他要不是集体转业就转不了,就会直接往上升职。没有办法了,把他的这些都埋没了,所以他的剪报都给留得好好的,算一段历史给后人看看。

1963年文寿山在广州军区群英会期间会见击毙美蒋双枪特务的田柏青战友

王 新
我与061基地的一世情缘

亲历者：王　新
访谈人：胡　洁
访谈助理：游彧涵
访谈时间：2019年7月25日下午2:00—4:30
访谈地点：遵义市061基地遵义留守处
访谈整理：胡　洁

亲历者简介：王新，男，1942年生，辽宁锦州人。毕业于沈阳航空工业学校发动机制造专业，1961年被分配到刚成立的上海机电二局下属的仪表厂工作。1966年因所在车间有支援三线需要，调动到遵义。1968年开始参与规划061基地在遵义的厂区建设，具体负责工艺设计审查。1984年调到航天部下属江南贸易公司，负责组织产品及技术的销售工作，直至退休。

王新（右）接受访谈

一、主动请缨从上海到遵义

我是辽宁锦州人,家人都在锦州,包括父亲、母亲、弟弟、妹妹。我在沈阳航空工业学校读书,进校的时候是中专,毕业的时候已经改成大学了,就叫沈阳航院。我是保送过去的,学习航空发动机制造。本来快毕业的时候,学校是决定让我留校当老师的。后来上海机电二局(上海航天局前身)要人,学校原先定了九个人,有一个人因为政审不合格,就把我换上去了。我是怎么知道这事的呢?大会上宣布我到上海以后,我们班的一个同学告诉我的。这个人是我们系里的一个党支部书记,又是学校学生会副主席,他跟我关系很好,也姓王,临走之前跟我说了这些。他说很对不起我,我说什么原因啊,他说把你分到那么远,我说没关系的。但我的父亲就不行,觉得我分配得太远,我报到临走前回了趟家,他到车站接我,问我分配到哪里,我说上海。我父亲讲了两次"太远了",过会又说了一句"太远了",我也没想这些,当时没有那些顾虑。

上海航天局刚成立的时候是 1961 年 7 月份①,我去上海仪表厂报到是 1961 年 9 月份。上仪厂就是上海机电二局下面的一个仪表厂。这个厂是做地空导弹驾驶仪的,简单说就是做陀螺的,就是做导弹飞行的执行机构,是 3000 人的厂,还是很有名气的。生产过 10 万倍大型显微镜,十周年国庆的时候在天安门前都展览过的。

我刚进厂的时候,在工具车间做技术员,搞各种工模具设计。第一年试用期满,第二年转正,我们二十几个大中专毕业生同一年到这个厂的,包括上海交大好几个人,唯独我转正时高定一级。厂里安排我去钻研技术,当时有个上海第一批工人出身的工程师,搞了个电化实验室。这个人是旧社会过来的老工人,他原来所在企业的所有资本家老板都说他聪明,他搞的东西对谁都不说,很保守。厂里让我去把这事弄明白,但他对我很抵触,相当抵触。我到他那儿基本上半年时间,把他这一套东西搞清楚了,整理了一本几

---

① 具体成立日期为 8 月 1 日。

万字的小册子。我写的东西，包括加工原理、加工工艺、加工设备、工模具设计、电机设计，都弄出来了，都全部画图纸出来。我这个小册子放在办公室桌上，厂里要排工艺的话，有什么问题，只要翻翻这个小册子就行。那时候就这样，人很简单，没想那么多事情，根本也没想到钱。因此，我当时在上仪厂也是比较出名的。

1964年底1965年初，七机部开始组织061基地各建设项目的前方厂包建班子陆续进入现场选点，并开展工艺设计和初步建设。建工部也开始组织施工队伍陆续进场，进行前期准备工作。061基地一部分项目的工艺设计是七机部二院的同志们做的，他们对生产工业设计缺乏一定的经验，根据061基地筹建指挥部总指挥肖卡[①]的安排，从上海机电二局有关厂抽调一批技术人员予以协助，并参与筹建管理工作。上仪厂就要两个人，一个是机修车间主任，还有就是工具车间要一个人。记得1966年初的某一天，厂组织科谢玉英同志找我说："那边需要工具科派一名技术人员去，你看你们科的郑康安去行吗？"我说："行是行，只是他的哥哥姐姐都在天津、西安等地工作，去了能回来还可以，如果回不来，父母亲身边无子女，不好办。"她听了觉得有道理，回去翻了档案，第二天又找我说："席惠娣去行吗？"我说："也可以，但她结婚三年了没生孩子，据说为此婆媳关系不大好。"她说："那怎么办呢？"我略加思索后说："要么我去吧！"她听了很惊讶："你去，车间能放吗？"我说："你跟车间主任说说，我去找车间支部书记说。"她说："那就试试吧。"没想到组织上很快就同意了。那时我一是党员，二是单身，三又年轻，只想着我可以另外去开辟一片新天地，拿现在的时髦话说，体现自身价值。但他们事先问我这事，是不是设了套的，我搞不清楚。我还真没去问这个事情，实际上我问也可以，他们会告诉我的。因为车间主任也好，支部书记也好，对我都很好的。

支部书记叫周碧华，我都记得呢，他对我影响很大。我1965年就入党了，"文革"前就是党员，这都是因为他。他做事情、考虑问题、处理问题的方

[①] 肖卡（1920—2015），湖南湘乡人。曾任上海市电机厂厂长、党委书记，上海市机电工业和仪表电讯局局长、党组书记，上海市科委副主任，上海市机电二局局长兼二机部第二研究院副院长。

法,对我都有很大的启发。他思考问题掌握全局,上面有什么精神,他结合车间里边有什么问题,应该怎么处理,可以一条条说得非常有条理,思路非常清楚,这对我后来在贵州的工作很有影响。当时的老干部们都非常好,包括北京这些部长们,这些人家里我都去过。比如说其中一家里边,半大小孩子有五六个,我就好奇,就问他们:"你们哪来这么多小孩?"他说:"他们都是他死去的战友的子女,让他把他们抚养起来,就留下在自己家里养起来,都这样。"这些我见过,都是很优秀的,那时候他们这些部长们家里也很简单。包括钱学森也是这样子,第一次我碰到钱学森,根本就不认识他。在北京航天部,我见过他两次。他个子不高,拿个雨伞,穿个雨鞋,走到副部长的办公室,我哪知道他是钱学森啊!这些人都很厉害的,确实很让人敬仰。

二、 参与061基地的筹建工作

当时保密制度非常严格,预先只知道去贵州,上火车前拿到车票,才知道到达站是遵义。机电二局的好几位领导都到车站欢送我们,我和他们一一握手,敬礼告别。湘黔线1965年8月才通车,因此我们当时来的时候,火车要从广西过来,在柳州兜个圈子,从广西再进到贵州。下了车以后,我一看这马路上的灯,就像农村的小灯泡亮着那样,黑黢黢的。我一看,这叫什么城市?在北方就相当于一个大的村庄一样,就那个状况。当时这里的条件很差,人很穷。那的确是,跟上海简直没法比。这说句难听话,大姑娘穿不上衣服的情况都有,当然这是比较个别的。有的人家就一套衣服,谁出门谁穿,就是这样子的。

到达遵义没几天,就参加基地召开的"设计革命会议",我被分配到会务组,做联络员,吃住都在丁字口的服务大楼,开大会在湘山宾馆,这是当时的基地机关。会议从2月中旬开始,开了近一个月。主要议题一是学习贯彻党和国家领导人关于三线建设的一系列指示精神,强调"靠山、分散、隐蔽",重点是防空,重要车间、重点设备要进洞等;二是学习贯彻大庆精神,搞干打垒,坚持先生产后生活,不占或少占良田好土;三是学习贯彻彭真同志在京召开的"设计革命会议"精神,实行专业化大协作,反对大而全、小而全,并在此基础上加快建设速度,压缩一个亿的投资。会后,基地总体布局进行了一次大调整,有些项目要重新选址,没有选址的要按新精神选址。同时改变一线厂区方块设计模式,实行分散、钻山、进洞,工厂厂房要搞成"村落化""羊拉屎",原工艺设计要推倒重来。会后,我被分配到基地设计管理处,并参加工艺设计审查工作组,参与对生产准备厂、汽车修理厂、地区仓库等项目的工艺设计指导和审查工作。而后又参加了生产准备厂等项目的选点,直到5月下旬,回到湘山宾馆,进行工艺设计资料汇总工作。

一个半月的选点,我同筹建处的同志们几乎走遍了遵义以北沿川黔公路两侧的地区,带着罗盘针和民国三十七年(1948)1∶50 000的军用地图,手里拿着拇指粗细的一根方竹,既为打蛇,又为防狗,身上带着五节电池的手电筒和一个军用水壶,壶里晴天装水,阴雨天装酒。每天步行少则10—20公里,多则30公里。走在山里没吃的就向当地老乡买点,有时没有饭就请老乡煮鸡蛋吃,6分钱一个,老乡很高兴,因为他们自己翻山越岭背到场上去卖,最多4分钱一个。打那时我知道煮熟的鸡蛋比鸭蛋好吃。有时绘制简图得上山去,可是下来时却看不到下面的路,要靠走在下面的人指引,否则不敢伸脚,真是上山容易下山难;有时要钻洞,山洞吸光,五节电池的手电筒照着都看不清对面,过后回首才感到惊险。那时贵州有"天无三日晴"之说,走到山里无处避雨,经常浑身湿透。

当时搞061基地的时候,是"厂所合一"的,就是航天部第二分院的各个所,跟061上海包建的这些厂,合成"厂所合一"的项目。这里边分了十多个项目,每个项目都是"厂所合一"的。当时在选点定点过程中,聂帅(聂荣臻)已经发现了"厂所合一"里边有些问题。研究所跟生产厂之间各自的任务和重点都不一样,一个是要做项目或者应用,一个是要做设计和研究,就是说工程设计和制造这方面存在很多问题。所以在"文革"当中,聂帅向周总理打了报告,意思就是把厂所分开,后来经过总理批准同意分开建设。等1968年科研和生产分开,我就开始经手整个基地的规划工作。那时候有一个规划组,整个基地规划都要经过规划组。其实当时负责规划工作的主要是陈欣生，我是协助他的。陈欣生原来是机电二局技术处的科长，做过曾山①的秘书。这个人英语很好，不要翻译，他自己就可以读英语说英语，他考虑问题的思路不一样。后来他调回上海了，做了上海航天局常务副局长，在这个位子上退休了。他对我影响也很大。

1968年这次调整，从立项到踏勘定点，前后历时大半年时间。这次踏勘和选点，目的较为明确，每天走路也没那么多，又配合了一定的交通工具，不像1966年那么辛苦。当时我在基地机关具体从事筹建规划工作，参与了总体方案的策划、选点和调整，其中包括组织上报项目建设大纲、审查协调工业设计和扩大初步设计等。这期间七机部谷广善副部长、省军区吴荣正副司令员，以及部直机关有关领导都曾多次来遵义，有时一住就是半个月，同我们一起研究建设项目和布局，一起勘察地形，有时累了就同我们一起坐在路边或山坡上休息，饿了就同我们一起在路边乡镇小店吃饭。谷、吴二人都是上了年纪身经百战的老将军，谷广善1931年参加红军，参加过宁都暴动②和中央红军长征，1935年到过遵义；吴荣正曾是红四方面军的营长，参加过长征。解放战争时期他们二人都在四野，从东北一直打到华南，同他们在一起，我深受教育。谷副部长对遵义有感情，踏勘中有时看到秀丽的风景点，他忘情地说："退休后到这儿养老该多好啊！"414厂定在高坪东侧后，在讨论要不要建化肥车间时，他说："要建，我们占了人家那么多土地，还不应当给点补偿吗！"吴副司令对黔北地形非常熟悉，但为了把握好416专用线走向和成品仓库的位置，他数次去现场，亲自踏勘。他多次跟我们讲："你们没有参加过战争，没有看到过越南被美国飞机轰炸的情景，我们不能没有战争观念。"老将军的话我至今记忆犹新！

我在基地一直从事规划工作，这个规划主要分两块：一个是基地项目的立项、申报建设大纲，我们叫任务书，这些要报航天部批准的，都是我跑北

---

① 曾山（1899—1972），原名曾如柏，江西吉安人，1926年10月加入中国共产党，1949年后曾先后担任中央财经委员会副主任兼商业部部长、中共中央交通工作部部长、国务院内务部部长等职。
② 1931年12月14日，驻宁都县城的国民党第二十六路军17 000余人，在该部中共地下特支和共产党员赵博生及进步军官董振堂、季振同、黄中岳等领导下，举行起义，加入红军，编为中国工农红军第五军团。史称"宁都暴动""宁都起义"。

王新1979年在061基地机关大院

京;还有一个是工艺设计,哪个厂应该设在哪儿,比如雷达厂的装配车间应该放在哪儿,要不要进洞,我要审查工艺设计总平面图,哪些地方不合适还需要调整。还有原先有的车间过于分散,相隔十几公里,这怎么生产呢?这些都要调整。不懂的地方我要去外面学习调研,然后回来再讨论再调整。后来,基地就逐步开始投产,1970年底就生产了红二导弹,24发,交付部队。1979年整个基地验收的时候,验收会上领导的一个发言稿是我起草的,当时我们大概可以装备10个导弹营!

三、跌宕起伏的人生境遇

改革开放以后,061基地同其他军工企业一样面临着实际生产任务与设计能力的差距,一时间单靠军品生产出现了经营上的困难。当时国家状况就这样子,国民经济这个状况,你能怎么办?军队这些工厂都差不多,确实是找不到活干了,你不能把这些放在一起垮了。这些工人,有些现在讲叫大国工匠,我们有些是焊接大王,属于国家一级劳动模范。这些人有的还在,有的已经不在了。人家都是很优秀的,都是很不错的。但是没活干怎么办?就想大家找活干。航天部专门把我们这些人找去开座谈会,副部长还叫我专门做一次应该怎么样组织民品生产的主题发言。当时,如何开展民品生产,基地领导机关如何指导、协调、组织民品生产,061机关内部以及机关与生产厂之间一直存在着争论。我作为从事规划工作的具体经办人,当时基地的主要领导指令我尽快同相关工厂研究,拿出脚踏车、电动缝纫机切实可行的论证方案来。由于必要的产量与必需的投资规模之间的矛盾无从解决,方案在局务会议上始终通不过。1982年夏天,来了两位老部长到基地视察,在这里住了一个月。临走的时候在党组会上点我的名,说061基地不是生产不生产民品和如何生产民品的问题,而是执行不执行十一届三中全会路线和如何执行的问题,你们计划处组织不纯,比如说你们有王新这类人。

需要说明的是"文化大革命"初期,我的确犯过派系错误,也就是李再含①派吧,当初中央还是肯定的。后来又否定了李的省革委会,我们就成了批判对象,多次做过检查。军管不久,又有人贴大字报,诬陷我是"五一六分子",被关了小屋子,开机关大会批斗,最后的托词是"事出有因,查无实据"。没想到的是1982年夏天两位老部长来基地视察,把以前的问题又端了出来,又审查了两年,其间我想调回东北老家,或去学校进修,都被拒绝了。他们把所有反映的情况一个一个地调查下来,问这些老干部说:王新是造反派,整过你们没有?没有哪个干部说我整过他,因为这一点我很清楚。比如说,批判资产阶级路线咱们会去批判,但是要整哪个人我不会整。我跟这些干部都很亲切,我觉得他们都很好。你知道中国的保尔·柯察金——吴运铎②吧?他做过这里的厂长和车间主任。包括刚才我讲的肖卡、谷广善都是这样的,这些人他们想到的都是老百姓。

上次,人民日报社来问我这事说:"关小屋你不难过啊?"我说关小屋我不难过,因为关小屋子,难得有这个空闲,我可以看书了。关了不到一个月的小房间,我每天自己到那去。我开始学毛主席的诗卷,我拿它当学问学了,当中国革命的近代史学了。学了以后,我知道很多事情。我开始读《资本论》,只要我有空,我就读《资本论》,晚上也是。我这念书的习惯,原因第一就是我不打扑克。现在我也不打牌,我不会打,就是看书。他们有时候很奇怪,说:你为什么深更半夜不关灯?我是晚上看书。还有一个原因,因为我学历低,很多东西我必须要掌握,必须清楚,我只能学习,只能读书。重新读高等数学,重新读理论建构学,我得弄懂这些东西。不然,我怎么跟工厂

---

① 李再含(1919—1975),原名李其英,四川富顺人。1938年1月加入中国共产党。曾任贵州省革命委员会主任,中共第九届中央候补委员。获二级独立自由勋章、二级解放勋章。
② 吴运铎(1917—1991),祖籍湖北武汉,出生于江西萍乡。1938年参加新四军,1939年加入中国共产党。曾任中南兵工局副局长、机械科学研究院副总工程师、五机部科学研究院副院长等职。新四军兵工事业的创建者和新中国兵器工业的开拓者、新中国第一代工人作家,被誉为中国的"保尔·柯察金"。自传《把一切献给党》鼓舞了一代代青年人。

去讨论问题啊？怎么去指挥工厂里边设计当中的问题？哪里该解决，哪里该要，哪里不该要，我提不出意见，那不是开玩笑嘛？另外，整个基地这些东西我要汇总，外边一来协助单位要了解什么事情，首先找到我这里。他们要做什么，我说你到哪个厂去，哪个厂有这样的设备，可以做你这个东西，没有人比我再清楚，所以他们说我是061的活字典。谁家有六米的龙门刨，谁家有四米的龙门铣床，这些我都清楚。大的车床，高级的精密设备，像航天部用外汇在西欧那边买了24台成套的维修设备，整个基地的维修设备，我都清楚，设备型号、加工这块我都记下来了，都专门记在本子里面。

1984年夏天，新上来的基地党委副书记和组织部长等三人找我谈话，大意是对我的处理不恰当，然后问我对此结论有什么意见，本人有什么困难需要组织上解决的。我对结论没什么意见，但希望换一下住房，我无法忍受住在小儿子出事的地方。"当然住房很快就调换了。同年底又颁发给我"在发展航天事业中贡献较大，荣立二等功"证书。

我小儿子出事故死在这里，当时只有12岁。1982年出的事，现在说起也有30多年了。当时我在开航天部的规划会议，而且这会是沿途一路走一路开。那天是在西安，我心里面就特别不舒服，老觉得心神不宁的，老觉得有什么事儿。结果第二天早

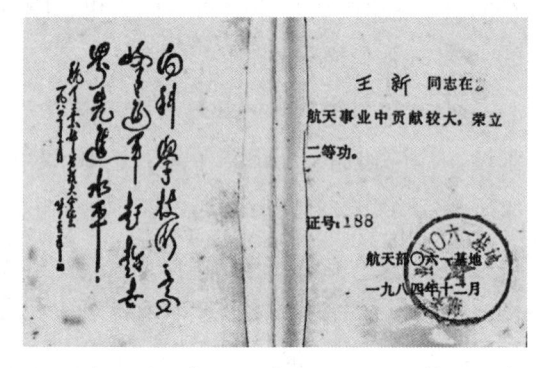

王新获得航天部061基地颁发的二等功证书

上会务组找我，要我马上回去，我问什么事，他不肯说，我说你说吧，我承受得了。最后说："你家里出事了，你小儿子可能有问题了。"等我从这里的车站一出来，两边一边一个局长就把我架住了，我知道完了，活不成了。那时住的房子叫干打垒，就是学大庆精神，那里厕所和用水池都是集中的。这栋楼一层楼就是一个卫生间，一个水池，大家公用。"先生产后生活"嘛，我们的生产都弄起来后，局面好了，就准备要改善生活了。开始改造宿舍，每户

增加一个卫生间,增加一个厨房间。按规定,他们有责任,就是应该有防护网,但当时到四层楼,没有防护网,小孩在搬东西的时候掉下去了。我回来一看,民工摞的砖倒了,倒了他肯定没注意这个事儿,或者当时是临时要往上摞的时候倒的,没注意。这对我打击相当大。这小孩特聪明,他在五六岁的时候还没上学,任意三位数相加给他出题目,立马回答,就是不假思考的。等到刚上学的时候,任意双位数相乘,不算的,画等号就写数字。所以曾经在整个七年当中,不敢想这个事儿,就不敢想他当时是什么情况。

老伴后来也去世了,也死在这里。我妻子是锦州的,原来是我的一个同学。我在上海待了这么多年,她一直在锦州,后来我从上海调到贵州,她还在锦州。我家里原来是不大同意的,因为她父亲1938年是河北白洋淀的地下交通员,后来"反右"的时候,她父亲跟锦州市的组织部长闹僵了,就被抓起来关了几年。我父亲认为她家庭出身不好,一直拖,不赞成我们。我到贵州后,我父母亲慢慢也认可了。有一次探亲回家,我记得大概有12天还是15天,就把婚结了。她是1969年调到这边来的,就在061基地的招待所工作。

> **祭 儿**
>
> 宇春儿生于1970年9月10日,1982年7月061机关宿舍改造期间,不明何故于21日坠楼,抢救无效,7月24日逝于丰都,时年十一岁又十个月,身高1米43。
>
> 呜呼!我儿宇春,妙令少年,何其命促,痛哉!惜哉!想儿孤孤落草,双亲护抱榻于危难,冲撞于坎坷之途,期待于心胸之中,凡廿成年矣,骤弃父母而去。悲呼!痛呼!想儿自豪,三岁思维敏捷。口齿伶俐,五岁能心算任意百位,八岁可连乘任意双数,凡其志,趣无大图,淘望得院。且艰苦朴素,津津好学,戏不嫌人,乐不欺幼,尊敬师长,待父母之心而为之,体察入微,情义浓切,唯汉怜之,邻里许之。呜呼!想儿何辜,横遭此难,四海无情,苍天无眼,我呼奈何,我哭奈何!时我在外参加航天部规划会议,如不去,吾儿斯无此难,实为之过也。
>
> 我祝娇儿,或为春燕成为鲲鹏,万里晴空,任儿腾翱;我祝娇儿来生有年,择优而栖,再展灵异,以图未生所愿矣。
>
> 我儿仅记,切切!呜呼!
>
> 父赐于1982年8月24日(吾儿过世四十二十八天)

王新为儿子写的悼文

四、顺应时代,加入江贸公司

改革开放后,基地要搞贸易了,一会儿深圳一会儿重庆,都要搞贸易了。1984年夏天,管器材的一个副局长找我说:"老王你到我这来吧。"我说:"我目前还处于审查阶段,问题还没有解决,去哪里都不合适。"他说:"你的问题已经解决了,组织部门会找你谈话的。"过了一个礼拜,他又找我,他说:"我现在急得不得了,你赶紧过来。"我这人特别重感情,这样我就跟他去组织江贸公司(航天部江南工业贸易公司),负责整个基地民品的销售和协调。

基地通过533厂与广州汽车工业公司的关系引进了丰田双排座农夫车组装项目,经我们这边总装以后卖丰田车,像驾驶室、大梁啊什么的,是日本丰田公司提供的。因此,有时会出现一些产品质量问题以及运输当中的责任问题。1985年,江贸公司多次与丰田公司联系,要求派人来谈责任索赔问题。结果对方来了,我们这边的主谈人在外地赶不回来。销售科长就找我,他说:"怎么办呢,你来谈吧。"我说:"谈是可以,但是你得请示领导,他们同意的话,我就谈。"那时候我们有不成文的纪律,就是我们这里跟外国人接触,一定要向上面报告,不报告你私自去接触,就说不清楚了,会惹麻烦出来。后来他们说同意,我说那好吧。

丰田公司来了七八个人,亚太区经理、海洋运输部经理、丰田公司经营部业务主管、丰田广州办事处主任、广州办事处业务主管兰琦淳、技师池田,还有丰田北京办事处的小野。我和兰琦打交道多一些,他每次来都是我接待的。他说:"王先生你们谁来谈,谁主谈?"我说:"我主谈。"他来一句:"你行吗?"这我心里就憋着劲了,我说:"咱们试试吧。"然后他让小野在小黑板上写了"今天讨论技术问题"几个汉字。

谈判开始了。第一项讨论一根断裂的小轴的责任归属问题。这是装在转向器上的一个起固定作用的小轴,整车试车时沿台阶根部断裂。池田了解此事,但他坚持认为是工厂装配不到位引起的。他拿出他们带来的几大本金相资料与图片放到我面前说:"我们对质量控制是非常严格的,无论材料的投入,还是加工过程,都受到严格的监督检验,包括热处理。你看看这些金相图片资料就可以证明。"我说这个我不要看,全推给了他。我说:"我们工厂几乎是家家都有中心实验室,对我们产品的原材料,从哪个厂生产,什么时间、哪个炉号生产,都有记录,都可以追溯过去,而且我们都做金相实验。但是,金相实验对材料本身来讲是一种破坏性实验,已经做过实验的是不能再用的,只能记录它原来生产的原料,材料是合格的,是符合金相要求的,但是不能排除装在产品上的每个零件,保证它不烂、不坏,不可能百分之百不坏,只能验证你这一批是合格的、是可以的。"我说:"比如这个东西,你这两个轴之间连接的部分,本来应该有个小的圆弧角,你没有这个圆弧角,而是很尖的一个角。这是个应力件,R角太小,很容易引起应力集中①。"我说:"你承不承认是这个问题?"兰琦和池田听了都不说话了,日方其他人也不说话了。

第二项讨论驾驶室上明显的撞击痕迹的责任归属问题。我方认为是丰田公司方在运输过程中造成的。驾驶室的包装箱有三个棱柱,在海上运输的时候,驾驶室撞到棱柱上面了,就出了三个棱柱的印子,这个价值赔起来就大了。丰田方海洋运输部经理说:"王先生,你说是撞上的,但这个前维正面是弧形,海上风浪大时应该撞在正中,不会撞到两侧。"我说:"如果风浪大,移动得很厉害,是不是两边也碰出来?这不是一个常识性的问题吗?你们都看过现场,根本的问题是,包装箱内的底角螺栓应该是用螺帽锁紧的,而装箱时螺帽根本就没有固定在螺栓上,而是散落在包装箱下面的。海上风浪过大,使驾驶室产生巨大的过载把底角螺栓顶弯,然后冲向前面,撞到包装箱前挡板上,造成了三条深沟。"海洋运输部经理听了无话可说。谈完这两个主要问题,我说:"我想休息下,你们谈吧。"因为我知道没啥问题了,我就找地方喝咖啡去了。

接下来,1987年重庆又搞了个分公司,所以我去重庆管了两年。当时我是管业务的副总经理,手里有彩电、有冰箱。那时候真的好卖,太好卖了!有一次有个老太太在这排队买,我和她聊天,问她:"为什么要买这个彩电?"她说:"不买不行,过两天又涨价了。"我说:"你哪来的钱?"她说:"我管亲戚先借的,买了再慢慢还人家。"有一次开展销会,晚上有一个人跑到我办公室来。他说:"王经理,这些彩电和冰箱多给我点,我给你个人钱。"我一听这跟电视剧里面一模一样,天知地知你知我知。我笑笑说:"这样子,该给你多少,我还给你多少,但是你让我多给你,这事儿我不能做。我在这当经理,我

---

① 应力集中是弹性力学中的一类问题,指物体中应力局部增高的现象,一般出现在物体形状急剧变化的地方,如缺口、孔洞、沟槽以及有刚性约束处。应力集中能使物体产生疲劳裂纹,也能使脆性材料制成的零件发生静载断裂。在应力集中处,应力的最大值(峰值应力)与物体的几何形状和加载方式等因素有关。

要做了,我下边人会照着样子干,咱不能做这种事情。"他听我口气是不行了,就走了,这些事都碰到过的。那时候手里权很大的,包括原来在这管规划的时候,有些处长在局务会上跟我闹,说:"王新,你的权力比局长还大。"

还有一件事,当时一个销售科长找我,说他的湖南老乡来厂里要冰箱。他在这当科长,不给他吧,老乡情面过不去,给他吧,弄不好的话也犯错。他说:"这样行不行?我不用指标,我拨给你,你直接卖给他算了,这样不经我手。"我说:"那行。"然后,他又补充说:"这个差价还是给你。"等这事情办完了,6000块钱拿给我,我说:"这样,你别给我,你先放到工会主席那里,过后我派人来取。"我回到重庆后,找出纳和会计,让他们去把6000块钱拿回来,他们拿回来以后,我说把这笔账记到营业外收入里边,记账上去。1988年底我回到江贸公司本部,1990年重庆分公司经济上出了点问题,还惊动了当地检察机关。有一次我路过重庆,当时分公司主管会计对我说:"检察官来分公司查账时,了解到那笔6000元收入经过时说:'你们经理完全可以将这6000元据为己有(当时月薪也就200元左右),而他却没这样做,改革开放我办案十年没碰到这样的事。'"

三线和061基地的建设事业,对改善我国总体工业布局和国防工业布局起到了一定的积极作用。后来有人说对战争估计过早了,估计得不正确。这种事说得清吗?说不清楚的。当时没有这样的布局的话,有两个可能:一个你没准备好,我就可以打你了,因为你没这个力量对付我,包括俄国人,那个时候还叫苏联,还有就是美国人,很不客气的;再一个就是,你准备了他不敢打,因为你有准备了,特别是地空导弹,所以三线是必须这样弄的。但是真正垮的也有,不过总的来讲,确实改变了整个中国的工业布局。如果没三线建设的话,贵州什么都没有,真的什么都没有。工厂在筹建当中,连使用的扫把、肥皂、草纸,都要从上海用军用车皮运过来。地方上供不了,没法供应你这么多,也不是说没有,但它没有能力去供应这么多。当时我记得导弹生产,1970年第一批导弹出来,一个营的配套是24发导弹,011基地的飞机也出来了。贵州过去什么也没有,现在又可以生产飞机又可以生产导弹,全是国家投过来的,都是一线搬过来搞起来的。它不一样了,布局改变了。

三线建设都成为一种历史了,而且是无法改变的历史,就这样了。我没觉得自己受了什么委屈,也没觉得自己有多大功劳。我是立过二等功的,061建设我有二等功证书。从事航天事业30年,国防科委发的奖章、证书都有,都还保留着。我做了应该做的努力,至于对于三线也好,对于航天工业也好,我个人是微乎其微的,的确是微乎其微的。

石秋雨
与新中国同龄的海军雷达专家

亲 历 者：石秋雨
访 谈 人：夏　雍
访谈助理：胡晋杰
访谈时间：2019年7月18日上午9:00—11:06
访谈地点：都匀市三线建设博物馆
访谈整理：夏　雍

亲历者简介：石秋雨，男，1949年生，籍贯河北邢台，中共党员，三线建设海军雷达设计师。1966年初中毕业，1969年8月上山下乡到内蒙古兵团，1973年作为工农兵学员到西安电子科技大学学习雷达设计专业。1976年大学毕业后，分配到贵州都匀4110厂（长洲无线电厂），先后任4110厂海军雷达设计师、海军雷达检验科科长、海军雷达设计所所长，2009年退休。

石秋雨（左）接受访谈

一、出生于燕赵之地的大学生

我是跟共和国同年的,1949年阴历七月二十三日,阳历9月15日出生,中华人民共和国是10月1日成立的,我刚好比共和国大半个月。因此,中华人民共和国成立有多少周年,我就有多少周岁。我的祖籍是河北邢台,我也出生在邢台。在悠久的历史中,邢台曾经涌现出中医圣祖扁鹊,五代明君柴荣,唐朝名相魏征、宋璟,元代科学家郭守敬等众多历史名人。我家有六个兄弟姐妹,男的三个,女的三个。我姐姐上过大专,我上过本科,我有个妹妹也上过本科,其他的兄妹没有上过大学。我母亲和蔼可亲,勤俭持家,父亲管教严格。在当时的家境,为国家培养了三个大学生,是当地人比较羡慕的家庭。我1966年初中毕业,1969年上山下乡到了内蒙古生产建设兵团并在那里加入共产党,1973年作为工农兵学员到了西安电子科技大学(前身为西北电讯工程学院),学的是雷达设计专业。后来担任过4110厂海军雷达设计师、检验科科长、设计所所长。父亲是一个比较开明的人,在我上学的时候,我父亲就对我说:"你要好好干,你是一名党员,你现在又上大学了,将来不管学什么,不管到了哪里,你一定要为国家做贡献,不辜负父老乡亲的期望。"

二、"后悔"的选择,无悔的人生

1976年大学毕业以后,我被分配到贵州三线4110厂(又称长洲无线电厂、504厂)来了。我们那时候是分配制度,分配你到哪儿,你就听组织的安排去哪儿。我到三线4110厂后,一直在设计部门,干到2009年退休,一共干了34年。

4110厂是1968年3月1日批准建设的,因此原电报挂号是6831,信箱号是504,厂在原四机部的编号是4110厂,对外厂名是长洲无线电厂。4110厂的技术科后改为设计所,人员最多时有180多人。早期技术骨干很多是哈军工、西军电毕业的学生。工厂是南京714厂即南京无线电厂包建的，所以厂里南京人最多。工厂成员来自祖国除西藏、新疆外的各个省市。4110厂主要是为我国海军制造水面舰艇炮瞄雷达的，配套051、052、053、053H1、053H2、0371等型号的驱逐舰、护卫舰、导弹快艇以及配合军贸，外援泰国、也门、巴基斯坦、伊朗等国的舰艇，生产制造主炮雷达343、副炮雷达341，共约200台套。设计所对这两个型号的雷达进行了多次改进——可靠性改进、捷变频改进、加装电视跟踪、激光测距等，提高了这两型雷达的可靠性、抗干扰能力，为海军建设做出了一些贡献。现在这些早已是历史，过了保密期，也不是什么秘密了，但对于不了解这段历史的人，那些编号还是充满了神秘感。

三线建设的保密制度是非常严的。当时我进厂接受保密教育是这么说的，比如"4110厂""长洲无线电厂""504厂"这三个厂名你绝对不知道地址在哪里。当时保密教育就说，你写信干什么的，这三个厂名两两出现是允许的，但是三个同时出现就叫泄密。当时就有504、113、112这些代号，这些都是信箱号，我们都匀市的老百姓都知道，你说厂名和这个厂的编号，他们不知道是哪里，他们搞不清楚，但是你说信箱号他们都明白。像我们厂有一路公共汽车专门去火车站，就叫"从火车站到504""从火车站到113"，都有公共汽车，大家都知道。1978年，我到北京出差，路过天安门广场，在广场南边前门外等公共汽车时，有便衣警察查验我的身份，我掏出工作证给他看，工作证上只有4110厂、技术科、我的姓名和照片。他问我单位地址在哪里，我回答不能告知，他问是否在北京，我答不在，这个警察给我敬了个标准军礼，说了声"对不起"就走了。在首都受到如此尊重，我作为三线保密工厂的人员感到自豪。

我大学毕业的时候，本来有三个分配的选择机会的。从内心来说，我当时是不想到三线来的。因为我家是河北保定的，石家庄有一个19所（雷达设计研究所），在我的上一届有两个同学分到19所，我的下一届也有两个同学分到19所。就我们这一届，一个分配名额都没有。我们的系主任跟我说："只要有一个19所的名额，就是你的。"但是当时就是没有19所的名额。分配的时候,工农兵学员也是参与分配工作的。我们班有个同学参与了分配,他回来跟我说:"西昌卫星发射基地要两个男学员,而且必须是党员,这两个条件你都符合。"但是,因为我是从兵团出来的,有学历,有技术专业,不愿意再接受军队那一套管理。所以,同学问我去不去西昌卫星发射基地,我说那是军队,军队管理约束太多,我不去。其实,现在说起来,当时不去西昌卫星发射基地,我也后悔了。如果当时去了西昌卫星发射基地,肯定不是搞军事训练的,肯定也是管技术的。现在对当年这个分配的选择,我是有点后悔的。

改革开放后,许多参加三线建设的内迁人员都纷纷迁回北方老家去了。当时我在邢台老家还有一些关系,我姐夫在邢台还有点势力,他当过市委秘书长,他多次劝过我说:"如果你回来,在邢台,你说你想进哪个单位,我负责给你协调安排,石家庄南边哪一个城市都可以。"我说:"这可不行。"我肯定想在贵州都匀,因为我老婆家是都匀的,她父母都在都匀,她南方人到北方去,这个不太可能。后来,我父亲告诉我,他跟我姐夫说:"你就别劝他了,我去过他那(都匀),他那个地方环境气候比邢台强。"邢台那个地方就是干旱,北方都是干旱的,太行山上没有树,有点草就不简单了,你看贵州都匀,青山绿水,山上没有裸露的岩石,很适合养老。

现在想起来,虽然当时没有去石家庄19所,没有去西昌卫星发射基地,但是我被分配到三线来,也是在三线企业设计部门搞我的雷达技术,也不后悔。国家给了我这么好的锻炼平台,我还有什么可想的呢?并且,我一生中亲身体验了"艰苦奋斗,无私奉献,团结协作,勇于创新"的三线精神,我觉得这一生很值得,没有什么可后悔的!

三、4110厂的小社会

我刚到贵州都匀的时候,看到的是阴雨连绵,山地潮湿。和我们北方气候相比,北方最大的特点是干燥,南方这边是潮湿,这是一个气候差别。还有就是吃东西的困难,贵州这边以大米为主,北方是以面食为主。最大的困难就是吃辣椒,我到贵州这么多年了,吃辣椒还是不行,这个习惯我一直没改变,这是吃的方面。还有就是住的方面,我们4110厂是从1967年开始建的,在开始建设厂房和家属宿舍的时候,职工们住的是油毡棚,油毛毡临时搭的棚子,是在这种艰苦的情况下才把厂区建起来的。建厂初期是非常艰苦的,进厂的职工首先就是搬砖、搬水泥,就干这些事,当然也有施工队。4110厂在1967—1969年这几年基本上就建好了。我1973年来的时候已经有一千五六百人了,4110厂最多的时候有职工1800人,加上家属和孩子,将近5000人。

三线企业远离城市,因此必须把后勤这一块配套起来作为保障,所有三线企业都是这样,就像一个小社会。有人说过这句话,"三线企业除了监狱没有,什么都有"。我们4110厂和其他三线企业一样,就是个小社会。4110厂从托儿所开始,小学、中学、食堂、卫生所、礼堂,还有小卖部、商店、粮店,反正社会上该有的都有。我们4110厂还有车队,当时解放牌大卡车有30多辆,经常派车出去到什么北海、海南岛拿些海产品过来给职工。所以,开始建厂的时候职工生活非常艰苦,等厂建起来开始生产产品了,厂领导对后勤这一块非常重视,生活就慢慢好起来了。

我们厂看电影时就非常热闹了。那时候4110厂每个星期放一场露天电影,不用发电机,食堂拉电过来就行。如果在食堂舞台上放,食堂太小了,容不下几千人,所以就露天放。小孩在快放电影的时候,把家里的凳子搬来了,有的搬个砖头占地方。那时候放电影先放新闻纪录片,国家领导人接见谁。这些内容是新的,但是放的电影都是旧的,有的看过多少遍的了,就是什么《地道战》之类的,反复放。因为人太多了,正面看不了到反面去看的都有。人太多了,包括老百姓共几千人,放电影的屏幕非常大。我们厂买的那个强光放映机,自己加工的屏幕比这个墙大多了,都是自己搞的,放电影又清晰又大,你再远都能看清。

我们厂里边曾连续三年在春节的那天晚上,全厂职工包括家属在大食堂里欢聚一堂,免费吃年夜饭,工厂提供。食堂外边有个广场,平常职工的业余生活很丰富,也有个灯光球场,经常组织篮球赛、羽毛球赛、乒乓球赛。

除了大食堂，工会还有一个礼堂，还有一个小的舞厅，还有乐队。我对民兵训练很感兴趣，曾经参加过民兵实战射击训练。最早的时候，我们民兵训练是那种苏式的武器，苏联的转盘机枪、冲锋枪和步枪，后来换成"56式"了。我记得最清楚的就是民兵学苏联武器的时候，子弹多得很。武器要换装了，我们武装部长说："你们要实弹，转盘机枪那个盘子多得很，谁压子弹，你自己抵着这个转盘，就打你这个盘就行了。"反正我压了两盘，我就抵着这个盘，到山上射击场前面100米之外立了一个循环码。部长说："好，咱们别的枪不打，就打机枪。"他说石秋雨第一个，记住要领，"慢抠快发，两至三发"，机枪就这种慢抠快发两至三发子弹。训练打靶，反正打着打不着无所谓，就是过枪瘾。一开始我把这一盘装上去，还听这个要领，就是"慢抠快发，两至三发"，到这个盘子打了差不多一半了，我就抠住那个扳机不松手，抵着肩膀真是过瘾了，我就不松手，一盘就出去了。部长说："快松手！快松手！"我就是不松手，要过这个枪瘾。一盘打完了，我扔在一边，把第二盘装上去，又是一抠到底，一盘是100发。我下来以后，别人也都是一抠到底。后来打完了以后，部长："你就起了个坏头，我一直说'慢抠快发，两至三发'，按照这个要领来，你起这坏头，大家都是一抠到底。"反正子弹多了交上去也没用，把枪交上去，子弹也没用了。那个子弹跟56冲锋枪匹配，不是同型号不能换的，不用也是浪费掉。

石秋雨参加民兵打靶训练

四、难忘的三天三夜

1979年，在厂里装341副炮雷达天线座的那三天三夜，我是三天三夜加班，三天三夜都奋战在现场，没有回家，这是我最难忘的一件事。

当时我们厂里接了一批军货订单,军品订货是有时间性的,交货时间不能错过。人家海军的驱逐舰、护卫舰下水前在船厂,你就得把设备装上去。如果错过了订货时间,人家下水了,再装船就不好装了。因为下水以后船是动的,哪怕它系泊在码头上,船也是动的,那个精度就不好测了。因此,必须在船坞里边,下水之前把我们的装备装上去。我们这两个装备,船厂都是有平台的,平台都要打磨出来,然后用手工铲,要保证这个基座精度。这两个雷达天线座都有基座,像343雷达基座有1.8米直径,341这个雷达基座小,才不到1米,这个基座都是船厂事先焊接好,然后打磨好了,又把这个基座吊上去,吊上去以后要测精度。我们厂的那个天线座上都有水泡,水泡必须在中间,偏出多少就超差了,就不行,基座要重新打磨。

341雷达原来是上海无线电二厂生产的,他们借苏联的雷达搞的样机。上海无线电二厂后来搞民品,军品就没精力生产了,341雷达就从他们厂转到我们厂。但是上海无线电二厂设计定型的时候很不充分,他们定型的样机没有装到舰上去,341雷达转到我们厂以后问题很多。我印象最深的是装天线座的时候,天线座、发射机什么都没在,发射机机柜太小了,摆不下。当时我们厂长亲自带队,让食堂把饭菜送到现场,但是睡觉这边是没有地方了。当时有好多运来的零件都是黄油涂着的,要拿丝绵把黄油擦掉,然后再用汽油清洗。丝绵在厂房堆了半屋子,是丝绵,不是纯棉花,非常干净。我实在太困了,就钻到丝绵堆里边睡一觉,如果出现问题,他们就会喊我,我就召集技术人员、工艺人员,还有车间的技术组和有经验的老工人开会研究,遇到问题怎么办,怎么解决。如果是零件不行,回车间再加工;如果是装配问题,那就是有工装要解决,请工艺人员生产工装,现场就把它解决了。零件不行,马上就分头去车间里边加工有关零件,这就需要等时间。加工零件等时间,但是你不能干等,还有其他的可以装配,其他装备照常进行。当时一般工人就是三班倒工作,他们可以休息,但我是总指挥,不能回家,也不能休息。累了就钻在丝绵堆里休息一下。我告诉他们说,有事就喊我,没事我就在这打个盹。就这样,三天三夜我没回家,没有正常休息。后来经过努力,终于把这个天线座弄出来了。在这个过程中,我的女儿可以上小学了。

我那个女儿是7月份的生日,暑假招一年级,可是因为我在厂里三天三夜没有回家,没有管好她这事,就耽误了报名时间,学校就没有接收。后来还是我们厂长知道这个事以后,帮忙解决了孩子读书问题。

参加341雷达加装电视跟踪试验(一排右一为石秋雨)

记得有一次跟随0371第一艇做出海对空跟踪海试任务。海军有个说法,"就怕东海的浪、南海的涌"。当时试验海区在东海舟山群岛以东海域,为了等待宁波海航机场配合试验的"歼-6"飞机起飞,参试的导弹艇停在海上漂泊。船开动时颠簸还小一些,而停船漂泊时颠簸的纵横摇摆幅度要大得多。我们设计所参加试验的人员忍受着船大幅摇摆产生的不适,在舱室早就检查好了设备,开启了341雷达,对空扫描搜索着。我在船舱里突然听到广播:"4110厂的石所长请赶快到指挥室!"指挥室离我们舱室有四层,我立即通过舷梯快步攀爬跑到指挥室。指挥长告诉我宁波海航配合试验的"歼-6"已经起飞,要我们341雷达做好准备。我跟指挥长说:"你通过舰艇的内部电话告诉我就行,还让我上下跑一趟。"说完赶快回自己舱室,刚下第二层舷梯,由于忍受不了大幅的摇摆加上快速奔跑就晕船呕吐起来,非常难受。回到舱室后,我们341雷达很快就发现了目标,打上自动跟踪,并把有关数据输送给指挥仪。同时,我通过内部电话向指挥长报告目标的距离、高度、方位。目标数据的输送程序应是搜索雷达—炮瞄雷达—指挥仪—火炮。

试验结束后，指挥长表扬说："341作为炮瞄雷达先于搜索雷达发现目标，报出了数据。石所长虽然晕船呕吐，但仍坚持工作。"其实当时有不少参试人员晕船呕吐，而我开始只是晕船，是上下跑动才呕吐的。我参加过多次出海试验，也体验过"南海的涌"，从来没有晕船呕吐，在海试试验完成的庆功宴会上，我们罚指挥长喝酒。但我因此也落下了晕船的毛病，后来乘坐民用海船也晕船。

还有一次，我没在船厂，另外一拨人到船厂调341雷达。调完了以后，一测这个精度，超了，说我们4110厂的341雷达不行，有问题。厂里打电话过来，问我怎么办。我说："你们先问问船厂，在基座打磨的过程中有没有烧焊的行为，如果有，那就是他们基座超差了。"他们一问，说是打磨完了，手工测完了精度后，基座有一个部分烧焊有缝隙，他们又补烧焊。我马上就说："这一补烧焊基座肯定变形，把我们天线座让船厂调开，重新测基座，肯定超差。"原来船厂说："你们雷达如果超差，整个费用你们出。"结果把我们天线座调开，一测，他们的基座严重超差。我说："你打磨完了以后，任何烧焊都不行的，你一烧焊加热它就变形了，这是基本知识，我不在现场，你们船厂应该也知道。"后来他们船厂的人说："你们所长厉害，他不在现场，就知道我们超差了。"所以后来船厂就给我们厂道歉。军方后来也知道了，说："这不怪4110厂，是你们船厂的问题。"船下水的时间耽误了大概半个月，没下水，它也是有计划的。下水以后，船要做系泊试验，就在码头上做实验，各个装备设备要调试，在码头上调试，调试好了，然后才是海试。包括我国的航空母舰都是在大连造船厂系泊试验，首先是系泊试验，然后才是海试。海试出去一次不行，要三四次。有的出去试主机，有的再出去试某个设备，反正是分期分批搞的。像现在我们国产航母海试还没有结束，因为航母海试可能五六次都完不了。海试的时候军方所有部门就已经来了，因为他要熟悉设备，各个设备厂的人都要在，要教给他们简单的操作，简单的故障排除方法，他们都要学会，海试结束航母就交给军方。

那次三天三夜强烈加班我能坚持得下来，得益于我四年内蒙古生产建设兵团的经历。经过了四年兵团的艰苦锻炼，以后再碰到任何困难都不在话下,没有比兵团更艰难困苦的事了。我在兵团的时候睡过老乡拉磨的磨道,大粪在下边,我就在上面铺点麦秸,夏天蚊子多得不得了。后来到了厂里,在厂房里还算是干净的,起码蚊虫没有,就是个困。这个困对我来说那是小意思,不算艰难困苦了。后来厂里边很多人说:"师兄,你这个人三天三夜不回家,睡觉怎么弄的?"我说:"我有兵团锻炼基础,我不怕,我能坚持下来。"回想起来,那三天三夜的强烈加班,肯定是刻骨铭心的,是一辈子的记忆,抹不过去,因为任务太重了!

0371 首艇东海海试归航途中(一排右二为石秋雨)

我这一生,就喜欢听军号,我从 20 岁开始到退休,听了 40 年的军号。我从 1969 年 8 月到内蒙古生产建设兵团,起床、集合、上下工、出操,是听军号;在西安上学,因为西安电子科技大学前身是西北电讯工程学院,属于军校,上下课、开饭、熄灯,是听军号;到 4110 工厂上下班,还是听军号。直到 2009 年 8 月我 60 岁退休,军号声伴随我整整 40 年。经过这么多军号的日子,习惯了军号,爱上了军号的声音。我听了 40 年军号,起床、出操、收操、吃饭、上课、下课、午休、午休起、游戏、晚点名、熄灯、集合(集结)、紧急集合的时候都是军号,我现在用的手机铃声都是紧急集合军号,我认为军号是最好听的音乐。

因为我现在的手机铃声,还遇到过一次麻烦。有一次搞户外活动,在外面搭帐篷睡觉,早晨我还没起床,就有人打电话给我,帐篷里手机的这个军号"嗒嗒嘀嘀,滴滴嗒嗒"一响,隔壁帐篷有个人突然就冲出来了,说:"紧急集合,紧急集合!"他一看到我,有点生气地说:"哎呀,老石,你把你这军号改了行不行?"我说:"为什么?"他说:"我刚从武警下来,还不到一年,紧急集合我听惯了,突然听到军号,我就马上冲出来了。"我有点不好意思地说:"行,您在我就把它改掉。"后来我就改成起床号了。那次户外活动结束以后,离开了他,我又改成紧急集合号了。因为"嗒嗒嘀嘀,滴滴嗒嗒"紧急集合的军号,听起来有一种情感,那种氛围就是不一样。

五、破产后的去向

好像是1999年,国务院发了一个文件,规定资源枯竭的企业可以破产。这个文件是针对铁矿、煤矿这些三线企业的,铁矿、煤矿到时候挖完了,没有了,资源枯竭了,不能开发了,就允许破产。破产的企业有很多优惠政策,我们厂那时候刚好也没订货了,就要挤这班车。

我们4110厂由于时代的变化,没有军用订货单,就破产了。目前厂房什么的都还在。厂区前半部分是黔南州特警在那搞了个训练基地,后半部分就是一些车间,被附近的一些小企业租了,所以我们现在厂房都还不空,都有人租。家属宿舍现在都有训练基地的特警家属租,现在还有很少的一些三线老人住在那里。

我记得很清楚,三线破产企业的政策里最主要的一条,就是职工可以提前退休。我们厂还有一点更优惠,就是搞雷达有辐射,属于有害工种,可以提前退休。我们厂就有一个最典型的女职工,她是正式职工,女的50岁可以正式退休,赶上提前五年,她45岁就可以退休,又因为她是参与雷达发射这一块工作的,又可以提前五年,她那年正好40岁,就正式退休了。如果没有那个文件规定,她40岁退休不了,就享受不到正式退休待遇。

当时,振华公司成立一个破产办公室,需要人手帮忙,我们厂里派我去了。我去到破产办,那里破产的有关文件有一尺多厚,分为若干本。领导就说:"你来帮忙,这个文件你先熟悉一下,一个星期内,你要把它背过来。"我说:"这么多文件,我肯定是背不过来,但是我是搞技术的,经常查这个标准什么的,标准我也背下来,你要说什么标准在哪里,我会告诉你在哪本书上哪一页。"我说:"我可以做到这一点,开会或者有人咨询,这么厚一摞资料,你说要找哪方面的资料,我可以告诉你是哪一本,在哪个文件上,你自己翻就行,因为有目录,你自己翻。你想咨询哪个你自己看。"他说:"你能做到这一点那就可以了,我要求其他人来做,他们连这一点都做不到。"开破产会议的时候,083有23个企业、2个医院、3个学校的主要领导,各个单位的厂长、党委书记都要来,领导把这个会一说,这些书记、厂长要了解相关政策,他们要问相关文件依据。

我是2009年正式退休的,我和4110厂的其他职工情况还不一样,因为我们厂搞了个海军雷达鉴定会。搞这个鉴定会干什么？就是为海军雷达鉴定服务。上次军方在我们这开会的时候,人家海军装备部就说了,你们在深山沟里边,我们海军都在海边上——南海舰队是在湛江,东海舰队是在上海,但是它主要的装备都在舟山,北海舰队在青岛,大连、葫芦岛、青岛、舟山、湛江、三亚这都是海军的基地——他说这个舰艇都在沿海,万一船上有什么故障,请你们去服务的时候太远了,赶过去起码要一两天才能到,建议我们在沿海搞一个基地。于是我们就在江苏昆山搞了一个基地,主要把我们设计所的这些技术人员户口都迁过去了,然后也搞了一点厂房、家属宿舍。因此,我是在昆山退休的,医保、社保都是昆山交的,昆山那边的退休工资比这边要稍微高一点。但是,因为我在这住习惯了,这边的气候好,夏天没那么热,虽然昆山我有房子,但是没在昆山住,我就出租了。

我退休以后喜欢三项活动,一个是游泳,一个是徒步,还有一个就是摄影。在都匀三线建设博物馆的时候,我把以前三线建设过程中留下的所有的老照片——海军装备、射击纪录的珍贵老照片——全部捐献给了博物馆,还有我家里我们4110厂生产的第一台电视机,也无私捐献给了都匀三线博

《三线记忆(黔南篇)》专家审片会(二排右三为石秋雨)

物馆。

　　现在我国海军建设日益得到重视,有了垂直发射的对空导弹,防空能力、技术及战术水平有了很大的提高,航空母舰正在快速发展中。我虽然退休了,但仍然关注着我国的海军建设。现在经常回忆,什么是三线精神?我觉得,响应党的号召,"艰苦奋斗,无私奉献,团结协作,勇于创新",这就是三线精神。

白玉凌
好勇斗狠过半生，乐于助人度晚年

亲 历 者：白玉凌
访 谈 人：张腾霄
访谈助理：蒋桂东
访谈时间：2019年7月25日上午9:00—10:00
访谈地点：凯里市凯旋社区服务中心
访谈整理：张腾霄　蒋桂东

亲历者简介：白玉凌，男，1962年生，江苏常州人。1969年随父母从北京738厂来到贵州凯旋厂。从小就是厂里的"坏蛋"，喜欢打架。1979年高中快毕业时因为打老师被退学，随后进凯旋厂做木工。四年后帮朋友出头捅了人，被判入狱两年。刑满释放观察两年后再次进厂工作，直到1994年工厂破产，2000年买断工龄，其间辗转多地做生意，先后在黔东南报社和黔东南电视台工作。现在凯旋社区服务中心负责物业工作，同时担任未来社区的居委会主任。在吴智益和蒋昭华影响下，从好勇斗狠转变为乐于助人。

白玉凌接受访谈

一、 去不去贵州引起的家庭纷争

1969年,北京738厂包建贵州凯旋厂,我跟着父母从北京过来。来贵州之前回了一趟江苏常州老家,奶奶反对,骂我爸爸:"你就是个傻子,去那干吗?贵州这么穷,北京不好吗,你跑那地方去?"我父亲中专毕业,原来是常州内燃机厂的技术员,好不容易调到北京去的,结果又要从北京跑到贵州去,我奶奶肯定就不干了。她又跟我母亲闹,吵架了,想让我留在常州。我奶奶的意思是说:"你们去可以,把小玉留下来,孩子留下来。"不准我走,说什么也不让我走,因为我奶奶就我一个孙子。但是我母亲也就我一个儿子,她肯定不让我离开她留在常州。这样我母亲和我奶奶两个人就闹翻了,直到我母亲过世都没有回常州去看一眼。

我母亲愿意来,是为了解决自己两个妹妹的事。当时我的两个姨妈在江西乡下插队,正好那边有大脖子病。我外公身体不好,有心脏病,所以外婆一到过年就哭。那时厂里给了条件,说只要我们家来,就把下乡的家人都弄过来,全部在这边工作。这样我母亲就愿意了,为了两个妹妹是吧!我母亲姓林。讲句实在话,对我爸来说,来贵州是为了照顾林家,不是我白家。所以我的大姨夫,他也骗我们来。他是1966年先来贵州的,当时是在南丰厂,当销售科科长。他骗我们说贵州那边山多,满山的水果,小山上多么多么好玩,没事就可以玩。有个屁!说满山的刺梨,有黄的,有红的,怎么好吃。有是有,但不好吃!他来哄我们,是为了林家都过来,关键照顾两个小姨嘛,三姨和四姨。

我妈妈家一共六姊妹还有外公外婆全都来了,我爸爸他们是七姊妹,就我爸一个人过来了。我外公是这边最高级别的钳工。当时还有一个跟他一样级别的电工,但是那个电工下火车以后坐上黄河车①,在苗岭翻车死了,车上拉的钢板把脑袋砸掉了,所以我外公应该是最高级别的了。我大舅原来在北京飞机场跑三轮,也调过来了,都在一个厂。现在一个舅舅在北京,一

---

① 黄河牌汽车产于1960年,济南汽车制造总厂制造出中国首辆重型卡车黄河系列JN150。

个舅舅在上海。我两个姨妈也一个调回上海,一个调回北京了,还有一个姨妈现在杭州。只有我妈,我们一家搁这儿了,外公外婆死在这儿,我妈也死在这儿。我爸爸有个弟弟当时也跟着过来干了一段时间。但是后来我爸爸被打成"五一六"反革命,叔叔就吓跑了,跑回老家去不敢来了。

我那时候只知道要跟着父母,父母没有跟我解释过为什么要来贵州,我什么都不懂,也没有选择的权利。来贵州那一年我7岁,我姐姐9岁。

二、三线生活与工作

那时候这儿很穷的,来了以后没吃的,没喝的,没玩的。一个星期车子去拉一次菜,拉一车出来大家分。大白菜、萝卜什么的,就是这样放得住的菜,哪有像现在什么都可以吃? 就是看季节,冬天大家吃萝卜,就都吃萝卜。菜也不能跟当地人买,他们卖菜要被抓的。那时候不准买卖,投机倒把,你敢啊? 卖猪、卖鸡、卖鸭,不让的。酒有酒票,烟有烟票,糖有糖票,什么都要票。我们小孩没有这些票,但我们有肉票和粮票。我们家有个老式单车,我爸呢没事骑单车,偷偷去乡下看看有没有卖鸡的。到人家家里面去收,悄悄去买,钱用不完嘛。买的鸡拿回来不敢公开,在家里面杀,就那样吃。我们是军工厂,生产传呼机,一个月生产六台。生产一台我们厂的工资就够发了,很有钱的。我父亲的工资是60多块,母亲是50多块,两个人120块钱,养我们四个人,平均每个人30块钱。但是像什么安徽这些地方来的,一个人工作,一个月六七十块钱要养家里五六个孩子,他们生活是很困难的。不过后来就可以养鸡养鸭子了,又可以种自留地。我们家养了鸽子,就我们一家,那鸽子笼几乎全满的。

刚来那年9月1号我在北京已经开学上一年级了,12月份到这儿以后接着上一年级。那时候厂里的学校已经建好,在小平房里。学校包括幼儿园的老师都是北京来的工人家属,他们有些原先在北京就是老师,有些不是,来了也是直接代课。我们反正没有什么事做,就一句话,三点一线:吃、睡、学习。到晚上的时候,在外面和同学一起撞撞拐(斗鸡),玩点骑马打仗这种游戏。玩一会儿就被喊回家，玩久了都不行（笑）。那时候请了一帮民工来修建房子，搞基建，他们就和厂里的小年轻打架。吃饭排队插队了，就打架。可以说一个星期最少打三次架，打得最凶的一晚上，是解放军出面解决的。

那时候人也是很纯真的，没有任何欺骗，也没有偷，乱七八糟的东西都没有的。你东西放那，没人会拿你的，开着门睡觉绝对没事。到70年代末80年代初就不行了，那时候就乱了，你放的水壶一会儿就没了。而且那些外地来偷鸡的，就偷我们单位的鸡，还有入户盗窃的。后来没办法，组织民兵执勤。每天晚上八个民兵，墙里两个，外边六个，来回巡逻。那时候可以开枪打哦，遇到小偷可以开枪打的，但不能往死里打，可以打在腿上。民兵连是厂里面的年轻人，有军事训练和演习。那时拉出去几个单位，就往山上冲，完了就叭叭叭开枪。还有打屁股的，后面的打前面的屁股上，也有的。他们开着车，凌晨就一车一车拉出去，完了几个单位联合公布山头怎么样。我们进厂的时候，也有民兵训练，但是没有演习，就是打靶，打几枪就完了。我对军事不感兴趣，脑子里没这个东西。就是看新闻、看电视，喜欢看枪战片，《敢死队》这些，愿意看这个。打越战的时候我报名了，想去锻炼锻炼，但我爸不让我去。

1974年的白玉凌（左一）

应该是我们上初中的时候，也就是70年代末，是最乱的。厂里面有警哨队，专门像现在武警一样值班，外面就是民兵。当时贵州本地人很凶的，我们厂里人很怕，不敢惹他们。他们一来就一大帮一大帮的，我们的门都关着。应该是1985年以后，我们自己开始在厂里生产火药枪。我们原来有个镗床很棒的，可以镗无缝钢管，镗来复线，就私下里用钢管做枪，子弹里面装火药，拿来跟他们对干。我们手里有东西，他们才怕我们的。

我们和周围的地质队呀,化肥厂呀,都干过,都打过架。那时候我也喜欢打架的。他们的人来挑衅你,见到我们的女孩子,又去动动手摸一下,又去吼她两句。女孩子一哭,来跟我们报告,跟我们讲被欺负了。我们集中一下去干他们,就拿火药枪打。干到最后他们不敢来我们这儿了(笑)!但是我们也不敢真的往那头上打,就打身上。那个小钢珠打身上,不会嵌进肉里面去,就打得痛,比弹弓厉害。弹弓打得都这么痛,那个打出去就不用说了,毕竟带火药。完了以后我们几个拿着枪就防身了,人家不敢惹我们,但我们不敢拿出去打,出去要没收的。就是没有现在管得那么紧,现在抓到要判刑的,那时候抓着拿枪拿刀的,就给你没收了。单位上保卫科、公安科开车去接你回来,完了以后警告怎么样的,还要写保证书(笑)。

我感觉当时最好的就是俱乐部,我们厂的俱乐部是最好的。不是放电影,就是在里面唱歌跳舞,我每天都去的。电影那时候喜欢看什么战争片了,后来就是印度的什么《流浪者》那些,反正有新片子我们先看。黔东南凯里这边,有什么新的片子先拿到我们这来,因为我们厂给钱。片子拿给我们以后,我们放这个电影,就是500块也好,800块也好,1000块也好,单位给了钱的。所以偏袒我们,先给我们看。当地老百姓都可以去看,没有什么外票的,都是5毛钱一个人,那个时候坐公交车都是1毛5分了。下面还有游泳池,游泳很方便,我还是救生队的。俱乐部现在没有了,全部都卖给人家了。游泳池我承包搞过度假村,搞了近两年没搞了。

我们军工厂属于后勤部门,是搞雷达的,不是搞武器枪支弹药的,保密制度相比较而言并不是那么严格,什么间谍、特务,没有。后勤生产一般人不太注重。人家注重什么?叫新型开发,比如造飞机的,造坦克的,造军舰的,那个

凯旋厂俱乐部

多。那时候的内参上都有,抓的又是特务又是间谍的,我们这没有。我们进厂出厂原来不用签字的!后来因为查纪律以后才签到。迟到了要签到,早退的也要签到。原来一开始根本没有,喇叭一响,咚咚咚就走你的,下班了就出来,根本不管。

我小的时候人们思想很先进的,你天天加班也没有给你一分钱,真的就害怕不让你干。盖一个大楼,大家义务劳动,自己搬砖。那时候抢着往上去抬砖。腿脚不好的,他也要干,不让他干还不高兴。搬三块砖,掉了块砸在脚上了,砸肿了,砸出血,他还要干,没有说去休息的。我第一次进厂的时候正好赶上改革开放,所以那时候有点奖金什么的,干点事。你像原来一开始生产,你干多少就是多少,后来就是你多干了就给你点钱。因为有个工时费,基本上就是多干多得。我1979年一进来就开始有了。我第二次进厂的时候,厂里效益已经不好了。有点转民品了,生产压面机、计算器这些乱七八糟的,就基本上不做军工了。

当时搞军工产品的时候,生活各方面确实都很稳定,搞民品以后确实不怎么样。民品你知道是保障不了收入的,那真的是饱一顿饿一顿。什么叫饱一顿饿一顿?我们借钱发工资。我们原来有经营部,在成都、宁波这边,包括深圳,生产企业都有的。没有效益,就从他们那借钱,不然发不了工资,那时候就是很惨了。如果国家没有把养老政策改变的话,这厂里人真的要饿死,怎么办?这些老人怎么办?所以,养老政策是很好的,确实不错。

三、从好勇斗狠到助人为乐

我们高中是两年,不是三年,我上了一年半高中,退学了。1979年春节,3月份开学以后,再到7月份就满两年毕业了。我们一个老师给我写评语,写得不好。那天我就找他麻烦,他就跟我对打。对打之后,我喊了几个同学又去,把那老师打得蛮恼火的。教导主任叫我去,给我点教训。教导主任说:"你是自己退学,还是让我开除你?"我选择自动退学,3月17号退学的。退学之后4月6号就直接进厂里了,那时候进厂很容易,直接就招进来了,也不考试，什么都没有。但是有一个条件，必须家里面姐姐或者哥哥是下乡当知青的。比如只有一个孩子，那就不用；有两三个孩子，最起码有一个要当知青的，否则不能进厂。我姐姐当知青，所以我就直接进厂。要是姐姐不是知青的话，我就进不去。我姐姐也是当了知青之后才进厂的，我和我姐姐同年进厂，都是1979年工作的。

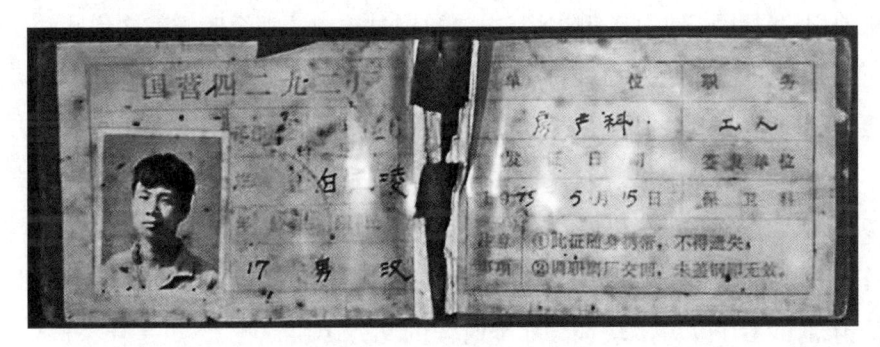

白玉凌第一次进厂时的工作证

　　进厂以后师傅教我木工，干了四年木匠，之后因为打架被判了两年。那是我去凯里跟他们吃饭，有个小子惹我们厂的人。被惹的那个人跟我玩得好，但是胆子小。我就冲过去一壶酒倒在他脸上了。他拿板凳咣的一下就砸过来，砸过来以后我就把他逮着，捅了他两刀，捅完以后我就走了。1983年7月份"严打"，厂里就把我报进去了，关了两年。那年我还是083基地的优秀共青团员，然后当年就被公安抓进去了（笑）。1985年放出来，我就自己做生意，干了一年多。观察两年以后政审，不调皮了，不再打架，就喊我回来上班。

　　1987年我重新进厂工作，但是合同工，不是正式工，在供应科库房搞中转。人家去采购东西，我们负责登记、转货。油来了，我开那个叉车、铲车，负责给他抓油、下油，管的事挺多。在供应科一直干到1994年，厂里停产。停产以后正式工每个星期签到是88块钱，我们合同工没有。直到2000年全部买断，解除合同，每个人一次性补了1万多块钱。那时候我才38岁，买断以后就是一片空白，是很虚的。当时厂里面什么关系都没有了，对我们来说就属于流浪。38岁的人再去学技术也学不了，对吧？那时我们的小孩才9

岁。孩子要上学，必须有一个大人要管她。有一个出去打工，就肯定有一个在家守她。两个都走，孩子怎么办？但是没有想象的那么可怜。我挣钱的方式是，坑蒙拐骗不干，什么挣钱干什么。这辈子我一点都不怕吃苦，我很勤快的。个人做生意的话没有任何压力，因为我朋友多。

我这辈子做的事情太多了。我做过电工，开过修理厂，搞过度假村，又跟他们搞过赌城，在江苏倒过烟，去安徽倒过棉纱。那个时候怎么说呢？反正怎么挣钱怎么弄，好挣钱得很，真的好挣。那时候你看我搞修理厂，一天最少可以挣 1000 块钱。你想 90 年代初期的时候，我就买了大哥大。1997 年被一个堂哥，是老婆叔叔家的孩子，骗去广州搞传销。他跟我讲，一个老板欠账，拿配件来抵他，他不懂，喊我去看，如果行的话，拿来大家卖了以后分成。其实是搞那个摇摆机，就是有氧健康机，摇啊摇啊那个。骗我过去搞传销，害我亏了 9 万多块钱。那个时候的 9 万多块钱呀，你想是什么概念？那时候买套房子才 2 万多块钱，1 万多也可以买到——好几套房子搭进去了。1997 年香港回归，所有传销全部被抓。我跑了，从重庆跑回来了。在凯里，还得租房子，躲了一年多，什么也不干，谁喊我干什么也不干。后来我一个朋友的哥哥在黔东南报社当主编，把我搞到报社去工作了四年。在报社混得挺好，黔东南电视台看我是个人才，就把我调过去干了三年多。天天吃呀喝呀，就得了糖尿病，瘦得跟狗似的。不敢再混了，也不干了，回家待了一年多。

我现在凯旋社区做物业，同时也是未来城社区的居委会主任，还打个工，帮一个小厂煮饭。物业这边就管一个卫生，一个综治。谁家吵架打架，我出面解决，还有什么绿化带修剪都是我在负责。居委会主任是选举的——越穷的人我越喜欢，才能当居委会主任，知道吧——是老党员、老群众、老同志们推荐的。人家觉得我做事比较好吧，比较通人情，而且能集中精力做事，就选了我，干了七年了。谁家有困难，我就出面，该帮忙就帮忙。

我的微信名叫"助人为乐"。我义务帮人是受蒋昭华的影响，他一直在做这个，但是真正教我去做的是吴智益，我最受益于他。从 2010 年他做社区主任，带领我到现在，影响我到现在。他改变我的为人态度，把我从一个好斗的人,变成了一个乐于助人的人。我不骗你,原来我真的是厂里的坏蛋。有些孩子爹妈管不了就找我,我叫他跪下,他不敢站起来,不带啰唆的。从来没有谁敢说我,当年是这样。是他一手把我带出来,包括组织一个义务队,帮做饭也好,帮忙红白喜事这些。这个厂里面谁家红白喜事,我是大厨,炒菜好吃。他一手引导我去帮助老人,引导我怎么对这些老人好。谁家有困难,我帮谁。我们厂有一个老婆婆起不来的,我现在帮她,我还给老太支过尿,真的,我给她买菜,帮她煮饭。原来这厂里的人都怕我,老人见着我躲远呐,现在人们都喜欢我,看到我拍手。人家看到我笑,个个看到我笑脸相迎的。我一去,就"白玉来了,白玉来了",都主动跟我打招呼,很关心我,舒坦。

四、三代人与三线人

从我父亲的角度来说,他来三线当时就是为了林家的事情,委屈了自己。而且他一来就被整了,被打成"反革命"。我们一过来以后就是"文化大革命",一阵风就开始搞武斗。为什么"文化大革命"搞得那么猛,因为当时的宣传力太强。我父亲被打成"反革命",在我的印象中,被整得很惨。隔离审查,不让他回家。每天送饭,给他素菜,没有荤菜,就一盒饭在那儿。天天让他写检查。因为我爷爷原来在常州我们村里面是保长——日伪时期的保长,那是汉奸,知道吧?所以我父亲本来是想加入共产党的,后来就没入成。我爷爷奶奶死的时候,我父亲都没去,整个白家现在不认他。我现在回家,排好的这个请我,那个请我。他回家没人请他,他自己跑人家去吃饭,这就两个概念了。他自己去就家常便饭,比如两菜一汤,就两菜一汤。我去吃饭,谁家都来陪我,把弟弟妹妹就叫在一起了,叔叔婶婶姑姑这些,全部在一起陪我吃饭。我父亲来的时候36岁,正当年的时候。现在他岁数大了,眼睛可以,没戴眼镜,耳朵不太好。他们当时那一下从常州来了40多个老师傅,都挺牛的。现在小卖部老板的爸爸就是和我爸爸一起来的,比我爸小一岁,两兄弟玩得好。他爸爸京剧唱得好,我爸爸二胡拉得好。他俩现在一起打打麻将，一起吃饭，就在一起了。

我母亲原来爱跳舞唱歌，唱评剧。我爸被打成"反革命"那段时间，她把身体搞坏了。一天哭啊闹的，大脑有点受刺激，就像精神病一样的，动不动就发脾气，所以她54岁就死了，而且死的时候还不是因为这个，是医疗事故。她是糖尿病，但是主治医生误诊，说我妈低血糖，结果一针葡萄糖还没打完，人就死了。后来厂里面就来人到我们家，厂长和医务科科长请求我们不要去闹，国家会给我们政策。那时没弥补钱的，就安排我去深圳。我们厂设了一个分厂在深圳，我不愿意去。白家人喊我回常州，让我不要在这边找老婆，我也不肯回去。白家在常州是有名的嘛，爷爷奶奶的房子紧挨着白家祠堂，现在政府直接圈起来划为历史古迹。我父亲的这帮姊妹，在常州很强大的，任何关系都有。反正我回去想干什么都会给我安排。白家家谱上有我名字的，但是我不愿意回去。我从小在这儿待惯了。那边的为人处事我不太喜欢，嫌贫爱富。我1991年结婚，媳妇小我8岁，也是厂里的。他爸爸原来是后勤科的科长，一个人工作，他们家四姊妹，她妈也没工作，也就是她爸一个人养五个人，家里穷得很。

从我的角度来说，我认命。我这一生中，说心里话，你要说苦吗，也苦过；你要说有事情，也有过；但是你要说太怎么样，没有。我觉得我这人，这辈子最好的一点就是想得开，天大的事情压在我身上，我都无所谓。比如这次"扫黑除恶"，把我作为典型，打黑老大。因为我现在收每家每户10块钱的卫生费，收后给扫地的人发工资，结果他们说我收保护费。确实，我没有任何手续，没有签任何合同。后来意识到这个问题，从这个月才开始正儿八经签的合同——物业管理合约。我到现在没有车，因为我爱喝酒就不能开车，所以我就干脆不买。你看我搞修理厂，我会修车，样样都会，我都不搞驾照的。因为好酒，好酒你开车有事儿了。以前也没买房，就租房。租房子住我如果觉得不舒服就换个地方，对吧？后来想到买房是因为搬来搬去，搬烦了。所以我这点好，不像别人要有这个、有那个。

讲句实在话，要是不跟着父母漂泊，我起码是北京人，咱不说别的，最差都是江苏常州人，因为祖籍是那的。怎么说呢，生是三线人，死是三线鬼，就是三线才到这儿来了,要不然怎么跑这儿来,是真的。喜欢不喜欢贵州对我来说反正就这样了,马上60岁了,也就这么回事了。这辈子想干吗也不可能,我跟你讲,我除了回老家,别的什么安排,比如让我去深圳也好,宁波也好,我都不去的,我不愿意去,我就喜欢在这。想过让女儿回常州,毕业的时候我带她回去了,她不愿意。我妹夫在常州内燃机厂当老总,他跟我讲了,留在那里6000块钱一个月,她不干。一个语言不通,我会说常州话,她不行。再一个她觉得有的方面她也不太喜欢,也就是刚才我说的嫌贫爱富。她的性格像我。女儿这会儿已经工作了,大学读的财会,现在在开发区给人家做产品。女婿在工地上开车。小外孙也大了,1岁半了。

我是三线人,将来我肯定断命也断在这,我不会去外地的。而且这边说实话条件越来越好,钱用不完,朋友相当多。从小到大,这一辈子献给三线,必须是三线。

白 平
一名公安战士的三线情怀

亲 历 者:白　平
访 谈 人:谢治菊
访谈助理:原璐璐　许文朔
访谈时间:2019年7月25日上午9:00—12:00
访谈地点:六盘水市六枝特区宣传部办公室
访谈整理:谢治菊　原璐璐

亲历者简介:白平,男,1958年生,四川人。出生三个月后随母到贵州省水城县汪家寨矿区与父亲团聚。1964年,随父亲到六枝矿区生活。1975年高中毕业,下井当了一年左右的掘进工人。1977年考上大学,1979年大学毕业分配到六盘水市公安局工作,从一般警员到科长、处长、局长,再异地交流到黔西南州任公安局长,后又调到省公安厅任总队长、巡视员,在贵州公安系统,他一直工作、奋斗了近40年。受矿区生活影响,白平多年来一直关注和关心六盘水三线企业的发展和三线人的变化,在当地三线文化圈中具有较大的影响力。

白平(右二)接受访谈

一、从部队到矿区的父辈脊梁

我父亲原来是四川军区训练团的一名少尉军官,政治协理员。这个训练团主要是培养、训练四川军区的一些战斗骨干,训练团有 200 余人,基本上都是干部,1955 年授衔的时候,几乎都是少尉以上军衔。1958 年根据国家经济发展需要,训练团成建制地集体转业,团长刘凤林带了一半的人马,100 多号人,到了当时贵州毕节地区水城县汪家寨开展煤矿建设;政委张小丰带了另外半个团的干部,也是 100 多号人,到了贵州开阳县金中,进行磷矿建设。这样,从 1958 年开始,这个训练团就一分为二,分别参与了贵州的煤矿和磷矿工业建设。

他们脱下军装换工装,应该是贵州省第一批成建制的企业"军转干"。当时,他们到贵州就是因为贵州亟须发展工业经济,但又缺乏干部,因此组织上就把他们这批人以集体转业的方式统一安置到贵州。对于集体转业到贵州这件事,我父亲他们的想法很简单、很单纯,就是他们那一代军人、那一代干部,自己就是一块砖,随党需要到处搬。可不是这样吗?一声令下,还是那种军人作风,打起背包就出发。本来,他们是准备分别安置到贵阳的各部、办、委、局的,但团首长不愿手下人被分散,提出要集体到艰苦的地方创业,这样他们才分赴水城和开阳的。

我父亲他们这个单位,成立于 1958 年,地处水城的汪家寨,在汪家寨煤矿的主平峒。单位最早叫水城建井工程处,属于贵州省煤管局直管。国家三年困难时期,贵州调整工业发展布局,汪家寨煤矿下马,他们便转到了贵阳的林东矿区,参加沙冲矿井的建设,单位改称贵州建井工程处。1964 年三线建设上马后,他们单位又集体搬迁到六盘水的六枝矿区,单位名称改为西南煤炭指挥部第三工程处,归煤炭部的西南煤炭指挥部直管。"文革"开始后,他们单位属大华农场下辖的摩天岭农场第 65 大队,也就是后来的煤炭部第 65 工程处,属央企。这期间,他们单位还差点"工改兵"成为基建工程兵的一部分,后来受"文化大革命"冲击和事故影响,此事搁浅。

六盘水是国家三线建设中煤炭开发的主战场,西南煤炭建设指挥部就设在六枝的下营盘,统管云贵川三地的煤矿建设。当时,出于保密需要,指挥部就叫大华农场,下设摩天岭农场、大河农场、龙山农场。水城钢铁厂的前身就叫青杠岭农场,当时六盘水的炸药厂、水泥厂、电厂等很多单位,都有代号。

当年,我父亲他们从富饶的天府之国来到贵州的大山深处,确实变化太大,出现了几个转变:一是从军队干部变成了企业干部;二是从成都平原到了大山深处;三是从部队的军营生活到了矿上的家庭生活。这些转变都是极大的,他们能够在短期内适应是很不容易的。不过我父亲他们过去都没搞过工业,基本上都安排在了党政科室和后勤管理这些部门和岗位,如宣传科、组织科、后勤科、保卫科等,或到生产一线的科、队当支部书记一类的。我知道我父亲刚转业时,是做后勤保障工作的,后来才去了保卫科。

三线建设初期,我父亲他们从林东矿区转战到六枝矿区的时候,整个六枝矿区还是一片片荒山,生活条件很艰苦,他们居住在干打垒、油毛毡棚里,或者是借住在当地农村老百姓家的牛棚里,甚至还有一些工人住过山洞。我看现在六盘水的三线建设纪念馆中,就有一张震撼人心的图片,是我父亲一个战友拍的:我父亲他们所在的煤炭部第65工程处下属的三大队,在沙子坡修建大用煤矿副井时,好多干部职工就住在一个山洞里面,当时洞口还贴有"身居山洞,放眼全球"的标语。

哎,父辈们一路走来,真是不易!我母亲是50年代中期的中专生,毕业于四川简阳师范学校。家里我是老大,下面还有一个弟弟一个妹妹。父亲他们到贵州后不久,我母亲便带着我,到了水城建井工程处。到了新单位后,她又和几个干部、教师一起创办了子弟小学。尽管单位几经搬迁,但她始终都在子弟学校任教,后来还当上了学校的教导主任和教育局教研室的负责人。

三年困难时期之初,我们家还在水城汪家寨。那时候我还很小,我弟也刚出生。听我父母说,他们把父亲的转业费全部拿出来,买当地老百姓种的南瓜、萝卜、土豆充饥,但还远远不够吃。只好自己开荒、自己喂猪来渡过难关。那个时候大家都很困难,家家户户几乎都开过荒、种过地。

六盘水三线建设开始后,我父亲所在的建井处又投入到了六枝矿区的"地宗会战"中,地宗洗煤厂的铁路专线就是我父亲他们单位修建的。当时,在六枝矿区有"一个战役,四个战场"之称,其中一个战场就是铁路专线的施工。

"文革"初期,全国人民学习解放军,我父亲所在的单位也是如此,军事化管理的痕迹较重。1967年,我从贵阳的沙冲煤矿到六枝,尽管当时我还小,但有些事还记得清楚。"文革"中,父母亲他们一边上班,一边参加"文化大革命"运动。什么"早请示晚汇报",敲锣打鼓庆祝最新指示发表,参加批斗会、学习班,等等。后来,造反派夺权,我父亲和他的战友们被打倒、"靠边站"了一大批,"文革"之风逐渐盛行。六枝矿区的各厂矿企业,"抓革命促生产"也搞得热火朝天,来自五湖四海的三线职工也越来越多。这个变化是前所未有的!你想,过去较为落后、闭塞的六盘水,一下由煤炭部从全国各地的矿务局中成建制地抽调一大批干部职工,如东三省的、山东的、河南的、河北的等几十个单位的人马,到六盘水参加三线建设,好热闹啊!

印象中,当时各厂矿企业较为分散,也相对独立,每个单位就是一个独立的群体、一个小小的社会。所以年龄相差不大的职工子女,大家从小就认识,都是发小,都是邻居,从小便一起玩耍、读书,彼此间都知根知底的,朝夕相处,如同一个大家庭。发小的这种情谊十分深厚,感情也非常淳朴。还有,当时每家的生活条件都差不多,都比较差,几乎家家小孩都穿过补丁衣,因此也没有出现什么嫌贫爱富的情况,大家相处得也挺和谐。当然,那时双职工的家庭条件相对好一点,但布票、粮票是定额的。每个月就那么一点,想买布、吃肉,就是有钱也难买到,所以大家生活上都过得差不多。我记得我还是初中毕业时才有袜子穿的。那个时候父母工作比较忙,顾不上小孩,大点的孩子就结伴自己玩,小点的孩子就送单位上的托儿所或幼儿园,每个矿、处都有,我也在幼儿园待过。双职工家庭的小孩一般在幼儿园,单职工家庭一般是由母亲在家带小孩、干家务活。后来,大概是70年代初期,矿上将一部分能走出家门工作的家属都聚集到一起搞副业生产,走"五七"之路,就是根据毛主席当时发出的"五七指示"而开展的生产活动。大概意思就是让大家不要待在家里吃闲饭,要走出家门参加劳动。因此,矿上很多家属就到"五七科"报名参加各种生产劳动,并领取一点报酬弥补生活上的困难。工作上,她们主要是参加一些地面的辅助性生产劳动,如修补井下用的风桶布,修建一些围墙堡坎,还有就是一些洗衣、理发的工作。那时候的人思想都比较传统,干劲也蛮大,钱虽少,但干得热火朝天,单位上也给她们评先进、发奖状,我至今还收藏了一枚"五好家属"的徽章。

"文革"中,单位上发生的各种事情不少。印象极深的是"共产党的中校,去背国民党的中校"。就是我父亲他们所在的65工程处的党委书记,原四川军区训练团团长、中校军衔的刘凤林,"文化大革命"一来,就被作为当权派打倒,除了经常被批斗,还被造反派喊去喂猪,后来还让他和一帮"地富反坏右"一起去修建单位上的球场、舞台。在施工中,有一个曾经当过国民党中校的"历史反革命"从舞台顶上摔下来,把腿摔断了,造反派就勒令刘凤林把这个人送到矿区医院去医治。于是,共产党的"中校"就背上国民党的"中校",走了十多里路将这人送到医院。后来这件事一传开,便成了单位上的一桩笑料。

"文化大革命"开始的时候,我们家也受到了冲击和影响。父亲被作为刘凤林的保皇派打倒,他的那些战友,从团长开始,几乎"全军覆没",大多被以各种各样的罪名打倒。他们这批人被夺权后,要么参加学习班,去检讨、揭发、批判,要么下放到生产一线去劳动。当时,我父亲就被下放到运输队去推矿车。我还记得一天中午,单位上的大喇叭忽然叫喊着,说我父亲是保卫科长,私藏了武器,要来我家抄家。我母亲听说造反派、红卫兵的人要来,十分紧张、害怕。她无可奈何地抱着我们三姐妹躲在家里的门背后,大家哭成一团。这情景我到今天都记得,对我幼小的心灵产生的影响和刺激太大了,这一辈子都难忘。同时,我母亲因家庭出身不好,又是学校的教导主任,便"顺理成章"地被贴上了大字报,下放到单位上的土建工区当工人。受此影响,我连红小兵都没资格加入。思想很压抑,情绪十分低落。

尽管如此,我父母并未放弃工作的热情,仍努力去做好每件事。对我们子女的教育管理,父母也未放弃,从小我们便受到了良好的思想品德教育。

印象中，我父亲甚至还给我上了一堂生动的忆苦思甜专题课，给我讲述新中国成立前他是怎样被国民党抓的壮丁，后来爷爷又是怎样凑钱把他从乡里赎回来的，并拿出那张泛黄的壮丁纸给我看。这事我印象太深了，所以今天回头看父母他们这一辈，一路坎坷，岁月蹉跎。但正是他们这一代人无所畏惧的精神风貌，才不断校正着我们这辈人的人生航标和导向，奠定了我们干事创业的信念基础，让我们这些三线儿女，在浓浓的矿山情结中，不忘初心，举起接力棒，继续前行。

二、从煤矿工人到公安战士的子辈情怀

1975年，我从六枝矿务局中学高中毕业后，回到父母亲所在的65处，当了待业青年。那时的矿上子女从学校出来后，只面临着两条路，要么下乡，要么下井，没有别的选择。那时候我们最渴望的，就是能早点参加工作，最好就是在矿上的地面上干活。到机电队或者是去车队上班，那是我和发小们梦寐以求的，认为是至高无上的工作，能够当个电钳工这类的工人，多爽啊！但这根本不可能，实现不了。

我参加工作是1976年初，到六枝矿务局四角田矿报到后，被分配到了掘进三队上班。那几年，六盘水的几个矿务局都在招工。1975年底，盘江矿务局到六枝矿区来招工，我们矿上子弟符合条件的就纷纷报名申请，到盘江矿务局的老屋基矿参加工作了。早我毕业两年的发小，大多是从矿务局的知青农场直接招到一些矿上工作的。当时招的工人基本上是男生，在知青农场待的人是首选；再一个就是家庭子女多，生活较为困难的家庭；还有一个就是待业时间长的；然后将这几种条件对号入座，进行打分、排队，确定参加工作的先后顺序，排在前面的自然先参加工作。我在1975年底，本来是有资格去盘江矿务局下井的，但父母不愿我走远，所以两个月后，我便在六枝四角田矿参加工作了，仍然是井下工人。

当年的六枝矿区，我觉得最红火的时候，是三线建设风起云涌之时，各矿、各处都有一种大干快上、热火朝天的景象。央企的产业工人，当时多么

煤矿工人白平，
摄于1976年8月

令人羡慕和嫉妒，多有吸引力。六枝矿区兵强马壮的时候有三四万职工，矿上的工资待遇、文化教育、生活劳保等比地方上好得多，是当地农村老百姓无法比拟的。所以，那时候进企业当工人，是很多人十分向往的事情。

但到了90年代后期，六枝矿务局慢慢走下坡路了。为什么呢？资源逐渐枯竭，而且生产成本越来越高，后来甚至发展到了资不抵债的地步。因此，1999年六枝矿务局申请破产。我记得那个时候企业已经很困难了，一些单位很久没发工资，职工们纷纷病退、内退，或一次性买断工龄辞职。当然，也有部分职工留下来重组到了新的企业。哎，我们这拨人一想到过去那火红的年代，再看到现在的煤炭企业如此不景气，心中难免有些失落和酸楚。

我们参加工作时要先培训的，矿上的一些技术员、老工人给我们讲授安全知识、井下技能以及相关要求，还给我们讲解、介绍矿上的各个工种，如瓦斯队、运输队、采煤队的职能作用啥的，然后再带大家到井下去现场体验。个把星期后，我们就分到各采煤、掘进队去正式上班。刚到井下工作时，都是以老带新，老工人是师傅，带着我们在巷道的"迎头"①上，打眼、放炮、除渣、架棚、砌碹、锚喷……当然，最初都是给老工人当下手，干些辅助性工作。

我在井下工作时，体会最深的就是千万不能违章，违章就有可能与伤残为伴，和死神过招。这话一点不假。如有一次我违章爬上了机车头去下井，当时坐在上面还威风凛凛的，没想到在半道上遇到悬挂在巷道墙面上的通风桶掉下来了，把我头上戴着的安全帽一下刮飞，吓得我魂飞魄散。还有一些人从采煤面上收工下班，明明可以一步一滑地慢慢走出来，可他非要去滑

---

① 掘进工作面。

溜槽①，坐溜槽虽快捷省力，但很危险，因为溜槽在运转，人一旦坐上去，遇到险情就难以脱身，可以说非死即伤。所以，任何人不准滑溜槽，这是无数血的教训总结出的经验。

当然，井下工作十分艰辛，劳动强度大不说，还危机四伏。有一次，我们这个班往掘进工作面上用矿车运砂子、水泥时，我负责打信号，就是用矿灯给斜巷上面的绞车司机发出启动、停止这类信息，是用矿灯的灯光发出信号。30来度的一个斜坡，一次只能拉一矿车材料上去。我将一车砂挂好钩后，上面的师傅看到我的矿灯信号，就启动卷扬机，把这车材料拖上去。但没想到拉到半道上时，钢丝绳突然断了，那矿车呼一下冲下来，幸好我闪得快，否则后果不堪设想。至于井下的冒顶②、塌方这类事故也会经常出现。当年我们掘三队曾出了一次冒顶事故，几个熟悉的工友被垮塌的煤矸石埋着，当场就死了。

我在井下干了一年多后，遇到了改变自己命运的机会。1977年全国恢复高考，我和我弟都参加了，后来我俩都有幸成为77级大学生。一家人同时出了两个77级大学生，这在父辈单位绝无仅有，一时还挺轰动。那时参加高考的以知青和工人居多，应届生较少。我当时考上的是贵阳师院六盘水中文大专班，班上有40多人，只有两三个应届生，其他全部是知青、工人、代课老师之类的。我们的班长就是上海知青，从上海到六枝插队落户的，后来他从知青招工进了煤矿，在井下采煤。我当时读书是连续计算工龄的，五年以上的工龄还可以带薪读书。我毕业时，新《刑法》颁布了，市里的公检法系统正缺人，我就去了公安机关。我是选调进公安系统的，那时候进公安机关要么是军队转业干部安置的，要么从知青中招考，后来才是各类学校的毕业分配，特别是警校生。

恢复高考后，我们矿上曾出了不少大学生，多年来高考录取率在整个矿务局各矿、处中名列前茅。这和65处子校有一批长期坚持不懈抓教学的师

---

① 从地面向矿井里运东西的槽，内面光滑，东西能自动溜下。
② 冒顶，指地下开采中上部矿岩层自然塌落的现象，由开采后原先平衡的矿山压力遭到破坏造成的。采煤工作中有时有计划地放落上部煤层，也称"冒顶"。

资队伍,并长期严格要求、净化校园学风的管理制度有关。可以说,即使"文革"中"停课闹革命"那段时间,学校也从未停过课,学风甚好。老师中,既有一批以老牌中专生为骨干的小教老师队伍,在基础教育领域打拼;也有一批以高校毕业生为主体的队伍,在中教领域领军攻关。当然,矿上的子女们也特别勤奋努力。因为大家都知道,考不上大、中专,就难有出路!所以,认真读书学习,蔚然成风。校园中发愤读书的事例,比比皆是。

三、 三线精神影响了我们几代人

从70年代末期开始,我便在公安战线摸爬滚打,几十年来,我从一名基层普通民警逐渐成长为省公安厅的巡视员。将近40年的风风雨雨,我面临过无数的挑战和考验,其风险和艰辛、压力和责任,是旁人难以体验的。回首往事,我常常自叹:青春无悔!为警无愧!

如果说我事业有成,那就是那段不可磨灭的煤矿生活对我人生之路产生了极大的影响,给我打下了深深的思想基础和感情基础。这两个基础,就是我的工作动力。我热爱那片生我养我的矿山,常常想起那段激情燃烧的岁月。我们从小就受父辈思想、作风的影响,从小就受矿区文化的熏陶,对矿工的崇敬,对发小的情感,始终没有淡化过。

是煤矿的工作经历锻造了我的性格和特点,使我能在工作中无所畏惧。因为,我觉得任何岗位都不能与井下工作相提并论。我在单位上就经常教育一些年轻同志,熬更守夜加个班算什么?有什么不舒服的?你们去煤矿看一看,体验一下井下的生活!为此,2016年建军节期间,我就专门组织了单位上的20多名同志到六枝工矿集团的化处煤矿,上了一堂别开生面的"党课"。我先让一些参与三线建设的老工人、老劳模介绍他们当年艰苦卓绝的感人事迹,随后又和同伴们直接下井,去采掘一线亲身体验矿工的作业环境、劳动强度、危险系数。

回到单位后,大家感慨万千。这事对一些年轻人来说,终生难忘,受益匪浅。个别同志告诉我说:"总队长,我们现在不管遇到多大的困难和烦恼,都无法与煤矿工人相比。想想他们，我们还有什么苦不能受？"的确，矿区生活让我难忘，我对煤矿也有感情。每次出差路过我小时候待过的地方，我都要去看看那些老邻居、老工人。我十分关注和关心六盘水矿区的发展、变化，并力所能及地为矿区排忧解难。

近几年来，随着年龄的增长，我们这些三线儿女怀旧的情结更浓了。发小们无论身在何处，都想回到故地去看看，尽管矿山已经衰败，有些苍凉。几年前，我和几个发小就组织发起了一个"三线儿女，情系大用"的活动。活动中，我们自筹资金，慰问了几十户烈士家庭和生活较为困难的退休老工人家庭，并到附近的烈士墓地悼念矿工烈士。将三线儿女之情，倾情付出。

后来，为了缅怀 1967 年 1 月 12 日在建设大用矿井中遭遇煤与瓦斯突发事故而献身的 98 名矿工，我们又四处筹资，在六枝地宗洗煤厂的三线建设园区里修建了一座纪念碑，以此弘扬三线精神，缅怀献身的烈士。为建这个纪念碑，我们费尽了心血，从设计理念到造型艺术，几易其稿且不说，光是为找这 98 个人的名单，我们就翻遍了六枝所有的档案馆、资料室，最后好不容易才在大用派出所找到了这些烈士的户籍档案资料。2019 年 1 月 12 日，我们在"1·12"事故发生 52 周年之际，终于成功地举行了纪念碑落成仪式。当天有很多烈士家属和子女、退休老职工都赶到现场参加活动。一位烈士子女动情地说："这么多年了，你们还想着他们，你们没花国家一分钱，建起了这个纪念碑，让我们有了追思之地，太谢谢你们了！"这次活动，我还组织并协调了一些矿区子女和六盘水的收藏家协会，向六枝三线建设纪念馆捐赠了很多的史料、实物，为三线文化建设尽了一份力。

三线精神实际上已影响了我们几代人。父辈们在那种异常艰苦的条件下能甘于

白平（右一）在六枝三线园区与有关人员研究修改"1·12"纪念碑设计图

奉献、顽强拼搏，他们这种忘我奋斗的精神，也常常激励着我们这代人去努力，去奋斗。可不是吗？我发小中就有很多自强不息的鲜活事例、励志行为。

我的发小赵锡伟、王冀川，这俩都是咱们三线二代的典范。赵锡伟是中国科学院广州能源研究所的研究员，也是所里的纪委副书记，还带着研究生。他从小就爱学习、肯钻研，成绩一直很好，父亲在"文化大革命"中也受到过冲击，但这并没有影响他读书学习的积极性。尽管他视力不太好，但善于破解难题，数理化的成绩总是排在全班第一。1977年初，他招工到水城矿务局顶拉矿，当了井下工人。恢复高考后，他一路过关斩将，成绩优异，一下就考取了现在的华南理工大学，学的是内燃机专业。后来国家第一次公派硕博连读留学生考试，他成绩名列前茅，但因体检时视力有问题，未能成行。去不了国外留学，那就考国内的！他毫不气馁，第二年终于考取了中国科学院的硕士研究生。毕业之后，他分到了中科院的广州能源研究所，从那个时候开始，他就一心扑在学术研究上，成绩斐然，不到40岁就晋升为研究员，并被推选为广东省青年联合会常委和省直系统青联副主席。当然，这些都还不算什么。令我最感动、最敬佩、最震撼的是他从40多岁开始视力极速下降，到50岁时双眼逐渐失明，几乎啥也看不见。都过了大半辈子，一下看不见外面的世界了，这是多么痛苦的一件事！可想而知对他的打击有多大。如果换了别人，也许早就待在家里，成天唉声叹气了。但他没有，他还继续上班，搞他的学术研究，并且还学会了电脑盲打。也就是在这种状况下，他还指导研究生，并继续在境外学术论坛上发表论文。你说，让人感动不？敬佩不？这可是一个双目失明的人啊！因此，我走到哪都宣传他，这就是65处的子女，一个三线儿女的励志篇章。

当然，他也曾经告诉我，失明后有一次他做项目时，去一个工地一脚踏空，掉进了一个20多米深的高层电梯井，幸好反应快，刚刚开始下坠，他就一把抓到了井壁上的脚手架，然后又慢慢从下一层的门洞中钻出来。那一刻，他真有些万念俱灰了。但不管咋的，他现在毕竟挺过来了，我真为他高兴！

我另一个发小王冀川，高中毕业后当知青，1977年恢复高考后考上了昆明工学院,大学毕业后分在了贵阳耐火材料厂。多年前,企业破产倒闭后,她一夜之间从工程师、设计室主任变成了下岗失业职工。都快50岁的人了,又遇到人生路上的挑战。怎么办? 难道就老老实实地在家待着,提前享受退休生活? 不,不能向命运低头! 她暗下决心,再搏一回! 于是,她两个月闭门不出,买了很多专业书籍和资料,跨专业从头起步,拼命学习。功夫不负有心人,后来她终于一次性考上了全国注册造价师和监理工程师,现在她又成了一个事务所里的骨干。一个女同志,从下岗失业到上岗创业,这过程,需要多大的勇气和毅力才能支撑啊,需要多少艰辛的努力才能实现啊! 她这样执着地追求人生的价值,不得不令我们感叹和动容。

我这两个发小,都是有着榜样力量的。他们彰显的就是一种精神,一种三线人的精神。所以,我敬重他们,推崇他们。一有机会,我就会对那些熟悉的下岗朋友们讲:"你看看人家王冀川,和你们一样,都是下岗职工,可人家下岗就创业,这对一个50多岁的女同志来说,多不容易! 你们为什么不向她学习? 老是怨天尤人,自暴自弃的,有什么用呢?"

有人说,六盘水是个火车拉来的城市。其实,这也说明没有昔日的三线建设,就没有今天六盘水这座现代化的工业城市。我觉得整个三线建设对六盘水的影响,不管是历史意义还是现实意义,都是十分重大的。

老一辈三线人艰苦奋斗的献身精神影响了整整两代人。他们的奉献、他们的付出实在是太伟大了,如果将"艰苦奋斗、无私奉献"这句话写在他们这一代人身上,一点都不过分。这是他们这辈人的真实写照,也是给我们三线后人留下的一笔沉甸甸的精神财富、宝贵遗产。我想,现在矿上的子女大都会被三线精神无形地牵引着,在各个岗位上为国家增辉添彩。所以,继续弘扬和传承三线精神,我有这个义务,更有这个责任,因为我是三线人的后代。

刘振友
"三个过硬"的三线多面手

亲 历 者：刘振友
访 谈 人：陈　勇
访谈助理：许文朔
访谈时间：2019年7月25日下午2:30—5:10
访谈地点：六盘水市六枝特区煤矿机械厂家属院
访谈整理：陈　勇　许文朔

亲历者简介：刘振友，男，1938年生，江苏徐州人，汉族，党员。1958年初中毕业后进入煤矿建设局工作，后在徐州煤机厂设立的煤炭技工学校担任体育老师。1966年3月被征召加入支援三线的队伍，最初在加工车间当工人，1973—1975年在工会筹备小组任职，1975—1983年间任六枝煤机厂副厂长，主管生产，组织过"毛坯会战""设备会战"。1983年因人事问题被免去副厂长职务，到厂工会任干事，组织过技术比武活动和工厂大型运动会，曾获省工会、省体委、煤炭部体委授予的先进工作者、优秀体育开拓者等荣誉称号。1995年退休。

刘振友（右）接受访谈

一、驰援三线：要有"三个过硬"

我是1938年出生的，今年已经82岁了。我老家是江苏徐州，也算是汉刘邦的后代。族谱什么的，我没有去追过这个东西，我的辈分是比较低的，有的人是小孩子，你还得管他叫爷爷。出身？那必须一点问题都没有！我属于城市贫民，父辈都是农民，后来就做点小本生意，我父亲是厨师，给人家饭店做做饭。家庭条件这些的，解放前大家基本差不多，有的时候吃得上饭，有的时候吃不上。

我算是免费入学的，记得是十三四岁才开始上学。那时候普遍上学较晚，不像现在这么正规。小学毕业到初中都是免费的，而且上中学时是给助学金的，所以解决了自己的一大部分负担，不会因为念书而背上债务。我是1958年初中毕业的，那时候有一个煤矿建设局招工，我报名之后通过体检就入职了。那时候的招工标准也不算严格，普遍比较缺职工。我参加工作以后，就到604工地，就是连云港海州有一个磷矿，在那儿搞设备安装。从这以后我就在这个机电安装公司，这也是煤矿建设局的下属单位。

工作了没几个月，这个厂子就解散了，华东煤矿建设局都解散了。它算是比较大的一个机构，突然之间就解散了嘛，就把这些工人分到了全国的14个城市。原因不知道。后来总理知道了就发火。这个建设局是当时全国最有战斗能力的一个煤矿开拓者，它有建井，有土建，还有机电安装，都是配套的。到后来分散到了全国14个省。解散对我也没什么影响，从那之后我们就留在徐州煤炭机械厂，当时的名字是中华人民共和国煤炭工业部徐州煤炭机械厂，是徐州唯一的中央企业。当时让我来贵州，我没愿意来，后来又调我到宁夏去，正好我有一个朋友给我们公司经理当通信员，他给公司经理说我家庭有困难，家里有老人，有爷爷奶奶，还有父母年纪都大了，得照顾，就没有去宁夏，不过最后还是来了贵州。

在贵州，徐州来的是最早的一批。来的时候是满腔热血的，当时煤炭部下发的调令文件里就讲了：毛主席说的，三线建设一天搞不上去，他老人家就一天睡不好觉。文件在我们整个厂里边传达了，以后做了一次政治思想工作,由本人写申请,然后经过上面审批。当时是什么条件呢?要有"三个过硬":第一要政治过硬,第二要技术过硬,第三要身体过硬。不是任何人想来就能来的。好多员工都了解是"备战备荒为人民","三线建设做不好,毛主席他老人家睡不好觉"。那时候毛主席在我们心目当中是非常非常崇高的,大家都非常非常踊跃去写申请报告,我们就是抱着希望毛主席他老人家能睡好觉那么一个态度来的。

我是1966年3月底到贵州来的。这个厂之前是徐州的,徐州煤机厂原来有1400多人,几乎就是一分为二,当时过来了720人。我有这720人的花名册,现在我把这个名册捐献到三线建设博物馆了。厂里所有的东西,所有的物资、人员、设备,包括钢材、一些电灯泡什么的,大大小小的不管什么东西,反正就是这边生产能用到的,都一分为二带过来。

那时候就是支援三线建设,一下就几十万人。后来到发展的时候,人员显然不够,又从东北调了200多人,从职工子弟中招了几百人,加上我们原来的700多人,依然满足不了生产。后来就从周围的几个县,像什么镇宁、普定等几个县又招了一些新工人。这里有苗族的、布依族的,反正就是有几个民族的。培训方面,反正就是来的时候有一个月的安全课,上完课就分配到车间里去,一般进去都是师傅带徒弟的嘛!

来这儿碰到的困难,主要是气候,雨天比较多,"天无三日晴,地无三尺平"。这个地方最主要的问题就是下雨,有这么一句话:四川的太阳,云南的风,贵州下雨如过冬。下雨和过冬一样难熬,天冷点个大铁炉子的时候,背后边都还是冷的。刚来根本就不适应,从骨子里头往外冷。第二个就是条件,我们住宿只有八平方米,要住十个人。类似于条件不好的学生寝室,一个双层的大通铺,夏天连蚊帐都没法支,非常拥挤。下了班回去拿碗到食堂打饭吃,都在外面排队,前边的进去拿碗出来了,后面再去拿。条件非常艰苦,这种情况持续了得有两三年的时间。

1967年有了一场火灾,这个事故不是我们厂内员工造成的,是当时在那干活的一个施工队造成的。这儿经常晚上睡觉没有灯,后来他们就做煤油灯。来了两个列车发电站,用的是汽油。中午2点,点灯的时候汽油哗一下就起来了，火一点就着了，我们在办公室里坐着，就看着那个火起来。那个房子又不高，把那一片都烧得……当时 2 点刚过，那个时间刚开始上班，没有人员受伤，要是夜间 2 点的话就烧死人了。最可惜的就是光一个工具库就损失了 200 多万元，那时候的 200 多万元呀！用的刀片什么的都是进口的，这个损失真的是太大了！

二、艰苦创业：我搞了两个"会战"

那时候刚开始创业，都是为煤矿服务的。我当时在电器车间，和原来的工作也没有特别大的差别。我主要负责一些控制器，只要是电机部分，都是我们在做。当时是手工焊，用手摇啊，自己绕啊，现在都用机床。那时候全国都还没有生产电器的机车，这个车是可以直接开到采矿面去的，是全国第一家生产的防爆机器，是从捷克斯洛伐克买的——原来是从苏联买，后来苏联不给我们了。

刚建厂时，施工队是外单位的，不是我们厂里的。一个施工队做土木建筑，把围墙围起来，另一个施工队做动力安装。这些车间呀什么都没起来，要不然车间就是个空架子。为了早日投入生产，以前的动力处负责机床安装，后来都是我们自己干的。原来有一部分是承包给外面的，像火灾那一次就是承包给外面的施工队，由他们安装的。

"文化大革命"期间，我调到了工会筹备小组，我是筹备小组的组长，那是 1973 年。那时候煤炭部的几个常委对我印象不错，地区的几个领导对我的看法也很好，到"文化大革命"的时候我还是造反派头头。当时那不就是毛主席号召吗？我们厂 80% 都是我们这个战斗队的。那时候叫"永远忠于毛主席的革命造反团"，我担任副团长。我们造反团在这个地方来说，是最大的一个组织。为何是最大的呢？一是我们这个地区造反派的势力比较大，保皇派人数比较少，比较弱势，基本上对我们构不成威胁。后来我又调到地区联合指挥部，就是六枝特区联合指挥部，当时我是联络组组长，有什么事儿呢，就相互通报，从组织和各个方面沟通。

怎么造反？就是把那些"左派"都抓起来，所谓的那些"左派"就是单位的领导，一般就是批斗。生产倒是没停顿，但不是特别顺畅，会受影响，毕竟原材料到货不及时嘛！参加造反派，就是响应毛主席的号召，要反对"走资派"夺权，这样一个很简单的想法，这样的经历还是蛮特殊的。

1975年我直接从筹备组提到了副厂长，主要管生产。这个副厂长的位置我干了不到十年，日常都是到车间里去看生产情况、生产记录、人数。副厂长级别是不是坐在办公室接接电话、看看文件？这都是不可能的！比如说，需要的主要工件如果没有做出来，就要去相关的车间催。每天我中午12点以后，这些毛坯车间我都会去视察一遍，比如基本的造型都到哪些阶段了，回炉的有多少。之所以坚持到现场，是因为你需要落实实际的情况，有的车间没有人监督的话会打马虎。如果不去的话，根本就落实不了。各个环节你都要去侦察，这个也可能是我的一个特点。有个车间的主任说："我们车间的生产副主任，还没有刘厂长掌握的情况多呢。"

作为副厂长，工作当然很繁忙，我一天在厂里能有18个小时。每天早上5点40分这会儿我就跑步回来了，吃点东西——吃饭在家里，离我的办公室也就不到100米，然后到车间去。上午在各个车间观察，下午协调。中午都是12点下班，哪有时间午休啊！没有时间午休。中午1点半上班，我比工人都要去得早一些。下午5点下班之后，有的时候要到车间看一看。晚上过了12点，我都要到各个车间再转一下，那时候从贵阳的厂子里要了一个矿灯，有夜班没夜班的，我都得去视察。还得开生产会，这些工件几号几号交，要是交不出来就不行，我又得到现场。一天大部分时间都要在厂里，除了晚上回去睡觉。

刚来的时候，厂里的生产规模是3800吨，这个时候煤炭部又重新调整生产指标，成了7200吨。要说任务繁重也是繁重，但是在生产条例上没有做好，顺序设计得不是特别好。那时候一个月生产二三十吨，规定一个月最后一天的晚上12点之前，必须要上报到煤炭部，把完成情况的报告提交上去。完不成怎么办呢？就虚报，两三天之后才能完成任务。

那时候设备跟不上，所以我搞了两个会战：一个"毛坯会战"，一个"设备会战"。为什么存在毛坯的问题？一个是当时的生产没有理顺，另外一个，当时经常停电，电力非常不足，所以要经常给省电力调度中心通话。后来人家一听声音就听出来了，连面都没见过就都知道是我了。"毛坯会战"奋战了有三个多月，把毛坯问题给解决了。设备方面，那时候才能达到63%左右，"设备会战"之后提高到了96%，这是相当显著的一个改善。煤炭部每年检查一次，每次都会分成小组进行检查，最后我们达到了煤炭部分数最高的一个。这个时候不仅仅没有虚报，而且多生产了50多台，我们就放在仓库作为储备。

这是我自己的一个责任心。张开莲①她们车间负责生产矿上用的支撑设备。矿上的定量她们每季度都完不成任务，这也是她们工作的协调配合问题导致的。按说，流水作业算比较好的了，就是零附件跟不上。后来我就去她们车间抓了几个月，原来是每个月3000根还完不成，我去了之后，每个月就生产5000根，立竿见影的效果。张开莲问我："这个月完成多少根？"我就说："5600根。"她就说："你怎么了解得这么清楚？"我说："每天的销售报表我都要看。"和那些一线的相比，我了解的情况一点都不比他们少，反而要比他们知道的多。我这都有个小本本，都记录下来了。

两个"会战"解决了大问题，后来工作就有条理了。等到车间生产稳定，就有时间中午回去喝点酒，休息休息到晚上七八点再去。有的工种有夜班，有的没有，所以就能稍微放松一点点。生产上也不单调，都觉得这种生活有责任在身嘛！组织信任。当时我性格也比较随和，下去车间工人跟我开玩笑什么的，关系都非常融洽。

到了90年代，我们厂政策性破产。破产以后，这个厂就和盘江矿务局合并了，让矿务局拍卖了6000万元。当时光这些设备也完全不止这个数字，1997年、1998年的时候产值在1.5个亿左右。那之后还有第二次倒闭。那时的情况是，今年不倒闭，明年应该也是倒闭。为什么？经营得很差呀！一

---

① 张开莲，女，与刘振友同属原徐州煤机厂支援三线建设的第一批720人之一。后因工作突出，获得多种荣誉，如六盘水市劳动模范、贵州省劳动模范、煤炭厅劳动模范，1977年被评为全国劳动模范、全国三八红旗手。

是经济上有点困难了,贷款也贷不到,形势很差。二是盘江矿务局后来进行下岗分流,对职工就这样买断了。如果继续工作,需要重新计算工龄,那不划算。当时考虑生活,考虑这个那个,有的就出去打工了。

三、转战文体:开运动会工厂停产两天

我从1975年当副厂长,一直当到1983年。不过,因我和一个厂长关系不好,搞不到一起,所以后来工作就调动了。他开始整我的时候,我很清楚他说我是造反派,人家都给我看了。他是个老厂长了,我和他叫"志不同"。那时候省煤炭局的一个厅长还问我:"你怎么和厂长整得这么僵?"比如说当时我提出,我们不能只让电机车这些产品把我们限制住,不能在一棵树上吊死,我提出搞一些新产品,比如说液压支架、电器配件开关、变压器这些与煤矿相关的配件,我们都应该搞,他就不干。当时011基地很多厂——来贵州做飞机的那些厂,我跟这些厂的关系都很好,我带他出去看了三天,他看了之后还是不同意。

他对我有成见的主要原因有两个:第一点,煤炭部来了个上调函,把他调到煤炭部去,当时那个部长想让我去六盘水,就把这个函给我看。他让我代他去当厂长,我说我去不了,这个是让厂长去,我去不合适。为什么呢?我是工人出身,生产上实际操作的话我可以,但是在经济上整这么大一个厂,我搞不了,还是派个厂长过来。到最后也没有放他,没能成功地调到北京去,他就认为是我从中阻挠了。第二点,我这种性格历来就是马大哈,我到现在还会打抱不平,不光是在街上会打抱不平,民政局为难种菜的农民,那我都不愿意。

后来厂长突然有一天找我去——他那会儿已是书记兼厂长了,拿了个通知给我,上面写着:"免去刘振友同志副厂长职务,按照正科级使用。"我拿过来一看,我是一个煤炭局管的干部,不是你省纪委管的干部,你下这样的任免通知算什么呀!当时我就笑了。我说:"天知地知你知我知,你要这么搞,我正好也不想干,太累了!"费心劳神。

降就降吧，反正我也不干了！他就问我："到哪里去？"我说："我到工会里面去。"他就说："工会有主席、副主席了，你过去干什么呢！"我说："我过去负责员工们的文体活动。"当年我46岁，正年富力强，但他不找你有什么办法呀！我在我们部门属于最年轻的副厂长了。工会有没有职位？没有嘛！那就是干事嘛！我过去俱乐部，工会就给我个俱乐部主任的名头。我说我要个干事就行，就搞职工的文体活动。

我去了以后把管弦乐队搞起来了，这是我们厂的文艺传统，来西南的时候把徐州的那一套都带过来了。刚来的时候排节目都没地方排，就在山洞那边排。然后还有一支篮球队、足球队，都搞起来了。煤炭部篮球比赛分赛区，那年我们篮球队参加过徐州赛区比赛，打了个第二。当时有12个队可以参加煤炭部的决赛，后来由于资金问题就没去。我那时候是教练。足球是煤炭部"乌金杯"，我们1990年参加了一届，拿了煤炭部的第五名，当时33个队呢；1992年参加了一届，拿了第四名。当时中国在迎亚运会，办亚运会，1991年"贵州欢腾跑亚运"，我们女队拿了个团体第五名，男队拿了个第四名。贵州省有几十个队参加。

我们自己厂还开了个运动会，在工厂里面停产了两天，规模很盛大。这个运动会，全厂职工每个人都得参加，按照年龄、性别来分。比如说，田径项目还分好几个组，有什么100米、200米、400米、800米、1500米的。为这个活动还停产了两天，家属都有报名的。我分管文体一直到1995年退休。

我不光组织这些活动，还组织技术比武啊什么的。就是各个工种进行比赛，钳工的、电焊工的、车工的，好多工种。还有一些趣味性的活动，我把它做成桥牌，这个职工是很欢迎的。

我跟省总工会也很熟。为了厂子里的篮球场，我从省工会要了3万块钱。本来是要6万块钱的，后来工会书记就说，我那时候刚过去，他这个钱对地方的企业是一律没有的，因为后来关系好了才给搞了3万块钱。那时候也没把篮球场搞封闭，本来是准备做一个封闭式的篮球场的。

我的荣誉有"先进工作者"，省工会颁发的，还有市工会的，还有省体委、市体委、煤炭部体委的。还有煤炭体育协会"煤炭系统最优秀的体育开拓者",还附带奖励了300块钱。

四、旷达生活:我每天都开开心心的

我身高1.77米,从小就爱体育运动,1959年我被选拔到了南京体育学院,作为运动员来培养。我搞划船、划单人赛艇,打过篮球、手球,还有体操。手球是徐州职工代表队的,那时还是徐州专区。后来因为受伤,1960年退出来了,在里面待了几个月又返回煤炭机械厂。后来我在技校当体育老师,是煤炭工业部委托徐州煤机厂办的一个学校,就是咱们厂里办了一个技工学校,我爱人就是我的学生。

当副厂长那时候,我早上5点起床去锻炼,从煤机厂跑到矿医院,再跑回来,每天早上都要跑10公里。2015年之前我是这样一个运动模式,现在年龄大了点儿,医生建议我不要有那么大的活动量。

我兄弟姐妹有三个,大哥是参军走的,徐州解放的时候有一个团部参谋看上了我哥,就随军南下了,在部队待到1956年。1956年从福建转业到北京机械化公司,是一个汽车司机,现在我大哥已经去世了。妹妹后来也过来贵州了,1966年过来的。后来考上了贵阳医学院,毕业后留校任教。考虑到家里有老人,她就回去徐州,调到徐州儿童医院,是主任医师,今年已经75岁了,还继续在返聘。现在看来,兄弟姐妹都算发展得不错。

我属于工人系列。1978年来的时候是二级工,37.93块钱一个月。一九七几年才开始调整,拿了那么多年的37.93块,加上高原补贴就有50多块钱。高原补贴就是从徐州来这儿之后的一个补贴,每天3毛钱,一个月9块钱。

当时茅台酒3.8元一瓶。也不是经常喝,周末还可以喝一下。酒跟现在的不太一样,是浓香的,我觉得比现在好喝。那时候的茅台酒是挂杯子的,就是把酒倒到杯子里面,能看到杯子上好像有一层酒,浓度、用料都要更实在。瓶子都是土瓶子,不像现在这种雪白雪白的。

我来西南这边三年后,1968年家人才过来。在徐州成家的时候有两个孩子,到了这边后又有了两个孩子,一共是三女一子。我爱人是电焊工,她们来的时候住的还是比较简陋的那种房子。1967年火灾之后才开始建专业的宿舍楼,之前条件艰苦,是男女职工分开,都是油毛毡搭的房子,是临时的那种家属房,所以那时候的条件说个不好听的,就是那屋里放个屁,这边都能听见(大笑)。

当时夫妻两地分居是非常普遍的。刚来的时候,夫妻俩,男的住男宿舍,女的住女宿舍,都是住集体宿舍。女生那边算好点,一个人一张床,我们这儿都是大通铺。我老婆早都在煤炭机械厂里面上班,是在徐州,就是人没有过来,关系已经过来了,1968年的时候才安排过来,1968年的时候我还在车间呢。

对于我爱人,厂里多少照顾一些,可以早点下班,这也是合情合理的,是这个厂子里边最好的一个传统。在厂里,如果有生老病死的,在完成生产的前提下,车间里的人都会去看一下。如果有个同事病了需要住院,家庭成员去护理,工资照样拿,奖金照样拿。如果家庭成员少,没有人护理,或者护理人员不够,车间可以派比较好的朋友之类的去帮忙。这是一个非常好的传统,这就是人性化。用那时候的话来说,就是阶级感情!来到三线人生地不熟的,也没有亲情,这种互帮互助是一个非常好的传统!

刚来的时候孩子大的才5岁,小的才2岁多,厂里就有托儿所,我们可以带着孩子上班,把孩子带过去和其他孩子一起玩就行了,也不能把他锁在屋里,油毛毡的房子,太危险了!孩子在外面玩的话,也有安全事故。有一个例子,一个3岁多的小孩,跑到轨道上去了,推车没看到就给压着了——是电焊车间生产的一个矿车。之后到上海做手术,最后截肢,弄了假腿,现在50多岁,也没有工作,反正厂子一直养着他。

我爱人1986年去世,到现在我还是单身。我不愿意找老伴儿的原因是什么呢?我看很多家庭这样的事情都处理得不好。我孩子多,有四个,两个孩子上学,两个孩子工作。现在这几个孩子对我都挺好的,父亲节要给我过,母亲节要给我过。现在不光子女孝顺,孙女什么的对我也很孝顺。这是父亲节给我买的酒(指),我本来说不要,非得给我买,有四箱,还有一箱没有开呢!

  现在是我二女儿照顾我的生活。本来是我一个人生活,2015年我上山活动时,把腿骨摔裂了。现在我大女儿退休了,二女儿在社保局工作,最小的女儿不到退休年龄不能退休,保留了工龄,买的保险,现在在外面打工。她们都很孝顺,所以说女儿就是贴心的棉袄啊!

  在徐州老家,我哥哥去世了,还有嫂子,有侄子侄女,还有个妹妹,以及我儿子他一家四口。我每年都回去。徐州夏天的温度其实比水城要低一些,冬天的温度要比水城高1—2℃。

  我也算领头人物,到现在这些老头们都还是以我为中心。那些退休回去的,或者是调回去的,年纪都大了。我每年回徐州,这些老头们就在云龙公园,每个礼拜一到礼拜五上午8—10点聚会,一个亭子里聚在一起。

  我们现在在水城也是每天下午3—5点,在超市门口聊聊天,有十来个人,当年来建设的人已经走了一半多。这叫什么?这就叫"是非成败转头空",就像电视剧《三国演义》的歌词一样,我们在一起回顾下当年的那些事儿,也谈谈国家和国际上的事儿,什么都说。我现在每天开开心心的,一天一包烟,半斤小酒——中午二两,晚上二两——生活挺好。

刘华山

无悔的财会人生:"我觉得参加三线很光荣"

亲 历 者:刘华山
访 谈 人:陈　勇
访谈助理:谢景慧
访谈时间:2019 年 7 月 18 日下午 2:35—5:27
访谈地点:都匀市东山苑刘华山寓所
访谈整理:谢景慧

亲历者简介:刘华山,男,1934 年生于江苏海安。小学毕业后在村里做了几年村干部,1956 年结婚后第二天到浙江参军,1959 年被分配到南京 924 厂做工人。1965 年响应国家号召到贵州支援三线建设,在 083 指挥部担任财务工作人员,负责 083 集团下属 20 多个单位的拨款、财务监督等工作。1993 年退休后被深圳振华集团返聘,担任集团下属企业深圳华富包装材料有限公司财务部部长,1996—2000 年担任该公司销售部部长,2001 年返回贵州安享退休生活。

刘华山(中)、吴初凤(左)接受访谈

一、贫困农村干部仗义入军旅

1934年,我出生在江苏海安的一个贫农家庭,家里兄妹四人,我是老大。虽然很穷,但是父母很重视教育,也比较开明,省吃俭用也要让我们上学。由于我上学的时候还没有解放,家里就让我们上私塾。那时候的私塾老师很严格,让我们背《大学》《论语》《三字经》等,还要练毛笔字、学打算盘,就这样我上了七年私塾。解放后,我又读了三年小学。虽然是三年,但因为我底子比较好,中间有跨级,直接从三年级跨到五年级。我家里的弟弟妹妹都读过书,那时候在农村能够供出这么几个学生还是比较少见的。虽然老二、老三去世得早——老二50多岁去世,老三40多岁去世,但都沾了父母重视教育的光。我母亲比较好,把家里安排得井井有条,也很长寿,活到了100岁,心态好活得就长吧!

那个年代农村有文化的人不多,会写字会算账的更少。我因为读了七年私塾和三年小学,有比较扎实的文化底子,脑子也灵活,小学毕业后就在村里做了几年村干部,负责斗地主、分田地、分粮食、写海报、公粮余粮的记账等。后来国家征兵文件下来,中央下指标,每个村要多少人参军,我是农村干部,要负责动员。我们村当时是八个指标,要求22岁以下的人参军,我们就看哪家有适合年龄的孩子,就去动员。当时这个工作很难做,因为那时候在农村一般人都不愿意当兵,"好人不当兵,好铁不打钉"是农村的一个风俗习惯,旧社会的老派观念嘛,很多老人家不愿意自己的孩子参军。他们不愿意,村干部就一直做工作,直到同意才走。动员到一家的时候,他们家有个儿子22岁,按理说不符合条件,但是村里有指标,他家老人就对我说:"你要我儿子去,你也要去。"我那年正好22岁,而且是党员,刚入党一年。人家的意思是我是党员又是村干部,又年满22岁,那就做表率呗!我心里想,我是党员得起模范作用,当时我就说:"那好,你去我也去。"就这样我也准备参军,瞒着父母自己把名报了。

在参军之前,我还完成了另一件人生大事——成家,而且是在入伍的前一天结婚,第二天天没亮就动身赶路向军营。为什么会在入伍前一天结婚呢？那个年代的婚事基本都是父母包办,我也不例外,本来我和爱人当时经媒婆介绍已经订婚,但平时也不见面,两家相隔十几里路。订婚后也就是过年的时候去送礼,一年就那时候顺便见上一面,不怎么讲话,毕竟不太熟,也没有什么联系。当时家里老人迷信,就找先生看八字选黄道吉日,看完选定在16号,就定这一天要结婚,那我只能结完婚再走。那天我们就结婚了,家里亲戚朋友都过来吃酒,第二天天没亮我就下部队到浙江去了。

刘华山1955年入伍时的照片

二、从化学兵到支援三线

1955年抗美援朝刚结束,也就是我22岁那年,结完婚我就到了浙江12军31师做化学兵。那时的化学兵比较少,一个师只有一个连,所以又叫独立防化连。化学兵跟原子弹、药物等有关,要求有一定的文化程度,最起码要小学毕业,要有理论知识,平时还要上课。就这样在部队待了四年,满四年以后,就要复员退役了,当时中央军委说:"部队里要退伍的人,哪里来的就去哪里。"所以退伍时,我们基本就那么几条路,有到农村去的,有到新疆兵团去的,有到边疆去的,有到高原去的。去了后,根据自己的出身再分配,那时候没有本事的工人就想学点工艺。我当时也想去工厂,后来就被分配到了南京924厂①。由于我有一定的文化基础,去了后就安排我到财务科工作,后来被调到厂食堂、厂基建科做会计。

在924厂工作了六年,国家三线建设的文件就下来了,厂里领导高高兴兴地给我们传达文件精神,说现在国家的号召就是"备荒备战为人民",有可

---

① 南京924厂始建于1959年,又名南京新联机械厂,国家直属大型军工企业。1999年企业停产,2004年破产。

能要打仗,军工企业要转移,要进山洞,这样打起来了后方才有实力。那时候毛主席的话大家都会听,是没有人反对的,要搞三线建设,要保卫国家。中央下文件拿给我们企业,企业再下到厂里,要求派多少人到什么地方去,我们就开会动员,指定人动员。档案一查,看你的出身与专业,就定了人,定完后就到三线去。我们来三线都是配套的,搞财务的、搞管理的、搞技术的、搞基建的、搞设计的等方面的人都有,是一套班子,来了就能开展工作,当时大家都觉得很骄傲、很高兴嘞!

1965年9月15日我从924厂到达贵州支援三线建设,当时从南京一起来的有20个人,有优秀的技术工人,还有管理人员。当时不是谁想来就来的,因为三线建设是保密的,所以来的人要经过严格的筛选。筛选时首先看出身,出身要好,往上查祖宗三代,要根正苗红;然后看年龄,要年富力强的;还要有技术、有经验的;还有就是要男的。9月15日这一天,我们就直接到了083指挥部。083是统筹安排中国电子工业生产的三线厂,当时全国的电子设备,如无线电啊、雷达啊、海陆空的军需啊等,都由这里统一安排。我们来的时候厂址在迁安镇仙人洞,从中央到地方都很支持,要什么就给什么。后来政府就把仙人洞给我们了,成了083指挥部,指挥部成立后开始搞基础建设。搞基础建设时我们分了很多小队,我在的那个队主要干的就是打螺丝。没有水泥路,没有柏油路,机器一开,灰尘就哗地飘起来了。街上都是马车,没什么汽车,我们做什么基本都是靠人力,手提肩扛的,还是很艰苦的。

083指挥部刚开始是11个厂、1个医院、1个小学。那时军工企业电话不能让地方扯线,做的是专线,就是我们讲的内部电话。我们都匀从黔南到凯里做了一个电话专用线,这些企业之间互相通话要保密,电线电源很多,工作量非常大。我们的保密制度是很严格的,例如工厂对外的称呼就是个信箱,没有详细的地址;还有一系列的纪律教育,就是告诉你哪些不能讲,比如人员编制、设计方案、产品信息等都是不能对外讲的。当时有一个职务叫军代表,几乎每个工厂都有,军代表懂技术,负责产品的质量把关、生产监督、验收等,他们说可以,我们的产品才能出厂。开始生产以后,我就做财务，当时四机部专门办了一个会计培训班，培训了半年，我就去学习了半年，回来后就负责各下属单位的拨款工作。到后来083集团不断扩大，最大的时候，一共有21个工厂、2所医院、2所小学、1个车队、1个大仓库，差不多有5万人，加上家属就有10万人，规模还是很大的。

刘华山（二排左二）1964年参加四机部会计学习班合影

刚到贵州三线的时候也不太适应，气候、饮食、语言都不行，又穷又脏又乱。辣椒我们也吃不惯，都吃食堂或自己煮；那个天气啊，天天下毛毛雨，春天的时候衣服都晾不干，几乎没有晴天的；少数民族讲话都听不懂。那时候老百姓的吃穿用度都是非常匮乏的，但是我们是中央直属的军工企业，生活方面的供应很充足。地方上吃油是每人二两，我们要多一点儿，五两左右。那时候还很讲究，吃的油啊、猪肉啊都比较少，地方上不够。但我们是军工企业，就开军车到外地买，一看是军车都不敢怠慢，当时这一点还是很骄傲的。另外，当时我们单位在本地，福利待遇还可以，当地人都很羡慕的，单位人要么是部队下来的，要么是大学生。本地人很穷，又没文化，都以能进我们单位为骄傲，但是我们单位没有本地人，只有一些临时民工来做一些打石头、搬运的工作。

三、一家两代的三线情缘

1971年,机关才有了一定的规模,也才具备基本的住房条件。在此情况下,我爱人才带着三个孩子过来。因为当时083指挥部的财务、人事调动、招工等各方面都是我们自己管,不受地方政府管束,所以很多家属就可以通过招工的形式进来。招工的条件之一是不能超过45岁,那年我爱人刚好45岁,就成了普工,在仓库做搬运。以前的妇女不娇贵,也很勤劳,天天干体力活。当时工厂需要的各种材料,大车就拉到仓库来,车来车往需要搬卸扛运,就是她们去做,肩膀上的皮都磨烂了,也很辛苦。虽然这样,我们还是很满足。变成工人了,有工资有补贴,如果还在农村那岂不是更操劳?在这比农村体面多了。况且地方人更苦啊,饭都吃不饱,钱也没得花。我们是军工企业,国家有照顾,所以我们很满足。那时候的工人、干部,不同工种都有相应的等级,每个等级的待遇也不一样。因为她是工人,我是干部,所以我爱人的粮食定量比我还多,她的定量是42斤,我的才26斤。

家属来了以后,单位就根据家庭情况分房给你免费住,刚开始是十几平方米的房子,1977年的时候就变成60多平方米,还配上家具,连凳子都是公家的,水电费也不用交,机关的福利当时就是这样的。但是我上班的距离有点儿远,有五公里,当时那里只有一辆公共汽车,经常挤不上去,就走路上下班。那时候也没有手表,也不知道时间,就一路摸黑过去,要走一个多小时。我爱人近些,她半个多小时就到了。我们当时的娱乐生活也很少,不像工厂都有生活配套,机关的生活条件比工厂的差多了,我们当时有个电影院,还有个医务室,有四个医生,医生刚开始没有,是后来才有的。

我的工作基本就是根据国家的

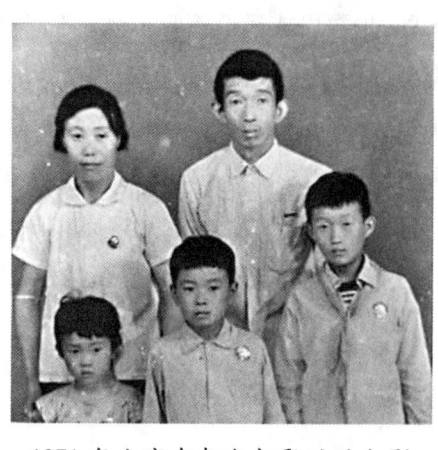

1971年全家在都匀相聚时的合影

编制来安排的,安排时要考虑一个厂的规模、涉及什么产品、生产多少产品、编制到的人员、出来的产品设计方案等,中央把款拨到083。拨款后,我再根据各厂的年度计划和国家的财力拨款,如一个厂要特批多少钱、买多少设备,各厂提前报一个计划清单,结合国家的财力拨款,我分期分批把款拨到各厂去。当时我的业务非常繁忙,经常出差在外。这21个厂报的项目规范不规范、拨款不拨款、拨下去的款用了多少、合法不合法等,要经常下去查账。机关有一个小车队,是日本的皇冠,当时是领导出差用的。像我们一般工人出差,是一个大车队,一共就两部车子,全是解放牌的,就是工具车、运输车。用车的时候,比如明天下厂,我今天填派车单,送到车队,车队根据各个申请,提前计划:有到凯里去的,哪几个去的,安排车子到凯里去;有的到这个厂,有的到那个厂,厂里根据你的计划单来加减,设计路线与停车点。车队走了以后,下厂的干部到工厂吃饭,完成工作任务,下午几点钟小车队又过来一个个接回机关,都是有计划的。当时最远的三个厂在遵义,车要开六个小时才能到,所以我到遵义出差起码要两三天,就住在工厂的招待所里。那个年代很多工厂都有自己的招待所,有的厂还有自己的通讯站。

我还经常全国各地跑,除了青海、内蒙古、西藏这三个偏远省份,其他省份我都去过。一年还要去北京好几趟,要开财务会议,要向四机部汇报——改制后是向电子工业部汇报——还要经常去建设银行总行催拨款。083集团改制后就叫中国振华电子集团,这个集团在电子工业部是非常有名的。电子工业部有256个工厂,这些工厂的财务每年都要去开一次会,去填计划、填报表、解读新政策等等。那时候我们属于特殊人员,身上带的很多资料都是要求保密的,出差坐火车硬卧要领一个保镖。从都匀先到贵阳,然后从贵阳直达北京需要20多个小时,都是普快。软卧的安全性要高一些,但当时的软卧是有级别的,要申请,我一年只能坐一次。有时候也坐飞机,两个多小时到北京,但不是现在的机场,是从军用机场走,那个机场现在是军民两用了。我每年去北京起码要待三个月,年度结算啊、安排会议啊、各种审查啊等,工作很多,所以时间长了,我和中央总行的关系也比较好。

我的三个孩子都是在老家生的,1971年之前一直在农村老家待着,以前的家庭都比较大，和老人住在一起，家里人会一起看孩子。1971年，三个孩子和我爱人一起来到基地，来的时候大的10岁，小的5岁，都是上学的年龄。当时机关100多个人，也没有学校，不像下面的工厂，学校、医院、小卖部、电影院都有的，机关是管下面工厂的，人少就没有小学。也不可能让孩子去厂里的学校上学，太远了不方便，当时就近读的都匀三小，就在那里上的。我个人觉得外面的公立学校比厂办的学校还好些，毕竟外面的公立学校是国家办的，厂里的学校是自己办的，还是有点儿差异的。那时候我和老婆要上班，一早就走路出门了，晚上才回来，孩子就是大的带小的一起去学校，十分钟就到了。过去的人都不敢拐卖小孩儿，也没有坏人，不像现在，所以也放心。那时连门都不关的，没有什么可关的，家里什么都没有，基本没有小偷。早饭也没有时间做，直接给孩子饭票，他们自己去机关食堂买了吃，那时候的小孩很自立，放学后回家都是自己写作业自己玩，大人不用陪，我们也没有时间陪。

老大16岁的时候就到都匀农村当知青了，待了两三年，那个知青点是厂里办的，都是机关的子女。在那里很辛苦，都是体力活儿，修马路什么的。那个村很偏，没有通路，下了车要走四五个小时，我老婆当时去了一趟。从知青点回来后厂里直接就安排老大进来当学徒，后来在下面一个工厂搞机修，在那个厂找了老婆成了家。他老婆是保管员，结婚后单位就分房子住，一个20多平方米的小房子。老二是中专毕业，老三是大专毕业，毕业后都进了振华工作。老二也是在单位内部找对象结婚的，自主恋爱自主结婚，我们也都没掺和，我们做父母的说清楚利弊，让孩子自己做决定。

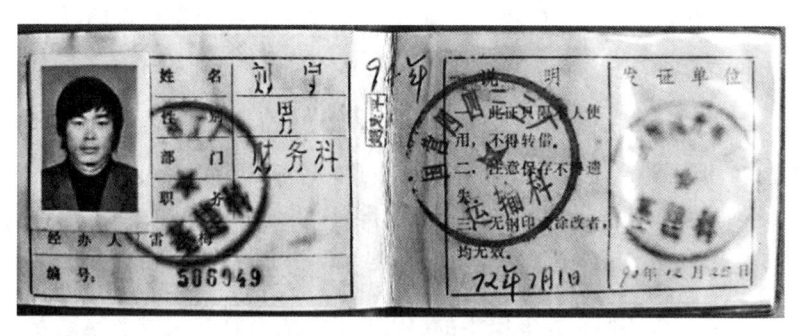

刘华山儿子刘宁1990年在4433厂使用过的乘车证

083集团改名叫中国振华电子集团以后就开始搞电子,随着政策与市场变化,生产体制也发生了改变,后来我们在深圳有几十个工厂,上市企业在深圳发展得很不错,贵州这边的干部后代如果过去,就把全家给安排了,还给解决户口。那边是开发区,工资要比这边高好几倍。我家老大后来就去了深圳振华,媳妇儿也一起过去,现在都退休了,老大的儿子现在也是深圳户口。老二在深圳振华一个生产电话机的厂做设计,他是后来过去的。老三是会计,后来在都匀结婚,就从振华出来,在都匀一个房地产公司做财务,现在也退休了。

四、深圳返聘发挥余热,退休生活知足常乐

我们这些工厂从1996年、1997年开始走下坡路,改革开放后企业就慢慢不行了,产品没有竞争力,后面军品需求少了。计划经济吃大锅饭的时候,没钱上面给钱,一搞开放,就靠自力更生,军品要做民品,需要很多机器与资金,上面不管了就需要自找出路。这个时候企业里很多有技术有能力的人都流失了,自己下海做生意。没有人才,新产品研发不出来,集团下面很多工厂就这样倒闭了,员工快到退休年龄的就办内退,三四十岁的就自己出去找门路,一次性给几万块钱,和工厂就没关系了。但是我们在深圳的工厂发展得还不错,因为一方面深圳的待遇好,有人才,能够跟上市场步伐;另外就是改革开放初期在深圳拿了一些地,在那里盖了很多工厂,现在有些效益不好的工厂就靠物业,把厂房租出去,那边的房租也贵,几亿几亿地收租金,算是有点资本;还有一些工厂转型做房地产的,一线城市的房价涨得飞快,我家老二2001年在深圳买的房子,66平方米10万块,我给孩子买的婚房,现在涨到了300万。后来深圳那边我们一共有几十个工厂,好几百人,规模与效益都不错,深圳很多路都是用我们企业命名的,我们自己也修了很多内部路。

退休之前我一直做财务工作,职务也没有变动过,还取得了中级会计师证。1993年退休以后,振华集团又返聘我到深圳工作,算是"打工"吧,在振

华集团下面的深圳华富包装材料制品有限公司先后担任财务部部长、销售部部长职务。改革开放初期，上面下文件说要支援深圳工厂建设，从贵州这边就去了一批干部，有几十个吧。为什么喊我去呢？有一次贵阳搬迁需要借钱，他们去要不到钱，让我回来搞计划，向上面要钱，我下去一下要了1100万元。当然，能要到这么多钱，和我退休前的工作积累有关系。但是大环境还是变化很大，计划经济和市场经济的概念不一样，那时不管做什么东西都有计划的，粮票、肉票、油票，都是计划的，国家的物资也都是有计划的，像我们单位的几个大厂，钢材、木材都有指标的，不像现在。我个人的工作内容、工作方式也发生了很大变化，计划经济时代都是按需求来规划，生产和分配都是国家承包，生产的产品是哪个部队要的，哪个部队就派军代表来，从生产到出产品整个过程都监督着，验收签字以后才拿到钱。改革开放后就不一样了，市场放开了，很多工厂的产品跟不上时代或者管理方式跟不上时代，就倒闭了。现在我们振华车间已经搬到贵阳去了，贵阳乌当区成立了一个振华工业园，这个厂跑到那边去了。有的厂淘汰了，有的生产的产品不行，没市场竞争力就倒闭了。但是我们在深圳的阵地还是不错的，深圳振华是和香港合资的股份制企业，振华是股东。所以1993—2001年，我在深圳又继续工作了九年，现在退休了，深圳那边每个月还给我发600块钱，因为退休金我是从贵州这边领的，深圳那边就发补贴。

我和老伴2001年从深圳回到贵州养老，基本也算是在贵州生活了一辈子的人，也喜欢上贵州了。现在贵州多好啊，冬天不冷夏天不热，夏天这边避暑还是很不错的，凉快，交通也方便了。我现在的退休生活也很开心，上午出去转转，买买菜、逛逛街，下午打打麻将，晚上再看看电视。我们在这边也很少和本地人打交道，工作上没有太多的交集，生活上就更难了，一方面语言不通，讲话听不懂，人家听不懂我的，我也听不懂人家的；另外生活习惯也不一样。但是我们从来没有和本地人发生过冲突，都是和睦相处。我这人心态比较豁达，和老伴儿一辈子没吵过架，到了这边这么多年也没和别人有过冲突，大事化小小事化了，不计较，小的计较它没得意思，我也从来不生气，你看我80多岁了气色还不错，跟这也有关系。我退休后基本上是和老同事打交道，平时有一些走动。但是我的老同事很多都去世了，还有一部分去了深圳，因为振华在深圳的工厂比较多，子女在深圳，也就跟着到深圳去了，老同志在这里很少，难得碰到一个。当时从南京924一起过来的老同事更少了，很多都过世了。

当时响应毛主席的号召，听毛主席的话，高高兴兴地来三线，安心工作，尽职敬业把工作做好。国家需要我做什么我就做什么，要支持国家建设、支持工作、保卫各方、保卫国家、保卫人民。我们那时候脑袋很简单，不像现在这些年轻人，讲钱、追求享受啊。那时不讲享受的，能吃上粮食都是很羡慕的事，经常还有义务劳动，领导说要到哪个厂去把砖从车上卸下来，大家都不讲二话的，领导一句话就义务劳动，没油盐吃，也没钱拿，但是都心甘情愿，就是无条件响应领导的号召。当时大家都是这种状态，那时候我们建设三线，国家安排好多建设公司，油公司、食公司、物公司，国家安排一个师的工程兵，叫0278部队，来参加我们建设，那时候国家可操心啊（情绪激动）！现在回首支援三线建设的经历，我献了青春献子孙，献给了国家，献给了三线建设，但那是国家需要，要支援国家。后来80年代国家宣布三线建设结束，但是我仍然感到很荣幸，我响应国家号召，我老婆从农村出来慢慢有了工作，有了退休工资，儿女国家都安排得好好的，这我还有什么想法呢？很知足，很满足，也很高兴，对现在的生活也很满意。我和老伴儿两个人一个月有7000多块退休金，我们俩一个月最多用2000块钱，根本花不完。我三个孩子也很好，他们的关系也很好，我自己房子拆迁了，给的小房子，我那大儿子说把房子给老二，因为老大要有个老大样，老大讲："我在都匀有一套房子，老二在贵定没有房子，您老人家的房子给老二。"

你来看看，这个是我们老家江苏海安的《人才录》，我们老家有很多人从农村出来的，后来做了干部，就是人才，还要管家、顾家、对家里老人好，才能进这个《人才录》。从我个人的角度说，我认为自己对三线的贡献还是比较大的，一个是年轻时到贵州来，到山区来，思想境界还是比较高的。另外，对国家、对共产党我是忠诚的，我认为我是响应国家号召兢兢业业做工作的，做好本职工作，国家给我工资，我也不缺吃不缺穿，多好啊！我觉得参加三线对于我来讲是一件特别光荣的事情,国家对支援三线建设的干部考虑得比较周到,只要有困难,国家都想办法帮你安排、帮助解决。比如我家老二,腿有麻痹症,跑路不太利索,国家也给安排了工作,而且还安排得很好。要感谢国家对我的关怀。我自己感到自豪,我不到三线来,在农村还不是当农民!如果在农村,也不知道现在什么样子呢,所以很感恩。

安鸿椿
我是自豪的"天义人"*

亲 历 者：安鸿椿
访 谈 人：胡　洁
访谈助理：游彧涵
访谈时间：2019年7月24日上午9:00—11:40
访谈地点：遵义市1964文创园内
访谈整理：游彧涵

亲历者简介：安鸿椿，男，1940年生，原籍天津。1956年，在读高二的安鸿椿为分担家庭经济压力，主动退学报考国家重点军工企业天津105厂，被分配在生产科制造飞机配件。1965年，在紧张的国际局势下，受到备战动员歌曲的鼓舞，怀一腔热血随厂从天津迁至遵义，参与包建315厂，成为建厂第一批职工。自1967年起一直从事生产系统工作，1980年升任生产车间主任，1983年调至生活服务公司担任经理分管后勤，1987年后回到生产科担任科长，1988年后调至企业管理岗位直至2000年退休。

安鸿椿（右）接受访谈

＊ 本文在整理过程中参考了《好人好马上三线：贵州三线记忆口述实录》中根据亲历者本人口述所撰写的《一份真挚家国情，毕生心血为航空》一文。

一、听党召唤赴三线

我是土生土长的天津人。我父亲以前是南开的老大学生，后来在中国银行做襄理。1956年，我读到高中二年级就自动退学了，因为我们家的情况比较特殊：我7岁时父亲过世了，当时我哥哥刚毕业，到了银行工作。因为父亲过世早，哥哥一个人工作，大姐、二姐上初中，我和三姐上小学，我感觉我应该自立，不希望让家里再困难。当时街道介绍给我的就业单位有钢厂和自行车厂等，另外还有一个是天津105厂，它对外只说是中央保密企业。虽然具体是干什么的我不知道，但我觉得保密单位肯定与国防建设有关，于是我就选择了105厂，觉得这里有神秘色彩，能够更好地锻炼自己。

被招进厂之后，才知道天津105厂是做飞机电器制造的，属于航空工业部，是中国航空工业建立的第一个航空电器厂。我们那一期有400个学员同时进厂。去了以后，因为我在当时算学历比较高的，就分配在生产科，它是按照苏联那种模式运营的，负责全厂的生产调度。我们因为是国家重点军工企业，所以有苏联专家来指导工作，当然也有师傅带。一年多以后，我就可以独立地主管两个车间，一个装配，一个试验。对我来说，有个得天独厚的条件，进厂就在科室里边，统管全厂最重要的两个生产单位——生产和调度，而且是装配和试验车间，是全厂的最后工序，也是整个工厂的最后结晶。我在天津105厂工作将近十年，都是在那里，后来一直到主管全厂，我能够自己独立值班，一个工厂那时几千人，从早到晚，到夜间，都是我一个人独立值班。

20世纪60年代后，当时国际局势异常紧张。美国不断地侵扰我们，《人民日报》上几乎三两天就有一个"严重警告"。这个"严重警告"从1958年6月开始，美国的飞机侵扰我们的领海、领空，但当时我们没有力量跟它对抗，就只能发表严重警告、外交抗议。1958—1964年，发表了649次严重警告，当时我们就感觉，哎呀，中国真的没有办法，只能使用口头的一种抗议方式。

其中对我们威胁较大的是"U-2"高空侦察机，当时简直让我们感到不可思议，它能飞到高空2万米，我们打不到，高射炮最多打到四五千米。当时苏联援助我们的,也不过就是"米格-17"飞机,最高飞到1万米,根本够不到。它在我们的领空肆意横行,咱们中国除了西藏以外它都飞得到,包括我们做核试验的基地罗布泊①,所以我们没什么密可保,它到处游荡,想看你哪就看你哪,我们只能眼看着它飞来飞去。还有当时的台湾蒋介石集团,在50年代末,从朝鲜战争开始,就不断地叫嚣"反攻大陆"。当时东北的局势也很紧张,真是陈兵百万,大兵压境。在这种情况下,国际形势真是让我们感觉到"黑云压城城欲摧"。

当时我们就想,一旦战争爆发,敌人肯定首先要打掉我们沿海地区的重工业、军工企业,所以第一,我们要保存实力;第二,我们还要继续发展,不能光把沿海地区搞起来,否则一旦被摧毁了,整个就瘫痪掉了。从大环境讲,国际形势给我们造成了这样一个心理状态:我要为祖国的航空工业继续保存实力,要为进一步地发展航空工业尽我的力量。另外当年毛主席举全国之力把所有顶尖的科学家都集中起来,让他们舍弃家业,到一个最艰苦的地方,隐姓埋名,搞尖端武器,这对我们来说也是很大的触动。那些先辈们能够这样舍生忘死,不顾自己的一切,舍弃优越的生活条件,去研制核武器,对我们来说真的是榜样。我从内心来说,认为自己做出牺牲是完全应该的,也是完全必要的。

当时我们听说1962年9月9号,在南昌地区,我们用三枚"萨姆-2"导弹同时发射,终于把"U-2"侦察机打掉了。1964年10月16号,中国第一颗原子弹爆炸,那真是振奋人心。后来到1967年,我们第一次用"红旗-2"打,我们具备了击落它的能力,美国就不那么猖狂了。那些个情境真是,到现在我们听起来都热泪盈眶。如果没有这些先辈,这些科技工作者,能够制造出原子弹、氢弹,我们今天还是僵局。中国有了这些个手段,一旦真的打起来,我们才可以对抗。

其实,在1965年之前,天津105厂还给大家进行了战备方面的教育:一旦真正打起来,停电了怎么办?我们就练基本功。什么基本功呢?你闭着

---

① 此处指马兰基地,即中国人民解放军总装备部第21试验训练基地,始建于20世纪50年代,是我国最早的也是唯一的核试验基地,被称为"中国核武器的摇篮"。基地位于库尔勒市和硕县境内。

眼睛能装产品，闭着眼睛就能找到你所需要的零件。我在生产科，我们下面有个中央仓库，实际就是搞产品配套的，这个配套有几千种零件，你能闭着眼睛摸到哪个柜子、哪个抽屉，你能抓到它，就专门训练这种能力。我们要有最坏的准备，一旦出现战争情况怎么办？我们还是要生产，还是要支援前线。现在听来好像是一种笑谈，但当时就是那种状况。

1965年春节后，厂里逐步开始了关于支援三线建设的宣传动员工作，虽然当时还不太明确"三线建设"这样一个称谓，只说要建新厂，号召大家支援。天津105厂最大的时候有4000人，它中间还分了几个单位，分到西安、北京、兰州……都是从那个母厂分出去的，从华北沿海地区这个危险地带逐步向西部、西南地区转移，使战略航空工业布局越来越扩展，从整个全国布局来看就更加合理了。当时只知道要内迁，具体选址在哪里，谁也不知道。从整个氛围来讲，广播里边每天都不断地播送这个问题。我们下班以后要走到食堂区域，我们去的路程当中，它就播放音乐，那个音乐到现在我还记忆犹新，是《毛主席的战士最听党的话》。这个歌词我都能背下来："毛主席的战士最听党的话，哪里需要到哪里去，哪里艰苦哪安家，祖国要我守边卡，打起背包就出发……"天天放，大家的情绪非常高昂。我是自愿报名的，从当时那个情况来看，真的是满腔热血、毫不反悔。

后来105厂提出了一个口号叫"主力精华转移，支援三线建设"。"主力精华转移"，就是把我们的核心技术、精干人员、精良设备都转移到三线，定员规模大概1100人，搬迁的各种物资有2700多吨。从天津全套地、成建制地搬迁过来，包括人员设备、资料、技术以至于家具，全套供应。为纪念从天津搬迁到遵义，就把新厂取名为天义电工厂（315厂）①。

厂里当时对我们的要求可以概括成五个"当年"：当年设计、当年建设、当年搬迁、当年投产、当年出产品。厂里有个筹备组，包括设备、资料、各种器具，都有个专门的小组负责登记。比如说，当时我们用的东西都是苏联资料翻译过来的，那么无论是产品设计图也好，工艺规程也好，包括质量检验

---

① 全称为中国贵航集团天义电工厂，是于1965年由天津航空机电公司（国营105厂）内迁包建的航空继电器专业制造厂家，后更名为贵州天义电器有限责任公司。

卡片也好,都是成套的,专门把它收集起来装箱发运。设备也是如此,哪个设备要走,编号、装箱就发走,包括各种量具、计量仪器,都是这样。

我们那会儿先是支部书记找谈话:"你是属于支援新厂的,什么时候走?你回家准备一下。"我当时没有考虑更多,比如:今后怎么办?长远怎么办?未来怎么办?没有想过这么多。支部书记谈完以后,我就说:"好吧,我该做的我会去做。"那会儿领导也问你:"有什么困难?"我说:"没有困难。"我记得十天以内我就把这事做完了。

第一是要跟家里讲,当时我没想那么多,我觉得到那去,是开辟一个新的战场,无论如何,我要为国家的航空工业尽我的力量,在哪儿都一样。我母亲当时64岁,比我要想得深一点,认为我一去就不可能再回来了,但她也很支持,她就留在天津,最后是我两个姐姐负责赡养母亲。我和我妻子是天津105厂的同事,我1956年进厂,她1958年进厂,当时我们在一个科室,她是中央库的保管员。我们结婚后就在天津和母亲一起住,1965年2月我们的女儿出生。我和妻子说了一下,她也没什么反对,反正我到哪里,她跟到哪里。我来遵义,她就必须要来了,也是属于支援新厂的。

第二是要把自己要带的东西准备准备,也知道到这来就是安家过日子,包括什么炊具、餐具啊,都是自己带一套。以前和我母亲在一起生活,现在就得自己另搞一套,该买的买,该分的分,反正锅碗瓢盆都得有。再有就是家具,那也是我带去的,家里全力支持,要什么都给。打包也是自己打,包括木板、纸箱、草绳、钉子,都是自己买。那会儿真的没有其他想法,反正就是要尽快去到新的

1965年11月,安鸿椿(左三)携妻(右二)女与天津105厂的同事在天津西站合影,作为奔赴三线的临别纪念

工作岗位去，我没什么条件，也没有跟领导去张口要什么。

那会儿交通不太便利，从天津到遵义分南线和北线，1965年国庆节前刚刚开通了重庆到遵义的火车，之前都是由天津经上海、柳州、贵阳再到遵义。我们11月份从天津出发，第一站先到北京，那里设立了接待站，根据每批去新厂的人员及家属预订火车卧铺票，休息两天继续登程。我们由北京到重庆后，那里也有接待人员负责安排住宿，休息一两天后即转赴遵义。

二、以苦为乐渡难关

我们一来遵义就投入工作了，因为当时有这样一个计划，就是"七建八搬"，即7月份基本建设，8月份要把设备都就位。9月份车间的生产准备工作正式开工，10月份机械加工都开工，11月份电镀处理都开工。我是装配车间的，12月份搞了两种产品，各100台。它的意义在哪里？都是在遵义新厂生产的，而不是从老厂拿过来的，是完全就地生产。新厂有能力从零件加工开始到成品装配试验合格，就标志着一个工厂的生产能力开始步入新的起点。

当时住的地方叫"红楼"，就是红砖盖的。一家12平方米，卧室就是客厅，有一个小厨房，也不过2平方米，没有厕所，几个楼之间可能有一个公共厕所。一个楼道五家人一个水龙头，到下班的时候，你也洗我也洗，大家互相谦让，当时人口多，家里有老人的，可能提前就把菜洗好了，上下班的双职工回来得赶紧忙。孩子送厂里的托儿所，每天早上上班带去，下班带回来。

因为经济条件的关系，中午、晚上都是在家里做饭。那会儿为了做饭，真是头疼！当时没有煤块烧，自个儿在小厨房里砌个炉灶，把煤厂的煤末末儿拿回来以后自己掺点黄泥巴，团煤饼子，往墙上贴，贴煤饼子，然后再敲碎了烧，那不好烧啊。火上不来怎么办？撒把盐，可能稍微有点蓝火苗。着急啊，这边等着做饭，还得管孩子，上班还不能迟到。那会儿没有什么奖金问题，也没有什么考勤问题，但自个儿很自觉的，都不能迟到。哪怕我中午的饭不吃，我也得上班去。当时大家都在这个环境下，就想办法自己把炉子生起来,因为要过好日子,目的是什么？我要把孩子带好,要把工作做好,不要被家务所累,再困难,自己把它压在心里。没什么怨气,只是着急,着急我怎么现在自己连做饭都做不好,连吃饭都那么困难。我得挤出时间来,我还得回去工作,就想能够自己把家里的事处理好,能够尽量使自己脱出身来,更好地投入到工作中。

1967年1月26号,所谓"造反派"夺权。当时我思想也很简单,夺什么权哪？权是个虚无缥缈的东西。当然有些人有他的追求,参加造反派,成立各种委员会,要做个领导。我思想比较单纯,我没什么派,就觉得那种斗法不是我们所需要的,也不是我们国家提倡的东西,真正还是要靠大家脚踏实地来工作。我也没有受什么冲击,因为我就知道,反正那会儿的口号都是"拥护毛主席革命路线",别管哪一派,它都是这个口号,脚踏实地干好工作就行了。无论怎么说,我在车间管生产,还是要尽我的责任嘛。只要厂里有计划有任务,我就去完成。

民营企业也好,地方企业也好,无论怎么说,损失就损失了,无非就是把步伐放慢了。但是军工企业,一旦有战争怎么办？不能够再乱下去了。因为军工企业的特殊性,从1967年成立革命委员会以后,到1969年9月,实行军事管制。中央军委发布命令,由昆明军区派驻第八军管组进入工厂,第一步就是按照部队的建制,各单位建成连队,车间主任、科长,就是连长、指导员。"文革"时厂里是造反派占据主要势力,有一个"砸烂旧班底",因为我一开始是生产科总调度室的,从造反派角度来看我们都属于旧班底,他们就另搞一套嘛。我被"砸烂"以后就到装配车间去了,因为我对装配最熟悉,也喜欢干活,反正就是跟着一起干。另外车间让我负责抓生产,分摊给你这个组是按产品分工的,每个组我都可以干,跟大家在一起也挺好,挺有乐趣。

军管组从1969年9月份进厂以后建连队,到1973年陆续撤掉。这几年当中出现了一种不正常的现象,军管组为了表现一下自己,就要"放卫星"。比如说某种产品,平时按正常情况,一个月了不起了干了500台,军管组提出一个"放卫星"的口号,这个产品一个月要搞7000台。真的昼夜不睡觉啊,连续在那儿干了几天几夜,我干着活都可以打盹。这种情况下能干出好产品吗？根本不可能啊。最后产品试验完入库了，又拿回来再翻修，这损失就很大了。

1971年5月12号有一场大冰雹，那个冰雹有鸡蛋那么大。那天我正好还发高烧，39℃，躺在床上起不来，明明知道这冰雹已经砸到屋里来了，可就是起不来。厨房的玻璃，所有朝北面的都打碎了，屋里面都灌了水，炉子都给浇灭了。

后来厂里广播，首先是让党员、团员到自己单位去，看看有什么损失，赶紧挽救冰雹造成的损害。那会儿我是团支部委员，想着我在车间负责生产，无论如何我得到现场去，再困难我也得去，就起来了。到车间去一看，我们装配厂房的玻璃被打碎，也进水了。有的产品是下班时候放在窗台边上没有收起来的，也有好多半成品。我们该清洗的清洗，有的要烘烤，就开烘箱，要把水汽排除掉，有的用酒精擦，大家干到很晚很晚。我就觉得在那个时候人们没有更多的想法，就知道要挽回损失，要保护国家财产，我到现在还记得那个场景，那个劲头都不一样。

1983年3月，安鸿椿（前排中）带领装配车间工人到遵义市区开展"学雷锋"活动

当时作为工人来讲,还是得要有服从的概念,你要求我加班就加班,任务加码就加码,无非大家辛苦一点。我们心里头一个基本的口号就是"部队需要",只要部队需要,我们就想办法去完成它,再困难也得想办法去完成。加班过程当中大家还很乐观,比如说,虽然条件很艰苦,但装配车间女同志多,晚上带点挂面来,煮点面条吃,有电炉子,大家凑在一起。也没什么加班费,加一个夜班,超过晚上11点以后,给2毛5分钱、二两粮票,那会儿粮票很关键。就是这样,大家没有什么更高追求,也不觉得什么苦啊累啊,反正生产任务需要。

三、闯出一条新路

1983年我被调到生活服务公司管了三年后勤,包括医务室、托儿所、食堂、总务,都在一起。到1987年吧,我又回到生产系统了,在厂部担任生产科科长,干了将近一年又回到车间去,在装配车间当主任兼书记。1988年我就搞企业管理了,厂里有个企业管理办公室,我们叫企管办,让我去管,直到1994年,就干了这么多年,2000年我最终在企业管理岗位上退休。

20世纪80年代初期,国家的战备好像松了,逐渐转向市场经济的轨道。当时我们的旧机型要逐渐淘汰,新机型一时还上不来,不要说美国了,和比较发达的国家比,我们也落后了二三十年。出现这种断档,我们一时还不适应。当时航空工业部的提法是"保军转民""以民养军""以军为主"等,总的一个精神还是要以军品为主。要保证军品,保证新产品的试制跟上机型的发展,然后你还要自己养活自己,一举两得。从80年代初期一直到90年代,这当中十年,对我们厂是一个比较艰难的过渡阶段,我们也走了一段比较曲折的道路,但也是在摸索中前进、在锻炼中成长吧。

为何会比较曲折,有以下几个原因:第一个是计划经济时代造就的"皇帝女儿不愁嫁"思想。航空企业我们干了几十年了,在计划经济时代,我干不干、干多干少,国家包我,没有经济上的压力。国家有指令性计划,你多干了,就放在库里,到时报废、销账,国家给包了。有些库存、储备,到一定年限就报废，都是国家包的，那会儿就等于一笔勾销。但现在以市场为主，市场要什么你做什么，你做出来卖不出去，你自己就倒霉了。第二个就是航空工业自认为是高端技术领域，我的产品质量、生产手段、技术能力，地方企业根本望尘莫及。第三点，民用企业的生产效率高，它就讲薄利多销，我哪怕有1分钱的利润也要把它赚回来，我不怕利润低。有一个例子，上海做大头针的，一盒赚1分钱，人家是靠量取胜。但搁我们厂来看，这根本做不出来，首先是成本高、生产效率低，再者你放不下架子，所以一开始很艰难。

后来，我们厂里就有个口号叫"找米下锅"，有能力的到外面找点活，给人家干加工，就叫对外协作，简称"外协"。搞热处理的揽活干，搞电镀的也揽活干，搞点"外协"，这样车间里头就可以留点利，厂里允许你留百分之多少利润，这样才有积极性。没有能力的就没办法，跟着一起吃大锅饭。

总得有自己的主打产品哪，但当时一下又上不去这个台阶。比如我们做电冰箱蒸发器，只能给冰箱厂做加工，还是给人家打下手，为人家配套，没有直接面向社会的终端产品，利润还是低。他说给你多少钱就多少钱，他说不要你就不要你。我们一开始就接了风华冰箱的2万台蒸发器，风华冰箱是061系统做的，531厂做冰箱，我们就抓住它，让它认购了2万台。以后就要扩展市场，比如说像天津的海河冰箱、北京的雪花冰箱、吉林的吉诺尔冰箱，那几个大品牌吧，我们就到外面去推销我们的产品，但是没干两年又不行了。做电冰箱蒸发器使工厂取得了边际效益，边际效益能够使大家有活干、能够开工资，但也不过就两三年时间它就不行了，因为轻工产品的特点就是变化快，根据消费者需要，今天要大冷冻室我们就要大，明天要双开门就得双开门，后天四开门……变化非常快，我们跟不上，虽然我们也搞了一个分厂，专门做蒸发器，也组织一套人力，也有专用设备，但是终归还是不行。还是老的毛病，就是跟不上市场变化。人家要变，我在那儿规规矩矩地做套模具，又得从头开始，总而言之这种步伐跟不上市场需求的迅速发展，这就是我们自己固有的弊病，一时半会不好改变。

后来我们自己又闯出一条新路来，我们定位叫"军品民用"。这个"军品民用"到现在还在干着，在军工产品的基础上，根据民品的需要改型，这总归有基础嘛,而且我们干这种产品轻车熟路。"军品民用"最早是给在仓库里搬运的叉车配的接触器,因为它的工作电流比较大,必须要有一个比较可靠的接触器,中间电器要能承载大电流。我们这个产品本身也给坦克车配套,耐用、稳定、可靠性好。现在我们给华为供应配套,华为有个自动电源系统需要很多这样的接触器。现在军工还照样做,中国所有的飞机,只要是属于我们这一类的电器,任何一个飞机,你只要有新技术就教我们,我们就得给你配套,按照需要,做出新的产品来,所以我们现在军品是有饭吃。民品就自己想办法,现在一个是"军品民用"的接触器,还有一个是汽车继电器,这两大块在工厂算经济支柱。

另外还有一个电梯分厂,也是在我们天义厂基础上创立起来的。军转民的时候,我们给广州电梯厂做配件。广州电梯厂是跟日本日立合资的企业,日立电梯在中国也有很大一块市场。广州电梯厂觉得买日本的很贵,那么我们有能力,就拿它的样品来仿制。我们厂一共做出来四种电梯电器,到广州电梯厂一用,说完全可以替代日本进口,它节约了成本,我们也有了新的销路。我们就从电梯电器到电脑控制柜,一直到整梯生产,就立下一个经济支柱了,否则的话,你永远是随着人家屁股后面跑,没有什么长久之路。你想走得好、走得远,必须得有自己的独立产品。

电梯分厂现在虽然完全从我们这儿切割出去了,现在叫天义电梯公司,但它也是在天义厂的基础上培育起来的,我们也感觉有一份我们的力量在培养它。我可以很自豪地说,贵州原来没有什么智能电梯,没有自己的电梯厂,是天义厂首创的。现在遵义市最繁华的老中心新华路有一个过街天桥,那两边的电梯都是天义电梯公司捐赠的,一个是方便市民,一个也为提高它的知名度。

四、总把他乡作故乡

这些年最大的难点是什么?是我们亏待了第二代,因为过去没有条件对第二代好。现在我们也有精力了,也有条件了,所以现在我们就把心里的爱都给第三代了。第二代小时候真的,我们上班顾不了他们,说加班就加班,说扔托儿所就扔托儿所,有时候开会了,就把孩子锁家里头,就这样。但是我们那个时代的气氛就是这样的,放下就走,孩子就锁家里头。在物质方面也亏待他们,当时也没什么奶粉,没什么鲜牛奶。我就记得印象最深刻的一次是过年了,想给孩子买个苹果,没有,买不到。有一个店铺,就在遵义会议会址对面,当时是一个很低洼的小店铺,有一筐苹果摆在那儿,我们厂里这些职工们就在那儿看,问他:多少钱一斤?没价钱。什么时候卖?不知道。就这样,想给孩子买个苹果都买不到,所以对我刺激比较大,觉得亏待第二代了。那会儿的物质条件真的是太差了,艰苦的时代,我们白糖、肥皂、酱油,都得从天津带过来。那会儿因为家属是同厂职工,没有探亲假,大概几年能够存点路费,回家一趟,这里没有什么东西可买回去,只有从那边往这边带,这边条件是艰苦。但是现在过来了,我们这边挺过来了,这样一对比觉得还可以。我没有什么后悔的,就感觉现在比过去幸福指数提高了,因为什么事都是相比较而存在的。

1984年春节前,工厂组织专人到天津、上海等地为职工采购副食品,安鸿椿(右一)作为生活服务公司经理到现场维持秩序

现在用历史眼光回头再看,当时按照国际的大环境,三线建设要把航空工业布局分散、隐蔽、重新布点,这个是时代的需要,这个大方向是好事。作为我们来说,我们能够为航空工业贡献毕生的精力,我觉得是值得的。我记得是 1965 年 12 月 13 号,我们这个厂就算正式被国家验收了,当时三机部有个副部长叫吴融峰来代表国家验收,露天开了全厂的支部大会,他说:"315 厂建成投产,是国家在航空工业布局上,按照毛主席的战略部署的一个成功先例,也为我们将来航空工业的继续发展,形成一个新的力量。"他这个总结,我觉得说得还是很对的。我们也是这样的,不是因为我们到三线来了,自己光想自己艰苦那些,应该想到我们尽自己的力量能做出这样的贡献,是值得的,是应该的。三线建设带动了地方上的经济发展、社会文明,这很值得自豪,我们心里很有满足感,这是真的。我觉得心态好首先就是要有满足感,不要总觉得社会对不起你,不要总觉得为什么别人在那里生活,我到这里生活,要是去想这个,那你就没有什么精神动力了。

近几年我从大家的讨论当中也听到一些事,当时国务院下属有一个机构叫三线建设调整办公室,主任叫王春山①,他到这儿来过,我们一起接待,他说得比较客观:对一些极端艰苦的,或者不适应正规生产的和不适合以后长远发展的,要采取一些办法,要砍掉一部分,融合一部分。我觉得国家对三线建设也采取了一些补救措施,虽然过去确实因为分散、隐蔽,造成了一些弊病,也造成了一些损失。但是我们作为这个队伍还存在,这个事业还存在,只不过现在在调整过程当中。现在从总体来讲,有的企业可能不行了,有的企业合并了,可能个别的注销了,有很多是把军品这一块浓缩起来,其他人搞民品。我们现在也是这样的状况,因为企业如果完全搞军工产品,肯定要不了这么多人,就要开辟一个新的天地。后来我们厂也有相当一部分职工逐渐调离,因为人员也在不断支援其他新的单位,比如西安有一个做航空电器的分厂,我们去了有 90 人吧,还有雅安有一个天津 105 厂最后又分迁

---

① 此处为亲历者口误,实际应为王春才。王春才,生于 1935 年,江苏建湖人。1965 年起在中共中央西南局国防工业办公室、四川省国防科工办从事三线建设规划实施协调工作,1983 年任国务院三线建设调整改造规划办公室规划二局局长,1994 年任国家计委三线建设调整改造办公室主任,1997 年退休。

的厂,也是包建的,从我们这边又调去90多人,还有其他地方,像贵阳、安顺那些厂也是从我们这儿支援一部分人员过去的。现在厂里也有很大一部分职工是地方上的,有些是部队转业的,还有些是技校毕业的。即便如此,我们厂在这个小范围内还是挺稳定的,无论再怎么艰难,领导还是带领大家一步一步地往前走。我们没有亏欠过工资,也没有下岗的现象,而且在早期,工厂对于职工的子女都收进来,只要你愿意报考,厂里都要,那时候职工子女没有什么就业困难。我们厂很典型,大家都是从一个大家庭里出来,不像有的厂的人员是来自五湖四海的,他们那个团结的劲头就不一样。天义厂这个圈子里头不存在这种,我们厂里大家还是互相挺关照的,亲情很浓。

特殊的历史时期造就了三线建设这样一个过程,我们的一生,包括我们的子女,都为贵州的发展、为祖国航空事业的进步做出了贡献。时代在发展,总归要有些人来从事这个事业,是吧?这样延续下去,一脉相承嘛,是好事。

我有两个孩子,老大是女儿,老二是儿子,都在这儿,也在工厂里工作。像我儿子就在厂里的生产部,他也在总调度室,等于还是跟我原来一样,继承我的事业。我儿子的对象是我女儿的同事,当时我现在的儿媳妇就跟我女儿说:"姐姐你给我介绍一个朋友。"我女儿就说:"我给你介绍一个。"实际上就是她弟弟。厂里还有很多是这样的,同学之间、邻里之间,这样的很多很多,找对象相当一部分是内部消化的。现在我的孙女也在这儿,女儿的女儿在遵义医专当老师,儿子的女儿在四川音乐学院。当年我们到这儿,也是外地人,现在我们再回天津,我们也是外地人,怎么都是外地人。我的根还是天津的,但是孩子们在这儿长大了,在这儿成长、安家立业了,他们现在一般就不提籍贯了。我有时候也谈起支援三线建设这些事情,但是他们的感受第一个是不理解,第二个是很新奇。我们一说往事,他们总觉得不可思议。

转眼过去了50多年,当年在厂区和家属区种下的小树苗都长成了参天大树,建厂初期的第一代天义人早已离开了自己的岗位,第二代天义人也逐渐退出了历史舞台,一批又一批新人不断补充进来。我属于一直坚守在这里的,我觉得祖国没有忘记我们,人民不会忘记我们。退休后我有时候还给厂里写东西,写朗诵词、演讲稿,或者给他们新来的大学生讲课,我也会说三线精神到现在还不能忘记,我们厂的企业精神,就那四句话"艰苦奋斗,开拓创新,团结创优,振兴天义"。

张玉明
九死一生修炼赤子身心

亲 历 者：张玉明
访 谈 人：王东美
访谈助理：彭圣钦
访谈时间：2019年7月25日上午9：00—11：30
访谈地点：六盘水市水城矿务局家属区张玉明家
访谈整理：王东美　彭圣钦

亲历者简介：张玉明，男，1925年生，辽宁凤城人，1945年抗日战争结束后参军，1946年秘密加入中国共产党，1948年在供销社当营业员，后调到吉林营城煤矿担任房产股长。1965年长子从辽源煤校毕业，由东北奔赴贵州三线。随后，长女、次女、次子也先后来贵州参加三线建设。1972年和老伴偕同幺女，主动请缨调入三线建设水城矿务局，在水矿机关行政处一直工作至1984年离休。由于解放前入党材料遗失，2014年以90岁高龄重新加入中国共产党。

张玉明（左）接受访谈

一、少年相伴共度八十载

　　我和老伴,俺们俩的婚姻,纯父母包办。

　　我5岁,她8岁,我们俩原来是一个县,中间隔一座山,她在山南,我在山北。我母亲领着我和我三哥到她家去,去了在炕上坐着,跟我岳母说我是来要媳妇的。我岳母看中我,就订亲了。订婚之后我们就搬另一个县去了,隔着原来那个县能有30里地。九年了,这九年我跟老伴也没见面,我岳父上我家去几回没看到我,结婚以前我岳父又上我家去,又没看到我,回去就说:"这孩子是不是有毛病,躲着我。"那阵我是什么情况呢?

　　10岁以前跟我二哥种地。早晨起早,鸡叫就起来了,眼睛都睁不开。大人照顾起来,洗完脸吃点饭,跟我二哥俩种地。他犁地,我滤种子,七八岁的时候就干那个。还有放牛,有驴,有猪——有克朗猪,还有老母猪——带仔的一大堆,赶出去以后驴走得快,老母猪走得慢,在后边就散了,照看一堆猪困难,一天叽叽歪歪的,累。11岁我上学了,在我姥姥家附近,她家条件比较好,20里地以外有一所学校,我就吃住在姥姥家。念了一年书,12岁的时候,家里没有人放牛,我又回家放牛去了。13岁又接着念书,念了五年,到17岁。那时候念书是这样子:年初升学,到年末算一年,跟现在不一样。17岁念完六年级,过了年我就单身一个人上黑龙江我三哥那待了大半年。秋天又回到辽宁,回去的时候就把我老伴领走了。

　　那时候说话就算数,随便不能离婚。这婚事已经订下来了,不结婚也不行,那怎么办呢?——女方送,男方接,半路上看。如果行就结婚,不行就回去,就不结了。走到半道我去接他们,事后老伴跟我说:"我一看,这小孩还可以。"这么就把婚结了。那是14岁冬天的时候,双方老人决定结婚,啥都没有,连结婚证书都没有。双方老人说一说就妥了,大伙来吃顿饭,完成任务了。我记得我们家给我老伴她家60块银圆,别的啥都没有,很简单。我听说我父亲给鬼子修铁路,一天挣一块大洋,修铁路挣钱给我说媳妇。1939年结婚,1942年有孩子。我17岁,她20岁,生我大儿子。这大孩子今年都78岁了,现在在珠海。结婚了老伴在家顶一个农民,铲地、种庄稼、拔草,顶一个整劳力,四年以后我就接手了,然后就到黑龙江。

1945年鬼子投降以后,11月份我参加了共产党的军队,就到黑河。1946年6月份秘密加入中国共产党,那个时候共产党身份没公开。我参加工作以后,在连部供给处和参谋处一年。1946年的冬天,从黑河到哈尔滨,部队整编到前方去了,我们团部就回到齐齐哈尔拜泉。回到拜泉以后,我家在绥化明水,我就把家庭情况跟政委说了,后来政委这么定的:"你回去,把你爱人、孩子领到拜泉,团部成立宣传队。"并且说:"你到哈尔滨军政大学念书去,就这么安排。"当我回到明水以后,待了大概有20天,领着我老伴跟我儿子,那时候儿子4岁,我们三个人回到拜泉,这时候部队就转移了。转移以后,1947年4月份从哈尔滨又往南方来,据说这个部队转到长春周围了,我就从黑龙江找到长春,结果没找到!

我是1947年6月到的长春,到长春以后我就病了。我老伴就领着我儿子要饭,大概三个月。国民党设立一个高粱米的粥锅,穷人没有生活来源的上那去领。每顿饭领一碗高粱米粥,我老伴领回来以后,把人家的高粱米饭拿去煎饼处换煎饼吃,因为有病的人吃不了高粱米饭。这么三个月,我就好了。

这就到1947年的秋天了,那时候就是折磨人呀,没有着落地流浪。到了营城煤矿,听说那叫煤窑,说工作好找,混生活没问题。当时也不知道煤矿是怎么回事,我就领着老伴、孩子去了,到那以后人家叫负责人"把头",就像现在的包工头。到矿上了,把头说你这么瘦,岁数这么小,你就干瓦匠吧,盖房子,你去搬个砖什么的,一天给三斤苞米和黄豆、高粱,那叫杂花面、杂粮。打成面给三斤,我们三个人吃不了。那时候我体验了国民党管理国家的方式,三四个月后就解放了。

1948年夏天第二次参加工作,这就是共产党管理了,参加工作就在合作社当营业员。不久又到吉林去学习社会主义经济:社会主义新民主主义革命经济是一个什么样的经济?国家什么时间达到一个什么样的经济?简而明说,就是单一经济、国家经济。到1957年,社会主义工商业改造,打造新民主主义革命经济的制度了,就是单一国家经济。理发的都集中到一个屋子卖票,拿票据理发。掌鞋的、修鞋的,集中在一个地方,集中收钱,然后去修。大商业叫赎买政策,公私合营,那叫工商业社会主义改造,到1957年完成。合作社当时就起这个作用:供应、入股、股金。国家出一部分钱做买卖,上至布匹,下至油盐酱醋米,整个生活用品合作社全部供给。我就在那当营业

张玉明(右二)全家1958年于吉林营城

员,后来当业务主任,这就是新民主主义革命经济这么一个插曲。后期我就调到矿上去干行政工作,完了再从黑龙江回来,到吉林待了25年,这就到1972年,就来贵州。

二、全家陆续赴三线

党中央做出三线建设这个决定,没有公开宣传,比如说主席要骑毛驴上贵州,这都是传说,实际没有文件,没看到文件。但是这个意义,每个人的理解都不一样,自己去消化什么意思。骑个驴那一天能走几里地啊,对不对?所以赶紧把铁路修好,包括飞机在内,是这个意思。所以我们自己理解就是,当时主要是党中央说话,老百姓要去做,凡是有任务,三线建设再困难都去,总的概念就是不怕牺牲不怕苦,再艰难也要去。个人小家庭放在国家大家庭后边,大家都去完成任务。

我大孩子是1965年从吉林煤校毕业以后分配到这来的。当时分配是两个志愿,一个是留在本省,另一个是支援三线建设。那时候中央就有号召了,我儿子回家问我,说毕业了学校要分配,有两个方向:一个是支援三线建设,另一个就是留在本省。那时我们的思想就是跟着党走,信念非常坚定。

我就跟他讲了,我说毛主席说了,三线建设不好,他睡不着觉,另外车要是不通的话,他得骑着毛驴从北京到贵州去。我说"你自己考虑",然后他回校就报三线了。

这里头有一个插曲,大儿子在学校有个同班女同学,姓杨,他俩就约定了婚姻事情。他放假回家,就把这个女孩领家来了。我们都看明白了,当时就跟他讲了,说:"你们两个订婚家里头不干涉,你们俩同意就行。"另外就是养老的问题。旧社会有一种风俗习惯——养儿防老,我说:"我跟你妈俩就不是这个观念了。从目前我们的想象当中,我们老了用不着你们养护,估计我们都有工资,也能做饭吃。最后到不行了那个阶段,你们再照顾照顾就行。"这定心丸给他吃上,为什么这样讲?当时男孩子搞对象很不容易。家庭有老人,女孩就不同意。家里有老人,那叫累赘,我们当时就明白这个道理,你们搞你们的对象,你们结婚过你们的日子,我们老人不让你们吃苦,就这样。完了他回去就报到三线来,女方是个独生子女,人家说啥不来。她的父母阻止,这个女孩子就要断绝关系。即便这样,我那儿子也挺坚定的,就来报到。

那个时候他没来,他是 1965 年来的,到 1971 年这六年期间,我家又来了三个孩子,算起来有两个姑娘、两个儿子到三线。到 1972 年我一看,幺姑娘,就是最小的这个姑娘,她是 1955 年生的,高中毕业。我一考虑:生育五个孩子,四个到贵州了,还剩一个,我在东北怎么办?我就给儿子写信,我说:"你要求矿务局把我也调去。"他就跟矿务局一说,矿务局就发一个商调函到我那个单位,这是 1972 年 5 月份的事,我当时在吉林省营城煤矿。6 月份,贵州四个孩子回去三个,两个姑娘、一个儿子,把我们接来了。所以我们是 1972 年 6 月份来的。我是城市户口,把我老伴跟我老丫头户口移着就来。

当时火车就通到水城这里。那时候条件好一点,到这里来下车以后是晚上,到了现在的六盘水站。那阵当地老乡一般都是像威宁县①这种风俗习惯,背一个大背篓,裤脚有这么肥,长裤子底下露出那个黢黑的脚。实际上非常困难,那种情况也没有水洗,衣服就那样。我老伴一看,哭了!她说:

---

① 威宁彝族回族苗族自治县,是贵州省辖县,为贵州省面积最大的民族自治县,贵州省直管县试点。

"咱们怎么上这么一个地方?"后来大伙就劝,人已经来了,没啥说的了。来的时候,当地老乡屋里高石围上,中间是煤,煤点着了,一堆火,做饭烧土豆吃,就是这种生活。一般的房子都是木头挂着,有二层楼,顶上住人,底下一堆火,旁边养猪、养牛。我们没事儿熟悉了,都上邻近的老乡家,也烤土豆吃。他们都很热情的,他们的生活当时就是像我说的这样。我们来的时候也住油毛毡房子,我住了五个月的这种房子。这么一大溜,中间隔开了,隔开就是一升席子。下雨天床底下就是水沟子,不下雨时屋里还滴着水。我们住了五个月,然后就住上砖瓦结构的房子,条件就改善了,这是当时来的生活情况。

再说吃菜。粮食按户口本可以买到,但周围老乡没有菜,建设三线的同时国家就从浙江、江苏一带调蔬菜。那阵人家就扣大棚了,调来一部分菜农,在周边的土地给种菜,包括大棚,包括蔬菜地,种菜供应。当地老乡只是种一些产量很低的自己吃,工人吃菜根本就没有。所以国家都预测到了,从沿江沿海一带调蔬菜到这来供应。当时都是这个样子,生活条件也比较艰苦一点。至于工作,像现在一个礼拜干五天活,非常享受。我们认为,这是社会发展应该的。我们那时候是一个礼拜得干六天活,那一天留着,完了半年或者一年,攒几天回去探亲,好多住几天。

说起三线精神,"艰苦奋斗"那就不用说了。当初我知道三线建设困难,我们生产队有一个转业兵,他是部队开汽车的。转业以后,他就来支援三线建设,他开新车害怕,跑了。这地方开汽车都在山上开,汽车在山上,底下就是这么一个沟。他害怕跑回去了。我见到他,他说可不能去三线,他自己工作也不要,主要考虑真苦。比如说架高压线,高山峻岭都是人往上背、拉、托,没有机器,非常艰苦。一件雨衣、一件棉袄、一双水靴子,这是必备的。下雨天道路全部是泥巴,都是泥。晴天就是灰,那时气候,从秋季一直到春天,阴雨连绵,几个月不见太阳,不像现在凉都,夏天都上这来避暑,冬天也不冷,是吧?现在毛毛雨的天也少了,下点雨完了就晴了,能见太阳,那时候见不着太阳,几个月见不到。因为什么?一个是人烟稀少,这种原始状态的环境非常浓,现在经过多少年的开发,好多原始的气候环境都改变了;还因为房子多了，人也多了，气候随之也变化了。

到80年代中叶，这个地方城市建设、环境净化、卫生条件和工人居住条件的变化，看着就比较顺理成章了，跟老区好像没有什么区别。这个时候我老伴就笑了，我说："你笑啥？"她说："我来的时候哭了。"老乡背背篓她害怕。穿的衣服，当时那卫生条件，谁看到都心疼，小孩子都没有鞋，光着脚黢黑的，腿都是黢黑的，也没有衣服，都是光着个屁股，穷，连吃盐都困难，所以80年代好了，她笑了。我说："你就满足吧，来了不吃亏。"我说："咱们当初来也来对了，五个孩子已经来贵州了，回不去了。"

我1972年来贵州做仓库保管，到了1977年形势好转了，贵州的猪肉、油就有了。之前这个地方比较穷，拿票都不好买猪肉，所以国家把生产的煤拿出一部分，让我们自己去换猪肉、生活用品，到1977年好转了，这个事儿就取消了。之后我就不管了，搞"两堂一舍"。什么叫两堂一舍？食堂、澡堂，下矿去搞卫生，为工人服务；一舍是招待所。到1984年我就离休了。之后到社会上打工去了，搞财务，打了十年没挣到钱。当时打工一个月可以挣100多块钱，我还得养我父母和岳父岳母。

张玉明、李桂英夫妇携子女支援三线建设，1972年北京留影

三、我就是孙悟空，在炼炉里炼

我这一生，九死一生。

参军的时候，炮弹落在马前边。当时我们从北安往黑河去，路过城郊乡，就有围墙。那里头有土匪打炮弹，那叫遭遇战，那时候我是后勤的，有马就骑马，炮弹落在马前面，我下马一看炮弹没有引火帽，这么大的炮弹，要有引火帽，正好它一爆炸一辐射，就打中我了，这是一个。

第二个，"大跃进"时我们的煤矿贡献是最大的。因为煤质好，当时煤炭叫工业粮食，国家能源全靠煤炭，所以国家也很重视。干部白天上班搞你的业务，晚上下井，去支援高产，那叫"大跃进"。支援高产，水力化采煤，这煤打眼、放炮，还没崩裂时，高压水箱往煤堆上一呲，煤顺着水就下来了，淌到铁槽子以后搞水冲，往下冲下去，冲到溜子头，溜子头上有一个装煤矿车，矿车在这等着，煤顺着水下来，躺到矿车里头一个一个都弄出去，然后通过绞车从井下拽上来，这么一个过程。水力化采煤的时候，我们那120多个人，溜子堵了，但是煤就是一个墙，煤墙把水堵着，好多水就像水库，完了底下煤一扒，水库的水一下就冲下来，当场死了四个人。重伤的就是喝了水，没死的还有好几个。我是其中的一个，听到水一响，右脚一迈，左脚这个靴子里头就进煤水了，赶紧跑了。没淹死，这是一劫，躲过去了。

另外推车，煤车不是装一车煤吗？往溜子头远的地方推，完了提升。推这个车帮的时候，这旁边就是地。推车应当在车道的中间推去，我在旁边推，车和墙距离有宽有窄，宽地你在这个地方行，窄地呢，就这么一走这里，这边是墙，这边是车，这一挤，我这么一弄（比画），这个肋条就折了。再往前走几步，就这么一点就会挤死了，这又一劫。

还有一次，煤采完了以后就这么高，这搁上横木头，然后底下搁木头顶上它，这叫采空。把这个煤弄完了以后，水把煤冲走了。俺们下去支援，人就到旁边空矿来休息。我们三个人都是一般干部，下去支援劳动，到这一看，进屋，底下这个地方可以站人，但是往顶上一看，石头危险，我们三个就撤，又找一个地方。不一会儿那个地方的石头就掉下来了，如果不走，我们三个人当时就拍成肉饼子了,这又一劫。

再说管房子,房子底下的采空区,把煤采走了,里头是空的,地表下渗了,房子也下渗了。我是房产股长,我在矿上开会。有人告诉我救护队家属房塌方了,我就赶紧出来,救出来4个人。机关那些干部100个人,在塌方这个房子的旁边看,没有任何人去。我是房产股长,我责无旁贷,当时没考虑到危险,救出来4个人。要到现在,在正常情况下,这得表扬。4条人命,到现在更了不起了,英雄了。

我也回忆过我自己,两次社会运动波及我,我认为是锻炼我。我跟他们打麻将,说笑话,我说"我就是孙悟空,在炼炉里炼"。为什么这么说?我有一个信仰,坏人就是坏人,是吧?好人就是好人。好人要得好报,尽管我受一些折磨,比如说党总支书记打击我,我根本就没在乎,没倒下,没示弱,是不是?后来这两口子都调到通化矿务局,又提升了。这个书记,他去朝鲜访问,这是"文化大革命"以前,访问回来以后他讲朝鲜三好——工资高,肚子吃得饱,箱子里头有衣服;中国三空——工资少,肚子吃不饱,箱子里没有衣服。"文化大革命"来了以后,就把他抓住了,说他是右派,说他是攻击党。这个女的马上声明,跟他离婚,划清政治界线。后来男的自己做饭煤气中毒,死了;人家把这个女的打成坏分子。这就是好有好报坏有坏报,时间到了就应该有下场。所以我就不信,我没干坏事,你说我是坏人,你不枪毙我就活着。所以我现在为什么退休了以后,还上地方居委会去递入党申请?我还有这个信念,我相信共产党是一个伟大的党,因为我年龄大了,经历四个时代,唯有共产党执政,才能够让人民过上好日子。

运动波及对我是一种锻炼。国家当时形势需要,就我个人来讲,对我也是一个锤炼过程,让我的意志更坚强,让我的人生道路走得更远。可以这样讲,我现在每天生活得很愉快,我感觉到原来亏欠的一些事情都补上了,特别是我对老人这一块补上了,一般人都说现在你还补这个孝心,是吧?应该补,人家替我孝敬老人,我为什么不给补上,是不是?所以我2015年回去,凡是养我老人的人,一家给6000块钱,为什么?当初我没有完整地养过老人,那叫有短板、短处,我这工资虽然不多,但是我给你一点钱,表达原来你们伺候老人的辛苦钱。他们都不需要,我说很需要,你们当初原谅我,没给我找麻烦。有的人你们都没体验到,隔两天来电话说:"你爸爸有病了,得回去看去。"怎么着?回去看,这边工作挺忙的。所以首先你也没找我麻烦,我这小舅姨父说:"姐夫,你是不是给我钱多了?"我说:"姐夫给你的不多,你辛辛苦苦把我岳父岳母都送终了,没找我麻烦。"我都把这些缺口给补上了,是这样。

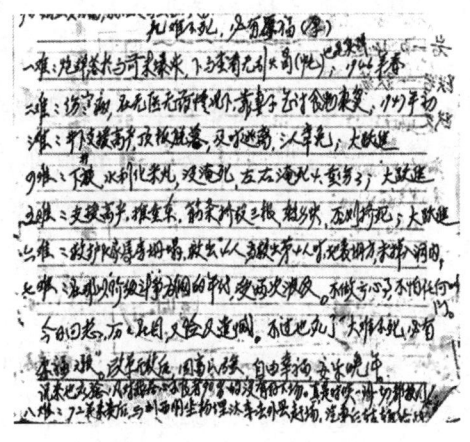

张玉明记载的"九难不死,必有厚福"

四、九十高龄再入党

我当年在部队党的关系断了,断了以后,1957年全国搞政治审查,那叫审干。凡是干部都要根据你写的去找这些证明人,你说你在哪,多大岁数,谁是证明人,要根据历史审干。我的结果就是工龄从1948年开始,党龄没有资料,虽然找到在一个小组有过生活的党员,但是没有资料不行,所以不承认我是1946年入党的。工作以后,因为脱党了,没有接上关系,再入党那是很难的。所以写入党申请书,石沉大海。离休以后,我就说我到社区去,因为我已经离休了,已经这么大岁数了还想要入党,社区认为是难能可贵的,我89岁写入党申请书,90岁转正,在全国恐怕都少。昨天周树桐说了,宋庆龄88岁还入党,还有几个已经有威望的老人,咱们是普通一名,年龄最大。这个信仰也没褪色,就是这么个意思。

我和老伴俺俩结婚将近80年,我离休以后又回去十来趟东北,隔几年就回去一趟,老伴是2012年走的,没遭罪,就在矿务局那房,早晨起来在床边上看到了,看到以后不能吃饭,一个月后走了,没遭罪。她陪伴我74年,91岁离我而去。(**儿子插话**:去年每周他必须去,给我母亲那个墓修得跟花园似的,整个两边全都是月季花,上边是一个藤子,藤子上面全开花。)因为她活着的时候喜欢养花,盆花有 50 来盆,所以我想把她的墓修成一个花园!

我老伴走了以后,居委会知道了,他们全员出动到我家包饺子,拿着饺馅儿饺皮儿包饺子,边包饺子边就动员我,给我上政治课。前前后后有两三个月,来了有一二十趟,又是包饺子,又是买菜到这来吃,20 多人。我一看,人家这样对待我,他倒没公开说你到我们居委会干什么,只是老是过来,告诉我节哀。后来我就跟他讲,我说:"别来,我明白你们的意思,我到你那报到去。"我就去了,去了就说:"我来报到的,报到当小学生,怎么学?"我说:"你们开会我参加,我看看你们都做什么工作。"因为原来生老病死,整个生活这一段都是企业包括了,与地方政府没有关系,国营企业是这样的,所以对地方一些事情不明白,我就这样报到的。报到完,他就领着我各个地儿各个房间去看,会议室有一个入党誓词,我见景生情,就说:"孙书记,我可以入党吗?"他说:"可以,你得写入党申请书。"我说:"当然了。"我就写,写了有五六天后就通知我。同意为预备党员,就这样,一个街道办事处的纪委书记,另一个就是居委会党支部书记,两个党员是我的入党介绍人,一年以后就转正了,这就到了 2014 年 6 月 24 日,在三线博物馆入党宣誓。这一段时间他们开业务会我都参加,我就明白他们这个了。我自己主动要求参加他们的活动,活动是什么?比如说搞卫生、入户调研、贫困救护、夜间巡逻,我都参加,夜间巡逻他们说啥也不让我去,那时候我 90 岁了,我说你不能凭感官去决定事务。我说:"这样,你让我参加一次,实践,你看行,我就下次还参加;你说不行,我干脆就不参加了。"晚上夜间巡逻他们爬不上第三层,我就上去,没事,比他还好,他说:"您比俺们厉害。"后来我参加会议,会上我不发言,会后写一个感想:今天的会议我有哪些收获,另外我有什么建议。我几次说,开会要在事半功倍总目标的情况下来开,为什么?居委会都是一些中年妇女,上有老人,下有儿女,她是家庭主妇,工作时间外开会,她的心呐,人在你这会上心却回家了:怎么安排孩子,怎么给丈夫做饭,会议效果没有了,你说什么她没听着。怎么办?你紧开这个会,要说什么事,一二三列出来,定出什么时间开，开多长时间，什么时候散会，不要占工作人员的时间。这个会你要是按我这个思路，恐怕效果就能够好一些，他们都赞成，所以他们都对我很尊重的。

入党以后，2014年建军节，钟山区区委组织部召开党员会议，全区党员二三百人，让我去代表党员发言，周树桐给我写一个发言稿，我看了一遍以后，上去发言。我说话到一段落，鼓掌。说完话了以后，书记是这样总结的：今天张老师给我们上了一堂生动的党员政治课。表扬我一番。会后有一个书记，是一个女同志，送我的时候，她说："张老师你今天的发言感动了我们，你为什么这样精力充沛？对党这样坚韧不拔？"我说："我原来养老的方式，让我们居委会的党组织改变了，让我不能不接受党的教育。"我说："居委会对我的教导，用党心把我原来养老这种思想给融化了，所以我现在身上感觉有无穷无尽的力量和感受。"她说："说老实话，你这种精神把我们都感染了。"所以我现在身体能够这么好，年龄这么高，这个片区我这样年龄的没有，七八十岁的都很少有像我这样的身体。所以能有今天，还是党对我在每一个环节上，无论思想上还是生活上，给我很大的正能量。

张玉明（左）与老伴李桂英
1992年摄于水城矿务局

五、自我净化，自我革命

党中央最近又发出一个号召，叫作"不忘初心，牢记使命"。教育从中央已经开始了，地方现在还没动，这是什么意思？就是我们党要不断净化党内的政治生活，加强党对国家的领导，明白这意思吧？唯有共产党才能够自己给自己"吾日三省"。不断净化党的执政能力,这个不容易。现在治理国家的方法,跟原来的有所不同了。原来是在阶级斗争为纲的总领下搞一些推动社会进步的方法,现在是通过学习出政策,学习、提高,是吧?可以这样说,看到现在国家的政策和人民生活水平的提高,让人民有一种生活幸福感的提高,这个前途是国家"两个一百年"的规划,给老百姓一个明确的方向。有希望,我们党有希望。你回忆回忆,几个人成立一个中国共产党,结果我们做成了这么大的成就,是吧?有希望!

刚解放时我们国家很危险的。不是说天下太平了,那时候苏联对咱们一开始挺好,后来不好。美国想要通过朝鲜战争把共产党推翻,那时候潜伏在大陆的台湾特务非常多,防不胜防。另外日本对中国共产党恨之入骨,是吧?当时虽然是国家有了政权,成立中华人民共和国了,但是敌对势力对中国的威胁,多种原因,所以国家必须采取一种净化国内的措施,提高人民对党的信任与支持,必须采取一些必要的手段、治理国家的方法。这在当时,也是对的。我们党能够由无到有、由少到多、由弱到强,为什么?就是不断地整理自己,反省自己。怎么样治理国家能行?哪些不能行?自我净化,自我革命。所以今天能治理好这么一个大国,成为一个世界性的大党,这是与当时国家采取种种措施有关的。

1978年改革开放了,到去年正好40年,这40年可了不得,在经济发展上像井喷一样的,发展得非常快,人民生活提高得也特快。咱们举个例子,改革开放前,房子都是企业福利房,这要出来一间房子,大伙都瞅着,眼巴巴地等着要。现在这房子,有的职工两三套房子,就比原来翻了几倍,是吧?农民也是,郊区农民都是一二百平方米的房子。衣服,你看垃圾箱里头没坏都扔了,我们看着都心疼。我在1947年的时候,衬衣把后边长一点的剪下来补前面,就连补衣服的补丁都没有,我现在一看谁把东西扔了心里疼。我这种行动,小孩说:"现在什么年代了,你还那样?"我说:"孩子,穷的时候跟你们谈到过,是吧?"我现在就是这样,这个概念还存在。穷的时候我上班没有鞋,光脚上班去。1947年,我流浪,有病了嘛,我老伴要饭三个月把我病治好了。害怕了,现在有了还害怕。东西你吃了行,浪费我不同意,我不同意。

现在国家弄一个铁箱子,谁有衣服放那里,这个举措很好。现在还有的人穿不上衣服,偏僻农村里困难的还有,在扶贫节目里头看到这家人家怎么困难。富的时候别忘了困难时候,是吧?寇准罢宴,他母亲临终的时候给他写一个留言,让他"富贵莫忘贫",人家那时候都是宰相了,宴请有点腐败。丫鬟把餐具打了,他责备她,保姆把他母亲留的这个留言拿给他看,他马上就不设宴了。我们现在还应当发扬这种寇准罢宴的精神。现在广播也好,传说也好,我的亲身经历也好,感觉到舌尖上的浪费。我有一次参加一个银行代表的宴请,这桌子宴席起码得两三千块。我参加他们工作人员那张桌子,三分之一都没吃上,当时我想:为什么要这么浪费?国家现在也号召艰苦朴素,应该提倡。自然不能随便就浪费,浪费了心疼,如果全国人民都能够务实生活,把节余的钱节约下来,做点善事,对那些个没脱贫的人就是最好的。

新中国成立初期工作人员一般都是穷的,成分不好的参加不了工作,都是穷人参加工作,文化都比较浅。在旧社会受一些苦,解放初期党的政策,办的这些事情,老百姓特别拥护。现在就不一样了,科学知识发展了,人与人的关系也复杂了。钱、权这两个问题,把人给染了,有的人经过染缸以后出来没变色,有的人出来变色了。所以党不断地净化内部,这个是对的。

我现在有一个非常坚定的光荣感,能够高寿,而且身体特别棒,工资也高了。我自豪,我是孙悟空,经过如来的磨炼,我修炼成功了,所以能有今天这么一个好效果。

陈衍恩
这些年，我翻译了七千多篇论文

亲 历 者：陈衍恩
访 谈 人：时　昱
访谈助理：蒋　萌
访谈时间：2019 年 7 月 23 日下午 2:35—5:00
访谈地点：六盘水市陈衍恩寓所
访谈整理：曹　玥　蒋　萌

亲历者简介：陈衍恩，男，1936 年生，江苏无锡人。出身医学世家，父亲高中文化，是当地有名的中医。1951 年考上苏州农校，第三年在南京工学院就读，体验大学生活。1956 年在政策支持下考上苏州医学院，因成绩名列前茅被说服留校，英语水平得到培养。1965 年到六盘水参与三线建设，逐步升迁至医院副院长。曾经有很多医院想聘他，但矿上不放人，遂一直没有离开。退休后仍在坚持翻译工作，谈及三线经历无怨无悔。

陈衍恩(中)接受访谈

一、被腰斩的教师生涯

我初中在老家江阴下面一个镇上的中学念书,那时候家里经济条件不好,因为高中花钱比较多,初中毕业以后我就考了中专,是苏州农业学校的食品专业。那是 1951 年,考中专不仅不要钱,连伙食费都给的。中专的第三年起是在南京工学院读的,因为南京工学院也有一个食品工业系,我就去了南京读到毕业。这样我相当于提前体验到了大学的生活,大学跟中专还是不一样的。南京工学院的食品工业系是 1952 年从南京大学分出来的,1958 年整个系搬到无锡,建立了无锡轻工业学院,再后来又并入了今天的江南大学。

我的专业就是食品学,另外我营养学也学得比较好。毕业以后在南京工作,是南京的金陵旧厂①。那个厂规模比较大,有 3000 个工人。工作两年以后,1956 年,国家号召在职干部进修。那个时候高中毕业还不够,地方支持有高中学历的人去考大学。我一下考上了苏州医学院的医疗专业,因为我在中专的基础比较好,数理化学得比较扎实。另外,我在农业方面也学了一点。我五年的大学生活比较努力,成绩也比较好,在班上数一数二。毕业前一年就确定要我留校,留下来当老师。这一年里学校就针对教育方法、英语进行了深入培训。后来毕业时,我被分到了心血管专业,参加了学校的教学工作。

按照道理来说,我应该这辈子都是当老师的。但到第五年的时候,六盘水地区有一个当领导的江苏人,要从江苏各个医院抽人,到六盘水组织一个医院。当时在苏州医学院开了一个小型动员会。不是大家都参加的,一开始没有叫我来,过了几天才通知我来参加。我没有拒绝,但我心里是有想法的。当初叫我留下来当老师,我也是不愿意的,我更愿意到医院工作。结果他们反复跟我做工作叫我留下来,不让我出去当医生。既然已经给我做了教育培训了,为什么过了五年又非得叫我去六盘水?我想不通,一下子要

---

① 前身为 1865 年创办的金陵机器制造局,1952 年底与搬迁至南京的山西长治 307 厂合并,称国营 307 厂。

我,一下子又不要我。学校对我主要的看法,就是喜欢看业务书。我喜欢专业英语,学校好像在这方面对我有意见。他们没有公开讲,但是我有这个体会。好像把我动员到这里来,我这一辈子就看不成英语了。

我进学校的第一年,学校开会动员我们努力学习,那个时候还有个口号叫"因材施教"。我挺喜欢,也听得进去这句话。但是一年以后,中苏关系不太好,当地政府要大家给政府提意见,人家不愿意提还一定要人家提,后来有的真的提意见了又被打成"右派"。那个时候,我的体会就是凡是提意见的都被打成了"右派"。苏州医学院打成"右派"的人是比较多的,好多教授。两个医学院,一个大连医学院,一个苏州医学院,把这些教授级的,凡是发表的文章都一节节地看。

苏州医学院从1962年起归第二机械工业部管,那是管原子弹、氢弹的。苏州医学院调出去的人比较多,差不多有一半人员都被调到了大西南、大西北。去之前我知道是支援三线,但不知道贵州也属于三线。我们要比其他人稍微好一点,贵州比起大西南、大西北地区稍微要好一点。我当时想既然叫我去了就去吧,反正到哪里工作都一样。再说了,你喊别人,别人也不愿意去的。我们有的人被叫到要去但不愿去的,就没有工作了,回家。你要是去呢,要说是你自己要去的,不能说是领导叫你去的。我们也有不少没有去的,他宁可不要工作也不去。

1965年10月左右,我到了六枝。刚来时知道是中国和苏联闹翻了,中苏关系破裂了,但具体不清楚。这两天看了碟子才知道,那个时候赫鲁晓夫正准备要打中国,要把中国的核基地炸掉。苏联非但没有帮助中国建设,还要毁灭掉中国。最终中国对苏联发表了一个声明。那时候不是公开的,苏联要这样干的话,中国对他也是这样的,可以用这个去打击他。

六盘水所属的西南煤矿建设指挥部是和省平级的,是省级单位。我当时知道到这里来是为了备战,"备战备荒为人民"嘛。当时也相信是会打仗的,要做好这个准备,多次的政治学习也讲到了这些。政治学习的时候,有学习军事理论知识,但实地拿武器训练没有。在苏州学校学习的时候有过军训,在这边没有。来之前我对六枝也不了解,就跟着集体坐火车来了。江苏一个市来了三十七八个人。那个时候六枝都不像一个城市,还不如江苏的农村。刚来的时候生活条件也不好,什么东西都差。因为那时候农业不发达,没有什么菜,吃的米也没有老家好。交通、公路方面什么都不方便,娱乐生活也没有。

当时六枝矿务局医院还在筹建。因为人有了,筹建主要就是要买设备、培训,有的人还要出去进修。我负责干临床工作,看病嘛。那时候矿务局医院还没有建好,一开始就在这破房子底下干,另一边医院正建起来,一年多以后才建好的。之前招人的时候,六枝医院宁可多要人也不肯少要,要过头了。后来因为人太多了,在六枝待了三年又叫我到盘县来,盘县缺人。我是1968年10月份左右来的。我后来知道,本来一开始没有叫我到盘县,因为有一个人不愿意来,给那些负责人送了礼,后来就把我弄来了,是这样一回事情。但当时我也没有争论什么,盘县这边没有人,六枝那边是超员的。叫我来,我就来了。

六盘水的三个县,盘县、六枝、水城,以前属于不同的地区。盘县属于兴义地区,六枝属于安顺,水城属于毕节。由三个地级市划出三个县来,合成一个六盘水。这是什么意思?建这个市,其目的就是为了三线建设,所以六盘水是三线建设的一个产品。六盘水从建市第一天开始就是为了三线建设,因为这三个地区的煤炭资源比较丰富,主要是支持攀钢,使六盘水和攀枝花形成一个封闭的链条,这边出煤,那边炼钢。所以当时在六盘水,有六枝矿务局、水城矿务局、盘江矿务局。从去年开始,这三个以前的矿务局下属的煤矿全部合并到盘江煤电集团,组建大煤炭企业能源集团,大概是这样的一个过程。

盘县的条件比六枝更差。这个地方是部队建矿,部队底下有基本建设工程队,建煤矿、水利站和一些工厂。还没有建好,就要把医务人员弄过来,所以到这里来也是先建医院。

来了盘县没有多长时间,"文化大革命"就开始了。实际上那个时候是比较乱的。这个十年,既不能工作也不能学习。其间医院也看病,但是比较乱。

那时候我一直都在看病，升迁也升迁过的，从内科主任到副院长。医生职称的话，从医生、主治医师、副主任医师到主任医师。另外也得到了外面的承认，好多国内出版的、公开发行的名人词典、专家库都有我的介绍。有的是卫生部编辑的，都是公开出版的。还有这是证书，荣誉证书。

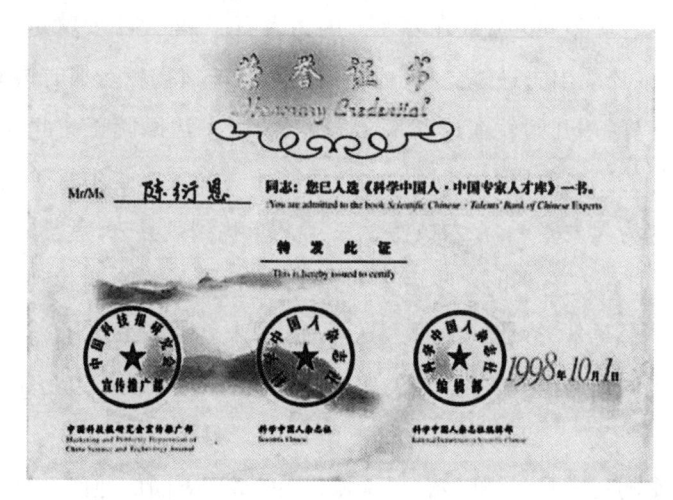

陈衍恩入选《科学中国人·中国专家人才库》一书荣誉证书

二、坚持到底的翻译事业

初中时我就会写稿，向报纸发稿件。到了高中，在苏州真正被聘为报纸的通讯员，那个时候是学生通讯员。在《新苏日报》以及江苏的《新华日报》《南京日报》，我都当过通信员。在苏州医学院的时候，别人对我的看法也有不太满意的意思。因为我这个人喜欢多看书、多学习，在业务学习上花的时间比较多，当时他们都看不惯我，认为业务学习、学外语，这个是积累私人的财产，当时的看法是不一样的嘛。其实学习就是创造财富，多学习科学技术就是积累财富，是私人的财富也是国家的财富，只要你还在我们中国，你没有为外国服务。知识就是财富，知识可以改变命运，习近平主席也讲过的，他要求从小学开始就一直要抓住在校时间积极学习。实际上我那个时候也没有错，但是他们认为我这样做是不对的。我在学习上抓得比较紧，另外那个时候也有条件。我们那些老师都是解放前毕业的，英语比较好，他们也愿意带我们。我在苏州医学院的时候，英语学习班给我的评级，就是基本上过关了，可以去做翻译工作，做专业的英语口语翻译。所以我喜欢看看国外的资料，也把国外的资料影印了，翻译之后，到杂志上去发表。我在这方面的进步是比较大的，因为经常锻炼，熟练程度逐步提高。

我在苏州，搞英语是专业翻译。但是有些人看不惯，曾经传出这样的话："你到了贵州这种偏僻的地方，反正做不成这个事情（翻译工作），这时你就没办法了。"但是他们没有达到目的，相反我到贵州后反而比较省力。在盘县这边还是和六枝一样搞临床，然后空余时间依然翻译文章。一开始我们来的几个人都是懂外语的，订了30多种杂志，都是美国的原版杂志。原版的外文杂志一年要18块钱，我们国内的杂志订一种，一个月需要12块钱。我喜欢看国外的资料，而且能翻译、能发表。医院里有一些人也是大学毕业，但他们不会，就嫉妒我。有一个人后来还被提升当了副院长，他是哈尔滨医科大学毕业的，他看到我这样，就不订杂志了，好像就是为了让我看不了这个杂志，结果我当时就自己拿钱订了。订了大概两个月以后，党委书记找我，叫我把发票拿给他，由矿里来报销。矿上很支持我，结果把那个副院长弄得挺难看，他没有办法了。后来矿上把他调到别的单位去了，因为他在这里起了一个不好的作用，他明显是嫉妒，他看不懂就让别人也看不到。那时候不存在经费困难，我们创造的财富还是比较多的。

那个时候在火铺矿建医院，病人是很多的。因为其他矿还没有建成医院，所以病人都到这儿来看，周围的地方也都到我们这儿来看病，因为江苏来的医生水平要高一点。我们这儿矿上当时对医院支持还是比较大的，凡是治疗对外的病人挣来的利润，矿上都不要的，都给医院，给医生作为奖金，说明对医务人员都是比较关心的。

到了贵州以后，我一直记着，我在翻译上要出有意义的成就，要在这方面弥补其他方面可能是因为条件差而受到的影响。我翻译的医学专业论文，都是美国杂志上发表的，总共翻译了7000多篇文章，公开发表了680多篇。所以我也比较欣慰。几十年来，搞翻译，在六盘水这个地区，恐怕哪个也比不过我。从发表论文数量上，就是贵州省恐怕也找不到几个人比我多。所以六盘水卫生局知道我，县上统宣部都知道我。里面也有几件比较好的事情。一个是在中国跟越南打仗的时候，我翻译发表了美国杂志上一篇关于输血方法改进的文章，叫《输血导管的改进》。文章在《医药信息报》上发表以后，成都军区总医院就请报社发来急电找我。先找的是这个报纸，因为不知道我具体在什么地方。后来报纸转给我，成都那边也发了专业的信来，矿长也知道。我把详细的资料以最快的速度寄给他们，在他们抢救伤员时发挥了作用。矿上认为这个事情我还是做出了一定贡献的，当时奖励了我一些奖金。

另外，平时我有的论文也在报纸上发表。在《健康报》《中国医学报》《医药信息报》发表以后，有的群众看到了，跟他们的朋友联系，就带着来找我或者信函联系我。这种情况也挺多的，有一篇文章在《健康报》发表以后，主题是用小便检查男性的肾功能。13个省100多所医院的男性患者，包括北京、上海、广州几个大城市医院的患者，一来希望我提供翔实的方法，另外也表示感谢。这个事情触动了我，我内心比较高兴。为这个事情呢，我一直被评为矿上和矿务局的五好职工、先进工作者。再比如，彭惊良是我们矿底下的一个矿长，他得了胃痛的毛病，几个大医院都跑去查了，包括地方医院、北京的医院，查不出个结果来，也不能开刀。因为没有一个明确的诊断，治疗也不好进行。他后来找了我，在医院住院。住院以后，我参考了美国医学杂志上一篇关于胃的文章。我对照他的病，发现和文章说的十分相似。然后我告诉他，我把相关内容勾出来："你把这本杂志拿到遵义医学院去给他们专家看。"结果专家看了以后，都初步同意我的看法。确诊以后，发现确实是这个病，当时这个病在书本上还没有记录。是最近的十年才发现的一种新的毛病，叫幽门管溃疡。确诊以后，确实好了，不痛了，也能吃东西了。他回到家，第二天就来找我，表达十分的敬意。医学院对我评价也不低，好像小医院的医生也能看大病。

确实对我来说，学好一门外语，恰恰能够发挥这个作用。平常时候，我有时间就抓住外语的学习。我自主学习，因为在这没有地方请教别人，这边没有比我水平再高一点的人。我小孩的老师也是医学院毕业的，我把他也培养了，带起来了，带成了，他发表了70多篇英语医学论文的翻译。他在上海的一家三甲医院当主任，工资比我高。我比不过他。医院对他也比较重视，叫他不要离开他们医院。医院对他说："你有什么要求尽管提，但是你不能离开。"上海还有一个韩国人开的医院要招聘他，给他一个月48 000块钱。结果单位不让他走，他也听他们医院的。他在学校就是党员，是遵义医学院的优秀毕业生。

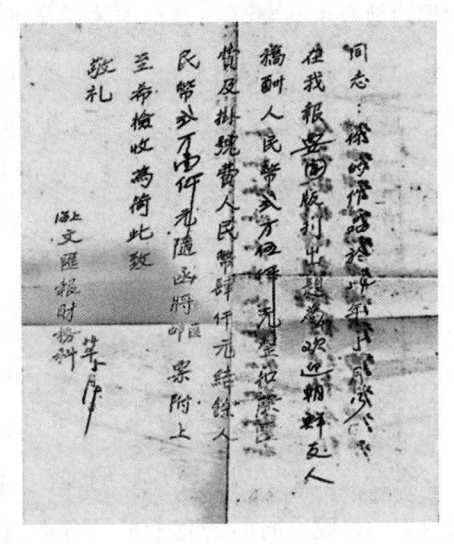

上海《文汇报》给陈衍恩的发放稿费函

三、贵州是我的第二故乡

我母亲是文盲。我父亲是南菁中学毕业的，南菁中学①清朝时候就有名了，他在那儿高中毕业。他也是中医，师傅②给皇帝看过病，是御医。所以我父亲也是当地有名的中医，我算是医药世家。父亲50岁才生的我，他1955年去世。我来三线建设的时候，他已经不在了。

我老伴和我一样，也是苏州医学院毕业的。她是我的学生、我的校友。后来因为叫我来三线，她也跟着来了，但不在一个单位。离开苏州前我们结了婚，我的父母是没有意见的，她的父母也没有意见。我家里有三个姐姐，

---

① 南菁中学前身是清光绪八年(1882)江苏学政黄体芳在军机大臣、两江总督左宗棠的协助下创办的南菁书院，1898年改称南菁高等学堂，辛亥革命以后改称南菁学校，1930年改称南菁中学，为全国知名学府。
② 陈父师从江阴名中医邓养初，邓公师从城中柳氏致和堂祖师柳宝诒。相传柳公乃清朝名医。

我是最小的,是家里唯一的男孩。她家里只有一个孩子,女孩。

我有三个儿子,都是在贵州生的。他们高中都是送到老家去读书的,因为那边教育水平要高一点。这边中学教育比不上我们江苏。说老实话,如果我的三个小孩在江苏考大学,可能考不上,江苏分数线高。拿我老三来讲,他高一送回老家时,在50个人当中排到第47名,结果回来的时候是第17名,他努力上去了。后来他是到贵州来参加高考的,这里分数线比江苏那边低一点。那一年考试,江苏的高中毕业生考中专必须要595分以上。我老三的考分就458分,在江苏连中专都考不上。但在这里是高分啊,考上了遵义医学院。老大没有得到上大学的机会,只读了护校。他那个时候高考刚恢复,招生比较难。他后来在我们矿医院做护士,现在已经退休了。老二、老三都是大学毕业,老二是高级经济师,贵州省经济学院毕业的,在电厂当供应科科长。老三是学习最好的,收入也最多。他毕业那年考上北京首都医科大学口腔方向的研究生都没有去,直接就去了上海工作。那个时候有好多医院都缺医生,到贵州来招人。老三跟他的同学、女朋友一起被招去了。上海宝山区两个医院缺人,他媳妇在宝山中心医院,他在另一个医院,是新盖的两个医院。医院让老三当科主任,高级医师职称,工资也高。他自己不讲多少,他同事讲给我们听,说上海医院的主任,都是四五万块钱一个月。因为他确实成绩比较好,大学还没毕业时翻译的论文就已经发表了。我也是尽了自己最大的力量把他带上去了,我自家的人嘛。

我也是努力过想回去的,但这里的领导说什么也不让我走,一直到退休。唐山大地震的时候把唐山的煤矿医学院震没了,后来要成立新的唐山煤矿医学院。当时煤炭部和医学院都给我个人发了函,要叫我去,我也不晓得他怎么知道我的情况。结果这里知道了以后,说什么也不让我去,给我做工作,给那边也做工作。这边跟我说:"原本你没有探亲假回家,但如果你一年要回去一个月两个月,可以回去,工资照发。"我没有享受,我说:"这样干什么?在家待了也没有事情。"这个领导实际上是看重你啰,但我自己不好享受。这边需要我,我就留下来了。没有办法,是不是?这边党委书记对我比较好,他亲自叫我入党。一般入党都是要自己提出来,他是给我提出来了,他问我:"你想不想入党?入党以后可以提干。不是党员,提干就不太方便。"他这样说的,我很快就申请了,实际上不到三个月就批了,当时有的人打了十多年的报告都没有批。另外我两个小孩在学校里,都是党员。

要我去的单位比较多。浙江省第二人民医院在杭州,也叫我去,他需要我去到医学信息情报社工作,因为我这方面有特长,会翻译。其实这里硬要留我也是不对的,我工作那么多年了,总归有一天也是要退休的,我一直怀疑他们要我干到死(笑)。我的爱人也是要求回去的,这边也同意她回去。但因为我走不了,所以她也不走了。现在我老伴都不在了,两年前病故了。

我也跟孙子、孙女讲过以前三线建设的故事。我的孙女今年大学毕业,后来到香港留学。香港那边要通过考试,外语必须达到标准才能去,英语不好的去不了。到香港就算留学了,她7月份已经去了,已经开学了。我要她好好学习,习近平主席都讲了,知识就是财富,知识能改变命运,要争分夺秒地抓住机会。要学好,要找一个满意的工作。因为现在毕业的人也多了,要求的学历也比较高了。我上海的一个孙女学习也比较好,在班上都是前十名,明年考大学,我相信她一定能考上好大学。

孩子们没有埋怨我当时来这里,后来也想通了,不来这儿他们考不上学校,因为这里考分低一点,不来这里可能都考不上,真读不上。所以我也不后悔,因为我老三在这里考上大学,回到了老家。而且单位对他也很好,尊重他。凡是加工资的事情,这些好的方面,用不着他担心,领导都知道,该给他的都要给。

孙子辈可能不会再回来贵州了。香港那边,一般毕业以后都可以留在香港工作。她确实不想回来,在那边也好,工作条件也好。香港的学历英国也是承认的,要是去香港读书,以后包括澳大利亚都可以去。美国现在跟中国的关系不好,不能去(笑)。加拿大也可以去。

我觉得一生无怨无悔,值得。我没有少干,也没有白干。我到退休以后,直到2015年的时候也还在翻译。

我中专毕业,后来工作了两年。我在中专学的知识比现在的高中生学的都多。我中专没毕业就已经到大学去读了一年,上的课、书的内容都是大学的内容。这几个都是一流学校：南京工学院，也就是以前的南京大学；后来在苏州医学院，我一直都比较省力，学习也都名列前茅，把英语也学好了。在学校还学习了俄语，毕业以后觉得俄语没有多大的用处，就在英语上下了功夫，基本上算是过关了。没有多大的障碍，可以翻译，可以发表。

发表过我文章的杂志有《中华小儿外科杂志》，这是国家级的尖端杂志；还有《国外医学》，这是比较难的。《国外医学》在全国有十几个分册，都是国家级的，《国外医学：创伤与外科基本问题分册》是上海的分册，还有广州的、天津的。

后来六枝医院的人大部分都回到江苏了，盘县大部分人也都回去了，只有我没有回去，我一直在这待到退休。退休以后，户口已经回去了。小平同志的确对我们还是比较关心的。小平同志讲嘛，人家年轻的时候，到三线来支援建设，退休了，人家要回去，你应该要让人家回去，而且原来的地方必须要接收，不能拒绝。小平同志发表讲话以后，新疆知青们都回去了，上海来的都回去了，这个不能拒绝。人家已经做出了贡献，人家吃了苦，你不能叫人家移民，好像要死在那个地方似的，这个是不对的。

我是江苏人，中国人的感情都是故土难离。我还有好多亲人都在老家，我不能长期在外面待，是吧？我上面三个姐姐已经都不在了，我是最小的。但是她们的下一代都在。他们也埋怨，为什么我不回去？他们也想我。我们虽然都生活在中国，但是我们总有一个自己的家乡、出生地，你不能把故乡都忘了。

但贵州算是我的第二故乡。现在我在贵州也没有外地人这种感觉了，对贵州基本上也比较熟悉了。没有什么隔阂，也没有什么对立，在当地也有朋友。我们当医生的认识的人比较多，人家求我的比较多。好多人他叫得出我的名字，但是我叫不出他们的名字，因为我们接触的人太多了。矿上的一些领导，关系也都挺好的。公司科、人事科、政工科的人，因为接触比较多，就比较有感情。

杨建华

持筹握算：水钢财务人的勤勉一生

亲 历 者：杨建华
访 谈 人：陈　勇
访谈助理：许文朔
访谈时间：2019 年 7 月 24 日上午 9:00—12:00
访谈地点：六盘水市水城矿务局家属房
访谈整理：陈　勇　许文朔

亲历者简介：杨建华，男，1941 年生，江苏徐州人。曾任水城矿务局副局长，水城矿务局总会计师，一直从事财务工作。1963 年毕业于盐城师专数学专业，毕业后由煤炭部组织到北京学习煤炭系统财务管理，后分配到山东枣庄矿务局财务科。1966 年 10 月被派往贵州，参与水城钢铁厂初期建设。1990 年被任命为副局长，1993 年任水城钢铁厂总会计师。2001 年在副局长职位退休。

杨建华（右）接受访谈

一、知行合一：从学生到学徒

尽管三线经历已经有 50 年的历史了，但我脑海里印象还是比较深的。我是江苏徐州人，1941 年 1 月出生，现在 78 岁，真正已经是小 80 岁了。我毕业于江苏盐城师范专科学校，学数学。我们那些老师有好多都是南大的。毕业的那一年是 1963 年，国内工业发展也就是刚刚起步，煤炭工业处于发展的节点上。我们本来是本省分配——专科的话一般都是本省分配，本科就是全国分配。我也以为我会到江苏的某个农村去当老师了。1963 年刚巧碰到煤炭部全行业缺财会人员，铁道部缺老师，当时师专里面有学中文的，就被铁道部收走了。我们数学四个班都被煤炭工业部收走了。当时高教部很起作用，高教部提议这几个学校毕业的学生都给煤炭工业部。江苏省本来是一个文化发达的地区，不愁这些人才，我们这些专科人员就都被打发到煤炭部门了。

我们首先被安排到北京煤炭工业部干校财会班学习，学煤矿、财务专业知识，学财务会计，还有煤炭的开采技术、维修技术、电力技术、通风技术，以及我们本专业的会计原理、计算技术。

1963 年 10 月煤炭部干校财会四班于天安门广场合影

在培训班一年,这一年不是当学生,我们进校实际上已经分配了,已经明确了分配到山东煤管局,但没说具体的矿务局和矿。在北京一年全部是带职学习,算工龄。和我们一起的,还有河南的开封师专、许昌师专这两个学校。一共三个学校的师专数学专业学生,构成了煤炭部这一批财会人员培训班成员。

现代人的思想是这样,要问问我为什么到这来学习,我学习干什么。在我们那个年代,没有人有心去问,也没有人有心要做这种思想工作,不存在。毕业以后去当老师,不如到煤炭工业系统去当会计,更何况那时候还要到北京去学习,更是鼓舞人心,是不是?所以说没有人去问,也不需要你表态度、表决心,都不需要,就是服从组织分配。就这样,我进了北京煤干校的大门。在北京学完财务会计以后,我实习分到河北矿务局,在河北实习了两三个月,然后回到干校。

1964年毕业以后,正好全国煤炭系统——特别是华东地区,成立了一个华东煤炭工业公司,华东煤炭工业公司网罗几省的人——山东、江苏、福建、江西、安徽。到哪个矿务局,由煤炭部直接按名单就分了,也不经过煤管局,直接分到矿务局。我被分到山东枣庄矿务局,枣庄煤矿大概有17个,一起分来的还有我在北京谈的那个女朋友——在学校里面谈的,她是扬州师院来的,学数学。

没经过济南,我们一车就从北京到了枣庄矿务局,待了有一个礼拜左右,又把我们往下再分到矿上去了。那个时候煤炭部的管理层次就是煤炭部、各省管理局,管理局下边有矿务局,矿务局下面有矿,我就到了枣庄煤矿财务科。再加上我是个男同志,就叫我搞成本,煤矿上来讲叫原煤和洗煤成本,主要是这方面的核算。我谈的对象留在了矿务局,我下了矿,当然相距不远——她在矿务局的财务处,我在矿上的财务科。

洗煤在原理方面,出来的原煤根据市场需要,有直接需要原煤的;有的钢厂需要把原煤送进洗煤厂洗,洗了以后,根据煤的比重,把精华的精煤拿出来,还有部分中煤,还有一部分洗剩的泥煤和杂质,一共四个层面,根据比重进不同分厂。精煤供钢厂炼钢,还有出口任务也很重,洗出来的精煤要出口。那时候叫国家计划经济需要,出口也是计划经济安排,不是说我们自己去找的,不是哪个国家给他签订的出口合同,是国家下达任务。

我就去搞原煤成本了。刚到矿上,我还是比较谦虚的,师傅带我们学——真正实习,我没在枣庄矿务局实习。① 反正你刚刚分配来,不管你是大学本科、专科、中专生,都有一个跟师傅实习的阶段,老观点来讲,这叫拜师对不对?搞原煤成本,这是最一线的,你也得跟师傅学。你在学校学的原煤成本计算,到矿上看到原煤成本计算实际操作,还是有细节上不一样的地方。所以说,你就边跟老师学边自己摸索。跟师傅学如何搞成本和核算,这个程序就稍微复杂点:对于人工工资怎么分析,对于全矿用的电力怎么分析,全矿用的材料收集来以后如何分析,包括其他的辅助车间的费用怎么分析,这些都跟着师傅学;另外可以体验一些其他环节的财务管理。过程不长,不算非常复杂,很快就能适应。

进入矿以后除了要学这些知识,还得从事矿上的一些社会活动。实际上煤矿就是一个小社会,在矿上还要参加运动,不是体育运动,是社会运动。那个时候正在搞"四清"——就是"四清""四不清",你的财务清不清、政治清不清。"四清"之前有一个"社会主义教育运动",也有专门工作队搞"社教运动",就是几个意识问题,坚定党的政治思想教育。这两个运动参加完,还不能丢掉工作。我 1964 年 8 月进矿,连工作加参加这些政治运动,将近两年时间。1966 年 10 月开始,组织科找我谈话,干部科说:"你被调往贵州了。"

二、奔赴三线:"任祖国挑选"

如果你(访谈人)是安徽人,你就有好多可以采访的,而且是最初参加三线建设的人。譬如淮南,有一个从这儿调回去的 42 工程处,他们前期到达三

---

① 此处受访者的意思是,学校学制意义上的"实习"是在北京煤炭工业部干校修业时完成的;在枣庄矿务局的"实习"指工厂的学徒制,即在独立工作之前,新进厂人员需要经历一个跟随师傅学习、锻炼,熟悉业务的阶段。

线以后,遇到的情况更原始一些;现在番号不在了,整体调走了,回淮南安家去了。再譬如苏州,苏州有一个71工程处,他们也有好多人前期到达贵州。但是我估计这样的老人也不是很多了,有些过世了。山东更多了,譬如70处,从这调回山东了;37工程处也是从这走的,调回山东兖州了。还有一些在河北邯郸,像67工程处,后来公司整体调回邯郸落户。这是前期,我们还没来,他们先来的,是最早来贵州建设的,他们知道的情况更原始一些。

咱们国家还有一个贵州省?当时一点概念都没有。调贵州就服从组织分配,二话没说,从来不给组织讲:"我去看看这个我合适不合适,不合适我不去。"不存在这个问题!那个时候人员调动无条件服从,用咱们今天的话讲,调你就是政治。所以找我一谈话,问有什么困难没有。我不知道什么叫困难,我一个刚刚分配来的小青年,有什么困难,是不是?

我1966年的10月接到这个通知,我儿子是1966年7月出生的,1966年我25岁。找我谈话的时候,包括我离开枣庄的时候,我那孩子还不足100天。那时候咱们北方人都有这个习惯,孩子要过100天,可那时孩子还没满100天。

当时我不知道贵州什么样,我也不知道贵州气候比较潮湿;高原都不知道,自然状况我一点都不了解;物资方面的要求都没提,就回家准备去了,自己本来在学校里面行装刚刚解开,就再重新打上了。10月底打点行装,当时我们那一批不光包括我们矿上,还有学财务的,有学政工的,有需要生产技术的,有学机电管理的,甚至连炊事员都要配套。三线调人的时候坚持这个原则,各方面人才都配套,因为这个地方什么也没有,什么人和行当都没有。所以我们那一批在全矿务局范围内选拔,第一批往这来的是140多个人。当时"文化大革命"刚刚启动,每个人又比较时髦,我们矿务局机厂为我们这100多人一人做了一个语录徽章,懂不懂?毛主席语录,做了一个章,铁皮做的章。

支援三线的问题,那时候都没给我们吹这个风。那时候你就不知道三线建设是什么,不了解。交代给我们,别人问你们上哪去,谁也不许讲。我们也不知道到哪去,说什么到贵州,贵州是什么地方也不知道。

10月22号左右,作为一件大事,由矿务局党委书记、局长亲自带着队伍。场面很热烈,政治气氛很浓,我们戴着大红花,戴着语录章,背着行李,提着箱子,就和参军一样;人情味也很浓,路两旁老百姓也给我们送行,锣鼓喧天,送到火车站。两个车厢,全部是支援三线建设的人员,我们门口有人把门,有警卫,谁也不能上,有点神秘。一车拉到上海,上海也是事先把最高级的饭店留给我们,上海最高级的饭店就是国际饭店。大家头一次到上海,周游周游。当时红卫兵也刚刚开始,要串联,我们看了热闹以后,第四天乘上专列。

　　因为我们乘坐的车皮是单独的,就直奔贵州了,整整走了三天三夜。那时候湘黔线没通,必须绕过柳州——经独山、都匀到贵阳。我们到贵阳以后,贵阳这边就给水城打招呼,说山东枣庄矿务局的这一批140多个人已经到贵阳了,叫水城准备住宿等各方面条件。第四天我们离开贵阳,那时候贵昆铁路在修,但是没连通,客运也没开到水城西,所以说不到水城就下来了。去接我们的是苏联的那种基尔车,大吨的,又高又大。把行李往上一放,爬上去,站着。那时候我们也觉得是一种欣慰,客车是什么样都不知道,坐这种车已经算不错了。

　　车接了我们以后,往山里面开,周围漆黑,到那儿已经是晚上7点左右,我记得要爬山。过了崖口,一看有点灯光,觉得这是一个有人烟的地方,以后又进入漆黑地。那个时候水城在搞基本建设,水城铁路13处在修水城到我们矿区的一个专用线,叫水大支线——因为大湾那边出了煤,要通过专线进入水城西。铁路13处这一窝在修桥洞,那一窝在修桥,反正沿途一路有时候有灯光,有时候没灯光。然后一个劲往前走,到了汪家寨就是到目标驻地了,到了一看,一片灯光,怎么这山沟里还有这十好几层的高楼?第二天一看没有高楼,全部是一层一层的平房。什么平房?油毛毡,什么干打垒、铁皮房,什么帐篷,全部是一派在建的工地。那个房子像梯田状的一个一个盖,顺着山坡这么盖上去,顺势而建,看了以后你觉得是个高楼。每一个平房闪出灯光,垒起来看着很像个高楼,实际上不是。

　　你问我们是不是失落?我觉得是市场经济实行以后,咱们这些学生可能有这种想法。那个年代没有,那时候讲什么呢?我们毕业时谈"又红又专",你刚才问我有没有什么失望,感到后悔,没有,真没有!因为还没接触生活,再一个即使生活再艰苦,脑子里头也有足够的心理准备。我们在社会上接受的教育是什么?"哪里艰苦哪安家","党指向哪里,我就打向哪里","任祖国挑选"。祖国需要,我就到最需要的地方去。而且年轻人原来在学校,刚进入社会,他就希望到这样一种火热的场面去。满腔热血,他希望到艰苦的地方去创业,越是艰苦的地方越是要去。服从组织安排,也没见过什么豪华的房屋,也不知道舒适的生活是什么样的,现在的人是不可以想象的。

三、藏在深山的工厂:番号迷雾与手提肩扛

我们来到贵州以后,第二天就开始组织筹建,给我们单位命名为水城特区。整个六盘水有三个特区:水城特区、六枝特区,还有盘县特区。到现在唯一维持特区称号的是六枝,水城已经演变成六盘水市区所在地。当时水城的政治结构叫作企政合一,是个企政合一的地方。

三线建设的起因其实也就是帝国主义对中国形成一个半月式的包围圈,是不是?北边苏修,东边日本还没和中国建交,往南是蒋介石反动派,再往南是越南,对印自卫反击战刚刚进行完,这就对中国形成一个半月形包围圈。一旦战争打起来,沿海地区的工业首先要受到破坏,建设三线就非常有必要,作为战略大后方。

来到贵州以后,单位一律不准启用实质性的名称,统统使用番号。当时水城的四大工业支柱,煤叫大禾农场——水城矿务局的前身,那时候的番号就叫作大禾农场生产部!六枝西南煤矿建设指挥部自称大华农场,后勤部就叫作平田农场。林场,这是说咱了,水钢不叫水钢,叫青杠林场。当时还有一个水城水泥厂,给的番号叫水城石灰厂。从外界来看,就是农业层次,都不说重工业,是吧?这个名称流行了有三年。

保密方法太多了,我给你举例,贵州的航空航天,系统代号就叫011,这个军工仪表叫083,在遵义那边还有个061。石灰厂不叫石灰厂,自称125

厂,电厂叫300号信箱。

当初矿务局为什么建在这儿,铁路又这么不方便,是不是?都知道要给攀枝花对口,攀枝花是一个什么地方?攀枝花是一个钢厂,它生产钒铁矿,是军工特需的一种钢材。这个大家都知道,当时它不叫攀枝花钢铁企业,那时候叫渡口多少多少号信箱。

这种方法也给生产建设带来一些困难。譬如水城要搞煤矿建设,到上海采购,假如去买一台水泵,供应单位就会反问你:"你这个农场要水泵干吗?"我们开始筹建的时候,就叫大禾农场生产部,我们顶着这个名字工作了将近三年。当然现在名称都改正了,大概1970年基本上都改正了,那时候从国际形势上来说也缓和了是吧?

那个时候,没有市政规划院,六盘水还没成立,所有煤矿设计规划全部由水城煤矿设计院来办,设计准则就是"靠山、隐蔽",还有一个原则就是"先生产后生活"。咱们有些项目为什么非要靠山、隐蔽?有些航天的还要建到山洞里,011汽车装配线、飞机装配线整个都在山洞里头。那就是毛主席说过的,"备战备荒为人民",刚进贵州我听到过,三线建设一定要加快,为什么要加快?就是毛主席说三线一天建设不好,他一天睡不着觉。那时候毛主席有崇高的威信,大家很爱戴领袖,热爱国家。毛主席老人家睡不好觉,我们就要加劲地干,让毛主席老人家早早睡好觉,这是一种诙谐语言。毛主席说了,三线建设不好,他就要骑着马骑着毛驴去那里开会,他可能骑毛驴不?那不可能,对不对?没有钱拿他的稿费去,那你稿费管用吗?这是一种激励,是搞好三线建设的一种激励。

对于煤矿来讲,基本建设队伍先入场,入场以后他们按照部里面设计院总体设计,在什么位置,他们负责建设。我们1966年来,负责把他们建设的矿井、洗煤厂和其他一些机厂,接过来进行正常生产。

早期工作比较辛苦,矿务局的采煤工艺原来是打眼放炮。采煤工作面是用电煤钻打眼,根据放炮员或技术员定的规范,煤层面怎么布局,打几个眼;放炮员按照技术员定的规程去打眼,放炸药;放完炸药后,从炮眼里头用木棍子给它轻轻捅进去,就代表炸药雷管在里头,用炮泥全部封闭这一个面,一根线连接到放炮器上;清理完现场,连接上以后,哨子一吹,一声令下,砰!里边炸药一炸,那块煤就全部散落了。

炸散了以后,煤壁附近就摆着溜槽,溜槽在煤壁上是这样陈列的:有一定的倾斜度,可以用铲子直接拖下去。运到下头有矿车,接着矿车送出,运到采取煤仓。采取煤仓,通俗话讲溜煤眼,这个溜煤眼装的全是煤。大号里面下边有一个漏斗嘴子,如果煤仓满了,下边人就开始放,进矿车,然后通过斜井绞车把它拉出去,通过翻罐笼再翻出去,翻到皮带上,直接进煤厂。

我说的都是井下作业,现在就不是这样了,全部是机械化了。那个时候你放完炮还有一套程序呢,都是木篷子、木柱子或者铁柱子支撑,不然上面下来就麻烦了。支撑完了以后,该送放煤的放煤完,清理工作面,现在叫综合采煤。机械化,这一个机器进去以后,液压的钉板都撑住了,总采机在工作面上形成这样,这有个轮子,切近工作面就把煤壁、煤眼全部拉放下去。

四、职业生涯:从会计员到巡视员

一开始我就进入财务处,在财务处工作了两年。矿务局基地财务人员原来有一个,在"文化大革命"期间被错打成了什么"特务",关起来了。财务缺人,从1968年开始,就把我调到这儿来,接替他的工作,到当时的水矿土建队。这里毕竟是一个管理机构,它也需要建设,是建矿务局的基地,也是个矿区的政治、经济、文化中心。我那时候开始进入矿务局土建队,来筹建基地这片的建设,在这儿我一干就是13年。土建队逐渐演变成了矿务局的土建处,再从土建处到建安处。

在土建队时,一开始是一般会

1979年杨建华摄于水城矿务局建安处

计,后来就到了副科长。陆陆续续在13年当中,后边的家属宿舍也开始起来了,老办公楼建起来了,新办公楼也建起来了。矿务局现在用的办公楼还是我们那时候盖的,大概在1970年盖起来。

那时煤矿开始探索如何适应改革开放新形势,要求整个经营管理要跟上。组织上考虑汪家寨煤矿财会人员、经营管理人员工作有点不力,1981年我被调往汪家寨煤矿任经营副矿长,实际上还兼着矿务局的财务处副处长;我爱人到了汪矿的工会。我在汪矿只干了一年,工作还算有成效,第二年就调回矿务局,又返回到矿务局机关了。到财务处嘛,打的财务处副处长旗号。我搞的是什么?矿务局全行业的企业整顿,责任制要建立,各种制度上墙,考核要和功效、报酬挂钩。

这是企业管理适应改革开放的新形势。过去都是吃大锅饭,现在改革以后要和个人收入挂钩,对管理人员来说要跟你的责任挂钩。我们有一套叫承包办法,学习安徽那个什么地方,带头承包的?小岗村!那个叫"分田到户",我们这个叫"责任到人"、责任到集体,然后对它进行考核,和业务量挂钩。比如他的工资,你是搞采煤的,这一个月我给你计划多少万吨,你超额完成了,每超一吨,我给你多少钱,实打实的要兑现。对管理人员也是这样,哪一条不尽责的,我要扣罚你。实际上煤矿方面安徽绩溪那边也有许多现成的经验,在那也组织过现场会,学习经验。这就开始认真地考核,跟以前吃大锅饭的时候不大一样。

那时矿务局的工作部门,生产部的生产技术处、通风处、机电处、安检局、总调度室,反正这些技术部门都正规了;经营部门呢,就是财务、劳资、产品运输和销售;行政部门有矿务局办公室;政工部门有组织部、宣传部;党政部门有党办,党政工团包括党委、工会、团委,这些都全了。整顿完了以后,矿务局组织单位,按照企业整顿的标准,一家家验收。工作持续了将近一年,从1982年的下半年开始到1983年。

到了1983年底,煤炭部来考核,省委组织部好像也跟着来了。组建新的矿务局的领导班子,按照那时候要求,就是要组建"三总师":总工程师、总会计师、总经济师。整个班子的定位,除了局长、副局长,还有"三总师",书记、副书记就考核这个班子。各单位设立"三总师",矿也是这样,一样跟着走。那时候我就被任命为水城矿务局总会计师。我1993年12月受任,任命书除了煤炭部书记之外,还有一个贵州省省长签发的任命书,带国徽的。那时候我就开始变成局一级的副局级。1990年以后给我加了一个副局长,高管局副局长,但是没说免我的总会计师。行政事务就在我总会计师原来管的范围,当副局长以后呢,还是那些范围,分管经营口的这些处室,没有大的变化。

在企业整顿期间,根据你的学历、个人总结,开始审定技术人员和经济管理人员的职称:是工程师啊,还是技术员啊;会计系列的,你是否够会计师啊,助理会计师啊,会计员啊,还有经济员啊,就开始定这些职称。

1998年末领导班子调整,从1999年开始,我就任矿务局的巡视员。就我来讲有点个人主义,你叫我干巡视员,我没什么可巡的,实际上给你定一个离岗的名称了嘛,是不是?应该说是二线,但是我们没到退休年龄,1998年末离我退休还有三年。1999年开始巡视,两年后,2001年1月办理退休手续。

五、三线生活:苦中有乐的人生况味

当初我们住的就是席棚子、油毛毡、干打垒、铁皮房、帐篷。铁皮房嘛,瓦楞铁皮瓦楞房,把这个铁皮瓦楞竖起来做一面墙。干打垒实际上就是在一块平地土层基础上,挖坑挖地槽,埋一些三合土,什么炉渣灰,掺点水泥、白灰这些东西做基础,在基础上竖起来木楞、瓦或者铁楞。木楞和木楞之间用树条编,编好以后,打白灰也好,打一层。上盖的话基本上也是三合土的,窗户开得不大,通通风就行。那时候的干打垒也是跟东北学的。那时候咱们国家的大庆油田已经开启了好久了。我们来的时候就是学"铁人"、学大庆、学解放军,所以干打垒也带到贵州来。

但是贵州的毛毛雨太厉害了。1966年10月我来到贵州,我洗了一双袜子,那时候的袜子叫尼龙袜,刚刚投入市场。那种袜子洗了以后应该很快就干了,结果洗了以后,一个星期没干。日照时间太少了。我们10月份来了以后一直到来年春节,连续三个月没见太阳,过了春节开始才出现太阳,偶尔看得见太阳。人睡进被窝里不是干生生的感觉,就像个石头,湿漉漉的。人家那句话,贵州就是"天无三日晴,地无三尺平,人无三分银",是真实写照。

后来下雪,我们就想起了红军长征两万五千里,他们爬雪山过草地,就是这种情境:雪小不深,但地很滑,走在斜坡上就很滑。路都在半坡上,危险。架的高压线本身就这么粗(比画),气温一降,一边下雪高压线就一边冻了,冻得有碗口粗;那时候没有现在清理高压线的技术,更不敢用杆子去打高压线,有些高压线就被压断了。

生活上也是这样,我们生活在半坡上,食堂在半坡上。我去买个饭,一开始是铝盒,菜也卡在里头,有时候一份饭不够吃,再带个馒头往上一放,走到半坡上不小心一滑,馒头就掉了,直滚到山脚下。捡不回来啦,当时都是粮食计划,一个馒头掉了都心疼。

没有暖气,就靠铁炉子。再一个靠砖头,四块砖,一个一个扣,周围铁丝一起来,不就是个方的?两层下边砖头竖起来,摆上三块作为炉条。木材放进去点火,把屋里先烧着,就靠着炉子来取暖。工地干活了,有些工地需要保暖,那靠什么?靠干树枝,那叫熏烟,熏烟把温度改变一下。

哪儿建的水泥路?哪儿建的柏油路?没有。我们的"水泥路""扬灰路"是什么呢?那就是土路。车压了土路以后加上下的雨,车辙里全部是泥巴,这叫"水泥路"。"扬灰路"就是天气一干,土被汽车一压,又成了粉,汽车一过,整个一片,前边汽车跟后边汽车相距个七八米都看不见,这叫"扬灰路"。

那几年进入水城的有几万、十几万人,当地一点基础都没有,粮食当然都是计划调拨,那都好说,但副食品跟不上。因此在那一段时间,水矿所有单位都有生活专用车。矿务局所属的矿有七八个,每个单位都有生活车。那时候吃食堂比较多一点,单身多,吃食堂,拉来的东西直接交给食堂。后来家属逐步增加,就让他们独立采购去,就不管那么多了。一开始是生活车,远至云南、广西、湖南,把一些能吃的副食,煤矿工人需要的,甚至说酒、烟、糖、肉、油这些拉来。

家属房一点点往后盖,需要的人太多。现在看矿务局老的单户型家属宿舍面积都很小,都是40多平方米到60多平方米。尽管这样,大家都知道满足,因为什么呢?在三线建设初期,每个人住房面积都不超过4平方米,只能放一张床。个别带着家属的,也不超过30平方米。后来盖正规的家属房了,那时候煤炭部也有规定,不能盖太大。一般工人、一般干部、科一级、处一级、局一级,分类都有标准。

没有门卫,那时候社会上比较安定,敞着门睡觉都没问题的。

我和爱人是自由恋爱,进校时候在一个班上嘛,她是扬州人,我是徐州人,都是江苏人,半个老乡。她在班里团支部分管宣传,但是她自己没有宣传的硬功夫,就指着我出个黑板报,写个稿子啊,广播啊。我是干校的广播员,每天第四节课还剩个20分钟,我就提前离开教室,我要进入广播室,整个干校的所有广播就是我负责的。

1964年春,杨建华与妻子确立恋爱关系,在北京颐和园游览时合影

我爱人过来这里是1972年,我在这单身待了六年了。她在枣庄矿务局财务科财务处,她带着孩子还要干工作,很辛苦,再加上她有风湿性心脏病,当地的气候不太适合她。那时候托儿所都没有,很少。我曾经脑子里一度也想调回去,最后成为泡影,无奈之下才把家属迁过来。原来枣庄矿务局成立一个矿务局子弟学校,她在那边财务处工作,后来知道她是学师范的,就把她调到了子弟学校。她是以教师的身份调到这边来的,这边也开始成立矿务局子弟学校。后来我的工作调动,到了汪矿,她也就跟着我到了汪矿。

我儿子在水矿的网络通信公司,全区的网络、矿区的通信,包括井下电话、井下摄像头的布局,都是他们管。

我的家庭出身比较高。上中学时填成分不敢隐瞒,宁愿填重一些,也别填轻了,所以那时候我填"资本家"。"工商业者"我也填过,后期"职员"我也填过。父亲整了一个合股经营的土杂商店,解放初期也就合1500块钱,不管!资本家也有大有小。

我自从工作以后,父母就在徐州市里。我们姊妹三个,老大是姐姐,在北京,今年87岁,身患疾病,两个孩子照顾她;我哥哥从北京机械工业部的第一机械工业学校毕业以后,分到云南昆明,他是搞计划的,到林业部门搞计划,现在已经去世20多年了。现在我们姊妹三个,还剩我们两个。

邵代富
我与遵义医科大学的成长历史

亲 历 者：邵代富
访 谈 人：周晓虹
访谈助理：常江潇
访谈时间：2019年7月24日下午2:00—4:20
访谈地点：遵义市北京路遵义医科大学老干部处
访谈整理：常江潇

亲历者简介：邵代富，男，1942年生，贵州遵义人。1964年从云南陆良雷达兵4371部队考入中国人民大学党史系学习，毕业后分配至建工部101工程指挥部宣传处，后调至遵义医学院。先后担任政教室党史组教师、医学院团委书记、组织部副部长、医学院副院长、校党委书记等职务，2004年退休，现担任遵义医科大学关工委顾问。

邵代富（左）接受访谈

一、从"人民战士"到"人民教师"

1959年,我初中毕业后考到了遵义县团溪高中。那时候家里很穷,没有饭吃,我上了不到半年就跑出来了,来遵义市投奔亲戚,在酱醋厂打工,拉板车。后来干了几个月,听说家乡要招兵,我就赶紧跑回去报了名。因为在酱醋厂工作有肉吃,饿不到,一检查身体也合格,所以我就这样到了云南曲靖陆良的雷达部队。当时很多人中学——甚至小学都没毕业,我算文化高一点的,上面就选我到昆明军区当作文化教员培养,学习了八九个月以后我就回到了雷达团,在宣传部当文化教员,兼任广播员、图书管理员,还放过电影。干了一年多后,领导让我学点雷达技术,就派我到一个专门培训雷达操纵员的地方,和新兵一起学习雷达操作技术。因为我比他们先入伍,所以还当了班长。学习了一年,就调到一个雷达站担任雷达操纵员,时间也不长,大概一年多后,1963年我又调回了宣传部,专门当文化教员。那时候提倡"学雷锋,做好事",我们部队也学习雷锋精神,我还要做一些宣传工作,和战友帮助附近的老百姓挖地、挑水,给他们做好事。

邵代富在部队当文化教员期间向战士宣传"学习雷锋精神"

1964年,我22岁,宣传部门的领导推荐我去考大学,叫我去报名。我当文化教员的时候管理图书,宣传部图书多,我也喜欢看书,所以充实了不少文化知识。我想那我就去试一试,不管考不考得上。报名的时候我填了两个志愿,第一志愿填的是中国人民大学,第二志愿是重庆西南政法学院。没想到第一志愿就把我录取了,于是我就退伍离开了部队。当时人大党史系在部队招了将近30人,所以叫军人班,后来又和高中应届毕业考进去的混在一起分班,不单独叫军人班了。我一开始当团支部书记,分班了以后就担任班长。当时人大的校长是吴玉章①,党委书记是郭影秋②,我们党史系的系主任是何干之③。我们进校以后,学习还是很认真的,上课都专专心心地听,平时学的课程有党史、政治、外语等。

后来专业只学了一半,1966年"文化大革命"就开始了,我是保守派,不参加那些造反活动。人大的保守派叫"新人大",我们都是尽量地保护老师,跟造反派辩论:他们是堂堂正正的教授,是我们的老师,我们要尊重老师。人家哪里"臭"了,教你了还把你教"臭"了?我们班从部队去的多一点,所以大家不怎么乱造反。"文化大革命"期间,我们有一年多没上课,学校也没有老师给你上课,我们只好走出来耍了,和同学们到处跑去串联,只要有学生证,火车票免费,到了一个地方就吃大食堂,免费供给你食物。我们也不参加地方上的造反,就是到其他地方去看看中国的大好河山。我一共跑出去三次,每次一走就一个多月,先后去了新疆、东北、上海、福建。1967年下半年的时候学校喊复课,上了半年多。到1968年初,领导说你们干脆毕业算了,给你们发毕业证书,所以也没考试,发了毕业证书就走了。因为我家在遵义,1968年毕业后就分到了遵义101指挥部宣传处,支援三线建设。

---

① 吴玉章(1878—1966),四川荣县人,杰出的无产阶级革命家、教育家、历史学家和语言文字学家,新中国高等教育的开拓者,中国人民大学的创始人,1950—1966年担任中国人民大学校长。
② 郭影秋(1908—1985),江苏铜山人,中国教育家,北京市政协副主席。1963年调任中国人民大学党委书记兼副校长,1978年人大复校后任党委第二书记兼副校长。
③ 何干之(1906—1969),原名谭毓均,广东台山人,历史学家,1950年中国人民大学成立,先后任研究部副部长和历史系主任、一级教授,同期被聘为中国科学院专门委员。1958年被聘为国务院科学规划委员会历史组委员。

101指挥部是隶属于国家建委的地市级单位,指挥长是从四川建工部调来的梁振声。指挥部从1964年开始在遵义给061基地的厂矿搞基建工作,一共有四个公司,加上安装公司有2万多职工,每个公司下面有好几个处,处下面还要分队,每个队单独有任务去建哪个厂。1968年我分到这里后,先去101指挥部三公司下面的一个施工队接受工人阶级的再教育,在基层做瓦工,师傅带着我跟他们学习砌墙。这些工人师傅年纪都很大,是从北方调来的,他们跟我说:"你是个大学生,怎么不去搞研究?"我说:"不是我要搞这个,我是服从组织的安排,接受老师傅、老工人的再教育,你们那么辛苦,我来体验一下。"

在基层半年多,我又调到了三公司下面二处的劳资科当劳资员,两三个月后又调到指挥部,在宣传处当干事,兼任秘书,陪领导考察。哪个领导要下去调查就喊上我,回来我就写简报,因为我是大学生,能写点东西。这样一直干到1973年,101指挥部在061各个厂矿的基建任务基本完成,就准备要搬走了。几位领导都调到其他地方去了,就让我临时当宣传处的负责人,干了有半年多。

当时从大连南迁到遵义成立的遵义医学院在1973年基本稳定了,需要招收一些大学毕业生进学校工作。医学院负责学校施工工作的一位副院长与我们101指挥部生产处的负责人经常有联系。就问他:"你们有没有名牌学校毕业的大学生?"生产处的处长推荐了我,这样我在1973年11月就调到了遵义医学院,在政教室(后改名为马列主义教研室)的党史组上党史课。政教室当时有两位正教授、一位副教授,还有三个讲师,力量还是很强的。1974年,遵义会议纪念馆听说医学院有个搞党史工作的,就想调我过去,但学校不同意,就借调我去纪念馆的资料室,帮助收集和整理红军长征时期在贵州的资料,我在那里工作了一年多,收集了不少资料,然后又回到医学院,做了一段时间的教学工作后就调到了团委当书记,后来又担任过组织部副部长、医学院副院长和校党委书记。

二、大连医学院的南迁

大连医学院是怎么南迁到遵义的呢？当时教育部、卫生部和计委三家商量，要在西南地区搞三线建设的地方成立一个医学院校，需要从外面调一个医学院校进来。当时最早确定的是把大连医学院和青岛医学院各抽调一部分，南迁到西南地区。后来中央考虑到两边混在一起不好，就决定把大连医学院整体南迁。一开始准备将大连医学院南迁到四川的自贡，改名为自贡医学院。当时贵州的省委领导是李葆华[1]，听到这个消息后就向卫生部、教育部和计委三家领导反映，四川本身至少有两所名牌医学院校，当时贵州仅有一个人力很少的贵阳医学院，跟四川没法比。贵州既是三线建设的重点地区，又是缺医少药的地方，他就提出这个要求，希望大连医学院能够南迁到我们贵州遵义。他是省委书记，又是李大钊的儿子，说话还是有分量的。[2] 当时卫生部就把时任大连医学院的党委书记兼院长、老红军周洪生请到北京去谈话，说："贵州有要求，希望你们能够去贵州，具体到哪个地方都可以，你们自己去选点。"周洪生就给部里的领导说："我当然愿意把我们大连医学院南迁到遵义，我还是长征的时候到过遵义，后来再没有去过。"周洪生回去之后就召开党委会，然后写报告给卫生部，确定了将大连医学院南迁到贵州。

1965年，大连医学院来贵州选址，周洪生带着王先文副院长到省里讨论到底建在哪儿。当时省里的领导说："贵州三线建设有三个大的基地，第一个基地就是遵义的061基地；第二个是083，在都匀；第三个是011，在安顺。除了贵阳，这三个地方你们都可以选。"领导跟周洪生和王先文说了以后，他当然要选择遵义了，他说："我跟教育部、卫生部都讲过了，遵义是革命老区，

---

[1] 李葆华(1909—2005)，李大钊之子，曾任水利电力部部长、安徽省省委书记、贵州省省委第二书记、中国人民银行行长、中央委员。

[2] 此处亲历者叙述或有误，李葆华1962—1967年任安徽省委第一书记，1966—1973年因"文化大革命"受到迫害，1973年9月至1977年12月方任中共贵州省委第二书记，而1965年中央委员会、国务院已决定将大连医学院整体南迁至遵义，并于1966年初着手筹建，1969年正式南迁，此时李葆华尚未担任贵州省委领导。

我长征时经过这个地方。"周洪生在长征的时候是中央纵队卫生队的指导员,这么多年都没有到过遵义了,对遵义有特殊感情。这么说了之后,省里的领导就派人陪着他到遵义选址,最后就选择了现在大连路这个地方。这个地方当时只有300多亩,为什么选这里呢?因为这里当时和火车站、汽车站隔得近,交通很方便,选这里办学、办附属医院,学生、病员、家属过来也很方便。

1965年下半年学校开始动工修路,101指挥部的建筑力量是很强的,当时设计出来以后,计划是最多一年半把学校,包括附属医院都修好,结果在修的过程中,"文化大革命"开始了,造反派这里整那里整,一干扰好多材料就运不进来,耽误了工期,这样一直拖到1968年,建筑单位克服了很多困难,才把学校和附属医院用干打垒的方式修好了。

大连医学院是1969年4月开始南迁到遵义的,一开始有些人还不想来。大部分教授老家是东北的,后来看到珍宝岛战役已经打起来了,不安全,就争先恐后地来了。当时基本上大连医学院全部的教师、在校学生、教职工家属、附属医院的医生大概2600人南迁到了遵义。其中副高职称以上的教授和医生一共是102人,当时贵州全省其他高校加在一起副高以上职称的人数才101人,我们还多一个,所以南迁来的力量还是很强的,这些高级职称都是"文革"前评选的,"文化大革命"开始后就很多年没评了。

遵义医学院初建时的面貌

三、艰难中求生存：大连医学院原址复办带来的重创

在遵义搞了十来年后，1978年大连医学院在原址复办。当年南迁到遵义后，大连医学院的校园有十来年一直空着，改革开放以后开始筹建，学校急需人才。之前大连医学院有少数人没来遵义，调到了其他地方，辽宁省就先抽调了这一部分人回去成立了筹备组，有30多人。消息一出，从大连来的这些老师们就纷纷想回去。当时辽宁省和贵州省谈判，提出"一边留一半"的政策，走一半留一半，但剩下的一半人不愿意，他们又去省里闹，后来就说"走的欢送，留的欢迎"，但是学校不能全搬走，人员采取调动的方式，分期分批地走，这一年走哪些人，下一年走哪些人，从1982年到1985年分三年调走的。大部分教师都调走了，当时表态愿意留下的只有一位正教授、一位副教授，还有八位老教师，只有这几个人。从1983年开始，陈荣殿①担任遵义医学院院长，他是大连医学院复办以后的第一任院长，留下来重新组建了一套班子，做了很多工作，费劲呐！这样又动员留下来40多位教授、副教授和讲师。那时候我在组织部当副部长，当时大家手续都已经办走了，我又去给办回来。还有些人回大连后又觉得不适应，有的在人际关系方面也有些不愉快，就干脆留在这边，又把手续办了回来。留下来的人后来大多数是教研室主任、技术部主任或副主任，都得到了重用。

但这样人手还是不够，我们又从外面调了几十位专家进来，同时注重现有人才的培养，主要是培养留校的学生。大连医学院的老师在这儿时培养了一批留校学生，他们当时的力量很强，培养的学生质量很高。当时77级毕业的留了不少，有100多人，这就顶上了。留校之后又送他们去外校再次培养，读在职研究生，把他们的家属也调进学校，这样就稳定了。当时我们78级参加卫生部统考的时候大连医学院的老师还在，考的分数很高，在西南地区的医学院校中是第一名，整个西南地区包括云南、重庆、贵州等几个地区

---

① 陈荣殿(1917—1983)，福建漳州人，外科学家。新中国成立后历任大连医学院外科副教授、教授，遵义医学院教授、副院长、院长等职。

的省市。第二年79级考的时候是第二名，所以尽管当时学校因为大连医学院复办受到了很大影响，但是他们培养的学生质量还是很高的。当时没有让他们一下子就走掉，一下子走掉的话你就垮了，学校肯定就不存在了。因为大连医学院的老师在1982—1985年陆陆续续地调走了，1982—1986年的时候，我们招生都很少，不敢多招。1982年开始启动人员调动，一个年级才招120多人，后来逐年增加一点，最多的时候才招到200来人，1978年的时候还招400多人呢。一直到1986年，教师中的正高、副高人数恢复到80多人，1989年、1990年的时候，副高以上职称才达到100多人，恢复到建校初期的教师数量。

我们的口腔力量很强，在遵义还办过口腔方面的"台湾班"。一开始省里不同意，当时我是副院长，和王世荣书记一起去争取，后来经过省里批准办成了。这个班的学制时间不长，一年多，发的是大专学历的毕业证，办了五年，一年一期，一个班有30多个人，全部加起来也有100多名学员。这些学员在咱们台湾也是搞医学的，都是中专或者卫校毕业，有些三四十岁了还来学，学成以后回去当院长，根据在这里学的又培养学生，就把医院搞起来了，他们在台湾开了好几家口腔医院。

大连医学院后来更名为大连医科大学，好多领导都是从我们这里毕业的。2017年我们搞70周年大庆的时候，他们回来的还不少。后来他们的地盘也不够，又搬去了旅顺，还是叫大连医科大学①。

四、 创新中谋发展：珠海校区的新建

在副院长的职位干了15年之后，1998年我被提拔为遵义医学院党委书记。那时候考虑到扩大招生的需求和西部大开发的契机，我们领导班子开会，讨论如何让学校发展，以满足国家扩大招生和西部大开发的需要。我们开了几次讨论会，讨论来讨论去，考虑到我们这个地方太小，加上附属医院

---

① 大连医科大学原址（星河校区）在大连市沙河口区中山路，2007年8月搬迁至大连市旅顺南路西段9号新校园。

才 300 多亩，就说我们不如干脆走出去。

我当书记没多久，省教育厅组织各校党委书记去美国参观学习，我就亲眼看到，参观的那些美国大学办得都非常好，其中有一条就是它可以在其他地方办校区，这对我启发很大。回来以后我就跟领导班子商量，我们这个地方容纳不了更多人，我们也可以办分校、办新校区，但是给市里面反映，也不太被重视，因为我们属于省管的高校。一开始我们想到去深圳，我在中央党校学习的时候有个校友在深圳当副市长，我去找过他，他说："我们深圳这边没得政策，你们要想办校区的话就去珠海，珠海有这个政策。"他说了以后我就带着黄燮南①院长、一位副院长和我们组织部的领导赶紧跑到珠海，找到了当时管理珠海金湾区的书记，他是医学院校毕业的，一看到我们就说："我读书的时候好多教材都是你们遵义医学院的老师编写的。"这样他就向领导推荐了我们，领导也同意了。

当时遵义市的市委书记是傅传耀，我去跟他讲了这个事，说："遵义医学院要发展，我们已经派人到珠海调查过了，如果你们没有好的政策，不给我们扩大地盘，我们就要去珠海办校区。"那个周末，傅传耀就带了一帮人在学校周围到处看了看，考虑把学校后面昆明路的山头，加起来将近 1000 亩地给我们办

邵代富在美国考察时于洛杉矶加州理工学院留影

学。当时他表了态，并且跟他带来的下属部门的领导说："你们一定要把遵义医学院的事情办好。"那是 5 月份的事，结果等到 7 月也没动静，我们打电话问，还是没动静，后来一直等到 10 月份，我们又打去电话，他们说是搞不成

---

① 黄燮南，生于 1943 年，1967 年毕业于上海第一医学院医疗系，1981 年获遵义医学院药理学硕士学位，1998—2005 年担任遵义医学院院长。

了,人家老板不干,那块地皮的老板想开发这个地方。我说:"这是国家的地,老板干不干,是你领导的事嘛,对不对?我们也不是白拿地,会给钱。"结果也没有办法。这个时候珠海那边来了电话,同意我们办分校区,希望我们赶紧过去选地、签协议,我们要多少地他给多少地,一分钱也不要。我们选的那个地方有1000多亩地,珠海市一天就给我们敲定了,5月份考察的,11月份就签了协议。这边敲定了以后,遵义市还是没消息,我又打电话给傅传耀,他说没办法,他下面那些人办事不得力。后来我们就去珠海签了字。

我们的校址范围内有一栋烂尾楼,本来想修个大酒店,结果那时候不准修,就停在那儿了,我们把它装修出来,成了一座很漂亮的教学楼和办公楼,教研室也在里面。然后又修了很多学生宿舍、两座学生食堂,还有游泳池、篮球场、运动场等。修这些建筑的钱都是珠海市给我们贷的款,但他们利息不高,所以没几年就把贷款还清了。根据招生的数量,珠海政府还会给你补贴,学生自己也要交学费嘛,他会拿其中的百分之多少补贴给你。珠海的政策非常好,所以吉林大学、中山大学都来搞了分校区。在我们遵义医科大学之前,还有两三个广东其他学校去办分校区的,所以大家后来才知道有这个政策,就到它那里去了。我们学校是2002年去的①,本来计划两年把它建成,结果一年多就建好了,第二年就开学了。

当时创办珠海校区的时候,得到了贵州省马文俊副省长②的大力支持,在参加遵义医学院和珠海市政府的签约时,他还即兴赋了一首四言诗:"东扩创建名医校,不计暑寒地域殊。山涛遥遥接海浪,遵珠合力炼珍珠。"他分管教育,当时省里面只有这位领导支持,其他人都反对,那些领导担心我们就这样走了。我说我们去珠海开个窗口,便于遵义这边发展和稳定人才,帮学校招聘人才回来。结果珠海校区开办以后,真的回来好多位博士,我们派出去学习的很多都回来了,一些在省外或者国外读博士的也回来了。一开始他们是不想回来的,一看到我们在珠海办校区就回来了。当时不到两年

---

① 2001年,遵义医学院与珠海市政府正式签约设立遵义医学院珠海校区,2002年夏季校区落成并投入使用,2018年更名为"遵义医科大学",校区随之更名为"遵义医科大学珠海校区"。
② 此处亲历者叙述可能有误,马文俊在1997年后担任贵州省省长助理。

就招回来十多位博士,这些人在遵义和珠海就职的都有,根据他们的意愿,愿意在哪里就在哪里,有些人愿意去珠海,有些人考虑到遵义是历史文化名城,愿意留在遵义。珠海校区现在的名称是"遵义医科大学珠海校区",分校建起来以后,我们的人才稳定了,进来了不少高级人才,在科研、教学方面都有很大的发展。当时我们派了一些师资去珠海上课,轮流去,上完课又回遵义,两边都带学生,所以一开始也是很艰难的。

遵义医科大学珠海校区风貌

珠海校区不仅在内地招硕士研究生和博士研究生,还面对港澳台招收研究生。现在珠海校区平均一年招 1000 多人,在校生是 6000 多人,加上遵义校区的 1 万多人,我们的在校生共有 18 000 多人。教师副高以上,包括博士、硕士有 1000 多人,不算讲师和中级职称。专职教师 2000 人多一点,整个在校职工大概是 3000 人。在贵州省的医学院校里,我们是第一家被评估为优秀的,在全国的医学院基本可以排到中上的位置,其中最好的学科是外科、麻醉、口腔。我们学校的余志豪①去年还被评为全国的终身麻醉学专家教授,他现在已经退休了。

除了珠海校区,2015 年我们在遵义新蒲新区又建了一个大校区,将近 3000 亩地,邻近还有遵义师范学院、遵义医学专科学校等高校。现在老校区

---

① 余志豪(1932—2022),广东台山人,1955 年毕业于大连医学院并留校工作,曾任遵义医学院附属医院副院长、遵义医学院校长,兼任全国麻醉学会委员、中华医学会贵州省分会副会长。

基本上全搬过去了，学校留给了附属医院。附属医院地方小，病人又多，加床都加得满满当当的，发展不开，所以老校区全部给了附属医院，地方大了好发展。只有老干处这个地方留着，当时这个地盘也要给附属医院，但是老同志不同意，他们家都住在这个地方，要开个会，搞个活动，打会儿麻将，哪个想跑那么远，所以就没同意搬，但其他的地方都给医院了。

我们是三次艰辛创业，整个学校从1947年成立，一路走来也是很艰难的：学校的前身是关东医学院，1949年并入大连大学，当时的校长是李一氓①；搞了一年后，1950年大连大学又撤销了，独立成大连医学院；再南迁到遵义，改名为遵义医学院；现在叫遵义医科大学。这都是闯过去的，我们学校不比省城的院校，省里面有项目，好的项目也不给你地方的院校，等你知道后已经给其他学校了，没办法。在一个经济落后的省，三所医学本科院校同时争夺生源和就业市场，学校如何在这种境况下发展？我认为在世界多极化、经济全球化、文化多元化和知识经济的背景下，一所高校要发展，必须着力建设和培养高层次、高学历、高素质的教师队伍。珠海校区没办时，我们学校花了不少心血培养人才，但学成后的人才学校却很难留住，不少被兄弟院校挖去了，就是因为人家在省城。这也是我们去珠海的一个原因，在沿海开了窗口，扩展了生存空间，能吸引流失的人才，利用沿海的优势促进本部的发展。

2004年，我62岁的时候退休了，还多干了两年。退休以后他们让我在关工委当顾问，我还经常过来这边。过去当书记、当副院长的时候忙得一塌糊涂，没时间写东西，所以退休以后我就编点书，写写过去掌握的一些资料，关于红色文化、红色传统的。有红军长征在遵义的事情，有关于中华民族传统文化的，有我们学校简明版的校史（之前的校史太厚了，我把精华部分编成了一本），有关于101指挥部的，还有我自己的诗画集，已经编了六七本了，发给学生，发给学校职工，有客人来也送给客人。我有些书发得远嘞，还给我们原来办的"台湾班"去美国的熟人呢！

---

① 李一氓（1903—1990），四川彭州人，1925年加入共产党，参加过长征，先后担任陕甘宁省委宣传部部长、新四军秘书长。新中国成立后，先后任苏北区党委书记、华中分局宣传部长、大连大学校长等。

杨明久

从地主娃到挖煤工:"黑五类"身份影响了我的一生

亲 历 者:杨明久
访 谈 人:谢治菊
访谈助理:许文朔
访谈时间:2019年7月25日下午2:00—4:30
访谈地点:六盘水市杨明久寓所
访谈整理:谢治菊

亲历者简介:杨明久,男,1945年4月生,贵州人,小学文化,1964年11月支援三线建设,先到六枝修铁路,修了大半年后于1965年调到六枝矿务局工作,1967年转为正式工人。到六枝矿后,先干了2年多的通讯员,1967年开始到井下当煤矿工人,当了20多年,1990年因受伤又到地面工作,干电工,1996年退休。

杨明久(右)接受访谈

一、心酸的"地主娃"无奈到三线

我叫杨明久,明天的"明",永久的"久",生于1945年4月9号,家里有四个兄弟、两个姊妹。老大和老二是姐姐,前面还有个哥哥,我是老四,大姐二姐已过世了。我家兄弟姐妹文化程度最高的是读到高中,我就读了个小学二年级,二年级后就不让我读了,因为当时我家是地主,成分有点高,所以不让我们读书,想读书都不行,你趴到学校看,都要把你轰走。小学二年级后,我就在农村放牛放马,搞农活,一直到18岁,六枝煤矿和铁路局来招工,我就过来了。也就是说,我是1964年11月从清镇①招工到六枝支援三线建设的。那时候招工,也不需要什么条件,只要是农村人就行,然后让生产队推荐。当然,推荐的人要自愿去哈。我们生产队一共抽了六人,我就是其中一个。当时为啥愿意来呢?家里财产都被没收了,负担很重,想着当工人,而且还是煤矿工人,总比农村好嘛,又可以帮衬家里。招工的时候,生产队有个姓徐的,现在死了十几年了,来到我家,就说:"你家老二,去参加工作吧。"我父母问是什么工作,他说:"不是挖煤就是修铁路,反正你们家要去一个,要去的话我们就挂个名字。"父母当时也是穷怕了,家里很困难,一看有工作有钱挣,巴不得我去。

我爷爷原来在四川宜宾做点小生意,也不是地主,但挺有钱,后来出了点事,带着我父亲逃难到贵州清镇。为了逃命,出来时啥也没带,所以一切从头开始。还好我父亲继承了祖辈做生意的优点,尽管白手起家,还是闯出了一片天地,成了当时清镇的大地主。印象中我们家最富裕的时候,是我父亲那一辈,三四十年代吧。富裕到什么程度呢?当时安顺有个谷家,也是大地主,都要买我家的账,你想我家当时有好红火!我们可以每天杀一头猪,请人来吃;田土也很宽,有很多帮工,逢年过节一家要打100斤米的粑粑送人。我伯伯叫杨子泉,是黄埔军校第三期的毕业生。② 毕业后本来要分到上海,他不干,非要回贵州,结果贵州又不让他回来,只好分到上海。分到上海

---

① 清镇市是贵州省县级市,1963年时隶属安顺专区,现由贵阳市代管。
② 亲历人口述如此,但黄埔军校毕业生名录中尚未查找到其人。

后,做了大官,但最后还是回来了。回来当了毕节县县长。解放后,他成了贵阳的民主人士。那时候,我父亲就和我伯伯一起,做点生意,所以家境比较好。解放后就不消说了,我家和我伯伯家的全部家产,什么房屋、地契呀,全部都主动交给农会了,我们家另起了土墙房,一家人住。当时是打好封条全部交的,因为我伯伯是民主人士,当时比较开通,我父亲受他的影响,也都上交了。当时我家的房子可大了,可以住得下一个团,你想想有多大? 解放的时候,我还很小,4岁多,好像记得解放军来了后,我母亲抱起我,让解放军住进了大房子。后来邻居家的孩子来欺负我们,说我们是地主家的狗崽子,心里挺难受。由于是地主家庭出身,我们当时的行为都是被限制的,不能随便走动,比如不能去赶场。所以来六枝之前,我完全不晓得这个地方是哪里,都没听说过。

  刚来六枝的时候,这里的条件比清镇差远了,只有一个小一点的邮电局,而那时候的清镇,基本上都有大房子。可以说,这里就是乡下,而清镇就算城里头。1964年来的时候,只有贵州的人,来时每人发了一件大棉衣、一床6斤重的被子和被套,我记得是个蓝套套,大家先集中住在大厂房里面。厂房的条件不好,一晚到亮蚊子都在吵,吵得嗡嗡的。住了十来天,就分配大家的工作了,分成一连队、二连队、三连队、四连队这样的,一个连队300多人的样子,比一个车间还多。后来才知道,当时的建制,有矿长、连队长、班长之分,一个班20个人,由班长负责,一个连队有300多人,队长上面就是矿长,很多时候,矿长就是厂长,但有时候又不是。分连队没啥依据,就是直接点名,没有事先沟通和协调,分的人会直接说"前面这二十多人去哪里哪里"。分了连队后,我们就开始建我们铁路工人自己住的房子。那时候的房子,墙没有砖和石头,是用两块板板镶做的泥巴墙。板板中间筑泥巴,用草草、竹子和泥巴和起来敷房子,皮面上盖牛毛毡。这样修起来的房子,一间要住三四十个人,大通铺,每个房间两排,挨到挨到睡。我修了一年左右的铁路,记得是贵阳到昆明的铁路。那一年铁路和煤矿同时招工,我们是先修铁路,后来发现煤矿的人不够,我们修完铁路后也去煤矿了。

  我记得来六枝的路费还有啥的,都是招工单位统一出的。其实他们也不是出钱,而是统一用车子把我们拉来的,那时候路不好走,拉了五六个小时。动员我们来六枝的时候,就说让我们来支援大西南,搞三线建设。其实,当时的招工机会不多,你看,1964—1967年连续四年招工,1964年招的人主要是兴义、清镇和毕节的,1965年、1966年招的人主要是普定和安顺的。不过,因为当时的条件确实不好,前面说了,睡大通铺,工作量又很大,有些小伙子实在受不了,就跑回家去了。我记得我睡那个房子里头,有一晚上,30多个人跑得只剩两三个人了,以后也没再回来,单位也不管了。我当时没想过要跑,因为家里恼火,刚来的时候工资是28块,这比在家里干农活和挣工分强一些。因为跑的人多,有的来了个把月就跑,有的两三个月后跑,有的半年后跑,转正后跑的人也有,所以后来1965—1967年连续招工人。不过,开始建矿后,好了很多,人们就慢慢稳下来了。

二、 辛苦的井下生活与深刻的洗澡体验

我们煤矿原来叫摩天岭煤矿,后来叫几零几零的代号,代号是为了保密所用,再后来还是叫摩天岭农场,这一切都是保密的需要。我是1965年从铁路调到矿上的,那时候还是合同工,工资是24块,当时煤矿还没建好,我就先干地面的临时工作,主要是建房子和修马路,一般从早上8点开始干,有时候从六七点开始,干到晚上七八点钟点灯,每天干12个小时左右。干了一段时间,当时的书记觉得我不错,说要把我培养成通讯员。那时的通讯员,有点像现在的秘书,就是给矿长办公室、书记办公室提点开水、打扫下卫生、送点报纸啥的。我干了两年后,矿建起来了,书记一看我是地主家庭出身,成分不好,没有培养前途,就让我下井去。我也愿意下井,工资高点,那时候家里穷,这高出来的工资还是很管用的。记得在下井的前后,我就转成了正式工,工资涨成42块,福利待遇没啥变化。

到矿上工作不久,"文化大革命"就爆发了。由于我家成分不好,害怕被批斗,所以只有老老实实干活,一点都不敢偷奸耍滑,连赶场也不敢去,就怕人家说我投机倒把做生意。话说回来,那时候不管成分好不好,只要去赶场

做生意,都是投机倒把,会被抓起来的,还要扣工资。但在"文革"的后期,我和我的家庭还是受到了影响。由于我的成分不好,是"黑五类",单位的造反派就把我关起来,让我去写历史材料,交代上三代和下三代的事情,关了一两个月的时间。其间还让我到台上去,拿喇叭讲我家的罪行。庆幸的是,我父亲和伯伯那时候年龄已比较大了,所以没受啥影响。后来,我伯伯活到80多岁,我父亲活到105岁,2015年过世的。

当下井工人,非常辛苦,每天要工作12个小时,走路出来,有时候可能要走两三公里。比如采煤,煤层高的要站起来,煤层矮的要半蹲,再矮的要躺下才能采。采好后,要将采下来的煤拿洋铲弄到一个斜坡上用刮板机刮走,这个过程中煤灰很多,简直睁不开眼睛,没办法,戴起口罩也要弄。而且,在井下每天的工作干多少,都是有要求的,比如要挖一米深的坑,会有个测量员来量有好高好宽,如没干完活,要说原因,原因不合理,就扣工资。比如,本来应该干一米的进尺,但只干了八成,要扣20%的工资。扣工资是一个小队一起扣,不是只扣一个人的,因为我们要完成的工作是大家一起协作才能完成的。当然,一般情况我们是可以完成任务的,但遇到一些特殊情况,比如煤层比较软,就好挖,如果比较硬,刨起来就费事,有时候遇到后面那种情况,完成任务困难会比较大。至于工作量是怎么确定来的,我也不清楚,估计是领导和技术员们一起的吧,但总体还是挺合理的。

从井下出来后,就是洗澡。每天都要洗澡哦,洗完才回家,回到家已经累得不行了,哪怕是壮小伙,也是倒头就睡得很香。那时候我们的食堂24小时开放,轮班制,无论何时回来,都有饭吃。在井下的时候,4个小时就会有本小队的人背包子或馒头下来给我们吃。

为何每天出来一定要洗澡?那时候穿的工作服下井,下班时全部都是湿的,上井后得换成正常的衣服;要换正常衣服,身上那么脏,只有牙齿是白的,连眼睛都是黑亮黑亮的,鼻孔里全是黑的,吐的口水也是黑的,吐的痰也是黑的,不洗怎么换衣服?所以,每天上井都要洗澡,每次要洗个把小时。洗的时候,也要有讲究,那时候洗澡都用肥皂,刺激性比较大,身上可以用肥皂洗,脸和眼睛不行,所以要吐自己的口水来洗眼睛,因为用肥皂要辣着眼睛，口水呢，有黏性，就可以把眉毛也洗干净。现在想起来，真是造孽，天天用肥皂洗一个小时，得使出刷刷子的力气使劲搓，才能洗干净，天天就这样熬！你想我在井下干了20多年，就熬了20多年。后来我有次手受伤了，就没再下井了，又回到地面搞基建，开始学电工。当年我们生产队一起来的六个人，身体都太不好，除我之外，都过世了。其实我的身体也不好，换过肾，但我心态好，想得开。

那时候的工作虽然很辛苦，但每天上班前，还要学习一个小时，这个学习是要考勤的，主要是布置今天的任务，适当总结一下昨天的工作。尽管如此，人们还是很老实，没有人偷奸耍滑，喊你干八小时就八小时，九小时就九小时，中间还不能休息，而且每周只休息一天。也可以不休息，按正常排班，算一个考勤，挣一天的工资。那时候也经常政治学习，每周三天或更多，以队为单位，通知到队，队里再通知我们，一个队100多人，主要学习毛泽东思想，每次要学两个小时左右。那时候招来的人，大部分是文盲，读到一、二年级的都不多，高中文化是极个别，所以政治学习完是不用写思想汇报的，没办法写。那时候的口号和标语，都和毛主席有关，也有半夜被喊起来学毛主席最新指示的。如果不起来，喊的人就啪啪给你几耳巴，给扇醒起来学习。当时也有工会，但活动不多，即使组织，也组织不起来，因为这些矿工每天在井下工作十一二个小时，出来再洗个澡、吃顿饭，基本上都瘫软了，没精神，就想睡觉，所以就组织不起来。感觉那个时候的瞌睡好睡得很，满打满算一天也只能睡几个小时，经常是六个小时，一旦有政治学习，就只有逼自己起来。"文革"的时候，天不亮6点钟就要喊你起来学习解放军锄草。因为当时睡的大通铺，所以一到时间，队长把被子一掀，管你冷不冷，"一二一"，你就得起来；不仅如此，还得在吃饭前读毛主席语录，都饿得不行了，还是要去读。读完后，食堂端来一盆菜，用瓷盆端的，那个时候没有桌子，八个人蹲起就吃了，这种状况一直持续到"文化大革命"后期，慢慢就少了。

记得从1967年开始，外省的人就多起来了，也就是那些所谓的技术工人，北方石家庄矿务局过来的。北方调来的这批人，一来就是正式工，我们和他们的差距主要在工资上，他们长一级，比我们高8块多吧，其余的都差不多。他们刚来的时候,说的话我们不怎么听得懂。还有就是他们的穿衣和我们不一样,他们穿黑大棉裤和棉衣,腰杆上系个带带那种,把棉衣扎起来,我们穿的裤脚比他们小一点。在饮食上,他们还吃大葱,馒头吃得比较多,我们贵州人主要吃大米饭,他们去食堂打菜,菜打得多,有馒头就行,我们是饭打得多,所以一看就知道他们是外省人,和贵州人是两码子事。后来就逐渐改变了,主要是我们影响他们,他们开始慢慢吃米饭,我们是吃不惯馒头,吃一顿馒头,第二顿一定要米饭,要不觉得有涩味。那时候我们也和他们交往,但不多,主要就是摆龙门阵,摆的时候有说普通话的,有说自己老家方言的,我们就用贵州话,最开始不太听得懂,慢慢就好了。那时候,大家交往也分帮派,贵州人更多和贵州人交往,北方人和北方人交往,偶尔相互之间交往一下,也没啥矛盾,连架都没吵过。后来才发现,北方人虽然个子大,但我们贵州人还是要"蛮"点,吃得苦、下得力,所以他们挖煤的速度整体不如我们。

三、尽管是家里的顶梁柱,成分问题还是影响了我的一生

我和我爱人是别人介绍的,我家有个表姐,是她亲嫂嫂,就为我俩介绍了。介绍的时候,要相互同意的嘛,我当时看到她的时候,觉得还行,感觉人挺老实的,老人也同意我们两个谈,我就同意和她先交往,她对我倒是挺满意的。我们这一谈,就谈了五年。因为那时候我在厂里上班,一年才回家一次,有一个月的探亲假,所以一年才能见一次。我记得是1966年谈的,1971年结的婚,我大女儿是1971年生的。我们俩都不识字,所以当时都不写信的,就一年见一次。当时也不怕对方会变心,想到父母都同意的,自己双方也满意,所以不担心。记得认识没多久,我就拿了套衣服、一包糖和一瓶酒去她家把婚订了,订完婚感觉就是一家人了,没想过有二心。不过,我年轻的时候还是很帅的,衬衣穿上一点印子都没有,个子又高,走到哪里都是漂漂亮亮的,那些农村尤其是安顺来的姑娘,倒追我的很多。我们矿厂的书记当时也看上了我,想把姑娘嫁给我,我想我是订过婚的人,不应该朝三暮四,

所以谁来找我，我都没动心，每天就是老老实实上班。后来，我 25 岁才和她结婚，那已经是当时的晚婚。之所以晚婚，我就是想一个人多玩玩，不想这么早有家庭。结婚的时候，我 25 岁，她 21 岁，她生于 1950 年 2 月，那时候的女生，十六七岁就可以结婚，十七八岁也可以，21 岁结婚算很晚的了。结婚时，我们没扯结婚证，当时的结婚证就是一张纸，我们那个村的人结婚都不兴登记，就把她的户口过户到我家就行了。然后，我们家给她置办了四套衣服，摆了七八桌酒，就算结婚了。去年还是前年，娃儿说干脆你们两个去领个结婚证嘛，后来我们才去领的。

结婚后，我们两个感情还可以，没打过架，没吵过架，她一直没有工作，就在家干农活，推点凉粉卖，带娃儿。结婚后，我们也一直两地分居，1983 年才把她的户口迁到六枝来，她 1984 年才过来。婚后我们有四个娃儿，一个儿子、三个女儿，儿子是老幺，大女儿生于 1971 年，二女儿生于 1973 年，三女儿生于 1976 年，小儿子生于 1982 年。大女儿初中毕业，二女儿技校毕业，三女儿和儿子都毕业于西南大学。四个娃儿都是在厂矿上的学，从小学到高中，当时矿上有个矿务局中学，是个省级中学。大女儿 18 岁时以招工第一名的成绩考进矿务局，二女儿 19 岁时也进了矿务局。那时候厂里的效益很好，我们都愿意让她们进厂。但后来不景气，老大就出来自己干了，现在县城里开了个照相馆，生意还可以；老二一直在矿务局的电厂工作，她是学电的；老三毕业后留在西南大学教书，当了个办公室主任；儿子毕业后在水城的一个石油公司上班，也还不错。家里的大女婿和二女婿都在矿务局上班，他们都不错，对我们也很孝顺。去年我的眼睛出了问题，要打针，5700 块一针，打了五针，都是娃儿掏的钱。七年前我的肾出了问题，到重庆换肾花了十多万，都是孩子们掏的钱。我现在有四个孙女、一个

1972 年，杨明久夫妇携大女儿在矿区门口合影

孙子,大女儿有一个女儿、一个儿子,二女儿、三女儿和儿子家各一个女儿,大女儿家的大外孙已经20多岁了,二女儿家的女儿现在西南大学老三那儿读书,老三的女儿读书很攒劲,考试全班第一,琴棋书画样样都行,儿子家的孙女今年7岁了,也还不错。

我经常给孩子们和孙子辈讲这段历史,讲那时候我们家很困难,几个娃娃读书,她妈妈除了照顾家里,还要打粑粑来补贴家用,这样才把几个大学生供出来了。她妈妈打的粑粑在这条街都是出名的,哪个都喊我家"杨粑粑"。现在,我们除了有退休工资之外,我2700多块,她是社保工资,1200块,还有她妈妈在学校门口卖粑粑的收入和我看大门的工资,日子还可以,不用孩子们操心。我觉得现在的日子还是比较幸福的,不像那些年,娃儿小的小,没得人带,大的读书要用钱,经济紧张,一家人比较造孽。现在好了,孩子们都有出息,又孝顺我们,想想这些,当年吃的那些苦,都觉得值了。

回看我的人生,最大和最难忘的问题是成分问题,要不是成分问题我也不至于到今天的地步。在毛泽东时代,地主子女啥也不能享受,只能老老实实地劳动。刚来的时候,本来我们矿上的书记要把我培养成通讯员坐办公室,后来书记看我的成分不好,说:"小杨你的成分有问题,培养也上不去,干脆你去学开车。"结果,人家拿档案来一看,说:"你是地主子女,开车也不行。"那咋办呢,我一看下井的钱多点,就申请去下井了,这一下就下了20多年,一直都穿湿衣服、湿鞋子。中间有好多次机会可以外出学习、培训和提拔,都因成分问题而没搞成,如果不是成分问题,我想我退休时至少是个科长吧。就连当时毛主席说要准备打仗了,让大家去挖防空洞,我都因为成分不好,没有资格去。所以,后来我都不主动参加厂里的活动,除非特别要我参加,怕给自己惹麻烦。改革开放后的80年代,倒是不怎么讲成分了,但我已经40多岁了,还是个没有背景的矿工,肯定也干不成啥事了。所以,我当了20多年的煤矿工人,从来没有出去学习和培训过,每天就这么劳动。有时候也烦,但是没办法,家里人要用钱,自己又要吃饭。那时候我母亲给我说,如果觉得不习惯,就去外面打工。但我不敢乱跑,因为一旦跑了,就会被开除,我又担心我这样的成分,找不到比这更好的工作。

邱和平　吴雪萍
大院子弟那些"阳光灿烂的日子"

亲 历 者：邱和平　吴雪萍
访 谈 人：黄　菡
访谈助理：董方杰
访谈时间：2019年7月18日下午2:00—4:00
访谈地点：都匀市邱和平、吴雪萍夫妇寓所
访谈整理：董方杰
文本表述：邱和平（宋体）　吴雪萍（楷体）

亲历者简介：邱和平，男，1954年生，山东齐河人，曾任国营红旗机械厂（4191厂）党委副书记。1970年经招工进入4191厂，成为喷漆工学徒，1987年调任供应科，负责材料采购工作。1990年成为供应科副科长。1995年经职工代表大会选举成为工会副主席，后兼任振华通讯公司副总经理。吴雪萍，女，1957年生于商丘步校，1960年随父迁居马兰核试验基地，在马兰成长。因父亲被调往水城"支左"，开始在贵州生活，70年代初招工进入4191厂。

邱和平（左二）、吴雪萍（右二）接受访谈

一、从大院子弟到工厂工人

1957年我在商丘步校①出生,1958年父亲调去马兰基地②,姐姐和我在1960年也去了马兰,当时我上幼儿园,姐姐上小学,还是在土坯房子里读的书。后来因为父亲到水城支援三线建设,我才来的贵州。

我应该算是贵州人。父母是跟随二野刘邓大军南下过来的,隶属于杨勇的部队,解放重庆,解放铜仁,接着又解放黔南。最后在这里成立公安,他脱下军装后我们就留在了这个地方,所以我是都匀生都匀长。兄弟姐妹五个中我排行老三,上面有两个姐姐,下面有两个妹妹。因为父亲常年在部队打仗,所以两个姐姐和我的年纪相差很远,二姐比我大9岁,大姐比我大18岁。到了这边安定下来,两个妹妹的年纪才和我挨得比较近。

我爸当时是公安大队长,"反右"的时候,他到武汉学习了八个月,1957年回来的时候,副大队长、政委、副政委全变成了"右派"。我爸就替他们说话,一说话,结果把他弄到钢铁厂当厂长去了,当了没多久又调到煤矿当党委书记,后来到了黔南州农业局畜牧兽防站当站长。

他爸脾气不好,敢跟州长拍桌子干架,所以职位也没有很大的起伏。"文化大革命"时那些人都被整,就他爸没有。那些红卫兵打到家里,他拿着斧头,那些人就被吓跑了,毕竟是打过仗的人。一次战役的时候,一个连的人全部牺牲了,就活了他爸,但也受伤了,手指这一节接的是羊骨头,所以没

---

① 1951年3月5日,根据第一次全国军事学校暨部队训练会议和中央军委关于各大军区及其分校改编为步兵学校的批示精神,总参谋部发布文件,命令各大军区军政大学一律改称"中国人民解放军高级步兵学校",各分校改称"中国人民解放军步兵学校",同时统一全军步兵学校番号和数量。全军共有高级步兵学校5所,步兵学校26所。中南军政大学改称第四高级步兵学校。中南军政大学下属六所分校第一分校(商丘)、第二分校(信阳)、第三分校(长沙)、第四分校(南昌)、第五分校(桂林)、第六分校(广州)分别改称第20、21、22、23、24、25步兵学校。

② 马兰基地,即总装备部第21试验训练基地,位于新疆巴音郭楞蒙古自治州境内,是中国20世纪60年代唯一的核试验基地,主要担负我国核试验(实验)的组织指挥、理论研究、测试分析、工程技术和勤务保障等任务,中国的第一颗原子弹和氢弹分别于1964年10月16日和1967年6月17日在马兰核试验基地试验成功。

赶上淮海战役。

我们从小没有正经地读书,"文化大革命"开始,上课就不正常了,放了很长时间假,人都玩疯了。不过我们那种家庭,住在机关大院里面,父母管得比较严,没有参与社会上这些事情,但学习成绩也不好。在当时的时代背景下,我们只有下乡、继续读高中和进厂三个选择。实事求是地讲,下乡谁都不愿意,肯定苦嘛,都巴不得进厂呢,但三线企业要根红苗正才能进去。

大三线建设实际上是从1964年启动的。当初勘探地形的时候,按照政策,工厂必须距离都匀市中心15公里。4191厂1965年筹建,1970年才建起来。开始本地招工时,我才15岁,读初二呢,就进去了。当时这个厂有三个名称,113是信箱,红旗机械厂是对外名称,4191是内部番号。

刚进厂的时候有一种新鲜感,在大家的印象中,军工保密单位的人都是穿白大褂的,都说这个企业怎么怎么好,相当羡慕。我们恨不得赶快打背包到厂里,都是十五六岁的年纪,想赶快离开家到外面去,对不对?但是没想到,到了厂里心就冷了:宿舍和厂房都没有建好,什么都没有,住的房子是竹竿子搭的,周围用席子和油毛毡围起来,屋里都是烂泥。

我们住的那个东西叫芦席棚,搭房子的时候挖个地,外面是一层油毛毡和一层用竹皮编的席子,我们住在里面。

1970年进来的这几批人中,东北的将近200人,主要是铁岭705厂,就是铁岭汽车工厂,搞雷达车的。时局在那儿摆着,实际上三线就是中苏边境紧张形势造成的,所以要建在这里,把那些厂迁过来。这些人在1970年7月20号到了都匀,一开始根本连宿舍都没有,全部安排在农民家里。都匀招了一批,连我在内有100多人。贵阳招了一批,六盘水来了一批,像我妻子就属于六盘水的。招完工以后,因为这边厂房、设备都没有,就把学员放在上海各个企业进行培训,1974年的时候才正式转过来。我去了重庆的兵工厂实习了整整半年,紧张得一塌糊涂,全是造枪、造炮和造坦克的,把过去的学生习惯全改变了,本来早上起不来床,但硬着头皮也要起,管得特别严。

等我从重庆实习回来,厂房有了,但是没有宿舍,于是我们就住在厂房里,几十乃至上百人住在一起。白天抢修宿舍,搞基建,挖土方,抬砖,卸砖,也是相当紧张的。砖是从都匀运到厂里的,后来我们弄了一个烧窑的地方,成立了砖灰连,自己烧砖。那时候小,我们根本挑不动,两个人抬着担都歪歪扭扭的。

虽然紧张,但每天的政治学习是绝对不放松的。在政治舆论宣传上,每个党委里面都有宣传部,每个车间都有专门主抓宣传的人,负责宣传栏和黑板报,政治学习空气很浓。每天早上在设备的旁边,一个班十几个人,政治学习和生产情况都要说,坐在一起念报纸,学毛主席语录,然后把当天的任务说一下,半小时后才可以开始工作。晚上吃完饭了,夏天是8点,冬天是7点半,一般要进行一个小时的政治学习,除了念报纸以外,还要谈心得体会。我们也进行保密手册的学习,保密意识比较强。

我们厂在一个山坳里面,附近都是大山,只要有人说哪里有敌台,大家就会很紧张。春天的时候,农民要烧荒做草木灰,我们的意识很强,马上大广播放"阶级敌人放火了",所有人半夜三更就拿着洗脸盆去救火,摔得叮叮当当的。第二天农民说是他们在烧草木灰,搞了好几次这样的。

厂里的战备意识很强,经常进行战备训练。因为转业军人特别多,都参加过抗美援越战争,在越南打过仗,他们搞民兵训练肯定没问题。我们有专门的民兵营、民兵连、民兵排,全都发有武器,荷枪实弹的,冲锋枪、转盘机枪、手榴弹、炸药这些全部都有。我们这些小年轻反正就跟着他们一起训练。除了岁数大的,厂里每个年轻人全部都要轮训,分期分批参加民兵训练。

那时候我们淘气,厂里刚刚生产了一台15米的卫星地面站,准备在新疆安装,这是新疆地区第一台地面站,厂里说必须有保卫人员守着,其实就是我们这些民兵负责。站岗的时候,子弹存在手里得不到玩,反正就淘气,到天黑12点的时候咣咣来两枪。武装部长就来问怎么回事，我们说刚才发现两个黑影子过来，实际上就想过枪瘾，真的，但是就这样，也没有出现事故。搁现在是不敢给大家的，是不是？说明那时候人的素质确实是很好的。

政治学习抓这么紧，对提升我们工作的积极性有一定帮助，打下了很好的底子，比如今天9点钟开会，我们的人绝对不会说9点钟到，全是提前10分钟、15分钟。因为三线本身就是备战的，每天早上起床和下班以后都是吹军号，我们的时间观念很强，到现在我们都是这种习惯。

现在走到社会上，一说你是083的，就说你们这些人的素质要比地方的高。

有了这个厂，附近寨子的经济也上来了，种的东西有人买了，鸡蛋是用稻草编起来串成串的，十个鸡蛋排一串拿来卖。咱们厂子给当地农村解决了很多问题。为什么我们厂要限制用水？因为原先水永远控制不住，夏天需要浇地，农民成天就在那放着水。所以厂里为了节约，放水都是早中晚，有时间限制的，过了时间就停。电也从厂里接线到农户。我们为了搞好军民关系、工农关系和军地关系，水不要钱，电不要钱，当地的农民可以说借了我们企业不少光，后来企业过紧日子，才开始给他们安电表。

我们企业除了火葬场没有外其余都有！有幼儿园、小学、初中、高中、卫生所、招待所，还有冷冻库。那时候吃肉紧张，副食品供应不上，听说广西的肉特别多，我们就开着车去广西拉回满满一车的冻肉、咸肉、咸带鱼那些东西，分给职工一部分，食堂一部分。最后一看太多了，没办法，专门修了一个冷库。我们还能自己做冰棍和汽水。为了解决喝奶的问题，厂里养了奶牛。我们还有酒厂生产酒。

虽然这样，但其实生活也蛮苦的。这个季节该吃什么全厂都只能吃这个，吃蒜薹，全是蒜薹，一到公共厕所去，全是蒜薹味。菜少的时候，就吃海带和粉条，单身的都管海带叫牛毛毡，有些人到现在都不吃海带和粉条的。白菜拿来以后就这么哐哐哐一剁，倒在那里面，涝完就炒，虫子都在上面，所以我们都养成了光吃秆不吃叶的习惯。

厂里的业余生活还是比较丰富的，自娱自乐，我们厂这方面人才有得是。有一批哈军工毕业的特别厉害，拉手风琴、大提琴、小提琴，连歌舞团都比不了我们那几个。我是厂宣传队的，觉得和男的跳舞没意思，就向这些有知识有文化的大学生学习吉他、提琴，学吹小号，搞业余生活嘛，在山沟里面能怎么办呢？只能这样对不对？丰富业余生活，自己动手。

后来有工农兵大学了，他们也是找这些"老九"（那时候叫"臭老九"）辅导课程，完了以后就去考试，有些就上了工农兵大学。

业余生活还有，就是看电影，那时候电影不是随时都能看的，一部片子走好几个厂，跑片儿。前边放着，后边才告诉几点钟到我们厂，有时候得半夜2点起来看，比如有《卖花姑娘》《金姬和银姬的命运》。有一次就出洋相了，有人说朝鲜的片子特惨，你们去的时候都要带好手绢，那些男的不相信，半夜的时候，片子来了，就起来去看，有的把袜子装在口袋里，拿臭袜子擦眼泪，说怎么那么臭，大家都笑了。

吴雪萍（前排中）青年时期与083基地篮球队队员合影

二、与东北工友"相爱相杀"

刚来的时候,200个学员以及师傅和干部全是东北过来的,厂长、车间主任、副主任、班长全是他们的人,等于一个厂全挪过来了。这是因为随迁的可以解决工作,有的就把家属也带过来了。那一代的车间主任和厂级干部有帮派意识,内斗斗得狠,但也特别排外,特别是对我们部队和地方干部的子女。

在政治学习的时候,我爱打抱不平,东北有些人就说:"你不要以为你爸是当官的就可以说话声音比别人大,你不要袒护他们,他们就是错了!"我们这些部队小孩比较直,敢说话,见的也多,就跟他们顶嘴。

我们这一代主要是受老一辈的影响,跟他们学,学员和学员之间打群架的很多。虽然厂里也有长沙技校来的学员,但他们人少,成不了气候,关键就是东北学员和都匀学员这两大派。当时我们都是十几岁,东北学员从东北过来,都匀学员从都匀进厂。他们有情绪,想家,看着都匀学员每个礼拜还能回趟家,拿个罐头,整点好吃的带回厂,挺羡慕、嫉妒我们的,就来找茬。就是看不惯你,上来要收拾你,然后说:"走,单挑?"这两伙人你不服我,我不服你,就开始打。看电影打架,篮球场上打架,吃饭排队也打架。比如今天卖红烧肉,抢不着了一着急还打架。我一个玩得好的朋友就是因为抢红烧肉和卖饭的人吵架,因为窗口很小,他够不着,拿砖头上去把那人的门牙打掉两个,被开除了。

最大规模的群架曾经有二三十、四五十个人一起打,双方提前约好时间地点。那时候整个都匀的车加起来都没有我们厂多,厂里光是大解放就有四五十辆,大家坐着大解放去打群架。不过他们东北学员里面"叛徒"太多,一有什么事,总有人偷偷摸摸来告诉我们。不过这种群架肯定会有那种年龄比较大、说话有点威信的人出来调解,两边和解后大家一起坐车回厂。

比较有意思的是找对象方面。东北学员基本上会找东北的,我们都匀以我为首的这一帮人找对象坚决不找东北人。1971年住车间的时候,大家才十六七岁,我带头剃头宣誓,头发全剃了,发誓找对象不找东北人! 最初两派之间的矛盾太僵了,持续了整整一代人。后来大家年龄逐渐变大,有的结婚了,慢慢就懂事了。后来我们之间关系好得很,多数还是处成了朋友。这一次去东北的时候,他们也相当欢迎,很热情的。

我爱人是子弟学校的老师,每年儿童节的时候学校要搞节目,就请我们去指导和伴奏,就是这么认识的。

我爸说搞对象前要先问这个人的政治情况,表现还行才可以。我说他是他们车间的团支部书记,我父亲说那行! 要不然,肯定不行的。1977年春节我带着他到马兰见家人,我妈跟他说的是:"我这个二姑娘怎么怎么娇气、懒啊。"我爸和他讲的是:"你可不能欺负我的二姑娘,这是我的掌上明珠。"因为那时候我太小了,我爸就嘱咐他怎么怎么对我好,怎么怎么照顾我这些,然后同意了呗。我们一直到1981年9月才结的婚,还是旅行结婚,走到上海,照结婚照,买点糖,回到车间一发就行了,基本上都是这种。

1981年,邱和平、吴雪萍夫妇的结婚照

三、 老爷子真的是一点也没帮我

进厂的时候我是学徒嘛,学的是喷漆工,是全厂最差的一个工种,喷漆是有毒有害的。因为我们这一大帮子弟都是都匀军区的,厂里面老人说这帮调皮捣蛋的干部子弟得让他们吃吃苦,就让我们去干了这个,算是一种惩罚。所以没有因为军队子弟身份而受到优待,那时候我们也没有走关系。

现在回想起来我感觉老一代同志,像我父辈他们真的是一点私心杂念都没有。

那时候我处于15—25岁这个阶段,头脑特别简单,做好学徒工,学门手艺,就像我爸说的:"你好好地学,有门手艺将来就饿不着。"老人家在那里教导,我就想反正把技术学好,在车间里拿得起放得下。政治上也要求进步,首先把团入了,入团以后没多久我当上了车间团支部书记。

后来我没有考上大学,在这个厂里走不出去,于是想当兵。武装部长直接点我的名,招兵的人也特别喜欢我,最后厂里卡着。虽然武装部长和我父亲是战友,但我父亲肯定不会帮忙。以前的老革命思想太正统了,一点不能徇私。那时候我的小妹妹进厂,都80年代初了,别人就问老邱公(他们都管我爸叫"老邱公"):"准备让你这个女儿干个什么?"他就回:"干什么不行?我们不走后门!我们不搞那一套!"人家一听,那肯定把好工种都留给关系户了。我姐大学毕业后在独山县当中学教师,我爸都不帮忙给调上来,最后还是县委书记召开教育工作会议的时候碰见我姐,说:"哎,这个小邱,你怎么在这里呢?想不想调回都匀去?"我姐说:"那你别跟我爸说,我想调。"县委书记就说:"你就不要管了,回去我跟你爸说去。"最后手续都办好后直接调回来了,我爸才知道。要是之前跟我爸打招呼,他肯定说这种事不行的。

1970—1983年,我干了13年喷漆工,也没有要求改动工作。当时我们厂党委书记还是我爸的战友,他走的时候才知道我在这里,我爸也没有跟党委书记说什么。后来电子工业部发现厂里技术队伍有点脱节,厂里就办了一期中专班,1983年我通过贵州省统考进了这个中专。

他上中专的时候本来有机会调回都匀来的,他爸和地方公检法系统很熟,结果他爸问他:"为什么要回来?"就是不行!

三年中专毕业以后,1987年我调到了供应科,当采购员。为了采购材料,全国各地满天飞。那时候我们采购很困难的,贵州是一个很偏僻的地方,交通不发达,军工企业生产需要的都是好的原材料,就要到各大城市的钢厂和铝厂采购。当时的洛拖、洛轴,还有几个大企业我全都去过,到处跑。1990年,我当了供应科的副科长,开始走上仕途了。原来基本上是稀里糊涂的,也是受家庭影响,对这方面不感兴趣,否则可能早就进步了。

供应科副科长我干了四年。后来也是跟领导过不去,1995年到车间当了八个月主任,最后厂里领导班子调整,因为我吹拉弹唱和体育娱乐这些都可以,又有组织能力,职工代表大会把我选为了工会主席。厂领导认为我干工会主席有点浪费,应该去当主管供销或生产的副厂长。当时厂里搞了一个天线分厂,效益不好,在农行贷了100万块钱,结果花得没剩多少,账上只有1000多块钱了,最后厂党政联席会研究决定让我去。我说:"我去可以,工会我就不管了,赶快给我配一个副主席,我要管就专心地把它管好。"去了以后我一下子跟北京签了一个搞天线的合同,先给了40万元启动资金,就活起来了。在都匀,我有人脉关系,走哪儿都熟,如果需要这个材料,我可以先拿走,等产品卖出去,再还钱都可以。干了一年我就把100万贷款还了。到了后来,厂里除了生产我不管,基本上供应、车队、后勤、招待所、卫生所、离退休办、食堂我都在管,人家说我管半壁江山。

在这个过程中,我被提为党委副书记。老爷子真的是一点也没帮我们,但是去世之前他感到很骄傲,说:"我这儿子可以,混到厂级干部去了!"

四、 三十年河东,三十年河西

在计划经济年代,军工厂无论是厂长还是书记都好干。虽然有生产定额,但生产任务不饱满,干活很少,定了也是虚的。每年雷达局下达生产指标,全厂可能忙活了一年,出几台天线、十几二十台产品车就不得了了。军品的要求高,产值也高,如果完成五六百万元的产值就是很不错的。企业处于计划经济体制下,一般找雷达局拨款,也不愁发不出工资。不过拨得少,十万八万就够发了。大家工资都低,都是30多块钱,挣个六七十块、七八十块很好了。改革开放之前企业是比较平稳的。

真正忙是改革开放后,我们进入了民品领域,为了抢生意,加班加点。

1982年开始,我们稍微有点困难,但也不算太大,搞了很多的民品,录音机、电视、沙发、洗衣机。贷款也能贷得到,工资是不成问题的。

我们厂最辉煌的时候是1984—1990年,生产的天线全国各地哪儿都有,达到了这个规模!当时生产形势好到什么程度?全国各地的车就在我们厂大门口排队,等着拉我们的天线。所以我们军转民是最成功的。因为啥?那时候大家都有电视了,电视必须要靠天线来接收,我们本身是搞雷达的,把雷达的技术运用到民品上,做接收卫星信号的天线,那不跟玩儿似的?所以都匀是全国第一个全城都看闭路电视的地方,北京都得羡慕,是不是?

虽然天线有很多高科技的东西,但就是一层窗户纸,捅破后都知道怎么回事了。当时我们把6.2米天线送到北京去,雷达局生产司司长问我们:"一台解放牌大卡车复杂,还是你这台天线复杂?"我们说:"这要看咋说,它不就是零件多吗?我们虽然零件少,但科技含量最高,能把天上的信号给接收下来!"那时候虽然效益好,但职工没有得利,这就是军工企业的毛病。为什么?计划经济年代,军工企业艰苦朴素,白手起家,过紧日子过惯了。到了企业那么好的时候,有那么多的效益,无非就是多发两包洗衣粉,来一件料子衣服,其余的比如奖金,是不敢乱发的,中央三令五申不许搞这些东西。这些得到的利润一部分上交了,给国家多上税,为国家做贡献,所以职工没有得到什么实惠;还有一部分用于偿还贷款和利息,每年都要付的。

因为天线效益好,很多厂都来生产,市场竞争越来越大。军工企业尽管经过了市场经济,但它的手脚始终是被捆着的。社会一些不良的风气,我们没法去"学习"呀!比如我们到了某个广播电视台,如果天线的报价是6万元,回扣就要1万元,我们不敢去干这种事。还有一个原因,那段时间小天线是可以入户的,后来中央对于小天线有了限制,我们厂就开始走下坡路了。

后来厂里举步艰难,没办法,1993年以后,真正开始搞下岗分流,减员增效。打个比方,原来十个人花10块钱,然后让九个人减员,剩下一个人花10块钱肯定增效了对不对?这种事真的是……当时怎么被搞出来的!最困难的时候我们连续六个月发不出工资,咋办啊?

后来民政局得到一个政策,下岗职工的低保由中央予以解决,但钱拨到地方民政后必须立刻花完。我就去了,我说我们厂700多职工,六个月没发工资了,算不算低保,算不算困难户?最后他们认账,让我把材料编写出来。工会办公室加班加点,熬夜熬到天亮,把这些表格全部做出来送过去,弄来了30多万块钱。拿着两个大密码箱到银行拎现金回来的,赶快通知各个车间给大家发下去,但30万块钱也就够发一个月的,没办法。

不光这个,我们的地下水也供应不上了。不仅缺水,而且水的含汞量太高,不管大人小孩,只要一摔跤骨头就断,这在都匀市医院都有据可查的。自然条件也恶劣,有次山洪把整个车间全冲了。再有一个高寒,我们调试天线的山头海拔是1120米,厂房海拔在1000米左右,本来想去部里面要一点高寒补贴,也没争取来,人家一考察,说你们这海拔才1000米,根本就没批。

因为我们厂在山沟里,15米天线的辐射梁半径就是将近7米,大设备都运不进去。我们没办法,得把天线拆下来一块一块地拉过去,吨位大的,桥梁都受不了。别看现在那桥修得可以,可原来是小道,对面来车我们都过不去,环境很差的,在山里面确实太苦了。

1996年我们争取到了一个好事情,拥有产品和市场的三线企业可以调迁。雷达局给了我们400万元的调迁资金,解决了一半的费用,于是1996—1997年我们就在都匀建厂房和办公楼。真正搬过来是2000年,这时候就把学校、幼儿园、公安科全部划归到地方。

调迁过来以后,我们实际上就是脱壳经营①。在都匀成立了振华通讯公司,设备和技术精英都转移到这里。我当了五年副总经理,主管人事和经理部。老厂就是一个空壳,留下来的就是我们厂700多名退休职工和离休老干部。这个包袱也重啊,养老金都是倒挂的,企业所交的根本不够支付退休人员的养老金。2005年4191厂破产,按照规定要求留下破产清算领导小组,但党委书记和厂长没了,于是成立了临时党委,我当负责人,主抓破产工作。离退休这一块划给了省社保管,后来通讯公司带着最精锐的研发人员,搬到了贵阳,100多个人成立了一个新的公司,效率就高了。但我坚决不去贵阳,51岁嘛,这个岁数了。

---

① 老厂还在,但是主要人员都来到了新厂。

和其他厂情况不一样，我们厂是房子盖得最多的，总共盖了十栋楼，解决了396户职工的住房问题。过去在老厂住的都是筒子楼，大走廊，一上来一家一家地进，公共厕所在另外一个地方。这里就全部盖成带卫生间和阳台的户型，小的有76平方米，大的是92平方米，基本上全部迁出来了。留了一部分，有些职工是家庭困难买不起，有些单职工不具备条件，只有双职工可以申请买我们盖的这个房子。最后我们在另外一个地方也盖了楼，解决了剩下一两百户的住房问题。

我还是比较讲究三线情结的，每五年会组织一次都匀学员的聚会。那些东北学员的三线情结也很深，特别怀念这个地方。

2015年休会以后，大家都说五年聚一次太遥远了，我们2010年聚，再到2015年聚，五年时间很多人就不在了，于是改成三年一聚，2018年就定下了。这个消息一放出去，东北的还有全国各地调走的人都知道了，说他们也要参加，能不能扩大一下范围，后来只要想来的都可以来，原来我们只是都匀70届搞聚会，现在变成全国范围了。

2018年建厂48周年的时候，全国各地来了500人，坐了7个大巴车。为了组织这场活动，我们提前两三年就开始做准备了。找了一个没有柱子的大厅，摆了50桌，我一个人主持，别人如果安排聚会表演，起码提前几天排练好，我们全是临场发挥，搞的是即兴表演。我点到哪一个，哪一个就上来。搞到晚上6点半，准时开席，最后结尾的时候，我和我们原来厂宣传队的一个广播员，用贵州民歌《好花红》结束，非常圆满。三天的时间，没出任何问题，顺利地完成。

从盖厂房一直到最后破产，我是最早的一个，也是最后的一个，完整地经历了整个过程。在三线企业里面干了43年，43年啊，你说苦不苦，确实苦，也很辛酸，但没有愧对党对我们的要求和培养。

别人是没有米下锅，对吧？巧妇难为无米之炊嘛。我们是有米下锅，到最后却破产了。有的年轻人到老厂办公楼跟一些领导有掐脖子的,有打的,他(邱和平)过去几句话一拍桌子那些人就走了。后来那些人就说了:"为什么老邱在这里敢管这些人,这些人都听他的,没有人找他的事儿?"因为他"屁股"干净,所以他敢这样!

没办法,我们这边看着也生气,很无力,但这种大环境下没办法。如果哪个厂领导的办公室有人闹事,我就去救火,一去基本上都能解决,要不我就踢那些人两脚。我跟我的职工讲,三十年河东,三十年河西,你们得想想过去辉煌的时候,对不对?

实际上我觉得,我们这一代人最大的意义就是创造历史,参与历史,现在就是口述历史。

吴智益

三线建设是一座无形的万里长城

亲 历 者：吴智益
访 谈 人：陆　远
访谈助理：王余意
访谈时间：2019年7月23日上午9:00—10:55
访谈地点：凯里市凯旋厂社区服务中心办公室
访谈整理：夏　雍

亲历者简介：吴智益，男，1955年生人，苗族，中共党员，籍贯贵州省黔东南州凯里市。1970年在当地的民办农业中学上三个月学之后，因父亲的原因受到同学歧视而辍学。1970年报名修湘黔铁路，1972年招工进入贵州凯里凯旋机械厂（4292厂），分在运输科，曾任运输科科长。工厂于1999年宣布破产后，负责破产后的职工安置工作。现任凯旋厂老年协会会长。

吴益智（左）接受访谈

一、艰难的求学之路

我是1960年开始读书的,1966年小学毕业。刚好在那年,"文化大革命"就开始了。当时我父亲是凯里市万朝区区长,因为是"当官的",被认为是"走资派",整天被批斗。当时上中学要严格政审,因父亲是"走资派",所以我的政审不过关,就没有机会上中学。到1970年,我们当地办了一所民办农业中学,我就在农业中学读了三个月的初中。为什么只读三个月呢?过程是这样的,在读农业中学的第一个学期,我们班主任语文老师给我们布置了一个写作作业,题目是把毛主席的《忆秦娥·娄山关》改写成一篇散文。作业写好交上去后,语文老师一看,我的作文写得挺好,他就用毛笔在一张白纸上抄下来,放在黑板上给全班同学展示,并作为范文给同学们讲解。结果,麻烦就来了,当时校长是造反派的头目,另外一位老师向校长告状,说:"这个老师(我的语文老师)政治立场有问题!那么多贫下中农子女的文章不拿来作范文,拿个'走资派'小子的文章作范文……"那位老师当着我的面,当着全班同学、校长和老师的面就这样说。就因为这事,我们的语文老师马上就被揪来,要开批判会。那时候父亲本来就经常被批斗,在学校开批斗会的时候,从"打倒刘少奇",打倒这打倒那,最后喊出的口号就是打倒我父亲。大家还举手,把我父亲名字大声喊出来。这时候,全部同学都扭过头来看我,看着我举手,我被吓坏了,我无地自容了。本来我心里就感觉到自己很卑微,很不好受,被这么一整,已严重伤害了我的自尊心,同时又把我的语文老师连累进去了。就这样,从此我就不敢去上学了。

1972年我进了4292厂,当时厂里最多也就十几个小学毕业生,我是其中的一个,但他们都是当地的转业军人,转业军人中有的也是参加过工作的。总之,都有一定的工作经历。因此,我感觉特别自卑,所以就想有机会再学一学。1978年开始恢复高考,我也复习过,也努力过,但毕竟基础还是很差。再者,那时候读书还必须要单位推荐你才能去,那我就没机会了。23岁那年,我还是怀着激情去报名当兵,结果超龄了,20岁以内才可以,当时就把我吓一跳:人就老了?好不容易领导批准同意了,我去报名当兵又超龄了,那时候对我的打击特别大。

后来,我就一直在自学。到了1984年,贵州省普及电大,在083基地凯里搞了一个文科的电大班,我就去考电大的文科管理班,党政管理专业,包括文科这一块的专业,实行半脱产读书,也就是半工半读。后来同学们笑话我:"你就有读小学和大学的经历,中间没有!"我们班的几个同学还跟我开玩笑:"你厉害了,一跳都跳过去,我们中间苦读了好多年!"读电大出来后,一上班就给我增加了1块钱的书报费,那就意味着你是知识分子,有1块钱的学历补贴。

二、差一点被埋在隧洞里

上学以后,我的生活就整天游浪、游浪。一段时间后,"文化大革命"形势渐渐好转,湘黔铁路开始修建了。当时我们当地的武装部长和我父亲的关系还可以,他看到我特别可怜,整天在社会上到处浪来浪去的,有空就去小河里摸鱼摸虾,无所事事。他就给我说:"去去去,去修湘黔铁路去。"就这样,我才去参加修湘黔铁路。当时我们承担的是湘黔铁路的隧道修建,那时候我才16岁,是全体工人中年龄最小的,修铁路的那些工人都是民工,他们看我最小,都很照顾我。但是,我也很要强,一包100斤的水泥,我照样扛上山去;打隧道的时候,他们打风枪,我就在后面做刨沙、推矿车之类的活。尽管修铁路很辛苦,但当时的工资还挺高,我是和农村的民兵连一块出来的,他们大部分都是农村来的孩子,我们当中只有五个人是城镇居民身份。

挺幸运,我们那时候工资可以拿到30块一个月!哦呦,那时候30块钱真是富得不得了,那种感觉,高薪啊!感

1970年参加修湘黔铁路的吴智益(前排右一)

觉很满足！后来我进了4292厂才拿到19块钱的工资，慢慢提到28块，提到31块、38块，然后到45块、48块、54块、64块……到1999年，4292厂宣布破产的时候，我的工资是197块3毛3分，这个最后数字，我记得很清楚。

有一天，修湘黔铁路雷家庄隧道，我在推矿渣车出来的时候，突然听到哗哗哗哗的声音，一看，感觉上面怎么老掉什么东西似的，我使劲往外推，刚刚一推出来，离洞口有十多米的时候，哗的一声巨响，泥土从上面倾泻下来，整个隧洞全部都被掩埋了，泥沙死死地把洞口都封住了。那时候打隧道都是人工开凿，利用钢钎、大锤打眼放炮，利用簸箕、手推车搬运沙土。开凿的时候隧道是双层，隧道很高，先在隧洞上面挖个小洞进去，同时在下面再挖一个大洞进去，然后再把中心去掉，就变成了火车隧道。我仔细一看，原来是隧道中层的土层塌方了。我们在底下一层施工，塌方时上面一层也有人在施工，上面施工的工人跟着泥沙掉下来了，掉下来后，被倾泻下来的沙子一冲击，就被掩埋在泥沙里面。哟！那个情景太吓人了！被掩埋在里面的人，是倒着的，头掩埋在泥沙下面，上半身就全部埋在土里，只剩两只脚在外面挣扎，好像鱼尾巴似的嗒嗒嗒嗒嗒地在外面使劲挣扎。哎哟！当时把我吓坏了，那时我年龄还小，被吓蒙了，不知道怎么办。我看到旁边有个修铁路的老师傅，他十分勇敢，好迅速，哗哗哗地冲过去，抱住那掩埋在土里挣扎的脚，使劲就把人拔出来，被拔出来的时候，被掩埋人的鼻子、嘴、眼睛里全部是泥沙，刮伤的皮肤血不停地往外流，被救出来的人，当时就晕过去了。幸运的是，被掩埋的工人还是抢救过来了，不知道他现在的生活情况怎么样了。后来，有个参加那次塌方抢险的朋友对我说："幸好，只差一点就把你埋在里面了！"

三、4292厂的苦与乐

1972年，湘黔铁路修好通车，我就复员回家了。刚好赶上4292厂正在开工建设，这时候很多三线厂都在招工人，也需要很多工人，就把我们这些从学校出来的、读过初中的都招进来。进厂之前，要先在"学工连"培训。

吴智益在4292厂的工作照

"学工连"就是刚刚进厂的时候要培训三个月，包括民兵训练、保密教育，包括工作前、岗位前的一些事宜。学三个月以后，最后一个月就根据我们每一个人的特质来分配，哪个在哪个车间，哪个在哪个岗位，到最后才知道。我一直到最后才知道我分到运输科，我们一共是七个人分到运输科。当时，我们一块儿招进来的人中，他们都是初中毕业的，只有我不是，我初中只读了三个月。刚进来时，我感觉到确实很自卑，在4292厂里一看，全是工程师、技术人员。因为我的学历、家庭情况等方面，就只能把我分到运输科，搞汽车运输工作。虽然进了4292厂挺开心，但是没有文凭和职称是很不占优势的，因为到厂里面一走，最起码都是技术学校毕业的，有天津技工学校、杭州管理学校，还有南京的，他们起码是技术工人，至少也是三级工。

到运输科后，我就从事开车工作。当时在厂里开车不算是好的工作，如果要是到地方上去就算最好的工作了。其实，我小的时候也很喜欢车，为了看车，听到哪个地方有个车，我们就走好远好远去看。那时候车子声音特别大，烧柴油的那一种，听到喇叭的声音，跑去一看，在路边等了半天，看到车过来，我就在后面追。那时候车就是现代化的象征，所以开车那时候职业上的感觉挺好，也很风光。我的开车技术是在厂里面跟教练学的，开的第一辆车是第一汽车制造厂的老解放牌汽车。开了一段时间后，由于比较努力，到24岁的时候，厂里又让我当教练带徒弟。带了一波徒弟，后来又当了运输科科长。我在车队的那个时候，4292厂里有十几个车，大车、小车都有。当时黔东南州凯里县只有三辆小轿车，我

吴智益在4292厂开车

们厂有一辆,州里面有一辆,是给州长的,还有830厂有一辆,那时候4292厂是市级单位,在当地级别是很高的。

事实上,那个时候开车在工厂里面是最危险的工种!那时候凯里没通铁路,所有的产品必须到都匀,都匀有个火车站,到那边去运过来。我们大部分的物资,比如从北京运过来的设备等,都从都匀那个地方运过来。那时候路还不是柏油路,也不是现在的高速路,是很小的泥沙路,运输工作实际上是很危险的。4292厂这个地方是一个山沟沟,那时候这个地方人们过来找都找不到。以前的路是从外面320国道分岔进来的,从北京到瑞丽的这条路叫作320国道。我们厂门口的公里桩是1968,我来报到的时候,他们就跟我说:"你到公里桩1968那个地方,往前有个岔路,往左拐进去。"当时那个路口有个山包挡住,没有看到,我走走走,走到远处一回头看,这边有建筑物,才绕回过来。虽然绕得不远,但还是走错了。那时候这个地方很荒凉,还没有现在这些建筑,这些建筑物的后面是一个大山,这个山现在已经被挖掉了。那时候我们的水塔在这个山头上面,全厂供应的水从那个翁牙河里来——这条河叫翁牙河,上次我编辑书①的时候,我把它美化了,实际上当地原来叫的是"瘟鸭河",瘟疫的"瘟",鸭子的"鸭",我觉得写那个"瘟鸭"有点太不雅观,缺少点美感,就写为"翁牙河"。

在4292厂里,我都是工作在第一线,开大车,搞运输,跑了不少地方。像厂区窗外人行道的这些法国梧桐,是1974年过完春节上班第一天我到武汉东湖运过来的,来回跑了十天。那时候那些树只有手腕那么粗,现在有的都有一人一抱那么粗了。现在通往凯旋厂厂区的这条大路,我们厂当时叫"凯旋青年路"。当时法国梧桐运过来以后,我们凯旋厂的共青团员在大路两旁种的,所以叫"凯旋青年路"。

我们4292厂需要运输的那些地方都是山路,我们要到十多公里以外去运石头过来修堡坎,木料要到林区县去运过来,路程有两三百公里,林区里面的小道比现在的乡村道路还差。那时候一出去运输,路途上饭店很少,只有国营饭店,只有稍微大一点的县才有饭店。所以经常饿饭,没有东西吃。

---

① 指2015年编印的《翁牙河岁月:4292厂离退休职工纪念册》,由吴智益担任编写小组组长。

路是土路、泥巴路。一到大晴天,我们一去就至少有几个车,路上那个黄土灰尘有四五寸那么厚,车子不断地在路上跑,每个人的眉毛、头发、鼻子等,满脸全是灰尘。夏天我们热到什么程度?到山里面我都全脱光了,受不了!只要一有河,就马上跳下河去洗个澡,冲凉一下,大热天穿的衣服全湿透,根本没法穿。而且那时候任务很紧,大家都互相你追我赶。我到十多公里以外去拉石头,在翁牙河那边,一天要拉个七八趟,早上天一亮就去了,如果去晚了,车多了排队就要排在后面,影响效率。就争取第一趟6点半就出去,一般到晚上天黑才回来,一天拉个七八趟,就为了把任务多完成点。那时候的人感觉就像一个筒子,直接往下看,不像现在的人两边看、东张西望的,当时就想把这事情怎么做好一点、做多一点。那时候那种精神我感觉就是一门心思,就怕自己落后。

记得有一次周末,有个老乡的朋友送来一条鱼。好!大家就准备"打平伙",我的一个弟兄就拿了我桌子上面的漱口缸子去打酒,酒打来就放在我的桌子上,然后他就到那边走廊上忙去了。我回来时,不知道我的漱口缸里打的是酒,以为是水,我心里说,"谁拿着我的口缸装水啊",就倒掉了。这下闯祸了!好不容易弄来的一斤酒!那时候买酒要酒票,一斤酒的酒票很珍贵。那张一斤酒的酒票是他们跟人家东扯西拉托关系找来的,被我就这样倒掉了。哎哟!他们几个人生气得要揍我。那时候的物质生活就是这样匮乏、艰难。

四、 难忘"结婚互助组"

刚建厂的时候,每人36斤饭票。一人一天才1斤2两,最大的问题就是吃不饱。如果每顿饭都吃饱,到月底饭票就不够了。那时候特别羡慕那些谈女朋友的男生,女士吃得少,她吃得少就可以匀点给男生吃。现在感觉就像说笑话一样,那时候谈朋友的第一目标,就是想要吃饱饭。我们那时候还年轻,单身的男生就说"饭不够吃,赶快找个女朋友,可以匀点过来"。真的是这样,那是实实在在的生活情况,根本不是说相声、说笑话。

1976年凯旋机械厂的菜票

我是1981年结婚的,我爱人是在厂里认识的。她是凯里的知青,是083电校毕业的,知青上了电校后,才分进4292厂。那时候她在检验科,搞化工检验。我们结婚那时候,单位不兴请吃饭,就是买糖,到新婚的家里头吃点糖就表示结婚了。全车间的同志们,每人送我1块钱的礼金。那时候,我们厂里刚好有一波都差不多进入结婚年龄的年轻人,我们在工厂里面搞"互助组"(又叫"打平伙"),那是自愿的。到结婚年龄了,大家都准备凑点钱。因为平常我们单身汉存不了钱,只有强行放在一个地方,过一段时间,你就搞忘了,你的钱才存得下来。我们几个互助组都是一块上班的,我们15个人,这个月把钱给你,第二个月给他,第三个月给下一位……这样一个一个给,15个月以后就给扯平了。记得当时我48块钱工资,拿了20块钱参加互助组,还剩28块钱吃饭。我就是通过互助组这个钱来结婚的,共筹了300块钱,在那个时候,那是很大的一笔钱,感觉很富有了!我结婚住的是4292厂的单身楼,那个房间本来是三个人住的,因为当时工厂没有房,有两个同事就搬出来挤到隔壁去了,匀出这间房给我结婚。当时工厂就发一张床、一个小小的床头柜。我们买不起家具,家具都是自己打,自己做的。

我是凯里当地人,老家那些老亲戚很多,也不能得罪。我们苗族的风俗习惯,结婚要先敬祖宗,敬完祖宗后再敬乡友。我老家那边叫湾水。我们的家族大,清水江沿江下去七八个村全姓吴,有"天上吴""地下吴"。据传说,以前的"天上吴"就是吃饭在桌子上吃,"地下吴"就是吃饭不在桌上吃,要摆在地上吃。现在的习惯都已经改变了。当时在老家请酒有两三百号人,摆了30多桌。酒席很简单，几个简单的菜，一桌10多块钱的开支就足够了。我在家是老大，我父亲也是老大，家属比较多。那时候是我们家最困难的时期，也是父母亲最紧张的阶段，没有多余积累的钱。我们五兄妹，其他那些小妹还小，还没参加工作，所以我就拿"互助组"筹到的这300块钱给父母亲请那些老家亲戚吃饭，因为他们知道大儿子结婚了，都要来庆贺。那时候不兴送礼金，也没有礼钱这一说法。按农村当地结婚请酒，亲戚朋友一家拿一升米来就算是送礼了，也有拿布来的，那是家里自己织的布，有些可能就抱一个大南瓜来作为贺礼。

五、"签完之后我就没有妈了"

4292厂像个小社会，除了火葬场没有，其他什么都有，比如托儿所、幼儿园、学校、服务所、医务室、澡堂、电影院、游泳池、服务楼、粮店、小百货楼……最热闹的要算菜站。那时候一到中午下班，菜就开始供应。我们从外面把蔬菜运过来，菜站就开始供应蔬菜，厂长也在排队买菜。厂长啊，书记啊，包括职工都得排队买菜。

凯里县里面也是这样。有一年星期六我回家到凯里，小十字那地方有个食品公司卖豆腐，我就拿着豆腐票去排队买豆腐，那时候豆腐也要豆腐票。前面有个老头我没注意，我就排在他后面，老头一回过来看到我。哦，原来那是凯里县的县委书记！他跟我父亲很熟，也认识我，他叫我"吴老大"。他说："哦呦！吴老大，你也来买豆腐啊！"你想那个年代，人还有什么想的？国家为什么不是你的，你为什么不是国家的？县委书记都一样在排队买豆腐，每个人的身份都是平等的，这是我亲身的一次经历。刚才我说厂长排队，她（雷震云，现4292厂所在的社区工作管理人员）也知道，是吧？他们也算是4292厂子弟了。

雷震云补充： 就是这样的，不说别的，就说春节，每年的春节我记得，反正除夕那天不管多晚睡觉，第二天必须一大早蹽起来。小孩们一天玩得很晚,给你薅起来很难受。家长就会说:"不行!一会儿有人要来拜年。"而且要早早地起来,你不能人家来了,你还睡在床上吧,所以早早地把你薅起来。我们这种筒子楼,就是厂长来,他们中层干部是分片儿走的,一家一家地送,每一家都要拜到。我记得每年拜年的时候,好像是给一个有盖子的筐子,筐子里头装着盘子、碗、衣架这种东西,还有明信片,这些都是国家统一的,没有谁高,也没有谁低,没有贫富,也没有差别,那种感觉很公平、很温暖,那种感觉,上门来是给你们送礼,给你们送温暖。

这就是一个集体、一个团体、一个队伍,这个队伍不允许任何人掉队,也不允许有不和谐的东西。

1980年以后,三线企业实行军转民大调整,我们4292厂也一样。我们厂之前搞计算机外部设备,后来搞不下去了,都搞软盘、计算器这一类的东西。由于产品效益不好,1995年7月份就开始有一部分职工下岗,每个月拿80块钱的生活费。当时我在运输科里面搞承包,因为厂里的产品已经没有发展前景了。实际上,我们的工厂被改革开放后市场上的"水货"冲击了。之前我们厂搞计算器搞得挺好的,后来国门一开放,"水货"进来一冲,就不行了。那个时候没办法,所以生产效率慢慢就滑下来了。破产前面那五年是过渡阶段,过渡阶段就是搞承包,每一个车间根据自己的生产工具、生产平台到社会上去搞承包。比如,机械加工车间我们运输科就给社会搞运输承包。当时运输行业还行,就是我们的设备老旧一点,就承包搞机械加工,那时候我们的老解放牌汽车最大的吨位就是四吨,所以相对来说受挤压。那个阶段是最苦的,也是最失落的。

我们4292厂是1999年4月28号宣布破产的。宣布的时候,我们国家的破

凯旋机械厂(4292厂)现在的家属住宿区

产政策还没出来，我们厂是事业性单位，那时候我们083属于国务院下面第四机械工业部的下属单位。反正当时我们是破产试验单位。当时凯里有两个厂——一个是4540厂，一个就是我们4292厂——就拿这两个厂搞破产试验，也就是摸着石头过河那种阶段，是摸索性的，没有政策。它整个过程都是在摸索，好多政策是后面补上来才解决的。所以，后来的破产到2009年7月份，职工怎么安置的这些东西才终结。这个过程让人很痛苦。

我们4292厂1999年破产的时候，厂里还有1700位左右员工，厂里面那些领导因为厂的效率不好都跑光了。实际上有门路的早就走了，没门路的傻待在这里。说实话，我们一家，包括子女都在这破产的厂里。幸好我还是当地人，像他们从外地来的，老的小的三代都在这个地方。工厂突然没了，那时候他们那种失望情绪很难形容。

虽然我们4292厂是1999年宣告破产的，但是真正启动破产程序是2005年底。2005年10月，我回厂来处理破产后职工的安置工作，给职工签安置协议书。说实话，当时好多人不敢签协议，怕签。我给大家解释说："反正也无所谓，就是我们4292厂破产这个事必须面对，必须勇敢地面对这个事情，包括我自己也签了，大家都要签。"当时我就负责签协议，先签合同工的，然后再签正式工的。我记得就是在办公楼的办公室里签的，安置协议书摆在两张桌子的中间，他们就在外面排队，一个个进来签。我记得很清楚，有个镇远来的职工，好像是当年当兵后转业到4292厂来的，他说了一句十分揪心的话，我印象很深。他签完协议书以后说："签完之后我就没有妈了！"他马上就哭了，眼泪马上就流出来了，一直在旁边流眼泪。那种痛苦的心情不知道怎么形容，十分难受。他这样一说，我也流眼泪了。虽然人家说男儿有泪不轻弹，但只是没到那个份上，没有触及那种感受。说实话，那种感觉真是很揪心。因为三线建设职工们总是把国家看得很重，"自己就是国家，国家就是自己"。他们从来没有考虑过其他的事情，奋斗了一辈子的事业一下子没有了，那种感觉，太难受了！悲痛流泪可以理解。在我的记忆中，最难受的还是那个同事讲的"签完之后我就没有妈了"那句话，对我的触动特别大，没办法，我一辈子都忘不了那句话，他的名字叫什么我都搞忘记了。

六、"现在国家有困难,大家要克服一下"

现在回过头去看,我认为,三线时期创建的部分企业转型破产,包括我们4292厂,这是我们中华民族必须经历的磨难,这一难必须要磨过去。就像红军长征一样,没有牺牲是不可能的,没有磨难是不可能的。好在这段经历已经过来了。今天,那些下岗职工的生活也可以了,慢慢也都能够平安地过日子,我也从内心祝福下岗的工人朋友们过上好生活,我也谢谢我们的国家。说实话,从我的角度,我是这样想的:虽然三线建设破产企业的安置现在还有些不尽如人意的地方,但是未来的日子会慢慢好起来的。我认为是这样,一个国家,它在不断前进,不断进步,在发展的过程中,难免会有很多需要解决的问题,不可能那么多问题都能完美地解决。只是,我们4292厂破产时期那个过程确实很难受。我说的这些,可能与有些人的想法不一致,但是我必须把这个意思,把我们的经历告诉人们,的确那段生活是这个样子,因为那是真实的东西,不是我编造的,这才是一个完整的故事,才是自己的经历,才是眼睛里面的4292厂。

2017年电视台采访我的时候,就问我:"您这一生感觉怎么样?"我说:"我这一生很幸运,我感觉那个年代虽然我们很苦,但是那个苦不是我一个人苦,是我们整个中华民族的苦,整个中华民族的历练,那时候那代人必须是经过那样过来的,就和当年红军长征一样,不是为了个人。"我就这样给他们说,他们觉得我的话好像太大了点。但我说:"不是,那个年代的人都是这样感觉。"包括到现在,我们这些老同志退休了,有些待遇上可能有什么问题想不通,你只要到他跟前,并且说"现在国家困难,大家要克服一下",保证他们一点意见都没有!这就是三线人的精神,你只要说到国家,他们就

4292厂最后的守望者——吴智益(前排右二)

没有什么话说了,他们也不会再去发牢骚。"现在国家困难,大家要克服一下",这话你跟三线建设任何一个老同志一说,保证他就一句话都不说,以前这个叫"做思想工作",这就是对待三线人最灵的一把钥匙。

前几年搞破产的时候,厂里肯定很多人想不通,好多人闹事也闹得很厉害,到处去闹,我们的这句话就管用。到083总部去闹,当初我们4292厂是闹得最厉害的,很糟糕,前面领导那些人很头疼。我不是自夸,后来是我来把这个工作做了,就把这话跟老同志们一说清楚,他们的情绪就下来了。他们觉得我还挺厉害。我说:"为什么?我靠的是国家,就是那句话'现在国家困难,大家要克服一下',你只要说这句话,大家都理解。"这就是那一代人的情怀,这就是三线人骨子里的精神。

七、 三线建设是"一座无形的万里长城"

我感觉三线建设就是一座无形的万里长城。我们搞三线建设就是在修长城,修一座无形的万里长城,抵御外侵。新中国成立以后,我们国家经济基础还比较薄弱,特别在六七十年代,随着中苏关系的进一步恶化,两国长达7300公里的边境线,出现了空前的紧张局势。美国第七舰队公然进入我台湾海峡,又胁迫我周边国家签订条约,结成反华联盟,并在这些地区建立军事基地,对我国东、南部形成一个半圆形的包围圈。印度、日本、韩国等国对我国也持敌对态度。70年代越南在打仗,后来中苏边境局势紧张,这些都是很大的压力。在这样的历史背景下,那个年代,国家领导人把我们民族的历史上所有的苦难,都纳入他的视野。然后要奋发,不能再像以前那样被帝国主义欺负,被外敌欺负,因此做出三线建设这个重大的决策。我父亲那一代对抗美援朝记忆很清楚。我老家那里每一个村几乎都有一两个老同志到过朝鲜战场,我的好多个表叔、堂叔都是从朝鲜战场上下来的。听他们讲朝鲜战场上的故事,那时候抵御外侵是国家的主要任务。试想,新中国成立,我们国家很不容易,不久就抗美援朝,接着印度、越南,你想想看,国家领导人不考虑一个修长城的手段吗?那是不可能的。

1976年9月9日，毛主席逝世那一天，我记得很清楚。那天我刚好开车送我们4292厂的几个工程技术人员去凯里火车站。刚刚到凯里火车站广场，他们下车还没去买票，喇叭哀乐声突然响了，感觉到出什么事啊！一听说毛主席逝世，哎哟，那时候人全傻了，傻在那一动不动，整个广场，整个火车站人全部都呆在那儿了，起码有一刻钟，人都一动不动，半天才反应过来。当时我感觉整个车站呼吸都没有了，好像天塌下来似的。后来，我妹妹给我讲了一个故事：1976年那年，当时我三个妹妹，分别只有10岁、8岁和6岁。毛主席逝世那天，我母亲就把她们三个叫到身边，每人发给她们5块钱。母亲怎么说？她说："毛主席死了，万一要是打仗的话，我就带你们跑，给你们5块钱，你们放好。万一你们找不到我，你们就使劲往老家跑，老家在什么地方，就往那个地方跑。"我母亲不识字，她连自己的名字都不会写，她就有这个感觉。当时我不在场，这是后来妹妹跟我说的，这是我自己的母亲给她们交代的情景，妹妹说："妈妈这样一说，哎哟，我们好怕啊！"

　　对于三线建设，从我个人来看，我感觉有点遗憾，没出息，一辈子就生活在山沟沟里面，没走出去。但从国家的角度看，我觉得我很值，我很幸福，因为我为的是国家，没有为我自己谋取私利，说是付出也好，说是牺牲也罢，都是为了自己的国家，我认为我值，很幸福，这种幸福感是……现在我怎么表达呢？因为它是整个民族的情感。我就归结到那句话，我们是在修一座无形的万里长城，哪怕里面有孟姜女也好，但是对中华民族来说，那是任何人都推不倒的，我认为就是这样。就像前面说的，以前也听说修长城死了多少人怎么怎么的，但是没有那个长城，中华民族的精神从哪儿来？我的感觉就是，三线建设就是一座无形的万里长城，是当代中华民族修筑的长城战线。参加三线建设，我一直感觉咱们就像修长城一样，你要多伟大？伟大要靠整体，不是靠个人。大海都是一滴一滴海水聚集起来的，我们就是一滴海水，是长城上一块小石头就行了。所以，从这个角度看我觉得很幸福！所以我觉得，参加三线建设，尽管有些遗憾，尽管我做得不是很好，自己也很不满意，但回过头来，我觉得我也尽力了，我也扪着心说："祖国，我的祖国，我没有辜负您！"

周树桐

潜龙在野：为民请命的矿山记者

亲 历 者：周树桐
访 谈 人：王东美
访谈助理：彭圣钦
访谈时间：2019年7月24日上午9:30—下午12:15
访谈地点：六盘水市水城矿务机关居委会
访谈整理：王东美　彭圣钦

亲历者简介：周树桐，男，中共党员，1942年生于山东金乡一个地主家庭，1958年16岁小学毕业加入华东第八工程处成为一名矿工，1965年随工程处赴贵州支援三线建设。1978年调入《水城矿工报》担任记者、编辑。1983年参加全国新闻记者统考，后陆续获得中级职称和高级职称。2002年退休后参与《水矿志》编纂工作。2015年被返聘为党务工作者至今。

周树桐（右二）接受访谈

我原来讲过一些三线故事，讲来讲去又把故事人——也就是我自己，讲进去了。曾经有两篇比较重头的见诸报道，一篇就是《南下贵州故事多，含英咀华忆当年》，这个报纸还有，就是我怎么经历的南下，包括过南京的一段。

一、南下贵州代写信

1964 年 9 月 15 日，煤炭部发出《关于抽调施工、地质、设计等力量支援西南煤矿建设的指示》，其中明确山东煤炭基建局机关全体人员、华东煤炭公司一个工程处 2000 人，调入水城矿区。遵照煤炭部指示，我所在的华东公司第 8 工程处（后来的煤炭部第 71 工程处），于 1964 年 10 月由处长李文芸率领土建工区几百名职工来到汪家寨水城矿区基地，抢修基建筹备处、矿区政府、煤矿设计院等机关临时住宅，然后折返老鹰山本单位主阵地，搭建油毛毡、干打垒简易住房，用以迎接即将涌入本处的矿、土、安综合施工队伍入驻。1965 年 4 月 6 日，已满 23 岁的我仍是光棍一个，却是具有 8 年工龄的老工人了，跟随第八工程处英雄掘进队（后来的 7101 队），在处长李文芸的再次率领下，由山东滕县火车站乘专包车厢，沿京沪、沪昆线南下贵州。我们队 100 多号人包了一个车厢，一个车厢大概 108 人，这 100 多人当中，85%以上是文盲。我是高小毕业，算文化程度高的。这些人到了南京出了一个什么笑话？在浦口车站停下来，把火车弄到轮船上，到南京再连接，就在南京的停留期间，有一个工人是我好哥们，叫翟其田，下了车，得等一会，就问："同志，这是个啥车站？"一个南京人就说："你没长眼，你瞎，那不写着了吗？"他并非有眼无珠，而是地地道道的"睁眼瞎"。

我是 1942 年出生的，来到贵州，我既没结婚，又属于年龄比较小的。领导就动员我喝酒。我原来不喝酒，那时每周得有一半以上喝醉酒，又不能跟家说吧，又想家，又弄不清楚，领导就派我，他们喝醉了我得陪。最后领导说"你也别上班了"，我就给他编信。我一天到晚除了编书，再一个就代写家信。因为有需要，最后就干脆组织我，还有一个技术员，还有新分配的一个北京矿院的大学生,一个个地辅导,代写信。那时不像现在手机一打,视频马上见老婆孩子,什么不能说?那会没这个条件。

代他们写了一段时间信以后,他们不满足了:"能不能我们自己干?我们不能把老婆的私密都给你说了,你再给我们弄。"一想也是有道理,最后我就要求他们:"你写就写,脑子想好,但你不要一个字一个字地问。你不会的,画圈、勾、叉,然后你说意思我再给你改,改完以后你再抄,抄完以后再拿回去寄。"半年以后有一个人写的信没经过我看,就寄回家去了,结果他姑娘是个高中生,就回信了,说:"爸爸你请哪个叔叔写的信,又有勾又有叉还有问号,我和妈妈看了一晚上也没弄明白。"后来我们估计他想家,我替他回信,我说:"这是你爸爸的学习成绩,也是作业单。"她姑娘和老伴根本没想到这个老头这一辈子还能自己写信。因此,这个动力大得很,是实际需要嘛。

那会也没像现在有些娱乐,电视、电影、手机什么都没有。除了吃饭睡觉就没什么了,有的人就开玩笑。我的师傅姓张,有一次刚探亲回来——探亲一年就只有一次——刚探亲回来不到一个星期,老伴来了一封信,别人跟他开玩笑,就把他的信拆开了,拆开就加几句话,说是:"家里有事情,你在一个礼拜内得回家,你要再不回家,我可要离婚了。"他看不明白,就找我。"我刚从家回来,领导也不会批我再回家。再一个两口子还挺好,你为什么要离婚了,我回家你没跟我说这个事,有什么不对啊,是不是?"他又不好跟别人说,就是喝酒啊,愁啊!后来过了两三天,另外几个开玩笑的人认为是不是玩笑开大了。当我跟他说,问他:"你能看明白是别人家的?"他真看不明白……

1969年秋,27岁的周树桐

二、黑秀才遇红知音

  1965年水城矿区开发初期,基建指挥部政治部,以"八不准"的格式行文:不准矿工与当地姑娘结婚,此不准可能是沿袭军队规定精神,其理由是维护工农关系,预防工农矛盾,此文施行不久即被撤销。当时的单位不叫水城矿务局,此名是五年之后随矿区发展才定名的。后来我一写史志,查文件,1965年真有这个文件。刚开始,特别是有些北方的煤矿工人都很老实,还找不到对象,到后来这种人都解决了。我曾经带着他们去结婚登记,还得办手续。我一个亲属在地方上当官,在小河镇当镇长,他那个公章也不搁到办公桌里,也不给秘书,就拴在腰带上。有时我带他们登记,他还正式问:"是不是自己谈的?"说那个程序的话。我说:"人家黑天半夜来找你!"人家来找你了嘛,我也就帮着盖着,还帮着骗,类似就这样。

  我再说个笑话,那时候都下井,洗澡怎么办?没地方洗澡,凉水太凉,就找个矿车烧一下水,烧了半天我们就像杀猪那样跳进去,你洗完我也洗完。有时候实在是不好洗,就上另一个小矿,就是1958年建的小河矿澡堂那洗洗。住的那油毛毡呢,漏!在北方不住油毛毡房子,它为什么漏呢?本来盖得好好的它不漏,天老下雹子,一砸,又来不及弥补。所以住两层铺,我住上铺,这外边不下雨了,里头还滴答。当时还搞军事化,就发塑料被单,我把所有的被单给铺了,就干脆上边只要淋不到脸上我就照样睡觉。胶壳帽、脸盆、饭碗都拿来,滴滴答答接着,就是这种状况。我应该是从1965年一直住到1970年。我姑娘读大学的时候,我说:"上你小的时候我曾经住的房子看一下。"她一看,那叫干打垒,她说:"爸爸,就住这种房子?!"我说:"这还是好的。"为什么?它不怕失火,它是烂泥巴。好多油毛毡一失火,一烧联营啊,它都挨着盖的,类似这种情况。我跟你说一个总工程师卢捷克的情况,他1930年生,1955届北京矿业学院毕业的,1966年4月份,在他带领下创造了月成井105.5米的全国最高纪录——过去一个月干20米就了不得了。当时的煤炭部、中共中央西南局、贵州省委都发贺信表彰。而且老山的矿井是援外的,当时外交部提出来要求煤炭部采取这个矿井的新技术(同向平行作业法)。虽然那个卢捷克总创造那么好的成绩①,他那么有功,但是后来到1969年了,他两口子分的房子是6平方米的油毛毡。是一个通铺,你家6平方米他家6平方米。你想想,6平方米,你家跟我家就隔个油毛毡,可以说那边放个屁这边都听见了。你今天睡一觉,明天就有故事,谁给老婆弄洗脚水了,谁叫老婆一脚从床上踢下来了……就是这个状态。不过他与夫人到后来条件好了。原来即使结婚了,男的住男宿舍,女的住女宿舍,不让夫妻同居。医院最沾光,医院总是有值班室吧,凡是结过婚的轮流值班,你老值班不行,你只能值一夜,就是这个事儿。

1969年秋,已参加工作11载的我,调来贵州参加三线建设也有4个年头了,仍是孑然一身,"剩男"一个。终身大事一再蹉跎,因我固执地要求女方必须祛除"唯成分论"的思想观念,看待出身成分要有独立见解。此与"先锋意识"和政治觉悟无关,纯粹是一个背负出身枷锁青年的求偶良知。倘若两人对待事物的立场和观点截然不同,定会加大心与心的距离,婚姻尚难以维系,更别说日子和谐甜蜜了。然而,在那个思想觉悟一元化的年代,异类情思定属稀缺资源,难觅踪迹。1969年10月上旬,我返回故里金乡探亲,不几日,居然出乎意料地被丘比特之箭射中,成就了我与妻子李士敏的姻缘传奇。

我家与她家村庄虽然相距仅有三里多路,但之前素不相识,亲戚间亦无瓜葛。她根红苗正,父亲是位种庄稼的老把式,且通晓木匠、瓦匠手艺。母亲敦厚慈祥,勤俭持家。她中等身材,圆润的面庞,健硕的体魄,大而有神的眼睛,留着齐耳短发,笑声中露出洁白的牙齿。她高中毕业后,正赶上史无前例的时代,升学无望,回乡当了一名小学教师。她心灵手巧,娴熟女红,是位农村很吃香的文化人,更是父母亲攥在手心里的宝贝疙瘩。青年男女那时择偶,尚不奢求"高富帅"和"白富美",而对出身成分、社会关系总是深挖细究,求"红"弃"黑"。

在朋友的安排下,我与她初次相见,对于成败,我不抱多大希望。直言

---

① 1966年,时任水城矿务局老鹰山煤矿技术负责人的卢捷克从苏联资料中获得灵感,研发了"柔性掩护支架门扉式模板支撑环掘砌同向平行作业法",创主井副井井筒施工月成井105.5米的全国最高纪录。同年4月,煤炭部在老鹰山煤矿召开全国井巷掘进现场会,推广老鹰山煤矿在全国首创的"同向平行作业法"。

不讳地告诉她,我家是地主成分,自己深受其累,将来也会影响下一代的政治前景,诸如入学、入团、入党、参军、就业,直至婚配,你与我交往可要想清楚。孰料,对于"出身原罪",她胸有成竹毫无忌惮地说:"咱们金乡,阶级斗争的弦绷得很紧,原有农村挤进城市和厂矿的一些人物,因种种原因,又被撵回农村改造。前两年国家又发布了'公安六条'①,'二十一种人'②成为法定打击对象。若是这样延续下去,'红'的势必会越来越少,'黑'的会越来越多,中国社会结构必然失衡,那么,'无产阶级只有解放全人类才能最后解放自己'的经典学说,岂不成了一句空话?"我和同学们到北京大串联的时候,抢购了一份《中学文革报》,看到一篇以北京出身问题研究小组名义发表题为《出身论》的文章,提出了一个令人信服且为基本常识的道理:"出身非原罪,人人生而平等。"后来得知,此文为北京青年工人遇罗克③所写,他也因文获罪,在 1970 年 3 月 5 日"一打三反"运动高潮中,被宣判死刑,立即执行,时年 28 岁。1979 年遇罗克获得平反,他与顾准④、张志新⑤等是那个时代思想解放的先驱。在那个"好人常做噩梦,恶人常做好梦"的年代,一个待字闺中的纤弱女子,有如此非常之论,恰似冬天的一把火,捧给人间温暖。我沉思:这不正是我寻寻觅觅的知心知音人吗?

未待我遐想,她又对我提醒:"你也老大不小了,回乡探亲相亲,怎么不

---

① 1967 年 1 月 13 日,中共中央、国务院颁布《关于无产阶级文化大革命中加强公安工作的若干规定》。因其内容分为六条,所以简称"公安六条"。这是为了保证"文革"全面夺权的顺利实现而制定的。1979 年 2 月 17 日,中共中央宣布撤销"公安六条"。
② 《公安六条》第四条提出了 21 种人:地、富、反、坏、右分子,劳动教养人员和刑满留场(厂)就业人员,反动党团骨干分子,反动会道门的中小道首和职业办道人员,敌伪的军(连长以上)、政(保长以上)、警(警长以上)、宪(宪兵)、特(特务)分子,刑满释放、解除劳动教养但改造得不好的分子,投机倒把分子,和被杀、被关、被管制、外逃的反革命分子坚持反动立场的家属。
③ 遇罗克(1942—1970),男,北京人。曾在北京人民机器厂学徒工,后做过代课教师等临时工。他以"家庭出身问题研究小组"为笔名,写了六期《中学文革报》的头版文章及其他文章,最著名的是第一期的《出身论》,反响巨大。遇罗克于 1968 年 1 月 5 日被捕,1970 年 3 月 5 日和另 19 位政治死刑犯在北京工人体育场的十万人大会上,被宣判死刑并被执行枪决。1979 年 11 月 21 日,北京市中级人民法院宣告遇罗克无罪。
④ 顾准(1915—1974),字哲云,上海人,中国当代学者、思想家、经济学家、会计学家、历史学家,提出中国社会主义市场经济理论的第一人。
⑤ 张志新(1930—1975),女,汉族,天津人,中共党员。在"文革"期间,反对林彪、"四人帮"的倒行逆施,遭受了残酷的迫害,被"四人帮"一伙定为"现行反革命",于 1969 年 9 月被捕入狱。1975 年 4 月 4 日惨遭"四人帮"杀害,年仅 45 岁。1979 年 3 月 21 日,中共辽宁省委为她彻底平反昭雪,并追认为革命烈士。

认真捯饬一下啊,怎么穿着半新不旧的工作服抛头露面,这会让人误以为你在外面'混打锅'了呢!"我坦言相告:"工作服虽然旧点,还是自己的;腕上所戴的手表,可是借来显摆的。我是三级工,不善理财,月工资40多元,除了生活支出外,还得买书买纸买笔,月月花得精光,没有什么积蓄,也没有心思打扮自己。"我笃信苏轼先生之言:"粗缯大布裹生涯,腹有诗书气自华。"紧接着,我又给她讲述了一段庄子见魏王的故事。庄子见魏王,穿粗糙布服草鞋,这副模样让魏王很惊讶:"为何先生这么狼狈?"庄子说:"破衣烂鞋是贫困,精神空虚、道德低下才是狼狈,我只是贫困而已。"出众的智慧,非凡的哲思,超常的才华,很自然地使庄子产生了强烈的自尊感。所以,当魏王怜悯庄子狼狈时,庄子以导师的口吻教训了魏王。在庄子看来,物质贫困不可怜,道德沦丧才可悲。这是贫困的"得道者"对富贵的俗人居高临下的教导,这种一反常理的态度,正是庄子自尊自信的展现。

她23岁,在农村算是老姑娘了,为她说媒的、向她求爱的不少,但她却没有抛出红绣球,因为她坚持自己的择偶标准——找一个读书人。朋友向她介绍眼前这位被称为"黑秀才"的我:"文凭低是事实,读书少则未必。"她用心考察后感觉此言不虚。对于"黑秀才",我向她解释:一是出身成分为"黑五类",二是本人身份为井下工人,俗称"黑哥们"。二黑叠加,嗜书如饴,而且喜舞文弄墨,所以是"黑秀才"。再者,与一些"臭老九"心意相投,终日厮混,"同心之言,其臭如兰",自己身上难免也濡染些许"臭"气,称之"又黑又臭",未尝不可。直觉告诉我,眼前这位深明大义的女子,正是我要找的同声相应、同气相求、同舟共济、同行风雨的终身伴侣。两人均感到相见恨晚,都觉得终于找到了要找的那个人。当握手告别时,我们就约定了拜见她父母的时间。可喜可贺的是,她父母爽快地同意了女儿的选择。

自1969年10月15日初次相会,到10月26日领取结婚证,还不到半个月时间,这或许就是人们常议论的"闪婚"或"裸婚"吧。别人是先恋爱后结婚,我们却是先结婚后恋爱。结婚也闹笑话,我们俩去登记了,登记的人说:"可以给你登记,但是没证儿。"我说:"没证儿,我们怎么算数?"那个人给我写的欠条,说算登记,他说"过几个月你再来补"。婚后,我返回贵州上班,她在农村继续教书。1970年、1973年,女儿和儿子出生,这正应验了当时矿区广泛流传的一首民谣:矿工娶妻"向阳花"(农牌),生儿育女"非洲娃"(黑色)。

那时候"极左"盛行,土政策满天飞。妻子村里竟然规定:"凡本村姑娘出嫁,限六个月内把粮户关系迁出,否则,一律注销。"三线煤矿企业当时没有条件安置职工家属。我少小离家入矿,原籍无房无人依靠,致使她娘仨粮户关系悬空。这样,妻子连"向阳花"的身份也失去了,

周树桐、李士敏夫妇的结婚照

两个孩子却成了正宗的"非洲娃"——黑孩子了。生大姑娘的时候,不能在娘家生孩子,北方很忌讳的,那时候在医院附近租个房子过满月等,一系列的问题。所以说,好条件不一定激发人,坏条件也许更能刺激人,好好地干活,好好地学习,好好地读书!

三、贵州培育了我们

应该说多数同志是有信仰的,听从党的召唤南下,包括我。应该说,是我们"献了青春献终身,献了终身献子孙",但是贵州这方水土也养育、培育了我们本人,也培育了我们子女,子女起码是学有专攻、业有所成,对不对?

咱们作为一个老三线同志不能老是说"奉献啊奉献"。我们这个矿从1964年开始,1970年正式成立矿务局,到1990年搞20年庆,当时凡是调出水城矿务局的老领导又被邀请回来参加庆祝会,其中有我们的一个书记,他是徐州的。因为我负责这场庆典的报道,他来以后,我一看,他写那个讲稿,代表着这些老领导在写讲稿,又是刚才我说的那一套"献了青春献终身"。因为我要报道没讲的话,那就是造假了。我就问他,我说:"周书记,你入党是入的江苏共产党还是山东共产党?"他18岁就到山东,然后到贵州,三个

"18年"：江苏18年，山东18年，贵州18年。他说："你当记者怎么这么问，不就一个中国共产党吗？哪有江苏共产党？"我说："对，中国共产党党员跑到属于祖国的贵州，来干革命，干煤矿，又有哪样可吹牛了嘛！"这是第一。第二，我们这些三线老同志不来，人家贵州就不发展了吗？我说，据我所知，贵州是个移民省份，第一次移民应该是从明朝开发贵州。第二次移民是在清朝雍正年代。第三次是抗日战争时期，特别是江苏人、安徽人、浙江人，躲避战争。第四次大移民，就刚才我说的南下干部，在解放初期，1949年、1950年。我没说这三线建设就是第五次大移民了，就是：说前辈他们是不是也献终身献什么了？我说："你长期在这个地盘上，老说你献了这样献了那样，是不是有点自夸之虚？贵州没有对不起你的地方，你的进步难道与贵州无关？"特别像我，我仅读了六年小学毕业，我现在是高级职称，也就是副教授级，那么我的进步是不是贵州给予的？我的孩子都是本科毕业，外孙儿现在在北京理工大学读研二，不都是在贵州长大的吗？我们不要老说自己奉献，我一直坚持这个观点。

来这边以后，1978年十一届三中全会还没开的时候，思想已经很活跃了，国家有重大的政策出台。什么重大政策影响个人？当时中共中央有个文件，关于地主分子，就是我的长辈，给他们摘帽。当时叫我当干部了，直接上来当记者、当编辑编报纸，而且负责政文版，党政工团和学校在一块归我管。但是这个政策很多人一直还没记忆、没了解。我是高小毕业生，评职称直接进了中级。到后来实际上记者队伍有文凭不够的，国家开了个口子，1983年由人民大学出题全新闻界的统考，我在贵州是高分。高小毕业，我也没读什么，都按大学毕业水平考试，在贵州是前几名，毕业证是全国新闻专业高级职称评审委员会主任郁文签发的。所以我就可以算大专，按规定大专评中级职称是七年，本科是五年。所以我在1978年办报，1984年就得了中级职称。有了这个，但是人家还是信不过你，说话又那么粗，好像跟没有文化的一样。实际上这种习惯是下大井时养成的。煤矿工有习惯，井下的工作、通风各方面条件很不好，所以大家都不大说话。例如在井下你扶这个棚子，你的手这个样，师傅过来一句话没说就啪打你一下，你也不知道什么意思:"你发什么疯,你打我,有话就说有屁就放,你打什么?"实际上是好心好意,你这样的话上面矸石掉下来砸胳膊。还有一个,休息了没活了,把腿一伸,这个脚搁到铁道上了,往往在井下环境容易困、容易睡,矿车一旦来了容易压脚。有的老师傅他都惯了,就这脚一踢,你这又辛苦的,很烦:"你有啥话就说,你踢我干啥?"所以,我也习惯了讲粗话。

毛泽东当时提出来,没有火车坐汽车,没有汽车骑毛驴儿,没有钱用他的稿费,三线建设要抓紧。我们是不是有这种信仰:相信共产党,所以来了?像我是真高兴,因为我年轻,因为没娶媳妇,没有牵挂,我不像他们牵挂老婆孩子。再一个我也好看书嘛,对全国一些地方有点向往,所以说我是来得非常高兴的。

我为什么不走?也是从政治角度考虑的:是不是留贵州更好一点?为什么呢,贵州可以安家属户口。户口牵扯个什么东西?你们可能不理解,就是刚才说的,如果娃娃的户口迁到矿上,城市户口,他填成分可以填工人家庭,你要是在农村还是填地主,将来读书咋办?既然要结婚生娃,又不负责,那就不行。后来我姑娘问我:"爸爸,你老是考虑这个事,好像你把我们的户口都完成了,你就完成任务了,你没考虑到我们怎么想。"我说:"我确实这样,只要把这户口完成了,你们和别的娃娃考试能站在一条起跑线,多少分录取都没问题。"到后来我娃娃教中文,她想得通。

事情就是这样,没有过高的要求,我留在贵州做什么,没有考虑。我也不知我后来会当记者。1973年我的单位调回北方,这是国家的调动。我留到矿上,到1978年以后我才调到机关。我并没想到这个形势,我赶上了好时代,否则的话,这不是你个人努力能完成的!

周树桐(前排左一)与矿友
摄于1969年老鹰山煤矿三号斜井

四、目击道存,实事求是

我这个人,你太夸奖我了,我还不是太有精神,你一贬我,我就来劲了。下井出身的黑哥们儿,对那些空有文凭不懂得矿的并不买账。怎么能展示自己呢?所以,1983年3月份我就写了一篇报告文学,标题是《悠悠寸草心》,这文还在。1983年写了以后呢,我有麻烦了。一开始我在贵阳学习了几个月,老师告诉我:"以后你来省广播电视台,写通讯不要超过1500字,写消息不要超过800字。"被老师给了一个底线,这样好处理稿件嘛。可是采访来采访去——副标题就是《好媳妇曹桂芝的故事》,一开始也想遵循老师的说法,写着写着,感情收不住了,大概一气儿写了9600字,写完以后,这个稿子上哪寄嘛,而且是新闻稿,它不是小说,也可以叫报文,也可以叫通讯特写。寄,一个是给老师寄,就算交作业了,你学习一段,挨熊那是肯定的;另外就给贵州日报社寄去。恰巧《贵州日报》是何光渝管文艺版。后来知道他也没文凭,是个技校生,现在是省管专家,聪明人,大记者大专家做得了嘛。他遇了这个稿子,立即给我写了封信。第一,加寄照片,我光寄的稿子,那标题用毛笔写的。第二,老兄以后不要写那么长了,用你一稿我得"枪毙"多少其他文章。第三,稿件不要外递,我给你编完了,在等版面,别的发表就拐了①,我就无偿发。这样,他就在1983年8月6号整个《贵州日报》干了一版,登了一个贵文艺版叫《娄山关》,我写了9000多字,他给我发了7500字。主持省广播电视台工作的恰巧是我老师陈颂英,他是华东师大中文系毕业的,分到贵州来。他看了以后,手里面有16分钟的节目,16分钟也就3000多字:"你写这个咋弄?"他就利用两次节目连播,然后再派一个记者下来看看情况。结果省妇联看到了《贵州日报》,听到了贵州广播:"你写的这个女的是真的是假的?"她们就来了。我还忙得要命,我说我把原稿给你,我们矿务局有负责妇联的,你叫负责妇女工作的一块去调查。结果人家老百姓说

---

① 方言,意为"糟糕了、完蛋了"。

老周只写了八分，根本就还没写足，完全真实。省妇联很快就向全国妇联写了个报告，这个户就评为大概六盘水唯一的一户"五好家庭"，发那么大（比画）一个章。到现在过了几十年了，不失真。

现在六盘水我看了，我也守着他们的宣传部长和组织部长讲：省委号召学两句话"弘扬三线精神，深化三变改革"，那么三线精神是什么？"艰苦创业，勇于创新，团结协作，无私奉献"，16个字4句话，一般是这个。"艰苦创业，勇于创新"应该统一，你不能说三线建设大家伙各说一套，这不就坏了？"团结协作，无私奉献"，这个是规定用语，至于其他用语则不一致，都是好话，没什么错，但是不能给人家叫哪个名都可以，你不能今天叫这个名明天叫那个名，那是不行的。六盘水是一个讲法，钟山区又一个说法，你自己都没搞明白，我们老百姓信哪个的？

这三线建设不就是六盘水的文化？你到南京、山东，文化名人很多了，贵州产生了什么文化？三线建设就是贵州的文化符号，特有的文化符号。你山水不错，到南京这都太多了；你到山东，我就是金乡地区人，我还在曲阜读过书，那就太多文化了。问题太多了，是不是？六盘水有个报叫《六盘水日报》，还有一个《乌蒙新报》。有些东西，简直看不下去，错的太多了，我都给它剪贴下来，再加上点评，我都弄一个本。有一回记者来采访我，我就把这个事简单地侃一下，他说："我回去给总编汇报一下。"他给总编刘云冰一汇报，刘云冰又请我给他们讲一下。我说："我是老同志，是吧？千人之诺诺不如一士之谔谔，是不是？良药苦口利于病，是吧？咱说句真话，我不能来了吹捧你年轻人。"现在说这个太多了，要说的话，说

20世纪80年代任水矿报编辑的周树桐（右一）与同事

一天也说不完。

三线建设的核心精神是爱国主义。怎么这样说呢？三线建设的目的实际上是党中央、毛主席应付国内外局势。我这有关于三线建设口号的溯源，我专门论述过这个事情。"备战备荒为人民"，这是周总理提的口号；"深挖洞，广积粮，不称霸"，这是毛泽东提的：都是三线建设口号。为什么？当时苏联屯兵百万，珍宝岛战役是1969年打的。一个知识分子也好，一个中国普通公民看到国家有难、民族兴亡，听从召唤，赶快来建后方基地，是不是？虽然他们并不都是因为听党的话才来的，但其实这也就是信仰。像张老头（张玉明）是吧？他1925年4月28号生于辽宁凤城，2013年4月15日，他88岁时写的入党申请，是吧？十天后，他们支部研究了，决定纳为入党积极分子，所以他入党时的年龄比宋庆龄还大。咱们想一下，那么一个老人，还是离休干部，退休工资收入比我们多了将近3000块钱吧？张玉明他退休工资1万元。杨建华局长，我问过他，他才比我多几块钱，他才4200多块，我4100多块。那么张玉明入党的经济利益是什么，他需要吗？政治利益，他是不是还想当官？这不可能。就是一种信仰，人都一定有个归宿。

这些不是编的，是做出来的，一定得经过采访，事实才是新闻的生命！

五、利用记者身份为民请命

人物是社会、是时代的载体。首先，我尊重的、我认可的，我才写他，否则你怎么弄我也不会写。像老同志、像他（指张玉明老人）今年，他是1925年生的，他身体还那么好，这样的人越来越少。我们每年都送走好几个，我的师傅那些老人都送走了。他们都太珍贵了，就是你们采访提纲说的，过了几十年了，是不是应该把这些东西留下来？我用了四句话概括了一下，就是我为什么要讲他，对吧？就是"传信仰之火，补精神之钙，解认知之惑，提干事之神"。

就这样，出现了另一个问题——各单位都想挖墙脚。我这个人还有点别扭，因为从小下煤矿，对煤矿实在是有感情，所以一直到现在我退休，一直干煤矿新闻。但是我的老师给我树立一个概念:"你是小报记者,但你不要自贬三分,你和工人日报社、新华社的记者没有什么分别,但是你得看东西。"所以我后来又被贵州日报社、新华社贵州分社以及省广播电视台聘为通讯员或者特约记者。咱们记者不有个规矩嘛,有些煤矿它自身解决不了的困难,如住房问题、吃粮问题,提内参怎么办,只能在你的单位转圈是不行的。你想报中央书记处,必须利用新华社的观点、新华社记者的名号,你报省委,当然要利用贵州记者的身份。所以像我呢,不仅仅会写正面报道,内参也写了好几份,其中两个内参受到了当时贵州省委书记胡锦涛的两次批示,一次批示就是贵州煤矿工吃粮难的问题,另一份就是关于周训林作为劳模①那个事情。

我曾经待过的这个矿,叫木冲沟煤矿②,我是1978年11月份进矿务局机关的。1983年就出了"3·20"事故。当时是周训林的交班,早班下午2点交班,交了中班儿,中班发生的事故,有的就诬告周训林,说事故与他有关。既然有关,评劳模就是个问题了。1985年胡锦涛刚接手贵州省委书记,所以在这个情况下,我们写了内参,中共中央书记处括弧在最后"抄送贵州省委书记胡锦涛",就有个签字,"这个周训林一个煤矿工人到底怎么回事"。签上后由贵州省委宣传部挑头,组织贵州日报社、贵州广播电台、贵州电视台、贵州煤炭厅到现场调查,如果情况属实,号召全省人民学习。他们都呼呼来了,都到煤矿。他们来了那一帮大记者、大官呀,到了,叫他下井。下下井还能看哪样,不就是黑咕隆咚的?实际上懂煤矿真正形象的人,不多。原来叫调查组写,写不出来,我陪着新华社记者何天文,我们就写成了,太简单了。干了万把字,不但把通讯写出来了,而且局党委学习的决定和我们报纸的社论也写完了。他们在煤矿还调查,在这个矿上现场调查的,搞不清,我们把自己的报纸抱过来,请参考吧,哈哈哈。最后还是用的贵州日报社小张的稿

---

① 1985年,贵州省人大常委会授予周训林、李桂莲"特等劳模"荣誉称号,其中周训林是"加班加点苦干实干多做贡献"的典型。
② 1983年3月20日10时5分,位于贵州省六盘水市水城特区,隶属煤炭部贵州煤炭产业公司水城矿务局的木冲沟煤矿发生瓦斯煤尘爆炸事故,死亡84人(其中救护队员2人),烧伤19人(其中救护队员5人),直接经济损失40多万元。

子,所以最后,周训林被评为贵州省特种劳模,后来又被评为全国劳模、党代表,都与这有关。这个人现在还在,身体不行了,退休几年了,他比我还小一岁,到贵州都是我带他。别人问:"你是?他也姓周,你老周是他的徒弟?"我说我是他的师傅,按煤矿的规矩,我是1958年干的,他们是1966年招工来的,那我肯定是他师傅。面对采访者,这些煤矿工人一接受记者采访或者喇叭一吹就不知道怎么办了,所以最后就采取一个办法,采访劳模先经过我,先说什么提纲。我跟老周就分工,我上早班给他写好,大概的意思叫他再说一下,上夜班夜里背,然后再接受访问,这就自然了嘛。所以老周参加全国有关会议、省有关会议,没说错话!我们矿务局原来有四个全国劳模,基本上都是我主持的文字材料,但最后干到2002年退休,我才是个科长。

1980年后属于三线建设的后遗症。据《水矿志》记载,1965年6月2日西南煤矿建设指挥部(六盘水市政府大楼的前身),下了个什么文件呢?下了《民用房屋建筑标准规定》,民用旧型住房,每平方米30—40元,连住房建筑用钱标准的1/10都不到。楼房40—50元每平方米,临时住房20元左右每平方米,大中型矿井设计概算为两三千万元。一般建一个矿井,大中型,包括90万吨以上的,得投入三五个亿。这造成矿井设计吨煤投资为40.43元,这低到不能再低的标准,是国家一穷二白时的无奈之举,是知其不可为而为之的信念使然。

20世纪60年代末建设中的选矿厂(盛建中 摄)

在这种情况下，80年代以后当然就出现了后遗症，老是解决不了。不说别的，咱说个具体的住房问题。到了1991年，我以新华社通讯员的名义就写成这个样子：在水城煤矿有一间仅有21平方米的宿舍，混居着三家12口人，其中两对夫妻的床紧挨着，你在这边我在那边。这三对夫妻为了遮羞，即使夏天也用深色粗布帐，有的用窗帘布把床罩住。夫妻怎么生活啊？室内还生着炉子，三家轮流做饭，终日烟熏……这三家户主均是三班倒的采掘一线工人，这就是水城矿务局住房的写照。当时有个顺口溜，叫"床挨床，铺挨铺，睡觉也要讲觉悟"。这是当时我以新华社的名义写的，而且录像都拍了。这完全是真实，经历史考验，没有什么假嘛。这个局的大河煤矿一个老工人，全家六口人挤在一个阴暗楼梯的夹道里两年多，这个太多了。

我们当时的局长叫张显荣，他说全局两家、三家乃至四家混居一室的，共有161户。有30多年工龄的老工人说"挖了一辈子煤也没给自己挖出一个窝来"。当时，煤矿年产煤炭500万吨以上，徐州是1000万吨以上，衡量矿务局的规模是用万吨计算的。20多年来生产原煤多少万吨，国家当时煤矿有3.9万多人，家属子女加起来9.2万多人。1973年后，基建队伍陆续调出，国家投资紧缺，煤炭价格与价值严重背离，严重亏损，是吧？再一个，农业人口有个"农转非"。农转非是当时国务院的特殊政策，凡是有井下15年工龄的，都可以转为非农。当时的国务院副总理姚依林说，煤矿工人享受部队营级干部待遇。这是什么意思？部队营级能迁家属。在当时的形势下，国家特别需要煤矿，需要煤炭。国家领导人说国家分配煤炭比分配粮食还困难，所以不是现在煤炭降低到这个地步，这个是当时的历史背景。当时欠多少呢？已累计欠账53.8万多平方米，我这个都是绝对真实的，都是计划处统计的。人均住宅面积仅有2.43平方米，这些年就挤那个房，能休息好吗？休息不好在井下精力不集中，是吧？后来我又拍片子，煤炭部特别给我打招呼："你拍嘛，你可不要怕，拍了这个，你那领导住什么房子？——白搭！"我们想要钱必须向国务院报道，说："别拍长了，剪15分钟就行。"

三线建设遗留下的这些后遗症，这些企业自己解决不了，得靠国家拨款。我们写了这个东西还真起作用，后来拨多少亿我搞不清楚。还是引起国家重视了，国家调整或者钱多一点了，这就好办了。这是国家造成的，当然国家得管。

作为一个企业报纸的记者，你要打内参，在局党委转，那没什么意思。所以我们就利用了新华社记者、新华社通讯员的身份，因此引起了国家重视，大概得采取一定的方法变通吧，哈哈！

林桂梅

扎根三线的东北知青

亲 历 者：林桂梅
访 谈 人：陈　勇
访谈助理：许文朔
访谈时间：2019年7月24日下午2:30—5:23
访谈地点：六盘水市水城盘江雅阁酒店一楼茶厅
访谈整理：陈　勇　许文朔

亲历者简介： 林桂梅，女，1946年生，辽宁鞍山人。父亲原为鞍钢工人，1967年到六盘水水城钢铁厂支援三线建设。林桂梅的高中生涯因"文革"而中断，1968年10月下乡当知青，1969年4月以工厂子弟的身份进厂工作。入厂伊始在宣传科负责宣传工作，后调到工会任工会副主席，1985年调到财务科任财务科科长，直至2002年退休。现任退休党员党支部书记，小学生校外辅导员，连续三年被评为水城钢铁厂优秀党员，曾获得全国工会先进工作者。现仍积极组织党组织活动，参与脱贫攻坚工作，对贫困户进行帮扶。

林桂梅（右）接受访谈

一、千里援建：火车走了七天七夜

我父亲是1967年4月份从鞍钢调到这里的，他属于最早的生产班子上的第一代。这里当时叫什么？国家保密代号603，是一个三线厂，是保密单位。我们还不知道是钢铁厂，我父亲知道，但不能对外说。最开始，水钢的生产管理、工程技术人员全是鞍钢来的，工人一部分是鞍钢调过来的，只在贵州招了一部分炉前工、上料工，政工干部都是贵州省政府派来的。

我们三姐妹都跟着父亲过来，当时对这里一点都不了解，但是心情呢，还是觉得有个工作总是比其他下乡同学要好多了。当时我们来了有300多人，他们喊我们这一帮人叫东北子弟。虽然父辈比我们来得早一年，但是开始投产的时候，我们都在现场，全程都参与了，我们也算是开创者，也是第一代支援三线的建设者。

我是1967届的高中毕业生，只学到1966年，学到高二，还没毕业就"文革"了。我在鞍山的时候，我的小学、初中、高中都是辽宁省的重点，考高中的时候读的是鞍山一中，一中在辽宁省还是挺有名的。它原来是日本人办的什么"国民女子高中"，解放以后才改成普通高中。如果不是特殊年代，考大学没问题。我1968年10月份下乡，当了半年的知青。1969年4月份这里就一个政策，父亲那一代人可以带自己的孩子来这里参加工作，我是从知青点抽过来的，来之后就是正式员工。我入厂就在炼铁厂，一直到退休，没有动过单位，最后在财务科长的位置上退休。所以经历了水钢从投产一直发展到现在，特别是经历了六盘水市从黄土坡变成一个工业城市的过程。它是以三个矿务局加水钢为基础建立的一个市，现在以环保、旅游、农业为主来发展。

我们刚来时路什么都没有，湘黔铁路还没有通，我们从鞍山走了一个多星期才到这儿。刚来也没有地方住，当时六盘水有个东站，就在东站一个招待所住了两个晚上，飘着雨，被子都是潮的。后来一看不行，就把我们都分到各厂去了，我就被分到炼铁厂。那时候什么都没有，我们就住在一个高炉生产厂，也没有床，就把被子铺到地下室，我们18个女同志就在那里住。住了一段时间以后,炼铁厂1970年7月1号高炉正式投产,出第一炉子铁。所以这个厂的生产开工我都在现场,亲眼看见了。那段时间我们都住在矿厂,后面就搬到离炼铁厂很远的一个山坡上,我们现在喊它5号点、7号点。那上面条件也很艰苦,宿舍很小,八个人住一个房间,上下铺。

我来了以后分配在炼铁厂,前面有焦化,有烧结,完了焦化生产的焦炭、烧结生产的矿石通过皮带运到我们高炉进行冶炼,出铁我在那里,是这样一个过程,当时这个高炉还挺小。我们是生产一线的工人,但是我从事的工作不是现场工人的工作。

这个厂当时是什么情况呢?是在一个苗寨三块田的山沟沟里,把鞍钢原来的一座高炉原封不动地迁过来的。

1975年炼铁厂"青年突击队"合影(前排右二为林桂梅)

那时候公路也没有,全是羊肠小道。后面我们一看不行,就自己盖食堂、盖宿舍、修路,人挑肩扛,都搞得挺好的。那时候生产环境又恶劣,炼铁就是这样,高炉生产,灰尘很大,劳动强度也很大,特别是炉前工。我虽然坐机关,但是也亲眼看见高炉炉前工当时那种热情,高炉一出事故我们都上到上面去,高炉检修的时候我们就送水送饭,这都是我们机关工作人员的服务。

我来的时候22岁,一看这个地方太苦,没有人烟。我们从平原来到高原的,当时有两个反应,一个是头有点昏,一个是流鼻血。我们来了都很多年了,湘黔铁路才通,我们原来回家要从柳州、衡阳那边走,你看要绕多大圈。水钢现在也是起起伏伏的,因为地理位置不一样,不像在大城市交通方便。

那时这里常年阴雨连绵,见不到太阳,什么水鞋、棉袄、草帽一年四季都离不了。过去都认为这里是穷山沟。你们看过《山间铃响马帮来》吗?那都是当时唱的,什么"天无三日晴,地无三尺平,人无三分银",就是写照。原来这就是一个黄土坡,当时的六盘水就是六枝矿务局、盘县矿务局、水城矿务局,后来才发展成一个市,现在发展得也挺好的。

水钢对六盘水的发展起了很大的作用,因为贵州比较缺铁,当时我们建的时候,贵州省只有一个贵阳钢厂。当时的形势是毛主席想要在三线搞建设。当时有两支队伍,一个搞基建,建设高炉、厂房,我父亲他们是等建成了搞生产的。那时候还在建,基建单位是中国第八冶金建设公司。总的临场指挥长是陶惕成①,他应该是三线建设启动的第一任领导人,他当时是鞍钢副总经理,调来主要负责这个工程,在生产技术方面做了很多工作。

彭德怀来过。我们的焦化厂在生产冶炼焦炭的时候要有烟囱,我最清楚当时他就提出来说烟囱不能直上直下,因为上面一飞飞机就能看到,所以水钢的焦化厂是顺着山坡盖的。还有一个,当时搞工业有一个多少方的大水池,彭德怀考察以后,说这个水池不能叫他们看出来,要盖上东西,我们也给它伪装,包括炼铁高炉都在山洼洼里头,从上面一点都看不出来是一个钢铁厂。

这些生产工人都是鞍钢来的,原班人马,一个系统全部都来了。围绕高炉、焦化、烧结,焦化是提供煤炭,烧结是提供矿石,就这一整套来。我这个单位是炼铁的,等到炼铁生产比较正常了,后面又建了几个高炉,我们才搞炼钢,完了又建轧钢。现在水钢从原料生产一直到铁到钢到材,一条龙,是比较完整的一个钢铁企业。我们这个厂属于首钢下面的一个分公司。

二、任劳任怨:"献了青春献终身"

当时我的工作就是搞宣传,水钢叫宣传部,底下分厂就叫宣传科,我在宣传科当干事。当时就是一个科长、两个科员,人不多,但短小精悍,战斗力

---

① 陶惕成(1920—1967),安徽合肥人,1938 年参加新四军,1939 年 5 月加入中国共产党。参加过新四军、苏皖边区省委武装队,并任重要职务。1945 年 10 月调到东北,担任过辽东省特派员等职。1954 年 11 月任鞍钢副总经理。1966 年 3 月,出任贵州水城钢铁厂建设总指挥。1967 年 2 月 24 日,因过度劳累与世长辞,年仅 47 岁。

还是有的。我文化程度当时还算高,从思想底蕴、接受事物上,要快一点,学的东西也要扎实一点,像写个工作总结、工作汇报这些,我觉得基础还是挺扎实的。那时候还不像现在有手机有什么,都在钢板上面放一个蜡纸,铁笔往那个蜡纸上刻,刻完了用个小机子油印,那张纸贴到一个油印机上,印一下再揭开一张,再印一下。一开始条件还是挺苦的。

我们每一周都有一个通讯,有一个小报,小报上面首先宣传三线建设的重要性,主要反映在当时厂里的工作环境下工人的劳动热情和思想动态。高炉投产以后那种生产火热的场面,挺感动我们的。我们当时编了很多顺口溜,我现在能记得的,就是:"守炉餐,伴炉眠,哪怕汗水漂起船,四样高炉多高产。""守炉餐",就是在高炉边上吃;"伴炉眠",就是在炉边睡觉,炉前是非常热的,一天日夜奋斗在高炉。"风梳头,汗洗脸",形容环境特别苦,反映当时职工那种劳动热情。还宣传那些典型先进人物,什么黄百顺、王凤霞,党叫干啥就干啥;这个厂培养出了好几个省劳模、全国劳动模范,他们都是普普通通的工人。我搞这个工作最可惜的就是没有把当年的刻板宣传小报留几份,没有这个意识,你看现在三线建设收集那些东西,特别有用。

一天怎么过?反正早上起来我们就收拾,要管管孩子,那时候还没有托儿所,我还得背到厂里,背到厂里以后把孩子放到办公桌上。厂里那个路也没有,羊肠小道。我说了,我们上班是下山,下班是上山。我在宣传科的时候这样是常态,我干了两年,每天就是这么过来的,孩子放在办公室。每天都是工作服,穿着大头鞋,那种翻毛皮的大头鞋,很重的,戴着工作帽就下底下去了。大家全部是工人装,分不出来。去各个车间走一圈,看看有什么好人好事,收集,两个小时一圈跑完了,回来整理素材,到下午自己改。下面每个车间都有通讯员,好人好事素材反馈给我们,写还是我们具体写,自己构思。也去跑现场,有点像记者,高炉有什么事故,咱们对高炉的那些工艺不太了解,那就要亲自去了解。

我没有当过宣传科长,直接从宣传科调到工会。这和一次事故有关,算是一个大的工伤事故。两个大学生全是四川的,还有一个东北来的老师傅,中煤气去世,好多家属都来了。当时抽我去帮助做家属的服务工作,因为我毕竟是高中生,对政策也理解一点,这个事最后处理得挺好。我们党委书记是从贵阳那边派过来的,他当时就觉得我还行,挺有点组织能力,还有一点亲和力,说:"你来干工会吧!"

当年工会也是三个人,一个正主席,一个副主席,一个工会干事,要管全厂上千人。工会那时候位置很重要,组织工人什么搞一系列活动。在工会干了两年,就提工会副主席,上面还有一个老同志当主席。

工会当时负责整个工人的管理、企业的管理,包括工人的文化生活,家里的日常生活,所有东西都要经过工会。我什么都干过,什么计划生育,什么调解委员,组织工人去参加业余文体比赛,过去那种小黑白照片我也留了很多。

当时我还搞过计划生育,贵州人思想和我们不一样,喜欢多生一点。当时政策不允许,他生了,我在工会他就来闹,要落户,我说:"不行,你超生不能落。"他把孩子往桌子上一放:"你管吧!"我给管了一个礼拜,那不管怎么办?这边管,那边去做工作,慢慢也理解了。现在孩子40多岁了,一看见我还挺亲的,告诉我:"大林姨,没有你我就没了。"

去化解工人矛盾很困难,很不好做工作。生活习惯不一样,为人处世也不一样,处理问题的方式也不一样,矛盾还是挺多的。既然文化参差不齐,思想认识也不清,你就要把这些人都联合在一起,你要做工作是不是?反正我的出发点就是做好事,夫妻、同

工会副主席林桂梅
与杨东模同志在工作中

林桂梅1984年在炼铁厂
职工代表大会上发言

志之间吵架,我都没有说把矛盾激化,"你俩离婚""你们就去弄",我从来没说过这个话。最后经过调解都挺好的,现在白头到老了。那时候的工人队伍还是好带,不是斤斤计较那种,他认为自己没文化就只能干这个工作,比现在好做一点。不像现在年轻人,两句话不对,就说离婚,各玩各的,孩子由外婆、奶奶带着,不管!

我在工会的时候,当了几年的副主席,从这个岗位直接调任财务科长。我觉得水钢对我也挺重视的,调我当财务科长的时候,第二年就送我到北京,进管理干部学院进修了一年,通过理论上的学习,再加上回来的实践工作,做这些工作就积累了一些经验,所以工作中很少出差错。你不出差错,领导对你肯定就很信任。后面企业进行改革,搞什么班组建设,搞现场管理,当时我们厂财务科长就被调到企业管理科去当科长了,领导商量的结果就是把我调到财务科。从1985年11月份开始,一直到最后退休——1997年内退,到2002年正退——我从财务科长这个位置上退下来。

退休后,用现在领导的话就是说要发挥我们的三个优势,老同志有什么优势?政治优势、经验优势,生产上我们有经验可以发挥一点余热,还有一个就是威望优势。我觉得也挺好的,所以退休以后我就没有在家。我身体还可以,大家也喜欢我,我就围着大家转,没有报酬的,就是为大家服务。

我还去做扶贫,有次去参加市里边共青团组织的一个座谈会,请我们老同志去讲三线精神。有个小女孩是全国农业创业能手,在当地无偿租用山林,国家无息贷款给她搞了900亩,发展种桃子、猕猴桃。开座谈会时她就提出来,她是初中毕业生,没有文化,账她不怎么会做。参会的市委书记就介绍说我是财务科长,叫我给她指导。她来自一个布依族山寨,我也去过。现在也有七八年了,一直都有联系,我们也就像扶贫一样,家里衣服什么东西给她送一点。

昨天晚上山体滑坡,整个山全部垮了,有23户人家给埋在里头了,房子一共埋了27栋。正好我帮扶的小孩在那,我赶快给她打个电话,还好她没事,安置在镇政府了。这次出这个事,把我个人帮扶扩大为单位帮扶了,后来贵州省搞了一个什么百万扶贫计划。所以出这个事领导给我任务,叫我随时掌握他们的情况。

水钢是个什么情况？就是两极分化。工程技术人员那都是大学生、研究生分来的，但是现场的工人文化程度要低一点。特别是建厂初期，轮换工和上料的料运工基本上没什么文化。所以他们在日常生活中会遇到很多困难，比如说领了工资自己不会签字，不知道签在哪。特别有些现在退休了，涨了工资也不知道涨多少，所以喜欢问一问，我也热心帮他们解答，帮他们弄一下。现在年轻人也都长大了，世界观也不一样，和我们老的合不来了，经常有些家庭纠纷。老夫老妻的，原来夫妻两个上班，你上你的，我上我的，一退休了，你看我，我看你，矛盾就有一点，我就去做这些工作。

水钢退休的队伍没有散，2万多退休职工，1700多党员，我现在在其中一个党支部做书记，给他们服务。最近这些年，宣传三线精神，宣传贵州省，宣传六盘水，宣传水钢；社区政府部门搞道德讲堂，聘我去当讲师，小学请我当校外辅导员。我尽我的力量把我所看到的、所听到的、所想到的给大家说出来，这也是我们一辈子的一种传承。这样也好，自己的生活要丰富一点。

"不忘初心，牢记使命"，包括宣传三线精神我也是这样想的，让年轻人知道当年的艰苦奋斗。人都是这样，从特别苦的时候开始干起，用我们北方人的话说，这个人三起三落再过一辈子，"起"有的是事业上的，有的是家庭上的、企业上的；"落"有的是工作上的，比如说犯错，有些是病。像这种三起三落我基本上都经历过了，最困难的时候，条件那么艰苦我们都挺过来了，现在好了就要珍惜。有生之年我们的日子也不多了，能发点光就发点光，能发点热就发点热。

我在这干了一辈子，"献了青春献终身"。我父亲也在水钢工作了14年，我的小孩现在也在水钢，"献了终身献子孙"。前一段时间"多彩贵州"专门给我们拍了一个片子，让我和我女儿做主角，宣传三线建设。

我的荣誉还是挺多的。我当工会主席的时候，被评为全国的"工会先进工作者"。另外一个就是退休之前，是"先进生产者""优秀党员"。特别是退休这几年，连续三年被水钢评为"优秀党员"，和整个厂里在职职工一样被评为"优秀党员"，支部也给评了一个"优秀党支部"。反正评什么，老是有我一份。

水钢管我们三姐妹就叫什么大林、二林、三林,当时《乌蒙山报》也写了一篇文章,写我们三姐妹在水钢奋斗。所以现在有时候采访这些老同志,一提大林就知道是谁,我的名字他们还不一定喊得出来。当时水钢这种情况很多,有什么马,大马、小马,两姐妹;还有什么王家四姊妹。

三、山间社区:单位的苦乐生活

十万大军在这建水钢。我们刚刚来的时候没有房子,住的地方就是用油毡纸围一下钉上钉子的那种简易的房子。我住的那个地方,每天上班要走羊肠小路,下山才到厂里。那个高炉建在一个很低的地方,原来是苗族人居住的地方,一个叫三块田的地方修建的高炉,每天上班就是下坡,回家的时候爬坡。

那时候上班就是羊肠小道,泥泞得很,可滑了,水鞋一年到头都离不了。道很长,从厂里爬到家起码要半个小时。底下就是峭壁、沟沟。下雨的话,爬山那就更危险了。现在好了,羊肠小路一段一段的还有,但是整个连起来没有了,都形成公路了。原来准备都拆迁了,现在要搞个红色工业旅游,原来剩下的东西就不让动了。我原来住的那些老房子,现在水钢都没有动。

上班准备可不得提前?以前都是 8 点多钟上班,7 点多钟我们全出门了,6 点多钟收拾收拾,吃点早餐赶快就上班去。晚上要 5 点钟下班,5 点半、6 点钟才到家。我那两个小孩就是中午自己回来,自己带个钥匙回家,我们晚上回来。中午顾不上,我们都不回来。晚上回来,你就看锅碗瓢勺全部在地下,他们自己做的,鸡蛋炒饭不放盐,煮白菜也不放油。反正就是这么过来的,把孩子都锻炼出来了。孩子现在可好了,做什么都吃,我这女儿做什么都好。

我自己中午原来就在食堂吃点饭,成家以后不在食堂吃了,工厂里边暖气特别多,把那饭盒放里头一放,呼噜一热,就吃那个。中午我们也没有什么午睡,就把整理好的资料该刻的刻,该弄的弄。第二天早晨下去的时候把这些资料拿去各个车间、各个部门分。就是这样一天,晚上孩子像个小球球似的,下雨穿着雨衣裹一个,像球一样爬着山回家。我的孩子都是很小就要钥匙,自己回来做饭,我和老伴俩上班一去就是一天。到后来每天早晨还要开生产例会,事就更多了。

我们1970年投产完了,这边生产,那边就开始建房子,家属楼1971年开始建。我们那时候都叫福利房,我现在水钢那套房子也是,根据条件分一套。后来才变成商品房,原来那都是福利分配。5号点、7号点宿舍,那都是在山上的,单身宿舍、家属住房,全都在那。房子是毛毡做的,差不多做了两年多,后来才有砖瓦结构。以前更早的是油毡房,现在还有,但是不住人了,堆点东西,作为遗址。宿舍为啥建在那里?它没有统一规划,那时也没有山脚,山脚是修高炉生产的地方,你想住就在山上面住。现在水钢也没有几块平地,全是山沟沟。建在半山腰不方便,什么都不方便。

我那个房子也是在5号点那建的,后来又住到7号点,也是在山坡上,住了能有七八年,一直到我退休。5号点、7号点是水钢按照单位分的房子,这两个点是我们炼铁的住的,一开始也住个五六百户,最后发展到七八百户,现在1000多户都有了。规模不小,整个山上全是楼。现在有菜场,过去没有,过去就靠老乡种的菜,挑来就在路边买。有老乡住,老乡种菜的,还有我们职工住,职工也种菜。这个不好在什么地方?就是工厂和住宅一起,一直都想给它分开,为什么没有分开?水钢都是起起伏伏,刚想要给职工谋点福利,效益又不好了。

中午吃饭就在厂里,抱着小孩就去吃中午饭。工厂里边的食堂,要换成饭票,拿这个饭票去打饭。定量有一个月31斤的、37斤的,炉前工是52斤,我算干部,31斤定量。男女没有区别,都是这样。食堂规模不大,就是我们自己盖的一个普普通通的食堂。我们自己养猪,有一个小猪圈自己养。开始的生活都艰苦到什么程度?这里没有酱油卖,我们从北京买固体酱油,一块一块的固体酱油,拿来以后用开水冲一下,灌到瓶子里就是酱油。肉呢?当地的老乡也养猪,放到山上,在山上喂草,猪吃不着粮食,就一点肥肉都没有,一炒干巴巴的全是水。我为什么谈对象谈得那么早,结婚那么早?当时就是想早点成家,就不要去吃食堂。生活上也不是很习惯,这里喜欢吃辣椒,我们北方人很少吃辣椒。

没办法,没油吃我们怎么办?当时水钢有一个领导的父亲在广西铁路局当局长,拉来一车皮,全是这么厚(比画)一块一块的肥肉,一家人分一点,回来熬成油。菜籽油根本就没有。工人可怜到什么程度?贵州喜欢吃辣椒你知道吧?工人去了食堂打一碗饭,两勺辣椒放在饭里,拌起,通红的,就一边走一边吃。那时候水果都是什么?都是从东北一筐一筐跟大车皮拉来,一家一分一大筐,吃不完全烂了。

那时候没有托儿所,孩子就是这样乱跑,所以这里还有个插曲。有一天我这小家伙在那山坡上玩,爬个大石头,一跟头摔下来,正好卡在一个石头上,卡了一大条口子,血流满面。以后就过来一个老乡,这个老乡穿着打扮是啥?就是布,中间一缝就是他的裤腿,特别肥,他烟袋也是前面一个烟管,挺老长,像拐棍一样。老乡看我这小家伙满脸是血,他蹲在地上抓一把草,这抓一把那抓一把,搁嘴里嚼一嚼,给我儿子敷着。他可能是认识草药,马上血就不流了,没过几天好了。那时候我想,虽然说我们贵州山沟很穷,但是肯定也有很多宝,很多东西我们没有发现,这不后来真就发现了很多中草药。我父亲他们是从东北来的,每年要回去探亲,所以就背那些中草药回鞍山。贵州还是落后,没有开发,真开发出来,这中草药真不得了。你看现在苗药,特别是现在西医也不怎么讲,讲中医。

水钢职工最多的时候十万多,光家属都四五万人了。子弟学校我们自己建,学校就建在住宅区。老师是我们自己人,学生是我们的子弟,学费很少,象征性地交点,现在就全免了。水钢当时也有六七所小学,学校规模也挺大的,我们这些人的孩子全部都在那读。学校条件是很差的,但是企业还挺重视的,师资还是可以的,那些老师,包括技校技术上的老师,全都是各个省的生产骨干。

水钢的一中,当年是整个六盘水最好的初中,我们的高中也是整个六盘水最好的。我们厂的一个技术员,他儿子考北大,现在在北京一个外国企业当总代理;女儿在南开,都挺有名。水钢那时候的教学质量还是可以的。像我小孙孙,都是经过水钢的小学、初中,高中是他自己考到南京去的,那成绩都不错。

我的小孩都是在子弟学校,从小学到初中再到高中。儿子考了个大学,女儿就考个技校。那时候就有个想法,女儿不能考出去,考出去贵州这么落后,分到哪个县城怎么办?男孩子叫他闯,就是这种思想。所以女儿就在技校,一起就跟我们在水钢工作。

现在水钢还有,但是学校已经规划到教育局,划拨到地方了。这几年也随着发展,加上社会化了以后,就下滑了。为什么?老师都不归水钢管了,都到社会上去了。

业余生活干啥?晚上吃完饭了,夹个小板凳去看露天电影——没有电影院,厂里自己有个放映队到处去放,我们抱着小板凳去看,一直看,反正今天这个点放,明天那个点放,就在水钢里头追。那些什么《上甘岭》《叶塞尼娅》,朝鲜片《鲜花盛开的村庄》《摘苹果的时候》,印度片《流浪者》《大篷车》,全是那时候看的。我还记得看《流浪者》的时候,连着看了好几场,就是喜欢看那跳舞唱歌。那时看了不少电影,现在也没有了这些生活,还挺怀念的。

还有一个业余生活,我们自己组织毛泽东思想文艺宣传队,经常深入车间,深入周边农村去给农民演出,大家就去听一听,会前会后宣传。成员是生产部门分来的大学生,后来都成为生产骨干了,也都是文艺上的骨干。当时排一些样板戏、革命歌曲。那时候我们最爱听《毛主席的战士最听党的话》,我们贫下中农最爱毛主席,就唱这些歌。生活也挺丰富的,也觉得乐在其中。

我们和本地居民有交往,一个是我们成立宣传队去给他们宣传文艺节目,另外一个是教他们怎么种菜。当年来的时候,他们种了韭菜以后,连根拔出来卖,我们就告诉他们要剪一下,韭菜一茬一茬地发。但是芹菜他们还没改过来,还是连根一起卖。还有一个就是种苞谷,他们开始种的时候,一个窝里放了好多,就一根一根地长起来了,长了一大堆的小苞谷棒。后来我们就告诉他,你一个坑里就放一粒种子,它就能长出棒来。现在苞谷就跟我们东北差不多了。这些交流还多,贵州少数民族特别多,少数民族那些习俗,我们还挺尊重的。

我们到农村去看,那边他们用青菜做成的酸菜,还有种的豆角,出来和米煮一大锅;养猪养羊都住在下面,楼上住人;生活还是挺苦的。后来我们慢慢帮助他们改变,给他们资源。我们这里无烟煤特别好,煤点着以后没有烟,红彤彤的,上面烤着土豆、洋芋。包括现在扶贫,水钢给他们搞净化水,给他们搞什么工程。

到这来以后,因为生活习惯不一样,贵州这些人就给我们东北编什么"十八怪",说什么"18 岁的大姑娘叼个大烟袋"。他们给我们编,我们也给他们编,贵州也有"十八怪",什么"拐棍当烟袋",什么"有布不穿头上戴",还"背着娃娃谈恋爱"。另外生活习惯也是,他们不会做面,我们蒸点馒头、烙点饼、做点饺子,就送给他们一起吃。你看现在都融合得多好。

另外一个,生活上互相照顾,我最有体会的就是我爸 90 岁那年,我从鞍山把他接过来。我住在双水小区,那里有个小凉亭。我爸爸刚来的时候也不老年痴呆,身体也好。我父亲去了那个小凉亭,包里装的糖什么,都装满满的,去了分给那些小孩。这些孩子的姥姥、妈妈,就拿牛奶、棒棒糖、饼干来给我。关系很融合。

四、家之烟火:粗茶淡饭有真味

我还真是,家里出身不好,我家是富农,但是我父亲是党员。"文化大革命"比较乱,特别是鞍钢,两派斗争挺激烈。"文化大革命"时我在鞍山,高中在鞍山一中,那时候学校分什么红五类、黑七类。因为我是 1967 年的高中毕业生,还没等它分我们就毕业了。1967 年等于没上课,我们这些女孩子的父亲又不在身边,我们就都回家了。到 1968 年 10 月份在家待了一年下乡,下完乡我们就上这儿来了,所以我们受"文化大革命"的冲击还不算厉害。

我是三线二代,但是作为建设者是一代,和父亲同一批。我一共四姊妹,三个姐妹都来了,就一个弟弟,现在还在鞍山。后来我二妹谈个对象,是部队的，转业到廊坊，我二妹就调过去了。我和小妹还在水钢，我们俩都已经退休了，我妹夫也在水钢，所有的亲戚什么的都在水钢。对这里有归属感，觉得挺好的，四海为家，虽然那时候家乡那边要好一点。

我1946年生的，1969年4月份来这里，1970年4月份结婚。爱人是1942年生的，他结婚时二十八九岁。我老伴不是和我一起来的，他更早。他是浙江宁波人，是1961年的毕业生，学炼铁。他读冶金工业学校以后分到鞍钢，从鞍钢来三线建设会战的。他是1964年来的，技术人员，既管工程又管生产。他属于知识分子。老伴当时工资才39块钱，拿了多少年的39块钱，因为他是中专毕业生，不是大专。

我和爱人相识是老师傅介绍的。当时他在炼铁厂调度室工作，我作为子弟分到他的厂，那时候他年纪也有点大了，我的年龄又大，老师傅就给张罗对象："你们俩谈谈吧。"第一个先看看家庭出身，就是看表面这小伙还可以，那时候不敢表态，完了悄悄跟老爸说。父亲把关，先去看看这小子出身好不好，就先去查档案。他出身还可以，城市贫民。至于学历我都没怎么考虑，不是不重要，大学生也分了很多，都是什么"地主""资本家"出身的比较多。挣多少钱，问都没问。当时恋爱没情调，我们那时候都在工厂里上班，反正就是下班了见个面，星期天在一起吃个饭。那时候很淳朴，我跟他谈恋爱手都没拉过一次，非常单纯简单。处了一年多就结婚了，很简单。

彩礼什么的都没有，结婚了，我到他家去，从他家又到鞍山，现在时髦说旅行结婚，走了一圈。回来这里锅碗瓢勺没有卖的，我们就用两个纸盒子装两个锅碗，拿个小扁担挑回来了。也买点糖给大家吃一吃，没有收过礼，也没有什么你们家拿多少钱，全都没有。就两个人，刚开始回来还各住各的，他住他的，我住我的，都没在一起。住了差不多快一年，后来怀我儿子以后没办法了，领导就照顾我们，就隔个油毛毡弄个小房。

结了婚以后，生活上还是有一点摩擦，就磕磕碰碰的也这么一辈子过来了。生活习惯不一样，宁波人喜欢吃糖，我喜欢吃馒头，他就要吃米饭。

我这老伴，南方人钱管得特别紧，都不大气，不像我们东北豪爽得很，没钱也说有钱。用我们东北话说就是他很抠，抠了一辈子。别的都可以改变他,这个是改变不了了。有一次,我们来的这一批东北子弟走上海,猪皮鞋6块8毛一双,大伙就在一起讲,说买一双。当时我和他刚结婚回来,孩子也大了,我说我也买一双。我回去就跟他商量,他不同意买,他说:"你整天穿工作鞋,你哪有时间穿,咱们工资也不高,还有孩子。"

有个差异就看得出来南方孩子和北方孩子不一样。结婚时我连饭都不会做,那时候读高中一心想考大学,老爸老妈进屋都说:看书看书!写作业写作业!所以管家这方面他们也不培养我,也不锻炼我,啥也不会。原来在工厂里就是马马虎虎,一天工作那么紧张,能从食堂带一点就带点,回来将就吃。礼拜六、礼拜天做一点,平常就是这么混混就得了。

家里谁管财务?我家怪得很,是他掌握,我还是有点事业心的人,我不喜欢管家,因为我读书的时候父母亲就叫我考大学,所以成家以后他管家,那时候买粮到粮站去买,我不知道在哪;买菜我也不管,都是他花;一个月剩多少钱,他都收起来,我也不过问。

我家是女主外男主内。现在我在外面获得什么先进了,这些老同志都说回去给你老伴一半。他这个人很会过家,退休了,存了一点钱,说:"咱俩退休了,咱俩一人一半。"我这一半还没到两年,儿子、女儿全给花完了。他就一分钱都没花。我儿子出去自己创业,欠了很多债,都是我老伴帮着干啥,那就用到刀刃儿上了。你看我今天上你这来(接受访谈),他要管我爸爸,做点饭,喂点饭。

夫妻俩过日子互相尊重,一辈子生活下来。他也不喜欢抽烟,也不喜欢喝酒,也没有应酬什么,生活习惯挺好。在家里玩玩电脑,在电脑上下下围棋什么,比较健康的生活方式。退休金差不多,所以基本上就挺知足。我就不一样了,我老参加社会活动,组织上有时候给我点钱,我很少用到自己家里。我去看个病号,女的没有工作,就靠她老伴的钱,四个孩子没一个有工作,看着挺困难。正好我去讲课,人家发给我200块钱,得了给你!我就送了。我觉得自己经济上不是很困难,能帮助就帮助一下,就是这种心态。我老说他:"你存那么多钱干吗?"老伴叫我给带得,现在也慢慢地有点大方了。

反正生活情趣还是有的,我还记得清清楚楚,1973年1月2号我过生日,那时候我怀着老二,就是我女儿。当时条件不好,托儿所什么都没有,老伴就把他妈妈从宁波喊来照顾我。也巧得很,那一天我过完生日,我们一家人就拿着小板凳看电影,当时还有个抗大俱乐部——现在遗址还有,水钢还在保留。正好那天看《鲜花盛开的村庄》,电影看一半我就不行了,我说我觉得肚子疼,我就跟老太太讲,她是宁波人,我们讲话她听不懂。我就跟我的爱人说:"不行,可能要生了,咱俩赶快回家。"老太太夹着小板凳,一边回家一边用宁波话说:"桂梅一定生个姑娘,因为我们去看《鲜花盛开的村庄》。"爱人当翻译给我翻,那天夜里1点多钟我这女儿就生下来了。所以你看也挺好的,我头一天过生日,女儿第二天生下来,很巧,也有一点缘分。

女儿出生时老大快2岁了,我连着生两个,一个儿子一个女儿,就再也没生了。我的孩子在和我一样年纪的东北子弟里边算大的,因为我结婚早。反正觉得这一辈子也挺好的,现在扎根在这里,什么都不想,老人也都不在了,只有一个老父亲在我这。

我儿子、女儿本来都是水钢职工,后来儿子自己出来创业,女儿现在还在水钢,还没有退休。我儿子是贵州民族学院毕业的,女儿读水钢技校,当水钢工人一直干到现在,就想把女儿留在身边,就留成了。我孙子在南京读书,现在大三,想要考研究生。

我们后来在水城的双水街道买房,2008年、2009年买的。商品房,我现在住的就是这个商品房,近120平方米,挺大的。不改革开放哪有这好时候?才1280元一平方米,那么大个房子才花166 800元。

现在除了参加一定的社会活动,我其余的时间就全部用来照顾老伴和老爸。老爸是2013年从水钢过来的,现在97岁,跟我住在一起。平常我妹妹也在这儿,所以有时候也过来帮助照顾爸爸,孩子们也经常来看一看姥爷,不过不在一起生活。常来常往,挺好的。

我女儿参加工作以后结婚,不要小孩,丁克。在山沟沟里,这样的人可能还找不到。所以她自己研究吃、研究玩,出去走一走。退休年龄到了厂里不放她,她没负担,哪里有事就叫她顶一下。我儿子也就这么一个小孙,一家人就是这样过,也挺好,挺幸福的。

我们退休工资不高,但心态特别平。我就感觉,你在厂里的时候要兢兢业业地干好自己的工作,退休以后不要去搞攀比,心态要好。

回想我这一辈子,在厂里工作了 34 年,所从事的各项工作,我觉得都尽了力,耗费了心血。过去是全心全意奋斗在生产一线,现在退休了,又为大家做点事,生活上也是挺丰富的,所以我觉得还是挺知足,也挺好的。

赵元兴
五十余载三线情

亲 历 者：赵元兴
访 谈 人：曹慧中
访谈助理：肖鸿禹
访谈时间：2019年7月25日下午2:30—5:00
访谈地点：遵义市北京路061基地办公室
访谈整理：曹慧中

亲历者简介：赵元兴，男，1941年生，山东临沂人，现居遵义。1958年参军入伍，1961年从部队抽调到国防部第五研究院工作，1965年作为"先头部队"从北京前往遵义参与405厂筹建。在厂内先后从事后勤采购、机要、公安工作，2001年在公安处处长岗位上退休。现任工厂退休党支部书记以及退休办主任，配合已搬迁至贵阳的405厂在遵义做退休职工日常工作。

赵元兴（右）接受访谈

一、405 厂：半个世纪的风风雨雨

1964 年 9 月，好像是 9 号，我们的两位副部长在国防部第五研究院二分院①召开会议，传达毛主席关于三线建设的指示，确定要建立黔北基地②。按照当时的工业布局，国防系统都在大城市里，但国际形势却非常紧张，所以要把这些国防厂全部分散到边远山区，不仅是贵州，还有湖南、湖北、四川、陕西，还有"小三线"③，包括安徽这些地方。到 10 月 22 号，已经有第一批勘探人员到贵州开始选址工作，再逐层请示汇报，一直到 1965 年 3 月，最终确定了选址地，在乌江以北以遵义为中心建立黔北基地。

选址确定以后，筹建工作就开始陆续启动了，这个基地下设 30 多家单位，我们是其中一家，研究所就把我作为"先头部队"派过来了。1965 年 7 月 6 号，我们所一行六人在北京上车，坐上了 5 次④国际列车，这列火车始发站是中国北京，终点站是越南河内，所以叫国际列车。我们在柳州下车，再从柳州转车到贵阳，最后从贵阳再到遵义。那时候还没有建成遵义火车站，我们来的时候火车站周围还都是山，正在放炮炸山呢，也没有站台，什么都没有。我们六个人下车后就到了基地，那个时候还叫黔北办事处。我们 7 月 9 号到达遵义，只在罗庄⑤住了一晚，第二天就"下去了"，在遵义县新浦区一个公社大队的小学借了一间房子住下。

---

① 1956 年 10 月，中国第一个导弹研究机构国防部第五研究院成立，标志着中国航天事业的创建。1957 年 11 月，以电子科学研究院为基础与五院五室合并组成五院二分院，主要承担火箭（导弹）控制系统的研制任务，最初属于军队建制。1964 年 12 月 26 日，三届人大一次会议通过了以五院为基础成立第七机械工业部的决议，统一管理导弹、运载火箭的研究、设计、试制、生产和基本建设。随后，1965 年 1 月，第五研究院脱离军队系统，改名为第七机械工业部，简称七机部，统一管理导弹、火箭工业的科研、生产和基本建设。
② 1964 年 9 月 21 日国防部五院召开会议提出以二分院为基础，组建三线基地（061 基地）。
③ 所谓"大、小三线"，一线地区指位于沿边沿海的前线地区；二线地区指一线地区与京广铁路之间的安徽、江西及河北、河南、湖北、湖南四省的东半部；三线地区指长城以南、广东韶关以北、京广铁路以西、甘肃乌鞘岭以东的广大地区，其中西南的云贵川和西北的陕甘宁青俗称"大三线"，一、二线地区的腹地俗称"小三线"。
④ 此处所说的 5 次指中国北京到越南河内国际列车的车次。
⑤ 贵州省遵义市红花岗区三渡镇罗庄村，距离三渡镇政府两公里，交通便利，附近有遵义会议址等旅游景点。

405厂的筹建构成是这样的：22所和上海仪表厂负责黔北基地自动驾驶仪厂的包建①，后来加入了沈阳119厂，他们此前在湖北已经开始了一段时间的三线建设，比较有经验，所以申请后七机部就同意了，7月29号119厂和我们一样，第一批来了六个人，带队的总工程师后来担任我们筹建处的党委书记。他们住在罗庄招待所，我们仍然住在公社的大队小学。接着，上海仪表厂的副厂长带队，同样来了六个人，就这样陆陆续续筹建处的人员基本到位。8月15号，061基地405筹建处在罗庄招待所食堂宣布正式成立，筹备名单上是35人，其实当时已经到遵义的只有20多人，其他人在之后才陆续过来。我们20多人买了六顶帐篷，单身的住帐篷，既当宿舍又是办公的地方，有家属的全部借老乡的房子住。吃的要用粮票去当地的粮管所买，那时候条件确实差，当地也真的穷，喝的是稻田水，没有井，电也没有，到了晚上就要点上蜡烛。

但是穷归穷，农民的觉悟还是比较高的，这点儿给我留下蛮深的印象。我们在筹建期间，各种物资材料都是放在外头的，老百姓没人拿没人偷，这些木料、钢材之类的他们其实都用得到。不仅没人拿物资材料，我们运输的车来了之后老乡们还会帮忙推车、铺草垫。

那时候的人啊，和现在不一样，不仅仅是当地的农民，在厂子里上至领导下到群众都是一样地干活，虽然各有分工，但彼此之间协作得非常好，大家齐心协力，没有人计较报酬，那个时代真的是尽义务的多，要待遇的少。就拿筹建期间来说吧，虽然"三通一平"通了路，但都是土路，路面上全是泥巴。而那时的气候和现在也不一样，从当年的"十一"到次年的"五一"，这段时间基本上是冬天，气温低而且整天下雨，有句俗语说"水鞋雨衣破棉袄"，贵州一下雨就特别冷，水鞋里全是黄泥巴。我们只有两辆车用来运输建筑材料，两辆车的材料建那么大个工厂肯定是不够的，砖瓦灰沙石也要从别处

---

① 亲历者的回忆有偏差：1965年11月，七机部确定由上海机电二局所属厂、所包建黔北基地的项目，独立包建工厂七个，共同包建工厂两个，包含导弹总体设计和总装厂、导弹发动机厂、导弹制导控制厂、导弹自动驾驶仪厂、导弹引信厂、导弹专用电机厂、发射设备厂、化学电源厂等。包建原则是一包到底，从勘探定点、基建施工、设备到位、材料准备、工人培训、干部配备等，直到生产出合格产品，交付国家验收为止。

来,有家运输公司专门给工地拉货。不管是我们租的车还是厂子里自己的车拉了材料回来,卸车全部靠我们自己人,都是筹建处的职工大家一起上。那时候不是现代的翻斗车,全靠人力卸货,沙子来了要一铲一铲地卸下来,砖头来了要一块一块地搬下来,都是自己干。筹建处有个大喇叭,无论白天黑夜,只要听到喇叭里招呼卸货了,不管是住帐篷的、住席棚的还是在老乡家住的,听到后大家就都跑来了,不分领导还是群众。完全不会想加班能拿到多少加班费,那时候人们都没这个要求,反倒会觉得出了力心里非常舒服,如果没赶上还会感到心里不是个滋味儿,这种奉献精神在当时非常普遍,也非常重要。

筹建处就算是工厂的前身了,经过国家批准,公章也下发了。接着就要开始"三通一平"的工作,政府从地方招募民兵,那时候的机械化程度非常低,即便是平一个小山头,都要完全依靠人工来完成。筹建处给入驻的民兵营搭席棚子,他们的主要工作是为通路做准备以及平整场地等。交通部派了福建的一个工程队,开始修从新浦到405筹建处的道路,就这样一切工作开始慢慢走上了正轨。

1966年"文化大革命"开始,1967年、1968年武斗就逐渐严重起来,凡是有人群的地方就有派系斗争,虽然口号是说"抓革命促生产",但是毕竟一派有一派的观点和想法,"文革"后工厂建设就变得缓慢,尤其405厂是三家共同包建的,思想上不容易统一。1965年集体脱军装之后,原来的国防部第五研究院二分院四支队就一分为二了,分为13所和22所。从北京去了五个研究所到上海,22所是其中之一。1967年以后三家包建单位开始闹分裂,上仪厂想要撤回上海,22所以科研为主,而061基地侧重生产,不是研究所,因此22所也想要撤走。

在四川攀枝花建完钢铁公司的建工部三局三公司接管了工厂的建设,盖房子全部是"大庆模式",即干打垒。那是非常简易的房子,不像现在的房子还要粉刷、装修,那个时候能有房子住就很不错了。厂房是有建设标准的,最初设计的是405厂集中在一个片区,分为厂区、生活区、服务区三个区域。后来又改变了策略,要靠山、分散,这样的选址形式被称为"羊拉屎",房子这里盖两栋,那里盖两栋,厂房也不集中,都是依据地形而建。到军管时期,厂房又集中在了一起,起初仅405厂一家单位就蔓延了12公里,后来在这个范围内又增加了412厂(朝晖电器厂)、536厂(洪江机械配件厂)、419厂(红光电机厂)三家单位①,外加一个技校(061基地技工学校)。军管后,1970年工厂开始正式投入生产,当年就产出了第一批产品,工厂规模也达到了2000人。

厂子职工的构成,主要包括前来支援三线建设的包建厂职工,分配过来的大中学校毕业生,比如北航、南航、西安无线电学校、哈尔滨无线电学校、沈阳无线电学校等,这些毕业生都是大批大批地分配过来,一次会分来上百人。工人主要来自遵义市内招工,后来还有一些从部队过来的转业军人,所以整个厂子的人真的是来自五湖四海。部队的转业军人相对比较遵守纪律,这也是在部队养成的习惯,服从命令听指挥,这是军人的天职。那些中专生呢,就不太好管了,主要是他们上学的时候正在闹"革命",压根儿没上什么文化课,那时候大串联刚结束,同一个学校来的还会拉帮结伙,但是工厂有工厂的制度,厂子的风气好,这些年轻人也在慢慢改变,后来这些人也有一部分成长为业务骨干。

厂子一直维持不错的生产效益,从投产开始就没有亏损过,这样的业绩在我们基地也是独一家,2007年厂子随整个基地搬迁到了贵阳市小河区。405厂生产的自动驾驶仪是导弹的核心部分,用来定位目标,厂名现在更改为贵州航天控制技术有限公司,在贵州电视台上经常能看到,工厂已经连续50年没有亏损过,而且经济效益还在一直提升。现在的定位是军民融合,以军品为主,产品也在不断更新换代,最近一个新型产品是机器人,不是我们平时看到的那种,而是可以代替军队打仗的机器人。

061基地下属的厂子,有转产的,有破产的,能一直保持好的经济效益并非易事。刚开始时,工厂领导的改革思维都不一样,三线厂一般都对应一个前方厂,所以同样的军品不止三线厂在生产,前方厂也在生产。市场经济时

---

① 405、412、536、419的完整代码应为3405、3412、3536、3419,当地人习惯将首位的3去掉,3419厂的厂名经查询应为"朝阳电器厂"。

代,有的工厂领导觉得生产民品营利快,就把军品全部推给了前方厂;市场主导下不再是国家下达生产任务的计划经济时代了,给出去就不可能再要回来。比如407厂把雷达生产都推给了自己的前方厂黄河厂,上了汽车生产线,结果汽车没有搞成,只能破产重组。

说回我们405厂,为什么能够保持良好的经济效益?我觉得一个很重要的原因,是405厂的干部基本都是土生土长的,没有外派干部,生产和管理理念代代相传,对传统继承得比较好。061基地的一把手有好几个都是我们厂出来的,他们在管理企业方面确实有一套办法,工厂风气一直比较好,不搞宗派斗争,大家心往一处想,劲往一处使,拧成一股绳。这么多年下来,工厂形成了自己独特的精神内核,我们在对职工开展教育时都在宣传"405精神",用老一辈的事迹来教育年轻人,人是要有那么点儿精神的。什么是"405精神"呢?我认为,最好的概括就是"特别能吃苦,特别能战斗,特别能攻关,特别能奉献"。

二、我的工作:到组织需要的地方去

我是1958年从家乡山东临沂参军入伍的,在部队当兵一直到1961年,那时候发生了一件事情,是我和三线结缘的开端。国防部第五研究院要到部队上调一批同志到研究院去工作,五院是由知识分子组成的,主要任务是搞科研,科研单位从正规部队调人,主要做一些行政服务工作,他们来部队直接调我们这些兵的档案看,挑选一些政治上过关的人。我当时在部队一直担任通讯员,后来干了一段时间的代理排长,所以和我们团的参谋长比较熟,他不想放我,在我被挑选上以后,参谋长还让我自己提出拒绝,他说可以送我去洛阳的步兵学校培训,出来也算个中专学历。但是,我想既然五院挑中我了,这是组织决定的,就要绝对服从,我一定会去的。就这样,我从部队所在的新海连(连云港旧称)去了北京,到五院主要负责行政、后勤,做一些保障性的工作,和我在部队做通讯员的工作内容差别不大。

建立黔北基地的设想确定之后,就要往三线派人了。作为所里第一批到这边来的六个人之一，不存在动员的问题。领导说让我到黔北去一趟，我就问黔北在哪里啊，领导说在贵州遵义一带，让我什么都不用带，带着换洗衣服就可以了，说不定还要再回北京的。我们一起去的六个人有搞科研的，有秘书，有搞行政的，各个岗位都有，我们是知道要到这边来搞三线建设的，能被选中，这是组织对我的信任，除此之外我就没有别的想法了。

前面讲到三家包建单位在1967年有过一段时期闹分家，我在当年8月前后调回了上海，但是只待了几个月，又回来了。当时国家已经开始筹建专门的科研基地065，我又参与到203筹建处的工作之中，担任征地组组长，征的地大概位于现在的遵义共青湖，不过后来国家又把065基地撤了，203筹建处搬到了湖南邵阳。按照中央指示，从北京迁到上海的五个研究所原来和谁合并的，还回到原厂，就这样转了一圈之后我又回到405厂。

所以，从1965年7月9号到遵义直至现在，可以说我基本上没有离开过这里。在厂子也是一直干到2001年退休，先后做过后勤、机要以及公安工作。我是1960年8月入的党，马上就要60周年了。最初被挑选来遵义参与三线建设，以及后面工作岗位的变动都是组织决定的，党员就应当无条件地服从，不会有"留在北京更好"这些想法，我觉得共产党员应该就是一块砖，哪里需要哪里搬。

筹建期间，工厂就像个小社会一样，有负责施工现场的，有负责后勤的，有管行政的，各个方面都不能缺。当时，分给筹建处两辆拉施工器材、物资的大车，还有一辆领导用的吉普车。初期我负责后勤和行政采购，生活上吃的、喝的、用的，以及办公需要的三角板、笔、圆规、尺子、图纸这些，都要到市里去买；同时负责机要工作，上报以及下达的文件都要到基地去取；所以基本每天都要到市里办事。早晨跟着拉材料的车出来，办完事再走回去，要走三个多小时。

1970年之后厂子投入生产，我开始从事机要工作，具体来说就是做文件收发，我要负责把领导批阅过的文件发到各个车间、科室、处室，还要进行回收和存档。过去的保密教育比现在严格多了，工作笔记、手册下班后是不能带回家的，要锁在办公桌里，更加重要一些的要放在保险柜中。厂子步入正轨以后，如果赶生产任务就需要加班，在计划经济时代由国家统一下达任务，然后逐级分解任务，按照进度推进生产，厂里有十几个生产车间，一般每个车间百十来人，总装车间的人多一些，会有200多人。

那个时候的政治教育比现在多，中层干部每个礼拜有三个半天是固定要参加政治学习的，雷打不动，还要轮流到基地干校集中参加一个月的培训，结束后要考试，检验学习成果，回来以后还要进行总结汇报。每个车间也有自己的班前会、班后会，厂区里随处可见各种标语口号，比如"备战备荒为人民""一定要把三线建设好"等，这些标语都是刷在墙上或者在厂区内拉横幅。工厂内有宣传部门、组织部门，这些部门都很健全，工会负责职工福利分发、维权，如果要处分职工也是需要经过工会委员会讨论通过的；共青团主要是发动青年，做好青年的思想教育工作，也会组织各种各样的活动。

1973年我就开始做公安工作了，厂区里的派出所也是地方的派出所，要受双重领导，工厂党委和地方公安局都要领导我们。最早是遵义县洪江派出所，后来改为红卫派出所，我就在那儿当所长，这也是经过省政府批准的。虽然三线厂都在山沟沟里，但这些厂区里面却是"麻雀虽小，五脏俱全"。学校、医院、商店、派出所、法庭都有，法庭也是我管。学校都叫某某子弟学校，医院也是某某厂医院，法庭和派出所是叫地方的名字，后来成立了公安科、公安处就改为本厂的名字了。我先后当过派出所所长、公安科科长，再然后是公安处处长，一直到退休。再后期按照要求，基地单独成立了一个公安局，划归地方，相关人员也跟着到地方去了，因为超龄了我就没有去，所以尽管在公安处处长岗位上退休，也不算是公务员。

就因为这个差异，退休后的工资可就和公务员差远了，我现在每个月4000块钱不到，他们（公务员）能拿到七八千块钱。当时那个年代无论企业和地方的都是国家干部，但是后来政府改革，公务员的待遇上去了，而给国家创造财富的企业职工，退休工资却非常低。我工作了43年，有30多年都在做公安工作，如果按工作内容来说就是公务员的工作，但退休后仍然算作企业职工，工资也就只能按照企业的标准核算。

三、家庭生活：平淡之中的些许遗憾

我的老伴儿是在山东老家找的,我们1965年3月份结婚,7月份我就来遵义了。那个年代,自由恋爱的少,介绍的多,而且思想和现在也不一样,我那时候还想虽然在外地工作,说不定哪天还得回老家,在家里找个对象算了。老伴儿也是农村出身,那时候找对象主要看出身,看成分,要找贫下中农。我们结婚前也处了几年。说是处对象,但一个在外面工作,一个在家,就是通通信这种形式。结婚前要打报告向组织申请,不是想结婚就能结的,组织要对结婚对象进行政审,没问题才能批准。

我到遵义六七年之后,老伴儿才带着孩子从老家过来。老大是在老家生的,一直跟着他妈妈在临沂,来遵义的时候也才3岁,还不记得啥事儿;老二是来了遵义之后第二年在这边生的。我老伴儿之前一直在家里种地,没有什么工作,来了遵义之后在厂里的食堂干活。那时候我已经开始干公安工作了,主要负责职工的政审,所以经常在外头跑,一年里少说也有半年时间不在家,照顾家里是指望不上的。食堂要负责全厂职工的一日三餐,和普通职工的作息时间不一致,每天4点多钟天不亮就要去上班,等厂子其他人都去上班以后,食堂工作人员到9点多就可以回来休息一段时间,中午11点不到又要去上班了,这个中间的空档就没人管孩子。以前不比现在,养孩子给碗饭吃就行。不光我们家是这样,厂子里只要是双职工都是这样,家里孩子多的都是大的带小的。我们家两个孩子差4岁,也是姐姐带弟弟,但孩子终归是孩子,那时候家里都烧煤,孩子自己在家锅都烧坏了好几个。

等到孩子上学了也不用接送,大家上的都是子弟学校,小孩脖子上挂着家门钥匙,自己上下学。不像现在怕丢,那时候不怕丢,也丢不了,没人偷没人抢的。现在是怕被车撞了,怕被拐卖了,怕的可多了。我家大姑娘的孩子,我的小外孙,从幼儿园一直到初中都是我们老两口接送,现在上大学不用接送了。我们那个年代根本不存在接送孩子的事情。那时候要几个孩子都可以,我们家两个算少的,我老伴儿还说两个都多了,只要一个孩子就好了。当然她这是气话,因为我们家老二,今年已经46岁了,到现在都没结婚,老伴儿整天说要了这个老二到现在还要跟着操心费神的。

孩子们没有问过我为什么要到遵义来,他们就是土生土长的本地人。老大来的时候还小,基本不记得山东老家的事情,老二原本就是在当地出生的。老大前些年调回过山东,在曲阜工作,待了一段时间之后她说什么都不愿意再留在那里,非要让我把她调回来。主要是生活上觉得不习惯,山东吃面食比较多,冬天太冷夏天太热,还是想回到贵州。

父母在厂里工作,作为子弟都是可以分配的,不仅本厂可以留一个,还可以分到其他厂,所以我们的下一代大部分都在基地工作,工厂的劳资科负责安排。我的两个孩子都在贵州,老大在贵阳的一个厂子,老二在遵义梅林厂,都属于我们基地。现在想想,来支援三线建设对孩子的教育还是有影响的,年轻时忙着工作没时间管他们,而且那个年代对知识的渴求也欠缺,如果是现在无论如何都要让他们上大学。两个孩子没一个是大学生,他们也不愿意读书,既然基地可以安排工作就早点儿工作算了。

抛开在孩子身上的这点儿遗憾之外,来到三线厂,来到遵义,我没什么好后悔的。我一直在说作为一名党员,哪里需要我肯定去哪儿,而且是非常痛快、没有任何附加条件的,不会说需要再考虑考虑。如果是组织决定的,我一定百分百服从,并且会尽力把工作干好。也就是我们现在说的"不忘初心,牢记使命",初心就是全心全意为人民服务,不但是这么讲的,大家也是这么做的,那个时候确实如此,并不是空喊口号。

我现在的退休工资和公务员比差一大截,说心里没有落差是不可能的。但是我觉得这是政策问题,不是针对哪个人的。我到现在还管着那么多退休职工,如果谁想不通了,我还要去做他们的工作,我和他们讲:"要是心里一直有这么个疙瘩,那是和自己过不去,政策的问题不是我们自己能决定的,再想不通把自己折腾病了不是自己倒霉么?知足常乐,够吃够喝就行了,要那么多钱干什么?"

所以,回过头来看我这一生,我还是要感谢党、感谢国家,我一个农村孩子,国家把我培养成一个共产党员,一名革命干部,我到现在都这么想,认为这一生是满足的。到这里来一点儿也不后悔,作为被组织选拔的第一批支援三线的工作人员，这是组织对我的信任，我感到非常光荣。

四、发挥余热：做留守遵义退休职工的"主心骨"

我们厂 2007 年搬到贵阳之后，留在遵义的还有 400 多户，最多的时候是 445 户，有 800 多人，都是在我这里管理，现在没这么多了，只剩 500 多人了。我们厂在这里的退休职工，70 岁以上的老同志占 90% 多，每年去世的都有十几个，这些人要有人管啊，生病、住院、去世、后事，这些都要有人张罗才行。慰问生病退休职工、参加追悼会，虽然厂里的工会也会来人，但是必须有熟悉情况的人协助他们。老职工的家属告诉我家里老人去世了，我再和工会联系，厂子毕竟搬到贵阳去了，不在本地有着诸多不便。再说，我了解我们厂里整个职工包括家属的情况，因为户口是在派出所管理的，他们好多人的户口就是在我手上批的，而且从筹建厂子起我就在这里，从建立到现在的事情我都经历过，厂里认为我是做退休职工工作的最佳人选。

现在干这个活儿，我就是想还能发挥点儿余热，你说我图啥呢，每个月就给我 200 块电话费钱，我到哪儿去看个大门每个月还能赚一两千块的工资呢，你说是不是？现在不仅不赚钱，还担着责任，他们什么事儿都要找我，吃喝拉撒睡，房子漏了，和邻居有矛盾了，都找我。老职工生病了，我要代表组织、代表工厂去慰问，发挥一个桥梁的作用，他们需要反映的、需要解决的问题，先和我说，我再去找领导反馈。前一段时间，厂领导问我工作中有没有什么委屈，我就说本来没啥委屈，现在事情做了还要被埋怨，就真是有委屈了。2019 年春节慰问病号的时候落下了一个老同志，今年冬天比较冷，而且有好几百户，我不可能挨家挨户去了解情况，也不可能到医院一层层的病房去问，所以就漏了一个人。结果年初三他就找到我家了，鼻子不是鼻子脸不是脸，质问我为什么没去医院看他，为什么其他住院的人都有 200 块慰问金就他没有，说自己是厂子的老职工，其实我比他到厂更早，年纪比他还大。他质问我的那个态度好像是说我对他有意见。我能有什么意见？真的是因为不知道才漏掉。当然我也能理解他的这些想法，没拿到慰问金心里不舒服，但我也不是故意的，大过年的被人找上门来，心里头真不是个滋味儿。因为这事儿，我被老伴儿也数落了一通，她问我干这些事图个啥，让我趁早别干了。还有半夜来敲门、半夜打电话的，我的手机都是24小时开机。我们厂留在遵义的老职工很多是空巢老人，因为子女大部分都跟厂子迁到贵阳去了，只剩下他们留在这里，基本上都七八十岁了，夜里生病了要找我，夜里在家去世了也得找我，我都要马上过去，找人一起帮忙把生病的送到医院抢救，或者是把去世的送到殡仪馆。还有的退休职工家里水管坏了，水漏到了楼下，需要自己掏钱赔偿人家，他就很想不通，问我为什么不让工厂给他出钱。我说没这个道理，房子是你的，你把人家破坏了，当然要自己出钱修，哪有让厂子付维修费的规定？这些事情都牵扯到个人利益，处理这些事情都是得罪人的事儿，这个活儿不好干。

按年龄来讲，我确实不应该再干了，但是厂领导动员我再帮助帮助他们。从我自己的角度来说，只要身体还允许，我也愿意继续发挥余热。现在跑跑颠颠的，跟各个方面、各种人都打交道，对身体也是有益的。如果我不做了，肯定只能看看电视、散散步来打发时间，天气冷了热了都不愿意出门，也不再接触外界，对身体没好处。做退休支部书记，还要组织党员学习，向领导汇报情况，到医院慰问病号也要和他们聊聊天、吹吹牛、安慰安慰，做这些事情都是要动脑筋的。原来我每个月都要到厂里开支部书记例会，要一个月到贵阳去一趟。后来我的孩子坚决反对，让我别再干了，所以就改为一个季度去一次，现在一年只去两次了。怎么说呢，我总觉得做这些事情自己是代表工厂的，要对留在遵义的退休职工负责任，让他们有事儿有人找，有"苦"有处诉。

基地工作人员补充：赵书记的情况和其他厂不一样，他们厂已经搬到贵阳去了，退休的老同志不可能跟着厂走，从情感上来讲最开始的时候都很失落。原来厂子在遵义的时候，什么事情都有人张罗，厂子搬走了怎么办呢，是不是被抛弃了，很多老同志有这样的想法。他们从大城市来到我们这里，老职工对"组织"这两个字的理解和我们是完全不一样的，他们对组织的信任和依赖,甚至说是依恋,我们真的无法理解。老职工们无论遇到什么事情首先考虑的是要组织来解决,实际上现在我们生活中的很多事情都已经社会化、市场化了,可以找物业,或者到市场上找水电工去维修。以前工厂是一个封闭的空间,所有一切都是厂子提供的,水、电、煤都是厂子付钱,提供给职工,所以这些老职工从山沟沟里搬出来住进小区以后,是不交物业费的。他们无法理解为什么要交物业费,物业解释说要打扫卫生,要做小区绿化,他们就说:"那不用你们打扫我自己扫,绿化不用你们做我自己做。"听起来有些可笑,但他们的这种观念很难扭转。甚至还有一些老职工,厂子都搬走了他们仍然留在老厂区里面,他们不喜欢城市的环境,厂区里宽敞还可以自己种点儿小菜。面对这样的一个群体,赵书记真的做得特别好:一方面他是第一代航天人,他有自己的威信;另一方面他长期做公安工作,对厂里的情况非常了解,每个家庭的情况他都很清楚,这是得天独厚的优势。赵书记是我们航天系统的优秀共产党员,是我们"老有所为"先进个人,厂里的领导都很仰仗他在遵义开展的这些工作。

陶玉娟
一位能歌善舞工科女生的三线情

亲 历 者：陶玉娟
访 谈 人：王佘意
访谈助理：袁拾梦
访谈时间：2019年7月25日上午9:00—12:00
访谈地点：凯里市陶玉娟寓所
访谈整理：陆　远

亲历者简介：陶玉娟，女，1948年生，籍贯广西桂林。1964—1968年就读于桂林机械工业学校机械加工专业，毕业后分配到贵州凯里凯旋机械厂。1969年1月抵达工厂，刚开始被分配到机械加工车间做磨工，1973年被分到调机组，1983—1992年在计划科编制生产计划，1995年开始在振华华匀公司经理部负责人事工作，直到2005年退休。

陶玉娟（中）、崔振铎（左）接受访谈

一、分配到三线厂：很神秘，很自豪，很光荣

我生于1948年，老家在桂林郊区灵川，家里姊妹三个，我是老大，有两个弟弟。我父亲1958年的时候得了肺病，那时候治不好，去世得早。我母亲带着我们三姊妹，也是很苦的。我初中毕业以后，我妈就不想让我上学了，说太困难了。我那时考了灵川中学第一，我们老师对我妈说："你还是让她考吧，你不让她考，她后悔一辈子，到时候你也要后悔的。如果她考不上是她的事情，考上了就让她去吧。"我当时考虑来考虑去，还是上一个中专。因为中专那时候就不用交学费了，而且还有助学金、奖学金什么的。

1964年我就上了桂林机械工业学校，这个学校当时隶属于四机部，后来是电子工业部，现在好像叫工信部。那时的同学都是南宁、柳州等地招来的，我的成绩也可以。我应该是1968年8月毕业，因为"文化大革命"，好多遗留的工作没有做完，1969年元月15号就把我分配到了4292厂。

我们那一年毕业的有六个班，我的专业是机械加工，三个班，108、109、110；第二个专业是无线电，两个班，210、211；第三个专业是化学，一个班，310。我们的学校跟四机部的厂都有沟通，我们学校培养的人才就是为这些三线工厂输送的。那时候是计划经济，分配学生也有计划，比如说4292厂需要多少学生，需要哪一类的人才，跟学校沟通了，学校就分配来。不过自己不能选，一切都由学校分配，公布名单，谁到哪儿，谁到哪儿，就过来了。那时候听从分配，只要祖国一声令下，我们到哪儿都行，"一颗红心，两手准备"。我们同学有分在都匀的，还有南丰厂的，还有一些分到安徽六安、桂林611厂、桂林722厂（也是一个山洞厂）、广州750厂，基本就是这些工厂里。

那时候，要出身比较好，家庭政治条件好，个人政治表现好，政治上可靠，学习还要好的，才能分到这种三线厂来。进四机部的厂都是很光荣、很自豪的。当时"文化大革命"当中，我们班有几个父母是当官的，那时候说是"走资派子女"，有几个就没有分配，后来就在桂林的一些民办企业工作。

我是1969年元月29号来的，当时从桂林先到都匀，坐火车十个小时，来的时候是个大冬天啊！当时我有个红卫兵战友在都匀，我来时打电报给她，

就在她家住,第二天就坐长途客运车来了。早晨 7 点从那边(都匀)上车,九十点就到这儿了。其实我坐的那个车经过我们厂的路口,就是现在风雨亭那个地方,原先是个小山包,但我不认识,就到凯里去了。到凯里邮电局打电话,打给组织科。一个师傅接到电话,说:"你就来了啊?我还准备过完春节去接你们呢。"我一听这个话,心里头好凉哦,我说:"本来就想过完春节再来,但是怕误了报到期啊,我们都来了。"他说:"你在哪儿?"我说:"我在邮电局这儿。"他说:"你等一下,马上就要下班了,1 点半我们上班,我去接你,到时候你在邮电局大门口等我。"当时都 12 点了,我一个人在那儿等,又冷,我背了一个黄挎包,扎了两个小辫,背了个小木箱,家里给我带的棉絮、脸盆、暖瓶,拎的一个提桶,还有一个网兜,一看就知道是分配来的学生。我自己是待遇最高的一个,厂里拿小车接我来了,一路开到厂里头办公室那边,先住在招待所,几个小平房。分配哪个师傅管你,老师傅就带着我,他说:"你先休息两天,等你的同学们来了,我们一块儿分到车间去。"当时这厂里啥都有,招待所、粮店、小卖部、幼儿园、小学校都有。

我是我们学校第一个来的。我来之前还有杭州无线电管理学校、沈阳航空专业学校、成都无线电工业学校的,都比我们来得早,东北人民大学的大学生也分了不少来,跟我们一起。我们大批同学是元月 30 号到达都匀的,083 基地,他们就到招待所去住。第二天大雪封山,来不了了,等了两天,二三十个同学连行李全在大卡车上,一路吹过来。大衣盖着脸,毛巾盖上就来了,冷得不行,很受罪,有点晕车啊吐啊,很难受。当时这条老路还有盘山绕,过苗岭很危险的。

都来厂里以后,给我们每人发了一套《毛选》、一床蚊帐、一床被子,先锻炼了一段时间。当时 210 广场上有个主席像,我们还在那里打磨主

在毛主席像前合影
(前排右二为陶玉娟)

席像。那个毛主席像是原来208厂的,已经建好了。只有水磨石的基座还没有平整,我们就去把它打磨光。

二、不服输的女工

1965年的时候厂里头已经有了一部分从贵阳招来的学徒工,但是工厂还没有开工,就派他们到北京738厂去实习。我们厂是738厂包建的,到1968年底他们就回来了。到1969年我们来的时候,他们以为又招了一批学徒工。我们一边干活一边唱歌,那时候能唱好多歌,"毛主席的战士最听党的话,哪里需要哪里去,哪里艰苦哪儿安家","革命军人个个要牢记,三大纪律八项注意",有的同学还会吹笛子,好活跃哦,我们这些学生来了以后,确实活跃了厂里的生活。

那个时候学徒工有个"学工连",集体住,跟军训似的,早上要出操,中午吃饭要排队,专门有工厂师傅带他们学工连,学习那种"一二一"队列走步,还有持枪那种,培训他们可能有一个月才分下车间。我们学生没有,我们一来就分到车间。我1969年2月就下车间了。

毕业前我们知道要分到三线厂,那时候觉得很神秘,很自豪,总羡慕工厂是什么样子的,穿着工装或者白大褂?结果到这里来一看,哦,我们分在机械加工车间

20世纪70年代,陶玉娟在机械加工车间磨床组的工作照

磨床组,就穿那些劳动服,就是牛仔布的那种工装、背带裤。进来车间就是保密教育,第一个是介绍我们的产品是什么,用到哪个方面,那些年头跟阿尔巴尼亚关系还可以,我们还支援阿尔巴尼亚,我们所有生产的东西不能跟家人讲,也不能对外泄露。别人问你是干什么的,不能说;哪怕就是"在三线企业""在军工厂保密的"这样的都不能说,什么都不能说。我们只要知道每

天上班,每天完成多少任务,干好这一份就行了,别的车间也不看的,就在我们机加车间。

当时我们车间有钳工组、刨床组、磨床组、铣床组、车床组,车床组还分大车床、小车床,还有个立车,仔细分就那么多。人数可能得有100多人。崔爷爷(崔振铎)①是铣床、磨床、刨床三个组的大组长。我来的时候,我们磨床组已经分出来了,已经不跟他们在一起了。铣床组也分了,磨床组也分了,刨床组也分出来了,他就不是三个组的组长了。

上午8点上班,有个班前会,第一个是要读一段毛主席语录——"毛主席教导我们说要斗私批修""毛主席教导我们要抓革命促生产",讲这些。完了以后,把机床开动,预热,该加油的加油润滑,组长就把图纸给你了,先熟悉图纸,完了以后零件堆在这边,是外缘磨擦就干这个,是平面磨擦就干那个。加工完了,把零件送给检验员检验。中午到食堂打饭吃。1点半再上班,5点半下班。下班前半小时,要把零件整理好,把机床擦干净,把铁屑铲走,把地扫干净,迎接第二天的工作。

车间主任一般在办公室坐着,哪一个有什么问题,机床出现故障了,或者图纸不清楚,就去问他。车间主任觉得该找哪个技术员,就从技术科里调来。有的工人还是有经验的,要觉得哪边工艺不合理,也可以跟技术人员提出来。工人和技术人员相处很融洽的,技术员坐在办公室里头设计的图纸,他书本上的知识多一点,但不了解车间的实际情况。他下来看,我把我的道理跟你说出来,我觉得这样的加工好像比较方便点,这个大概是15秒,这个应该是20分钟,那么技术员他就听你的,回来把他的图纸给你相应地改。那个时候"鞍钢宪法"倡导"工人技术管理三结合",咱们厂也是这样的。

那时有工具库房、材料库房,还有半成品库房。库房里头有一个中转工,你这个零件好了,他专门送到下一道工序。像我们机械加工出来的零件交给检验员做检测,检验你的产品,尺寸啊,光洁度啊,各方面合格了就交到库房,然后就中转,一定要送到下一道工序电镀车间来表面电镀。车间有个工时定额员,交出去合格了就给你定额,就给你记账了。你完成了这个零

---

① 参见本书崔振铎口述《从首都到边陲:人生随遇而安,心态感时忧世》。

件,这个零件20分钟一件,你完成了300件,你就是多少工时。刚来那会儿,我一天8小时之内,能干出12个工时,超额完成。有的机床比较快,冲床的几秒钟一个,一天能干好几千件。我们这个是磨工,需要很仔细的,都在无尘的净化室做。记得我第一次干活的时候,另外一个师傅就说:"你看,陶玉娟拿不出来了。"后来我师傅说:"甭管她,她是中专生,她应该会的。"我个子小啊,又刚开始来干活,虽然在学校实习过了,毕竟工厂不一样,哎呀,说得我快要掉眼泪了。后来我也不服气,心里头想:"你们不就比我早干几天嘛?"我不相信我不会,我就慢慢地摸索。它有一个芯轴,把轴承套进去才能顶着它转起来,才能磨。结果芯轴呢,可能有点毛刺了,滑坏了,套不进去了,就必须拿金刚油石,一天天给它磨磨磨,一点点轻轻地蹭蹭蹭,把毛刺蹭过来以后,才能把这个套进去。后来是干好了,干出来我心里头才舒服。

一开始厂里分配了师傅,一般师傅带徒弟带出来要三年,三年才转正。因为我们是学校来的就不用师傅带了,告诉你是这个师傅就行了,没有那种拜师傅的过程,就一年见习生,学校分来的叫见习生。我进厂的时候一个月的工资是29块5毛,三年以后,到1972年吧,国家才调涨工资,我才到36块5毛。因为我们是技术员,拿的是36块5毛,如果是工人,二级工才37块钱,爷爷三级工才41块7毛1分。我们当时有一句话叫"读书苦,读书苦,读书十年,二十九块五"。十年寒窗啊,29块5毛,真是的。但人家学徒工第一年才16块,第二年19块,第三年21块,到第四年转正了以后才能37块。那时候生活条件很苦。但是呢,本身来说物价也便宜,物质没那么丰富,你没有什么东西可买,对不对?到1984年我们厂子最辉煌的时候,我的工资才八十几块,爷爷(崔振铎)级别比我高一点,他是94块,那时候就比较好了。

1973年,我分到调机组,就做那种磁头,一个新产品。后来到1983年就调到机关了,到计划科编计划,先是做新品计划员,后来就做全厂生产计划的编制,一直干到1992年。后来厂里引进资金,成立了一些合资企业,我就到一个合资企业去了,叫中国振华华匀公司凯里分公司。1994年、1995年大厂就不行了,我还在合资公司干,2000年就退休了,那时工资才500元。合资公司返聘我回去,一直干到2005年。当时是经理部部长,相当于经理助理,管人事、劳资、招工、培训。那时候就开始招一些学徒工,我们公司是做计算机里头的3.5寸软磁盘的,这种都是流水线,就一道工序,都是要动作很快的,就找那些乡下的年轻姑娘来干,她们来了以后一个是技术培训,一个是安全培训,我就干这些。3.5寸软磁盘后来又被光盘什么的替代了,也不干了。我2005年就退休在家,没事干啊,跳跳舞,打打球啊,现在退休金是2700块钱一个月,生活倒是好多了。后来儿子结婚了,2012年有了孩子了,我就去成都一直跟他们生活在一起,每年就夏天回来一次。

三、 也同欢乐也同愁:婚姻、家庭与文化生活

刚来的时候不太适应,老下雨!那时候都没有水泥路,都是现开山路,一下雨就冷,一刮风就扬土;下雨是"水泥路",晴天是"扬灰路"——水泥也是外来的产品,老百姓就叫洋灰(谐音"扬灰")。到贵州来,没有雨鞋、雨伞不行,"天无三日晴,地无三尺平,人无三分银"。当时那些苗族老乡很穷的,穿着少数民族服装、裙子,头发是那么盘起来,我们看着很不习惯。但是我们分来的人比较多,所以也就慢慢习惯了。

厂里食堂平时主要是白菜、萝卜、豆腐和海带,就吃这些,我们最怕吃的就是豆腐和海带,哎呀,真难吃。有一年是最困难的时期,那种混合的棒子面,黑黄黑黄的,很难吃,咽都咽不下去,很不消化,后来吃了米饭才好。到了70年代,工厂里头慢慢地也好一点了,就大卡车到外省去采购蔬菜、肉类、副食品,到湖南运鱼,到广西运猪头肉,带鱼也有。靠凯里根本不行,那时候很困难的。

当时我们厂里头已经有两辆大的交通车了。一辆车呢,送学生到振华中学上学,早上送去,晚上回来。另一辆车呢,就是送职工赶场,一个礼拜去凯里赶一次场。那时候还没有双休日,就礼拜天休息,礼拜天从早上6点钟开始就来来回回,就运输这些职工去赶场买菜。那时也不拿塑料袋,也没有什么购物车,大家都提个篮子,辣椒、茄子、豇豆、西红柿是买的最多的。凯里的西红柿特别好,鸡蛋十个一串,用草编。贵州几大怪啊,"鸡蛋穿着草

卖",稻草这样围起来,一串串地包起来的。70年代买猪肉还要凭票,每个月一个人一张肉票,买一斤肉。那时候粮、油、面粉都是厂里粮店供应的,不用票。肉票、棉花票还有布票都是国家发的。衣服自己做,1977年家里买了缝纫机,那之前到裁缝店去做,也可以到服装市场买,一般家里像睡衣啊,短裤啊,都是自己做。

1971年底我和爷爷确定恋爱关系,1973年5月我们结的婚,一年半的时间吧。那时候一个呢,看上他技术好,他是铣工;一个呢,爱运动,年轻时爱踢足球。"文化大革命"的时候,对知识分子有点贬低,"臭老九"嘛。因为我们不管怎么说也算个小知识分子,那时候就想找一个纯纯的工人阶级,根正苗红,那时候工人阶级领导一切。在车间里仔细看看,这个师傅的确挺好,技术又好,又是工人,他比我大,也比较成熟,我比较活泼。1969年4月中国共产党九大,我们就参加文艺宣传队排节目,样板戏比较多,《红灯记》《智取威虎山》,一个在厂里演,一个到周围的厂巡演。完了以后,黔东南州搞了一个各个厂的样板戏汇演,我们去参加过。1969—1971年这三年都在,1972年以后,抓生产比较多了,"文化大革命"时的活动就比较少了,就比较正规了,好像到1973年以后就没怎么参加宣传队了。那时候他(崔振铎)有时晚上加个班,我呢在礼堂排节目,排完节目回来以后,他在车间还干活呢,他就在暖气管上烤个馒头,烤得黄森森的,觉得你辛苦了嘛,也没什么可犒劳你的,表达对你爱慕什么的,就是吃个馒头,就这样最真诚的。完了以后,拿暖瓶帮你把热水打好。那时候开水房是自己打热水,晚了锅炉就停了,他就把热水打好,然后各自回宿舍了,他在一楼,我们女生住三楼,我回家洗个脸、烫个脚就睡觉了,就是这种感情,太淳朴了。我从进厂以来就喊他"师傅",后来人家说:"你怎么还喊他师傅?"都不知道我们是这种男女朋友关系了,以为还是师徒关系。其实我们不在一个组,一下车间就喊师傅,特别尊重,喊习惯了。当时我们车间有一个男同事,那时候很直啊,他说:"我们交个朋友吧。"我说:"我们已经是朋友啦。"他说:"女朋友吧。"我说:"我已经有男朋友了啦。"直接就拒绝了,也不顾人家那个男的下不了台,就是让他不要有任何的念想,省得扯不断。

20世纪90年代陶玉娟（后排右一）参加文艺演出

那时候他们从北京来的，也都是单身，好几个都是。我们原来车间主任，他找的就是1965年的学徒工，贵阳人。我的磨床师傅找的也是一个学徒工，也是贵阳的，厂里师傅找贵州当地姑娘的不少呢。还有的学生跟学生，有的大学生找的中专生，学工找学工，基本上没有说谁找不着的，自然而然地组合了。除非有些特殊原因就没有结婚。比如我们原来组的，有一个男生，到现在也没结婚，各种原因，性格比较内向；还有一个女的，本身有甲亢病，不太容易跟外人接触，所以到现在也没结婚。

刚结婚那会儿，房子18平方米，一个单间，一进门隔一块出来当厨房，里头就是一通的，这边放一个柜子，从北京买的，这边厂里头发一个双人床，一张方桌，两个小方凳，都是厂里配给的，就这些东西。家里房子换过四次。后来搬到16楼里面的小单间，大概有22平方米；再后来就搬了单元楼，可能51平方米；再就搬到这儿来，这个楼是2003年买的房子，我们才花了27 000多元。因为这个地皮不是开发商的，是振华公司的，所以就没要这个地皮钱。而且还有一点叫什么"存量补贴"呀，就相当于公积金似的。我们两个人都是职工，所以就多一点。我们一层好像便宜一点，楼上可能贵一点，29 000元。当时我还不想要一层，多潮湿啊。但是爷爷考虑到人年纪大了，腿脚总有不方便的时候，所以才买了。现在看起来买一层还是对的，方便，接触人比较多，你在楼上走不动就不想下来了。我们在一楼好，我这个地方跟个联络站似的，一会儿人家叫："陶，怎么停电了？""陶，怎么停水了？"我就说，那就打电话吧，打个电话。都联系我，这个一楼好问呐。

我儿子 1976 年出生。那时候我们才 56 天产假，难产才 72 天，到时间就去上班，把孩子放厂区婴儿室里头。上午半小时，下午半小时，妈妈出来喂奶哺乳，其他时间阿姨看。因为我妈在这里看，就没送婴儿室。我就住在家属区，也不远，我就选择了不要哺乳时间，可以提前回来，他们 12 点半下班，我 11 点半就回来，早点回来喂奶，下午也可以提前半小时回来。一个呢可以喂奶，另一个呢可以干点活儿。孩子不可能半个小时都喝奶吧，最多十来分钟他吃完了，我就帮他姥姥干点活，煮饭啊，洗衣服啊。车间的活不是很多的话，也可以待的时间长一点。我妈在这里帮我看孩子，看到 1 岁，我妈就把他带回去了，一直到 1979 年 2 月才接回来，3 月就进托儿所了，他原来说的土话，根本听不懂，到了 1979 年 10 月，基本上也学会普通话了，爷爷（崔振铎）出差就把他带到北京他奶奶家去，到北京主要是让他学普通话什么的。1980 年底我出差到常州，跟厂里说："我想回趟北京看看我儿子。"去了一个星期，他还知道是妈妈来了。1981 年 10 月我才把他接回来。他喜欢奶奶家，喜欢城市，那时候奶奶家有一台电视机了，后来 1981 年回来的时候我们家也买了一台电视机，不过那时信号不好，他告诉我："奶奶家的电视机，拍一拍就好了。"他就使劲去拍电视机的外壳，"梆梆梆"！1983 年他就开始上学了，自己上下学，给他挂一个钥匙，下了学自己就会开门，那时候很放心的。从一年级到初中三年级，都在凯旋厂子弟学校上的，高中就到振华中学上了。毕业以后考到桂林电子工程学院，当时那是大专。1998 年毕业，那时候已经是自己联系单位了，他也不想在桂林，我想联系他回 083 基地，他都不愿意，到深圳去闯，1998—2009 年在深圳待了差不多十年，后来就到成都。现在成都也是个涉密单位，搞那种大数据。我儿媳妇在成都希尔顿酒店工作，她俩在深圳认识，以后两人也觉得到成都好，就回成都来了。2010 年结的婚，2012 年有的孙子。

儿子小时候爷爷家务事做的少，外面社会活动比较多。有时候一个礼拜放两三场电影,下了班他马上就到售票窗口,1毛钱、2毛钱卖电影票。原来没卖票的时候,他得去准备东西吧。那时候我儿子上幼儿园了,夏天我接回来以后,拿个大木盆放一些温水,你在这泡着吧,我就做饭。他卖完电影票回来,就赶紧吃饭,吃完饭他给我拿个小板凳先走,我吃完饭带着儿子后走。到那儿他从电影室给我拿一个高板凳,我再放一个小板凳,因为我们去的时候都占不到位置啦,太后看不见,椅子上头放一个矮板凳,我就抱着儿子看电影。那时候看电影都要占地方的,拿个粉笔写个"有人坐",或者拿个砖头放到这里,"这是我的位置"。等着吃完晚饭自己抬着板凳就看电影。放完电影,爷爷还要收机子,8点钟放电影,放两场就到10点钟了。有时候电影半夜三更放。因为电影公司来了片子以后,还优待我们这些中央厂矿,830厂、771厂、873厂,先给我们放,那个厂先放了两盘以后,赶紧都拉到这个厂来放,等这个厂也放完了,就再给下一个厂。我记得那时候《卖花姑娘》是凌晨4点钟放,哎哟,简直是座无虚席!就听那个场面吧,他也哭,你也哭,卖花姑娘很惨的。我把儿子放在家里赶紧去看,电影一结束马上跑回来,儿子已经醒了,就哭:"妈妈你干吗去了,你为什么不带我?"那时候的文化生活太枯燥了!放个电影,那是了不得的,最好的待遇了,像我们厂有电影院那是最好的。日本电影也有,《人证》《血疑》《山本五十六》都看过。国产的多,样板戏多,什么《红灯记》《红色娘子军》《海港》《奇袭白虎团》《沙家浜》,样板戏基本上都看过。

平时工会还组织拔河啊,踢毽子啊,跳绳啊,这个厂和那个厂约篮球比赛,我们厂还开过运动会,当时就是跑到路口再跑回来。好像过年的时候会过一次餐,全厂的职工在食堂,1300多人。

四、无法割舍的三线情

我们厂有商店,有粮店,有幼儿园,有小学校,有医务室,像个小社会,啥都有。我们翁牙河、凯旋厂的人情味特别浓,有的走了的老同事回来,我们都要聚一聚。我们小社会的确是好,像昨天跳舞的那个女的,她就说:"我们

50多年在一起,这种感情是一点一点积累培养起来的,在日常生活中慢慢地建立起来的。"有人说这片房子要拆迁,要把我们分隔开,真的舍不得。当时我在成都,微信群里我都听到了,我说:"我们不图别的,我们在三线割舍不开,希望我们还在一块。"是吧?后来好多师傅说:"哎呀,我同意陶玉娟的意见,我们愿在一起,不愿分开,哪怕给我们安置在一个小区,在一块都行。"我们楼上二层有一个邻居,2008年的时候脑出血,她(病人妻子)没办法呀,来敲我的窗户:"陶啊,陶啊,快起来!"我说:"怎么了?""我们家那口子发病了。你把老崔也叫起来。"冬天,1月份的时候,穿着睡衣棉衣我就上来了,上来了就打他儿子电话,他儿子还是418医院的医生,他们医生是不关手机的,结果那一天凑巧了,手机关了,又拨418医院的急救电话。2008年的时候我也60岁了,从楼上抬着担架下来,崔师傅他肯定要抬啊,我陪着上医院去的,医院的人认识,我说"这是谁谁他爸",完了他们才派人到他儿子家去找来,照完CT以后,他儿子才来。回来以后就坐轮椅了,他(崔振铎)都去帮他翻身翻过两次。儿子不在身边,多靠这些街坊邻居,都是这样的!

对我来讲,到三线是人生当中最大的一件事情,我从小受到的教育就是服从祖国分配。到了工厂,受到锻炼,看到我们这一代工人为了三线建设真的是无怨无悔、任劳任怨。即便是到现在,他们生活条件很差,有的住房很差,你看平房那边,是不是很不忍心?但是他们都没有怨言。比起他们,我幸运多了,我还有那么好的一套房子住着。还有我们抗美援朝回来的一些老师傅,还有的都牺牲在战场上,我比他们生活条件更加好,所以我很知足。虽然对现在社会有些不公平的现象也有一些看法,但是我也不怨什么。

现在贵州凯里,政府要用这块地方,虽然我们舍不得,但是我们也支持政府。但是政府也替我们想想,是不是?能够不拆的尽量不拆。这个房子才十几年,你要拆了不也是浪费吗?但是如果真的那样办的话,希望能给我们一个归宿,也让这些三线的老人能够度过幸福的晚年。我在成都有住处,但是割舍不下我们这些老哥们儿老姐妹们。所以我说我这一辈子受到的教育是正统的教育,到了工厂的教育也是正统的教育。到晚年,这个人的思想品质已经形成了,不会改变了。哪怕再困难的时候,我也有个坚定的信念,相信我们的党,相信我们的国家,爱我们的党,爱我们的国家,爱我们的人民。哪有像那么好的中国,那么强大,这几十年?没有那么快的吧?这不是我在讲大道理,我们每个人都应该这么想,要有个感恩的思想。

(抽泣)如果说还有点遗憾的话,怎么说呢?我可能看不到我们国家更富强那一天了。现在我就要保重自己的身体,看到我们的国家更加繁荣富强,也希望我的孙子这一辈健康地成长,尤其希望年轻人能够做到承前启后,要架起这么一道桥梁,不要让我们的优良传统丢掉了。当然,更希望年轻人把先进的技术掌握好,把我们的国家建设得更好。虽然说我们辛苦,但我看到那些老一辈的科学家他们更辛苦。你像钱学森他们费尽周折,为什么他们要回来?那回来都是要冒着生命危险的,几经周折才回来的,他们在国外也有优越的条件,但是他们还是想回到我们祖国。有这一辈的科学家,又有后起之秀的接棒,我是很欣慰、很高兴的。

桓晓青
四代人四座城,兜兜转转又回上海

亲 历 者:桓晓青
访 谈 人:陆　远
访谈时间:2019年7月25日上午9:00—11:45
访谈地点:凯里市凯旋机械厂家属区桓晓青寓所
访谈整理:胡文博

亲历者简介:桓晓青,男,1959年生于北京。1967年随家人来到凯里,1975年高中毕业后下乡插队。1979年参加工作,被分到凯旋机械厂当装配钳工,1983年军转民后转到销售科。1996年工厂政策性倒闭后到083基地的上海办事处做销售,2003年公司停产后继续留在上海,主要为国外的一些电子设备厂商做代理。

桓晓青接受访谈

一、父亲是我们国家最早的一批产业工人

我叫桓晓青,我父亲叫桓令发,他出生在上海。我爷爷奶奶都在上海,我爷爷不是上海人,他当时在天津工作,在一个资本家开的工厂里打工。资本家把工厂搬到了上海,他就跟着到了上海。后来1949年这个资本家又把工厂搬到了香港,我爷爷没去。我父亲有姊妹四个,他是老三,我父亲还有个哥哥,一九四几年左右就去当兵了,跟着部队南下了。我父亲和我姑在北京,我还有一个姑在上海。

我父亲是1956年到的北京,北京第一批,那时候苏联老大哥援建156个项目,其中有北京有线电厂,也就是我们这包建电厂的前身,叫电子部的738厂。738厂是苏联援建的项目之一,是我们国家最早做计算机整机和交换机通讯设备的一家,而且也是规模最大的一家。我父亲1956年就从上海为支援北京建设到了北京,他那时候也才二十几岁。我就出生在北京,我们姊妹四个都出生在北京,我是老二。后来我父亲就把我们从北京带到凯里来了,姊妹四个全都来了。实际上我们在这有户口的只有三个,我还有个妹妹留在北京了,后来就定居北京了。我姑没来凯里,一直在738厂干到退休,现在还健在。

我父亲是车工,他应该是我们国家最早的一批产业工人,在凯旋厂工人里面工龄排第一位,也是技术最好的。那时候要在国有企业里工作才计算工龄,私人企业的不算。我父亲原来是给资本家工作的,前面的就不算。他计算工龄是从1950年2月份开始,上海刚一解放,他那工厂公私合营了,变为公家的了,就算工龄了。我们国家工人实行八级制,我父亲来凯里时是六级,跟他同级别的还有一个七级的,他俩是最高的了。等我进厂的时候父亲已经提七级了,退的时候已经是八级了。

这厂里很多人对我父亲都特别尊重,很多写这个厂是怎么回事的都要写到他,有些人还专门拿出一篇来写他。吴智益①编了一本书,最后一篇就

---

① 参见本书吴智益口述《三线建设是一座无形的万里长城》。

是我父亲的一个关门徒弟专门写他的。还有一个我们厂的技术员，后来当了副总工程师，现在在北京，他也写了一篇文章，对我父亲的评价也是相当高的。因为这种老工人级别这么高，技术上那就不用说了，而且我父亲为人很谦和。那时候我们厂生产穿复校机，最早研发的时候，厂里面成立了一个领导小组，我父亲是副组长，另外一个组长是厂长。后来我父亲主要在车间管生产，是车间副主任，文化程度不高，不大爱说话，就是在技术上面比较突出。那时候厂里面好多1958年进厂的都是他徒弟辈的，在738的时候就是他徒弟。这种老师傅厂里面没有几个，而且他又是从上海过来的，上海当时是中国产业工人的基地，最早的发源地。

我是1967年来的凯里，那时候8岁，已经记事了，我最小的妹妹那时候才4岁。我们从北京上车时我就有印象，到火车站，哭的好多，走的时候像我奶奶我姑姑她们都哭，因为我姑姑是随我父亲从上海到北京的，也在738厂工作。亲戚们就哭闹，这肯定是不愿意的，但那没有办法，响应国家号召。凯里这地方没有火车站，我们应该是从广西柳州那个地方转一趟车，转到这边有一个叫谷硐的小车站，就下车了。下车了以后呢，单位派车来接，来的都是大卡车，拉一些行李，因为我们来的时候，是两家一块来的，一块调到这个厂。

后来就坐长途公交车，那时候长途车条件很差，又没空调什么的。那时候没有水泥路，没有柏油路，全是沙石子路。来了以后，就我现在住的这个房子这地方，以前不是这个房子，是那个预制板垒起来的。那个房子说实在的，连大梁都没有，都是预制板的，而且还不是空心的，是那种很薄的单层预制板。房子一共有两层，我记得就现在对面这个楼的一层，我们来的时候就住在那。我们一家六口，因为我家人多，还有就是我父亲毕竟是老师傅，当时分的应该算是厂里面最大的房子了，不过可能没有40平方米。一般人分的都是一间的，你看这都是一间一间的，我父亲是两间。

有1966年来的，回去告诉我们，说这边刚一开始生活不习惯，在北京那边做饭都有蜂窝煤，这边没有。我父亲为这个还专门运了一箱子蜂窝煤来。这边没有什么煤球，烧的是烟煤，咱们这个蜂窝煤都是无烟煤，这边还是有烟的煤,一开始我们不会烧那玩意儿,一烧就冒烟。也不会生那个炉子,从来没有生过那个火,烧煤做饭都很困难,因为那时候人到了,那一箱子蜂窝煤还没到。吃饭问题头就大了,那时候我母亲就怨了:"哎哟,怎么着这红花戴得好,饭都做不成了?"吃饭都成问题啊!后来厂里面来了很多设备,设备已经拆箱了安装好了,单位里边有拆包装箱的那个木板,回来拿木板弄一弄,弄个泥炉子,烧柴火灶,这才把饭做出来。在北京那会没有烧过木柴灶,做饭的这种锅都没有准备,都是铝锅,做饭烧木柴熏得铝锅全黑了,根本饭都做不成。后来实在没有办法,就弄个铁锅蒸饭,搁点米,搁点水咕噜咕噜蒸,弄得烟熏火燎的。你说那个时候生活有多困难,物资有多匮乏?

我很小的时候,因为那会儿不会生火,我们有时候就进去弄那棚子①,拆了木头,拿一个小筐子,弄个绳拴着往回背。那时候还小,往家背那木柴,还捡小块——大块背不动啊。装机床的包装,大的拆不了,我们没有力气,也没有工具,就人家拆完剩下的小的、碎的木片捡回来烧火做饭。那时候每天都要出去捡木头,你不捡家里就没有烧火的,烟煤也不会弄。那时候很苦的,你看现在,哪怕现在的农村都体现不了那时候的生存状态。但是那时候小,也不知道是为什么,反正是家里边大人说怎么弄你就怎么弄。在北京住的也是职工宿舍,都住在一块的,在北京一块玩的孩子,到这里又在一块了。陆陆续续来的,1968年、1969年都有人来,也有比我早来的,1966年来的也有,也有和我们同年来的。这些小孩在北京就一块玩,稀里糊涂,又都跑这来了。

其实回想一下,我们这代人很能吃苦的,就是文化低。要赶在现在这个时候,我们这代人文化不会这么低的。像现在这些年轻人,我估计吃苦的精神绝对没我们那么高。我们能吃苦,因为是在那个环境下生长的。我有时候跟我姑娘说:"我们那时候的苦你没有见到过,连吃饭都吃不饱。"小孩,到中学的时候一个月好像才36斤口粮,一个人一个月一斤肉票、四两油。我们下乡第一年定量是40斤口粮,也不够吃的。到了国家统购统销取消了以后,粮食够吃了,才不买高价大米。那时候自由市场还没放开,还要到黑市买一

---

① 根据亲历者描述,此处指的应该是装机床或设备的木制包装箱。

点高价米,那里有悄悄卖米的农民。那时候大米是1毛3分9厘一斤,还有零头,在黑市买就要2块钱、5块钱一斤。那时候计划经济,小商小贩不允许有,但是有些农民自己养猪,也悄悄地杀,不会抬到市场上去卖,就在那入口处悄悄地卖。现在人们都不愿意吃肥肉,那时候一个月才四两油啊,我们都想吃肉,父母亲就买那肥肉熬油。所以说我们这一代人不光是在文化教育上吃了亏,在身体发育上也吃了亏。小孩吃的糖,就那黑的红糖,那也要糖票的,凭糖票买。穿衣服那布,要布票,一个人一年才几尺,逢年过节才能穿点新衣服新鞋。上海、北京条件好点,因为这两个地方的市场大点,我北京有姑,上海也有姑,偶尔给我们寄点布来。衣服都是我母亲做,不会做就跟人家学。我母亲倒不是受苦的人出身,我母亲虽说是在农村,但她出身不太好,是大地主,她那一家家族很大的,旁边多少里都是她家的。我母亲就跟人家学做衣服,我们小孩反正也有的穿,逢年过节就给点新衣服穿一穿,也挺高兴。就这样慢慢熬到现在。

二、 高考落榜,却获评县先进知识青年

我在北京上一年级后转过来,在凯里上学。这有子弟学校,是露天的,没有桌椅板凳,也没有教室,就在现在这个房子头上。墙上没有黑板,都是木板刷黑的,也不分一年级、二年级,混班,就是差不多岁数的孩子都在这上。当时跟我一般大的孩子可能有十来个,比我大的也有十来个,都混在一块上。说不好听点,也不是什么专业老师,就是厂里面的技术员,有文化的,那边还没开工,就先代代课吧,都属于代课老师。就这么把这些孩子弄到一块,就是不能让孩子像散羊一样啊。

每天就这样露天上课,自己拿着板凳,没有桌子啊,厂里没办法,就钉几个长条的,20公分宽的木板,安两条腿,当大家的桌子。自己有板凳,有些高点,有些低点,高点的还挡着后边的孩子。当时这些孩子都是从北京来的,有大一点的,也有小一点的。学校也不规范,上了一会课就下课了,实际上就是个大托儿所,搁在现在根本就不叫学校。

我们陆陆续续就越来越规范了，就在后边那块，也是这么干打垒的房子，盖了一些平房，房子稍微大一点了，一间房子可能有七八十平方米。一长条，一间一间的，做教室，这样就分年级了。到了1968年、1969年，就有分过来的专业老师了。一个老师不是教一个班，不是教一个年级，而是教好几个年级，因为老师少。有两个老师我印象最深，他们是南京师范学院的，分到这来了，一个男的一个女的，女的姓林，男的姓袁，都是南京的，分到我们这儿。他俩同学校，一块分到这厂里，后来就成为一家了。还有上海华东师大的一个老师分到这，还有江西南昌师范学院的两个老师。陆陆续续有专业的老师了，实际上分了有十八九个。那时他们也是师范学院生，搁现在就算是大专生，只有南师大的是本科毕业的。我们这儿有大专，现在应该叫贵州省无线电专业学院。有个中专，叫无线电技工学院，最早叫技工学校。① 后来他②就从我们这儿调过去当副校长，后来退休就回南京了，现在我听说在南京。他们没走几年，我上个月碰到他们学校的一个老师，还问林老师和袁老师哪去了，他说回南京了。

我们厂成立了学校以后呢，周围有苗族村寨，他们的孩子读书也成问题，他们没有什么学校，就把孩子也弄到我们学校里面来报名读书。他们都是苗族，孩子说的都是当地话，我们当时也听不懂。当地话我们不会说，我们这些来的孩子都是北京的，说一口北京话。我们学不了他们的话，毕竟他们的孩子在这少，我们的孩子多。他们就学我们说话，但说出来的有方言在里边，我们就听不懂。听不懂呢就慢慢跟他沟通，小孩嘛，语言学习很快的，到最后他们那普通话说得你绝对想象不到——你听这孩子说话绝对是北京的！这些当地农民的孩子也能随时说一口北京话，这挺有意思吧。

他们上学也是免费的，因为当时我们厂要跟当地搞好关系。这边十几个村寨也有很多问题，周围的土地当时不知道是怎么征用的，厂里边跟当地总是有些隔阂。那时候还有一个什么矛盾呢？也挺有意思。这边生活物资

---

① 亲历者的表述有误，此处的大专现名贵州电子信息职业技术学院，由贵州无线电工业学校和贵州省电子工业职工大学组建而成。
② 从下文可知指的是袁、林两位老师中的一位。

很匮乏,房前屋后不是有些地嘛,像我们这些从城市来的就都不懂,但厂里有些职工的家属是农村来的,他们就懂。他们就带头种点菜,容易生的像小白菜什么的。就这么房前屋后的种菜,又当农民了!那时候是人民公社,不准私人做生意,卖菜有蔬菜公司,可能也就开半天,有什么菜你就买点什么菜,很简单的。也不知道蔬菜公司是从哪弄来的菜,有的都烂了,那你也得买。那时候一个星期休息一天,厂里派老的解放牌汽车,敞篷的,去外面拉点菜回来。他们种点菜也能解决燃眉之急。我们厂里职工的家属家家都养几只鸡,养两只鸭子,这一养鸭一养鸡就跟当地农民产生矛盾了。鸭子你不管它会乱跑的,水稻成熟了,它就去吃水稻,当地农民就给抓了,抓了就不给了。职工就想:"我养了这么长时间的鸭子,你抓了怎么办?"就跟他们协商去,找他们队长协商,跟他们说说好话。协商结果就是,他们当地的孩子也在我们这读书,也不会收他们的钱,这农民也挺朴实的。

我们就在这个小学校读到了五年级,那时候小学是五年制的。完了以后读初中怎么办?厂里像林老师、袁老师那样的都是专业师范学院的,他们就把初中成立起来了,我们也赶上了,所以我算是这个初中的第一波学生。后来盖了一个专门的子弟学校,因为这个厂叫凯旋厂,所以就叫"凯旋子弟学校"。不过我们没赶上,比我们再小一点的就赶上了。学校盖起来之前,厂里那时没有能力办高中,没有办法,我们就到凯里市里面读高中。凯里市里面当时有个第三中学,这个学校是083基地跟凯里市合办的,所有凯里083企业的子弟读高中全部在这个学校,只有830、771、873厂的子弟,他们就近在凯里一中读。

我们那时候住校,因为离家远,回不来。现在从凯里市过来很方便,那时候市里公交车一个多小时才有一班,路上要开起来,差不多也得半个小时。那时候路况也没那么好,没有柏油马路,都是沙石路,坑坑洼洼的,一出太阳路边全是尘土飞扬的。我在那读了高中,1975年高中毕业,那时候也没有高考,我就上山下乡,去插队了。

我记得我们那个生产队离这可能有30来公里,叫鸭塘公社鸭塘大队,我是在第六小队,现在改叫鸭塘社区了,那个地名现在叫青虎。我们下乡那会没有公路,连马车都走不了,都是走山路。我1975年下乡时才16岁,1979年回来,按年头算应该是四年,实际上待了三年多。我们一共去了两个人,那个岁数跟我一样,他是初中毕业,我是高中毕业。到生产队给我们分了一个堆放杂物的房子,房子四通八达,墙板是木板拼起来的,都是漏风的,墙底下都是通透的。后来我们就弄点土给填起来,填起来也挡不住耗子往里面跑。

我在生产队一直待到了1979年,1977年恢复高考。我们的学习底子都很薄,那时候教学水平不是很好。你说孩子笨吗?都不笨,考不上大学恐怕跟教育质量有关。大城市要好一些,我们这教学质量不一样,但是全国考试命题是一样的,我们就吃亏了,考上的不多。我1977年参加了高考,没有时间去复习,公社不给你时间——你要吃饭,要挣工分。后来就跟公社协商了一次,公社给出了一个优惠的政策,给了可能有十来天假,不算旷工,就是将来到年底分粮食的时候不扣你的,但也没有工分。公社从厂里边找了几个过去的老大学生,临时找了一些教科书给我们这些厂子弟来辅导,这也只能说是临阵磨枪,毕竟底子薄,没有一个考上的。有些人愿意继续参加高考,有些人就没有,像我呢参加了一次,不行就算了,就继续回生产队务农。

我记得那年我还获评了一个县先进知识青年,全县的,那时候叫凯里县。那年是我在生产队里粮食分的最多的一年,全生产队我分的最多,因为我出工出得多啊,基本上一个月都不回家,家远回不去的。我觉得挺自豪的,毕竟我们厂里这些知青,跟我一块下乡的也有四五十个,评两个,其中有我一个,还有一个女生。

三、 转了一圈又回到了上海

到了1979年我就参加工作了,被分到了凯旋机械厂里面。厂的子弟有分到这个厂的,有没有分到的,由083劳资处统一安排,统一分配。像我有个姐姐也是知青,就没有分到这个厂,她分到242厂了。那个厂是南京714厂——熊猫电视机厂——包建的,叫红洲机械厂,那个厂南京人多。那时候这些厂里面都有军代表，我们生产出来的东西我们是没有权分配的，全部由他们拉走，主管是总参三部。

这个厂是搞电子计算机的外部设备的。外部设备当时有三个产品，一个叫磁鼓，一个叫穿复校机，还有一个叫宽行打印机。磁鼓是外部存储设备，我分在了磁鼓装配车间，那时候叫装配钳工。那时候还是师傅带徒弟，我师傅也是从北京738厂过来的，他是1964年工作的，比较年轻，姓韩。他比我父亲晚一辈，这厂里面的工人可能都是我父亲的徒弟辈的，我父亲是最早的了。我师傅带了我有一年多，就换了一个车间，我就自己干了。

到了1983年我们厂军转民，我就到销售科去了。改革开放以后，随着科技的发展，咱们引进了国外的先进设备，我到北京出差，那时候才发现我们生产的磁鼓在国际上已经落后很多年了。因为我们都是干计算机的，多多少少知道计算机整个架构是怎么回事。再不转民用我们这军品就不行了，因为有比这还先进的东西啊。

军转民之后不知道做什么，咱们机械力量强，就生产压面机。压面机，其实也不算是从意大利引进的，因为这东西没有什么知识产权，就是样机，厂里有机械设备，就照这么做。后来取个名叫山花牌压面机，就是手摇的，小型化的。因为咱们那设备不是专用设备，像压面机的切刀，应该是用专用设备来生产的，但咱们用的单机床，生产加工起来效率就低，摊的成本就相当高，结果利润也不是很高。刚开始生产的时候有一半产品会通过省外贸局出口到国外去，那时候好像是出口到中东，也有出口到欧洲的。外贸局每年开完广交会回来就给我们厂里下订单。这东西科技含量不是很高，都是企业加工的事，现在市场上可能也有卖的，不叫山花牌压面机，就是同样的，地方上有些厂还在生产，原理也一样。

后来我们厂就从日本引进小型计算器，刚一开始引进散件，后来慢慢有些外壳我们就自己做，就只买芯片。后来印刷电路板我们也不买了，那时候乡镇企业很发达，在常州武进这一带，做印刷电路板挺不错的，我们就在那买。常州电池厂生产纽扣电池，纽扣电池就在那买，也不用买日本的了。但芯片咱们生产不了，得买日本的，那没有办法，其余的基本上都是我们自己在国内配套。

后来随着市场发展,大门一敞开,进口关税越来越下降,我们装的东西就没有竞争力了。主要是咱们的香港,香港是无关税的,他们就大批进然后卖给内地,我们就失去竞争力了。毕竟咱们这交通不便,特别是配套设施不行,不全。像我们印刷代码都生产不了,只能到武进去。标准件生产不了,全部是外购,这成本就高了,竞争力就不行了。没有好的产品,军品也没有了。还有就是企业办社会,负担重,吃喝拉撒睡养这么多人,都要开工资。企业是企业,社会是社会,有分工,企业办社会,都叫它一个人来包,它是没法生存的。现在像这样办也是不行的,分工要清楚。所以慢慢这厂就不行了,就政策性破产了。

我后来就一直在销售科。那时候兴"窗口热",就是各企业在外办窗口,毕竟山沟这块信息闭塞,都想出去。我们在宁波成立了一个三江计算机厂,我就被派到那去了,负责销售。后来这个厂不行了,又跟中国仪器仪表进出口公司合资在宁波成立了一个厂,买了日本的一条生产线,加工生产一次性餐具,卖了几年。这些东西我认为毕竟不是特别环保,他们在那儿刚成立的时候,我就不看好这个项目,就从宁波回到厂里,又回到销售科。慢慢到1996年这厂就正式不行了,实际上在1993年、1994年就体现出来了,产品卖不出去,银行贷款利息背这么多债,运作起来很困难,又没有新产品代替。我回来以后在厂里做销售计划,我是最清楚这些情况的。厂里的库房里面有多少东西,包括卖的什么产品,都在我那一本账本上。这厂已经回天乏术了,这样国家就让政策性关门。

在这种背景下我们需要发挥工厂的自主性,后来振华公司从荷兰飞利浦公司引进了一条程控交换机生产线,生产万门以下,最大1万门的程控交换机,他们叫"小程控"。同时还跟深圳桑达公司成立了一个大程控,有这么两条生产线。我对这个挺感兴趣的,公司正好在上海有办事处,后来我就去了上海。随着我们国家无线通讯迅速发展,这个程控交换机后来也不行了,慢慢就没有市场了。到了2003年公司就不生产了,要买程控交换机的话也卖,就是整机进口然后卖。这时我也不愿意回来凯里工作,因为我孩子都过去了，干脆我也不在振华干了，就自己干了。自己给飞利浦公司做代理，有时候卖西门子的东西，还有朗讯的，日本NEC公司的，它也有这设备，我也不卖国产的东西，就这么着干到了2009年。

因为这个厂不行了，我就到上海上班去了。把自己的孩子也带回去了，孩子在那读书上大学，在那工作，也在那成家了。我退休以后就每年回来凯里看看。我女儿生在凯里，她是1986年生的，在这上到初一，就转到上海去了，把户口也落在那了，房子也在那买的。我是1997年去的，她是2000年去的。你说我这一生容易吗？我从凯里又回上海。我表姐她们是上海的，有时候我去看她，她说："你看你，转来转去转了一圈，又回上海来了。"我说："我那是靠自己奋斗回来的。"

四、父亲有没有后悔过，我不敢问

我小时候对三线建设没有意识，到中学的时候意识都不大，因为中学那时候正好是"文革"末期，一九七几年，比较乱。到了插队的时候，对这个问题就有些想法了。搁到现在才理解这个问题，怎么理解呢？三线建设是跟国际环境、国内环境有关的，中央，特别是毛主席，他的战略眼光跟咱们普通人是不一样的。我们国家跟苏联关系不好，是不是要打仗？如果说工业都集中到大城市，万一打起来，那整个共和国的工业就要瘫痪的。我应该是在进厂以后，特别是我到了上海自己在做代理的时候，才想过这个问题。现在有些年轻人可能不理解。对我们父辈，过去有个说法，叫"献了青春献子孙"。因为我父亲他们来的时候都是三四十岁，那会青春正好。我师傅1964年还没成家就从北京到这来，那不是整个青春就交到这了？献子孙，像我们这代人就交到这了。

从北京来的这有好几个没走的，很多人子孙就在这，走不了。昨天跳舞的那几个人，他们也是从北京来的，但是就在这了，走不了了。假如孩子考上了大学，那也有可能走。但是到大城市生活压力很大的，到上海，到北京，别说户口不放开了，就说把户口给你放开，那一套房子你买得起吗？到北京也要六七百万元,你没法生存。我到了上海就理解这个问题了。

1977年恢复高考之前,当时还是不让知青回来的,这些知青最晚是1985年才基本解决完的,我们这是最后一批招工,基本上全解决完了。建设兵团到最后也没解决完,他们还是在那,回不来的,因为他已经定为产业工人了,不是知青了,就留在当地了。像我们这样的,我们从北京迁到凯里已经是下乡了,我们还要下乡!我们父辈从北京到这地方,是不是下乡?像我们这还好点,我们的工厂都是盖在外面。011、061他们那边的工厂,有些是在山洞里面,那生活环境、工作环境是更差的,潮湿,不通风。你说这一代产业工人为的是什么?他们这代人牺牲就牺牲了,为共和国的国防工业,青春也献了,儿子孙子也献了,他们纯粹就是为了国家。你说他们有没有想法?他们也有想法的。

现在回想起来,我站在他们的角度上,我不知道他们这一代人是自豪感多一些还是失落感多一些。从大角度上来看,他们那代人,我认为是参半。有些子女条件好一点,他过得比较幸福,比较安逸,可能他心情要好一些。有些呢,子女没有考上大学,没有走出去,这边的工作没有了,子女工作也没有了,你说他有什么想法?他们从北京、上海、成都、武汉、南京过来,那边就业的机会广,他们子女的就业机会也广。这边就业环境你也看得到,他们怎么想?他们现在老了,都80多岁了,我不知道他们怎么想,你有时候想起来也难过。

像我周围这些同学,跟我在子弟学校一个班的,多数都在这。也有走的,像我同学现在在北京的有,在深圳的有,在杭州的也有,杭州那个是随他父亲从我们单位调过去的,他不是政治调动的,他是自己找人调动的。这怎么说呢,他出去也有出去的苦处,后来那边企业不好了,他身体也不好了。他有时候就说,可能年轻的时候觉得必须要去大城市,到年纪像我们这么大,已经60多岁了,就有一种回大城市划算不划算的问题。因为现在进入养老阶段了嘛,在那边就不如在这边。这边它虽说不发达,但是这种生活氛围,这种抱团取暖的氛围很好。在这边大家养成了一种习惯,谁家有事,都互相帮忙,大家都是在一根线上的蚂蚱。在城市那边孤苦伶仃的,城市有城市的弊病。

现在这边真正北京来的不多了,就是我们这代人在这,老的都去世了,像我父母亲都不在了。我父亲就在这走的,他没有回去。我们这代人对我父亲那一代人的理解,有时候就感觉不可思议,但是从大的方向考虑,又可思议。那是为了国家,我父亲那时候是共产党员,他不来谁来?那时候是组织安排,组织让你去哪你去哪。如果说找种种理由不来也可以,像我父亲完全可以找理由不来的,因为我奶奶还在,我小姑姑那时候还没成家呢,我奶奶都很大岁数了,他可以不来的。前年我到北京去,我问我姑,她说我父亲完全可以不来的,只要说不来,就不会让他来的。我不好问我父亲为什么要来,不知道他后不后悔,我从来没问过这话,不敢问,你怎么问?他们有他们这一代人的思维方式,我们有我们这一代人的思维方式。像我们的下一代,他们完全不能理解,他们说:"怎么还有这回事啊?"他们现在都是今天这个公司明天那个公司的,过去是不可能的呀。

一代人跟一代人想的东西不一样。你说我们上一代人苦不苦?可能比我们还苦,他们的压力比我们还大。过去我父亲他们这一代人,三四个孩子多的是,独生子女很少的,少的也两三个。我父亲那时候工资还算高一点的,你别看多10块、20块钱的一个月,能解决很大问题的!有些家里有三四个孩子,级别没有我父亲高,1958年进厂的那些工人就拿三四十块钱一个月,他们怎么弄?但是每一代人跟每一代人受的苦是不一样的。他们其实压力大,上有老下有小,我们那时候是别的上面受些苦,思想压力不大,不一样的。我父亲他们这代人到了三线,他也有他的压力,所以我没法问:"你为什么要选择到这来?"我不知道是他选择的还是组织选择他。我想就是问他,他也不会正面回答,他选择的对吗?他不敢说,可能也不愿意说。就是各有各的想法吧。

幸好改革开放以后呢,总的来说国家强大了,从经济层面上来说,人的生活压力肯定是没有了,那就讲精神压力了。但我们这代人到我们现在的岁数,精神压力基本上没有了。因为不愁吃不愁穿,无非就是为了鸡毛蒜皮的事,怄怄气,别的也没有什么。如果子女工作成绩各方面争光点,就高兴点,欣慰一些。我们这三线企业是一个大家庭,张三李四哪家出个事都知道。在上海,在大城市体现不出来,因为都不认识,在这最能体现出来。就我们那个广场,谁家老人去世了,全在那办葬礼,大家全都去帮忙。你在大城市是不可能的,就是家里边亲戚、朋友去的都少。在这边只要知道的都去,已经是一个小社会了,是一个固属的社会。这应该叫"三线建设社区文化",以后不会再出现这种了,这代人在三线走完就完了,就没有这种文化了。

龚万奇　殷凤英
我们在遵义永佳电器厂的日子

亲 历 者：龚万奇　殷凤英
访 谈 人：周晓虹
访谈助理：常江潇
访谈时间：2019年7月23日下午2:00—5:00
访谈地点：遵义市三线博物馆
访谈整理：周晓虹　常江潇
文本表述：龚万奇(宋体)　殷凤英(楷体)

亲历者简介：龚万奇，男，1937年生，上海人。初中毕业后考取上海电器制造学校，毕业后在上海华通开关厂设备动力科担任技术员。1965年支援三线建设调往遵义永佳电器厂。先后担任动力科科长兼支部书记、技术办公室主任、厂办主任，1997年退休。殷凤英，女，1938年生，上海人。初中考取上海格致中学，毕业后考取华通开关厂技校，一年后进厂当车工。后调到计划科，负责遵义筹建组的设备采购工作。1966年3月随同丈夫龚万奇调往遵义，先后在该厂劳资科、教育科工作。1992年退休。

龚万奇(右)、殷凤英(左)接受访谈

一、阿拉都是上海人

我出生在浦东,所以那个地方原来的整个面貌,我太清楚啦!小时候骑着自行车去高桥玩水,放暑假嘛,高桥现在发展成这样,怎么都想不到。那个时候陆家嘴,落后到什么程度呢?早晨起来就是粪车,家里都是马桶,拉粪工摇着铃来,大家把马桶拿出来倒在粪车上。就是这样。

我父亲在外轮码头上谋生,他会英语,在职员中算是比较优秀的,人家都称他龚先生。虽说父亲收入还可以,但因为我母亲没工作,加上家里子女比较多,七个小孩加上两个大人一共九口人,如果放在现在的话,那够呛。假如我父亲是1号发工资,20号就没钱了,就要去借。说起来寒酸,夏天是不能吃干饭的,早晚都是稀饭,只有中午一顿干饭。吃一个咸蛋的话,要一分四,四个姐妹分吃一个,母亲常在家里腌一些酱瓜吃。

上海解放后第一届少先队,我就是大队长,比较优秀。因为家里人口比较多,负担比较重,所以从小就懂得自己奋斗。1953年初中毕业以后,母亲跟我说:"家里经济条件比较差,初中毕业了你要考一个不用自己花钱的学校;如果你考不上呢,那你就做学徒。"做学徒,她把师傅都给我找好了。那个师傅是个钳工,八级钳工,技术相当高的,但我还是不想走这条路。

1953年,我在报纸上看到刘少奇在上海创办了一所学校——上海电器制造学校,这是当时的名字,现在改成上海电气学院了,在闵行。看报纸上说这个学校的条件相当优越,学校创办的目的是培养中级电气化技术人员,就是培养工段长一级的技术人才。学校一是向全国招生,二是不收学费,书本费也不要,住宿费也不要,一个月还给你10块钱的生活费。10块钱,我记得很清楚,9块5毛是吃饭的,还有5毛给你零花。所以相当难考,比现在考大学还难。我记得那个时候我们专业录取250人,2350人报名,你要在前250名里面才能取上,那个比例是很小的。那个时候我住在浦东,浦东和乡下一样,我长得又比较矮小,到上海去还晕车,在莘庄路五四中学那个地方报考,光排队就排了几个小时,考试是一天,很艰难。

我在这个学校待了三年。那时候全部是苏联的课本,苏联四年的课本,我们三年就学完了，所以那个时候学习相当艰苦，要求比较高。当时刘少奇提出来，必须要办一些好的学校，一个是我们上海电校，一个是上海船舶工艺学校，一个是上海机械学校，这三个中专是名气最好的。

我也是上海人，出生在四川北路，过去是法租界。家庭条件是好，但出身不好，我的帽子压得够凶的。我父亲是永安公司①的资方代理人，总经理。我呢，生下来刚三天，听奶奶说的，包括父母在内的年轻人都去逃难了，把我跟奶奶留在家里。我说："为什么妈妈你们不要我？"奶奶说："不能怪她们，逃到乡下去抱着小孩，人家不开门的。"因为小孩哭嘛，引来日本人，还得了？！我们家子女少，爸爸工资也高，我只有一个弟弟，比我小9岁呢！他的福气比我好嘞，他没有什么逃难的，我后来一天到晚逃难，所以体质也差点。

我读书蛮晚的，好像是八九岁，才去四川北路的横滨桥小学。为什么？先是日本人来了逃难呀！再加上家里比较惯，奶奶特别惯着我。抗战结束了，又是解放战争。我们家离国民党的三军司令部只有半里地，他们就在虹口公园的斜对面，现在叫鲁迅公园嘛。中午吃午饭的时候，扔炸弹了，就赶快到台子下面躲，那个时候就又不去读书了。一打仗，小孩子就知道朝台子下面钻啦，大人在台子上面放棉絮，棉絮上面浇水，以免烧起来。

后来考初中的时候，我爸爸就叫我考个女中，第五女中就在四川北路下

典雅的上海格致中学

---

① 永安公司系中国近代最大的百货公司之一，由大洋洲华侨郭乐、郭泉兄弟创办。20 世纪 30 年代，永安公司跃居上海四大公司（先施、永安、新新、大新）之首。1956 年公私合营，1966 年实行国营，1969 年改名上海第十百货商店。1988 年更名为上海华联商厦。

面,离家近一点。当时我呢也有自尊心,听到格致中学①最好,就要考格致中学,但格致中学要跨区,爸爸不同意。他说:"你考不去那儿。"我说:"考上考不上是我自己的事。"我跟三个同学去考的,三个里面呢就我考上了。格致中学记忆里是在广西北路66号,我记得很清楚,后来回上海我还走了一走。就在市中心,原来是教会学校,美国人建的。我们那些老师呢,都是解放后回国的,都是非常好的老师。格致中学的伙食也很好的,10点钟,一人发一袋牛奶,才3块5毛钱,但是真正的贫下中农当然也进不来。

我读到高一,没有再读下去。为什么不读下去呢?我有个学姐,比我大两三级,她的成绩非常好,我记得她高三考大学的时候,教育局来谈了,给我们学校名额,由老师推荐。"你推荐几个,我们就收几个,但是要政审。"结果,我这个学姐被推荐上去了,但是政审没过,她家是资本家。当时那个年代有成分论,也害了不少人,结果我这个学姐就掉下来了,她一下子接受不了,后来就变成了精神病。

我看到那个事件发生后就没有读下去了,我读下去有什么用?我的出身也不好。我爸爸公私合营后虽然还是干原来的工作,但是个"老运动员"②:"三反五反"来了,找他谈;什么东西来了,又找他谈。很讨厌嘛!家庭出身对我的压力很大,但是我在学校受的教育还是很好的。大概1953年还是1952年的时候,我们有一个比我年龄大的男同学,报名抗美援朝去了。我们同学就凑钱买东西,钢笔呀什么的,就送给他。那时候我父亲就很担心,怕我也去。我爸就说:"你呀,该给我好好读书。"我小学的时候跟他们一样,戴着红领巾;到了格致中学,我思想很进步,就要跟爸爸划清界限,就说他是剥削人家的。有时候大人跟我开玩笑,我一回家,他们就说:"哦哟,老干部来了!"当然,我爸对人很好,如果是哪个工人家里面的孩子病了,女的吵到公司来了,他就把这个工人狠狠地骂一顿,骂完了以后给他一张名片:"你抱孩子到什么医院,拿我这张名片去,不要钱,记到我头上。"所以后来

---

① 格致中学的前身是始建于清同治十三年(1874)的格致书院,是我国近代开办的最早中西合办、最先传授西方自然科学知识、培养科技人才的新型学堂之一。
② 当时各种政治运动比较多,那些成分不好或有历史问题的人经常被各种运动牵扯进去,民间戏称"老运动员"。

"文化大革命"的时候他就没有倒霉,人家斗争不了他呀!

我不读书了,这时候正好华通开关厂办工人技校,我准备准备,就考取了工人技校。读的是车工,车床班。当时我爸还有点不同意,我跟他说:"我就要脱胎换骨嘛,我就要去做个工人,决不受你的资产阶级思想影响。"当时脑子就是那个样,那时候小,思想又进步,又是团员、团干部,我响当当的,又是班长嘛!就这样,在华通厂自己办的技校读了一年,就到车间去了。

我这时已经从工业器械电气化专业毕业,分配到华通开关厂设备动力科工作。学校分配的时候就是发毕业证书的那天,老师就念,某某某到什么地方,某某某到什么地方……最远的到佳木斯、哈尔滨、湘潭。那时候有意把湘潭电校毕业的分到上海,上海电校毕业的分到湘潭。所以我的毕业分配是最好的,250个人上海只留了两个。我还有一个同学姓杜,好像是杜聿明的侄儿,他分到了长沙镍厂。

华通开关厂生产的不是民用开关,是低压电器元件,包括接触器、集电器、高电压开关板、高压开关等。我进去以后当助理技术员,一个月工资58块。过了两年就评技术员了,我是七级技术员,最低一级,工资一个月70块,那个时候相当高了,一般工人进去是49块5毛。我在那里一直待了八九年吧,一直到1965年来三线。这段时间里呢,1958年左右,我又读了交通大学的夜大,一边工作一边读书,还是动力科的团干部。

我到了华通厂和万奇在一个车间,都是动力科的。在厂里我也是活跃分子,很进步,各方面还不错,既然叫我做工人,我就做得很像样。我开的车床是加拿大11英尺长的大车床,女同志开大车床很少的,一般都是开7尺的、8尺的小车床。再有,老师傅们画线都是用老方法,要用粉笔啊靠老经验把线连起来。我不是数理化比较好吗,就用圆规、三角尺啊什么的,用几何、物理这些方法来画线。他们一看,都愣住了。那么小的一个人,三下五除二,圆规一画,三角尺一画,就出来了呀!两个量尺一搭嘛,中心线连好,一般做大车床有一个辅助工的,我指挥,他帮忙吊。做到后来,科长很喜欢我,

1960年有一天,他说明天给你派一个人来劳动。

我说:"是谁啊?"他说:"你不管,反正劳动嘛,你该叫他干什么就干什么。"结果人一来,我看年纪不小嘛,比我大得多。结果后来有人打电话来找他了,说找上海市市委总工会主席张祺①,我说我们没有这个人嘛!结果他听到了就来接,哎呀,就是他。我想你是总工会主席,吓我一跳!我还叫你帮我把工件拉上去拉下来,这就很搞笑。就这样,做了大概没有几年,1960年或1961年吧,就把我调去搞计划了。

我和万奇俩的工作都很卖力的,所以老科长就把我们拉在一起了,我们在一个车间嘛。我呢,那时候就想找一个工人出身的,因为我出身不好嘛。就这样,我们1959年确立了恋爱关系,1960年结了婚。结婚以后我说:"要么你去读书,要么我去读书。"我当时也想去读工人大学。当时白天上班,厂里面给付夜大学费,两个人一起去不可能的,因为交通大学对他的专业比较好,结果后来就让他去读了。我呢,后来也读了夜大,读的不是像他这种技术的,是管理专业。

二、 我出了趟"长差",回来全家就到了三线

到了1965年,整个国际环境呢,主要是苏联,不是美国了,对我们压得比较紧,当时很多企业都迁到三线进山进洞了。当时我儿子刚生下来,不到1岁嘛,还在吃奶,女儿5岁多。大概刚过了年,2月吧,科长就来找我,说有一个出差任务,要到贵阳。后来我才知道,他原来已经找了另一个同事,我的一个学弟,结果他不去,还哭哭啼啼的。因为我那时候已经是动力科团支部书记了,科长对我的印象一直比较好,就找我谈。我是要求进步的,就出个差嘛,就同意了,一共来了18个人。来的人很多是一机部电器科学设计院

---

① 张祺(1910—1993),浙江浦江人。1933年参加革命,1936年加入中国共产党,毕业于苏联莫斯科列宁学院。1950年任上海总工会副主席、党组副书记,1979年任中共上海市委常委,上海市总工会副主席,全国总工会书记处书记、副主席。

的,我是配合设计院。说来也怪,设计院没有研究输配电器的人,而我又正好是学电的。所以,我顶替了我的那个学弟。听说当时有一些支内的不来下场还是蛮惨的,有的就被辞退了,但我那个学弟不来也就不来了。

我学的是配电设备,就是来遵义筹建厂,搞厂房,搞输配电,搞变电设备。这些搞完就到年底了,年底就回上海去了,做了快一年。等回去以后再动员支援内地,我理所当然地就划在名单里面了,第二年就搬迁到遵义建了永佳电器厂。当时一机部七、八局的企业打头,都是"永"字,贵阳也是"永"字头的厂,比如"永青""永生""永江"什么的。永青是搞示波器的,永生是搞电表的,永江是搞什么的我记不住了,我们永佳搞的是低压电器。

万奇1965年参加筹建嘛,那么我也是保不了啦,不可能继续待在上海了。他走是出差,但是我们华通厂都知道了。为什么?我们动力科抽出来三个人,就专门负责他们这里的设备配置,那个时候还不知道三线不三线的,有代号的,当时的代号我忘了,只记得这里是100号信箱。就把我抽出来了,三个人,一个正科长,一个副科长,一个我,就是个组员。他们这边要什么东西,由我一个人来配,什么设备要多少,电灯泡要多少个……马桶就马桶了嘛,不叫马桶,非叫大便器,我当时不知道什么叫大便器(笑),叫蹲式大便器,要58个还是68个,记不住了。我们科长说:"小殷哎,这个你去琢磨吧。"我们在上海从小就是坐的马桶,什么叫蹲式大便器?我就到上海那个专门卖这些东西的地方去问。他说:"你是上海用的还是外地用的?"我说:"我现在也不知道,是保密的。你给我订好,先给我装好,送到哪里再说。"再有,当时电器嘛,没有塑料管的,都是那个不锈钢的管子连接的,电气管过去规定标准的都是四米长。结果他们来个单子,要锯开,锯成两米长,送到了再组装起来。我想:"四米长的管子都带不去,这是什么地方啊?"后来才知道,那里没有火车,当时火车不到遵义,只到贵阳,到了贵阳再派现在农村也找不到的卡车送遵义。长了不是晃嘛,所以要锯开,还要配好再接起来的东西。

他去了写信也不敢说什么,就是问你们好吗,落款也没有地址。这信怎么写？写到上海华通开关厂，他们18个人的信件用一个大信封寄到我们华通厂保卫科。保卫科一撕开，哦这是殷凤英的，这是动力科的，这是生产科的，这是哪个家属的。就这样子，非常保密。说实话，具体情况一点都不知道。有的人耳朵尖、脑子聪明，知道可能要发生什么事了，向我打听，我说："我也不知道。"我爸爸就猜了，说："到哪里去了呢？"我说："不管他，反正一个月给我来次信就行了。"

到了1965年底，厂里有了风声。大家都在猜呀：我为什么抽出去和两个科长一起搞保密的事？万奇他们这里搞的那个大锅炉啊，不是需要大铁板吗？去买这个铁板，搞笑啦，要X光！人要X光，这个铁板也要X光？后来我才懂，因为它里面不能有气泡，有气泡就不能做锅炉。我就找到供应科帮我买来，说我要透视过的。他说："铁板是人啊，还要透视？"我说："你去查，这里有文件规定的，没有透视的我就不要。"不要厂里的，我就打了原来那个招牌，就是这个是国家知道的、中央知道的、市委也知道的任务，就拿着这个牌子找到上海锅炉厂，我说："我要两张这样的铁板，要透视过的。"他们一看就懂了。我说："什么时候运，运到哪里，你到时候给我打电话，由我们保卫科处理，钱我付。"

我从遵义回来等了几个月，其实还没回去就知道还要再来这里了。单位讲了呀："遵义厂里也需要技术人员，你要留下来。"18个人全部留下来了，有党委书记、厂级干部，也有驾驶员、供应科材料员，我是技术员。后来还加了一个医生。医生是怎么来的呢？当时没有自来水啊，我们喝的水是从厂对面，就是现在上海路和香港路的山沟沟里流下来的。这个水受了污染，吃了都拉肚子。就打电报告诉厂里，说18个人全睡下来了，全部拉肚子。

打电报来了，说要派医生吗，那个时候是我们三个人负责筹建组的一切嘛，所以我们科里落实。就派了华通厂里最好的一位医生，是一医①毕业的，他现在已经过世了，不过世的话今年89岁了。也是说："你到贵阳出个差。"

---

① 上海第一医学院，现为复旦大学上海医学院。

遵义文化创意园内的仿制火车，1964 年从上海开出

他就带着什么药什么药，给他们发电报，肚子好一点的去贵阳接他。从上海到贵阳要三天三夜，贵阳到遵义要半天多，摇啊摇，摇啊摇。来了以后，也就一直待在这里了。这个医生呢，人特别老实，家庭成分不好，地主成分，所以在上海一医的名牌医学院读了七年毕业分到厂里。他在这里呢，医术也很高的，结果很可怜，一直到退休也没加过工资。

这个支内工作，在当时的形势下，是为了抗击苏联，所以要进山进洞。现在遵义长征电器公司，最早的一个厂就是我们永佳电器总厂，第一任党委书记是刘锦强，现在 98 岁了。他是华通开关厂的厂长，原先是地下党，十三级干部，1964 年底就来了。后来建了永佳电器总厂，下面是永佳低压电器厂，当时就这一个分厂，"文化大革命"中没搞下去，刘锦强被揪了出来，地下党就成了特务。这样，上海电器公司就派了朱文源来，加上迁来的人民电器厂，我们华通厂的另一部分人和其他厂的人，最后和我们一起组建了遵义长征电器公司，下面一共有 19 家厂和 1 个电器研究所。

1966 年 3 月 18 号，我随大部队上了车就过来了。万奇他们回上海去呢，目的就是动员我们来。其实我不要他动员，我的名字早在名单里面了嘛！我们动力科的书记早就把我列在里面了。我参加筹建工作的时候，就有思想准备了。

我们先是去天蟾舞台听动员大会，整个华通厂的人都去听了。是市里面来的人动员，好像是柯庆施①，反正不是我们厂里的人。他说："毛主席号

---

① 柯庆施（1902—1965），安徽歙县人，1922 年加入中国共产党，新中国成立后任南京市市长、江苏省委书记、上海市委第一书记兼南京军区政治委员、华东局第一书记、国务院副总理，1965 年 4 月 9 日在成都逝世。

召,我们现在要'备战备荒为人民'。毛主席都说了,三线建设建不好,他睡不好觉。另外一个,当时火车不是不通到遵义嘛,毛主席说一定要在1965年的11月份前通车,如果不通,他骑毛驴也要来。还说,去的人是'好人好马好设备',你们要有思想准备,如果点到你们,光荣呐!"我们那时候厂里有6000多人,后来分几批,前后来了有1200多人。

我不是决定来了嘛,所以领导找我谈话的时候,我就问了一句话:"遵义有人吗?"他说:"当然有人!"我说:"有人我就能去,人家能活我也能活。"我们科的书记当着我的面吹了个牛,说她老婆也来,结果没来。后来大红榜一贴出来嘛,他们19个参加筹建的人名字之后就是我的名字。那个时候的人非常单纯的,毛主席号召,一个大会,什么意见都没有,走就走嘛!

那时候我们有两个孩子了,两个都带着。因为我爸爸怕我不会带小孩,他急啊,就想办法一起来了,母亲后来差不了多少时间也来了。来的时候,一个小孩我抱着,还有一个搀着。来的那天,我们的老科长把我拉到一边,交代我去了不能太直,说话不要太冲,要照顾好自己。真的哦,你没看到,车子一开,真的可怜,一片哭声。上海的家属送嘛,都是哭哭啼啼的。不过,那个时候上海市委很照顾我们,包了一部专车,火车开到桂林,还让我们下去玩一玩,什么时候想开就什么时候开,不像现在火车有时间表。

三、初来遵义的日子

1965年10月1号遵义通了火车,1966年3月18号我们第一批大部队就来了。筹建组已经给我们准备好了房子,他们盖了三栋红颜色的砖瓦房,现在还在。后来造的就是干打垒了。我们每家住的小小的,但还可以,能住就行了嘛。中间有厕所的,一个楼面一个厕所,用的就是我买的蹲式大便器嘛!我们分到一间房子,两三家合用一个厨房,但没有煤气。你想,我们在上海烧的煤气呀,嘭一下子就行了。煤球怎么烧呀?我们来的时候还不是煤球,有煤块,也有煤渣子,根本就不会烧的呀,烧不着。第一天非常可怜,不会烧哎。好在老厂长人非常好,他让厨房蒸了很多包子、馒头,大家可以买回家吃。

适应了半个月吧,才会烧煤炉。我也没有什么意见,自己要来的嘛!倒过头来,那些年轻人反而哭哭啼啼的,学徒工嘛,才18岁呀,离开爸爸妈妈到遵义,你说多可怜嘛!有的时候食堂的饭没吃上,我说"来来来到我们家里吃",我们家变成了食堂。我有时候还劝他们,既来之,则安之。对吧?没地方去吃饭,到我这儿来吃,下面条。用大锅子下面条,大家吃,怎么办?只有这个办法,来都来了嘛!后来我妈妈来了,她很好,成了"众人的阿婆"。

其实,遵义的饮食我到现在还不适应,辣椒我绝对不吃的。我们食堂没有辣椒的,厨师也是我们厂从上海带过来的。食堂里有辣椒,招来的工人有本地人,所以在那里放一盆辣椒,但菜里面没有,要舀辣椒自己舀。我这么笨,50年了,还一点辣椒都不能吃呢!

当时我那个小的孩子还吃奶呢,买不到牛奶啊,又不知道带点奶粉来,没有想到那么复杂,对不对?但是刚刚来的时候有个地方好,生活条件不好,但遵义大米才8分钱一斤,鸡蛋3分钱一个,农民拿稻草扎起来一串,3毛钱10个。那个时候觉得好像还可以,刚刚到的时候,买鸡买鸭,都有。但是不会弄呀,对吧?但是我们老厂长很好,布置食堂做,食堂里什么菜都有,自己去买。没有半年,"文化大革命"开始了,那就苦啦,什么东西都要票啦!

我来了以后在动力科,一开始是技术员,一直到"文化大革命"结束才做科长,这中间我挨整了嘛,被打成反革命了。说我是保皇派嘛,抱着刘锦强了嘛,他们要斗刘锦强。其实,我什么派都没参加,我只是不同意去斗争刘锦强,他是老革命,又是工人出身,我们对他知根知底嘛,对不对?

我是怎么被打成反革命的呢?我是到北京去出差,回来的时候路过成都,看到他们武斗打得很厉害,不是"要文斗,不要武斗"吗?就说了一句:"这江青怎么搞的嘛?"就这一句,这就是攻击江青了。

我插一句,怎么一回事呢?他去出差,他几个要好的同事跟我一起去火车站接站。结果接不到,接了三天都接不到,大家都有点急。那天呢,总算接到了,我妈很高兴,就做了一桌好菜,接的同志呢就一起吃顿饭。他呢,就废话多了,他说:"'要文斗,不要武斗',怎么越打越凶呢?"因为他们火车到成都后过不来,那个地方打得很凶,他拿的大旅行袋装着同事托他在北京买的毛线——这里买不到嘛——同去的人就叫他拿出来堵在窗口,人趴在地下。结果,旅行袋上还打了两个洞,里面的毛线肯定就是断了嘛,回来我一看吓坏了。吃饭的时候就说了这么一句废话。

一起吃饭的人大家都听到了,但是就有一个人汇报了。后来等"文化大革命"结束,大家平反以后,那个人还不好意思打招呼。我无所谓的,在这个大风大浪里面我总不好怪人家啊!

这差不多是1967年的事,打成反革命呢,我就到下面电工班去劳动了。劳动嘛,电线杆子我都能爬!在遵义我们这个系统里面,主要是一些民工闹得比较凶,夺权嘛,我们上海来的老工人闹的不多。我后来劳动了大概有一年半的时间,基本上"文化大革命"风潮也过去了。到了1968年就没事了。后来厂里不是搞"三结合"了嘛,实行连队编制,动力科改为动力连。我就平反了,成了动力连管技术的副连长。再后来,到了1970年吧,动力连改回动力科,支部书记退休了,老科长也退休了,我就当科长了。

那个时候说我们主要的敌人是苏联,现在回忆起来噢,珍宝岛战役就是大家动枪动武动刀了嘛,是不是?我们这边,长征电器是"小儿科"嘛,但061、011这些军工单位,就加快了"备战备荒为人民""进山进洞"。那时我们永佳低压电器厂已经建成了,厂里面的武装部就专门负责抽调工人,还有干部礼拜五、礼拜六去挖洞,在对面山洞里搞了个防空洞。这个防空洞也是个很大的工程,但后来没有用到。

创意园内的"长征"大鼓

后来大概是1972年吧，厂里成立了个技术办公室，就把我调上去当了主任。第二年吧，我就入了党。那时，我有一个徒弟不错，叫邓实生。这个人比较老实，是嘉兴人，清华大学毕业的，还读了研究生，刚读了一两年没毕业"文化大革命"开始了，就分到我们厂了。一开始呢，人家都排挤他，我就把他调上来当了技术办公室副主任。当时我主要管技术，协助总工程师管理一些技术部门，设计、工艺、动力、检验啊，这些科室都是技术办公室管的。当时我们的新产品也是搞得挺好的，主要是低压电器。全国低压电器有五大基地，除了我们遵义、北京、上海、沈阳，还有一个是天水，我们还是比较先进的。

邓实生后来当了我们永佳厂的厂长。他就对我说："龚师傅，你是我的师傅，你就来帮帮我吧。"就这样，我也当了厂长办公室主任。不过，当的时间不长，就是帮他一年。当完了，我又回到技术改造办公室，一直到1997年退休，那年我整整60岁。

四、我们的三线一辈子

那些年里，我们长征公司比较有名的产品一个是永佳的低压电器。除了我们永佳厂，有名的呢还有长征一厂、长征九厂，这两个厂也都是比较厉害的。我们厂最大的时候有1600人，长征一厂比我们还大，它生产高压电器。长征九厂也生产低压电器，但它的产品容量比较大，开关也都是比较先进的。

其实，不光产品，我们培养人也是非常严格的，按我们上海的标准做。这个我知道，后来我又到过教育科嘛！在教育科的时候呢，把当地招的工人，就是徒弟，分批抽上来培训。他怎么来的呢，我们要征用当地的土地，他们的子女就进来了，他们的文化层次不一样的。所以，进来以后首先要上课，包括技术上面的课、做人上面的道理。请车间里面比较有经验的、有技术的老师傅，上技术课。到了我们这个厂呢，说的是上海普通话嘛，实在听不懂呢,找两个翻译也可以呀!开始他们是一窍不通的,只能慢慢来,再到车间去实习,叫一些老师傅带他。我跟他们讲,跟师傅,眼睛要盯着师傅看,脑子要想,不能想乱七八糟的事。早晨要早点到车间,每个师傅都有一个工作台的嘛,把工作台打扫干净,给师傅倒杯水,这个是第一。第二,我们对师傅也有要求,要耐心,要怎么手把手教,尤其是做冲床,每个组在班前会上都会由组长给他们讲安全。你不小心思想开小差,手嗵一下就冲掉了,对吧?

我们那个时候是很正规的,都是上海带来的一套规矩。比如,下班了你做多少产品?有一张卡你自己记,记了送到检验那里,检验也很麻烦,他跟你核对,不合格的检出来,废品多少,敲个号。假如你送了100个零件,有3个废品,那么97个合格,合格的敲个图章,废品也敲个图章。如果废品过量了要罚款的,罚你的奖金,那个时候奖金很少,一个月4块钱的奖金,很可怜的,但是大家很认真。

现在想想无所谓,其实刚来的时候确实非常苦!苦到什么程度?我们为什么叫遵义的路是"水泥路",你知道吗?来的时候一下雨都是水和泥巴,像这种鞋(指了指脚上的鞋)根本不能穿。开始我们不懂啊,稀里糊涂来了,再到上海去买套鞋、雨鞋嘛。后来男同志就买解放军的球鞋,三天不下雨就烧高香了,后来习惯了。

现在,遵义的雨少了,气候改变了。现在条件也好了,空调也有了,汽车也多了,我们来的时候整个遵义市公共汽车只有三部。你泥巴路也好,"水泥路"也好,总算是个路吧?那时你可以在上面踢足球,不会有车子撞你的,骑单车的都很少。这里穷到什么程度呢?有一句老话不是说,贵州"天无三日晴,地无三尺平,人无三分银"吗?就是这么个地方。我爸爸知道我要来贵州的时候说:"贵州过去是充军去的地方呀!"最简单的,不要说是做衣服、买衣服,没有;买鞋子,也没有。你要理个发,男同志都要理发,女同志也要扎起来对不对?理个发,没有。也有一个,就在现在北京路的那个地方,有个草棚子。我们有个同事进去理了发,回来倒霉了,沾上虱子了,大家都不敢去了。后来怎么办?男同志大家组织起来,在上海买了两套理发工具,你给我剪,我给你剪,反正剪成什么样子的都有,那也无所谓了。

由长征电器成套厂改建而成的
1964文化创意园

我们刚来的时候，贵州当地人也不理解。他们怎么说的？"你们来了我们东西涨价了。"那个时候，遵义这里的羊肉粉你知道吧？原来只有几分钱一碗，我们来了涨到8分钱一碗，现在10块钱一碗。所以，他们不理解。后来我们招工了，噢哟，他们理解了。我们第一次招工300人，结果报名3000人。我们没办法了，选哪个啊？

我们的标准是18岁以上，男的要70%，女的数量要少一点，因为我们是工厂嘛！文化初中以上就可以了。但是那么多报名的我们怎么办？就去找当地的劳动局，拜托他们选。那个局长给我的印象非常好，是北京下来的，组织部开始叫他们在这里管什么的，后来就留在这里了。姓单，他很大公无私。体检由我们来，体检费也由我们厂里出。就这样他给我们送来300个人，如果体检刷掉5个，他就再补5个。1967年招了第一批。

这些人到厂开始不行，散漫，所以就组织他们学习。他们现在都还可以，有的小家伙走在路上——哦，现在不是小家伙了，都是60多岁的人了——一下子搅着我，把我笑得，我都认不出来了，他们对我们还是很亲。

实话实说，一直到邓小平主持工作后，我们才真正出头了，你能考大学了嘛，小孩也能读书了，过去那个时候考零分状元嘛，交白卷，工资开始也上去了。但后来遗憾的是，到我退休的时候企业还是败落了。怎么败落的呢？那个时候遵义电器基地的产品搞得倒是不错的，但改革开放后我们要跟温州竞争啊，竞争不过。不要说遵义竞争不过，上海都竞争不过温州。所以有一些技术人员外流了，有个别技术人员甚至把图纸放到U盘里面拷走了，去人家企业当总工程师了。人外流了，图纸也外流了，这个地方就越来越败落了。温州那个地方有天时地利的优势嘛，那边就越来越强了。比如，温州最大的公司是正泰,还有一个叫德力西,那里有很多我们永佳厂的人。

他60岁退休,我55岁退休嘛,我先退的。其实我退的时候已经不行了,发不出工资了。有一天我到市里去逛,走到丁字口,碰到一个老顾客,就是到我们厂一直来买东西的人。他朝我看,我心里想这个人怎么老看我?他说:"你是不是殷师傅?"我说:"是啊。"他说:"你是永佳厂的?"我说:"是的。"他说:"好可惜啊你们。"我说:"怎么了?"那个时候我已经退休了,我回家转告他(龚万奇)说:"人家拿着现金支票来订货,你们生产科的人说不能生产了。"可惜吧?人家说:"你们厂的东西我们已经用了多少年啦,年数保证期已经过了还是非常好,但是××厂的没多久就坏了。"他的学生从温州回来讲:"你们不能去,去了看不惯的,肯定要骂人的。"我们的银触头是99.9%的银含量,他们的是铝合金,那怎么能比呢?

人们说:"你们永佳厂出来的人也都端端正正的,比较规规矩矩的。"我说:"这是我们老一辈传下来的。"包括我们的子女,到学校去的评价都比人家的好,没有什么乱七八糟的,一般我们都是以表扬为主。举个例子,当地有一个小家伙,他爸妈没办法管的,他什么都乱来的。后来他调皮捣蛋被领导堵到了。那时候劳资科跟教育科并在一起,招工的时候他爸爸妈妈急得不得了,跟我说:"你有办法,你帮帮忙!"本来厂里不要他了,我说:"不行啊,好的也要要,不好的也要要。"我在劳资科嘛,我说:"要进来吧,要进来给他做钳床,给他配了一个年纪大点的、规矩点的、凶一点的师傅。"我跟师傅讲了:"还是要以表扬为主,不要总是揭他老底,小孩你不要老揭他老底。"后来这小家伙也评上先进了,他妈妈也很感动。我说:"多好啊,你多光荣!"

但是,这个厂破产以后有一些问题,有一些人还是很苦的。像有一些人,包括支内的也有,有在当地打工的,工资很低的。回上海也没住房,小孩大了又要结婚,也很困难。

我们厂没垮的时候,当地人要嫁给我们上海青年的也很多;但厂一垮,提出来离婚的也很多。说得难听一点,厂一垮以后,有的人家妻离子散,真的不像话。过去我们在厂里上班,父母也是上海人,子女也进厂了,那些小姑娘都会自动来找那些男孩子谈恋爱。有个同事,他们家也是跟我们一起来的,现在男的已经过世了,一个老太婆在这里,跟我们老头同年的,1937年生的。当时,他的儿媳妇就是硬找上来的。开始男孩子的爸爸妈妈就不同意,为什么呢?当时她就比男的大一两岁,再加上我们当时的思想是最好找家乡的,他们毕竟都是上海人嘛!结果,都说女孩子找男孩子是一张纸,对吧?结果没办法就同意他们结婚了,也生了儿子。等厂垮了,就提出离婚了。这种情况多了,我们看到眼里心里痛啊,真的心里痛!现在儿子自己带小家伙,儿子也下岗了呀,就到处打工呀!现在孙子就跟着奶奶,奶奶也就那么一点退休工资,她是工人退休,比我们的工资还低。

我们家情况好一些,现在也不住在厂里原来的宿舍了,孩子添点钱给我们,我们自己也留了一点,另外买了一套房子。

当时我们买的时候便宜,现在贵了。我们呢,现在住在一起的也有几家上海来的,不是我们厂的,是天义厂的,我们遛遛弯啊,谈谈心啊。有的时候我跟老头在家呢,他主要看那些新闻呀什么的,我说到现在你还是支部书记(笑)!他就关心这个国家大事。我们的女儿1995年去了上海读大学,她学的是自动化仪表。后来在上海的公司里做到了副总经理,比我们俩都能干。儿子嘛,在沈阳读的大学,刚好大学毕业那年,中央有个文件,贵州考出去的必须回贵州,哪儿来哪儿去,这就倒霉了(笑)。去不了其他地方,回来后一开始好像是去的中日合资的贵州铝厂。规模很大,但是它现在高污染啊,搬到山区去了。儿子做工程师,但条件一般,不怎么样。

我有的时候想,支内来嘛,献青春嘛,献子孙嘛,这也都应该,国家总是要有人建设的嘛!是不是?但作为政府部门来讲,政策上有些东西考虑有欠缺了。所以,今天怎么来说服群众到艰苦的地方去呢?

我们来的时候，尤其是"文化大革命"的时候是非常苦的，上海来的人非常苦，当地有些排外。来的时候我们是"好人好马上三线"，但到了"文化大革命"我们上海人就成了资本家、右派、坏分子。后来，好在这个时间也不长，"四人帮"被打倒了我们就彻底解放了，尤其是邓小平一主持工作，我们还是支持他，知识分子就出头了嘛！但是，现在呢，想不通的是什么？万奇刚才说的，我们有很多工人都非常苦。比如，退休工资他才4000多块，我只有3000多块，这还算好的，有的只有2000多块。要是在上海得8000多块，我同学就是，他比我差得远了其实。他打电话问我："你退休工资好多？"我说："跟你差不多。"实际上差得多呢，不好意思说啊（笑）！有的时候只能开玩笑安慰自己："上海，那个空气没有我好！"对不对？我们两个人也自我满足，我们的小孩都不错，所以我说我们舒舒服服，对吧？孩子好了我们就行了。

我对自己一生的选择不后悔！我认为，那个时候我的选择是对的，因为我的出身不好，那个时候高中、大学我是考不取的。那样做，不仅没工作，反而会倒霉了，反而不知道去向了，反而说不清楚了。我初中的时候就看了《钢铁是怎样炼成的》，我有个初中同学，比我大2岁，参加抗美援朝，去了以后就没有了，这对我刺激很大。我想人家命都可以没了，我计较那么多干吗？所以，对后来的选择我也比较想得通，对不对？

现在好了，我们为什么很欣慰呢？来了这里50年，看到变化了，不管你们关心不关心我们，提不提起我们，我们自己总有点安慰。

崔振铎

从首都到边陲：人生随遇而安，心态感时忧世

亲 历 者：崔振铎
访 谈 人：陆　远
访谈助理：王余意　袁拾梦
访谈时间：2019年7月24日下午2:20—5:00
访谈地点：凯里市凯旋厂家属区崔振铎寓所
访谈整理：陆　远

亲历者简介：崔振铎，男，1942年生，籍贯北京。1958年初中毕业后招工进入北京738厂当铣工。1966年11月随738厂赴黔队伍来到凯里，进入凯旋机械厂第二机械加工车间。曾任车间大组长，被评为技师、二级考评员。1975年一度被调到劳资科当干部，后又回到车间。

崔振铎（右二）接受访谈

一、胡同里的初中生，稀里糊涂做了工人

我是土生土长的北京人，1942年生。我父亲在铁道部的印刷厂印火车票什么的。我们家哥儿仨姐儿仨，共六个，我排老二。我是在北京男一中上的初中，都是男的，没女生。学校在宝钞胡同往北走，走到头，巷子里头跟车辇店相对的那块。当时校长叫徐楚波，我现在都记得。他的教育观点跟现在完全不一样，他是启发式教育，不是灌输式，并且面儿很广，都要自己靠自己，不是死心去记。老师——我们那时候叫"先生"——教学的目的是什么？让学生都会，就这一条。分数不是主要的，我们是五分制，没有百分制，不排名次，不判谁好谁坏。学生不会，就告诉老师，老师从不批评学生，从没开过家长会，都是家访，班主任去，从不说你的孩子在学校的表现，总表扬他好的，然后在哪个地方不足再改善一下。学生就尊重老师，"你别跟我家长说坏话"，下回老师说话就听了。现在的老师不是这样，现在的老师呢，又不敢管，又怕管。

那时也没有家庭作业，都在学校完成，书没有往家拿的，全在学校。化学有化学教室，物理有物理教室，解剖课都有，更甭说音乐、美术了。我觉得那阵儿学生特别听话，没有像现在这么淘气的。

1958年我初中毕业，正赶上"大跃进"工厂招工。其实我根本没想参加工作，因为准备上高中嘛。在本校上高中是保送，我们都及格就保送了，想考别的学校就去考。我们同学到酒仙桥那一片玩儿，那儿有招工，我们七个人就跟着报名了，那时候对初中毕业生就是考几道题，我当时随便答的，报着玩儿的那种，心里说肯定没有考上，结果一个星期介绍信（录用通知）就到了——毕业证都没拿呢。到家以后，不上学就不上学吧，后来进了厂了。我是在报到的时候，去学校开毕业证，才给交上。

这个厂叫北京738厂，原名叫北京有线电厂，专做交换机，还有外部设备，磁鼓，还有什么打印机、磁带机，当然也有国防用的大型计算机。在738厂我一直做铣工，在铣床车间。进厂先做学徒，两年零一个月后给你涨到一级工，一过年又涨到二级工，等于三年从学徒到二级工。738厂是二级企业，

以前是按 17% 的标准涨工资的。一级工工资是 35 块 5 毛;35 块 5 毛乘以 17%,再加上 35 块 5 毛,就是二级工的钱;二级工资乘以 17%,再加上基础工资,就是三级工的钱。越往后涨得越多,基数大点。以前最高的八级工可以拿到 108 块。那个时候工人都不愿意当主任,正科级才 98 块,八级工是 100 多块。

1959 年,我姐姐和大妹妹也参加工作了,那段时间生活也不见得特别好,但是特别稳定。

二、我干铣床,在厂里头反正没人比得过我

凯旋厂 1965 年开始选址建厂,设备装得差不多的时候,应该是 1966 年 7 月份,打电话让我去验收机床。结果 738 厂这儿还有活儿,我的活儿呢,别人不会干。一个机器下面的电码条,那么长的铁片,开槽、精度要求非常高,那个车间只有我一个人会干。结果就没让我走,到 11 月份把那活儿干完以后,就转到这儿干了。

当时来三线,全厂动员以后,各个车间,比如我们车间,738 厂 22 号车间,有两个头儿挑人。挑人时,排着队,你挑一个,我挑一个,一开始也不说谁过去,都挑完了,看凯里需要多少人再定。我那个主任叫钱明(音),第一个就把我挑上了。支援这边我们车间人是最多的,然后辅助车间,像工具科、机动科、电镀科啊,再单调。

那时也不知道贵州是个什么情况,我小时候坐火车最远坐到保定,因为我母亲的家乡就在保定徐水县,我就去过那儿了,别的地方我没去过。那时候年轻,也不想太多,也没什么负担,就是想着国家需要,没有什么犹豫就来了。我父亲他特别开放,觉得该闯就闯,他也知道我的脾气什么的,他放心。拿到通知书,我就到派出所迁户口,我当时是单身汉,就要把户口迁走,除非是夫妻双方走一个户口才先不迁。当时我们厂里也有不愿意来的,但很少,我知道的全厂就有两个,都说家里这困难那困难,其中一个女的是天津的,她后来就辞职了;那个男的呢,结果给开除了,开除以后又介绍到这儿来,但

是他依然没迁户口,后来又回北京去了。

我 1966 年 11 月 4 号从北京出发,随身带着衣服、被子,坐车到广西柳州,然后从柳州到贵州的谷硐下车。厂子里派车从谷硐接到这儿。当时我们一起从北京来了 39 个人,分三拨走的,因为火车到柳州就不通了,都集中在柳州就碰上了。厂里派一个长途车,整座 38 个,多 1 个。当时来接我们的那个人跟我特别好,他说:"小崔你别坐那儿,坐咱们厂一个装行李的车。"我就坐着卡车到了这里,当时是 11 月 9 号。

那时候宿舍还没有呢,我们住的车间,有的车间里办公室什么的搭个铺就行,有的在机床旁边搭几块板儿。到这儿来第一感觉,气候非常好,比北京要好。过了几年以后,觉得当地苗族人还挺好的,非常好客,缺什么东西找他要,他也给。但你别欺负他,你欺负他,一个寨子就跟你拼命。但是当地文化水平太低,说个笑话你都不相信。比如说卖橘子,这里橘子特别好吃,1 毛 3 分钱一斤,挺便宜,我说买个两斤吧,"没卖"!他说"没卖",就是"不卖"。你买一斤,给他 1 毛 3 分钱,然后再称一斤,再给他 1 毛 3 分钱,两斤他都不知道多少钱。当地人文化程度低,后来慢慢文化程度上来了,我们厂到这儿以后给他们这方面提高得特别快。

我一来这儿,就去了第二机械加工车间。其实来以前就知道,有个从北京先来的人,最早也是 738 厂的,后来调到北京 15 所,分配的情况他都知道,总是他打电话叫我。我到这儿的时候还是二级工,到 1973 年涨到三级工。1975 年厂里把我调到劳资科,搞人事,招工,以后又管升职加薪这方面的工作,到涨级别的时候,我自己不涨,别人年龄都比我大,他们涨,我就没涨。到后来厂长知道,指明"要把老崔这个也给补上",就给我涨到四级。在劳资科干了五年,我不愿意干,我人又直,不愿做假的工作,什么就是

崔振铎(前)与工友们

什么。

我管人事那阵儿,有个人违反安全程序,那明明写了"进房间要戴防护面具",那天他违反,不戴,正巧一开门,"啪"这么一炸,就死了。后来开会总结经验,我说:"人死咱们谁都不愿意,这是肯定的。但是违反操作规则这是第一,应该从安全条例方面总结经验,我们不是埋怨谁,以后一定要注意,这明明都写着。"有人就反对,说:"人都死了,你还埋怨人干吗?"我说:"不是埋怨他这人,埋怨我们的制度执行不过硬。"咱们安全操作规程一定要坚守,规章制度是通过实践那么多年总结出来的,对吧?实践就是检验真理的唯一标准,对不对?它牵着人的生命,对吧?不是对谁狠不狠,不管任何人,你都应该遵守,这个我是正确的吧?结果那时候有人骂我,说我没有人情味儿,人都死了我还说这。在劳资科尽得罪人,我又回车间。但劳资科不让走。不让走我也走,最后还是干铣床。我干铣床,不说是最好,在厂里头反正没人比得过我。

我刚来那时候住车间,宿舍盖好以后我就搬到宿舍了。每天一般7点起,8点钟上班。开工之前,有班前会。一上班咱不站着嘛,我就跟工友说谁谁谁干什么,在安全方面要注意什么,别出事了。一个组的人数是变化的,像我们铣床组,我刚到的时候才七八个人,后来有十几个。我去了贵州就是大组长,当时好几个工种都管,铣床组、刨床组、磨床组都让我管。钳工组我不管,我说我管理的太多了,给推开了。然后慢慢就磨床、刨床算一个小组,铣床单独一个组,我就不管他们了。虽然我各工种都懂,但不同工种最好别说。但其他人不会干,都找我,我告诉他这个怎么怎么弄,对机床我比较通。

上午干四个小时,12点下班。中午吃饭、休息也是一个小时,我们吃食堂没关系,买个馒头。后来成家以后要回家,现做饭,时间就紧张了,有的住得远,就得小跑着,那都怕迟到啊!下午干四个小时。下班以后有时候开车间会,有时候全车间念念报纸,教导员就是书记,找一份报纸念一段,国家大事什么的念一念,大部分是一星期念三四回,有新的报纸就念,没什么新的就不念。那阵报纸也不全,就一份《工人报》。北京制版,完了以后到各地再印。

毛主席说三线建不好他睡不着觉,这我知道。其实毛主席说这话是指攀枝花钢铁厂。"文化大革命"的时候把彭德怀从北京调到三线建设,他就专门抓钢厂、抓煤矿、抓铁路,还有矿石,《彭德怀在三线》我都看过。

还有中苏关系,那时还属于国家机密,不要宣传,因为怕人民思想混乱。这是对的,这个重大的事情不能全让人知道,因为人们的思想是不一样的。马克思唯物主义说的是什么呢?就两点,一个是实事求是,一个是人们的社会存在决定人们的思想和意识。现在咱们是社会主义初级阶段,你不能拿共产主义的标准要求咱们。有的人就发牢骚,什么素质不高的话都说,实际上就是觉悟问题,批评这批评那的。他就在这社会上,你让他高,不可能的。

我是 1972 年入党的,但我这党员等于"不合格党员",又没那么大的权,只能说提一提。我比较直,认准的就坚持,也得罪了很多人。但是最后别人不敢整我,因为我说的是对的,我不犯错误。以前中央有什么文件下达,先给党员传达,后边普通群众都知道,如果党员还不知道,那党的作用就没有了。厂里一开始一星期开一次党小组会什么的,后面慢慢都取消了。

三、婚姻、家庭与生活:安贫乐道

我跟老伴儿①就是在厂里认识的,她是广西人,1969 年来的。咱们厂职工那时从全国各地来,哪儿都有,北京的多,还有东北沈阳的一部分、四川的一部分,还有一些大专院校来的。我家老婆子就是广西桂林的中专学校毕业的。后来那学校的书记,就是从我们车间调去的。那时她是文艺宣传队的,她喜欢唱歌跳舞,经常晚上排节目,有时候晚上我在车间加班,她回来拿东西就碰上,就这么着,时间长了就好上了嘛。那个时候,在整个地区,咱们这厂里文艺宣传队、足球队都好着呢。我年轻时踢足球,是守门员,当时是比较出名的,都叫我"铁门"。各个厂,还有地方,都有足球队,经常比赛。以前凯里师范学院(今凯里学院)有足球队,现在碰到那边的人,好多人还说记

---

① 参见陶玉娟自述《一位能歌善舞工科女生的三线情》。

得我。文艺宣传队经常出去慰问演出,我们厂的宣传队,拉手风琴的,说快板的,唱京剧的,都有。

那时候结婚,就是两人回趟家。先去的广西,然后回北京,回到凯里吃点糖,完了,算结婚了。那时厂里人和当地人结婚的少,一般都是本厂的结合,文化程度要适当。就说当地文化程度低,我们到民政局开那个结婚证书,你叫什么名字他都不知道怎么写,我们都自己写,花3毛钱,盖两个大章。我跟老伴儿,一个北方人一个南方人,生活习惯上一点没区别。她们广西的吃饭跟凯里不一样,但跟北方差不多,也吃馒头。

崔振铎(后排中)与妻子陶玉娟(二排右一)结婚时回北京与全家合影

1981年还是1982年,厂里建了电影院,可以装1645人,是凯里最大的。盖的时候,应该是有点"偷偷摸摸"的。管这个的人以前是083振华公司的一个主任,他调回电子部管基建这方面。厂里打报告到北京给他批,他说:"把里头设计加高一米,然后过去我给砍一米。"他觉得三线也需要这种设施,也需要文化生活。但是也要节约点儿,所以砍一米,二楼就低一点,看电影的时候你站起来,可能就挡上了。第一次投资的时候,50万元,结果一挖地基,全是泥,就加了5万元,55万元建的。里面设施全都我们自己干,宽幕的架子是我们自己焊的。电影院外那不一大广场嘛,拿皮尺画线,画完以后,把那圆钢焊好——不能全焊,全焊好就拿不进去了——拿进去再焊。椅子背是买的，北京光华木材厂出的。椅子架子都是我们自己做的，我们有翻砂间，全部自己翻砂。挖地基、打眼，全自己干，也没发钱啊，有时候工会好点儿，搁食堂弄点饭大伙儿吃，就这样。那时候一点儿怨言都没有，一心想的是为大家。不过要工会号召，这工会主席要接地气，那比较好，大伙儿支持你工作，有十个人支持，后面几个就跟着走，有带动作用；你要总得罪人，就没人去了。电影放映机当时也是凯里最好的，70毫米，宽银幕，当时凯里还没有呢。以前我是业余电影放映员，电影公司有什么片子就租什么片子，《卖花姑娘》什么的。租拷贝，一般都是十几个盘，一盘是十分钟，有的还得跑回去，这边放，那边也在放，半个小时或40分钟，他要我拿回，还得跑回去。那时职工看电影，最早是5分钱一场，以后变成1毛钱，一般是一年100多场，最多一年放了340场。1984年，厂里建了游泳池，是当时整个凯里地区最好的，厂外的人也能来游，不过那时候人少。

我就一个孩子，1976年生的，想要第二个，但养不活，那时工资低啊，两人加一起才90块钱一个月，还得给我父母，每个月给10块钱，两个月寄一次，他要不要吧你都得孝顺。我还得攒10块钱，结婚之前每年回去一次，结婚以后四年才有一次探亲假。回家还得买点东西。那时候生活要计划，我进厂的时候拿着北京的工资，到这涨钱的时候，就涨"贵州差"，基数还是北京的。那时四十几块钱在厂里不算太低，中档。厂长高一点，像王奇是第一任厂长，他拿125块一个月，但人家是解放前的骑兵卫生员，738厂党委副书记调来的，肯定要高，他15级工嘛。但是1959年以后，他少拿1块2毛5分钱。三年困难时期那会儿，所有干部都减1%，125块就减1块2毛5分。党员干部自愿再多减，那不强迫。工厂里头呢，你是工人，不减；你是工程师，也不减；干部，主动减。那时候凯里当地人管我们叫"地主"，为什么呢？因为他们很穷，公社社长的工资才49块5毛，我们花钱很大方。那时候鸡蛋几分钱一个，我们一买就买很多，结果他们觉得我们是地主，就多要我们点钱，就贵上了，厂附近物价在这一块儿是最贵的，买一个鸡蛋够买一袋盐和一盒火柴的，1毛多嘛，其他县比这儿低好多。以前一到星期天赶场的时候，农民拿鸡蛋十个一串，拿草串上，挑着这么走。一串是8毛，慢慢慢慢涨上来，1

块5毛到1块7毛,那个时候其他县我去过,还是5分钱一个。

结婚时厂里分个房子,在前面那8栋,18平方米,单间,水房、厕所都在外面,公用。以后又搬到17栋,小单元,30平方米,这个住房要有条件的,工龄什么的。说实话,从没想过个人生活条件差,我能吃饭,我活着,就比别人强。我现在住这房,2003年买的,是全厂最大的,89.5平方米,阳台再一封,算上就有90多平方米,很便宜,才2.7万多块钱,300块一平方米,就算经济适用房。那时厂子已经破产了,我跟老伴2000年退休的,刚退休时很困难,我们分三次交房款,退休金我才507块,我老伴是中层干部退休,她是512块,老伴被一公司给聘回去又干,又拿几百块钱,等于有三份工资。那时候物价便宜,一个人的工资就够一个月用的,那每个月就剩1000多块钱,整这一年剩了就有1万多。那阵我也给人洗过衣服,给人做过饭,因为有钱我要挣啊。租房子搞工程的,我给他们做饭,一个月650块钱;给学校洗衣服,学生一件衣服1块钱,我有洗衣机,电费、水费都算上2毛钱,洗一件衣服我就赚8毛钱;我还卖过饺子,我做的饺子他们爱吃,都让我做,之后他们说你干脆做了卖。我就在家里包饺子,做完我先冻上,谁要我就给谁。这里不是还有药厂嘛,我又到药厂打工,就是捡那个药,原始的药给分开,它这一天25块钱,管一顿饭,这25块钱等于白挣的嘛。慢慢地才把这房子买下。到2007年、2008年基本就不干了,到2010年就好转了,有存款了。孩子结婚晚,他们到成都买房,慢慢我又给他存点首付。去年我的退休金3212块,每年会涨一点儿,今年涨多少还不知道。虽然跟别人差很多,但够花。我的观点就是,有钱,该花就花。对自己身体的健康,敢于投资,但不能过。想吃什么就买点,假如你一毛不拔,一旦生病,到医院去,医院能给你拔得一毛不剩!以前我们到医院看病,就填一转诊单,其他的什么都不管,现在医院不行了,就这点钱哪够?要我说,有点重病,要死的病,看都不看。你看,人也没了,钱也没了;不去看呢,人没了,钱还在。反正早晚我有一死,早死晚死的区别而已。出生那天,就开始往死亡走,有的走得快点,有的走得慢点,这是宇宙、大自然的规律。如果你想得开这个,就什么都不怕。我说我不怕死,我怕病。今年我快78岁了,已经超过全国平均寿命了,那我就赚好几年了。我怕什么死呢？死就死了，撒手人寰，也不生气什么了。

我儿子上学在广西，桂林电子科技大学。上完学在深圳，公司派他到成都，管西南。结果他在成都又找工作了，把深圳的工作辞掉了。成都不欺生，你有水平，到处都用你，这公司那公司。现在稳定了，给一个国营的企业搞销售，当销售部部长，工资也不算太多，7500块钱一个月，生活就算够了，房贷、车贷什么的，基本他那钱够嘛。他媳妇还可以，就是太忙，她在成都希尔顿饭店，又是头儿，前几把手的，特别忙，晚上10点钟到家的时候都很少啊，都到11点，旅游期最忙。她下边员工不固定，她就得代。能招着人了，她可能就轻松一点；招不到人，她晚上就得帮助去照看。我们帮他们带带孩子，他们愿意扔钱就扔钱，我也不反对。他不扔，我也不管。为什么？我也有退休金，我也够花了。反正这钱，我死了也是他们的，我花出去，反正也是给他们，就这一孩子。我是想得开，我不抠，跟孩子算什么？在钱上一算一抠以后，亲情就没有了。亲情是真的东西，就跟这边的同志似的。以前是同志、友情，现在变亲情，50多年经营在一起，你还计较什么嘛！跟这儿待了50多年，朋友感情是经营的，不是拿钱经营。一直到现在，每年聚会特别多，最多一年，就是2015年有300多人聚会，全国各地回到这儿，对这儿都有感情。我们这地区只有这厂职工之间感情深。其他厂不太行。就说假如我家有什么困难，知道了马上都给你帮忙。说不好听一点，家里死了人，在小广场上马上跟着邻居们就都知道了，都到这儿办，给你陪着，需要什么，差什么都给你拿，遗体都送到殡仪馆。

如果一辈子待在北京怎么样？我没想过。以前的工资都差不多，我们那些留在北京的同事跟我都差不多，最后他们比我高。但是北京那房子更紧张，挣这么点钱，在北京也买不起房。中央房改的时候，花一点钱变成自己的，但是房子都很小，以前北京的公房，70平方米算大的，一般都50多平方米。现在我弟弟住着那小房子是我父亲的房。我父亲分房的时候，设计组答应分给他120来平方米的户型。结果房子还没建完，他死了，但我母亲还活着，可以继续住。住到我母亲去世，我那弟弟就没权住了，因为他不是那单位的人。你想住下去，得降一等，降到二等。工会主席跟他们讲，降到

73平方米的,住到你们自己不愿意住为止,待遇跟职工一样。后来我弟弟给我打电话,我说:"你降到第二档,咱妈总归要死的。"他也是只有一个孩子,也够住。要靠自己买房,买不了。就这么着,他听我的。后来我妈一死,他就一直住,现在买了。

四、风雨回首看三线:我对毛主席特别崇拜

从思想、政治各方面,我对毛主席是特别崇拜的。直到今天,毛主席的话我都记得。他教导我的,我该用得着的,基本上我都记得;有的我用不上的,它太深奥,工作也用不上。我家里《毛泽东选集》全套都有,还有小本的。毛泽东,我觉得他太伟大了,事业独一无二,再没有超过他的,他对马克思列宁主义的发挥,他的研究,包括生活上面,是最简朴、最好的。毛主席说,把窗户打开,向世界,风进来,可能有脏的,我们再打嘛。这就是改革开放嘛,建设要快,稳中快,这是毛主席讲的。每个人都有阶级基础,咱们无产阶级为全民服务,为最基层服务,你向钱看,就把思想、公共服务的意识就减退了。"我当明星,我开豪车,住豪宅",现在小孩儿都这思想。包括反腐败方面,毛主席思想还是好的,他从开始治,不是到特别严重的时候才治。你在拿枪的敌人面前是英雄,在解放以后,你在糖衣炮弹面前就吃不住,所以进城以后要谦虚谨慎、戒骄戒躁,他先给你打预防针。正确的政治路线确立以后,干部就是决定的因素,你要执行啊,不执行的话,下面就会混乱。

现在回头看三线,对国防安全来讲,我认为一定要建设。毛主席为什么要建设三线?他的思想是很广的,一个是国防、国家安全问题,一个是平衡发展问题。当时国际形势很紧张,全国的工业没有分开,都在沿海太危险。再说工厂多,人就集中,集中以后打仗死的人也多。美国、苏联那边都在打,不能把沿海的工业基地全给炸完了,要分开。一分开,他们打中国这个念头就下降了嘛。还有一个全国平衡发展问题,一个工厂必须有电有水、交通各方面都方便才行,就把地方慢慢给带起来了,就说咱们这个市要没有083在这儿,它不会发展到现在。

中国为什么搞什么都很快？就是因为"全国一盘棋"。中国共产党绝对领导，统一意志，统一思想，所以你建高铁什么的，说建就建。你在其他国家见不着，这是制度优势。美国想建高铁，打报告得研究三年，再征求意见又得三年，还通不过，为什么？"你高铁建了，我的飞机场怎么办？都坐高铁了，我飞机没人坐去了。"对不对？有的建了，"堵着我的门口了；我这有商店，我商店卖不出东西了"，怎么办？所以到现在它也没通过。咱们国家不是，咱们是统一思想。咱们四项基本原则，其中第三项"坚持中国共产党的领导"，这是很关键的。一党执政、多党参政，不像美国这个党不行换那个党，换一个执政，把前面的工作都否定了。美国政府后边只有大财团，为财团服务，没为百姓服务。咱们社会主义制度和资本主义制度的根本区别就在这上头，普通人民可能看不到，只能看到自己的不平衡、不公平，没看到别的。其实咱们有很多优点，安全方面就比其他国家要好得多。中国特别安全，比如说杀人犯也有，但不像国外那么多。你像外国人到中国，晚上都可以出去，说中国人怎么晚上8点钟、10点钟还出去？美国好多晚上到黑天都不敢出去，都在家。咱们晚上出去，吃夜宵什么的，都是安全的。为什么？社会主义制度的优越性就体现在这。

要说三线的局限，就是信息、交通发展稍微慢了一点，那时候长途电话都打不出去，尽占线。1982年我出差，在北京东单，给这边打长途电话，在东单的邮电局我等了三个小时。给我弄半天，还没接通，就占着时间，他按实际表上的时间收我钱，8块钱——那阵儿长途电话一分钟要1块多钱。还有时候打半截就断，信息传递太慢了。现在不存在这种情况，手机都随便打。

要说遗憾，我在这厂子，看它一直走下坡路，这个我太遗憾了。有国家行政的原因，有厂长的责任。厂长没那么积极地找军品市场，其实他找的话，有的是市场。但这样也不见得好，设备各方面都过时了，国家还不给你投资。改革开放以后慢慢变成市场经营了，要买设备得自己花钱。厂子破产那段时间特别难过，但没多长时间，人就适应了。破产也有好处，破产前我工资一个月就拿100多块钱，但一破产马上我办退休手续，就拿500多块钱，这就给我的生活添保障了。什么都是一分为二的，咱们讲哲学，讲辩证法。

要说我这辈子,值。我没做亏心事,从没有暗排谁呀,给人家下绊子什么的,从没有,什么都当面讲。要不我朋友多,人缘好?我回来的时候,门口五六人,每天晚上一壶茶水,都在我这儿坐着说话。还有,以前公司领导承诺我完成了任务量给我获奖、晋级,结果什么都没给,我不去找。我找他干吗?厂子本身就那么困难,我找他,他给不给我,都不好办。我干完,只能是我物质上什么也得不到,但我得到了什么?大家的信任。以后技师评比的时候,15个人的评比小组,我全票通过。我不要那么多钱,要钱干吗?花不完呐。在兜里搁着,这是纸,只有消费了才是钱;搁银行存着,这是账,只有拿钱买东西,才是真正的钱。这几百万的在银行存着,让银行赚钱,银行拿你的钱赚钱,结果你的钱在贬值啊!我就这想法,不要把钱看得太重。生,没带;走,也别带。就完了。

黄光进

我不做"末代皇帝"

亲 历 者：黄光进
访 谈 人：黄 菡
访谈助理：董方杰
访谈时间：2019年7月25日上午9:00—12:00
访谈地点：凯里市华联厂
访谈整理：董方杰

亲历者简介：黄光进，男，1948年生，贵州遵义人。1967年7月招工进入华联厂，1970年成为压铸模具钳工，1978年调入华联厂宣传部，1980年调入厂办，历任秘书、副主任、主任、党办主任。1984年任华联厂党委副书记，9月进入成都电子科技大学思想政治教育与行政管理专业学习，毕业后获大专学历，1994年获本科学历。1992年调入083基地任政策法规处处长，1993年调回华联厂任党委副书记，1995年任华联厂党委书记，1997年任华联厂厂长。2010年卸任，2013年正式退休。

黄光进（左）接受访谈

一、中学教师变成了学徒工

1948年12月我在贵州遵义出生，1964年读的高中，两年后"文化大革命"开始，学校就停办了。因为我学习比较好，7月的时候，学校推荐我去遵义团溪中学教书。一同前往的还有我后来的爱人，因为她出身好，是贫下中农，当了副校长，我做了教员，教初中一年级、二年级的数学。教了一年书之后，华联厂招工，我和我的爱人就同时到这边来了。那时候华联厂是国防军工企业，大家都想去。1967年7月，我们一批70多人，坐火车先到都匀，然后转坐汽车到了凯里。

华联厂是1966年由绵阳976厂包建的。我们来的时候这里还没有公路，只有几个油毛毡棚子，以及五栋架子做的通栏似的房子和几栋厂房，非常荒凉。一走到这儿我就后悔了，比在遵义的时候差多了。我当教师的工资是27块一个月，到了这里，学徒工工资才17块一个月，而且这个企业是搞开关的，不是造飞机大炮的——国防企业怎么是搞开关的呢？当时我想不通，就想回去。

我们这批学工主要有天津291技校①和遵义这两批人，除了我们这批以外，还有一些大中专生，比我们晚一年进来。中专生来自杭州无线电工业管理学校、无锡无线电工业管理学校和南京无线电工业管理学校，高级技术人员则来自上海交大、西安交大等大学。当时说"好人好马上三线"，这批人组成了企业的技术管理人员，生产主要是796老厂包建的，各工种的老师傅也来自老厂，我们就当学徒嘛。当时进厂的这批遵义学工中，只有五六个高中生，其他都是初中生、小学生。我的文化程度要高一点，所以被分配学了模具钳工。这个工种要求比较高，需要懂得基本的机械加工，三年才能满师，一般技术要求不高的工种是两年。

我一开始是塑料模具钳工，带我的师傅是绵阳老厂的，后来我又改成压铸模具钳工。我们学徒工每天早上要早点上班，先打扫卫生，把师傅的茶泡

---

① 创办于1953年，现为天津电子信息职业技术学院。

1966年华联厂的第一批建设者

好。之前我是老师,对学生吆三喝五的,现在成学徒,身份变了,觉得很不适应,因为师傅吩咐今天要干什么事情,你就得干什么事情。当时我还是喜欢当老师,当学徒受罪啊,我们平时还要挖土、栽树、修路,体力劳动很辛苦。如果学得慢一点或者做得不好,师傅还会严厉地批评,要求很严格。钳工的基本功就是一个砧子、一个榔头和一把锉刀,把材料打成型,比如圆的一根钢棒把它剉成方形,当时要求我们不能用机械加工,完全用手工做,一刀锉下去之后,精度要求是一根头发丝的几分之一,这种严格的基本功锻炼了我们手上的功夫。我在学徒工里不能算出色的,但我觉得干哪行就要把哪行干好。那个时候为了把技术学好,就老老实实地做,当时工作是六天制,礼拜六打扫卫生的时候,我就在窗户留个缝,礼拜天会翻窗到厂房去练基本功。打榔头,因为打得不准,有时候手都是青的。在训练基本功的同时还要做模具,师傅承接生产任务,我们就要帮师傅做些粗活,但到精密部分我们就不能做了,等师傅来做。三年后经过师傅和车间的鉴定与考核,我就出师转正了,算二级工,一个月拿20多块钱。

二、"文革"期间生产也进行

"文革"时期混乱是混乱,但是生产基本上是进行的。

三线建设是毛主席重视的,三线建设搞不好,毛主席睡不着觉的。因为与苏联的关系恶化,准备打仗,有这种紧迫感。当时建设的厂房是简易的,只考虑建设十年就准备打仗,打烂了之后再建,把三线建设搞上去,是没有分歧的,一谈三线建设,说毛主席关心这个事情,那我们就都老老实实干活。

在又"文革"又战备的背景下,政治学习抓得紧,天天学。我们寝室里面都挂有毛主席像,早上一起床,我们舍长就喊:"我们给毛主席请安! 毛主席万岁!"到了厂里,先开班前会,半个小时左右,交代一下注意事项,读篇报纸。周一到周五的晚上是各个派别的活动,开会研究如何对付对方,要做哪些事情。我参加的这派叫"红剑",是个中间派,但我也很少参加,就一心想考大学。因为高中三年的课没学完,我一下班就开始看书学习,悄悄地走"白专道"①,否则会给你扣上"白专道"的帽子,学习都要悄悄的,想把大学的梦圆了。到了周六一定有两到三个小时的政治学习时间,有什么政治运动出来了,每个人都要写批判文章。当时大家的纪律性很强,人都单纯,就是毛主席怎么说的,我们就那么办,毛主席说要把保密搞好,我们就正儿八经地把保密搞好,图纸和技术资料必须锁好,和家人聊天或写信都不能谈厂里的事,很自觉的。政治纪律性很强,怕被抓现行反革命,那就背不起了,要连累家人,所以三线的保密非常严,就怕外面的人来刺探情报,怕的就是这个事情。

虽然有"文革"的干扰,厂里派系严重,造成了一定的影响,但当时我们都接受"三线建设搞不好,毛主席睡不着觉"的教育,提出的口号是"要为毛主席争光"。工人和干部的素质很高,安房子、修道路、建厂房、挖地基都是一起干,很快就把这个厂搞起来了,验收与投产基本上没受大的影响,马上就给"红旗七号"导弹、"歼-7"、"歼-8"和军用电台生产配套产品。

---

① "白专道路","文革"词汇,指那种只埋头钻研业务而不重视政治学习的人,与之相对应的是"红专道路",指那些既注重政治学习又肯钻研业务做好本职工作的人。

1975年我们国家有个大的事情,邓小平复出以后,主持了国防工业的整顿工作,开始抓铁路和国防,当时我们作为重点企业参加了"七五七会议"①。会议之后我们厂随即调整领导班子,从外面调干部进来,调整之后企业基本上是走成功了。"文革"1976年结束,我们早一年就恢复了生产,所以1975年是一个拐点。

我在车间做钳工一直到1977年,随后我当了工宣队员进驻华联厂子弟学校,实际上就是在子弟学校教数学和政治。1978年我到了厂宣传部,两年之后1980年被调到厂办当秘书,1981年开始当厂办副主任、主任和党办主任。1984年成了党委副书记,当时干部属于电子工业部管的,由部里直接任命。1984年9月我到成都电子科技大学思想政治教育与行政管理专业读书,当时是正儿八经的教育部计划,成电单独招生,大专学位,全脱产读了两年。去的大部分都是企业人员,除了我是厂级领导以外,其他大多是中层干部,也有其他的,打排球的张蓉芳和我是同班同学。回来以后我继续当党委副书记,1992—1993年又调到083基地当政策法规处处长,1993年调回来继续任党委副书记,1995年任党委书记,直到1997年临危受命成了厂长。

三、他们叫我"末代皇帝",我心头不服

华联厂的发展大体上有三个大的阶段。第一个阶段是十一届三中全会前,那个时候是计划经济,我们从搞基建到投产,完成国家下达给我们的生产任务。产品分工是明确的,企业实际上就是生产单位,国家计划这个企业只能生产碗,那就不能生产筷子,比如今年我们的任务是生产多少开关,生产多少品种的开关,多少规格的产品,那我就采购,采购花费的钱向上级报销,也没有什么消耗和成本考核,计划经济的管理方式基本上不计成本。薪酬上按定级发工资,你是八级就拿八级的工资,你是行政多少级就拿行政多少级的工资,薪酬和劳动付出是脱轨的,只与资历、年龄和定级水平挂钩。

---

① 1975年7月20日至8月4日,经中央批准,邓小平主持召开了国防工业重点企业会议,军工企业自当年3月起已在国防工办领导下进行整顿并取得初步成效。这次会议后,生产情况更明显地全面好转。

尽管受到"文化大革命"的干扰，但不管怎么说，人们的基本素质还是比较好的，两派有矛盾，有不同的观点，但完成国家计划、为国防建设做出贡献这种思想是比较牢固的。

第二个阶段就是从1978年开始。十一届三中全会以后，总体思想是进入市场经济，那么就要考虑成本，以利润为中心，逐步纳入投入、产出的考核，要算"投入多少，产出多少"的大账。我们也面临思想和产品上的拐点，于是逐渐走军民结合的道路，我们主动开发，跨行业接了一个盒式磁带录音机机芯的项目。

这个机芯是精密机械，我们国家不能生产，是全面进口的。我们接了之后，职工的奋发精神现在看起来都很少有，只用100天时间就搞出来了20台样机。1982年生产定型后，引起国内轰动，有20多家媒体来参加生产定型会，包括新华社、《解放日报》、《工人日报》都登了，写的内容是"851厂录音机机芯试制成功，从此结束了中国长期以来依靠进口的局面"。这个机芯搞起来后，华联厂开始辉煌，效益很好，成为电子元件的全国第四名，也是国家电子"大二型企业"。在这个过程中，值得一说的是我们原来的厂长乔乃光。50年代初，国家送他去苏联学习，但他49岁就去世了，1985年《人民日报》头版头条刊登过他的事迹。

20世纪80年代华联厂LX85机芯的流水生产线

当时搞录音机机芯的时候,三线职工那种素质到现在我都再也没见过,就是为了把三线建设搞好,在一个小平房的办公楼里,晚上12点灯火通明,食堂会给每个职工送两个包子,就这样,当时一批人还要这样干!三线文化现在看起来真的值得颂扬,这个阶段大概维持了12年,厂里一直都比较好,受到的表彰很多,当时好多国家领导人都到这里来。我们不但搞了录音机,还参与了一个国家绝密工程,几个难题都搞出来了,算是我们企业的骄傲。

薪酬上国家提出按劳分配的政策,定岗发工资,比如技术员拿多少工资,工人拿多少工资,没有一级工、二级工、三级工这些了,除了本身定岗拿的钱以外,还有奖金。但奖金根据工作的不同,政工、后勤、技术这些管理人员一个标准,工人按工时提奖金,那个时候也简单,与完成任务挂钩,没有考核成本。1978年我的月工资是38.5块,到了1982年已经涨到六十几块了。1987年地方县级以上领导干部和大中型企业领导的工资并轨,那个时候我拿到多少呢?137块,算是比较高的,中央企业级别要高点,工资也拿得多点。

到了90年代初期,录音机被CD/VCD代替,录音机机芯就没有市场了,企业没有产品就不能生存,开始逐步下滑。1998年遇到了下岗潮,普遍困难,后头还有美国的制裁,我们进入了非常困难的时期。困难到什么程度?1997—1999年连续三年不能正常发工资,其中1998年有七个月发不出来,除了保障技术员、一线职工和教师以外,其他人员只发200块钱生活费,我七个月只拿了1050块钱。

企业发不出工资,人心就非常混乱,大量的生产和技术骨干开始流失,从副总工程师到车间主任,甚至有些车间的领导集体辞职不干了。最高的时候跑掉了几百号人,整个厂黑暗一片,电灯不亮了,门窗基本破损,大量设备闲置,到处杂草丛生,讨债的蜂拥而至,天天来,企业官司缠身,而且退休人员的工资由厂里负责,他们甚至上访到中央,企业快垮了。1997年上级组织决定让我和厂长换位,我接了这个摊子。从党委书记换成了厂长,我感到很意外,因为一直以来我是搞政工的,思考的是政治工作和党务工作如何渗透到生产各个环节,没有搞过行政和生产,不是很在行。当然,我是工人出来的,在企业待的时间长了嘛,有基础,对企业的基本情况还是了解的,不是外来空降的。但是产品我就不熟悉了,对市场大的格局也不是很清楚,也很少调查市场,不过他们认为我的综合能力稍微要好一点。

组织上的决定,你愿意要干,不愿意也要干,没得选择,没有选择。1997—1999年是最困难的时期,企业资不抵债,当时总公司讲了,让我们破产。我内心压力很大,觉得很渺茫,不踏实,睡不着觉。企业到这个局面,没有产品,那就没有存在的必要了。当时完全可以走破产的道路,破产后我调到其他地方可能工资更高。凯里有个企业破产后,那个厂长被调到深圳,工资一个月5500块钱。但我坚持不让它破产,那是非常苦的。当时他们称我是这个厂的"末代皇帝",我心头不服。这要是破产了,以后我要遭众人唾骂的,几代人都是依靠这个企业生存的。我们隔壁厂1983年破产的时候好多家庭就跟着破了。男的出去打工,女的在外面改嫁,所以这个厂不能破。自己没有面子,职工们也没脸,要为自己的脸面继续干下去。当时我们提的口号就是"困苦不弯腰,贫穷不移志",即使贫穷了也不丢自己的志气,这是一个精神嘛。应该说像我们这代人,留在厂里就是凭着这种精神,也不能说非常伟大。假如我从中央企业出去,到别人那儿打工,总觉得这个正脸受到影响,像我们这一代人很多人就出于面子,不想寄人篱下,自己穷得有骨气!

没走的人中,有些技术员比较清高的,那些大中专生受不了个体老板看他的眼神,这是一部分。还有一部分确实是没有本事走不出去,自然要留下。再有一部分我们确实需要他们,想留住人才,专门给了特殊工资待遇。根据厂里的条件,让他们比其他职工收入高些,在当时普遍工资是两三百块钱的时候,给技术人员发岗位津贴,多发50块钱。有些技术人员进厂了不安心,看他要走了,过年厂里就送200块钱给他,人心都是肉长的,就留下来了。还有一部分已经出去了的技术人员,就通过各种手段,不计前嫌地把他们招回来。

为了这些事情我处理了一位中层干部,我跟他说:"给你的技术员每个月多发50块钱奖金。"他当场答应我了,后来却没有这样做,我就把他免了,他就告到贵州省国防工作办公室。我说:"你去告啊,你去告,我是想要千方百计留住人!"

那个时候讲企业文化,困难的时候要给职工信心,有时候我们就喊"雄起"!要用这种手段,重塑企业精神。每年全厂开大会表彰先进人物,然后再跟职工说"今年再给大家涨多少钱",虽然职工挣得不多,但能让他们看到企业有希望。当时要考虑的就是如何让职工感到企业有希望,即使再给他们多少钱,如果他们感到这个企业没有希望,也不会留下来,这就是企业文化。

四、华联之路:市场经济下的第二次转型

当时我们就是瞎闯,因为录音机芯不能销售了,一销售就亏损。我们做过纸板盒,小民品也在探索。我们也到电子部去,问能不能给点科研任务,他们就说:"给什么东西啊,买武器就行了。"当时我们国家大量引进外国武器,却不进行消化,但军队装备国产化很重要,真要打起仗来是买不到的,伊拉克就是这样被卡脖子,大量的飞机,因为外国不卖配件,就全部成了废铁。武器装备包括各种坦克、电台、飞机的开关,因为美国的禁运得不到,要买只能通过第三方,所以那时候核心元器件大多数依赖进口,军队装备受制于国外。

这个时候美国又轰炸了我们的驻南联盟大使馆,国家开始重视这个事情,大量投资元器件。一个装备是否先进,需要依靠大量的元器件进行组装,元器件过不了关装备肯定就不行。为什么华为和中兴被卡了?也是这个原因。军工一直强调的是要有自己的东西,要自己研制,不能受制于人,如果全部依赖进口,自己也发展不起来,所以军工当时提出国产化必须到多少。在这样的背景下,我们看到这个情况,决定把录音机这些民品全部甩掉,重新回到军工之路,重新探索军品,争取军品科研和技改,逐步把产品升级换代。继70年代末期第一次转型(军转民)后,从90年代末期我们又开始实行第二次转型(民转军),以军用开关为主。

2001年,为了争取到一个25万元的军工项目,我们三个人一起去北京

郊区开会。但因为每人要交1500块钱的会议费,我们觉得贵了。为了节省3000块钱,我们就只派了一个人参会,我和另外一个副总工程师去找民宿住,一晚上只要几十块钱,但房间脏到不能用语言来形容,我们得自己打扫卫生。这是我印象最深的关于企业困难时期的处境,而且还受到白眼,不断损害自己的脸面,就这样走过来的。

为了生产军工产品,响应国家号召,我们厂有10年的时间实行"六一一工作制",一个星期工作6天,一天工作11个小时。三线职工对我们国家的贡献是值得歌颂的,他们没得什么额外的东西,我们的技术团队甚至每周工作六天半,厂里给他们的待遇就是周六的时候给他们送个盒饭,研制成功后给他们点提成,收入不高啊,那个时候一年收入两三万块,算是不错了。

现在这个企业发展到什么状况呢?在国家,军用开关这个专业,我们厂综合实力和配套能力最强、品种最多、规格最全。我们的产品中有46项为国内领先水平,2项为国际先进水平,16项打破国外禁运,28项替代进口,专利都有57项。国家整个与武器装备开关配套的,我们厂基本上算排头,包括导弹、飞机、核潜艇、火炮、坦克,天空地水都有配套,军用开关新品研制的三分之二由我们承担。通过这十年的努力,一个搞录音机的企业完全转型了!

其中最引以为荣的,就是为载人航空工程配套,"神舟七号"的太空行走,我们也参与了研制。为了搞那个东西,我们很实诚,提的口号就是"航天器在我手中,航天员生命在我心中"。转型之后,大家看到企业艰辛带来的家庭不幸与个人不幸,所以我们要求高质量地出产品。

我们坚持了下来,现在这地方很少能够见到完整的三线企业了。原来隔壁有个企业,是搞通信军工的,已经破产了。南丰厂也破产了,当时很不得了,是中国第一家计算机整体机生产厂,"东方红一号"卫星的大型计算机就是它生产的。整个黔东南的工业发展史上,有两件大事,第一件是南丰厂的"东方红一号"卫星的大型计算机,第二件是我们厂盒式录音机的生产试制成功,所以南丰厂可惜了。

总的来说,我觉得三线建设带来了这几个好处。第一个是改变了我们国家的工业布局,比如贵州,如果没有三大基地的话,工业发展就会很弱,凯里也是这样的。第二个是促进了民族融合,因为这里是少数民族地区,各地的文化带进来之后,少数民族受到了影响,促进了民族文化的融合。第三个是当时坚持了三线建设,后来继续发展三线建设,给我们国家的国防带来了很大的影响,三线建设是值得肯定的。再加上三线建设培育了几代人的三线精神,对于促进我们奉献国家、为国家干好事情很有作用。如果再用三线精神建设我们现在的国家,那发展还要更快,但这种精神是在当时的大背景下形成的,显得更为特殊。

可以说851厂(华联厂)几十年的历史,就是一段不屈不挠的奋斗史,就是这些三线人不屈不挠的历史,就是三线建设的整个历史。我干了13年的厂长,基本上没有礼拜六、礼拜天的,13年就为这个企业奔波,但现在回想起来觉得很值得,很值得!

蒋昭华
为国家做了一点小贡献的万金油

亲 历 者：蒋昭华
访 谈 人：张腾霄
访谈助理：蒋桂东
访谈时间：2019年7月23日上午9:00—下午12:27
访谈地点：凯里市蒋昭华寓所
访谈整理：张腾霄　蒋桂东

亲历者简介：蒋昭华，男，1938年生，安徽亳州人。1954年上完小学在老家教书。1959年开始在江苏当兵七年。1966年转业，在北京培训八个月后来到贵州凯里包建4292厂。在凯旋厂轮转过供应科、技安科、七车间、八车间、劳动服务公司、姜厂、离退休办等多个部门并担任领导。工厂破产后，返聘至居委会工作。81岁高龄仍在坚持发挥余热。

蒋昭华接受访谈

一、投笔从戎：从教书匠到汽车兵

我老家是安徽亳州的，在南边的城父寨，父母都是农民。小时候在那里读私塾，读《三字经》《百家姓》，还有《论语》。刚刚把上册读完，下册都还没读，就解放了。解放以后私塾不办了，就上洋学。我不知道报几年级，老师就拿四年级的书让我念，我都可以读。他说我国语还是可以的，又问我算数怎么样。我说："这个我真不懂，私塾上没有这个，打算盘我会点。"他说："你就读三年级吧。"这样读到1954年六年级毕业，我16岁了。

小学读完到县城去考中学。正好那年下大雨，涨水，父亲怕危险不让去。他说："算了，明年再去考吧。"第二年又去读六年级，读了上学期，下学期没去。都学过了，感觉没意思。那时候家里穷，考上也不一定能上。正好生产队让我去当会计，就去了。干了一年多18岁了，喊我去教小学，从一年级开始。教了三年以后的寒假，有人问说："蒋老师你当不当兵？"那时候我思想里头也不知道当兵咋回事，就随便来一句："当！"

登记的是我同班一个女同学，给我登了1938年2月7日出生。因为那一年局势比较紧张，所以征兵一共要三个年龄的，18岁、19岁、20岁。接兵的一来，说这次兵源到1959年3月①。那个女同学讲："不对，昭华，你是1938年的，超过20岁了嘛。"她就把那个8改为9，把那个2改为3，我就变成了1939年3月7日出生，正好在范围内。身体检查合格后，部队领导说："你们回去过个年吧，不然三年以后才能回来过年了。"我就穿着军装回家了。我老妈一看："乖乖啊，你怎么去当兵了也不讲一声！"我说："这有啥好讲的，我也没想去当兵，就是当上了嘛。"我老婆说："不是不让你去当兵，你也得打个招呼吧？"我说："三年一眨眼就过去了，不用打招呼。"

我是76团汽车兵，在南京中山门外马群那个地方训练，三个月后再到正规连队。最苦的就是那三个月，每天都要跑步，太阳晒着，扎着腰带，帽子都是湿的。三个月训练后，又是半年的驾驶员培训。现在的驾照培训也就一

---

① 意思是征兵年龄计算截至1959年3月满18岁、19岁、20岁三个年龄的兵。

个来月,我们那会儿是半年。从理论开始讲,然后再一个个部件拆开,边教边弄,都学会以后才上车。一开始它是模拟的,就像跑步机一样,车轮是悬空的。然后就是在地上跑8字、车库移位、转杆。基本上熟练了,就得助教陪着上马路,一个助教带四个兵,前后加起来是半年。在部队开了一年车,连长说给我换换工作。他说:"你管派车、管油。"派车是要填卡片的,像是每公里开了多少油,计算支援地方的运费,还要报表。后来我就一直干这个工作。

1959年当兵,第二年我父亲就去世了。我是老大嘛,有弟弟妹妹,还有老妈,都需要我。所以,到退伍的时候就想走。连长说:"行啊,你想走就走,不走就留下。"结果我等了一段时间,光看人家走了,因领导觉得我表现比较好,舍不得放,也就没走。其实,部队待遇还是蛮高的。一开始是6块钱一个月,第二年是8块,第三年是12块,再往后,第七年一个月就是45块,那时在农村当老师一个月也就是30来块。说实话,当兵吃饭、穿衣不要钱,45块也算蛮高了,也算一个工作了嘛。那时候也不想那么多,走就走,留就留,在哪干都一样。就那么干到1966年,当了七年兵,转业了,转到北京去培训,在那里我学了剪板机、拉直机、矫直机、锯床,在北京培训八个月就直接到贵州来了。我当时也不知道是到这里来,因为部队是绝对服从命令的,叫你怎么样你就怎么样。不能问为什么要到那里去。那么,当时是怎么回事呢?这就是三线的问题啦。

二、局势紧张:见物已捐躯

当时国家困难,三年困难时期人吃不饱,甚至还有人饿死。我父亲去世也跟这个有关,生活困难,一天只有8两粮食吃。再加上当时有浮夸风,本来收成不好应该向国家报告,下面的人却说收成好,说"人有多大胆,地有多大产"。事实上不可能,是不是?你想让它生产1000斤它就生产1000斤,不可能吧?浮夸风加上三年困难时期,国家就困难了。

到了1962年,蒋介石叫嚣"反攻大陆"。我在部队,当时衣服只有两套,穿一套留一套，其他的像棉衣、棉帽、棉靴、皮靴这些都统统打包。写好地址，写好留言，就上交。为什么要这么做呢？随时都要准备打仗。你一旦死了就把打包的东西往家里寄。当时从连长到指导员都写，每个战士都写。留言里面有的说"要带好孩子呀"，有的说"找个合适的喽"。我当时就没那么写，我就写"见物已捐躯"，意思是看到这个东西我人已经死了。就这一句话，反正你看到了，我就完蛋了，那个时候就这样（笑）。当时中印边境已经打起来了，也是 1962 年。越南也在打仗。越南名义上是南越和北越打，实际上是中国和美国在较量。

苏联也与我们发生摩擦。在咱们新疆，没有河，也没有山，就是平地栽个桩，算是界碑。看你没人了，苏联就把桩挪一挪。我们看他挪过来，又给他挪回去。挪来挪去，最后就发生摩擦嘛！那个还好，没怎么打起来。协商后双方撤军，都要从那个线后撤一公里。东北就不一样啦，在乌苏里江就打起来了。乌苏里江夏天就是水咯，那河里都可以打鱼。到了冬天冰厚，苏联就开坦克，我们还把他们的坦克搞来一辆，现在在北京军事博物馆。

国际上就这么个情况，基本上是四面受敌。毛主席先说"深挖洞，广积粮，不称霸"，后来改为"深挖洞，广积粮，防恶战"。因为全被包围了嘛，随时都可能打你。一些地方已经在打，小打小打慢慢就扩大了。国内呢，有发达一点的，手工业也好，小作坊也好，都在沿海，所以一旦打起仗来，沿海这些城市很可能会被摧毁。毛主席当时就想：你打了我一线，我有二线；打了我二线，我有三线。所以就这样建了三线。建三线大概是 1964 年提出来的。毛主席那句话很感动人，也是我们建设三线的力量。什么话呢？毛主席说，三线建不好，他觉都睡不着。

三、 初来三线，三线精神就是苦干

北京来了两个单位包建 4292 厂，其中技术方面是北京 738 厂包建的。为什么厂名是 42 开头呢？因为这个厂属于四机部管。中央那时候是八大部，我们是电子工业部，就是第四机械部，总部在都匀。都匀建 10 个厂，凯里建 10 个厂，安顺那边有 2 个厂，一共 22 个厂。我是 1966 年 8 月来的三线，来之前单位开着车把我们送到八达岭、军事博物馆、人民大会堂、故宫玩一玩。大家一想平时都上班干活儿，怎么会拉出去玩？这就知道，快要走了。车票买好，卧铺，整个车厢都是部队的。人家告诉你是去搞建设，是到贵阳。贵阳是省会，还是不错的。谁知道贵阳是不错的，但不是我们去的地方。在谷硐车站，说同志们下车了，这就是目的地。下车一看，哎哟，我的妈呀，这就是目的地？这是什么地方？都是弯弯扭扭的路，又窄，荒无人烟。

来了开始搞基建，那时候搞基建不像现在。我们都是拿锄头、拿镐挖地。这边山多，石头又多。虎口都出血、开裂，手都磨起老茧，肿起来。硬的地方呢，就拿钻打了眼以后，再放炮，就那么搞。那时候装车，一锹一锹地往上弄。现在的推土机、挖掘机一弄半个立方就搁进去了，多方便。那时设备拉来，没吊车，下来都是问题。所以机床来了以后，就从车上搭个木板，木板上放着钢管，把床一点点挪下来。上面拉着，让它慢慢往下滑，如果弄快了，就会摔坏。现在的吊车鸣一下就过去了，那多省事儿，那时候没有，主要靠人。

其实我们最难受的还是挑砖。两兜儿砖是 20 块，一块 5 斤，20 块就是 100 斤。平地挑还可以，上楼就得搭个架子，反正也要挑上去。要盖三层，你得要挑三层。没有大吊车，挑着 100 多斤又爬坡，就是累（苦笑）。那个坡是个平板，一个空档一个空档，一只脚只能踩一个空档，所以挑着东西一步一个脚印，必须踩在那个档上。挖地基、挑砖、挑水泥，那都是最累的。基建搞完后，真正到工厂里，就是机械化了，相对好一些。但基建没个完，厂里经常扩建，过一段时间就要干。

三线精神就是苦干，大家的心思就是要建设，黑天白天地干。零件一下来，不管有多少，反正就这么干完。干困了躺在床上就睡觉，醒了再干，非把它弄完。不像现在八个小时到点了就下班，那个时候没有休息不休息的说法。有就干，干完为止。厂里要求加班，过了晚上 12 点会给 3 毛钱，吃一顿饭。其他自己主动干的不算数，什么加班、夜班，没有，不计报酬。那个时候就不知道啥钱不钱，就知道干！哎，那个时候呀，大家干劲足啊！就是那种上进心吧,好好干,老实干,听党的,思想和现在完全是两样。说备战备荒为人民,三线建设要抓紧。要真的打仗,要真的打大仗。我本来就是当兵的,又在这种情况下,那就拼命干呐。苦不苦?不苦!比红军两万五千里长征好多了!为啥要干啊?为了让毛主席睡好觉。

实际上这地方不说别的,光蚊子就受不了。没有房子住,就油毛毡棚一搭。我们还算好,住个厂房,但没有门,没有窗,光一个屋盖。再加上不像现在干干净净的,那时候到处都是草。那蚊子可是呼噜呼噜呼噜,多得不得了。所以大家就说"八大怪"之一,"十个蚊子一盘菜",又大又咬人。咬人,它叮上就是一口。别的蚊子嗡嗡嗡飞呀,你还有个防备。它没有,趴上去就咬你。另外呢,我老家是平原,你想找个坡地、高地都没有。到了贵州呢,它是山地,高高低低的。这里的山太多了,走路都不习惯。路又滑,下点雨,结着冰,更不敢走,就蹲在那慢慢滑。单位又没有食堂,在凯里建筑公司食堂吃饭。由于不是一个单位不一定一起下班,他们单位的人下班了就吃饭,我们去晚了就没菜。那个时候咋说呢,打点菜弄点饭往盆里一放,吧唧吧唧就吃了。等你走到毡棚里,也吃完了。开水一冲,带洗碗,剩下的就喝掉,不存在什么剩菜剩饭。说实在的,啥叫饿,啥叫饱?你分不出来,饱了再给你两碗也能吃下去。

那个时候物资少,所以国家就采取一种政策,叫统购统销。我统一购过来,统一销出去。粮要粮票,菜要菜票,油要油票,烟要烟票,布要布票,反正没有不要票的。像我们当干部的,不在车间的就29斤粮,在车间的还能吃个31斤。肉嘛,一个人说是1斤,那玩意也难说。有时候买,有时候不买,因为这要走路到凯里去。带个孩子一起去吧,走一个半小时,到大十字。那个时候凯里小得很,就大十字一点点,四栋房。东方红饭店对面是百货公司,百货公司对面是新华书店,新华书店对面是邮电局。路都是泥巴路,两边到处都是稻田、蔬菜、玉米。说起来有点不咋好过,凄凉得很呐!

唯一的娱乐活动是礼拜五有一场电影。在广场外头,幕一拉起来就坐在那里看,都是什么《地道战》啊、《铁道游击队》咯!后来印象比较深刻的就是建游泳池,游泳池这头是四米深的水,那头只有一米二,它是这么斜坡的。

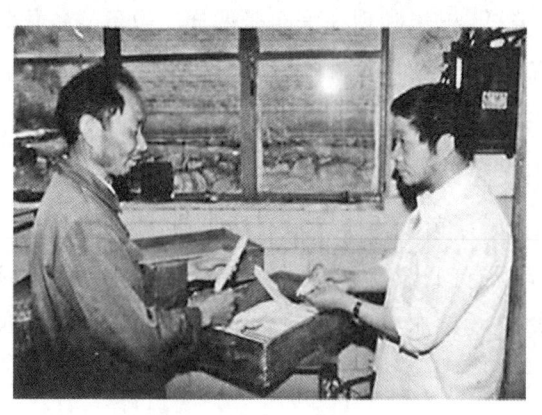

蒋昭华（左）在工作中

当时我们就苦了，把水泥和好后，下坡还好点儿，上坡就难推。上坡一个人架着，两边两个人，地上铺着铁丝网，就在那上面推。那时候最累的啦，黑天白夜地干，要求你不能间断，要一次成，结合不好就会渗水。我记得建了两天两夜吧，游泳池才建好，现在还在。

四、工厂生产"万金油"

　　工厂建起来之后，部门可多了。我们供应科是专门供应材料的，开始有十几台车，后来增加到二十几台。东西都靠自己拉，吃的用的都要拉，生产材料也是一样。供应科批出来哪里有钢材，然后就拉过来。那时候主要就是都匀、贵阳、谷硐这三个车站，凯里没有车站，没有汽车，没有火车。外边订购放到那些站，司机拉回来。计划科负责下达任务计划；机动科专门负责机器，安装机器，出了毛病修理；技术科专门设计产品；工具科专门负责工具，模具这类的都归它管；从零件生产到产品出厂，都要经过检验科检验；后勤专门负责生活，比如菜啊、粮啊！这都与生产车间有关。厂部的就更多了，教育科，又叫政工组，会计科啦，反正多了。整个厂子，一开始是700多人，后来900多，再后来变成1000多。

　　正规车间有第一加工车间、第二加工车间，还有一个专门翻零件的翻砂间，一个喷漆电镀车间，另有一个试制车间，新产品都要试制嘛！加起来一共有12个车间。当时"文革"期间不叫车间，叫连队，一连、二连。像我们的供应科是九连嘛，我是副连长（笑），实际上就是副科长。上下班听号，由广播播放，上班有进攻号，也就是打仗时的冲锋号；下班有下班号，懒洋洋的声音;休息有休息号。好多事情都用广播,比如深更半夜来了几车水泥,就用广播喊:"水泥到了,赶紧起床啦,有事情啦!"我们听到后,呼噜呼噜就跑过去将水泥卸下车。那时候都得听喇叭,听指挥,要统一行动嘛!

平时上班那喇叭号一吹,咚咚咚往车间跑,到那就集中学习。读篇语录也好,读篇文章也好,然后才下去干活。不存在迟不迟到的问题,主要是不敢。学习完后就分工干活,干完活再集中起来晚汇报。那个时候做这些事都是自觉的,不用谁通知。一到礼拜五下午4点半,党员集中进行学习,开民主生活会。有的党员如果没来,那下次开会他自己就会检讨自己为何没来,主动表示以后要改进。《毛主席语录》随身带,红卫兵让你背哪一段你就得背哪一段。报纸看一看有没有毛主席像,有的话你不敢垫在屁股底下。思想上你不见得真的有这么服从,但行为上你必须得表现,否则容易被抓小辫子。因为,那时候主要讲政治,不是讲钱。

对于钱的问题,那时候基本不怎么想,当然即便想要你也拿不到。像我是科级干部,在供应科,一个月32块钱备用金,就是出差什么的就不要到财务科去要钱了,到月底回来报账。你没用的话,32块钱如数交还。你用了多少,凭票给你报多少,剩下的钱你要还回来,再给你下一个月的。住宿三天之内的,可以用那32块钱。三天以后的有票开票就行了,这叫托收承付。你到商店里面不管买什么东西,买好了以后把票一开,自动就银行付了。东西给你寄回来了以后,交给材料员开箱、验收合格、入账。财务科到保管员那里去结账,都对上号了,你才脱得了身。对不上,少了多少,怎么回事?那个东西抠得相当严。你得不到钱,你也捞不到钱。除病假例外,迟到、早退也好,旷工也好,一个月累计达到48小时,自动退职,开除厂籍。班组长能给职工一天假,这一天是事假,照扣工资。如果是倒休就用票,比如说你加了十个小时的班,没有钱,给你十个小时的票,以后你要请假就拿这个票抵啦。从劳动角度说还是合理的,你先垫付劳动力在那,然后需要休息的时候拿来抵。

我先当供应科副科长,然后调到八车间,翻砂的,主要是翻铝合金。我给书记讲:"我在部队开了七年的车,供应科的工作能干好,翻砂我不太懂。"

他说："你是党员吗？"我说："是呀！"他说："党员服从安排,懂不懂不重要,干上你就懂了。"那我只有去,去了赶紧学。尤其是那个沙子,到底湿度多少,拿手一抓就得知道行不行。它太湿了呢,气泡排不完；但又不能干,干了沙子又和铝水混在一起了。所以沙子既要成型又不能让它湿,就靠这样抓。别人抓一把,我也抓一把。别人认为行了,我也就知道这样行啦,就这样慢慢地学。后来我到技安科当科长,专门管生产安全技术。那时候正好赶上党政分离,也就是党只管党务,政就管生产经营,二者是分开的。过去不是,过去是统一在党委的领导下,所以后来我又到七车间去当书记。

后来又把我调到劳动服务公司,相当于搞一帮青年成立一个子公司。子公司得靠大厂养活,大厂不是有那个计算器嘛,劳动服务公司就生产计算器的壳。当时计算器一停产,那分公司就散了（笑）。我做劳动服务公司副经理的时候还兼过姜厂的厂长,但后来没搞成功。姜厂的产品是北京第四研究院研究出来的,也就是把姜榨油出口,剩下的姜渣配上白糖一起烘干,当成姜片吃。办厂时推算,光是姜片就可以养活这帮人,榨出来的油,卖掉就是干赚。当时凯里市政府有个劳动服务公司,负责供应材料,我们负责加工生产。赚的钱,各得一半。丹寨①的姜呢,当时只有8分钱一斤。我们这边要求把它洗干净运到这边来,我给你1毛2分钱,相当于多给4分钱呢。这个钱从哪里来呢？贷款,贷32万。要买一台锅炉,买烘干机,买点原料。贷款基本上成功了,哪知道物价涨了。深圳一下来到丹寨去收姜,8毛钱一斤。你才给人家1毛2分钱,人家当然不卖给你了,深圳就直接给买走了。最后是跟柳州谈的,一下涨到1块6毛钱,物价呼一下就涨上去了。这玩意儿成本就上来了,但是姜油那个不可能涨,原价。所以就不搞了,贷款也不贷了,那货都订好了,等待发运了,也停了。我在服务公司待了有一年多,当时七车间主任被抽到宁波去建一个厂,1988年我就又回到了七车间。

到了七车间就开了个会,我说:"第一,我是来学习的；第二,七车间今年一定得搞个先进,不搞个先进我再也不走了。"还真叫我说到了（笑）,我们那

---

① 隶属黔东南苗族侗族自治州,位于贵州省东南部,东与雷山县接壤,南靠三都水族自治县,西与都匀市、麻江县交界,北抵凯里市。

时候是计划生育抓得紧,如果你不按计划生育就一票否决,这条抓好了,生产经营绝对能完成任务。当时是个外线指标,就是人家到你这来加工给你钱,你交给厂里。螺丝镀锌,下达12 000个任务,要完成这个任务。到哪去搞去?我就跟别人谈,不管怎么样你拿给我产品我给你镀,你看中了镀,看不中就算。哎,他拉来一堆,我给他镀。司机给你送来了,总得掏个烟给人抽一抽。你别一根一根地给他,要给就给一包。谁掏啊?我呀!驾驶员抽了一包烟,他也不好意思不来了。后来给他一条,叫他多拉点。来一次给他一条,来一次给他一条。镀完打电话让人来看,镀得比别人的好。他领导看了,说这就是搞得好,就是亮。就这样给他拉过来了,完成12 000的指标,得点现金,得奖状。1992年离休退休办公室叫我来当主任。我说:"那老头、老太不好伺候,不好搞啊!"说不定岁数比我都大,都得叫阿姨,怎么去管人家?副厂长说:"不行,你一定要去。"那就去吧,在那待着,搞篮球场、搞跳舞、搞比赛,反正什么都搞。

后来说三线是个负担,是个包袱,当时就这么提了。你本来就是做军工的,叫你去转民。转民哪那么容易呀?一下转不了。军工的那个东西,根本不用你去卖呀!你这边生产出来,那边马上就给你调出去了。到年底嘛,盈利是国家的,亏的国家给你补,所以它不存在盈亏问题。当时朝鲜、阿尔巴尼亚,包括越南,反正几个友好的国家,都用我们的产品。后来所有产品不在你这定了,让你军转民。我们开始生产黑白电视机,洗衣机也搞出来了,再往后就是录音机、计算器。这些赚不了钱,这么多人要吃饭,生产的产品也养活不了自己了,紧接着就关停并转,该关的关,该停的停,该合并的合并,该转走的转走,人就下岗分流。那个时候,像一车间、二车间、工具科,这三个成立一个承包单位,活得还可以。给外边做模具,那模具值钱的,可以养活自己一段时间。机动科可以到外边儿收设备,它也单独承包。司机班,它有车子送货,也基本凑合。有些承包不了的,就下岗了,那一段很苦。在这种情况下,工厂开始转变,慢慢到最后就破产,厂长、书记都换了好多,没用的,不是我一个厂不搞,083这十几个厂基本上都不搞了。我们厂是1999年破产嘛,我正好到那一年退休了。我作战经验足,退休后返聘了。返聘后我就到居委会,在居委会干好几年。现在我还是凯旋社区党总支的纪检委员,退休二支部的书记。凯旋厂里的中层干部就属我待的位置最多。我这人也好说话啊,叫到哪就到哪。这事咋说呢?要说能力嘛,也不是能力,就是一"万金油"吧。但是我这个人有个怪脾气,我要干我就必须干好。就像种菜一样,别人比我好,我就想怎么也得超过他(笑)。

到这来一年以后工资定级,定了一个41块7毛1分,一直拿到2003年。以前它根本就不涨,2003年开始年年涨点,后来要退休了才这么三四百块钱。有一段时间涨,但没有钱,叫空调。振华公司和贵州省政府订合同,就是说你这个单位有盈利,你可以涨,给职工提级;你是亏损单位,不能涨级。我们这些倒闭厂怎么办呢,它叫跟班。人家涨三级两级,你只能涨一级半级。涨级就涨级,没有钱给。到2005年养老金有点儿统一了,才开始把以前欠的给你补清,然后慢慢涨了。这个厂越老工资越低,年轻人退休的都有4000多块,像我这种半老不少的还不错,3300块。还有两千六七百块的,有1000多块的,都有。够吃就行了,这个东西,多了也没用。反正我们这些老东西现在身体好就行(笑)。

蒋昭华(右一)和同事合影

五、 婚姻故事与晚年生活

我是1966年来的,爱人是1971年来的。当时专门办了一个38加工厂,也叫五金加工厂,加工铲子、铝盆等。就是把家属给接来,弄到工厂里去,让你们想跑也跑不了。老母亲岁数大了,加工厂不要,她也不愿意来。她来过,一看这地方,不习惯,要回老家。爱人带着三个孩子来,大的上学,小的上托儿所、幼儿园,厂里面的。落户口的时候,由农转非,每年要解决多少,有一定的比例。来了户口落不下,叫作农村户口吃商品粮。生活待遇上享受居民的,供应粮本,户口还是农村的。孩子大一点,要读书了,解决一个。就这样逐年给你落,1974年最后才解决妻子的户口问题。

我和她怎么认识的?这个说来就太长了。我老家是亳州的最南边,她是涡阳的最北边。我们两家离得不远,十来里地。我在家教书,她在家务农、上学,上六年级。他老爸就是卖个粮、卖个棉花什么的。这些东西卖不掉都放在我姥爷家,两个人爱喝酒。他跟我姥爷讲:"我这姑娘是属虎的,虎可厉害,猪牛马它都吃,这找婆家可不好找。"我姥爷呢,他有那个年历,他一翻那个书,说:"这个老虎有饱虎和饿虎。"什么叫饱虎呢?就是白天出生的,老虎都在睡觉,他说:"饱虎对饱虎没有影响的。"他这么说,这老头儿也信。他说:"这饱虎到哪去找呀?"我姥爷说:"饱虎远的不说,近的有一个,我外孙就是。这样吧,哪天我叫我外孙来,你看一看。"

过一段时间,姥爷肯定和老头儿约定好了。他叫我姨家的孩子跟我说:"姥爷想你了,你看你什么时候能去一趟?"我说:"去一趟只有礼拜天啊。"我就告诉他哪个礼拜天我去。去了以后他说:"外孙你去挑挑水。"我说:"我到哪儿去找水桶呀?"他说:"我带你。"他在前头,我在后头跟着。他说"就这一家有",实际上就告诉那老头,我是他外孙。我当时什么都不知道。我拿了桶,挑了水,又送去。我说:"姥爷回去吧。"他说:"哦,我再和他们聊会儿,你先回去吧。"等过一会儿,我姥爷回来了说:"你到街上去买点菜去。"我就买点菜。过一会儿又说:"你去买几个馒头去。"我又去买。过一会他又说:"你去打一点酒。"我又去买酒。我说:"这一趟一趟的,你一下说完多好呀。"到吃饭的时候,那老头来了,留个八字胡。姥爷说:"这个就是唐叔,我的好朋友。"我就叫唐叔。吃完饭我看天晚了:"姥爷我得回去了,明天还得上课。"走出门外,姥爷说:"外孙你停一下,这老头很可能是你的老岳父啊!"我说:"啊?你咋这样说啊?你早说一下呀,完了完了。"姥爷说:"因为你不知道还好,知道了还拘束。"其实不但那老头,包括她哥她嫂也在看我,挑水呀、买菜呀干什么的。我说:"姥爷你这可……和我说一声呀!你怎么能这样?"

后来就叫我那个哥去提亲去了。他说:"昭华弟呀,你这个是跑不了了。"唉,我说:"这都是姥爷办的。他都弄了一圈,人家都看了我了,我还没见到女的。什么样的,高的、矮的、白的、黑的我都不知道。这怎么能定啊?"我表哥就说:"这个小孩嘛,我倒是见过。小时候扎那个小辫儿,眼睛大大的,反正人我包你没问题,你放心。"哎呀,我说:"这怎么办?没见过什么样,是个猫、是个狗都不知道。"那时候我心里想,早晚是要吹的,管他呢,你们想咋折腾咋折腾,反正我是当老师的。管他呢,到最后甩,跑(笑)。

后来到结婚那天,她家那个猪把凳子拱倒了,盆打烂了。那老头儿说:"这日子不好,不行,这日子得重新换。"就不发嫁,她不来了。然后第二天,我跟我爸讲:"我明天去一趟,你看这桌子柜子衣服都在这搁着,这像什么,叫他们抬回去。"说着说着我那个表哥来了,我说:"表哥,怎么回事啊?"他说:"那个日子不好,重新看。"我说:"胡扯淡,妈呀,再看日子,再吹叫(乐器班子),再弄花轿,再弄第二次,那不可能,吹吧,吹吧。"我那个表哥就说:"这样不好,这样对不起那个女的。她迟早要来的。"我说:"好吧,不管她了,东西就放那吧。"哎呀,我一看那东西就恶心,一看就恶心(笑)。

大概过了一个礼拜了,我在送学生的路上碰到一个拉板车的,车上还坐个女的。那拉板车的就问:"前面是不是有个学校?"我说:"有!"他说:"有个蒋老师?"我说:"两个,一个女的一个男的,男的就是我。"但是我不认识她们呀!结果到家了她(妻子姐姐)说:"蒋老师,我给你把小唐送来了。"当时家里没有别人,就我老妈一个人。我偷偷进去跟我老妈讲:"你去买个菜。"我跟她姐讲:"你怎么给送过来了?这咋说呀?"她说:"送来就送来了,这还要咋说啊?"我说:"如果带有强迫性的话,吃了饭你们就回去。"她说:"都是自愿的。"我又到屋子里面问她(妻子),我说:"你就这样来了,你认识我吗?"她瞪眼看我:"早就认识你啦!"我知道糟了。我说明天你回去,开个介绍信,咱们就登记结婚。从那个时候我们两个就认了一样,任何时候不准再提这个事,不管以后怎么说话,都不提这个。她挺聪明的一个人,我们感情挺好,她2014年过世了。

我几个孩子原来都在厂里,现在都在外面打工,经常打电话来。老大是高级钳工,在江苏打工。老二是铣工,精密铣,在温州。老小是个姑娘,在凯里。现在凯里搞了好多协管员,她当协管员去了。大孙子在深圳,二孙子在凯里,外孙女在贵阳。我觉得我来三线对他们的成长还是有帮助的:不来,他也就是个农民;来了,他学到了技术。虽然出去打工,但和正式工作都是一样干,无非效益归谁的问题。不知怎么的还读了高中,"文化大革命"那个时候在农村读个高中也是很不容易的。更别说专业学校了,那时候根本就没有。像我们老一辈,献了青春献终身,献了终身献子孙。

我这一辈子应当说为国家做了一点点小小的贡献。当兵七年,正是国家要人的时候。学校多舒服,比部队要舒服嘛,是吧?再说自己又搞了一个小家庭,爱人还挺好,又有父母。我没有跟任何人商量,说走就走了,穿上军装到家了他们才知道,我这个人就这么个胆量。在部队本来是三年兵,一年一年地留,留了七年。到了七年,一下子转业到了北京,就到了三线。三线我认为是很重要的。毛主席睡不着觉,让他睡觉,我得出点力。在三线我还是做了点事。至于说有些人说三线是包袱、是负担什么的,我是一分为二地看。搞经济,它确实不行,武器卖给谁呀,你没地方可卖嘛,是不是?对国家来说,当时它确实立了功。没有三线,如果打起来,不要说什么改革开放了,到底到哪一步都很难说。

我现在81岁了嘛,前段时间街道演讲比赛,七八个单位参加,我还得了第一名。我演讲的主题是"不忘初心,牢记使命"。讲讲我怎么参加革命,怎么来三线。人家都是照着念,我就在那呱啦呱啦地说。我天天必须看电视,6点半到7点贵州的新闻;7点到7点半,有时候到7:50,中央新闻,我必须看。看了记不住,我还要做笔记呢,你看这些都写满了。中央领导讲话都有啊!所以我就呱呱地猛说。有这个为证(手指演讲比赛获奖证书),这么大岁数了,我还是发挥余热吧,发挥点正能量。再选一次的话,只要共产党在,哪里需要我就到哪里去。

蒋伯均

三线给了我为国家做贡献的机会

亲 历 者：蒋伯均
访 谈 人：张腾霄
访谈助理：蒋桂东
访谈时间：2019年7月18日上午10:00—下午12:27
访谈地点：凯里市蒋伯均寓所
访谈整理：蒋桂东　张腾霄

亲历者简介：蒋伯均，男，1941年生，四川仁寿人。1959年初中毕业后考取成都无线电技校，1962年毕业后分配到北京广播器材厂工模具车间。1968年到贵州筹备三线建设工作，1969年赴北京进行工艺设计审查。1970年从北京调到都匀4111厂工作，历任机电技术筹备班班长、机动科党支部宣传委员、工具科政治指导委员及党支部副书记、宣传部副部长、宣传部部长。2001年退休。

蒋伯均接受访谈

一、艰难求学路

我是四川仁寿人。仁寿县现在由眉山市管，就是苏东坡的老家眉山。我是仁寿县汪洋区人。杨汝岱①和我一个区，吴玉章老先生也跟我一个区。吴玉章老先生是老革命了，已经走了。杨汝岱原来是全国什么纪律检查委员会的，也走了。我的父母是仁寿地地道道的农民，父亲上了几年的私学，他的书法功底比较好，小时候他对我们管教比较严，可能受他的影响，我现在的书法也好。

1948年我上过一年的私塾，我的三姐夫是我的私塾老师。1950年刚刚解放的时候，我们涂家乡就分成了两个乡，即涂家乡、大革乡。我家是大革乡的，大革乡姓蒋的比较多，那里有个蒋家祠堂，我们那个小学就设在蒋家祠堂，乡政府也在蒋家祠堂。我就在蒋家祠堂上的小学。1952年，我到涂家完全小学上学。那个时候小学分初小跟高小，八册以下的是初小。八册上头就是九册、十册、十一册、十二册，这两年是读高小。因为我上过私塾，所以小学一册没上，就是上三册、五册、七册、八册，跳级，跳着往上上。那个时候报名升学没有那么严格的制度，自己报名上学。上到八册的时候，也就是到1953年的时候，因为家里是地地道道的农民，靠种地来养活我们，而且我们兄弟姐妹11个，很不容易，所以家里供我上学的学费都没有。尽管那时候一年只交几块钱学费，但是家里拿不出来那几块钱。母亲就带我到我舅舅家去玩，等报名时间一过，报不上名了，她再带我回来。结果1953年那一年，我就辍学了。我记得很清楚，3月5日斯大林去世，那年我辍学在家割草喂牛。1954年，有了一点钱后我就去报名考插班生。100多人报名考插班生，我考了第三名，读了两个八册过后就上高小。1956年高小毕业，考进了仁寿县汪洋中学，也就是仁寿第五初级中学。

初中上学，我三哥靠助学金，我上学没有钱，靠母亲把陪嫁的耳环、脸盆卖光了给我凑学费。6块钱的住校费和伙食费交不起，我就走路上学，在家

---

① 杨汝岱(1926—2018)，四川原省委书记。

吃早、晚饭。中学离我家有6公里——12里地，来回差不多25里的旱地。为了省钱，我每天早晨起来，给家里人做饭，做好饭我吃了先走路去上学。下午放学了，又从学校回家，给家里人做饭。我7岁就学会了做饭，那时候人还没有灶台高，搭个小板凳站在上面做，这就是穷人的孩子早当家吧。

1959年初中毕业时，正好赶上三年困难时期，我家三哥当时上高中。假如我再继续上高中、上大学，家里经济条件就不允许。因为中专可以不交生活费，只交点书本费，所以我就选了中专，成都无线电机械学校工模具设计制造专业录取了我。这个学校成立比较早，陈毅元帅曾经是我们学校的毕业生。在技校第一年，我母亲卖了一些首饰加上我们扛楼板卖的费用，一共凑了11块钱的学费。当年8月，我带着这11块钱，挑着我的行李，包括几个干馍馍——那种没有去麦麸就磨成面做的馍，还有一床被子就出发了。从我家出发，这一天，走了125里路，中午的时候，就在公路边的一个小米店跟老板要了一点开水，就着干馍馍吃。然后又继续走，从早上7点多钟出发，走到晚上9点半，才走到顺河场火车站。这一天是我走路走得最多的一天。60多公里啊！我在马路上数了一个又一个一公里一个的那个路碑，数了60多个。晚上9点多钟到顺河场火车站的时候，想住旅店，又舍不得钱。走了一天一分钱没用，就在路边找点开水吃干馍馍。在火车站候车室我找了一把椅子，把被窝放在椅子上，坐着靠在那儿，晚上就准备在那过夜了。那个时候我就穿了一个小的中山服，那11块钱就放在我左边的兜里头。晚上我就这样侧着把兜按着（比画），眯了一会儿，睡得迷迷糊糊的时候感觉有人摸我的兜，正好摸到我的手，把我弄醒了。我说："你要干什么呢？"他说："你把你的被子拿下来腾个位置给我们坐一坐。"我说："你的要求是合理的，但是我睡着了，你来摸我的包包是什么意思？"结果，他旁边的同学就来求饶，说他第一次出门，不懂道理，请你原谅他。我一打听，他们也是要到学校去上学的学生，就算了。坐火车到成都下车以后，哎呀，肚子饿得不行，干粮吃得差不多了，想找点东西吃。我就顺路看两边，看到这个也贵，那个也贵，舍不得买。最后找到了成都老西门外头，都到我们学校门口了，我还没找到一点东西吃。太贵了！舍不得买，吃个馍头都要几分钱。那个新生接待的，把我安顿了以后就领我到食堂去吃饭，省下了一顿吃饭的钱。

到学校后分班，我分到工模具制造专业318班，这样过了一年。第二年没有学费，我就自己找了一个木头竹筐，礼拜六到周围的菜地里面去打猪草，卖给学校巷子后面的一个养猪场。2分5厘一斤，一个礼拜天打几百斤猪草卖给他，挣点儿零花钱。我买书买不起，就凭上课记笔记，没搞懂的下课把同班同学的书拿来看一看。就这样上学，1962年我还被评为学校的优等生。

二、分到绵阳还不如到北京

1960年我父亲因为生活困难去世，家里老母亲身体不好，所以1962年学校毕业分配的时候，我想留在成都，离家近些，结果成都的名额全被留校的老师占完了。我被分到绵阳780厂，也就是绵阳长虹集团的前身。分到绵阳实习工资一个月才28.5元钱，我说"分到绵阳还不如到北京呢"。说者无心，听者有意，结果被指导员听见了。正好有个被分到北京的同学不愿意去，他愿意留在四川，指导员就悄悄地把我换到北京，把那个同学留在了四川，后来在那当了党委书记。我被分到北京广播器材厂，也就是761厂，属于四机部的厂子。

那时候毛主席说，努力办好广播，为全中国人民和全世界人民服务。提了那么一个词后，我们北京广播器材厂生产的500千瓦广播机，可以把全球管起来，是那种大功率的广播机。刚开始去的时候我被分配到工模具车间，在车间实习时，给我分了个师傅，师傅早年是天津291技校毕业的。实习半年以后，我被分配到车间技术组，搞工装工艺制造。工艺流程的每一道工序，需要保证在工艺上面写清楚。我搞了一年的工装工艺，然后分配到工装监督组，就是模具制造完了以后，要出车间进入生产线了，我们那里就是一个关口。要卡着它，看一下它的各项技术指标是否达标，能不能满足零件生产的需要。工装监督搞了半年，又把我分到第十车间。第十车间属于制造车间，就是广播机的总装车间，这里搞产品工艺跟工装监督相结合，解决工装在生产线上出现的各种难题。所以我整天在车间跑,跟车间工人打成一片。

车间工人组织劳动竞赛的时候,我还参加劳动竞赛。后来把我调到了工艺科搞工装设计。在这过程中,我设计了一个旋风铣,为十车间的工艺执行车间解决了广播机的板弹簧加工问题。原来的板弹簧就像工人挑螺扣一刀一刀割出来,用旋风铣一次走刀就可以完成板弹簧加工,提高了十来倍的工作效率,也提高了加工精度。北京有一个木材加工厂,我在那参观学习以后设计了精光机用于木工刨床。因为解决了生产效率问题,所以在工艺科搞了一年的工装设计后,就让我去设计非标准专用设备。1966年"文化大革命"前夕,因为生活困难,厂里派我去参加京密引水工程。我们去挖运河,河口40米,河底20米,深度8米。这么一条运河没有现在的挖掘机挖,全部人力挖,挖了后通过斜坡,把土用手推车运上来。挖运河期间正好赶上邢台地震①,因为怕突然地震,所以我们不敢在房子里面住,只敢在外头住棚子。在那干了两个月。

三、让毛主席睡好觉,主动报名来三线

我们是非常敬重毛主席的,他把我们从水深火热中解放出来。尽管当时很困难,毛主席还是领导我们从困难当中把国防企业建起来了。

解放以后,毛主席对我们的国防很担忧。我们刚刚解放,底子比较薄,而且工业都集中在东北地区或沿海地区,一旦打起仗来,怎么办?东北地区在苏联的导弹射程之内,几颗导弹、几个炮弹,工厂炸了,后续的工业从哪儿来?1964年5月,毛主席在听取第三个五年计划编制的时候,第一次提出"三线建设"主张,指出国家计划要考虑到打仗,为了防止帝国主义对我国发动侵略战争,要下决心把东部、中部的部分国防工业基地搬迁到西部去,要搞三线基地。到8月5日,美国"马多克斯号"驱逐舰在北部湾与越南海军

---

① 1966年3月河北邢台前后发生两次地震,共死亡8064人,伤38 000人,经济损失10亿元。

开战①,战火烧到了我国边境。形势非常紧张,当时的苏修也瞄准了我们东北边境的产业,到最后发动了珍宝岛战役。毛主席觉得,我们当时的国防企业要进行调整,把沿海的搬到内地去,分做一线、二线、三线。三线在四川、贵州、陕西、湖南、广西等地,就是西南部。

1959年毛主席九评苏共中央公开信,就是讲赫鲁晓夫、苏联压迫我们。苏联撤走了专家,撤走了支援我们的项目,还逼我们还债。我们给他的苹果还得用那个②塞啊,就说大的不要,小的不要,就要这么大的(比画),你想他是搞到什么程度,故意给我们制造困难。当时毛主席想要解放台湾,美国就跟我们干。我们那个时候底子薄,刚刚建立的国防事业比较薄弱。而且经过了抗美援朝,打了几年仗。抗美援朝是我们第一次战胜美国,逼迫老美在谈判桌上签字。在朝鲜战场上我们是胜利者的身份,这一仗我觉得打出了我们国家的威风。如果没有抗美援朝的胜利,现在不知道美国要欺负我们到什么程度!我们作为一个中国人,那是感到非常自豪的。

珍宝岛战役发生时我还在北京,如果我们打不赢,苏联在北边屯兵百万,加上当时蒙古跟着苏联跑,都说蒙古是苏联的畜牧场、养殖场,他的战马都是给苏联的。一旦打进来我们又要跟当时的抗日战争一样,要沦陷。如果真的打起来我是要上战场的。1961年招兵的时候,我就给母亲做工作打算去当兵,母亲同意了。1962年学校招兵的时候,我参加了体检,体检合格。当时因为生活困难,我们是跟招兵的一起住在学校的,军旅生活都过了一个月了。最后定招兵名额时,由150名减少到100名,我就是被减少的那50名之一。再加上当时已经毕业,母亲说:"你都已经毕业了,还去当兵做什么,我们家里面还靠你养呢!"结果就没当成兵。当年要是打起仗来,作为中国的一分子,我肯定是要上前线的。当时在北京的时候听说,珍宝岛战役中苏联有一辆特别厉害的坦克,被我们给炸趴下了,我们国家把那个坦克拉回来了。拉回来对当时发展我们的坦克非常有用,因为那辆坦克用的材料抗高

---

① 北部湾事件,是美国于1964年8月在北部湾制造的战争挑衅事件。美国"马多克斯号"驱逐舰在北部湾与越南海军开战的具体日期是8月2日,这里蒋伯均的回忆有点偏差。

② 指一种大小固定的模具。

热,炮弹就打不进去。可以说,当时我们国家是要准备打仗的,而且要大打、早打,打核战争。不过当时,我是这么认为的:不会真的打起来。因为有抗美援朝的胜利,苏联要想进攻我们,他也得掂量掂量,对吧!我想是打不起来的,但是我们要做好打仗的准备。做好早打、大打的准备,这是毛主席讲的。

我们厂是在1965年提出来建设三线的。1966年正式下文成立了083指挥部,针对贵州电子企业。毛主席讲了,三线建设不好,他睡不好觉;到攀枝花去,火车不通,骑毛驴他也要去。为了让毛主席睡好觉,我们抱着一种很纯朴的感情,自己主动报名来三线了。当时都是口头报名,没有写申请。我是厂里边第一批欢送的三线人员。我们工艺科就我一个,厂里还有一个人,当时的党委书记亲自上台给我们戴大红花。1968年8月份,我们到北京4111厂筹备组,当时我的档案还没调过来,还在北京筹备组工作。因为四川仁寿630厂当时还没有筹建,4111厂先筹建,建在都匀,所以我就先报了这个4111厂。当年8月份,筹备组开始出发,第一站到西安去参观786厂的雷达制造。786厂是我们在苏联支援的拉萨耳雷达基础上改装成的370雷达生产厂。我们4111厂是雷达生产基地,生产地面活动目标侦查校射雷达,这种雷达可以侦查地面上的活动目标。比如,哪个部队有坦克,有什么东西,它在雷达上面可以显示,体现目标的位置。我搞工业设计,设计每个车间需要多少人,厂房面积需要多少,设备需要多少,就分到五车间。五车间是焊工镶架车间,镶架车间制造雷达的框架。虽然镶架车间我在北京的时候没去过,但因为我在十车间、总装车间、模具生产车间待过,搞过工艺,所以分配由我来设计镶架车间。分到镶架车间后,我们就参观了786厂,为4111厂雷达生产做工艺设计准备。在那我学习了他们的生产流程,学了一个星期。之后又到了广元,广元1966年就开始筹备生产的工具厂了。它是专门为国防建设生产刀具、量具的,也是专门为三线企业配套的工具厂。当时是去参观他们的建设情况,他们那时提倡干打垒精神、大庆精神。工业学大庆,学习大庆干打垒精神,他们住的都是土墙,我们看到他们的那个宿舍挺好玩的。在那参观了两天,然后南下到都匀。

四、从北京到贵州，我的三线岁月

当时我们工艺设计小组一共 20 来个人从北京那个厂过来，分在高平车间、机加工车间、机动车间、总装车间及镶架车间，每个车间有三五个人，镶架车间只有我一个人独自承担。我不知道领导是怎么考虑的，就把这么一个重担交给我一个人。在设计过程当中，我就得一个人确定这个车间需要多少设备以及整个平面步骤图，比如：办公车间用房，机加工车间在哪儿？冲床放在哪儿？技术组放在哪儿？计划组放在哪儿？车间办公室放在什么位置？这些平面设计图，都是由我一个人来设计的。需要多少人员，也由我来编出计划。工艺设计完了以后，1969 年我又回到北京四机部去进行工艺设计的审查，就是把工艺设计交给设计部第十设计院。

当时的办公地点先在都匀市平桥招待所，在那住了一段时间以后又搬到 112 地质勘测队。当时我们厂址选在花椒地的白泥田，那里有 113 厂、112 厂。4110 厂的选址是在大坪。1969 年贵州省革命委员会副主席一个叫李立的，还有贵州省军分区的"吴三号"①吴副司令，我不知道他的名字，只知道他的代号叫"吴三号"，他们到百泥田视察。当时我们要在那里布置木工车间，113 厂要在这里布置锅炉房，两个厂发生了冲突。李立和吴副司令员来视察，我们讲了这个情况以后，他们调解纠纷。他们一看两个厂离得那么近，不符合靠山、分散、隐蔽的方针。就说："不行，你们两个厂得搬出去一个厂，太集中了。"我们 4111 厂筹备组的组长现在还在，已经 98 岁了，他原来是北京 761 厂工具车间的主任。他率先表示同意，搬出百里田。随后，他就派人到贵州麻江、谷硐等地方去考察选点。麻江那边有麻风病，都不愿意去。谷硐水质不好，水里含汞量太高。最后"吴三号"吴副司令给我们提了建议，到干塘去建厂。干塘附近有黔南州党校、黔南州的劳改农场。劳改农场建立了好大几片果园，梨树园呐苹果园。我们去看那一片还可以，也就同意在那个地方建厂。报吴副司令员还有李立同意后，四机部基建局的副局长王宗

---

① 应该是吴荣正(1915—1973)，1961 年任贵州省军区副司令员，主管国防工业建设。

金也同意了,我们就搬到干塘建厂。王宗金是一个老红军,也是贵州人,他是当时三线筹备组的组长。我们搬出来以后呢,4110厂就不乐意在那建厂了,它也想搬出来。结果它搬出来就选在干塘我们厂的对面。厂址定下来后,就是挖洞。我们打算把工具车间的精密设备放到山洞里去。结果山洞挖好了也没用,太潮湿。一下雨,外边大下,里面小下,因为是石灰岩,水很容易往下渗。后来挖出来的洞成了安放死人的地方。

我们厂从1969年开始破土动工。1969年我回到北京进行工艺设计审查,审查通过以后,我就留在北京搞专用设备设计。当时,专门成立了专用设备设计小组。同年,我到陕西蔡家坡,出差去收集专用设备资料,比如平行绕线机专用设备资料。1970年7月份,我从北京正式被调到都匀。当时来的时候,户口都随着过来了。我们来的时候一共40多人,包括从天津291厂分配到4111厂的、北京761厂负责给4111厂培训的一批徒工,一共40多人包了一节车厢过来。

1970年调过来以后,成立了机电技术筹备班,我负责当班长,协调100多人进行设备安装、组件安装、设备进厂的调度等。不但负责这个工作,到了会战的时候还要去挖地基,搞"三通一平"。"三通"就是通电、通水、通车。我们建了35千伏的变电站,负责4111厂、112厂、4110厂三个厂的总供电。"一平"的工作很艰苦,平地基一天要搬石头、砌堡坎、修路;水泥来了,要去卸车;拉砖的车来了,要去卸砖。什么都干,那段时间比较艰苦。刚来的时候与想象的差别很大,上无片瓦,下无片砖,我们住在油毡棚里。那里什么都没有,车都进不去,人得走路进去。现在倒是快速车道修通了,厦蓉高速公路都经过那个地方。当时都匀城里也都是一些破旧的房子,没有一栋楼房,只有我们住的平桥招待所是平房。我们从最好的城市到了这个地方。不过,我们来的时候就做好了思想准备。到三线就是为了吃苦的,为了让毛主席睡好觉的。我是怀着让毛主席他老人家睡好觉的态度主动报名来三线的。

一直到1972年厂房基本建起来了,墙上贴了很多口号,比如"三线建设要抓紧"。那时候工人的劳动状态还是可以的,劳动态度都不错。后来开始分车间,因为属于军事化管理,都称车间为连队,一连是高品原件车间,二连是机械加工车间,三连是机修车间,跟机动科连在一块儿,四连是变压器车间,五连是我设计的镶架车间,六连是塑压车间,七连是装连车间和总装车间,八连是当时的工具车间,工具车间跟工艺科连在一起,九连是电镀车间,十连就是翻砂车间,十一连是木工车间,一共 11 个连。厂里还有厂部、厂办、党委办公室、总工程师办公室。后来,厂里还有产品设计科、工艺科、供应科、检验科。供应科负责材料采购供应、采集;检验科负责产品的检验。各车间有军管小组。1974 年连队制才改成车间制。我 1971—1979 年一直在机动科工作,担任机动科计划预修组组长,负责车间设备的小修、中修、大修,负责编制计划、设备的正常运转及设备管理。比如,全厂有多少台设备,有多少台动力设备,有多少台机械设备,等等。我于 1974 年入党,当过机动科的党支部宣传委员、机电技术班班长。1974 年以前,工作是没有休息时间的。要是晚上八九点钟拉水泥的车来了,拉砖的车来了,广播一响,大家都要去劳动,该扛水泥的扛水泥,该卸砖的卸砖。1974 年工厂才慢慢走向正轨。1979 年 9 月,我被调到工具科做政治指导委员和党支部副书记。

1982 年 4 月份,我调任厂宣传部副部长。我原来在科室的时候做过宣传委员,文笔比较好,可以写东西,所以把我从车间调到了宣传部,这是半路出家呀。我到宣传部以后,负责干部的理论教育,教哲学、政治经济学、科学社会主义,要给这些科室干部上课,搞经济培训,培训完了,要考试。上面来考核我,我就考核各个车间。我还负责平时的政治宣传、对外宣传的投稿等。当时的宣传方式主要是办培训班,比如中层干部培训班、普法学习班等。上面有什么指示要贯彻,比如中央政策文件、政治精神要贯彻,都要通过宣传部执行。另外,厂里面的广播室归宣传部管。厂里的政治学习、国家政策宣传都通过广播。宣传部还负责出墙报、板报,写大标语等。此外,我们还宣传我们的产品。这一本稿件(蒋伯均收集的一本剪报)就是宣传报道我们厂生产设备的,包括《中国电子报》、四机部机关报、《电子商报》、《中国军工报》、《经济信息时报》、083 基地振华报等,这些在《我的三线岁月》①里也讲过。1984 年我任厂里的宣传部部长,一直到 2001 年退休。

---

① 参见蒋伯均:《我的三线岁月》,载杨启刚主编:《都匀三线往事》,团结出版社 2017 年版。

我1968年2月份回老家探亲的时候结的婚，爱人和我同一个中学，是汪洋中学59级二班的同学。她从仁寿师范学校毕业后一直在老家教书，是我弟弟的老师。1971年3月份回老家接爱人来都匀，当时老大才三个月。小孩在车上着凉了，在车上就开始发高烧。到了都匀，一下火车还没到厂就住进了医院。当时，我住在大桥旅社，孩子高烧不退，她就带着孩子住在黔南州人民医院，住了两个多星期。当时医药费自己先垫付，后面去厂里报销。出院后到112厂的工地，一家三口住在鱼塘边的油毡棚里。没有任何家具，就是厂里给的一个架子床，连小板凳都没有，就一个空油毛毡棚子。我们就搬预制板，用石头、砖头把它垫平了当作我们的饭桌。我爱人从四川来的时候，有一担挑箱，这就是唯一的家产，非常简单。三个石头立起来，上面架一口锅，就是我们的厨房。我们就在这么一个环境里生活。那个时候没有幼儿园，小孩都是自己带，我爱人在小卖部上班，就背着孩子或者弄一个小竹椅子，让小孩坐在竹椅子上。

1971年蒋伯均与女儿摄于4111厂

1972年，老二出生在工地的平房里，都没有去医院。后来老大上学了，老二就跟着她妈妈跑，她妈妈已经是教师了。老二5岁多就到学校去旁听，成绩比正式生还好。两个孩子上学比较用功。可工资那么低，家里老人要供养，要寄钱，还有两个孩子上学。80年代，我就在厂里头开荒地，种苞谷、红薯、蔬菜，苞谷一年最多的时候收过1000多斤。种的白菜啊，南瓜呀，吃不了的送人，最后养猪了就给猪吃。有一年，我养了两头猪，卖了1000多块钱。结果到了月底，钱还是不够花，得向别人借。借完后，第二个月发工资，又还。到月底不够了，又去借，如此循环。两个孩子因为分数高，都考上了都匀一中，要花好多钱。一中看到我们太困难了，就给我们免了一个孩子的学费。一中算都匀比较好的学校。老大一中毕业以后,保送到了华东师范大学,现在是贵州大学经济学院的副教授,硕士生导师。大女婿是教授,也在贵大。老二高考才考了392分,不理想,最后自费上了成都电信工程学院,即现在的成都电子科大,现在是都匀市社保局副局长。老二自费上学,我一年要给她交2000多块钱的学费。那个时候我们挣钱不多,还给孩子交学费。那个经济相当紧张啊,我们就是这么磕磕绊绊,磕磕绊绊。

五、转型改制中"我与企业共患难"

1986年,我们厂不再生产雷达。我们自己设计的383雷达,在四机部评判时,都说我们的方案很好,结果研制出来后,不给我们生产,给了别的厂生产。那个时候是计划经济,我们研制出来的新产品,生产任务给了其他厂子,这是国家行为,国家的计划调整。因此,我们没有雷达生产任务了,没有办法,只能生产广播设备。

国家没有计划给我们,只能自己找米下锅。那能维持多久?维持不了多久。既然要生产民品,就要大批大量地生产,要上批量就要更换设备。国家不给你钱,就自己找资金来更换设备,可是当时没钱呐!工厂做不下去了。做不下去,不是我们厂长无能,而是国家政策在这,没有办法,没法继续往前走。那么多三线厂子,比如说771厂、4326厂搞电融的,还有891厂搞电位器、自动控制的,这些呢,它可以继续。像我们这些雷达生产的不行,因为我们厂是根据生产雷达的工艺流程来设计的,专业性非常强。军转民的时候我们生产过手提式录音机、卫星电视接收机等。卫星电视接收机我们生产了很多年。从卫星发射信号下来,它接收信号,是下行站。331工程是生产地面站,把地面发射的信号发射到卫星上去,属于上行站。我们是331工程的主要生产厂,生产了新疆乌鲁木齐站、拉萨站、昆明站、北京站。

另外,改制以后,工资上不去,孔雀开始东南飞,技术人员流失比较严重。最早外出打工的有到深圳、广州、东莞的。人员走了以后,厂里要搞什么东西,技术力量就不行了,越到后面就越不行。民品、研发产品,都上不去。最后我们搞卫星电视接收机,都是加拿大淘汰的产品给我们的,那肯定搞不上去。有段时间,要搞彩电生产。电视机我们厂生产的最早,最后彩电生产上不去,厂里面领导有些观念不一样。我们总工程师被排挤,最后去了苏州电子设备厂,搞了台孔雀牌电视机。我们厂(长虹机械厂)生产那些民品,都是为了生存。当时还提出"我靠长虹生存,长虹靠我发展"的口号。虽然我们厂军转民不成功,但是我是跟企业同生死共患难的,没有想过走,一直干到退休。

不过,话说回来,三线建设,对于当时我们整个国家的工业布局,我们是有贡献的。没有当时的三线建设做基础,我们现在的军工也不会这么强大。"歼-20"也好,"歼-10"也好,没有当时的这些电子企业打基础,现在想搞航空航天是不可能的。083基地现在的厂子都还用我们的产品!不能割断历史说三线没有起一点作用。攀枝花搞三线建设的有个人讲过,三线企业把中国工业向前推进了50年啊!很有贡献的。我的孩子蒋红梅,她写的《热血三线》,还有我写的《我的三线岁月》都讲了三线建设的事。国家需要,我们是中国的一员,毛主席号召,哪儿艰苦到哪儿去。我在北京工作很好的,为什么要到三线来?那是为了国家的需要。那个时候中国弱,被欺负,挨打。毛主席让我们站起来了,我们要为毛主席争光。毛主席睡不好觉,我们为了让毛主席睡好觉,我们要把三线搞起来。

回想我这一生,颠沛流离却也是比较幸福的。我们这一代经过了抗日战争、解放战争、土改、农村合作社、人民公社、"大跃进"等,三线建设再苦也比之前强一点。每个月还有几十块钱工资,那个时候在农村,粮食卖不出钱,种的菜卖不出钱,上初中一个月6块钱的伙食费都交不起,当时穷孩子穷到后面就不觉得苦了。三线给了我一个锻炼的机会,给了我一个在艰苦岁月中为国家做点贡献的机会,尽管那么苦,我不后悔,对现在的生活也非常满意。

程黔国
我的幸运与惋惜

亲 历 者：程黔国
访 谈 人：陆　远
访谈助理：王余意
访谈时间：2019年7月18日上午9:00—下午1:15
访谈地点：都匀市水岸公馆程黔国寓所
访谈整理：王余意

亲历者简介：程黔国，男，1951年生，籍贯江苏南京，高级工程师。1968—1970年上山下乡，1970年进入都匀国营长洲无线电厂，曾在南京国营第714厂培训砂型铸造一年，曾作为工农兵学员于1972—1976年就读于广东工学院机械系铸造专业。曾任都匀国营长洲无线电厂铸造车间主任。现已退休。

程黔国（中）接受访谈

一、改名"黔国",与贵州三线建设共命运

我的祖籍是南京。我老家原本在南京响水桥那边,抗日战争中被日军飞机炸了,于是父母亲就跟随我姨夫所在的国民党运输队一路往西南撤退。撤退途中,母亲在江西生了我哥哥,起名为"程赣国"。后来我们家搬到云南昆明,二哥在那里出生,取名叫"程滇国"。1948年前后,我们家又迁到贵州,1951年我在贵阳出生。所以我叫"黔国"?不是,我最早不叫这个名字。我父亲已经有了五个儿子,在母亲怀我的时候希望是个女孩,就给我起个了偏女性化的名字"程荣荣",没想到又生了个男孩。刚上小学一年级,老师一点名,同时有两个人站起来了!原来我们班里还有一个女生叫"程蓉",这下遭罪了!那怎么办呢?到初中的时候,我一个人跑到派出所询问怎么改名,民警告诉我需要户口本。我从家里把户口本拿来,向警察解释了原因。对方问我:"你改什么名呢?"我想我的哥哥们在江西生的叫"赣国",云南生的叫"滇国",我既然是贵州生的,那就叫"程黔国"吧!从派出所回家后,我立马宣布:"我有大号了!"

"文化大革命"的时候,我在都匀上初中。学校推荐红卫兵代表去北京,我没被推荐上,班上几个同学就成立了一个小组织,自己开个证明到遵义。那趟车子是去成都的,我们就直接坐到了成都。可是我们没带公章,那怎么去北京呢?正好一起住的有清华大学的学生,我们请求盖他们的章,一路去了北京。我们是贵州来的学生,住宿安排在前门。记得那天是1966年10月18日,我们早上4点钟就起床了,排队领早饭之后,聚集到天安门广场。我们赶上毛主席第四次接见红卫兵,很激动!

1968年,知识青年上山下乡,我才念到初二就下乡了。插队两三年后,我听说三线工厂开始招工,就跟生产队长讲:"我不能继续干了,我要去参加招工。"因为我在生产队的表现比较好,加上成分也好,1970年被招进了长洲无线电厂。当时我们厂除了招收知青,还招了一些中学生以及一些干部子弟。进厂以后,厂里把我们组成专门的学工连,每天学习、集体劳动……这样不到一年时间,就开始分工种,送去各地培训。分配的情况呢,知青的工

种是比较差的,像什么铸造、锻工、粗加工、锅炉工等等。那些干部子弟就分得好些,都是车工之类的。因为我老家在南京,我就选择去南京714厂学习砂型铸造,培训一年,1971年底回来。1972年正好开始推荐工农兵大学生,我是厂里第一批推荐的,到广东工学院——现在是华南理工大学——学习三年半,实习半年。

说到推荐上大学,这里有一段很精彩的经历。去南京714厂培训的时候,我和另外三位师兄弟一起进车间。工段长给其他三个人分配完师傅后,我问:"那我呢?"他说:"你就跟我吧!"哎哟,这工段长不知怎么就看上我了!跟着他就没办法了,他既要安排任务,又要检查工作,那我只有拼命干,否则活儿干不完呐!连指导员——在军工厂,一个车间就是一个连——巡视时发现我天天干活,实在看不下去了,他就把我叫到办公室问:"怎么我每次到车间检查,都看到你一个人在干活?"我如实回答:"我师傅是班长,他要安排活儿,还要检查任务。他还有一个徒弟参加南京射击队,经常不在。只剩我一个人,就得拼命干才能完成。"过了几天,他又把我喊去办公室,这回是让我写入团申请书。我本想推脱,因为马上就要结束培训了。他一再坚持,我就写了。等我回到都匀,入团申请通过了。那时长洲厂正好要成立团委,团委工作向我抛出了橄榄枝。

要么去搞团委工作,要么被推荐上大学——面前摆着两条路,怎么选?我知道我的阅历不够,于是找到时任黔南州公安局副局长的姐夫,假称替身边的同事咨询。姐夫说了一句话:"肯定是读书好,能学个技术。"我马上下决心去读书了。我既然有了在南京培训的基础,又到广工继续学锻造,再加上锻造又是偏门,这方面就"唯我独尊"了!

1977年,程黔国在车间绘制图纸

当时我们厂正在试制一个小产品——小32雷达,但生产出来的产品有 90% 是废品。车间主任对我说:"现在你回来了,就先给我解决这个'小 32'的问题吧!"接到这项任务后,我马上开始分析为什么废品率这么高,光看图纸就看了一个礼拜!我想到可能是压力不够,于是重新设计了冒口高度,又花了一个星期做工艺。再一试,一次成功!第一次就解决了车间的老大难问题,一下子就给我提涨了信心。原本我总觉得跟人家老大学生有差距,毕竟那位老工程师是浙江大学毕业的,又搞了多年工艺。结果他手上的难题,让我们工农兵大学生解决了,这给了我很大的信心。

二、70SS 铸铝合金背后的传奇与悲哀故事

　　长洲厂生产什么呢?雷达,陆地雷达和海舰雷达。我们是整机厂,除了一些外协件和外购件,其余所有的东西全是自己厂生产的。产品调试完毕后,陆军、海军部队来验收,然后出厂。后来主要做小舰艇上的主炮雷达。我们的产品是参加过海战的,越南与我国在南海海域有冲突的时候,我国的快艇首发命中,就把他们打跑了。我们厂研发了这款雷达后,就做成了系列,铸造部分就落在我们车间。到了 1982 年,我就当了车间主任,除了生产管理外,还负责技术工作。1992 年评高级工程师的时候,我也是厂里第一批评上的。

　　90 年代的时候,电子工业部出于一些考虑,强行令原本由上海无线电二厂(上无二厂)生产的一款雷达移交给我们厂做。于是,我们派人去接产。接产工作分两部分:一个是资料接产,另一个是工艺接产。我爱人也在长洲厂工作,她一般负责图纸资料接产。不同车间的技术人员,就到对应车间进行对口工艺接产。

　　但是上无二厂在我们到之前已经内部交代:除了图纸,不给我们厂任何资料。在接产的过程中,上无二厂封锁所有工艺,所以我们在前两天一无所获。我负责的是铝合金铸造,查遍了国家标准中所有的铝合金牌号,都没找到生产这款雷达需要用到的 70SS 铝合金。到了第三天,也就是接产工作的最后一天,我又一次问对方工艺师,她只跟我说了一句话:"你到本溪去

看看。"

回来后我立马跟总工程师汇报:70SS 高强度铝合金,没有国家正式牌号。在冶金部、一机部、二机部、三机部、四机部的资料里,都找不到这个标准。但是对口工艺师告诉我一句话,叫我到东北本溪去看看。老总说:"马上去。"

本溪有好几个大型铝合金厂,我思来想去,应该找国营厂!于是我去了本溪最大的铝合金厂,员工规模 1 万多人。我找到他们的供销处,那儿有五位副处长,我从第一天开始轮流找,没有一个人答复,都说没有这个合金。最后我找到一把手,处长,我说:"我来了这么多天,每天找你们谈,都告诉我没有。"他说真没有,给我查,也确实找不到。那怎么办?后来他突然讲了一句:"这样吧,程工啊,你也来了这么多天了,我们有个试制合金厂,要不你去那个厂看看,他们专门搞研究的。"嗨!我一听有戏!

20 世纪 80 年代,程黔国出差东北时留影

我马上找到那家铝合金试制厂,但对方不让我进门。从上午一直等到下午 5 点左右,终于出来一个人,问我:"老师傅你干什么?等了一天。"我说我想订合金。他问:"订什么合金?""我订 70SS。""这样,我给你写个地址,你晚上去这个地方。"

当天晚上我买了点水果,就前往老师傅家。去了一看,这位老师傅住在一个像煤棚一样的很小的房子里:前面搭了一个雨棚,当作厨房。里面就一间屋,这屋有多大呢?只能摆下一张床。我进门以后,他坐在床上,我搬个小板凳,我俩就开始聊天。我向他表明来意:"我是贵州军工厂的,我们想生产一款雷达,需要用到 70SS 合金。"他说:"你问对人了!我就是这个合金的发明人!"

这位师傅姓孙,他也向我说了自己的情况:他得了肝硬化,腹水,前段时

间刚做完治疗,在家休息,不能再上班了。因为儿子马上要结婚,厂里考虑到他发明了70SS合金和家里实际困难,准备分一套房子作为奖励。想到马上能住新房了,孙师傅心情很愉快,表示愿意帮我试试。第二天就带病上工了。

带着孙师傅生产的200公斤合金,我去做拉力试验,各项指标均达到了要求。我向我们厂总工程师提出,有了这批合金我们就可以正式生产雷达了,合金的订货量要大一点。等我再次到孙师傅家时,一进门,老师傅的眼泪就流下来了。他说:"程工,我告诉你啊,工厂不仁义啊!"我问道:"发生了什么事?"他说:"工厂答应给我的房子,没有给我。"那时他已经被医院诊断为癌症,治不了了,只有回家等死。厂里面答应给他一套房,他满怀期望,结果没有实现。孙师傅这一哭,再加上看到他已经病危了,我心里难受啊!他也知道我们是搞军工的,就说:"工厂对我不仁,我也不义。我这个资料,没有给车间。我给到我儿子一份,给你一份。因为你是干军工的,是为国家国防出力的。"讲得我眼泪也流下来了。他最后说:"我也不能帮你生产了,你自己去做吧。"

我找到孙师傅的徒弟,说:"小吴,这样吧,晚上你带你的徒弟和我一起加个班。你跟车间打个招呼就行。至于怎么做,我负责。不准人多,就你和你的徒弟,我们三个人。"那天晚上我们就加班把合金生产出来了,第二天马上到他们实验室做试棒①。乖乖!一般高强度铝合金的强度是30公斤,结果我们那一次达到了将近38公斤。那家国营铝厂的人听说这事,就知道我肯定是得到真传了。此后,铝厂的五位供销处处长在家中设宴请我吃饭,试制厂实验室的技术员想送我书法来套近乎,我都没把工艺给他们。

后来我带着实验报告和70SS合金回到厂里,我们的产品也就正式出厂了。每年我去订货,都是叫那位班长领头干,他们处长曾经开口问我要这套工艺,我说:"我不能给你。这个合金的发明人,人家是劳模、工人技师,你们对不起他,我不能做对不起他的事。"不过那位班长跟着我干多了之后,基本

---

① 铸件生产过程中,一般需要浇注机械性能试棒,然后经过拉伸试验来检测所浇注的铸件的机械性能(如抗拉强度、屈服强度、延伸率等)是否符合要求。

上还是掌握了工艺。后来我从我们厂做了一套试棒给他,算是作为一个交代吧。

讲到这一段我感到很悲哀,一位工人技师发明一款高强度合金,工厂没有考虑他的家庭困难,没有考虑他的身体状况,埋没了、得罪了这么一个老师傅,最后他宁愿把这个工艺交给我这个外人手上。但他这么做也是考虑到我们是军工企业,是为国家出力的单位。后来我们把用这个工艺生产出来的合金用在海军雷达上,可以说继承了他的遗愿,没有让他失望吧!

三、错失机遇,企业破产是我最大的遗憾

我们厂是 2005 年破产的。破产前没有改制,其中我参与的重大活动就有几次。

20 世纪 70 年代工厂的军品不太景气,我们就打算发展民品。那时厂里组织了一个七人的小分队,由柳学宏①担任组长,到全国各地考察民品。那段时间我们厂搞过很多民品,生产过电视机、收音机、家里吃饭用的圆桌……每个车间发挥优势。像圆桌这块,我就负责设计炉子的部分。为此,我还到东北去考察火炉。实际上东北的炉子和贵州的有偏差,不太适用。我们这边是早上一起来就要烧早饭,做完早饭盖上火去上班,中午回家后需要火苗马上旺起来,晚上做饭也同样。而北方的炉子筒身比较长,起火就慢,还浪费煤。我们就设计出什么呢?——"火锅板"。就是拿一块专门的铝板架在火炉上,饭菜往板上一放,就可以加热。那时候家家户户都配"火锅板",2 块 5 毛钱买一块。

90 年代,我们错过了一次矿产开发的机遇。大约在 1993 年,083 基地一位老总召集厂长开会,鼓励"多种经营",并且以 506 厂为成功案例。该厂在贵州黔西南生产铅锌矿,投资 30 万元,第一年的利润就达到了 100 多万元。506 厂怎么做到低投资高回报的呢?我们去考察过,其实很简单:工厂沿着

---

① 柳学宏,曾任都匀国营长洲无线电厂(4110 厂)技术员、副厂长、党委书记等职。

山坡建了一个三四十米高的烟囱。用煤烧矿石,等粉尘吸附到烟囱内壁之后,工人进去把这些粉尘刮下来,再一精炼,就得到铅锌矿了。哎呀,太简单了!投资无非是建个烟囱,搞两个炉子。投资容易,年利润为什么能有100万元呢?因为当地漫山遍野都是铅锌矿,工厂向农民收购矿石,3毛钱1斤。农民用背篓背矿到工厂一过秤,马上拿现钱。背10斤,得3块钱;要是背个七八十斤,一趟就能拿二十几块。农民找矿快,也富,乐意干这个,工厂更是受益。所以,506厂就成了083基地的典型。

我们厂长参加完这次会议后,就让我(时任铸造车间主任)带队去黔西南州考察。我召集了计划科科长、铸造车间老主任以及几位搞经营的同事,首先找到黔西南州政府。州长出面接待,他一听说我们是都匀军工企业来投资项目的,就说:"你们来得太好了,我马上把秘书长叫来。"那时黔西南州正在召开县长会议,这样的话,每个县有什么特点,在会议中都可以很方便地交谈、了解。州长让秘书长安排我们参会,还让我们重点考虑贞丰县的金矿。那次县长会议中,我们一共谈了三个当地非常希望投产的项目:第一个是贞丰县金矿,他们提供了详细的地质勘查报告,显示矿产储量非常大;第二是制革厂,黔西南州盛产黄牛;第三是当地缺少的造纸厂。

考察回来后,我向厂长提交了报告,但是他让我把报告转交给副厂长,因为他本人马上要调去无锡了。而此时副厂长还没有转正,他也不管事儿,金矿项目就这样石沉大海了。第二年,我在《贵州日报》上看到湖南有家矿业集团在贞丰金矿投资了200万元,下一年的产值就上亿元。可惜啊,我们错失了这个机会。这是我们厂的重大失误之一。

还有一个重大的失误是没有坚持整体搬迁。80年代我们厂打算搞分厂,为此召开了一个职代会,一共100多人投票,只有7票反对办分厂,其中就有我们两口子的2票。为什么我们不愿意办分厂?因为办分厂是部分搬迁,存在选择性,而整体搬迁的话,大家得益。决定办分厂后,厂里先后在江苏多地考察过,最终选址在昆山。因为我们党委书记是江苏苏州人,所以他很自然地就选在昆山了。当时是以什么名义选择昆山呢?我们的雷达需要抓取空中目标,都匀哪里有什么飞机啊,昆山上空天天有几十架民航飞机经过,所以就以雷达测试的名义在昆山建了分厂。

昆山分厂建成后,我们想从合肥 38 所和南京 14 所承接一些民品来生产,就去考察了。38 所是从都匀整体搬迁到合肥的,他们所里有一位大名鼎鼎的雷达专家——王小谟。我们去考察 38 所那天,王小谟到市里做汇报了,是他们的刘书记接待的。据介绍,他们当初也很困难,工厂没有钱,整体搬迁要钱。他们就考察了好多点,最后找到安徽合肥。因为合肥没有一家这样的企业,所以合肥市领导非常欢迎,给予的政策是第一地皮随便选,第二给贷款,所以他们下了决心,整体搬迁。合肥那边建起新厂,都匀这边搞着动员。愿意走的员工,分配新宿舍;不愿意走的,比如好多贵州籍的,工厂帮忙找当地的工作单位。搬到合肥以后,他们贷款买新设备,全部上数控!加上合肥是省会城市,还有机会招到国防科技大学的毕业生。这一下子,生产加工能力就强了,38 所是整体搬迁最成功的例子!

建了昆山分厂之后,工厂效益还是不行。083 基地表示:"你现在破产,政策很优惠,你要以后破产,就没那么优惠了。"所以我们厂是跑步破产的。总厂破产了,就必须拿分厂的钱补上。昆山分厂值钱,只有把它也卖了,才有钱解决破产和后续问题。

企业破产是我们最大的遗憾。当时我们厂级领导,特别是书记,没有远见,没有下这个决心。要是坚持整体搬迁,我们是有能力可以不破产的。我们厂是整机厂,假如整体搬迁,我们厂绝对是我们国家海军的重要骨干。因为在我们破产后的第二年,就有海军装备部的人来订货。海装部说:"504 破产怎么不通知我们啊?我们还要订货的。"遗憾呐,任务单都来了!而且我们厂是不负债的,我们还有 1000 多万元资金。人家企业破产是没钱了,我们是有钱的情况下破产。我们所有体系全部完成了。

程黔国爱人补充:我们厂好得很!都匀地区各个都想进 504,当时进 504 是很难的。我们是整机厂,直接跟部队谈,造一部机器多少钱,部队的开价是很高的。而且我们厂效益好,都有奖金啊什么的。所以当时大学生分配,也想往这里进。年轻人更不用说了,都想进。

很多人分析，这就是当时厂里的党委书记私心太重，为了个人利益，把这个厂带错了方向。当时总共有两批人去了昆山，你要想去，必须送礼。而且一家只准一个，我爱人是第二批调到昆山的，我没有调动。厂破产以后，有很多职工痛恨党委书记，所以他很害怕，思想包袱重，到昆山后基本不出门，很快就去世了。

因为决策失误导致的企业破产，我们觉得很遗憾！可惜啊，真的可惜啊！

2018年8月，程黔国（二排左四）参与长洲无线电厂建厂50周年纪念活动合影

四、幸遇贵人相助力，不忘前行携友人

年轻的时候，我不知道哪儿来的这么好的运气和情商，老遇着贵人。还记得在南京714厂培训的时候，生活条件好，食堂中午有几十种菜，价格又便宜。我们一同培训的师兄弟都要求晚上加班，因为加班能拿加班券，就可以吃顿夜餐。工作量大，吃得好，又加强锻炼，所以我身体也好。我在南京参加了两次武装泅渡，戴上一个两斤半的钢盔，扛着冲锋枪，横渡长江！

程黔国爱人补充：他羽毛球、乒乓球、篮球都打，强项是乒乓球和游泳，还给厂里拿过名次呢！

我培训回来后，南京筹备组团支部的体育委员陈武连让我组建乒乓球厂队，去参加083基地举行的都匀片区比赛。那回我带团队比赛拿了名次，把团体奖奖牌给陈武连委员送去。这样一来二回，我们俩就认识了。

我在的铸造车间属于有害车间，厂里会给有害车间的职工发保健肉。我那时候还是单身汉，一个人吃不完，夏天肉又容易变质，我就经常把肉拿到陈委员家去。他家有小孩，买肉也困难，我就带着两斤肉上他家一起吃饭。有段时间我准备上工农兵大学，忙于复习功课，便很少再去。有一天陈委员在路上碰到我，他问："小程啊，你怎么不来家里玩了？"我告诉他缘由。他说："好啊，晚上到我家里来。找我老婆。"我摸不着头脑，但他也不多解释。直到上门后，我才知道他爱人阎师傅就是我们厂劳资科（后来叫劳资处）专门管工农兵上大学的。我平时在他家吃饭从不问这些！她告诉我："你们车间推荐了两个人，第一个就是你，第二个是驻厂海军总代表推荐的转业兵。"我还担心自己上不了，她安慰我说我排在第一个。又接着问："有两所学校。西安电子科技大学你去不去？"我说："我初中都没毕业，读西电肯定不行。"她说："那你到广东，学铸造。"就这样，我顺利地获得了工农兵上大学的机会。因为带队参加乒乓球比赛，我认识了陈委员，有了这个渊源，后面就有更多缘分。所以人啊，有缘分就净是碰到贵人！真的是贵人啊，我根本没想到的事，人家帮我想到。

从他家出来，我就在想："我们车间推荐的另一个人不久前才因为肝脏出血送去医院抢救，那他这个名额是不是空了？"几天后，我到劳资科交完去广东工学院的材料后，遇到了我初中同班同学聂重丛，便问他："你读大学的事怎么说啊？"他说："我们科长说了，没有名额了，不推荐我。"我马上想到我们车间还空出一个名额，告诉他："这样，你去跟你们科长讲，'名额我自己找，只要推荐就可以了'。"他回去一讲，得到了科长的推荐。我马上跑去恳请劳资处负责人，请他替我同学保留这个名额。就这样，尽管学校不太好，我还是帮他争取到了那个年代难得的求学机会。

这位陈委员不但"贵"我,而且在我师兄推荐上大学的事上,也帮忙。大师兄石恩先是高中毕业生,我获得工农兵上大学推荐的时候,他正和同班同学谈对象,女方已经在都匀二小当老师了。我跟他讲:"你唯一的出路就是读书!我今年去,你争取明年的车间推荐。"可我回来的时候,他却因为打架被警告处分,没得到车间推荐。我赶紧去找劳资科的阎师傅,她表示无能为力:"你师兄打架处分还在这里,车间也没推荐他。"我说:"这样好不好?处分,我去联系撤销。你给我两个推荐名额。"这边答应了,另一边我马上去找车间主任、车间指导员——因为那时候是车间推荐制——他们也同意了。第二天到了劳资处,我一看,处分撤销了。正好还有个西安电子科技大学的名额,大师兄就去读西安电子科技大学了。你看,这个人际关系摆得这么好!

我除了帮助同学、师兄,还解决了发小的问题。小时候住一个院的三个发小,他们下乡了五年还没回来,包括一个修湘黔铁路的。帮大师兄解决完推荐上学的事情后,我问大师兄有没有高中同学的关系,他说有一个同学在县招生办。我们俩就去找这位工作人员,讲了我三个发小的情况。他说:"这样吧,我给你两张读书的表,上卫校。"拿到表的第二天,我坐了半天的公交车到了其中两人下乡的地方,给他们送表去。后来,他们中的一人老老实

程黔国(左四)在《三线记忆》专题片首发仪式上

实上了卫校,毕业后留校当了老师;一个人读了其他学校,之后提拔到黔南州某地扶贫办主任;修铁路的那个呢,是后来读的卫校,成了都匀市防疫站站长。所以在去年,正好是我们下乡50周年,我们就相约回去看望老乡,一路上讲着笑话:他们的退休金比我们企业的高好多倍。

如果要评价这一生,我们碰上了史无前例的"文化大革命"。我们读初中的时候,有勇气参加串联,而且很有幸地见到毛主席,真不容易!我们那时候才十五六岁,就见到毛主席,这个给我们很大的震撼。紧接着后面又是上山下乡,也赶上了!这社会动荡激烈啊,真的是天翻地覆。但是恰恰我们感受到了,我们生活的这个年代正好给了我机会。第一个是下乡,贫下中农对我们非常好,第一年国家给我们每个月发40斤粮食,我们吃得饱,身体也发育了。农村那种生活很苦,抬担子、抬粪、种田。不管怎么样,我和老乡打成了一片。后来我有幸进入三线工厂,参加国防企业,又有幸受到厂里的关怀、帮助、培养,然后去培训。回来以后,又赶上工农兵大学,真的很幸运,真的!每个人的看法不一样,我感觉这一生啊,个人的机遇要靠自己把握。我不但解决了我自己的问题,还带动了我周围的朋友、发小、同学、师兄弟,都一起进步,互相鞭策。很精彩吧?!

戴浩梁
我骄傲,我是"三线人"!*

亲 历 者:戴浩梁
访 谈 人:黄 菡
访谈助理:董方杰
访谈时间:2019年7月18日上午9:00—下午1:00
访谈地点:都匀市戴浩梁寓所
访谈整理:董方杰

亲历者简介:戴浩梁,男,1950年生,上海人。1969年4月作为知青从上海下乡至贵州省黔南州福泉县谷汪公社,1971年4月招工进入4433厂。1972年2月从学工组转到政工组,负责宣传学习教育工作,并正式成为中国共产党党员。1974年3月任厂团委书记。1974年12月任政治处副主任,后任副厂长,分管人事。1997年任贵州振华风光半导体国营厂(4433厂)第七任厂长。2011年退休。

戴浩梁(左)接受访谈

* 本文同时参考了戴浩梁本人所写的博客文章。

一、我是知青里面的幸运儿

我1950年出生，父亲是上海建筑公司的，他在南京、苏州等地搞建筑。我母亲是上海邮局的，因为我们家兄弟姐妹六个年纪实在太小，她就从邮局辞职照顾我们。后来毛主席号召"知识青年到农村去，接受贫下中农再教育"，学校里面的工宣队也整天来动员，宣传毛主席的指示。既然主席号召，1969年4月份我便作为知识青年从上海下乡到贵州省黔南州福泉县谷汪公社。

知青确实非常艰苦，我们三男两女住的是农民二楼的一个板房，上楼需要一个木梯，中间拿席棚子隔挡，她们两个住里面，我们三个住外面。厕所是用土墙垒起来的，门口挂块布帘子。一个人在里面上厕所，门口一定要有人"站岗"，很艰苦，很艰苦。

我在知青中算是比较幸运的。下乡以后自己的表现还算不错，曾经作为县里面唯一的知青代表出席了福泉县"学习毛主席著作积极分子代表大会"，再加上我当时是团员，县里面看我各方面条件都不错，想把我招干。县武装部长拿表来跟我谈话，让我进税务局工作，只要把表填了，什么事我都不用管。县委办公室主任也找我谈话，让我挑县委办公室或县生产指挥部这两个地方。说实话，我思想上不太愿意当干部，也不愿意留在县里面，情愿进工厂，还是当工人来得痛快。所以在体检之前，我就跟县民政局执行办主任打了招呼，我说："不好意思，我走了。"给他留了个条，也不打照面就回到生产队。后来振华830厂来招工，他们找我谈话："我们是属于振华集团搞军工的，办公地点在凯里，到厂以后希望你好好干。你各方面条件和情况我们也知道，还算是不错的。"他们让我马上进厂，所有小队、生产队、大队的手续都盖完了之后，农民都来跟我讲："小戴这回你要走了，别忘了我们！"但是发通知的时候，其他人都发了，却没我的事，我就感到很奇怪。

有一天我在街上碰到县民政局局长，我问他怎么回事。他说："我可以告诉你，你的指标我一直给你留着，你今天不来，我等你明天。这个月不来，等你下个月。今年不来，我等你明年。你死了这条心，我们不会放你走的！"

就是在这种情况下,我当时也是年轻,讲话不知道分量,我说:"局长,你放心,我今天不来,你也不用等我到明天,我情愿去当工人,也不愿意在县里当干部!"

最后上海市委组织了慰问团派驻到各个县,专门了解我们上海知青的情况,他们就来问我:"你怎么回事?为什么留到现在还不去?"那个干部姓黄,我说:"老黄,我跟你明讲,我不愿意当干部,我情愿当工人,还痛快点。"他跟我开玩笑:"我知道你上海人重工轻农,是不是?"到1971年4月份,我就招工进入贵州振华风光半导体国营厂(国营第4433厂)①当学徒工,所以我是比较幸运的,不像现在电视或者回忆录里面的知青。他们有些人就很惨,为了解决工作,必须要付出这样那样的代价。

二、虽然条件很苦,但我们没有一个喊苦的

4433厂是北京774厂包建的,就是北京电子管厂。从厂领导班子到主要的技术骨干基本上是774厂的一批老同志,不到100人。他们负责筹建,还有昆明军区抗美援越回来的11个军代表和一批复员军人,再加上我们这批知青。

建厂初期所住的工棚

我刚进厂的时候,4433厂可以说一无所有。厂设在高于都匀市100米的山里,全部是很陡峭的山路,整个厂区一共是527亩,布满了坟包。我们男学工就住在芦席围起来的工棚,四根大柱子,周围用芦席围上,上面盖

---

① 贵州振华风光半导体有限公司(国营第4433厂),始建于1971年,隶属于中国振华电子集团有限公司,是国内最早组建的半导体双极模拟集成电路专业厂家之一,主要研制和生产高可靠半导体双极模拟集成电路、混合集成电路产品。

的石棉瓦,里面吊了一个白炽灯,草刚刚铲掉,地刚刚铲平,一个通道,两边是两排大通铺,住的就是这么个条件。①

我们男学工是三个班:装卸班、盖房班和打井班。我是打井班班长,专门配合从陕西西安请来的打井队工作。当初这里什么都没有,我们从头开始,搞土建,搞三通一平,全部是我们自己干的,可以说非常艰苦。有两个贵州的复员兵到了我们厂,行李一放下,一看比他们老家的农村还苦,转身就走了。他们情愿回去,也不愿意在这里当工人,可想而知当初那个条件艰苦到了什么程度。

我们每个月有42斤粮食,30%是杂粮,就是苞谷面做的窝窝头。一咬就掉苞谷渣,粗糙难咽,后来才改进为用苞谷面制作的发糕。平常是用铝盒蒸的米饭,方方正正一块四两,再加上四分之一块就是半斤。副食是炒青菜、萝卜之类的。卖饭窗口旁放着一桶汤,实际是涮锅水加上两片少得可怜的菜叶,免费但是管够。基建劳动量大,体能消耗高。当时按人头,每人每月一斤肉、四两油,油腥少,男学工们往往不够吃。我曾一顿吃过九两饭,但肚子仍感到空落落的,那时能放开肚子吃上一顿饱饭是最奢望的事情。食堂每月一次吃肉是大伙最开心的时候。大家叫会餐,每人发给一张餐券,打一份红烧肉。那个年代,想要自己改善下伙食很难,一是买不到,二是住工棚,没有炉子和餐具。厂领导、军代表也和大家一样,拿着饭盒在食堂排队买饭。为了解馋,有时星期天休息,我们就步行下山到都匀市里买上一斤本地产的饼干,因为放了太多糖精,甜得发腻,咬着硌牙,大家戏称"硬得能砸死人",而吃这个已经是一件很奢侈的事了。衣服一年四季不管是男学工还是女学工全部是工作服,整个物质条件不比我当知青时的农村强,但毕竟是进厂了,每个月学徒工拿18块钱,户口也从农村迁到都匀了。

当时的国际形势我们都知道一些,有的时候搞会战,军管会主任就给全厂做报告动员,讲现在所处的形势,特别是苏联,对我们虎视眈眈,我们现在就是要尽量尽快建成投产,让我们的武器尽快装备到部队。

在当初那个环境下,我们进厂接受的教育是什么呢?一进门楼上写的就

---

① 据戴浩梁在博客中的回忆,这种工棚最大的特点是夏热(石棉瓦顶)冬冷(四面芦席透风)。

是毛主席的语录:"三线建设要抓紧!"当时还是军管,这种政治动员、战备教育、革命传统教育和保密教育很正规。组织在这方面花了很大的精力,完全就是按照毛主席和党中央的这套方法。政治学习一般都是工余时间,有的规模大一点的,就利用上班时间。我是厂里的第一届团委书记,把全厂团员召集起来在一个大会场里面,开始前大家就唱《不忘阶级苦》,就是那首歌:"天上布满星,月牙儿亮晶晶,生产队里开大会。"唱完以后,就请人讲旧社会的苦。

有时候各个团支部请军代表讲抗美援越的故事,因为他们刚从越南战场回来。有的是高炮部队的,美国飞机扔炸弹,战友中弹受伤,肠子都流出来了,就把流出的肠子揉回去继续打,有的军代表讲着就哭了。还有上海的一个军代表,原来在部队是副营长,在一线战斗中,他的一个高炮连队差不多都打光了,最后战斗结束,到现场的时候,好几个战友还在炮位上,人保持战斗的姿势,但早就牺牲了。

大家听了以后都很激动,然后以支部为单位进行讨论,说的都是能为军工服务感到很光荣,我们应该化为自己的行动,早日让工厂建成投产。政治学习对提升大家工作的积极性很有作用。大家都知道我们是军工工人,每天就是上班干活,干完活以后组织起来学习,很有干劲。全部是正能量,激励了大家投身三线建设的决心和意志,虽然条件很苦,但是大家没有一个喊苦的。

后来我到了政治处,组织对全厂的学习教育。当时政治处下辖一个组织干部科,一个宣传科,一个保卫科,其中布置"工业学大庆"可以说是重点中的重点。厂里成立了一个学大庆办公室,专设的组织架构学习大庆的"三老四严"①、"四个一

1971年9月,戴浩梁作为学工代表在全厂大会上发言

---

① 对待革命事业,要当老实人,说老实话,办老实事;对待工作,要有严格的要求、严密的组织、严肃的态度、严明的纪律。"三老四严"不仅是大庆精神的主要内容,也是今天石油精神的重要传承内容之一。

样"①以及王进喜的事迹等。按照上面统一的安排,我们制定"工业学大庆"的规划,争取进入"工业学大庆"的先进行列。厂里每年评先进都是按照大庆人的标准和大庆先进单位的要求进行的。振华集团还统一组织我们跑到北京学习王进喜的先进事迹。在"学大庆"这个问题上,企业下了很大的功夫,所以当初"两论起家"②、"三老四严"、"四个一样"对于提升企业职工的精神状态和组织纪律性,可以说起了很大的作用。

三、 我们和他们就这样融成一体了

建厂那段艰苦的时间,我们在这个山沟沟里每天早上吹起床号,大家急急忙忙穿好衣服,跑出工棚,两人一排,在排长带领下踏着"一二一、一二一"的口令节拍,呼应着"一二三四"的口号,步伐整齐地沿着老路跑步。跑步回来后才洗漱,吃早饭,上班。那时候放着中央广播台的新闻,没有电视,也没什么文艺生活,太枯燥,所以我们的电影是必不可少的,没有什么双休日,只有礼拜六晚上可以放露天电影,冬天就在大礼堂里,农民就跟我们职工一起看电影,不要钱的。我们也不发通知,附近的农民口口相传,连离我们三公里外的农民都会爬很陡峭的山路过来看。有时候放到第二天早上4点钟,也不影响工作,大家兴致很高,没有说回去睡觉的。不过放来放去老是《南征北战》《地雷战》《地道战》,还有些阿尔巴尼亚的电影。

放电影前一般先放新闻简报,后面就是放一部片子,有时候像《南征北战》这样的可能一晚上三四次地放。碰到逢年过节,大家就因陋就简,以党支部为单位出文艺节目,自编自演,举行文艺汇演,热闹得很。党委还组织了业余的文艺宣传队、足球队、篮球队,我们的足球队在整个都匀市名声很

---

① 对待革命工作要做到:黑天和白天一个样;坏天气和好天气一个样;领导不在场和领导在场一个样;没有人检查和有人检查一个样。
② 1960年4月10日,大庆石油会战一开始,大庆会战领导小组以石油部机关党委的名义做出了"关于学习毛泽东同志所著《实践论》和《矛盾论》的决定,号召广大职工学习毛泽东同志的《实践论》和《矛盾论》及其他著作。油田广大职工通过学习"两论",认识了大庆油田的具体实际和开发建设的规律。因此,大庆是靠"两论"起家的。

响，一讲起来都知道，可以说把整个都匀市的足球队打遍了。

后来厂里基本的生活设施和条件逐渐好转了，哪怕个把月不出厂门，职工一样可以生活，这离不开地方的大力支持。我们的粮店、小卖店、邮局、银行是要争取地方资源的，因为只有都匀市商业局同意，百货公司才能到我们厂办店。粮店要跟粮食局下属的粮食仓库联系，邮局和银行更是重要了，那时候1000多人的工资全部发现金，所以厂里面专门设有都匀市工商银行分理处。除了商店、粮店、蔬菜店，我们甚至还有煤球加工厂，专门生产蜂窝煤。当时都匀还没有开大巴，我们厂为此专门成立了一个运输队，有30多辆车，其中3辆是交通车，专门往地方上来回开。

我们过来以后对当地农民的帮助很大。厂区附近的地区叫排田，有生产队，我们几乎全包了。他们原来没有自来水，也没有电，我们帮他们都接上，开始是免费的。农民种的蔬菜、养的猪、做的豆腐，之前要抬到山下去卖，现在有了我们厂就不用走很远的路了，在我们那儿自发地形成了一个农贸市场。我们带动了当地经济发展，他们也方便了我们，改善了我们的生活。

厂里有子弟学校，从初一办到高三，但一个年级就一个班，生源主要是本厂职工的子女，也把附近农民的孩子招来，这样孩子上学就不用走很远的山路了，学费也是象征性收的。厂里当时的医院从儿科、妇产科、针灸科到中医全有，也接诊当地农民，象征性地收点医药费，以前他们看病没办法。所以，从子女上学、文化生活到看病就医，给他们带来了很大的方便。厂里还有不少人成了农民的女婿，很熟了，越来越亲近。我们在都匀招了很多人，逐步和本地融成一体了。

四、改革开放初期，真是苦得一塌糊涂

从1971年破土动工，到1976年11月验收投产，我们的工厂一共花了五年时间。

1972年2月，我从学工组抽调到政工组，后来叫政治处。当初我不愿

去，情愿当工人，要当干部我在县城早当了。军管会副主任和政工组副组长找我做工作，我就过来了，主要是负责全厂宣传教育工作，了解各个单位的动向和生产经营情况。我在那儿干的时间不长，后来又被抽调到团委任干事。1974年3月5日，我当了团委书记。半年以后的12月份，厂里搞"老中青三结合"，083基地任命我为政治处副主任和党委常委。

我们厂的组织架构跟其他企业差不多，上面是党委、革委会，后来是厂部，下面主要是生产车间，最多的时候有六个，因为我们是搞半导体的，有单晶棒、切片、磨片、制版、光刻这些工序一直到最后出成品，剩下的还有动力科、工具科，为全厂供水、电、气、风，还有一些组织管理部门，像技术科、质量检验科、生产科、企业管理办公室、财务科等，以及生活后方，这个也是我们三线企业的一个特点——大山深处小社会，除了没有火葬场和监狱，其余全有。

我们是搞集成电路和晶体管阵列的，主要为部队服务，比如"东方红"3号、卫星通信工程、神舟飞船和东风导弹上都有我们的产品。后来的生产一直是比较正常的，发展得很平稳。

改革开放大潮一来，对我们的冲击非常大。第一个就是对人才的冲击。从1983年、1984年开始，陆陆续续的人就往外走，人心不稳了，我们厂也和其他三线厂一样，不要说孔雀东南飞，麻雀也东南飞了！我们跟深圳的条件和收入简直没法比。厂里没办法，只能出台政策，夫妻中，男方走了但女方留的，要么男方回来。不回来的话，厂里不可能养女方，像待岗一样，女方就回家休息，只给百分之几十的生活费。

尽管如此，还是走了不少人，光我们厂前前后后去深圳和珠海的就有300多人，全部是工程师、大学本科生或者有一技之长的技术熟练工，都是技术骨干！在这种情况下，我们企业就很难了。人才大量流失，最后流失到什么程度？我们机电电路企业是技术密集型的，我们整个厂1000多人最后剩的大学本科生不到10个，学电子、学半导体集成电路的可能就5个，只剩了5个人！这5个人都担任厂里的车间主任、总工程师、技术副厂长等职务，全部是管理干部。下面的各个车间没有大学本科生，全部走光，连我们领导班子好多人也提出来要走,也走了一些。因为他们一到深圳就知道什么情况了,坚决要走。

第二个就是对观念的冲击。原来是很严格的计划经济体制,上面给厂拨钱、下计划,我们就按照要求生产军方需要的产品,哪怕盖一个厕所也一定要经过上面的批准。现在变成自负盈亏,要自己去找市场了,我们逐步成立销售科,开始跟用户沟通。以前不存在这个事,现在要逐步开始与市场磨合。以前企业是没有任何权利自主发工资的,每个月工资多少都要经过振华集团,最后批给多少就是多少,突然之间要自己发工资,当时我们厂长就挠头,很难了。

第三个是国家对军工的投入往下掉了。我们企业建厂的目的就是为军工,但军品任务不饱满,我们为它配套,跟着日子就不好过。80年代中期到后期,我们开始搞民品,那段时间为了生存五花八门什么都做,比如卖氧气,卖氢气,做落地台灯,搞摩托车点火器,甚至搞遥控窗帘,八仙过海,各显神通,但始终还是成不了气候,这跟我们产品主业的技术偏离太远。

第四是设备老化。半导体企业的加工设备更新换代很快,一般设备要求五六年全部折旧完。从经济价值上来说,设备五六年折旧后基本上就没用了。我们实际上是用60年代的设备在生产80年代的产品,根本不行了,好多设备完全老化。比如我们一直用的是最早的国产手动的劳动牌光刻机,备件买不到,坏了都没办法修。于是把两台拆成一台,用到了这个程度。生产区电线外面的胶皮全部老化,都是裸线。原来我们自己可以生产氢气、氧气、氮气,一个星期就能出,完全自给自足,用不着到外面去买。最后设备坏了,搞到15天还出不了气。

集成电路生产要求净化空气,净化等级很高。但我们净化厂房的整个空调系统几十年下来差不多全坏了,也没钱修,清洗芯片也没有清洗机,全部是用离子水人工来回晃地清洗。现在都是等离子清洗和超声波清洗,那时候啥都没有,就是人工拿水冲,一冲十几个小时。

由于国家在军品方面没有投入,我们资金短缺,人才流失,设备老化,生产后方更是有问题。建厂的时候没有经过很严密的地质勘探,生活区两口井已经塌方，其他井也没法用，整个厂实际上已经无法生存了。所以那是我们厂最困难的时候，揭不开锅，瘫痪了。我们只能靠什么？银行贷款！当时银行也是刚改革，开始的时候跟我们关系好，军工企业有困难了就贷给你，它的金融意识也不是特别强，所以有一段时间我们完全是靠贷款来维持大家的生活，总共银行贷款8300多万，债务很重。以前经营的一些业务有欠款，有些债主就坐在厂里不走，天天催款，最多将近住了半个月。工商银行把我们的账户封了，说外面回多少款他们就收多少款，不会再给我们用这个账户。建行要起诉我们厂。所以从计划经济转向市场经济那段时间，我们这种山沟沟里面的三线厂，那真是苦得一塌糊涂！

五、与其坐以待毙，不如奋起一搏

在这种情况下，1997年我成为4433厂第七任厂长。说实话，振华集团没有通知要我当厂长，只是那天组织部长找我聊过，问我："这个厂怎么办，你能不能来挑这个担子？"我说："我不干，你们放我走，我有地方去。"后来他们组织部两个人就在下面调研了解情况，到了下午3点半又来我办公室，给我看了红头文件。

我一看就炸了："我什么时候答应过了，我跟你们讲过，老厂长还没到60岁，他才58岁，你要么让他干两年，要么放我走！"他们说："现在告诉你，4点钟全体中层干部开会，马上宣布，老厂长我们昨晚谈过，他再也不管事了！"

这个事我管还是不管？不管，有点不忍心，因为我从破土动工开始就在这个厂，流血流汗，对这个厂感情很深，看着这个厂从艰苦奋斗一直到平稳发展，再到现在的破败。如果破产的话，厂里这么多工人怎么办？我是进厂最早的元老了，厂里基本情况我都熟，还是有点不忍心，总要有人来管啊。

之前我已经做好走的准备了，我找老厂长，老厂长说："除非我不做厂长，你可以走，只要我当一天厂长，你就别想走。"因为我们当时调动是要档案的，这样我就被卡住了。结果没想到振华集团来这么一出，我没办法只能硬着头皮上，干也得干，不干也得干，谈完话后马上他们进去宣读任命。我作为一个党员,当知青也好,到厂里也好,组织上还是蛮器重的,当时我是分管人事的副厂长,这个时候我不站出来,说难听点,也对不起全厂职工。

上任厂长以后,马上就出问题了。中行行长上门来催债,说你不给我钱,那对不起,你们唯一的中行账号也要被封掉。供电局三天两头一个劲儿地就发催款通知单。总装备部发的科研试制费全花完了,但是十多个项目还没有完成,马上就面临着"神舟一号"要求我们在1997年提供配套产品,提前要买材料和测试设备,但我们连工资都发不了,哪有钱啊?这下惨了,喊天天不应,叫地地不灵,要么这个企业死掉,反正死掉我也有走的地方,所有班子成员都有走的地方。但是这个厂怎么办呢?我实在没办法了,逼得我出了一招——跟职工借钱!当时整个振华集团轰动了!

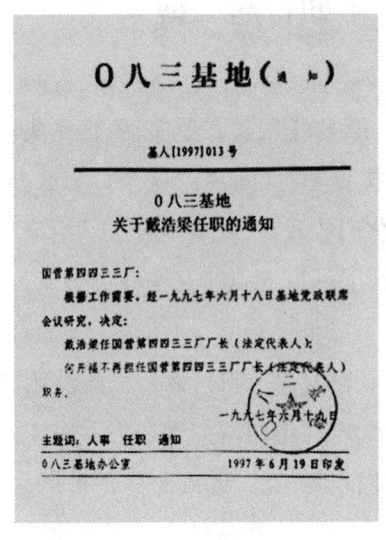

1997年,戴浩梁任4433厂长的任职通知

我代表厂领导班子召开职工代表大会,跟职工借钱集资,只想借三四十万元,把生产线启动起来。当时我是这样说的:"向你们集资,我20%的利息行不行?现在我们喊天天不应,叫地地不灵,假如不行,我就把厂里值钱的东西全卖了,砸锅卖铁也要还你们。但是不集资,不把产品配套起来肯定不行,我们与其坐以待毙,不如奋起一搏!"说实话,我自己心里都没有底,结果没想到几次动员大会开完,五天时间,参与的有700多人,集资了110多万,把我搞怕了,这是老百姓的血汗钱,我怕没法还啊!这我一辈子都不会忘!

有了这个钱就好办了,厂里马上开会。工会作为代表有权监督,这个钱不准乱用,要买什么仪器设备,什么备件,什么材料,马上就做好规划,生产线又重新启动。我们把有生产手段的车间组建成分厂,比如为神舟飞船做配套的这些单位组成了一个军工分厂,军品生产任务全在这,厂里的总工程师跟生产副厂长担任正副厂长。民品车间也是专门单独的,分块搞活。

我们真的是发愤图强啊,否则厂里只有死路一条。厂里把资金分配下去,定下了十几个新品科研项目,分解到人头,必须完成,技术副厂长亲自抓,干好了,厂里有奖励,分开搞,分开突围,就用这个办法。我也找当时的国防科工委、解放军总装备部、航天部门等领导,汇报我们厂集资的情况,对他们震动是蛮大的。电子部没有一个厂敢像我们这样干,没有一个厂敢集资保军工的,没有一个厂能这样的!大家破釜沉舟,已经没有退路了,硬是把拖欠的十多个项目全部完成了。完成后有钱了,就把集资的钱还完。我从来不喝酒的,还完那天我一个人在厂里喝酒,一下子轻松了,原来110多万压在身上,抬不起头,没有睡过安稳觉,想着哪天要是还不起老百姓的血汗钱,没法交代啊!

后来运载火箭总指挥黄春平①对我们印象很好,他到我们厂考察的时候说:"风光精神令我十分感动!"然后扭头就对陪他一起来的处长讲:"我们搞航天的,不要忘了这些为我们配套的企业,在可能的情况下,我们应该在政策方面对4433做一些倾斜!"振华集团的老总也说:"你敢这样干,你们这个精神不仅感动了北京,也感动了我,感动了振华集团!"可能在整个集团,大概只有我们厂敢向职工借钱来启动生产。

六、起死回生,扭亏为盈

虽然完成了项目,但实际上到2002年的时候,我们大概还在亏损,整个线路和管道老化到已经没办法了,再在老厂待着苦苦支撑下去,可能只能破产。后来我们跑北京,得到了解放军总装备部跟国防科工委的支持,争取到了一个800万的项目。国家划拨资金360万,自筹资金440万,我拿着这个项目就找振华集团,要求把工厂调迁到贵阳。最后跟主管领导吵起来,主管领导就说:"你本身亏着的,还有8300万债务,还欠着职工工资,医药费都没

---

① 黄春平,福建闽侯人。航天系统工程管理和弹头技术专家,为中国航天事业做出了突出贡献。

处理完，你在贵阳没有建房，没有分地，拿什么搬？"后来国家计委下文给4433厂，同意搬到都匀，竟然不是搬贵阳①，还没有一分钱的搬迁费。我们傻眼了，搬一个厂啊，没有一分钱怎么办？所以集团公司主管领导就不同意搬。

我又找了振华集团董事长、总经理，当时是同一个人。他就说："你们那种精神感动了北京，所以你才拿到了这个项目，你也感动了我，感动了振华。这样，我同意你搬，没厂房，我租给你，职工没有住房，你自己市场化解决。"我说："行，你只要让我搬过去就行。"

在这个情况下，我们没有一分钱的搬迁费，就提前做预备，把搬迁可能受到影响的产品集中生产，对厂领导全部分工，哪个人管装修，哪个人管搬迁，哪个人管贵阳安装，哪个人管资金筹措。我是两头跑。最后我们在没有国家一分钱搬迁费的情况下，硬是在2004年2月28日，把全厂的生产线停了，开始搬迁。2004年4月1日在贵阳恢复生产，前后就50天的时间。这件事情上我是欣慰的，当时一定要搬，哪怕碰到头破血流，我也不变，认准了一定要搬，结果搬成了！4433起死回生，是一个很大的转折。

2004年我们还在亏损，一搬过去以后，当年销售收入突破1000万。振华也帮我们把原来8300多万的债务进行债转股，变成了资产管理公司的股份，债务这块卸掉了，因为我们要自筹资金440万元，振华财务公司也给了贷款。对我们来说，只要搬过去就是最大的胜利，什么条件我都答应。到贵阳后我们厂马上就火了。2004—2005年，我们把所有的军工资质重新评审一遍，包括国防科工委的军工资质、解放军总装备部的科研资质、航天科工集团的资质、信息产业部的资质和军工保密的资质，全部完成，拿到了证书，这下子就好办了。2005年我们销售收入突破2000万元，利润200多万元，当时才300多人。2006年和2007年的利润都是200多万元，振华一看有希望，干脆厂房也不算租了，直接作为投资给我们。

都匀这边我们也做了不少安顿工作，后院没起火，贵阳生产也进展顺

---

① 亲历者原本想搬到贵阳，但国家计委只同意他们搬到都匀市区，不符合厂里人的预期，最后经过争取，还是搬到了贵阳。

利,这个厂基本上就活了。在这个前提下,我们提出来军工跟民营企业搞合资,大概在振华我们是独一家,一共 5000 万元,振华出资 2750 万元,把厂房、设备和债权作为抵押,对方拿 2250 万元的现金,增资扩股成立现在的公司。新公司成立以后,我又连续争取了两次国防科工委的军工技改项目,一次是 1000 多万元,一次是七八百万元,有国拨资金,也有自筹资金,这样我们设备就全新了。现在厂里 310 个人,达到了两个亿的销售收入,利润 3000 万元!

对我来说,我工作经历中最成功的三件事,也是最得意的三件事:一是集资,这是起死回生的起点;二是搬到贵阳,这是一个很大的转折;三是合资,这是 4433 厂在市场上腾飞的新起点。我们把不可能变成可能,经过自己的努力,使企业能够生存下来并走向辉煌,我自己认为这是一件非常满意的事,也是我自己做得很成功的事。

这一路走过来,我 40 年在这个厂,经历了从破土动工到平稳发展到差点破产再到东山再起的全过程,可以说是改革开放的见证者、实践者、推动者和参与者。2011 年,我退休了,振华对我进行了离任审计,说我带领全厂职工,使一个濒临破产的企业搬到贵阳,最后给了我八个字:起死回生,扭亏为盈!我们航天一个处长说这八个字比什么都金贵。当时整个军工口创建 80 周年,振华只能去一个人,这么高规格的会,他们什么都不考虑,一个电话让我准备一下,这一点我还是蛮感谢振华的。

2011 年,戴浩梁(四排右起第十六位)于北京参与人民军工创建 80 周年纪念大会

回顾三线建设,现在社会上好像有两种说法,有的说当初毛主席不应该把这么多资金投到三线来,要是投在沿海可能早就发达了,实际上我不完全赞同。我认为在当时的国际形势下,不搞三线军工建设,就不可能打下今天这么坚实的基础。没有三线建设,都匀就不可能这么繁华,所以我们打下的基础是非常好的。不能否认三线建设的成果,也不应该否认三线建设这一段历史。不管怎么说,我们是亲身参与者,很有体会的。

之前黔南州图书馆搞了一个老三线图片展,请我去发言。我最后一句话是:"我骄傲,我是三线人!"后来州图书馆发行《三线记忆(黔南篇)》,他们也请我去发言,最后一句话我还是这样说:"我骄傲,我是三线人!"

缪忠和　王正贤　缪咏梅
知足常乐，老实工人的水城半生

亲 历 者：缪忠和　王正贤　缪咏梅
访 谈 人：周海燕
访谈助理：张航瑞
访谈时间：2019年7月25日下午2:00—5:00
访谈地点：六盘水市缪忠和、王正贤寓所
访谈整理：周　瑜
文本表述：缪忠和（宋体）　王正贤（楷体）　缪咏梅（仿宋）

亲历者简介：缪忠和，男，1941年生，贵州人，水城矿务局退休工人。王正贤，女，缪忠和妻，1942年生，贵州人，水城矿务局退休工人。夫妻二人于1965年经招工由贵州省威宁县来至六盘水，参与三线建设，主要负责敲山打石的工作。二人育有五女一子。1974年，夫妻二人调至汪家寨煤矿负责水泵建设，分别于1996年和1993年退休。缪咏梅是他们的女儿，现在除了打理自己的生意外，还积极参与三线记忆材料的搜集整理工作。

缪咏梅（左一）、王正贤（中）、
缪忠和（右二）接受访谈

一、工作能吃上饭，比在农村家里好多了

我出生在威宁县的边远山区，家中人口少，我母亲带着我们两兄弟，在家里一天几毛钱，到年底分得一点粮食，不够吃。那时候农村怎么分粮食呢？按"人七劳三"，比如有100斤粮食，70斤按人口分，30斤按劳动力——就是工分——来分。小娃娃多就可以分得多点，我母亲当时将近50岁，我兄弟有十四五岁，我也有20多岁。因为都能劳动，有些工分，到年底分红我家就能多进几块钱。但是由于我家人口少，分的粮食都不够一年吃的。基本上过了春节一两个月粮食就吃完了，太可怜了。

那时候吃的以苞谷为主，一年能分几百斤苞谷，其他杂粮没有很多，豆子、土豆，一样一样整点，但根本不够吃。有时候两天都没有东西吃，青黄不接的。那时候我在生产队当副队长，记得有一回早上起来，实在没有东西吃，我就去地里挖生产队的洋芋，一连挨着挖了几窝，然后让生产队的会计来点数，看我挖走了几颗，我再赔给他们。人到没有吃的时候，饿了咋整嘛！实在没有办法了，才去挖生产队的土豆吃。

"大跃进"的时候天天跟人出去收庄稼，十六七岁都还没有衣服穿。最难过的是"大跃进"开设的食堂，到后面就不行了，粮食供应不上。农村全靠自己，国家给一点下来，一点豆子也是吃一顿，有一顿没一顿的。过了那两年还是不行，食堂也不办了，都要自己找东西吃。

不过我们这边倒没有饿死人的。我家离云南近，1958年的时候，云南那边困难，等我们这边困难了，云南那边又好了，所以我们就在云南那里找活干。牛栏江那边是云南，我们把值钱的东西都拿到云南去换粮食。过去哪家有几床铺盖？都是真的羊毛毡子，一床毡子可以在云南换百余斤粮食。

1965年，国家搞三线建设，来我们村招工。他们说煤炭部招工，那天开会没说是哪个单位，就只说是基本建设单位，我们也不晓得是去干啥。那年我已经23岁了，家里太穷，招工就跟着去了。

刚来的时候，一个月只给我们21块钱，6块钱直接给，其余15块钱发成了饭票、菜票。发那6块钱是给你买洗脸刷牙一类的东西，像当兵一样。那

时候还没有把钱寄回家,那点钱根本不够寄回去的。我当时想,跟着来了,苦还是苦,累还是累,但这心里面还是满足的,反正天天吃饭多少是没问题!等到三四个月后正式分工,有许多从农村来的人粮食不够吃,饿得跑掉了。我才不管,反正一天有一斤粮食,可以早上吃四两,中午、晚上吃六两,吃下去就饿不到了。要是放现在哪里吃得完,但当时根本不够吃,我还是坚持下来了。分工以后粮食是按干活多少分的。我们打石头一个月是48斤粮食,工资30多块钱。那时候工资有一天8毛的、1块的,最高也就是一天1块2毛左右。

分工了,多少就要拿点钱回家去。我家母亲老了,加上家里当时粮食也不够吃,多少攒一些,寄点钱回去买点粮食。那个时候不像现在,现在是这样不好吃,那样不好吃……我觉得哪样都好,都比过去好!寄回去的钱不多,没有定数,甚至还有拿过2块钱回家的。有个老乡,人不错,因为他的父亲生病了,他要回去。当时还没分工,我拿2块钱给他回去。我是这样想的,那时候农村困难得很,一分钱都没有,盐才七八分钱一斤,拿2块钱,买盐都能买20多斤。

我来的时候,我家有个伯伯,他说:"我拿5毛钱给你买双草鞋穿。"我来的时候都是穿草鞋来的,可怜啊!来了以后是冬天,当天发了一套棉衣给我们,还有一双胶鞋,那时候觉得穿这些就不错了。工作服刚发下来,由于要扛石头到肩上,就在容易磨破的肩膀、屁股那里补了两层。安徽来的那些老工人,后来衣服破了又补,上班穿的衣服、裤子都不晓得补了多少层。手套一个月发一双,可是怎么遭得住石头磨?一天就烂了,手指头尖都出来了。

住的是油毛毡芦席工棚,不觉得冷,反正油毛毡隔着,不透风。但那时候与现在不一样,冬天冷得很。我记得我家住在山顶上,冬天早上出门,下来到食堂吃饭都走不成,地上全部冻着,滑,一走路便跌跟头。当时一个人发两个碗,这一路走来,搞不好碗都打烂了,还得重新买,必须得慢慢走。房子还没有从这(客厅)到厨房这么大,就这么住三家人,一家住一小点,刚好能放下一铺床。把那个床用席子隔起来,那边又是一家。我们早点成家的,管它好坏,好歹有个小家在那。

我觉得来工作了总体还是满意的,起码一个月多少给你点钱,吃的没啥问题,到最后还能适当补助下家里的母亲和兄弟,比待在农村家里好多了。那时候不能出去打工,只能整天种那点地。除了种地,还是种地。满一年,整的还不够吃的。要不是三线建设搞到这里,当地哪有像这么好的机会?

那时候不像现在,工作条件差,又累,每半个月只能休息一天。白天晚上都干,全是体力活,没有机械化,都是用手工,用力气,天天就要拿起手锤锤,还要打眼、放炮。刚来到大河边煤矿的时候没有电,干了两年多才送电,拉了电,用个压风机,就轻松多了。

打石头打成 30 公分乘以 30 公分的,这么大一块(比画),一块一块地打。一块石头一般 10—12 公分厚,要打得规规矩矩的,有五六十斤、七八十斤重。每天打多少石头是按照一个班给你的任务。我当时当班长和排长,体力好,又会干,像我们打一天能打三四十块。打了堆好,一块块擦起来,下班的时候会有专门的人来收,哪个班打了多少,一块儿拿去数、拿去比。

打石头是用来修斜井的。斜井那时候是用石头砌的,砌成拱形,不像现在全部都用水泥。打井还要搞决战,我们这边井有两个,全国都来支援。河南平顶山来了个"群英队"①,跟这里的 4201 队②比赛,4201 队打主井,"群英队"打副井。我们不负责打井,只是知道有这么回事。那些人一个个的……那个干法真是不要命,一个月井下突破了 230 米。我们党委书记于金和③,山东人,都喊他"二百三"。

我们打石头的也要跟上,没有我们,他们也完成不了任务。所以我们每天要加班,吃了饭就去,点着小马灯加班到 11 点钟才回来,累得要死。4201 队在"群英队"前面提前完成了,全国出名。

当时说搞的这个三线建设,就是怕苏联打过来,把东北那边叫"一线",中原一带叫"二线",云贵这边叫"三线",是这么分的。经常宣传说:"一天

---

① 指平顶山刘景池队,是当时煤矿系统有名的集体劳模队伍。
② 指 12 工程处 01 队,与平顶山刘景池队共同突击汪家寨斜井工程。
③ 于金和(1930—2014),山东滕县人,1949 年 1 月参加革命工作,1953 年 12 月加入中国共产党。先后在淮南矿务局大通矿、蔡家岗矿、工程公司、淮南煤矿基建局 42 处、贵州水城矿务局 42 处等单位工作,历任工人、科长、主任、处长、党委书记等职务。

搞不好,毛主席都睡不好觉。"不是在珍宝岛打了个仗嘛,广播一宣传,正上着班呢,立马把人集中起来开紧急会议,就在食堂门口打个大横纸,向大家讲明是怎么回事,喊你赶快干,形势越紧张越要干,干不完就要加班。每个班都要抽一两个人来值班,去值班一天多2块钱。不过我们并没有"工改兵",人还是工人,那边要打起仗了,你这边就要赶快地干。

二、"不说话,随大流"是"文革"时期的生存法则

那时候兴军事化管理。早上一般7点50分就去上班,以一个班为单位,排队上去打石头,看着点名册点到,不到的就是旷工,就没有工资。中午快12点要吃饭了,就有个人去敲钟,其实是挂起的半截铁轨,敲当当响,大家就下班,也要排起队下来到食堂门口,才能解散。

纪律严得很。白天要上班,每晚要学习,除了礼拜六、礼拜天两个晚上不学习,天天都要学。学这个,学那个,早上要读毛泽东语录——"下定决心,不怕牺牲,排除万难……"那时候成天不离毛泽东语录,晚上学习也是语录读在前头,还记得什么"老三篇",就是《为人民服务》,还有《纪念白求恩》《愚公移山》,成天都在学的。

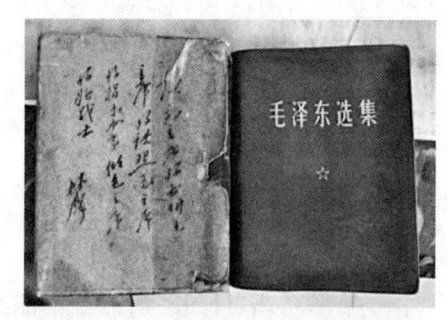

受访者家中的《毛泽东选集》

我们那里落后,我没有读过书。一九五几年有学校的时候,我已经十多岁了,有些比我大的人都去读一年级了,因为我家里没有劳动力,我要挣工分,就没去上学。我不能读书,就跟着我家里一个堂哥学。他是生产队的会计,实际上也没读过书,但他舅舅有点文化,他在他舅舅和外婆家放羊的时候跟着学,回来了我再跟着他学,在家一天学几个,毛主席语录基本都认得到,全是自己学的。基本的工分、名字,我都能写下来。

要说"文化大革命",当时的社会环境就是那样,我们普通老百姓又不争

权又不夺利的,管它呢。只能说,"文化大革命"搞起来了,生产受了影响——可是"文化大革命"也干出不少成绩,比如说南京长江大桥,外国人都说中国修不起来,那时候不也修起来了?

四川那边有些地方是受到影响了,成天就去武斗,拿着枪炮干,我们这边倒是没有。武斗当然是不对了,但没有办法,当时就是要分派,我们就叫"捍红派",捍卫红色政权,拥护毛泽东。造反派说"捍红派"里也有走资派,要挨批斗。我们42处的党委书记于金和就被整下来了,说他过去是国民党的什么人,我觉得这是不对头的。后来我们单位来了王建做一把手,42处4000多个人就一直属于"捍红派"。

那时候一句话说错了就要挨批斗。我们学习的时候要先"祝毛主席万寿无疆!祝林副主席(林彪)身体健康!",要讲这几句话。有个人,他说祝林副主席"尸体健康",就把他整成反革命,马上就被喊出来批斗。让他抱着草扎的王光美的像,整一块铁轨放到下面捆在脚上,一喊他动,他就要抱着走。铁轨起码好几十斤——你想想有多重!

所以我们一般都不说话,管那些做什么?人家叫扛红缨枪我就扛,喊上山抓人就上山抓人。但我们没有武斗,42处就是自己做了土炮,爬坡上山去抓赌。反正工作上人家找不到毛病,都干得很好,只要不乱说话就是了。有时候一个人发15块钱的奖金都不敢要,又说是坏人给的,又说是奸细给的,哪里敢要嘛。

因为我爷爷当过保长,所以我不能报名当兵,入党也不行。后面"文化大革命"过去了,那些书记都来找我,问我:"为啥不申请入党?人家好多都写了入党申请书。"我说:"不行,条件不够。"其实没有分工的时候,我就跟他们讲过这件事。有个姓陈的指导员,坐那儿学习的时候,我讲我爷爷当过保长,他说:"可你是贫农。"我说:"是,我爷爷是保长,土地改革的时候财产被人家拿了,房子全部被拆完,一样都没了,只有地还在。我妈他们讲,土改工作队坐在那里拿着笔,划你是什么成分。下边有人说:'划地主!''划恶霸!'但家里连把锄头都没有好的,怎么划'地主'?已经破产了,一样都没有了,就还剩个地。后面就有个老人说:'算了算了,划贫农算了。'"

在42处的时候，我基本上年年都是先进生产者，就是后来说的劳模。后来分了工，有几十个人，还是叫我来当班长。本来指导员对我好得很，但是我一讲出我家爷爷是保长后，就对我不好了。他讲："怪了，你是贵州贫农，当保长的贫农？"我就知道我不能入党了。要不是这个，第一批入党就有我，是"文化大革命"第一批发展的党员。后面几个指导员，说写申请还要写什么家庭成分、社会关系，我就说算了，不写了。

等到邓小平主持工作，把成分去掉了，就可以入党了。我当时已经在汪家寨选煤厂，我们的书记，一个话不多的东北人，来叫我写申请，说立马就能给我批，工作单位要有个党员才行。那时候我都快50岁了，我说算了，不写了，从那天起他也不再找我了。

在那里待了八年，真正打石头打了七年，后来那一年42处要走了，井已经建起来，不需要石头了，就有将近一年没有干活，所以大家那年都在学木工，做箱子、柜子之类的，不过最后那一年工资还是发的，这地方得留些人，他们问我愿不愿意跟去安徽，我说只要能留下一个，我就留下。我想着安徽又远，交通也不像现在这么方便，工资又少，我母亲都老了，我就没去。

缪忠和制作的石臼

三、走不出去的家

我家虽然在金沙县城，但家里负担重，又没个人能赚钱，比乡下人还要难过。家里姐妹多，现在5个，要是都活到现在，应该有15个，那些都死完了。后头我妈又生了这几个，三妹、四妹还有一个弟弟。

那时候家里我最大，需要养活他们。8岁时我就会自己到垃圾坡上捡煤炭花来烧，一小颗一小颗的，就到那种灰里去捡，甚至看到哪点有灰就赶过去。10多岁了就要挑煤炭去卖，这么小个筐，到矸石山上去捡点煤挑回家去。有两三分钱就能买斤煤回家去卖,没钱就得慢慢捡,看人家落了洒了的,就捡到自己的筐子里。

下午一两点才能回来,肚子饿得咕咕叫,没鞋子穿,只好光脚去卖煤。回来赚了1角5分的煤炭钱,只跟我妈说卖了1角3分,为啥这样呢?赚的那2分钱凑起来去买布扯裤子穿。我多大了都还没裤子穿,我妈还说我:"这么大的姑娘光着屁股,多丑嘛!"鞋子根本没有,十多岁我就自己做鞋子穿。

后来要养两个妹妹一个弟弟,我就去赶场做生意。家里没钱,我妈就把家里原来山东那种被子的被面扯下来,那会儿布票挺贵的,就拿着被面抵给人家,看能抵多少钱给我们,人家说12块,那就把被面给人家。

只有12块,就要做生意,找了钱来养活一大家子,一家人的生活都要靠它。做了十天八天,我的父亲和我妈就要跟我算账,看你挣的钱在哪里。我父亲是以前会教书的那种老先生,会算账,就和我妈商量把这个盘算盘算,看我赚了多少钱。家境真的不好,就扯这些事情,过得真是可怜。

那时候每天都要出去,卖菜、卖水果,能卖啥卖啥。当时还不准卖,一抓到你,就把你的东西都丢了,像城管一样。我遇到市管会喊叫,有一个姓廖的,哎哟,我这辈子都很恨他!我在家做棕绳,拿到中街去卖。晚上12点就开始走,走到收棕绳的地方,正好天亮,敲门人家起来就给我们收,收了再从那里赶回家。要是在那里抓到你的话,马上就拿来烧了。

那会儿我都大了,20多岁。水城招工招了无数回,我都没出来。为啥?因为我一走,家里的生活都没有着落。有一天我到街里面,那些领导对我也挺好,支书都会问我:"王正贤你想不想出去?"我问:"哪里有招工?"书记说:"你走了家里头生活就没办法。"我说:"我妈脾气不好,经常打我,我都常跟你们告状的。"他说:"那你就去嘛,保证头天晚上报名喊你,体检就看你能不能干活。"那时候贵阳北华水电厂都报起名了,第三天就要走。

我就到家里赶鞋子,做鞋子、洗补衣服,后天不是要走了嘛!我一回家我家老爹说:"你去搞哪样?你去了回家后,就看不到我的骨头了。"我一想是真的啊,我家那些弟妹还小,哪个给他们吃?我一想眼泪就出来了,我爸脾气怪,他年纪大了,跟我妈又不合,我想到他们也可怜,就没有出来。有一次是贵阳林东煤矿招工,按道理那时候是招男的,不招女的,但我也去了,可我弟弟和我妈把户口本和粮本都收了藏起来,我找不到,就报不了名。

最后这次出来,其实还是为了养我的妹妹和弟弟。每个月28块钱,每次都要寄10块钱回去,如果不寄,我妈写信就要说一大篇。

四、我们有孩子的干这种工作,要比别人辛苦点

我是1966年11月14号从家来的,来的时候坐的是汽车。那时候汽车真的很少见,觉得很稀奇。汽车后面有个拖斗,我们的被子就放到拖斗里面,人坐在前面的车里,两天多才到,一来就分到大河边煤矿,又没灯,晚上也看不到,黑乎乎的;喝水不像今天有这种自来水,困难得很。虽然在金沙家里也没有电,但你是来工作的嘛,哪能想到工作单位也会没有电呢。

第二天分了班就上山去打石头。我跟他(缪忠和)一个班,班里有八个女孩,最小的年纪有十二三岁。她们说他算我师傅,那时候来得早的老师傅都要一个带一个。

吃饭在食堂,对于女生来说饭是够吃了。工资才1块钱一天,等于一个月就开28块钱。主要是太累了——这么大个筐(比画),上面编的藤子都有我拇指那么粗,抬的杠子也那么粗,每天都要抬到肩膀上,肩膀都抬得脱皮了。锹把不离手,抬了石头还要去戳上面的渣子,倒掉。每天都有任务,今天打多少,师傅打多少,带的徒弟打多少,总体一个班还有任务需要完成。我们打石头的"女子突击队",晚上要加班,提着小马灯打,高产就给你四两油炸糕。

每天上班是军事化管理,在球场里面排队点名,要唱《大海航行靠舵手》,要读毛主席语录、"老三篇"这些。然后带着自己的工具上山去。那个锤把有那么长(比画),拿到我们手里,女生拿的起码5斤,他们拿的甚至还有7斤。就拿着这些去敲石头,把边边敲出来,敲个30公分乘30公分的,然

后抬着堆起来。石头堆起来一定要平整，不能有包包（凸起），不然摞起来是歪的，就说明你没打好，要凿一下，切平。

每天打了会有个收料员来收，收一块就拿笔去点一块，等车来了再拉去汪家寨建平井或者斜井。那时候也有装车班了，就是专门去把石头装车的，但他们人少，时间来不及了还是我们自己装，人手不够了女的也要上。那些石头，打得不好的、放不平整的、歪歪倒的都有60斤，质量好的起码80斤。一个男的、一个女的，岔着排起队，你抱给我，我递给他，把石头丢到车上去。有个同事已经怀着六七个月的孩子了，也要去抱那个石头，抱过来抵在肚子上，结果娃娃后来生下来脑壳抵了个大窝，脑壳都是绿的，生下来就死了。你说这个工作辛不辛苦？累不累？

我跟他结婚的时候，已经工作了很长时间。大家在一块有共同语言，我想到我家庭不好，虽然这人是农村的，但是很勤劳，对人也不错，我还是不愁了。谈了几个月，大家都愿意，就结婚了。1968年元月份结的婚，那时候也简单，我们班有八个女娃娃嘛，买了一个暖水瓶、一个盆子、六对杯子送给我们，作为结婚的纪念。他有一个单人蚊帐，我也有一个，就并在一起改改。我们那个指导员还好，给我们整了个婚礼。

那时候简易得很，也没有什么婚礼，就是通知大家一下，然后过年。过年的时候我们是一个队的，队长有个办公室，他们买了饭来，晚上我们和他们一起吃。有个老乡在商店，还在那边买了几斤糖、几条烟，还有把刀，就这么结婚了。

反正我这一世嫁给他，确实是过得比较好的，因为我在家的时候实在是太苦了。

生孩子以后有56天产假，56天过后就得天天上班。像我们这种有孩子的人，6点钟就要赶紧起来，洗洗脸刷刷牙，收拾一下，把孩子送到人家那里——我请了个人来带孩子，10块钱一个月。送过去了要赶快回来，敲钟了就要开始上班了，每天喊立正、稍息、唱歌，然后喊"向右转"，人挨着人就上山去自己的岗位上了——每个人打哪个口,要站到哪个地方,就站到哪个地方去。

上山打石头再下来,起码走十分钟才到。为了孩子你下了班还得回来,接了孩子弄饭吃,一下子又要敲钟了,就又要把孩子送到人家那里去,赶着上班。中午12点下班,下午2点再上班,干到6点——跟现在上班政策是一样的。但我们有孩子的干这种工作,要比人家辛苦点,为哪样呢?你有孩子,你要送出去,还要回来上班。像这些孩子,我们每天得喂40分钟的奶。有时间规定的,不管是中午还是早上,到班上点了名字你没到,那今天就算旷工。

白天上班,他们男的就要打眼、放炮、打石头,大个的石头用撬杠拗下来,慢慢破碎,再搞成一小块一小块的。我们女的就负责戳泥巴,戳那些碎石。打下来的碎石我们还要抬出去,因为打石头的那地方不能乱七八糟。虽说累一点,但我这个人对工作还是比较上心的,任务完不成,吃了饭晚上还要来加班,加班又没有灯光,只能提个小马灯。所以上班的时候,能戳泥巴就戳泥巴,能打石头就打石头。

除了星期六、星期天,每天晚上7点半都要开始学习,学到9点,哪有时间玩?哪有时间休息?他们还找来报纸什么的,让学习、念报——新闻报啊,矿工报啊,不认识字的你就要好好听着,不听就要挨训。每天上班都是军事化,吃了饭就要上山去。

晚上下班回来,看下吃什么,赶忙弄点吃,到点了敲钟要喊你去学习,有时连饭都来不及吃,抱着孩子就去学习。

那时候结婚的人少,像这些孩子小时候长得挺好,都喜欢,一抱去,你抱抱他抱抱,我都闲下来了。等孩子睡了,我又要洗又要抹,就到晚上2点,累得都没休息时间。就是星期天,都忙得不得了。

那时候最高兴的事情是跑到汪家寨去看电影,我只要听到有电影了就跑去。特别那个朝鲜的电影……听到哪点放就跑起去看,在虹桥放跑去,在汪家寨放也跑去。那时候汪家寨有个露天广场,在那里放露天电影。

没得电影看晚上就要学习——除了星期六、星期天，每天晚上都要学——看电影就不用政治学习了，高兴啊，抱起小孩去看。

那时候哪还有爱情电影看，都是这些战斗啊打仗的，就看这些，就比如《摘苹果》《卖花姑娘》。一个星期放一次，从大河边走到汪家寨，起码有十公里，晚上看完还要回去睡觉，第二天还要上班，但是大家一边走，有些还高兴嘞，路上那些人还唱，很热闹！

那时候汪家寨热闹，有个水城特区机关也在汪家寨，还有个生产指挥部，也在汪家寨，大单位全部都在汪家寨。1965—1967年，大医院、公安局、监狱等，都在汪家寨，后来慢慢搬到了水城。

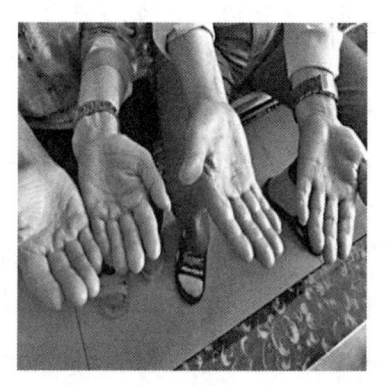

受访人夫妇的手

五、在选煤厂退休

1974年，从42处离开以后，我们就被调到汪家寨选煤厂工作。选煤厂和矿上是平级的单位，他们出的煤，我们来选。矿上一直不好过，选煤厂还好一点。那时候工资低得很，一个人几十块钱，不到100块，但消费也没有现在这么高，两个人都有工作，穷也穷着过了。

选煤厂的工作就是看那个运输皮带，有煤炭掉地上了，就去推一下。累倒是不算累，但三班倒，四个孩子都还小，这个刚开始读一年级，那个小的才1岁多点，这咋整嘛！刚好选煤厂要人去看水泵，离得大概有三公里，我就报名了。那个是两家人在看，有一家回来了，我就说我去。单位上觉得我这个人挺老实的，就说行，我就去了。

在选煤厂住的是固定房，不再是油毛毡房。我们俩加上四个孩子，六口人住到三楼上，只有两个卧室和一个厨房，公共厕所在外面。去看水泵，实际上也就是两间房加一个厨房，没有什么客厅。我就在外边自己搭一点、盖一点,整得显得宽一点。

我从来没上过幼儿园,因为我家孩子多。在我心里幼儿园好高档,他们一说幼儿园,我说:"我们怎么都没上过?"那个时候就很羡慕人家独生子女,或者两个孩子的,家里好多好吃的我们根本吃不到,能吃饱就不错了。我们在选煤厂的时候,就高粱米饭,难吃得很,还有那种红薯干,有的没晒干,都生霉了,我妈做饭时把它打成面搞成疙瘩蒸出来。

后来我爸妈被调到水电局去看水泵了,我们就要从矿上的学校转到电厂学校。厂里面领导蛮照顾我们,由单位里的人去对接,才转到那边去。电厂的学校很少,一个年级只有一个班,二三十个人。电厂就是300号电厂,是个秘密单位,专门建到大山里面,就怕敌人飞机飞过来找到。

矿上的孩子多,我觉得那边的老师教学质量不怎么样,因为他管不了那么多孩子。到了电厂那个学校,孩子少,老师级别还是比较高的。矿上学校的学生全是职工子弟,附近的农村人还进不去,老师都是矿上自学成才的,被喊出来教书,质量也是参差不齐。电厂学校稍微比矿上的子弟学校好一些,因为有一些下放下来的大学生来教,所以电厂这块教学质量还是不错的,我记得刚开始好像是不要钱的,后来是1块5毛钱的学杂费。

我一年级转过三个学校。当时从汪矿转到汪中,我第一个学期成绩很好的,跟我玩得好的同学现在是我们中山区区长了。我转学的时候老师不让,因为太远了,老人也不放心,就七折腾八折腾地把我转到电厂的子弟学校。那个班主任是个上海人,说话我听不懂,刚到那里也不熟悉,又自卑,觉得这个学校和以前的学校完全不同,然后成绩一下就掉下来了,上不去。那时候我在我们原来的班每科都99分、100分的,一转学就不行了。

一起看水泵的另外一家人来自黑龙江,家里六个孩子,两女四男;我家四个孩子,三女一男,刚好两家合起来男孩女孩一样五个。他们家就放了一口大锅,把东北那种下边放水的苞谷面一下贴上去,做成玉米饼,水烧干了下面还有锅巴。那时候我们可爱吃他家的了,但是我家姐妹少一点,吃饭不用像他家那样去抢。他家孩子多,又只有他爸爸一个人有工作,粮食常常不够。但我们本地和外地工人相处还行,没什么矛盾。

从不同地方来,大家吃的东西都不一样。我妈的同事经常回老家就带一点东西看望我爸妈,也不知道谁回老家带了点皮蛋回来——那时候皮蛋多金贵啊——我妈他们切了后拌青椒,我妈他们就说我吃东西狼吞虎咽的,笑我到现在——那时候就觉得太金贵了。

看水泵干了16年,主要就是为了带这几个孩子。在那里两家人轮流,一家看一天,就没有一天是没有事的。孩子该上学的去上学了,我自己有块地,种种菜,又自由,没有谁管。等1991年的时候,把孩子都养大了,我就回选煤厂了。

回公司干了两年,又去整净化水池,就是把水抽上去再净化一遍,干了两年又回选煤厂去,再干两三年就退休了。回公司干的那两年还是有点累的,一大帮人让我带着,几十个。我们服务工就是把那些煤矸石洗出来,洗了就由服务公司收走了。累是累,但每个月奖金要多几百块钱。等到1996年退休的时候,工资不到500块钱。我老伴儿是1993年退的,要少百八十块钱。经过这几年,现在工资涨了,我们两人基本上合起来也有6000块钱,反正将就着也够用了。房子我买得早,才11.5万,搬出来就买了,我嫌地方不好又买到这边来,这边是学校,基本上算是市中心。

对我来说,三线建设对我都是好的影响,我从参加工作就觉得满意。当然你要和现在比,人家在农村比我们好的也有,一打工就可以挣点钱回来。那时候整天种那点地,除了种地还是种地,你说你干什么嘛,满一年整的还不够吃。当时在农村那种苦、困难……所以再苦再累我都觉得满意。比如说我来工作了,起码一个月多少他要给你点钱,吃的没问题,到最后还可以适当补助下家里我母亲和兄弟,比我在农村那个时候还是好多了,从工作开始我就觉得挺满意。

现在水城发展大了,超过过去百倍都不止了。过去有什么嘛!我来的时候这里全都是烂田坝,冬天、夏天都是水汪汪的,刚刚来参加工作的第二年,劳动节放假,我们就来水城玩,从汪家寨走路过来要起码两三个小时,我们几个约起早上吃点早餐就来,就走到水城来玩。从西站下来,走田坎上的小路,只得这么宽点(比画),走进老城去。总体说起来是好的,发展还是大的,对我来说,我是满意的。

其他参访亲历者简介
（以姓氏拼音为序）

因篇幅所限，以下121位参加访谈的亲历者的口述史料未能刊印，但我们同样对他们深怀敬意。

敖以德，男，1948年生，重庆人。13岁父母去世，因可以照顾家属，大姐报名奔赴三线并将四个弟妹带到贵州。1967年小学毕业后招工进入712矿。1974年因一张大字报被调到712矿子弟学校，以小学文凭在初中担任语文、政治老师。先后在712矿、712矿子弟学校、711矿子弟学校、418库子弟学校工作。1983年考入贵州师范学院中文系汉语言文学专业。80年代初418库被龙翔集团合并，敖以德兼任集团党群工作处退休办主任。

白燕，女，1944年生，北京人。北京钢铁学院（现北京科技大学）冶金基建专业毕业，1968年来三线603基地钢铁冶金系统的焦化厂工作。开始在机修车间劳动，跟着师傅修皮带机。1970年调到炼铁厂设备连，1973年调到生产指挥部，负责设备管理、规章制度和事故检修工作，后提为机动处大修科科长、电修厂工会主席。

卜范华，男，1960年11月生于凯里，籍贯山东。1975年初中毕业后，作为知青下放至凯里农村，1977年招工进入挂丁纸厂工作，1977年考入贵州省无线电工业学校。1981年分配至210厂，先后从事车工、纪委等工作，1984年调入南丰机械厂（830厂）劳动人事科，2005年担任南丰机械厂破产清算小组成员，2010年担任083基地社会化管理中心凯里分中心主任。2019年退休。

蔡丙庚，男，1939年生，江苏南京人。1956年进入上海柴油机厂工作，1965年上海柴油机厂整厂援建贵州柴油机厂，作为技术骨干来到贵阳，一直负责贵柴的计量工作。曾任贵柴计量中心副主任、贵州省计量学会委员、贵州省几何学术委员会委员等职。1994年退休。

曹福林，男，1941年生，上海人，祖籍江苏。1956—1960年在上海电子制造学校读书，1960年在北京航天五院0682部队二支队当兵，后部队改制成企业，1965年该企业响应国家号召支援三线建设。1967年来到贵州桐梓林泉电机厂，先后做过档案工作、模具车间工人、机电车间主任、企业法律顾问以及办公室副主任等。

岑义芳，男，1949年生，贵州独山人。1968年初下乡，为"老三届"知青。1970年作为第一批返城知青进入4110厂，在南京无线电厂接受培训后到贵州工厂担任车间熔炼工，又至南京720厂参加培训，后在车间担任计调员。1994年调至生产科，先后负责341的调度，33、341两型雷达的外协配套件。2005年退休。

常瑞卿，男，1941年生，河南平顶山人。1965年毕业于平顶山煤炭学校财会专业，分配到煤矿西南建设指挥部贵州水城矿务局。1966年2月参加社教工作队，与农民同吃同住同劳动，亲身体验到山区农民的穷苦。一年后回到水城矿务局，调到器材处管理物资供应，后来又陆续干过保卫、组织工作。2000年退休。

陈家祥，男，1941年生，湖北人。1963年湖北工学院大专毕业后分到河南担任采煤技术员。1966年3月到贵州支援三线，在矿务局、摩天岭农场工作，历任采煤技术员、工程师、总工程师等职。1983年由总工程师提升为煤矿矿长，共在三个矿当过矿长，被评为局里劳动模范。退休前任生产技术处处长兼矿务局副总工程师。

陈敏，女，1940年生，吉林白山人，陈家祥之妻。中专时学经济组织与计划，1965年被分配到三线，在托儿所、六支矿务局基建处、煤炭部64工程处做行政工作，2000年在六支矿务局行政处退休。

陈匡群，男，1936年生，广东台山人。抗战期间逃难至武汉、宜昌等地，最后在丰都定居。父母去世后在重庆工作，后在雅安地委党校接受培训。1956年被分配到石棉县百货公司做收银工作，后遇公司裁员，重新考到716厂工作。由于工作原因与妻子分居17年，为夫妻团聚来到三线，在759厂工作，1993年提前退休。

王江琳,女,1935年生,重庆人,陈匡群之妻。1955年从会计学校毕业,1956年被分配到石棉县百货公司当会计,后与丈夫支援三线来到贵州,在单位做出纳工作,后调到膳食科从事会计工作。1990年退休。

陈永云,男,1952年出生,安徽淮南人。20世纪50年代随父亲从淮南到贵州支援贵州建设。1969年10月到083厂工作。1986年,由于工作认真负责,得到厂里工人的认可,被推选为都匀市第六届人民代表大会工人代表,曾多次获得先进工作者荣誉证书。

李桂云,女,1952年生,陈永云之妻。1966年与哥哥被选为赴京红卫兵代表,受到毛主席接见。后来作为篮球特长生被招进504军工厂,接着代表083篮球队在黔南州、贵州省国防办等打比赛。2002年退休。

陈余龙,男,1945年生,江苏泰州人。1965年在上海东海舰队工程部当技术兵种(驾驶员),为首长开车。1970年退伍分配到贵州都匀504厂四车间工作。1975年结婚,育有一女。女儿从小生活在厂里并在厂办学校读书,后来分配到厂里工作并成家。

陈月华,女,1941年生,上海人。原为上海光学仪器厂职员,1966年支援三线建设来到贵阳新天精密光电仪器厂,任检查处职员。

程彦,男,祖籍山西,1953年出生于北京。1964年跟随父亲迁至贵阳生活。1970年从贵阳实验附中毕业,通过招工进入都匀4100厂工作。1975年成为正式工人,主要负责生产用于海军舰艇的雷达。1975—1983年在团委担任宣传工作,1983年后回到车间担任高级技师。2005年退休,同年4100厂宣布政策性破产。

楚荣胜,男,1954年生于南京。父亲原是南京3503厂党委书记,1968年到贵州支援三线建设。1969年跟随母亲迁至贵州,进入3610厂工作,担任装卸工,1986年调到3535厂搞基建工作,50岁内退当保安。

淳泗英,女,1945年生,山东泗水人。1965年于贵阳花溪中学高中毕业后,招工进入南丰机械厂,负责仪表等工作,随后到北京738厂接受培训,1966年7月回到南丰机械厂,先后从事仪表测试、逻辑设计等工作,先后参与设计了"东方红"卫星中的计算机,贵州省第一台集成电路计算机DJS-

15,用于运载火箭的 DJS－220、DJS－240 等计算机。2000 年退休。

邓文增,男,1936 年生,籍贯天津。1973 年从陕西西安 115 厂来到贵州安顺新安厂(126 厂)。曾任新安厂一车间主任、六车间主任、福利科科长,从总工程师办公室退休。

丁祖国,男,1943 年生,祖籍河北秦皇岛,后闯关东到吉林。鞍山钢铁学院毕业,1968 年分到水城站,后到焦化厂劳动锻炼,1970 年筹建炼钢厂,1978 年调到基本建设处,历任科员、工程师、科长、副处长、基建指挥部常务副处长兼总工程师。1986 年任基建建设公司总经理,90 年代左右回到建设指挥部,后任公司副总,直到 2003 年退休。

董盛才,男,1937 年生,上海人。中学毕业后进入东海舰队附属单位,随妻子陈月华支援三线建设来到贵阳新天精密光电仪器厂,进入动力车间当工人,先后任供应处与销售处职员。

敦恩科,男,1938 年生于沈阳。初中毕业后招考至 410 厂(沈阳黎明公司),担任电气检验员、调度员。1968 年抽调至贵州黎阳机械厂,担任铸造车间副主任。先后担任工厂子弟学校党支部书记,精密铸造分厂党支部书记、厂长,后勤部党支部书记、副处长。1997 年退休。

房明浩,男,1945 年生,湖北武汉人。1965 年高中毕业后分配到武汉 181 厂任车工,1969 年被抽调进入贵州安顺平坝 170 厂成为供应员,1976 年调任生产科管理全厂安全生产,1980 年调入新成立的计划科担任外协计划员,1983 年成为技改计划员,负责全厂技术改造项目,1987 年调任计划处综合室主任,负责全厂综合总体计划,1993 年调至 170 厂广州分厂任工贸公司总经理,1994 年调回 170 厂,2003 年退休前任厂办主任。

付万军,男,1944 年生,祖籍河南。1966 年毕业于郑州航空业管理专科学校,因"文化大革命"推迟分配,1968 年 1 月经学校分配进入贵州新艺厂工作。进厂初期为实习计划员,在动力机修车间、机修站工作过,后成为正式工人。1981 年进入厂计划处工作,先后担任计划员、室主任、副科长、科长等职,1990 年调到人事处担任处长直至 2004 年退休。

高桂兰，女，1942年生，山东人，在沈阳长大。11岁上小学，16岁小学毕业。1958年因工厂大规模招工，进入工厂工作。1970年前往贵州支援三线建设，做了一辈子检验工。

王永厚，男，1940年生，辽宁沈阳人，高桂兰之夫。

谷庭佑，男，1939年生。曾任遵义铁合金厂（85厂）总工程师。1958年从本溪钢铁工业学校毕业，起初被分配到北京钢铁研究院，后调到遵义铁合金厂工作。1963年读中南矿冶学院的函授课程，此后一直从事技术工作，直到1997年退休。退休后接受返聘到2014年。

顾元昌，男，1934年生，上海人。1966年从上海光学仪器厂内迁到贵阳新光厂参加三线建设，成为贵阳新光厂计划科工人，一直工作到1994年退休。

顾祖德，男，1942年生，江苏昆山人。1962年考入安徽医学院，1967年毕业后分配至贵州省黎平县乡镇卫生院，1976年调入818（418）医院妇产科，一直从事妇产科相关工作，为妇产科主任医师。2004年退休。

郭迪龙，男，籍贯广东。1946年进入上海新光厂，1966年到贵阳新天光学仪器厂参加三线建设，在厂里当干部。1990年退休。

何厚贵，男，1938年生，山东济南人。1966年从济南二厂来贵州都匀东方机床厂参加三线建设，主要做加工刨床工作，曾任车间技术组长、技术部部长等职。

洪志根，男，自述时年71岁，现居上海，访谈时恰逢他回贵阳探友小住。1968年在上海中等技术职业学校毕业后，分配至上海光学仪器厂，随厂前往贵州支援三线建设。最初在厂内负责采购工作，1981年前后工厂效益下滑，并厂后做了一段时间质检员，直到1988年回上海。

侯綮江，男，1952年生于重庆，河南焦作人。1961年随父迁至都匀，在遵义长大，1969年初中毕业后进入东方机床厂成为热处理加工工人，历任班组长、质量员、安全员，1984年调至4110厂，成为八级技工。1999年停薪留职，从4110厂进入房地产行业做建筑材料方面的工作。2005年4110厂破产后退休。

侯书仁,男,1940年生,北京人。1958年初中毕业后进入北京738厂工作,先后在技术组、检验组与机动科工作,负责测绘、画图等工作,1966年因北京738厂支援包建南丰机械厂来到凯里,负责机械动力科相关工作,任工具科副科长。2000年退休。

侯振兰,女,1965年生,河北定州人。其父于1965年到火铺煤矿参加三线建设,1967她和母亲也一起迁移到火铺煤矿生活。1983年上技校,1986年毕业后分配到火铺电厂工作,曾任火铺电厂化验室职员。1989年4月21日因热气管爆裂而受伤,经过多次治疗后仍然带有残疾。1997年退休。

胡瑞珊,男,1945年生,湖北武汉人。1956年随父亲来到贵州,1964年初中毕业后接父亲的班在遵义工作两年,1966年转入首钢水城钢铁公司第三冶金建设公司。开始为架子工,1973年转为焊工班班长,一直到1997年退休。

胡瑞生,男,1937年生于山东济南。1953年到沈阳航空技校上学就读,1955年毕业后分配到沈阳112厂工作,参与了我国第一代自主研发战斗机的制造。1960年调到北京125厂工作,1969年响应国家号召前往贵州支援三线建设。1993年退休。

黄光忠,男,1955年生,贵州人。1971年进入安顺中建三局四公司,一年后分到下属连队安达厂,做一些毛坯粗活。1975年调到湖北荆门电厂。1980年第一批进入深圳,参与建设国家第一栋超高层大厦——国贸大厦。2008年以后再次回到中建三局。2015年退休。

黄震泽,男,1940年生,重庆人。曾任水钢总工程师,现已退休。1957年进入重庆大学钢铁冶金系,开始了奉献国家钢铁建设的一生。1962年大学毕业后分配到鞍钢,在毛主席三线建设重大战略决策的影响下,于1967年来到水城投身于水钢建设。

贾志,男,1927年生,黑龙江哈尔滨人。1960年6月从部队转业到哈尔滨935厂,主要做基建和仓储工作。1970年5月全家从哈尔滨迁往都匀,支援三线建设。先做基建工作,厂子建成验收后担任车间党支部书记,直至58岁时为照顾生病的妻子提前退休。

黎燕怀，男，1935年生，湖南人。1960年在部队里读航校（沈阳空军第一技术学院），毕业后到北京工作。1966年从北京到贵州支援三线建设。曾任华烽厂（011基地）副厂长。

李凤阁，男，1937年生，辽宁凤城人。高小毕业后在行政干校读了两年书，分配到哈尔滨120厂（东安机械厂）当磨工，任工段长、代理车间主任。1969年为支援三线建设来到贵阳170厂，先后担任人事科科长、厂工会主席、副厂长。1984年内退，先后返聘至厂生活服务公司、灶具分厂担任总经理及厂长。1995年退休。

李时棋，男，1942年生，贵州省黔东南州麻江县人。1969年进入凯里凯旋机械厂，曾在车间、食堂、后勤、机动科等工作过。1994年退休。

李世忠，男，1939年生，祖籍山东。毕业于山东济南冶金学院，1966年9月分配到山东济南第二机床厂，工作五年后被动员到贵州参加三线建设，一直在厂里搞安全和环境保护工作。2007年退休。

李晓贞，男，1943年生，河北任县人，大学本科学历，高级讲师。1965年参军，1971年3月随部队来到都匀。历任空军第六研究所、1036研究所半导体车间主任兼支部书记，四机部贵州教育中心、都匀技校、贵州省电子信息高级技工学校和技师学院教师，子弟学校校长兼支部书记、党办主任、人事科长、纪委书记兼监察室主任、离退办主任兼离退休党总支书记。多次被评为优秀党员和先进工作者。2004年退休。

李兴富，男，1944年生，浙江宁波人。1965年毕业分配至遵义天义厂总装车间，从事装配、质量检查工作。先后担任调度室主任、计划科副科长、组织部副部长、党委副书记、党委书记等职。2004年退休。

林东瑛，女，1943年生，上海人。1959年初中毕业后通过招工进入上海厂，做萃取工作。1966年响应国家号召，主动报名从上海到遵义支援三线建设，担任遵义钛厂（85厂）的保管员，直到退休。

凌积玉，男，1940年生，江苏泰兴人。1958年初中毕业后进入徐州煤炭机械厂工作，1965年作为徐州煤机厂先行部队前往六盘水进行考察建设，1966年随工厂前往六盘水。曾任六盘水煤机厂基建科工会主席。

刘书清，男，1930年生，辽宁沈阳人。13岁开始工作，"大炼钢铁"时期曾到贵州实习，1965年跟随阜新矿务局建井工程处3000余人，成建制来到六盘水盘县支援贵州建设。做过普通工人、车间主任、机电连长、技术科科长、工宣队队长、省委党校行政处处长等。

刘曦，女，1973年生，原籍湖南。1976年随母亲迁至贵州生活。曾在061基地厂办子弟小学、中学读书，后考入遵义航天职工学院，毕业后于1995年进入工厂工作。初期作为技术员负责模具设计工作，现为贵州航天电子科技公司高级工程师。

刘新华，女，1941年生，北京人。1962年从北京机械学院企业管理专业毕业后，进入北京738厂工作，1966年因北京738厂支援包建南丰机械厂来到凯里，成为计划科职员，负责企业管理与计划等工作。1996年退休。

刘则尧，男，1943年生，原籍湖南。1965年参军，1971年从退伍后支援三线建设，到贵州061基地进入工厂成为普通工人，主要从事后勤工作，曾参与厂办子弟小学建设，退休后担任退休支部书记。

龙德智，男，1962年生，贵州省黔东南州三穗县人。1982年从学校毕业后进入遵义061基地3534厂。1986—1995年在工厂设计科先后担任设计员、设计师、主管设计师、副主任设计师等职。1995年后进入研究所担任技术管理工作，1997年升任061基地研究所所长，2000年担任贵州航天电子科技公司副总经理兼总工程师，主管技术工作。2017年退居二线，现为二级专务。

龙尚荣，男，1955年生，贵州六盘水人。1978年毕业于北京航空航天大学导弹专业，经分配回到贵州061基地，进入工厂成为技术工人。负责的技术创新项目曾获得国家"金龙奖"、国家科技进步二等奖等，退休前任贵州航天电子科技公司党委书记。

陆庆玉，男，1933年生，贵州平塘人。1953年抗美援朝回国后，随部队赴广东湛江修建铁路。1957年从湛江奔赴武汉，参与修建长江大桥。1958年长江大桥通车后，随部队到山东，后又到北京修建地铁。1969年转业回贵州，响应毛主席三线建设的号召，带着妻儿来到贵州平坝机械厂（170厂），在

41车间做焊工。1995年退休。

罗尊平,男,1945年生,江苏人,现居安顺。1965年毕业后分配至郑州航空(124厂)工作。1971年到贵州安顺支援三线建设,在风雷航空军械厂(144厂)工作,先后做过采购员、电工、技术员,还转播过电视。2001年在机动处处长一职上退休。

孟庆询,男,1938年生,祖籍河北。中学毕业后被保送沈阳航校,后被安排到西安航校学习四年,毕业后在北京125厂做工人。1968年来到贵阳支援三线建设,在华烽厂做行政工作,后担任车间主任,直到退休。

糜光宇,男,1941年生,江苏无锡人。1960年进西安红旗机械厂(430厂)当车工,做航空发动机。1970年到贵州黔西支援三线建设,进入中航公司143厂(红林机械厂)工作,任检查室主任,负责产品检查。20世纪六七十年代,参与"东方红一号"卫星的制造,主要负责卫星外壳壳体制造。1995年退休。

牛德全,男,1956生,山东济南人。其父于1965年从济南二机厂到贵州都匀支援三线建设,牛德全1970年随父母迁到都匀。1973年初中毕业后进入东方机床厂做刮研钳工,1987年提干,任装配车间副主任。企业转型后跑业务。2016年退休。

牛九如,女,1942年生,籍贯山西。在大同农学院休学后考上教师,在山西阳高任教。后为解决家庭分居问题于1971年前往遵义支援三线建设,在302研究所子弟学校任教并担任校长。1996年退休。

彭福祥,男,1946年生,贵州毕节人。在三线建设的号召下,于1966年11月经招工进入水矿,先后做过煤矿工人、保卫干事、保卫科科长、组织科长、组织部干部科长。参与过民兵训练,先后破获数件重大刑事案件。现为六盘水市青年路社区居委会主任。

彭高良,男,1933年生,湖南怀化人。参加过朝鲜战争,1960年转业进入北京738厂,1967年来到贵州凯里,在凯旋机械厂供应科工作,负责供应全厂的材料、器械。现已退休。

彭焕炎,男,1941年生,湖南湘潭人。1959年从株洲航校毕业,分配到南京511厂工作。1966年来贵州支援三线建设,被分配到位于羊场坝的501厂。曾在机动科、机修车间、动力车间担任技术工人。90年代被提拔为动力技术室主任。2000年退休。

漆模根,男,1961年生,四川人,三线二代。1965年,因家庭出身根正苗红,从沈阳119厂调到三线。当过半年知青,1981年根据政策照顾招工进入工厂,在工厂航天职大学习,学徒工三年以后正式参加工作。

乔文礼,男,1943年生于吉林。初中毕业后招考到0682部队技术学校学习无线电专业,后分配至国防部第五研究院二分院政治部秘书科。1965年作为第一批三线建设人员调至遵义061基地,担任工程指挥部办公室秘书,参与061基地的基建工作。后担任061基地党校校长。2003年退休。

邱汝云,女,1940年生,天津人。曾任061基地林泉电机厂(3601厂)劳动人事教育科科长。现已退休。

邱云龙,男,1940年生,江苏丹阳人。曾任火铺矿党支部书记。1966年从黑龙江鸡西矿务局地道煤矿到贵州支援三线建设,几经周转后到了盘江火铺煤矿工作至退休。

邱增禄,男,1930年生,黑龙江保清人。1966年参与陕西省安康厂筹建,任该厂党委书记。1968年被抽调到知青办当负责人,组织青年下乡,后又调到贵州洪湖厂(100厂),1971年在新安厂恢复干部身份,任工会主席、党委常委,一直到退休。

屈兴起,男,1953年生于北京。父亲早逝,1970年跟随母亲和哥哥前往贵州都匀,在112厂当刨工,后调至供应科,直至2005年公司破产。

任珍年,女,1938年生,湖南人。1967年从湖南来到贵州支援三线建设,担任厂里的会计直到退休。曾加入厂里的五七生产队,专门解决随迁家属的就业和吃饭问题,还加入了妇联、工会等组织,在闲暇时间组织厂里工人进行文娱活动。

任致中,男,1941年生,籍贯山西。大同工学院毕业后分配到沈阳111厂当工人,后为解决家庭分居问题在1971年前往遵义支援三线建设,在061基地302研究所做技术员。90年代初企业军转民后前往苏州木渎工作。

1997年退休。

盛菊祥，男，1945年生，江苏无锡人。1965年中专毕业后分配至上海柴油机厂工作。1967年因上海柴油机厂支援三线建设，来到贵阳柴油机厂机械加工车间，从事车工工作。1969年调入厂宣传科，随后调任农村工作队队员，1975年任政治部副主任，后历任机械加工车间党支部书记、副厂长、厂办公室主任、贵州柴油机厂深圳子公司总经理等职。2005年退休。

石廷玮，男，1943年生，祖籍河南。15岁时跟随父亲支援水电建设迁至贵州生活，1967年被分配至遵义碱厂工作，先后做过锅炉工、搬运工、安装工、碱厂副厂长。退休后参加关工委工作。

宋素英，女，1938年，辽宁营口人。1958年技校毕业后到沈阳119厂工作。为解决与爱人两地分居的问题，1965年主动报名到三线，先后在405厂的食堂、托儿所、仓库、安保科工作过。现已退休。

苏芝喜，男，1936年生，贵州赫章人。解放前受过老式教育，在301铝厂学习冶炼技术两年半。后就职于761铀矿，在井下工作八年。曾任贵州日报社通讯员，1990年任厂工会主席。1992年被特殊退休。

孙百先，男，1942年生，辽宁锦州人。"文化大革命"期间，因与师傅关系不好，自愿来贵州参加三线建设，在工具车间（二车间）工作。1984年任车间主任、党支部书记。1993年任160厂工会主席，1994年任厂党委书记、厂长。1998年退居二线，2001年正式退休。

孙贵和，女，自述时年80岁，上海人，现居贵阳。1956年中学毕业后通过招工进入上海光学仪器厂工作。1966年9月响应号召，全家前往贵阳参与三线建设。到贵阳后一直在厂办公室做文职工作，直到退休。

孙平方，男，1940年生，北京人。1959年北京航校毕业后曾参与国防建设，1960年回北京参与筹建保定550厂。1964年调到贵州筹建011基地，担任128厂设备组组长。1966年初筹建黎阳厂，任设备组组长兼综合计划员，1971年调任办公室调研秘书，1984年任干部部部长，1987年始任组织部部长兼干部部部长，1991年任副总经理，1995年任副总经理兼研究二所所长。2000年退休。

田景鹰,男,1973年生,贵州大方人。父亲曾在部队做文书,退伍后分到011基地501厂做统计工作。母亲是厂里的家属工,负责烧锅炉。出生于501厂旧址大方羊场坝,1989年就读于011基地技校,1992年开始工作,分到小河的永红机械厂(154厂),先后做过铣工、装配工、装运工。2009年下岗,但工作关系一直保留到2015年。

王凤信,男,1938年,山东人。1965年11月响应国家号召,从吉林舒兰矿务局到贵州盘县火铺矿工作。曾担任火铺矿北采区段长,后调到矿务局担任安全科科长。

王桂云,女,1953年生,山东单县人。1958年随父亲支援贵州建设。1979年王桂云通过社会招工加入民工队,参加883厂房的基建。1972年转为正式工,负责管理设备空调,后来又做过水分析员、电话员和打字员。2003年退休。

王连根,男,1933年生,上海人。1959年随上海光荣宰生厂成建制迁到贵州,成为肉联厂杀猪工人。在从上海到贵州的火车上,与从沈阳到贵州钢铁厂支援建设的妻子邂逅并于1960年结婚。1982年退休。

王英美,王连根女儿。1962年生于贵州,由于无人看管,两个月大时被姑父接回上海,6岁时才回到贵州与父母团聚。1982年顶替退休的父亲进入肉联厂子弟小学当老师,1998年企业改制,肉联厂子弟小学剥离到社会后,一直担任该小学的老师。

王世荣,男,1947年生,贵州兴义人。1966年初中毕业后在贵州省电影学校学习放映,在无锡学过电工。1967年进883厂担任电工,兼职电影放映员,在各个工厂间"跑片"。现已退休。

王文,男,1943年生,黑龙江鸡西人。1962年在黑龙江鸡西矿务局工作,1966年到贵州支援三线建设。刚开始当通信员,1979年"以工代干",1982年转成正式干部,1983年升为副科级,1984年升为正科级。1997年退休。

王耀宗,男,1941年生,江苏徐州人。1959年初中毕业后考进徐州煤矿机械厂,"文化大革命"期间调到六枝特区联合指挥部,负责办学习班。1973年到昆明制氧站任工会常委,后任制氧站站长、车间工会主席。2011年正式退休。

危成美，男，1936年生，湖南浏阳人。1956年以抗美援朝义务兵的身份于湖南浏阳应征入伍，后辗转湖北、广西、海南、广东、贵州等地，主要负责采矿、修复铁路工作。1960年在山东泰安转业后，参与北京125曙光电机厂的建设工作，又被送至沈阳410实习，学习制作飞机。1966年来到贵阳进入华烽385厂支援三线建设。

文光兰，女，苗族，1946年生，凯里三棵树人。小学四年级时被征召到公社工作，17岁开始当接生婆，1966年被招进4292厂工作，后调到库房。1997年退休。

肖文斌，男，1944年生，湖南人。保送进入湘潭电机制造学校学习，1967年毕业，1968年分配到遵义工作，又在上海参加工作培训。1972年回到遵义后担任厂里保管员。1975年厂内班子重组，被选为副厂长。1989年两厂合并后担任第一任党委书记。1998年调到公司企业管理法律部后退休。

谢定芳，男，1940年生，湖南株洲人。1953年辍学后回家务农，后进入湘潭钢铁厂当电工，1967年随原单位搬迁至遵义八七厂支援三线建设。曾在动力部门、机械部门工作，主要从事一线生产作业。1996年退休。

辛茂春，男，1943年生，黑龙江人。1958年以学徒工身份进入双鸭山矿半工半读学钳工。1966年主动报名到贵州水城王家寨洗煤厂支援三线建设。1976年水城老屋基洗煤厂建厂，作为有经验的技术工人组织新厂建设，带学徒工。1982年5月6日检查修理设备时被滑落的设备砸中，造成腰椎骨骨折，高位截瘫。

王佳文，女，1946年生，黑龙江人，辛茂春之妻。曾被评为感动盘江人物、贵州省第三届"孝老爱亲"道德模范。1967年随丈夫调到贵州。1970年通过考试在当地学校教书。1982年丈夫遭遇意外，高位截瘫，一人撑起家庭重担，为了方便照顾瘫痪的丈夫，放弃调到市里学校教书的机会。先后在洗煤厂家属服务公司、公安科档案办公室工作。1994年退休。

徐春刚，男，1946年生，辽宁本溪人。1968年中专毕业后分配到贵州水城钢铁局汽运厂，1970年分配到供销组。1977年调回汽运厂宣传科管学校，

1978年担任汽运厂团委书记,1981年任水钢老干部科科长,1986年又调回汽运厂,任汽运厂党委组织部部长,1987年提拔为汽运厂党委副书记。1988年被派遣到北京干部管理学院进修两年,1990—1995年任水钢老干部处副处长,1992年提为正处级干部,2000评为高级政工师。2004年内退。

徐桂兰,女,1942年生,山东郓城人。1960年高中毕业后保送至国防部第五研究院军校,1962年军校停办后分配至国防部第五研究院第二分院。1965年左右研究院集体转业至第七机械工业部,进入707研究所科技处工作。1965年随林泉电机厂赴贵州桐梓陈家湾筹建林泉电机厂(3601厂),支援三线建设。1976—1978年脱产学习三年,学成后至检验科工作。1994年退休。

徐宏满,男,1940年生,河北唐山人。1958年响应号召在唐山的钢铁厂工作,1959年到开滦林西矿工作,因工作表现突出,被推荐入党。1961年响应号召支援纳兰河煤矿。1964年回开滦林西矿党委组织部工作,担任团支部书记,下过六年矿井。1967年主动支援盘县三线建设,先后在矿务局机关党委、矿山工会、月亮田矿基层支部、人事科、纪检委、组织部工作。1999年退休。

徐明山,男,1942年生,沈阳人。初中毕业后于1958年参加工作,任沈阳119厂表面处理车间工段长,1969年调至061基地405厂表面处理车间,先后任工段长、号长,1973年调至器材科,任非金属计划员,先后任器材科非金属室主任、副科长。1990年调回表面处理车间。1997年退休。

郑伯姗,女,1940年生,辽宁沈阳人,徐明山之妻。1958年初中毕业进入沈阳市师范学习,后进入119厂工作。1969年跟随丈夫来到405厂,先在厂托儿所任职,后至表面处理车间任工段长。1975年调入检验科,直至退休。

徐平盈,男,1943年生,籍贯辽宁。1968年中南矿冶学院毕业后来到水钢,曾任水钢质量处处长。现已退休。

杨德生,男,1945年生,辽宁沈阳人。曾任061基地贵州航天控制技术有限公司(3405厂)组织部部长,现已退休。

杨锦凤,女,1935年生,上海人。1956年在上海光学仪器厂参加工作,

1966年从上海内迁到贵阳新光厂参加三线建设,曾在贵阳新光厂计划科、生产科工作。现已退休。

杨玉书,女,1941年生于沈阳。初中毕业后招考至410厂做光谱化验,1968年抽调至贵州黎阳机械厂,在铸造车间担任化验员。1991年退休。

叶国福,男,1952年生,河南淅川人。7岁随父亲来到贵州,18岁进入南丰机械厂金工车间成为学徒工,先后参与过冷加工、金属加工、刨床等工作。1973年因工作优秀被厂里选送进入成都电信工程学院学习计算机,成为工农兵大学生。1977年毕业,回到南丰厂进入技术管理科,负责集成电路设计工作,同时在南丰厂计算机应用研究所从事研究工作,直至退休。

殷文琴,女,1954年生,江苏南京人。父亲是厂里的工程师,也是三线建设筹备组人员,1968年来到都匀。1970年随父母来贵州参加三线建设,分到都匀504厂三车间。多次荣获先进工作者。现已退休。

俞建梅,男,1937年生,原籍福建。1961年大学毕业后分配到上海电气科学研究所,在第二研究室做技术工作。后来前往遵义支援三线建设,先后在永嘉电器工厂、长征电器九厂工作,历任长征电器九厂基建科科长和技术改造办公室主任等职。1997年退休。

詹世明,男,1937年生,沈阳营口人。作为三线建设的第一批参与者,1965年从沈阳410厂到贵州平坝,负责三线筹备组办公室日常工作,后担任011基地东风汽车大队党支部书记、302医院副院长。1995年退休。

张才怀,男,1935年生,四川巴中人。1952年参加工作,1961年到黑龙江双鸭山矿务局岭东煤矿工作,1964年支援三线建设参加滇黔铁路修建,1966年随黑煤矿大队成建制到盘江矿区78处工作,1971年在盘江矿务局月亮田煤矿工作,1978年任盘江矿务局高中政工科科长、指导员、煤矿职工教师等职务。1994年退休。

吴士清,女,1936年生,张才怀妻子。因丈夫在贵州盘江矿务局月亮田煤矿工作,1971年带着五个孩子到贵州与丈夫团聚,靠喂猪供养孩子考上学校并获得了理想的工作。

张继刚,男,1932年生,山东济南人。15岁参军,1956年复员,在大连

5706厂工作，1958年提为干部，担任计划调度员。1965年援建三线，调至遵义5707厂，担任车间主任兼支部书记，后任职子弟学校政治处主任。1990年离休。

张开莲，女，1941年生，江苏徐州人。1958年招工进入徐州煤炭机械工厂工作。因工作优秀、吃苦耐劳，获工厂同事一致好评。1966年独自一人来贵州支援三线建设，丈夫复员后到六枝煤机厂。1983年从一线电焊工调到工厂工会，担任女工委员，后任计划生育副主任一职。曾获六盘水劳模、贵州省劳模、煤炭厅劳模、十佳青年、十佳突击手、省三八红旗手、全国劳模、全国三八红旗手等荣誉称号。

张兰芬，女，1938年生，浙江宁波人。1958年高中毕业，因为成分问题无法上大学，参加全国小化肥短训班，1959前往贵州剑江化肥厂工作，1966年调往平坝化肥厂，后调往贵州化肥厂。1993年退休。

张顺南，男，1949年，江苏人。南京技校毕业后分配到西安113厂工作，1969年响应国家号召到贵州支援三线建设，到贵州后一直在车间工作。

张爷爷（不知全名），男，1944年生，湖南武冈人。1964年考上成都电信工程学院，1968年被学校分配到安顺011系统170厂担任电解工，后调去做统计和会计工作。80年代转行搞电器维修。2004年退休。

张翼鸣，男，1939年生，原籍江苏。1962年大学毕业后分配至沈阳，1966年前往贵州进入新艺机械厂支援三线建设，曾任车间技术员、技术室主任、车间副主任、厂副总工程师等职。2000年退休。

张银材，男，1940年生，贵州凯里人。1959年到云南边境当兵，复员后分配到凯旋厂。先后管理食堂炊事班、农场农业生产、烧锅炉等。1983年定级为三级工。1997年退休。

张仲琪，男，1940年生，湖南人。专科学校毕业后分配到空军第16航空修理厂工作。1970年来到遵义市5707厂支援三线建设，担任厂部以及党委的秘书，随后做办公室主任直至1982年。工厂军转民期间担任民品厂厂长，结合遵义酒的特色给茅台酒厂做相关设备，使该厂军转民圆满成功。在民品厂厂长一职上退休。

赵文禄，男，1940年生，河北故城人。1958年招工进入北京钢厂，后参军入伍。1966年调到830厂，最开始是车工，后来调到劳资教育科，负责招工、对新进人员进行入厂教育。1974年担任车间政治指导员、支部书记。1986年调到工会宣教科。2000年退休。

赵学雁，男，1943年生，原籍山东济南。初中辍学后进入济南第二机床厂当学徒工，后转正成为司机。1965年随原单位部分人员搬迁至贵州都匀，参与建设东方机床厂，新厂建成后成为驾驶员。现已完全退休。

郑会侓，男，1941年生，湖南人。1959年毕业后在沈阳410厂工作，"文革"期间被调离设计岗位，下放到锅炉房烧锅炉。1968年被调到贵州支援三线建设，参与厂房基建，后重回工装设计岗位，担任工艺师。1985年调去民品线，制造酒业相关设备，1988年重回军品线岗位。2001年退休。

周红，女，1961年生，重庆人。父母1966年来到都匀4110厂支援三线建设，周红1969年跟随父母来到都匀，1979年进入083基地工作，后来一直是长洲无线电厂的雷达工程师。2005年工厂破产时政策性退休。

朱莉，女，1966年生，辽宁沈阳人。1岁时随父母由沈阳迁至贵州405厂支援三线建设，从小就在061基地生活，后进入061基地技校学习，毕业后分配回工厂的机架车间当工人，五年后进入职工大学进修学习管理，获得大专文凭后回到工厂担任工段长、综合保障部部长。现已退居二线，在工会负责退休干部管理工作。

朱松河，男，1935年生，黑龙江人。20多岁时在鸡西矿务局小红山矿工作，1966年来到贵州三脚树矿参加三线建设，曾任三脚树矿行政科科长、工会主席、党委书记、矿长等职，直至退休。

后　记

> 如果爆发战争，没有强大的后方工业基地是不可想象的。
>
> ——毛泽东

20世纪60年代，我国面临的国际形势日益复杂严峻：在东北地区，苏联虎视眈眈；在华东地区，漫长的海岸线与美国沿太平洋布置的一系列军事设施对峙。一旦爆发战争，作为我国工业基地的上述地区将面临瘫痪的风险。为保证国防安全，同时改变我国"东重西轻"的工业布局，促进中西部地区的经济发展，从1964年开始，中华人民共和国启动了长达十余年的大型国防科工业及其基础设施的建设项目，这就是隐于深山荒漠、鲜为人知的三线建设工程。

以"备战备荒"为战略目标，国家有计划地把东北和东部地区的重工业、兵器工业迁移到西南和西北地区，同时建设与之配套的交通设施，努力在极其有限的物质条件下重建一套可以应对战争爆发的工业体系。

1965年，西南三线建设委员会成立。此后，数百万工人、干部、部队官兵、知识分子和地方农民受祖国召唤，义无反顾地从首都、大城市和乡村奔赴中西部地区，他们伐荒山、住窝棚、睡山洞，依靠自己的双手一点一点在贵州、四川、新疆等13个省及自治区建成近2000家大中型骨干企业和科研院所，总投资逾2000亿元。

三线建设在1980年基本结束，横跨三个五年计划，中西部地区由此建起多个高精尖国防科工业企业和科研机构。这一项目为我国的国防安全建设了一道坚实的防线，同时也极大地改变了我国中西部地区工业基础薄弱、交通不便、文化落后的面貌，对地方经济的发展和文化水平的提高产生了深远影响。

2019年7月16日，由周晓虹教授带队，南京大学、贵州民族大学27人组成了12组三线建设口述史研究团队，奔赴三线企业最为集中的贵州省贵阳、都匀、安顺、遵义、六盘水和凯里六座城市,在12天里访谈了158组共182位三线建设亲历者。鉴于三线建设对中国社会的深刻影响以及它所涵盖的广泛地域和广大人群,本书分为上下两卷:上卷的口述史访谈收录了贵阳和邻近贵阳的安顺地区共26篇亲历者三线建设经历故事;下卷则涵括了地点上更为分散的遵义、凯里、都匀和六盘水地区,收录了29篇亲历者三线建设经历。他们中有干部、工人、工程技术人员、教师、医生、士兵,也有随父母迁来的孩子。最年长的老人已经95岁,参与访谈的三线二代此时也已多至退休之年。

每个人的生命都是历史巨流河里的一部分,三年过去了,访谈者们仍然清晰地记得生命里那些微小的细节:

一块石头30厘米长、30厘米宽、12厘米高,一个采石工人每天要打三四十块这样的石头,每块石头重60—80斤,一天下来,虎口震裂。

侗族的阿姨回忆起怀孕时背着1岁的女儿刷房顶,下来一看小姑娘被白石灰糊了满脸满身,只剩下滴溜溜转的黑眼睛。

从辽宁分配到上海又响应号召来到三线,一位航天工程师回忆起身经百战的老将军和他们一起在山地里勘察地形,在路边休息时语重心长地告诫年轻人:"你们没有参加过战争,没有看到过越南被美国飞机轰炸的情景,我们不能没有战争观念。"那位工程师说:"老将军的话至今记忆犹新!"

与毛泽东决定进行三线建设时"备战备荒为人民""中国应该为人类做出较大贡献"的宏图雄心相比,建设者们讲述的这些故事片段似乎显得琐细,难以被汇入一幅宏观的历史拼图。但时隔数十年,当事人讲述它们时,我们仍能够感受到他们强烈的内心冲击。那个特定年代难忘的共和国历史和普通人艰难的奋斗故事,既是共和国领导人宏图雄心的一部分,也浸润了建设者们的汗水和情感。

任何群体都需要持续性地再生产本群体的集体记忆,强化群体意识。一个真正的共同体必然是一个共享过去之意义的"记忆共同体",从过去延续到现在和未来的共享意义体系是国家、民族的立根之基。有关三线建设和其他新中国建设的国家记忆,是现在和未来国家前进方向上重要的参照系,充满了无数投身其中的亲历者的人生体验,他们的故事值得被记录、被体验、被思考。

没有筚路蓝缕、艰难奋斗的过去,就没有共和国的今天和明天。让下一代了解当代中国的艰难历程,正是国家领导人提出学习党史、新中国史、改革开放史、社会主义发展史的价值所在。

应当着重指出的是,如三线建设这样的国家历史,不只是历史文件摘要、教科书习题或抽象的数字累积,它是千百个活生生的建设者共同参与、共同推进、共同经历的过程,正是在这个过程中,"献了青春献子孙"的集体认同得以塑造。那个时代建设者所积累的经验和教训,是连接共和国不同时代个体民众,将其凝聚为一个共同体的珍贵遗产。

正如周晓虹教授所指出的,口述史研究的价值恰恰在于能够激活命运共同体及其成员的认同感,建构起值得叙事的一个时代的社会与文化记忆,实现代际文化传承的历史任务。今天,共和国年青一代的父辈、祖父祖母,甚至更早的先辈,很多都曾参与到三线建设或其他国家建设的项目中,也都曾亲历共和国筚路蓝缕以启山林的时期,这些建设的集体记忆值得当代和未来的年青一代珍视。

如果说经由教科书、经典历史书籍学习和阅读共和国历史,是对过往事实的认知追溯,那么记录下建设者们的口述历史,则是一种更为重视个体建设者的情感抉择,以及他们如何在大时代里付诸行动的研究视野。在这个翻天覆地的时代,通过"中国经验"与"中国体验"的双重视角,尤其是观照14亿中国人民的精神世界所经历的巨大震荡,以及他们在价值观、生活态度和社会行为模式上的变化,才能更好地理解这个时代的历史意义和文化价值。

每一个个体的声音或许微弱,但当它们被讲述、被倾听后,就汇聚为时代的回声。感谢所有的亲历者和所有的参与者,讲述自己的经历和体验,正是这些经历和体验,为家国历史承前启后,烛照未来。

周海燕 吴晓萍
2023年5月4日定稿于仙林

图书在版编目（CIP）数据

战备时期的工业建设：三线建设口述实录：1964—1980 / 周海燕，吴晓萍主编. — 北京：商务印书馆，2023
（新中国工业建设口述史）
ISBN 978-7-100-22772-8

Ⅰ．①战… Ⅱ．①周… ②吴… Ⅲ．①国防工业—经济建设—经济史—中国— 1964-1980 Ⅳ．① F426.48

中国国家版本馆 CIP 数据核字（2023）第 136638 号

权利保留，侵权必究。

新中国工业建设口述史
战备时期的工业建设
三线建设口述实录（1964—1980）
周海燕 吴晓萍 主编

商 务 印 书 馆 出 版
（北京王府井大街36号 邮政编码100710）
商 务 印 书 馆 发 行
南京鸿图印务有限公司印刷
ISBN 978-7-100-22772-8

| 2023年9月第1版 | 开本 720×1000 1/16 |
| 2023年9月第1次印刷 | 印张 49¼ 插页 8 |

定价：220.00元